中国田野考古报告集

考古学专刊

丁种第 111 号

# 溱洧流域聚落考古调查报告

中国社会科学院考古研究所

郑州市文物考古研究院 编著

新 密 市 博 物 馆

文物出版社

北京·2023

**图书在版编目（CIP）数据**

溱洧流域聚落考古调查报告／中国社会科学院考古
研究所，郑州市文物考古研究院，新密市博物馆编著 . —
北京：文物出版社，2023.10

ISBN 978 - 7 - 5010 - 8021 - 2

Ⅰ.①溱…　Ⅱ.①中…②郑…③新…　Ⅲ.①文物—
考古—调查报告—新密　Ⅳ.①K872.614

中国国家版本馆 CIP 数据核字（2023）第 064599 号

## 溱洧流域聚落考古调查报告

编　　著：中国社会科学院考古研究所
　　　　　郑州市文物考古研究院
　　　　　新密市博物馆

责任编辑：黄　曲
封面设计：程星涛
责任印制：张　丽

出版发行：文物出版社
社　　址：北京市东城区东直门内北小街 2 号楼
邮　　编：100007
网　　址：http://www.wenwu.com
经　　销：新华书店
印　　刷：河北鹏润印刷有限公司
开　　本：889mm×1194mm　1/16
印　　张：40.75
版　　次：2023 年 10 月第 1 版
印　　次：2023 年 10 月第 1 次印刷
书　　号：ISBN 978 - 7 - 5010 - 8021 - 2
定　　价：580.00 元

ARCHAEOLOGICAL MONOGRAPH SERIES

TYPE D NO. 111

# Archaeological Survey Report of the Zhen and Wei River Basin Settlements

( With an English Abstract )

*by*

The Institute of Archaeology , Chinese Academy of Social Sciences

Zhengzhou Municipal Institute of Cultural Relics and Archaeology

Xinmi Museum

Cultural Relics Press

Beijing · 2023

# 目录

# 插图目录

# 插表目录

# 彩版目录

# 第一章　绪论

## 第一节　自然与历史概况

### 一、区域分布与自然地理

（一）区域分布

在聚落群的研究中，聚落群调查范围的设定，一个聚落区域的大小最好与历史上形成的历史文化小区相对应，更具有较为严格的学术意义。

本次调查的区域是历史上有名的"溱洧"地区。所谓"溱洧"，是指双洎河上游源于嵩山东麓，流经新密和新郑的两条河流——溱水和洧水的名称；有时也作为一个区域概念，特指双洎河上游洧水、溱水流经的登封东部、新密全境的山麓丘陵地带和新郑西部地区（图一）。

双洎河主要支流有洧水、绥水、溱水、黄水河等，地处中国地势的第二阶梯向第三阶梯过渡地带的最东端，地势西北高而东南低，地貌与沉积的类型复杂多样。根据流域地貌特征的变化，可以新密超化和新郑付庄为界，将双洎河分为上、中、下游。本文研究区域限定在双洎河中上游地区，包括双洎河主要支流洧水、绥水、溱水。研究区域除了河谷地带外，基本不受全新世河流泛滥的影响。

其中，洧水发源于登封市、新密市，贯穿新密市全境和新郑市西部，洧水中上游全长约 43 千米，包括进入登封境内的约 3 千米，新郑境内约 10 千米；而溱水源于新密白寨镇，于新密市曲梁镇交流寨与洧水汇流，全长约 18 千米，东西宽约 7.5 千米，溱洧流域面积约 135 平方千米；当洧水与溱水交汇后入新郑市境称作双洎河①（彩版一，1），双洎河于新郑市东南进入黄淮冲积平原，最终注入淮河支流颍河。另外，属双洎河流域的绥水全长约 17.5 千米，包括进入登封境内的约 7.2 千米，东西宽度约 4.5 千米，流域面积约 78.8 平方千米。也有学者主张把新郑境内的黄水河叫作"溱水"，把新密境内的溱水叫作"邻水"。黄水河，古称黄崖水，发源于新密曲梁牛庵村，至新郑付庄村入双洎河，全长 29.4 千米，流域面积 110.84 平方千米。整个双洎河流域南北宽度约 21 千米，流域面积约 900 平方千米。

从历史文献记载看，"溱洧"二字频繁出现历史文献当中。我国第一部诗歌总集——《诗

---

① 郑州市地名办公室：《郑州市古今地名词典·自然地理》，郑州市地名办公室，1997 年。

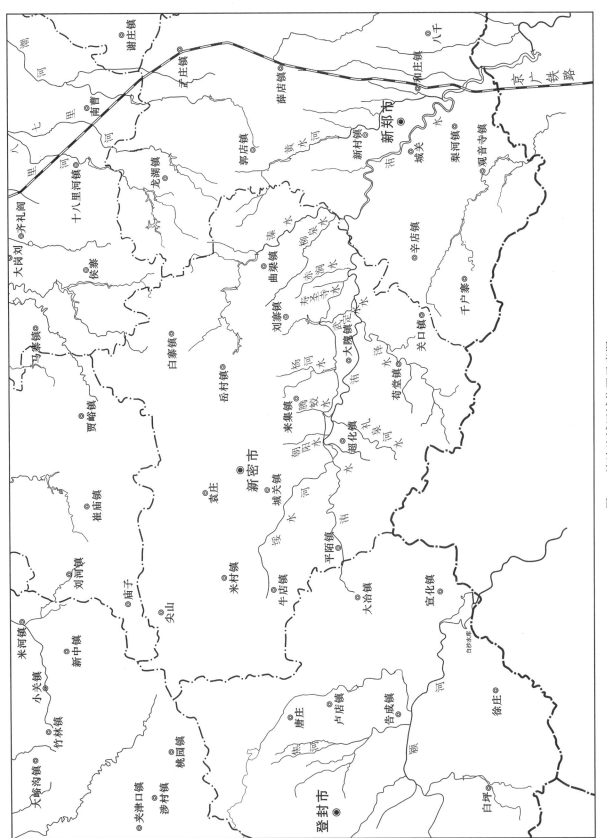

图一 溱洧流域区域位置示意图

经·国风·郑风》中的《溱洧》篇云："溱与洧，方涣涣兮，士与女，方秉兰兮……"①，《褰裳》篇云："褰裳涉溱"②、"褰裳涉洧"③。此外，《左传》④、《孟子》⑤、《汉书》⑥、《后汉书》⑦ 等均有此两条河流的记载。还有，唐代白居易的《经溱洧》、明代孙原贞的《洧水》、清代诗人张玉阶的《溱洧观鱼》等历代文人墨客的作品当中也不乏"溱洧"二字。我们可以把溱洧流域视为特定的历史文化区，包括新密市全境和与其比邻的登封、新郑两地的部分地区。它与西边的颍河上游文化小区，嵩山以北的西边的伊洛文化小区和东边的郑州－上街文化小区相毗邻。可以说，这两条小河，流域面积虽不大，却是相对独立的历史文化区，具有从事区域聚落考古的天然优越条件。我们在做区域调查时，不拘泥于今黄水河是否为"溱水"的地名之争，可以把洧水、溱水和黄水河流域合称为"溱洧历史文化区"，亦可简称为"溱洧流域"。

（二）自然地理

溱洧流域处于双洎河中上游，是嵩山地区重要的自然地理单元，包括河流、地质和地层、地貌、气候、植被和土壤等不同的地理内容。

### 1. 河流

双洎河是淮河的三级支流。源于马岭山（最高峰海拔 532 米）南麓登封市大冶镇紫罗池的洧水和源于五支岭（最高峰海拔 1215 米）南麓新密市尖山乡下寺沟的绥水在新密超化镇汇合之后，始称双洎河。东流至新郑邓湾村西南，接纳左岸源于新密圣水峪的溱水，改东南流。又至新郑东南约 4 千米处的付庄，接纳左岸的黄水河。最终于扶沟县彭庄汇入贾鲁河，全长 171 千米。

双洎河流域位于嵩山东麓两条近东西向延伸的山脉之间，地处中国大地形第二阶梯和第三阶梯之间的过渡带。在流域的西南侧和南侧，丘陵和基岩山地分别将其与颍河流域隔开；在西北侧和北侧，嵩山主峰及余脉将其分别与伊洛河流域、泗水流域和贾鲁河上游溱河流域隔开；在东北侧，山前的平缓丘陵将其与贾鲁河流域隔开。

双洎河流域地势西北高、东南低，故干流多靠南侧山前，也因此导致北岸支流较多且长。水系形式略呈平行状，尤其是新密牛店与刘寨之间的支流几乎皆为南北流向，可能受第四纪构造发育的控制。

### 2. 地质和地层

双洎河流域所在的嵩山东麓地区在地质构造上属于中朝准地台和秦岭褶皱系两个大地构造单元之间的过渡带。在河南省的地质构造分区中，主要属于嵩箕台隆向华北坳陷过渡的地区⑧。在中生代末期，老地层发生褶皱变动，形成东西向大背斜。嵩山山地在原隆起构造条件下，再次大幅度隆起，形成东西向山地与深陷断裂谷地相间的山地形态。在嵩山山地南侧地区，沿东西向大断

---

① 周振甫：《诗经译注》，中华书局，2000 年，第 131～132 页。
② 周振甫：《诗经译注》，中华书局，2000 年，第 123 页。
③ 周振甫：《诗经译注》，中华书局，2000 年，第 124 页。
④ 左丘明著、杨伯峻注：《春秋左传注》，中华书局，1981 年。
⑤ 杨伯峻：《孟子译注》卷八"离娄章句下"，中华书局，1960 年。
⑥ ［东汉］班固著、颜师古注：《汉书》，中华书局，1962 年。
⑦ ［宋］范晔：《后汉书》，中华书局，1965 年。
⑧ 河南省地质矿产局：《河南省区域地质志》，地质出版社，1989 年，第 258～292 页。

裂发生大幅度下降，形成盆地①。新第三纪以来，又普遍有近南北向的大型隆起和坳陷叠加在原有的地形上，形成许多方形断块。这两次大的构造运动奠定了此区域现代地貌、水系的基本格局。

在研究区域内，出露的地层有古生界、中生界和新生界。在平陌至超化的洧水沿岸，有古生界的石灰岩分布，其中裂隙极其发育，并形成许多岩溶洞穴。中生界以内陆盆地的河湖相沉积为主，但其古地理格局与今日差异甚大。

新生界在研究区内广泛分布。第三系可以分为两类：砂砾岩、黏土岩与深红色黏土。前者主要为河湖相沉积，颜色褐黄、灰白、灰绿等，在双洎河流域的中上游均有大面积分布，构成了嵩山山间盆地以及山麓地带新生代陆源碎屑沉积的主体，而且其上仅覆薄层的黄土。根据地质志的资料，该套沉积总厚度可达2000米，时代跨越古新世至中新世②。后者为上新世沉积，厚度一般在10米左右，含有成层的钙质结核，多分布在丘陵地带的沟谷两岸，在张湾村溱水沿岸，红黏土底部还见到有数米厚的砾石层。

第四系十分发育，沉积类型多样，广布于各种地貌单元之上。

其中，出露的剖面中，下更新统普遍缺失。

中更新统的上离石黄土直接覆盖在红黏土或基岩之上，以棕黄色的黄土和棕红色黏土质的古土壤为主，在现代沟谷两岸的谷坡，厚度可达15米，而在谷肩以上的梁顶或平缓的丘陵之上，厚仅数米。

上更新统主要有冲湖积和风成黄土两种类型。冲湖积地层是河流二级阶地的主要组成部分，主要由具水平层理和交错层理的灰黄色粉砂、锈黄色细砂以及砂砾石透镜体构成，厚度一般为10米左右，如新密洧水的二级阶地的黄土状土中夹有多层砂砾石透镜体，又如新砦双洎河二级阶地中，晚更新世黄土状土具有清楚的水平层理。而风成黄土几乎披覆于所有地势较高的地貌单元之上，岩性均一，以灰黄色粉砂为主，垂直节理发育，厚度一般小于10米。

全新世早期，河湖相沉积停止发育，而代之以颜色混杂的黄土，该层黄土中含有钙结核，厚度一般在20～30厘米。其中，尚未发现文化堆积。

全新世中期，在古城寨以下的溱水流域二级阶地以及地势较高的地区，普遍发育了一套褐红色的古土壤，厚度在50～120厘米。在柿园遗址和曲梁遗址附近，现在的二级阶地仍在发育河湖相地层，黏土质粉砂和粉砂的互层具有清楚的水平层理。在柿园遗址的仰韶文化层之上，可见到一套40～60厘米的冲积粉砂层，其中夹有蚌螺碎片和钙管等组成的透镜体。这套河流相沉积也存在于曲梁遗址附近，推测其时代可能为龙山时代。在裴李岗、大樊庄、古城寨、唐户和杨庄东南沟等遗址，可见到褐红色古土壤中含有裴李岗文化至商代（8ka～3ka BP）不同时期的文化层。

全新世晚期，二级阶地均停止发育河湖相沉积，除现在的一级阶地之外，其余的大部分地区都发育了一套褐色古土壤以及最新的黄土。在大樊庄、柿园、曲梁等遗址，褐色古土壤中含有丰富的战国（或早到春秋）、汉代文化遗存，厚度在30～50厘米。最新的黄土较为疏松，质地均一，厚度一般为20～50厘米，其中常见历史时期的遗物。另外，在人和寨、庙朱、代湾的一级阶地

---

① 周华山、张震宇：《嵩山地区地貌和环境问题》，《地域研究与开发》1994年第13卷1期，第51～54页。

② 河南省地质矿产局：《河南省区域地质志》，地质出版社，1989年，第258～292页。

中，见有河湖相堆积。

### 3. 地貌

双洎河发源于山地之中，蜿蜒东南，流经山麓丘陵地带，于新郑市区东南进入黄淮冲积平原，地跨中国地形中的第二阶梯与第三阶梯，因此区域内地貌类型较为多样，山地、丘陵、平原一应俱全。

根据海拔高度、地形起伏以及物质组成等因素，可将双洎河流域的地貌粗略地划分为山地、梁状丘陵、平缓丘陵、黄土台地和冲积平原等类型。

山地为中低山，由南、北两部分组成。北部山地为嵩山余脉，近东西向延伸，海拔由西侧的1200多米逐步下降到东侧的450米左右，相对高差在百米以上，绥水和溱水均发源于此。南部山地北西—南东向延伸，分布在绥水和双洎河干流的西南侧，主峰的海拔多在800米左右，相对高差亦在百米以上。在山地中的河谷两侧，有沿河流线状分布的阶地，在三级阶地以上，多覆盖数十米厚的红黏土和黄土。

梁状丘陵的海拔约在200~300米之间，相对高差一般在50米以内，其南、北以山地为界，西侧与登封盆地中的丘陵相接，东界大致在曲梁-刘寨-新砦一线。梁状丘陵的内部结构较为复杂，地貌组合一般为基岩孤山残丘-黄土梁-河谷地貌，尤其是在新密超化、刘寨、大隗之间，这种组合最为典型。基岩孤山残丘实际上可以组成数道西北—东南走向的次级山系，岩性主要为中生代地层。在这些山系之间的小盆地中，堆积了巨厚的第三纪沉积。但由于构造运动，这些近东西向的地貌单元又被南北向的水系所切割，山系成为孤山残丘，而以第三纪沉积为主体的台地则成为梁状地貌。这些孤山残丘在地形图上表现为多条等高线封闭，标明"石"，或是名称中包含"岩""石""岭"等。梁状地貌上普遍覆盖了薄层的黄土。根据在梁间沟谷地形中普遍见到的上新世红土，可以推知这种与今日一致的水系格局最晚在上新世红土堆积之前已经形成。

此外，在新密市区以西米村-牛店一带有另一类型的黄土梁。在山麓地带的剥蚀区，原本倾斜的基岩面上覆盖了晚新生代的松散沉积，其中主要为数十米厚的离石黄土。绥水北岸近于平行的沟谷发育将之切割为梁状地貌，黄土梁由西北向东南倾斜，平均坡度约为1/50，其范围从山地边缘至绥水的高阶地。

梁状丘陵中的河谷地貌可以划分出四级阶地。其中，四级阶地形成于晚第三纪，中生代基岩或早第三纪地层之上覆盖了红黏土、离石黄土和马兰黄土，在一些地点的红黏土之下，还可见到底砾层。基岩面的海拔差别较大，从十几米到四五十米不等。三级阶地的形成时代为中更新世中期前后，地层堆积序列为基岩之上覆盖了离石黄土和马兰黄土，尽管在离石黄土的底部没有看到砂砾石层，但根据区域内河谷两岸普遍存在此级台地，仍可认定此为阶地。但溱水和洧水上游此级阶地的性质有明显差别。在洧水上游，三级阶地为基座阶地；而在溱水上游，三级阶地为堆积阶地。这反映出中更新世末期区域构造运动"掀斜式"上升的特点。二级阶地是本区域分布最为连续、面积最为辽阔的阶地。在双洎河及其众多支流的两岸，二级阶地高约15~20米，物质组成主要是晚更新世黄土状的粉砂和砂砾石层，上覆2~3米的全新世黄土。此级阶地相当于华北地区广泛发育的马兰期阶地。一级阶地形成于晚全新世，高度在5米以内，主要由冲积粉砂层或黏土质粉砂层构成。

平缓丘陵的海拔在 200 米以下，相对高差不超过 25 米，地貌组合为平缓起伏、上覆薄层黄土的基岩（第三纪）台地与发育两级阶地的河谷。在此地貌单元中，第三纪沉积的厚度似乎并不大，在溱水曲梁、庙朱、寺河等段以及黄水河的金钟寨段，均可见到下伏的中生代基岩。上覆的薄层黄土主要为晚更新世和全新世的堆积，在所有调查的露头剖面中，均未见到中更新世的黄土。在河谷地带，以二级阶地为主，溱水下游的此级阶地宽可达 3 千米，而一级阶地的规模则较小，并断续分布于深切的沟谷之中。

黄土台地的海拔约在 110～130 米之间，地势平坦，冲沟不甚发育，而且深度一般不超过 10 米。此地貌单元实为晚更新世时双泊河与沂水的冲积平原，其性质相当于平缓丘陵中的二级阶地，只是规模更大。此间多有晚更新世冲湖积地层的发现，如人和寨东南出露 7 米多的湖相地层，新郑市区以西 5 千米处官刘庄附近发现的冲积砂层，在这些地层之上，有完整的全新世黄土序列。

冲积平原已经属于我国地形上的第三阶梯，海拔基本在 10 米以下，为黄河及淮河支流冲积而成，其上的河谷宽浅。在尉氏县城以西的冲积平原区，普遍发育了北东走向的沙梁，相对高差在 10 米左右。

### 4. 气候、植被和土壤

本区的气候属于暖温带大陆性季风气候，四季分明，夏季炎热多雨，冬季寒冷干燥，年平均气温 14℃，年平均降水量近 700 毫米。暖湿同期的气候条件与植物的生长需要十分吻合，对农作物的生长非常有利。区域植被类型为暖温带南部落叶栎林亚地带，由于人类活动的长期破坏，残存的乔木树种有油松、侧柏、栓皮栎等，此外还有旱生性的禾本科草类、蒿类以及酸枣、荆条灌丛等[1]。地带性的土壤为褐土，在一些低洼地区，分布有砂姜黑土和草甸土。

### 二、历史沿革

溱洧流域有籍可查的历史可以上溯到传说时代，有很多关于黄帝的传说都位于该区域。除了神话传说，史籍也有相关记载。今本《竹书纪年》载黄帝"元年，帝即位，居有熊。"《史记·五帝本纪·集解》引皇甫谧曰："有熊，今河南新郑是也。"[2]《帝王世纪》："新郑县，故有熊氏之墟，黄帝之所都也。郑氏徙居之，故曰新郑。"《史记·正义》："《舆地志》云：'涿鹿本名彭城，黄帝初都，迁有熊也。'"《拾遗记》："轩辕出自有熊之国，母曰昊枢，以戊己之日生，故以土德称王也。时有黄星之祥。"罗泌《路史》："黄帝开国于有熊。"罗苹注《世纪》云："有圣德，授国于有熊，郑也。"《路史·国名记》曰："有熊帝之开国，今郑之新郑。"《舆地广记》云："古有熊国，黄帝所都。"《括地志》："涿鹿城，在妫州东南五十里。本黄帝所都也。大抵征战所至，都涿鹿。即位，乃都有熊。"郑樵《通志·都邑略》："黄帝都有熊，又迁涿鹿。"注：有熊今郑州新郑，涿鹿即涿州。《广舆记》："轩辕丘，新郑，古有熊氏之国，黄帝生此因名。"[3]另《庄子》《水经注》等书记载，黄帝曾在今新密、新郑一带活动。

郑玄《诗谱》曰："高辛氏火正祝融之墟，国在禹贡豫州，外方之北，荥波之南，居溱洧之

① 中国植被编辑委员会：《中国植被》，科学出版社，1980 年，第 799～822 页。
② ［西汉］司马迁：《史记》卷一"本纪第一"，中华书局，1982 年。
③ 河南省新郑县地方史志编纂委员会：《新郑县志》卷一之一，陕西人民出版社，1992 年。

间。祝融氏名黎，其后八姓，唯女云姓郐者处其地。"颜师古曰："会读曰郐，字或作桧。"《太平寰宇记》："河南道密县，古密国也，亦郐国之地。"《一统志》《禹贡》："豫州之域，周封黄帝后于此，为郐国。"[1] 郐国是黄帝的曾孙祝融氏陆终的后人在祝融之墟上建立的国家，其都城就是现在的古城寨，作为祝融氏的都城。祝融氏是黄帝时管火的官职、部族。古时世袭以职为官，甚而成为一族之职，祝融到了帝喾时已成为称雄一方的部族首领，因是黄帝后裔，故封在黄帝的故里。

夏商周时均属豫州。到了商代，周边有商王朝的都邑——今郑州商城和小双桥遗址。西周灭殷后，溱洧流域主要有郐（今新密市东北）、密（今新密市）封国。郐国之地即前面所讲的祝融之墟，祝融后代的一支袭封在郐，一直延续到周末。至西周末被郑桓公强逼，终被郑武公灭掉。

春秋战国时期，公元前770年，郑武公自郑（今陕西华县）东迁，春秋初年的郑国国于郐、东虢之间，之后灭二国而有其地，正式建都于新郑。烈王元年（公之前262年），本区域又划归郑国。待郑国渐趋衰落，此区域成为各国间逐鹿与争夺之地。公元前375年，韩国灭郑，将国都自阳翟迁至新郑，此时本区成为韩的一部分。韩国公叔和公子几瑟争位时，楚国曾乘机占据了新密之地，新密曾隶属楚国一段时间。

秦庄王元年（公元前249年），秦军攻入韩国，始置三川郡，辖今郑州和豫西的黄河沿岸地区。到公元前221年，秦始皇建立秦朝后，三川郡正式成为地方行政单位，郡治荥阳，郡下置有荥阳、巩、京（今荥阳市东南）县等。另置新郑、苑陵（今新郑市东北）、阳城（今登封市告成镇）等县，本区属颍川郡。

西汉时，改三川郡为河南郡，于郡内新置密、成皋（今荥阳汜水镇）、故市（今郑州市北三十里）、中牟县等，并将新郑、苑陵二县划入河南郡。公元前110年，汉武帝到嵩山封禅，划地置嵩高县，"以奉太室山"，不久，又置纶氏县，皆属颍川郡。

东汉，改河南郡为河南尹，废故市，省崇高入阳城县。

魏晋南北朝时期，由于王朝更迭频繁，本地区的行政建置也变化频繁。曹魏时属司州河南郡。晋泰始二年（公元266年），分河南郡而置荥阳郡，辖荥阳、京、密、苑陵、中牟等县。晋永嘉后，密县先后陷于汉、赵、燕、秦。北魏统一北方后，将荥阳县城迁至大索。新置阳城郡，下辖阳城、颍阳、康城，三县皆在今登封市。孝昌中，分密县地置，武陵城、曲梁城划入广武郡。东魏天平元年（公元534年）在北豫州下置广武、荥阳、成皋三郡。三郡共辖荥阳、成皋、密、巩、中牟等十一县。高齐时，复置密县，属荥阳郡。北齐以后，又废荥阳郡，其属县并入成皋郡。北周灭北齐后，将北豫州改为荥州，州治成皋（今荥阳汜水镇）。

隋朝，将荥阳改名为郑州，下辖荥阳、成皋、密、内牟（即中牟）、苑陵等县，州治成皋。开皇十六年（公元596年），郑州改称管州，州治自成皋移至管城，下辖管城、成皋、荥阳、新郑、苑陵、广武、中牟等十二县，本区也属管州。大业二年（公元606年），管州又复名郑州。

唐朝时，郑州行政建置时有变化。武德三年（公元620年），以县置密州，并置零水、洧源二

---

[1] 密县史志编纂委员会：《密县志》（清嘉庆二十二年本），中州古籍出版社，1990年。

县，属河南郡。武德四年（公元621年），密州废，下辖密县、汜水、荥阳、荥泽、成皋五县，州治武牢。龙朔二年（公元662年），本区属河南郡。

五代，属河南府。宋属京西北路，河南府洛阳郡，后割隶郑州，又属河南府。金代属南京路郑州。

元至元二十五年（公元1288年），改南京路为汴梁路。元初，领新郑、密八州县。属汴梁路郑州，后改置，割新郑、密属钧州。元至正二年（公元1342年），后密县割钧州改为密云县。

明复置，属开封府禹州，隶属于河南承宣布政使司。

清朝，雍正二年（公元1724年），属直隶禹州。雍正十三年（公元1735年），改属许州府。乾隆六年（公元1741年），废许州府，改属开封府。

1949年中华人民共和国成立后，新郑和新密分别属郑州专区、开封专区、郑州市、开封地区行政公署、郑州市。1994年经国务院批准，同意撤销新郑县，设立新郑市（县级），密县改为新密市。

# 第二节　以往考古工作概述

## 一、溱洧流域新石器时代至商代考古学文化序列的建立

考古工作者确立了旧石器时代已降的考古学文化，即裴李岗文化、仰韶文化、龙山文化、"新砦期"遗存、二里头文化、二里岗文化（二里岗期商文化）以及殷墟文化。现分别介绍如下：

（一）裴李岗文化

裴李岗文化是以1977年开始发掘的河南省新郑裴李岗遗址而得名。目前发现裴李岗文化遗址已达100余处，分布在河南境内的40多个县、市，其中，黄河南岸的豫中地区较为集中，豫西山地的浅山丘陵地带和豫南的大部分地区也有分布。北到黄河以北的安阳地区，南到与湖北相邻的信阳地区，西到洛河、淅川上游的卢氏，东到惠济河流域和颍河流域的杞县、项城地区。已发掘的重要遗址有新郑裴李岗、沙窝李、唐户遗址，新密马良沟、莪沟北岗遗址，临汝中山寨遗址，长葛石固遗址，舞阳贾湖遗址，郏县水泉遗址等[1]。

裴李岗文化有着特征明显的器物群，主要表现在陶器和石器方面。陶器以泥质红陶为主，夹砂红褐陶次之，泥质灰陶较少，还有很少的黑陶。陶器均为手制，较大的器形采用泥条盘筑法。陶胎厚薄不均，陶色深浅不一，火候低，吸水性强，易破碎。泥质陶多为素面，个别进行磨光。夹砂陶常见有附加乳丁纹、篦点纹、压印纹、划纹、指甲纹等。富有特征的器形有双耳壶、三足双耳壶、圜底钵、三足钵、深腹罐、鼎、碗、陶勺、假圈足壶也很具特色。石器有磨盘、磨棒、斧、铲、锯齿镰、刀、镑、凿等[2]。

① 中国社会科学院考古研究所：《中国考古学·新石器时代卷》，中国社会科学出版社，2010年，第126～129页。
② 中国社会科学院考古研究所：《中国考古学·新石器时代卷》，中国社会科学出版社，2010年，第130～132页。

根据对裴李岗文化各遗址出土器物的类比，目前可把裴李岗文化暂时分为裴李岗类型和贾湖类型。裴李岗类型大多为素面的泥质陶，少部分陶器（壶、钵）的表面有明显的磨光痕迹，并存在表皮脱落的现象。最常见的陶器器形有三足钵、圜底钵、小口双耳壶等，在墓葬中除随葬其他生产工具外，随葬石磨盘、石磨棒的现象也较为普遍①。双洎河上游地区的裴李岗、马良沟、莪沟北岗等遗址均属于裴李岗类型的重要遗址。

（二）仰韶文化

仰韶文化为中国黄河中游地区一支重要的新石器时代考古学文化，得名于1921年安特生在河南渑池仰韶村遗址的发掘。对于仰韶文化的概念目前学术界还没有一致的认识，有的将它作为一个时代的代称，这是广义的仰韶文化；有的只将它作为典型仰韶文化的名称，这是仰韶文化的本体，也是狭义的仰韶文化②。仰韶文化主要分布在陕西、河南、山西三个省区内，此外在邻近中原的甘肃、湖北、河北和内蒙古自治区境内也有分布。可划分为几个不同的文化区域，包括关中－陕南－晋南－豫西区、洛阳－郑州区、豫北－冀南区、丹江区、陇东区、张家口区、河套区等③。

在典型仰韶文化区内，有半坡文化、庙底沟文化、西王村文化，为仰韶文化一脉相承的三个发展阶段。其他区域有豫北－冀南区的后岗一期文化和大司空文化、洛阳－郑州区的大河村文化或秦王寨文化、丹江区的下王岗文化等，相关的重要遗址有安阳后冈、大司空，濮阳西水坡，郑州大河村、荥阳秦王寨，洛阳王湾，淅川下王岗等遗址。

双洎河上游（溱洧流域）地区此阶段文化属于洛阳－郑州区的大河村文化，主要分布在以嵩山为中心的伊洛郑州地区，陶器以泥质红陶和夹砂灰陶为主，晚期流行轮制技术。纹饰多附加堆纹、方格纹、篮纹和镂空，彩陶有复彩和白衣彩，图案有弧边三角纹、月牙纹、太阳纹、方格纹、六角星纹等。陶器器类主要有鼎、豆、碗、罐和盆等，代表性器形有釜形鼎、罐形鼎、小口尖底瓶、大口尖底瓶、折腹盆等。工具多石铲、刀、镰和陶刀等④。

根据碳十四年代测定的结果，典型仰韶文化中半坡文化、庙底沟文化、西王村文化的年代依次为公元前4900～前3800年、前3900～前3600年、前3600～前2900年；其中，洛阳－郑州区大河村文化的年代为公元前3900～前2900年。

双洎河上游（溱洧流域）所在地区仰韶文化时期对应的考古学文化应为以大河村遗址为代表的大河村文化。在大河村遗址的发掘报告《郑州大河村》一书中，大河村仰韶文化分为七期：前三期、前二期、前一期、第一期、第二期、第三期、第四期。

我们以已有的大河村仰韶文化的年代序列为基础，把双洎河上游（溱洧流域）地区的仰韶文化分为早期、中期和晚期，分别相当于大河村仰韶文化的前三期、前二期，前一期为早期，第一期、第二期为中期，第三期、第四期为晚期。

---

① 中国社会科学院考古研究所：《中国考古学·新石器时代卷》，中国社会科学出版社，2010年，第132页。
② 中国社会科学院考古研究所：《中国考古学·新石器时代卷》，中国社会科学出版社，2010年，第207页。
③ 中国社会科学院考古研究所：《新中国的考古发现和研究》，文物出版社，1984年。
④ 中国社会科学院考古研究所：《中国考古学·新石器时代卷》，中国社会科学出版社，2010年，第221页。

（三）龙山文化

龙山文化最初发现于山东省章丘市龙山镇的城子崖遗址。该遗址以精美的磨光黑陶为显著特征。后在长江以北大部分省区都有所发现，随着田野材料的丰富和科学研究的深入，提出"龙山时代"的概念[①]——是指各地区龙山文化时代的地域考古学文化。

中原龙山文化时期诸文化主要包括分布地域各不相同的王湾三期文化、后岗二期文化、陶寺文化和客省庄文化四个考古学文化[②]。

以王湾三期文化为代表的一类遗存是河南龙山文化时期的核心和主体。这一文化主要分布在河南省中部，其范围东起郑州左近，西至渑池，北达济源，南抵驻马店一带，位于中原的核心地区[③]。王湾三期文化可分为王湾类型、煤山类型和郝家台类型。双泊河上游（溱洧流域）正位于这一地区的中部偏东。此文化经过发掘的遗址有30余处，但溱洧流域经过正式考古发掘的仅新砦、古城寨两处遗址。

王湾三期文化陶器的特征是大量使用灰色、特别是深灰色陶器，包括泥质灰陶和夹砂灰陶两种，同时也有少量的泥质或夹砂红陶和泥质黑陶。陶器制法以轮制为主，器底多有轮旋纹。烧制火候均较高。纹饰有绳纹、篮纹、方格纹、附加堆纹和弦纹等，前三种最为流行。常见器形有罐形鼎、矮足鼎、斝、鬶、甗、深腹罐、小口鼓腹罐、敞口罐、盆、钵、碗、杯、盘、豆等。生产工具以磨制石器和骨器最多，石器有斧、锛、铲、凿、刀、镰、钻、矛、镞等，骨器有铲、凿、匕、锥、针、鱼镖等，此外还有少量的蚌、角、陶质工具[④]。

溱洧流域龙山文化遗址分布密集，但一般遗址的面积不大，仅有二三万或数万平方米，但也有达到100万平方米的新砦遗址，文化堆积十分丰富。除了发现房屋建筑以外，还有窖穴、水井、排水沟和陶窑等。石灰、土坯和木材等新型建筑材料普遍使用，不仅盛行用石灰抹平地面的白灰面房屋，还出现了白灰面窖穴、用土坯筑墙的土坯房等先进的建筑。

王湾三期文化的城址目前已发现了4座。它们是登封王城岗城、郾城县郝家台城、新密市古城寨城和新砦城。其中，古城寨城为圆角长方形，其南、北、东三面至今仍保存有夯土城墙，如以城墙基础计算，城内面积近17万平方米。在城内发现有面积近400平方米的夯土台宫殿建筑遗址，面阔七间，三边有回廊，并连接长廊庑基址[⑤]。

依据"夏商周断代工程"AMS法测定王城岗二、三期的年代范围为公元前2132～前2030年，则王湾三期文化的年代下限约当公元前21世纪，据此我们推测至少其晚期应该在夏代纪年之内[⑥]。

（四）"新砦期"遗存

"新砦期"遗存得名于新密市（原密县）新砦遗址，主要以新密新砦遗址1979年试掘的H3、H7、H5和1975年发掘的临汝煤山遗址H30、H70等为代表，同类遗存分布相当广泛。

① 严文明：《龙山文化和龙山时代》，《文物》1981年第6期。
② 中国社会科学院考古研究所：《中国考古学·新石器时代卷》，中国社会科学出版社，2010年，第529～530页。
③ 中国社会科学院考古研究所：《中国考古学·新石器时代卷》，中国社会科学出版社，2010年，第530页。
④ 中国社会科学院考古研究所：《中国考古学·新石器时代卷》，中国社会科学出版社，2010年，第533页。
⑤ 河南省文物考古研究所、新密市炎黄历史文化研究会：《河南新密市古城寨龙山文化城址发掘简报》，《华夏考古》2002年第2期。
⑥ 中国社会科学院考古研究所：《中国考古学·夏商卷》，中国社会科学出版社，2010年，第49页。

　　"新砦期"遗存的灰坑多为口大底小的圆形坑，其次是竖壁平底的圆形坑，另外还有圆形袋状坑和椭圆形、长方形坑等。

　　关于"新砦期"的年代，有几种不同的说法。1975年发掘临汝煤山遗址，将其归为二里头文化一期，认为"其时代晚于煤山二期，与一般二里头文化一期文化相同或略早"[1]。1979年中国社会科学院河南二队试掘新砦遗址，认为"新砦期文化是介于河南龙山文化晚期和二里头文化一期之间的文化遗存，似乎更接近于二里头文化一期"，因此称之为"新砦期二里头文化"[2]。后来，又认为新砦这类遗存"下限应早于二里头早期文化"，提出应把它从二里头早期中区别出来，称为"新砦期文化"[3]。也有人将其归入龙山文化末期，称其为"郑洛地区龙山时代最晚的遗存"[4]。王湾三期文化晚期经由"新砦期"过渡到二里头文化的观点，经1999年对新砦遗址的再试掘又一次得到证实[5]。

　　新砦遗址二期早段与一期较为接近，一期遗风较浓，部分遗迹单位常见一期口沿带凹槽的深腹罐、粗柄豆、圈足盘等器形；深腹罐的唇部仍有不少方唇，腹部较鼓；刻槽盆有的仍为平底等。到了新砦二期晚段，流行折肩罐和尊形瓮，器盖大量出现，深腹罐口沿流行加厚作风，豆变为细柄、折壁、浅盘，刻槽盆也变为小平底或近圜底，盖纽已经出现菌状。新砦第二期这些陶器特点与新密黄寨[6]、郑州二七路[7]、巩义花地嘴[8]等遗址发现的同类遗存相同，年代也应大致相当。经过对新砦第二期出土木炭标本进行碳十四年代的测定，经校正后，我们认为新砦第二期的绝对年代当在公元前1850~前1750年之间。

　　新砦二期与王湾三期文化（即河南龙山文化）相比，缺少后者的标型器——双腹盆和斝；与二里头相比，缺少二里头文化的标型器——圆腹罐和花边罐；新砦二期拥有自己的典型器——宽折沿深腹罐、直壁双层纽器盖、子母口瓮和深腹盆形甑。从文化特征上看，既不宜将之归入王湾三期文化，也不便径直归入二里头文化，其性质为从王湾三期文化向二里头文化的过渡，因此，可命名为"新砦二期文化"[9]。

　　（五）二里头文化

　　二里头文化，是以偃师二里头遗址的发现而命名的。

　　二里头文化的分布中心是河南省中、西部的郑州、洛阳地区和山西省西南部的运城、临汾地区。二里头文化可以划分为二里头、东下冯两个类型，二里头类型是二里头文化的主体，分布面积最广，文化内涵最丰富[10]。在溱洧流域经过发掘的二里头文化遗址有新密新砦、黄寨、曲梁。溱

①　洛阳博物馆（方孝廉）：《河南临汝煤山遗址调查与试掘》，《考古》1975年第5期。
②　中国社会科学院考古研究所河南二队（赵芝荃）：《河南密县新砦遗址的试掘》，《考古》1981年第5期。
③　中国社会科学院考古研究所河南二队（赵芝荃）：《河南密县新砦遗址的试掘》，《考古》1981年第5期。
④　赵春青：《中原龙山文化王湾类型再分析》，《洛阳考古四十年》，科学出版社，1996年。
⑤　中国社会科学院考古研究所：《中国考古学·夏商卷》，中国社会科学出版社，2010年，第50~51页。
⑥　河南省文物研究所：《河南密县黄寨遗址的发掘》，《华夏考古》1993年第3期。
⑦　河南省文物研究所（杨育彬）：《郑州北二七路新发现三座商墓》，《文物》1983年第3期。
⑧　顾万发、张松林：《巩义花地嘴遗址发现"新砦期"遗存》，《古代文明研究通讯》总第十八期，2003年。郑州市文物考古研究所、北京大学考古文博学院：《河南巩义市花地嘴遗址"新砦期"遗存》，《考古》2005年第6期。
⑨　北京大学震旦古代文明研究中心、郑州市文物考古研究院：《新密新砦——1999~2000年田野考古发掘报告》，文物出版社，2008年，第430页。
⑩　中国社会科学院考古研究所：《中国考古学·夏商卷》，中国社会科学出版社，2010年，第82~90页。

洧流域的二里头文化属于二里头类型。

二里头类型陶器群的主要特征是：炊具以深腹罐和圆腹罐为主，此外有鼎、甗，一、二期基本不见鬲，三、四期有鬲，但鬲在整个陶器群中始终不占主导地位；酒器占相当大的比重，品类有爵、斝、盉、鬶、尊等；食器有豆、三足皿、平底盆、簋；水器有杯、壶、捏口罐；盛储器有折沿盆、卷沿盆、缸等；其他器类有刻槽盆、透底器等。一期时纹饰以篮纹为主，方格纹、细绳纹次之；二期时纹饰从以篮纹为主转为以细绳纹为主；三、四期流行绳纹，罕见篮纹和方格纹。

二里头文化的年代晚于河南龙山文化而早于郑州二里岗期商文化，在临汝煤山等遗址曾发现二里头文化层叠压在河南龙山文化层之上，在二里头等遗址则发现二里头文化层被郑州商代二里岗期文化层所叠压。这些地层关系，说明二里头文化的相对年代介于河南龙山文化与郑州二里岗期商文化之间。二里头文化的绝对年代，依据碳十四测定并经树轮校正的年代数据，大致为公元前1900～前1500年[①]。

（六）二里岗文化（二里岗期商文化）

商代文化可分为两大期：武丁以前为早商文化即二里岗期商文化，武丁至帝辛时期为晚商文化即殷墟文化。双洎河上游（溱洧流域）所在的郑州洛阳地区，在二里头文化之后的考古学文化序列，就是以郑州商城和偃师商城为代表的二里岗文化，即商前期的考古学文化。

二里岗文化分布范围为西至西岳华山，东近豫鲁苏皖邻境地区，北面基本以黄河为界，但在个别地方已经跨过黄河，南面大体在桐柏山以北。中心区域为郑洛地区。在已发掘的众多遗址中，比较著名的还有垣曲商城[②]、偃师二里头遗址[③]、巩县（今巩义市）稍柴[④]、登封王城岗[⑤]、郑州上街[⑥]、陕县七里铺[⑦]等。

二里岗类型陶器群中占主导作用者，是源于下七垣文化的一组陶器。作为主要炊具的鬲，绝大多数都是卷沿、圆唇、细绳纹、袋足下垂，另有平底的深腹罐、中腹盆、敞口曲腹的浅腹盆、基本素面的束颈深腹盆等。陶器群中还有源于二里头文化的因素，以圜底器最为明显，包括斝、爵、斝、大口尊、圜底深腹罐、捏口罐、刻槽盆、圜底甑、有肩绳纹小口瓮、深腹外撇的深腹罐及其由此派生出来的圜底或凹圜底的中腹盆。除此之外，二里岗类型还包括了岳石文化因素，如子母口的灰陶，素面或具篦状利痕的红褐色陶器，包括深腹罐、鬲、甗、深腹盆、鼎、碗等器形。邻近的潞王坟－宋窑类遗存也是二里岗类型的来源之一，比较典型的包括有领、鼓腹、凹圜底的深腹罐，有肩、下腹饰有细绳纹的深腹盆，折肩、圜底、三扁足的鼎以及曲腹豆等。二里岗类型的另外一部分陶器来自南方地区，主要是各类印纹硬陶和原始瓷器等。还有一些陶器是新创造和发明的，其中以直壁簋、粗柄豆等最为典型。

---

① 仇士华、蔡连珍、冼自强等：《有关所谓"夏文化"的碳十四年代测定的初步报告》，《考古》1983年第10期。

② 中国国家博物馆田野考古研究中心、山西省考古研究所、垣曲县博物馆：《垣曲商城（二）——1988～2003年度考古发掘报告》，科学出版社，2014年。

③ 中国社会科学院考古研究所：《偃师二里头1959年～1978年发掘报告》，中国大百科全书出版社，1999年。

④ 河南省文物研究所：《河南巩县稍柴遗址发掘报告》，《华夏考古》1993年第2期。

⑤ 河南省文物研究所、中国历史博物馆考古部：《登封王城岗与阳城》，文物出版社，1992年。

⑥ 河南省文化局文物工作队：《河南郑州上街商代遗址发掘报告》，《考古》1966年第1期；《郑州上街商代遗址的发掘》，《考古》1960年第1期。

⑦ 河南文物工作队：《河南陕县七里铺商代遗址的发掘》，《考古》1960年第1期。

二里岗文化时期被划分为四期，二里岗下层一期、二里岗下层二期、二里岗上层一期、二里岗上层二期[①]。商前期的郑州商城和偃师商城系列，考古资料丰富，分期成熟，碳十四测年得到的年代数据为公元前 1580 ~ 前 1300 年[②]。

（七）殷墟文化（商代后期）

19 世纪末，在安阳小屯一带就发现了甲骨文。1928 年开始的安阳殷墟发掘，是中国考古事业中范围最大、持续时间最长的考古发掘。

作为商代晚期都城，安阳殷墟的文化遗存，或称"殷墟文化"，是晚商文化的集中体现和代表。陶器以泥质灰陶和夹砂灰陶为主，晚期出现部分红陶器。绳纹是陶器上最主要的装饰纹样，此外还有弦纹、三角划纹。日常用具有鬲、甗、甑、簋、盆、豆、罐、尊等。铜器器类繁多，有觚、爵、瓿、尊、鼎、簋等容器，戈、矛、钺、镞、斧等兵器或工具。随葬品组合无论是陶器墓还是铜器墓，基本以觚、爵为中心。至晚商四期，以明器或明器化的陶器随葬的现象比较突出[③]。

对殷墟文化的分期，现在一般比较认同的是四分法：第一期年代约在武丁早期，第二期年代约在武丁后期至祖庚、祖甲时期，第三期约在廪辛、康丁、武乙、文丁时期，第四期总体上约当商代最后两王帝乙、帝辛时期，该期最晚阶段或可延续到西周初年。安阳殷墟的分期可作为其他晚商文化已存档分期的标尺[④]。溱洧流域的晚商遗存基本也可按照殷墟的分期进行。

根据殷墟一至四期及甲骨分期系列样品的碳十四测定，可推知殷墟文化遗存的年代范围大致为公元前 13 世纪中叶至前 11 世纪中叶。《夏商周断代工程 1996 ~ 2000 年阶段成果报告（简本）》曾推定武丁到帝辛的年代为公元前 1250 ~ 前 1046 年，与殷墟文化所包含的年代范围大体相符[⑤]。

## 二、溱洧流域田野考古工作概述

（一）20 世纪 50 年代

程庄遗址，处于东面溱水、西南面柳溪河水之交汇地带。1956 年发现之后，曾进行多次调查[⑥]。1987 年密县人民政府以密政〔1987〕45 号文件公布其为县级文物保护单位。1997 年河南省文物考古研究所曾对该遗址进行过试掘，遗址时代为仰韶文化晚期及龙山文化早期[⑦]。

沙石嘴遗址，处于西、北临溱水西侧支流的河流环绕地带。20 世纪 50 年代发现，曾多次进行调查。认为其为仰韶遗存，其上叠压有龙山早期文化层[⑧]。1963 年 6 月 20 日河南省人民委员会豫文字第 833 号文件公布其为第一批省级文物保护单位。

---

①　安金槐：《关于郑州商代二里岗期陶器分期问题的再探讨》，《华夏考古》1988 年第 4 期。
②　张雪莲、仇士华：《关于夏商周碳十四年代框架》，《华夏考古》2001 年第 3 期。
③　中国社会科学院考古研究所：《中国考古学·夏商卷》，中国社会科学出版社，2010 年，第 312 ~ 313 页。
④　中国社会科学院考古研究所：《中国考古学·夏商卷》，中国社会科学出版社，2010 年，第 294 页。
⑤　中国社会科学院考古研究所：《中国考古学·夏商卷》，中国社会科学出版社，2010 年，第 294 页。
⑥　魏殿臣、谷洛群：《密县古文化遗址概述》，《河南文博通讯》1980 年第 3 期。
⑦　河南省文物考古研究所（院）内部资料。
⑧　河南省文物局：《河南省文物志》第一编"遗存"，文物出版社，2009 年，第 40 页。

（二）20 世纪 60 年代

杨庄遗址，处于溱水与其东北—西南向支流交汇处北面区域。20 世纪 60 年代初发现，此后经多次调查。郑州市文物考古研究院曾进行过调查，确定为以龙山文化晚期为主的遗址。

裴洼遗址位于新密市区西 3.5 千米城关镇马鞍河村东台地上。西临马鞍河，高出河床约 10 米。东西长 500 米，南北宽 400 米，总面积约 20 万平方米。1961 年原密县文化馆在进行文物调查时，在遗址区域内采集到大量泥质灰陶片，主要有鬲、甗、豆、盆等遗物，从器物特征看属商代文化遗存。当时采集到的标本，由于种种原因，现已遗失。

曲梁遗址，处于西、东、北被溱水环绕的三流交汇地带。20 世纪 60 年代发现，以后又经多次调查①。

老城东北角遗址，处于洧水主要支流绥水北面支流皂角树河水及菜园沟水所夹地域。1964 年秋，城关镇东街村村民深翻平整土地时发现文化遗物。经群众报告，密县文化馆发现此遗址，当时采集到的标本包括石器及灰陶、泥质红陶片、夹砂褐陶片等，属于裴李岗文化遗存②。

青石河遗址，处于西临洧水北面支流绥水支流青石河地带。1965 年当地群众在遗址区域内耕地时，发现石磨盘 1 件及红陶片，群众将出土的石磨盘送交密县文化馆，属于裴李岗文化遗存③。

新砦遗址④，位于新密市区东南 23 千米，刘寨镇新寨村西台地上。南临洧水，东部是洧水转弯故道，西北和北部为开阔平地，中部有 3 条自西向东的土沟。1967 年原密县教育局文化教员王占奎，在遗址区域内捡到了陶片，密县文化馆工作人员在实地考察中发现了遗址断崖上暴露的房基和遗物，北部为龙山文化晚期遗存，中部和南部为二里头文化遗存。采集的陶器有鼎、深腹罐、甑、大口罐、敛口罐、高领罐、平底盆、刻槽盆、圈足盆、三足盘、钵、豆、壶、杯、缸等。特别是在遗址北部，还采集到龙山文化晚期乐器陶铃 1 件，经鉴定，已列入国家一级文物。1979 年 3～4 月，中国社会科学院考古研究所河南二队对该遗址进行了试掘，在遗址南部的最高处开挖 4 个探方，清理一些在断崖上暴露的遗迹。发现龙山文化灰坑 6 个，二里头文化灰坑 5 个、墓葬 1 座和一批文化遗物。

出土的龙山文化遗物主要为陶器，有深腹罐、鼎、甗、甑、大口罐、中口罐、小口罐、双耳盆、平底盆、高领罐、碗、单耳杯、杵形杯、鬶、尊形器、筒形器和器盖、纺轮等。石器有斧、铲、镰、刀、锛、镞等。还出土一些骨铲、骨镞、骨锥、骨笄、骨管等骨器。

出土的二里头文化遗物以陶器为多，主要器形有深腹罐、鼎、大口罐、双耳盆、平底盆、刻槽盆、圈足盘、小口高领罐、豆、小盘、瓮和器盖等。从陶器形制看，主持发掘和整理工作的赵

① 魏殿臣、谷洛群：《密县古文化遗址概述》，《河南文博通讯》1980 年第 3 期。北京大学考古文博学院：《河南新密曲梁遗址 1988 年春发掘报告》，《考古学报》2003 年第 1 期。

② 开封地区文物管理委员会：《河南开封地区新石器时代遗址调查简报》，《考古》1979 年第 3 期。魏新民：《新密溱洧流域裴李岗文化》，《河南文物考古论集（四）》，大象出版社，2006 年。

③ 开封地区文物管理委员会：《河南开封地区新石器时代遗址调查简报》，《考古》1979 年第 3 期。魏新民：《新密溱洧流域裴李岗文化》，《河南文物考古论集（四）》，大象出版社，2006 年。

④ 赵芝荃：《河南密县新砦遗址的试掘》，《考古》1981 年第 5 期。北京大学考古文博学院、郑州市文物考古研究所：《河南新密市新砦遗址 1999 年试掘简报》，《华夏考古》2000 年第 4 期。赵春青：《新砦期的确认及其意义》，《中原文物》2002 年第 1 期。北京大学震旦古代文明研究中心、郑州市文物考古研究院：《新密新砦——1999～2000 年田野考古发掘报告》，文物出版社，2008 年。中国社会科学院考古研究所河南新砦队、郑州市文物考古研究院：《河南新密市新砦遗址东城墙发掘简报》《河南新密市新砦遗址浅穴式大型建筑基址的发掘》，《考古》2009 年第 2 期。

芝荃先生认为新砦遗址的主体遗存呈现从河南龙山文化晚期向二里头文化过渡的特征，他提出了"新砦期二里头文化"的概念。"新砦期"亦即介于龙山文化与二里头文化之间的过渡期。"新砦期"一经提出，在学术界里引起了强烈反映，由于条件限制，未被学术界认可。

（三）20 世纪 70 年代

张湾遗址，北部为溱水，西南部是张湾水库，高出河床 20 米。遗址东西长 150 米，南北宽 100 米，总面积 1.5 万平方米。1971 年当地群众在遗址区域内深翻土地时，采集到双刃石铲 1 件。铲呈淡黄色，铲身略凸，呈弧形，上下两端有刃。出土器物由下乡知识青年王梅生送交原密县文化馆。县文化馆在现场勘察时又发现一些泥质和夹砂陶片。遗址出土的石铲和陶片与莪沟遗址出土的相同，属新石器时代中期裴李岗文化遗存[①]。

惠沟遗址，处于西面临洧水支流的地带上。1972 年修杞密公路时发现，在遗址崖壁上采集到的陶器有鼎、深腹罐、小口高领罐、敛口罐、钵、折腹盆、小盆和缸等。为仰韶文化晚期遗存[②]。

张庄遗址，位于新密市大隗镇南张庄村北，处于东侧河流半环绕地带。遗址南北长 500 米，东西宽 200 米，总面积约 10 万平方米。1972 年当地群众在遗址区域内平整土地时，采集到大量陶片，有鬲、豆、罐、瓿等器物。体型较大，器壁一般较厚，饰绳纹。从陶器形制看，具有商代晚期文化和西周早期文化特征。是一处商周文化遗址，对研究商周文化的发展有一定价值。

老城东关遗址，处于洧水主要支流绥水北面支流皂角树河水及菜园沟水所夹地域。1975 年老城东街生产队在耕地时，经群众报告，密县文化馆发现此遗址，当时采集到的标本包括石器及泥质红陶片等，属于新石器时代中期裴李岗类型文化遗址[③]。

裴李岗遗址，于 1977 年发现，同年春进行了发掘[④]。1977～1979 年，原开封地区文物管理委员会、郑州大学、中国社科院考古所等先后对裴李岗遗址进行过 4 次发掘，遗迹有墓葬、陶窑、灰坑、窖穴、房屋等，揭露面积 2700 多平方米，发掘墓葬 114 座、陶窑 1 座、灰坑 10 余个及几处残破的穴居房基。遗址东半部为聚落遗址，文化层厚 1～2 米，内含遗物极少。西半部为氏族墓地，埋葬相当密集，均为长方形土坑竖穴墓。出土各种遗物 400 多件，有陶器、石器、装饰品、艺术品等。其中石器有铲、斧、镰、磨盘、磨棒等，制作精致，特别是用砂岩琢磨而成的磨盘，平面呈椭圆形，腰部内收，整体呈鞋底状；陶器有壶、钵、罐、碗、鼎及猪、羊模型等；骨器有针、锥、镞等[⑤]。1978 年题为《河南新郑裴李岗新石器时代遗址》的简报发表之后，引起了中国考古界广泛重视。

莪沟北岗遗址，处于东北面绥水、南面洧水二流交汇地域，地势高亢、险要。1975 年 9 月，

① 国家文物局：《中国文物地图集·河南分册》，中国地图出版社，1991 年，第 45 页。开封地区文物管理委员会：《河南开封地区新石器时代遗址调查简报》，《考古》1979 年第 3 期。
② 国家文物局：《中国文物地图集·河南分册》，中国地图出版社，1991 年，第 45 页。
③ 开封地区文物管理委员会：《河南开封地区新石器时代遗址调查简报》，《考古》1979 年第 3 期。魏新民：《新密溱洧流域裴李岗文化》，《河南文物考古论集（四）》，大象出版社，2006 年。
④ 开封地区文物管理委员会、新郑县文物管理委员会：《河南新郑裴李岗新石器时代遗址》，《考古》1978 年第 2 期。
⑤ 开封地区文物管理委员会、新郑县文物管理委员会、郑州大学历史系考古专业：《裴李岗遗址一九七八年发掘简报》，《考古》1979 年第 3 期。郑州历史文化丛书编纂委员会：《郑州市文物志》，河南人民出版社，1999 年。魏殿臣、谷洛群：《密县古文化遗址概述》，《河南文博通讯》1980 年第 3 期。

原密县文化馆人员在当地群众家里意外发现其在遗址区内采集到石磨盘和石斧各一件。1977 年 10月生产队在遗址区内平整土地时，又采集到 10 余件石磨盘、石磨棒、石铲和大量陶片，从而发现了该遗址①。1977 年 11 ~12 月和 1978 年 3 ~5 月，河南省博物馆会同原密县文化馆，对遗址先后进行了两次考古发掘②。收获十分丰富，出土的一些遗物是裴李岗遗址所没有的，大大丰富了裴李岗文化的内容。

接着于 1978~1981 年，在河南省博物馆及中国社会科学院考古研究所和开封地区文管会的指导下，原密县文化馆对洧水中上游裴李岗文化遗址进行了普查，除莪沟北岗遗址外，又发现了马良沟等裴李岗文化聚落遗址。

马良沟遗址，处于西临杨河水右源、东临杨河水主源的二流交汇地带。1978 年冬，当地群众在遗址区域内平整土地时采集到石磨盘、石磨棒各 1 件。来集公社文化站站长郑明恩同志闻讯后，到平整土地现场收集了出土的文物，并将这一情况报告县文化馆。县文化馆和开封地区文管会分别到当地调查后，于 1979 年 5 月 9 日开始试掘，开封地区文管会与密县文管会联合进行发掘，开挖 4 米×10 米探沟两条，历时 6 天，试掘面积 80 平方米。出土遗物丰富，有石器和陶器。从出土遗物的特征看，同裴李岗遗址的文化遗物基本相同。

平陌西沟遗址，位于新密市区西南 12 千米平陌镇平陌村西的台地上，地处洧水北岸约 200 米的大沟西侧。东西长约 400 米，南北宽约 300 米，总面积约 12 万平方米。1977 年生产队在遗址区域内平整土地时挖出有石器和陶器，石器有斧、铲等，陶器有鼎、罐、甑、碗、器盖等。从出土的石器和陶器内涵看，属龙山文化遗存。遗物现已遗失。

王嘴遗址，处于洧水北面支流圣寿西溪水东侧台地地带。1978 年 6 月文物普查时发现双刃石铲 1 件③。

西瓦店遗址，位于新密市区西南约 8 千米西瓦店绥水南岸台地上。东西长约 600 米，南北宽约 200 米，总面积 12 万平方米。1978 年砖厂工人在遗址区域内挖土时采集到的石器有斧、凿，陶器有鼎、罐、澄滤器、碗、器盖等。新密市文物管理所采集有文化遗物，当时依据陶片标本确定该遗址的时代为龙山文化时期遗存。现今，由于种种原因，陶片标本已遗失，仅存石器。

河西遗址，位于新密市东 25 千米曲梁乡河西村溱水西岸的台地上，高出河床约 15 米。遗址南北长 150 米，东西宽 100 米，总面积约 1.5 万平方米。1978 年 6 月，当地群众在遗址区域内取土时，在崖头土缝中采集到铜爵、铜觯各 1 件，送交密县文化馆，现存新密市博物馆。在现场考查中又采集到深腹罐、大口尊等陶器。从出土的陶器、铜器的特征看，陶器为晚商文化遗存，铜器为西周文化遗存。此遗址是一处商周文化遗址。

（四）20 世纪 80 年代

马家遗址，地处溱水东岸。1983 年在全省文物普查中发现了该遗址。当时在遗址区域内采集到的陶器有鼎、深腹罐、鬲、盆、折腹盆、钵、圈足盆、碗、大口罐、瓮和器盖等。从陶器内涵看，属龙山文化晚期。因还有二里头文化早期特征，对探索夏文化有重要价值。1987 年密县人民

---

① 开封地区文物管理委员会：《河南开封地区新石器时代遗址调查简报》，《考古》1979 年第 3 期。
② 河南省博物馆、密县文化馆：《河南密县莪沟北岗新石器时代遗址》，《考古学集刊》第 1 集，中国社会科学出版社，1981 年。
③ 开封地区文物管理委员会：《河南开封地区新石器时代遗址调查简报》，《考古》1979 年第 3 期。

政府以密政〔1987〕45 号文件公布为县级文物保护单位。

菜园沟遗址，位于新密市区西街 6 千米城关镇东瓦店村绥水北岸台地上。东西长约 500 米，南北宽约 200 米，总面积约 10 万平方米。在 1983 年开展全省文物普查时，在遗址区域内采集到的石器有斧、锛、凿等，陶器有鼎、深腹罐、盆、钵、瓮、器盖等。属龙山文化遗存。

尖城岗遗址，位于新密市区南 7 千米超化镇河西村西岗上，处洧水和绥水交汇的三角地带。西距莪沟北岗遗址约 1 千米。遗址东西长约 300 米，南北宽约 200 米，总面积约 6 万平方米。1984 年文物普查时在遗址区域内采集到陶鼎、红陶盆、白衣彩陶钵等。属仰韶文化遗存①。

裴洼遗址，1988 年 3 月北京大学考古系商周实习组和郑州市文物工作队联合进行首次发掘，遗迹时代以河南龙山文化、二里头文化、商文化为主，其中以二里头文化堆积最为丰富②。

曲梁遗址，位于新密市曲梁乡曲梁村北，东面有小司河，西面和南面有溱水河，两河在遗址东南相汇。遗址地势平坦，处于两河之间的高台地上。南北长约 600 米，东西宽约 400 米，面积约 24 万平方米，文化层厚 2～4 米。1988 年春，曾经发掘总面积 285 平方米。清理灰坑 30 个，其中二里头文化灰坑 25 个，商文化灰坑 5 个；墓葬 2 座，水井 2 个③。2000 年 9 月 25 日，河南省人民政府豫政〔2000〕55 号文公布其为河南省第三批文物保护单位。

杨家门遗址，处于洧水北面支流武定河水北面高岗地带。1985 年，群众在取土时发现该遗址，出土石磨盘、石磨棒各 1 件及大量红陶片④。依据对当时采集标本的观察，为裴李岗文化遗存。

耿庄遗址，处于东面溱水左源流经地带。原密县文物保护管理所在 1986 年检查文物安全中发现。

交流寨遗址，处于东面溱水、北面柳溪河水、南面洧水三流交汇地带，地势高亢、险要。史载郑国东迁，曾在该地建都。1986 年文物普查时发现此遗址。1997 年河南省文物考古研究所对其进行文物勘探。2004 年 10 月新密市人民政府公布其为文物保护单位，2006 年 8 月新密市文物管理所文物普查进行复查。采集标本大部分时代为仰韶文化中期庙底沟类型，少量为仰韶文化晚期者。另外，河南省文物考古研究所进行文物勘探除发现新石器时代遗存外，还发现有东周时期遗存。

补子庙遗址，位于潭村湾村西北绥水北岸台地上。1987 年 5 月 8 日调查补国故城时发现。在遗址区域内调查发现的陶器有鼎、深腹罐、盆、钵、尖底瓶等，还有大量的红陶和灰陶陶片。属仰韶文化早期遗存。另据新密市文物管理所同志介绍，河南省文物考古研究所新郑工作站工作人员曾在此遗址调查，发现有裴李岗文化陶片。

老城后街遗址，位于新密市城区老城后街轴承厂北墙外岗地上。遗址东西长 300 米，南北宽 200 米，总面积约 6 万平方米。1988 年老城东街生产队社员在遗址区域内取土时采集到鬲、罐、大口尊、盆等陶器及石器，由于种种原因，现仅存石器。

洪山庙遗址，位于新密市区东南 23 千米大隗镇洪山庙村北台地上，地处洧水南岸，与新砦遗

---

① 国家文物局：《中国文物地图集·河南分册》，中国地图出版社，1991 年，第 45 页。
② 李维明：《试论曲梁、岔河夏商文化遗址的分期》，《华夏考古》1991 年第 2 期。
③ 北京大学考古文博学院：《河南新密曲梁遗址 1988 年春发掘报告》，《考古学报》2003 年第 1 期。
④ 国家文物局：《中国文物地图集·河南分册》，中国地图出版社，1991 年，第 45 页。

址隔河相望。南北长约 300 米，东西宽约 200 米，总面积约 6 万平方米。出土陶器有鼎、深腹罐、折腹盆、钵、圈足盘及器盖等。和新砦遗址出土的龙山文化陶器形制基本相同，属龙山文化遗存①。

（五）20 世纪 90 年代

黄寨遗址，位于新密市城区东南 9 千米处的来集镇黄寨村西南台地上。洧水在台地南部由西向东流过，台地北边的断崖下是新（新郑）密（原密县）公路。遗址所在的台地为河旁阶地，高出现河面约 10 米，现存面积东西长 100 米，南北宽 50 米，总面积 5000 平方米。1990 年 7 月，为配合境内宋（宋寨）大（大冶）铁路建设，河南省文物研究所会同密县文物保护管理所对铁路沿线进行文物调查时发现该遗址。1991 年春，进行了抢救性发掘，开挖 5 米×5 米探方 10 个，发掘面积 250 平方米，并清理了灰坑 8 个，获得一批文化遗物。灰坑分圆形、椭圆形两种。出土遗物主要有陶器、石器和骨器。特别值得一提的是，在 H1 出土一件卜骨，在其正面除残存几个圆形灼痕外，还划有印痕很浅的两个符号，特别是第二个符号和殷墟甲骨文字的笔画已相差无几，很可能属于文字的范畴。这一资料的发现，将有助于文字起源的研究。从出土器物来看，一期接近于河南龙山文化，与偃师二里头一期及新密市新砦遗址的二里头文化相似。黄寨遗址二期早、晚两段当属二里头文化二期的范畴②。

禹楼遗址，处于东、北面绥水北面支流马鞍河二流半环绕的区域地带。1992 年，新密市化工厂建厂，在厂西院平整土地时，在院内东北角约 2 米深处发现石磨盘、石磨棒各 1 件，由于种种原因，新密市文物管理所未能采集，但据出土遗物现场判断，该遗址的性质应为裴李岗文化③。

高沟遗址，处于洧水北面支流朝阳寺水北岸地带。1995 年化肥厂建蓄水池，进而发现该遗址，出土有石磨盘、石磨棒、石铲和泥质、夹砂灰陶器等④。

柿园遗址，处于东距溱水约 1 千米的溱水西岸台地上。该遗址发现于 1996 年，以后曾多次进行调查。1997 年 12 月经河南省文物考古研究所勘探，遗址南部有东西长 150、南北宽 15 米的春秋时期夯土墙遗存，疑为城墙。依据对复查采集标本的观察，大部分陶器标本的年代为仰韶中期庙底沟文化及仰韶文化晚期。

古城寨遗址，位于古城寨村溱水东岸台地上。南北长约 600 米，东西宽约 450 米，总面积约 27 万平方米。遗迹和遗物相当丰富。南部断崖上暴露有房基、灰坑和红烧土，为居住区。还采集到仰韶时期的陶鼎、深腹罐、盆、钵和尖底瓶等。1997 年河南省文物考古研究所对其进行了发掘，出土有仰韶晚期的瓮棺葬两处和象征王权的玉钺、玉琮等器物。同时还出土了龙山文化和二里头文化遗物等。

古城寨城址处于西临溱水，南面溱水支流的二流交汇地带。20 世纪 50 年代发现该城址，根据文献记载定为西周郐国故城。1986 年 11 月，河南省人民政府公布其为省级文物保护单位。1997 ～

---

① 国家文物局：《中国文物地图集·河南分册》，中国地图出版社，1991 年，第 45 页。

② 河南省文物研究所：《河南密县黄寨遗址的发掘》，《华夏考古》1993 年第 3 期。

③ 魏新民：《新密溱洧流域裴李岗文化》，《河南文物考古论集（四）》，大象出版社，2006 年。关于遗物是否采集的情况，本处结论与原资料相悖，经查证，为原资料笔误。

④ 郑州历史文化丛书编纂委员会：《郑州市文物志》，河南人民出版社，1999 年。

1999 年河南省文物考古研究所对其进行考古发掘，确定其为龙山时期大型城址，另外还包括一定历史时期的文化遗存①。

马鞍河遗址，1997 年经河南省文物考古研究所进行文物勘探。时代为仰韶文化早期。从遗址四周断崖上看，东部和南部有草拌泥筑成的房基和大面积红烧土层，为居住区。北部发现较多的人骨，是墓葬区。从遗址出土的房基、陶器和墓葬等遗迹看，属仰韶文化早期遗存②。

新砦遗址，位于新密市刘寨镇新砦村，东端与洧水故道相连，把遗址分成北、中、南三部分。东西长约 1300 米，南北宽约 700 米，总面积约 100 万平方米。1979 年进行首次试掘。

1999 年秋季，因"夏商周断代工程"的需要，又启动了对新砦遗址的发掘工作，由北京大学古代文明研究中心和郑州市文物考古研究所联合承担，李伯谦先生主持，主要发掘人员有赵春青、武家璧、顾万发等。发掘队的学术目的非常明确，即重点解决新砦遗址的分期。为了验证 1979 年赵芝荃先生的发掘结果，发掘队将重要发掘地点选择在赵先生当年发掘区所在遗址最高处的台地上，选择叠压打破地层关系复杂的地段，布下探沟和探方发掘。按照层位关系及器物形制变化，发掘队将 1999 年新砦遗址出土的陶器群分为三组，把第 1 组划分为新砦第一期，认为系伊洛郑州地区常见的龙山文化晚期遗存；把第 2、3 组归入新砦第二期，属介于龙山文化晚期与二里头文化早期遗存之间的"新砦期"遗存。不过，总体来看，因 1999 年发掘面积有限，复原器物不多，而且缺乏二里头文化早期的地层和遗物，这使"新砦期"的论证多少有些薄弱。

2000 年发掘之前，首先重点调查遗址哪些地点出土较多的二里头文化遗物，然后有意识地将发掘地点向第一、二期遗存丰富的地点和出有二里头文化遗物的地点集中，增加发掘面积。最终不仅大大增加了"新砦期"遗存叠压和打破龙山文化遗存的地层关系，更重要的是发现了二里头文化早期遗存叠压"新砦期"遗存的地层关系。复原的数百件陶器，丰富了三大期的器物群，更清晰地显示了三者之间陶器的嬗变关系，10 多个碳十四测年数据，也支持了"新砦期"晚于龙山文化的相对年代关系，从而证明"新砦期"确实存在。

鉴于新砦遗址在探索早期夏文化中的重要地位，2001 年"中华文明探源工程预研究"项目启动之后，又把"新砦遗址聚落布局与内涵研究"作为首批启动的重点田野考古项目之一。中国社会科学院考古研究所根据学科需要，决定把新砦遗址的工作重点由分期研究转入到聚落形态的探索上来。2002 年到 2003 年，中国社会科学院考古研究所与郑州市文物考古研究所合作发掘新砦遗址。经发掘探明，这是一座设有外壕、城壕和内壕共三重防御设施，中心区偏北建有大型宫殿建筑的古城址，整个城址总面积逾 100 万平方米。新砦城址因含有介于龙山文化与二里头文化之间的"新砦期"遗存而著称，2006 年 5 月 25 日被国务院公布为全国重点文物保护单位。

（六）21 世纪初

平陌遗址，处于西临溱水、南面溱水支流的二流交汇地带。2002 年 1 月，农民韩国忠在宅院东屋建蓄水池时，在不到 10 平方米约 1.5 米深处，挖出双刃石铲 1 件、石镰 1 件、石斧 3 件，属于裴李岗文化遗存③。

---

①　河南省文物考古研究所、新密市炎黄历史文化研究会：《河南新密市古城寨龙山文化城址发掘简报》，《华夏考古》2002 年第 2 期。
②　魏殿臣、谷洛群：《密县古文化遗址概述》，《河南文博通讯》1980 年第 3 期。
③　魏新民：《新密溱洧流域裴李岗文化》，《河南文物考古论集（四）》，大象出版社，2006 年。

云岩宫遗址，处于被洧水北面支流武定水上武定湖所环绕的孤岛上，地势险要。相传黄帝在此屯兵讲武，演练兵法。2003 年发现此遗址。2004 年 8 ~ 9 月，河南省文物考古研究所等单位曾对其进行文物调查和发掘，2004 年 11 月新密市文物管理所文物普查进行复查。大部分采集标本时代为仰韶文化晚期、龙山文化和"新砦期"，另有少量仰韶文化中期的残陶片。此外，依据河南省文物考古研究所对该遗址以往的调查结果，该遗址还含有二里头文化、商代二里岗上层文化的因素①。

耿庄遗址，2006 年 11 月新密市文物管理所文物普查进行复查。大部分陶器标本的时代为二里头文化。另据新密市文物管理所介绍，曾于此遗址发现仰韶文化、龙山文化及西周文化陶片标本。

下牛遗址，处于东面溱水、北侧溱水支流二流交汇地带，地势平坦。2006 年 10 月文物普查时发现此遗址②。同时，因配合郑石高速公路工程，由郑州市文物考古研究所在遗址的东南进行发掘，揭露面积 500 平方米，发掘清理有灰坑、墓葬等，出土有陶器、石器、骨器等遗物。

## 第三节　本次聚落考古调查方法与实施经过

按照中华文明探源工程第二阶段（2006 ~ 2008 年）课题要求，新砦课题组于 2007 年启动了溱洧流域聚落考古调查工作。

田野调查工作自 2008 年 10 月 14 日开始，由中国社会科学院考古研究所、郑州市文物考古研究院和新密市文物管理所联合进行。田野调查范围覆盖了发源于登封市、流经新密市和新郑市西部的溱水和洧水两条河流流域。

调查面积大约 350 平方千米，其具体范围涉及新密市的超化乡、大隗乡、刘寨乡等乡镇（图二）。

### 一、调查方法

参考国内外相关的区域调查方法，我们设计了一个比较详细的调查方案。首先是收集并判读早期航片，为寻找"新砦期"聚落群提供初步线索。实施拉网式的一般性调查。按照这一方案，调查队伍的组成在 10 人左右或更多，并分成 3 ~ 4 个小组（必要时可以小组为单位分头调查），每组 3 人左右，每个小组长都拿有一份 1：2000（1 万）的地图。每个小组配备对讲机、全球卫星定位仪（GPS）及全站仪等设备。调查行进时，队员一字排开，根据地形特点和遗址的分布情况，相邻两个人之间的距离保持在 30 ~ 50 米。记录遗存的基本单位为采集点。在遗址地面进行随机的和诊断式的遗物采集，主要包括陶片、石器、骨器等。调查中一经发现遗物或遗迹，便通知小组长将该点标记在地图上，同时记录其年代、采集并挑选标本；若为遗迹，则确认遗迹的种类，必要时测绘草图。当地表陶片连续分布时，以一定的间隔记录为不同的采集点（约 50 米间距）；当地表遗存之间出现较大间隔（50 米以上），采集点就会呈现不连续的分布。这样记录下的采集点便会有疏有密，有连续有间断，可反映地表所暴露遗存的实际情况。每天调查结束后，各小组将

---

① 河南省文物考古研究所、新密市黄帝文化历史研究会、新密市文物保护管理所：《河南新密市黄帝宫新石器时代遗址调查》，《华夏考古》2009 年第 2 期。

② 《郑州至石人山高速公路（郑州段）文物调查成果报告》（内部资料），2005 年 7 月。

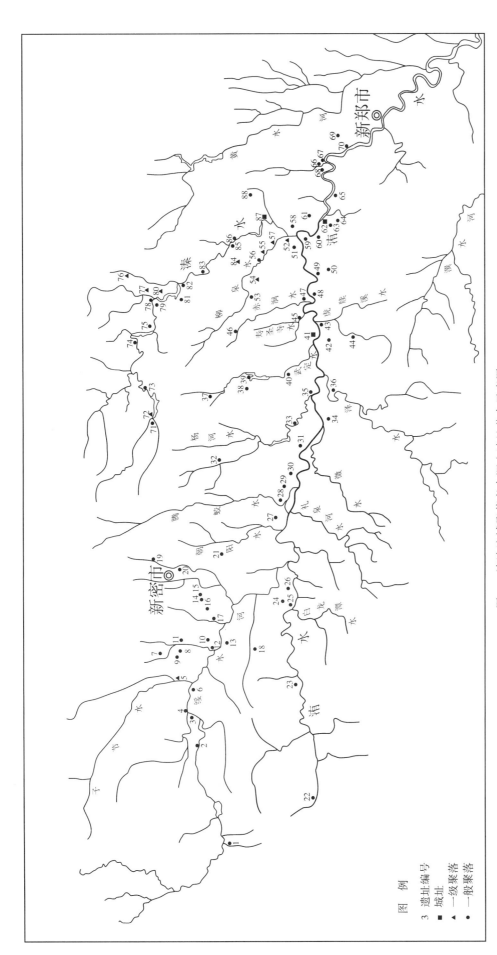

图二　溱洧流域聚落考古调查遗址分布示意图

图　例

3　遗址编号
■　城址
▲　一级聚落
●　一般聚落

**洧水流域聚落考古调查遗址：**

1. 月合遗址　2. 牛店北遗址　3. 潭村湾遗址　4. 朴子店遗址　5. 前土郭遗址　6. 郭湾遗址　7. 马鞍河遗址　8. 寨根遗址　9. 青石河遗址　10. 禹楼遗址　11. 莪洼遗址　12. 孙家门遗址　13. 西瓦店遗址　14. 老城东北角遗址　15. 老城东关遗址　16. 老城后街遗址　17. 茉园沟遗址　18. 张坡遗址　19. 惠沟遗址　20. 密新集贸市场遗址　21. 西施村遗址　22. 平陌遗址　23. 高沟遗址　24. 莪沟北岗遗址　25. 莪沟村遗址　26. 尖城岗遗址　27. 黄寨遗址　28. 苏寨遗址　29. 芦村遗址　30. 罗湾遗址　31. 马良沟遗址　32. 马庄沟遗址　33. 郑家庄遗址　34. 北庄西遗址　35. 叶沟遗址　36. 刘湾遗址　37. 西马庄西遗址　38. 杨家门遗址　39. 云台官遗址　40. 和合寨遗址　41. 新砦西遗址　42. 洪山庙遗址　43. 双楼西沟遗址　44. 马庄西遗址　45. 王嘴遗址　46. 前马庄遗址　47. 楚家门遗址　48. 刘湾遗址　49. 杨李沟遗址　50. 西土桥遗址　51. 周湾遗址　52. 交流寨遗址　53. 李家岗遗址　54. 朱家沟遗址　55. 王庄遗址　56. 全庄遗址　57. 程庄遗址　58. 邓湾遗址　59. 北李庄遗址　60. 东土桥遗址　61. 裴李岗遗址　62. 人和寨遗址　63. 人和寨西南遗址　64. 南李庄遗址　65. 小李庄遗址　66. 铁岭西南遗址　67. 铁岭遗址　68. 杨楼遗址　69. 岭湾遗址　70. 新合庄遗址

**溱水流域聚落考古调查遗址：**

71. 马沟遗址　72. 二郎庙遗址　73. 沙石嘴遗址　74. 薛坡遗址　75. 张湾遗址　76. 耿庄遗址　77. 张湾遗址　78. 岗沟遗址　79. 河西马遗址　80. 曲梁遗址　81. 下牛遗址　82. 马土奇沟遗址　83. 马沟遗址　84. 柿园东遗址　85. 柿园东遗址　86. 杨庄遗址　87. 古城寨遗址　88. 水泉遗址

采集的标本汇集到一起，由领队及熟悉陶片的人再次确认遗物的年代，然后将所有采集点统一标示到领队所持的地图上；随后，在地图上勾画出当天已完成调查的区域，并确定第二天调查所要覆盖的范围。如此，当一个遗址或一片区域的调查完成后，就可在图上将同时期集中分布的采集点圈画起来，从而构成一个该时期的聚落范围。若一个遗址含有多个时期的遗存，通过这种调查和记录的方法，就能够根据地表陶片的分布及所暴露的遗迹情况，较准确地勾画出不同时期聚落的大小和分布范围。

其次，还设计了与拉网式调查相结合使用的重点调查。即在一个遗址的不同方位或不同区域分设若干个 10 米×10 米大小的集中采集区，将采集区内所有的遗物全部收集，然后按年代清点各时期陶片的数量，从而进一步推测各时期遗存存在不同区域分布的状况及人类活动遗留的程度。

再者，我们对一部分遗址进行了打孔钻探，进行绘图、照相、记录并编号，并将探孔所在遗址的位置利用 GPS 定位标在遗址地形图上，并绘制了探孔柱状剖面图，以记录堆积物和遗迹的位置和分布状况。

最后，还对暴露有遗迹的断崖剖面进行了清理、拍照和记录，遗址的文化层进行拍照，力图了解遗址的堆积状况和功能结构。

**二、实施经过**

先进行的是对新遗址的调查，然后依照《中国文物地图集·河南分册》等资料，对该区域以往已发现的遗址进行了复查。

每个调查的遗址均利用 GPS 测量遗址地形图及等高线图。所用的 GPS 为误差在 3.5 米之内的 Gamar 系列，并有基准站收集数据查分校正。用 GPS 记录遗址周围地物的数据，再成图，并将地图 1∶10000 地形图矢量化，以弥补 GPS 测量的局限。等高线的测量方法是由遗址最高处往低处，呈网格状采集数据，利用 surfer 软件形成等高线图。最后利用 GIS 等软件制成包括河流、地形等地貌特征的遗址分布图。

在田野调查工作结束后，我们转入了对调查资料的整理和初步分析。首先，对所有采集点的陶片重新进行年代的确认，对以往辨认有误的年代进行了更正。由于调查采集的陶片大多都比较破碎，我们采用了比较大的考古学文化分期的方案，将溱洧流域可确认的遗址划分为裴李岗文化时期、仰韶文化中期、仰韶文化晚期、龙山文化时期、"新砦期"、二里头文化时期、二里岗文化时期、殷墟文化时期等 8 个文化期。

利用钻探，我们可以清楚遗址大致的分布范围，但很难探明每个时期聚落的范围。主要根据探孔的堆积情况、地表陶片的分布、各遗址暴露的文化层、自然地貌特征等，进行遗址范围和面积大小的确认。但由于有些遗址后期遭受了一定程度的破坏，客观上也影响了遗址范围和面积的大小，划分遗址或聚落面积的标准可能也存在一定的主观成分。但为了做进一步的聚落分析，我们必须要进行上述的工作。

经过本次调查，我们新发现商周以前的遗址 50 多处，使得整个溱洧流域商周以前的遗址达 100 处，并初步划分了溱洧流域的地貌类型，对溱洧流域聚落演变有了初步认识。

# 第二章　溱洧流域聚落考古调查

溱洧流域调查发现的 88 处古代遗址，包含了从裴李岗文化时期直到殷墟时期共计 8 个不同阶段的遗存，本章以河流为线索分别对每个遗址的概况、地层堆积与文化遗存进行详细介绍。

## 第一节　洧水流域聚落考古调查

### 一、月台遗址

（一）地理位置与概况

月台遗址位于河南省新密市牛店镇月台村柴窑组村内，处于洧水河主流南岸地带。遗址地理坐标为北纬 34°29.529′、东经 113°11.163′，海拔高度 343 米。编号为 1 号。（彩版一，2）

月台遗址所在台地地势为南高北低，后经平整形成一级级的梯田。洧水河主流在遗址南侧蜿蜒流过，遗址东部、东南部、西部均临冲沟，遗址处于二级梯田的临河台地上。遗址主要分布在月台村南。

月台遗址平面基本呈不规则形，东西最长处约 162 米，南北最宽处约 110 米，遗址面积约 1.07 万平方米。遗址所在台地面与其北面现河道的高差约为 15 米，遗址地下遗迹范围的西侧紧临河道，北侧距河道断崖约 36 米。（图三）

2008 年 3 月新密市文物管理所文物普查时对该遗址进行了复查，2009 年溱洧流域聚落调查时再次复查。

依据对采集标本的观察，大部分陶器标本的时代为仰韶文化中晚期、龙山文化、二里头文化及二里岗文化。

（二）地层堆积与文化遗存

**1. 地层堆积**

在遗址上布探孔 11 个，其地层堆积情况如下（图四）：

1 号孔：位于遗址所在台地中部。

①层：厚 0.3 米。土色黄，土质疏松。耕土层。

②层：深 0.3 米，厚 0.9 米。土色灰褐，土质软。含有红烧土颗粒、炭粒。文化层。

深 1.2 米以下为生土层。

2 号孔：位于遗址所在台地中部。

①层：厚 0.4 米。土色黄，土质疏松。耕土层。

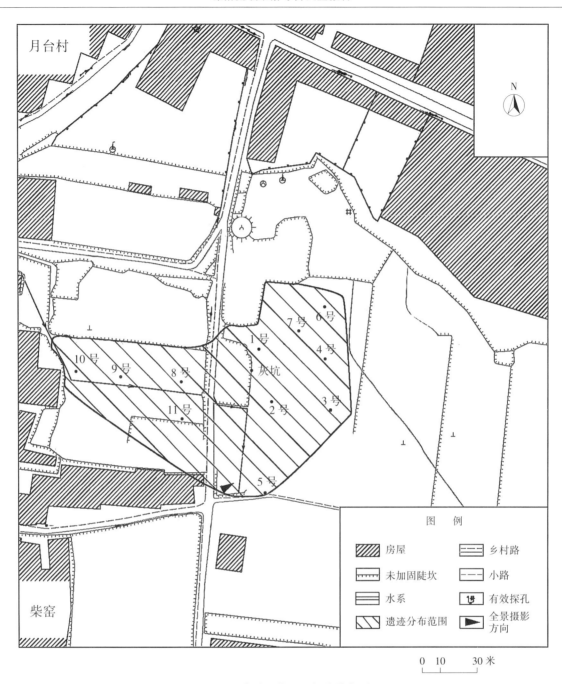

图三　月台遗址位置及探孔分布图

②层：深 0.4 米，厚 0.3 米。土色灰褐，土质软。含有红烧土颗粒、炭粒。文化层。

③层：深 0.7 米，厚 0.9 米。土色灰黑，土质软，结构松散。含有大量炭粒、红烧土颗粒。灰坑土。

深 1.6 米以下为生土层。

3 号孔：位于遗址所在台地东部。

①层：厚 0.3 米。土色黄，土质疏松。耕土层。

②层：深 0.3 米，厚 0.7 米。土色黄，土质疏松。含砖块颗粒。扰土层。

③层：深 1 米，厚 0.2 米。土色黄褐，土质软，结构一般。含有少量红烧土颗粒、炭粒。文化层。

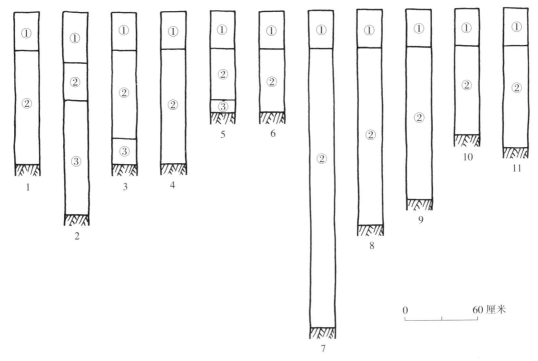

图四　月台遗址探孔柱状剖面图

(图内阿拉伯数字为探孔编号，圈码为探孔内地层堆积编号。以下各遗址探孔柱状剖面图均同。)

深 1.2 米以下为生土层。

4 号孔：位于遗址所在台地东部。

①层：厚 0.3 米。土色黄，土质疏松。耕土层。

②层：深 0.3 米，厚 0.9 米。土色灰褐，土质软。含有红烧土颗粒、炭粒。文化层。

深 1.2 米以下为生土层。

5 号孔：位于遗址所在台地南部。

①层：厚 0.3 米。土色黄，土质疏松。耕土层。

②层：深 0.3 米，厚 0.4 米。土色黄，土质疏松。包含有砖块颗粒。扰土层。

③层：深 0.7 米，厚 0.1 米。土色黄褐，土质软，结构一般。含有少量红烧土颗粒、炭粒。文化层。

深 0.8 米以下为生土层。

6 号孔：位于遗址所在台地北部。

①层：厚 0.3 米。土色黄，土质疏松。耕土层。

②层：深 0.3 米，厚 0.5 米。土色灰黑，土质软，结构松散。含有大量炭粒、红烧土颗粒。灰坑。

深 0.8 米以下为生土层。

7 号孔：位于遗址所在台地北部。

①层：厚 0.3 米。土色黄，土质疏松。耕土层。

②层：深 0.3 米，厚 2.2 米。土色灰褐，土质软，结构一般。含有大量红烧土颗粒、炭粒，出有陶片残片 1 块。文化层。

深 2.5 米以下为生土层。

8 号孔：位于遗址所在台地西北部。

①层：厚 0.3 米。土色黄，土质疏松。耕土层。

②层：深 0.3 米，厚 1.4 米。土色灰褐，土质软，结构一般。含有红烧土颗粒、炭粒。文化层。

深 1.7 米以下为生土层。

9 号孔：位于遗址所在台地西部。

①层：厚 0.3 米。土色黄，土质疏松。耕土层。

②层：深 0.3 米，厚 1.2 米。土色灰褐，土质软，结构一般。含有红烧土颗粒、炭粒。文化层。

深 1.5 米以下为生土层。

10 号孔：位于遗址所在台地西部。

①层：厚 0.3 米。土色黄，土质疏松。耕土层。

②层：深 0.3 米，厚 0.7 米。土色灰褐，土质软，结构一般。含有红烧土颗粒、炭粒。文化层。

深 1 米以下为生土层。

11 号孔：位于遗址所在台地西南部。

①层：厚 0.3 米。土色黄，土质疏松。耕土层。

②层：深 0.3 米，厚 0.8 米。土色灰褐，土质软，结构一般。含有红烧土颗粒、炭粒。文化层。

深 1.1 米以下为生土层。

依据勘探钻孔地层堆积情况，遗址文化层上普遍覆有耕土层，3 号、5 号探孔所在的遗址东南部区域覆盖有厚度 0.4 米到 0.7 米不等的扰土层，遗址其余大部分耕土下即见文化层；1 号、4 号、7 号、8 号、9 号所在的遗址中部文化层较为丰富，厚度多在 0.9 米到 1.4 米之间，个别探孔文化层厚度可达 2.2 米，可分为二层文化层；6 号、10 号、11 号探孔所在的遗址南、北两端文化层稍薄，厚度多在 0.5 米到 0.8 米之间，文化层为一层；2 号、3 号、5 号探孔所在的遗址东南部文化层最为稀薄，文化层厚度多为 0.1 米到 0.3 米。2 号和 8 号探孔之间有一南北向村际土路将遗址一分为二，勘探显示，东、西两侧遗址所在台地原先应为连成一片的一处遗址。

**2. 文化遗存**

（1）遗迹

月台遗址经长期雨水冲刷，七八处灰坑暴露于遗址中部南北向道路东侧断崖崖面上。其中一处灰坑长约 1 米，深约 0.8 米，开口距地表约 0.4 米；土灰色，土质较软，结构疏松，含有红烧土颗粒、炭粒及丰富的陶片标本；灰坑内以龙山文化标本为主。

（2）遗物

可辨器形的标本共计 15 件，其种类有罐、鬲、盆、壶、钵、豆等。根据采集标本的器物形制特征及纹饰特征（图五；表一），时代可分为仰韶文化、龙山文化、二里头文化及二里岗文化。

0     4 厘米

图五　月台遗址陶器纹饰拓片

表一　　　　　　　　　　　月台遗址陶器陶质陶色纹饰统计表

| 陶系<br>纹饰 | 泥质 | | | | 夹砂 | | | | 合计 | 百分比<br>（%） |
|---|---|---|---|---|---|---|---|---|---|---|
| | 灰 | 红 | 黑 | 黑皮 | 灰 | 褐 | 黑 | 黑皮 | | |
| 素面 | 12 | 4 | 9 | 2 | 14 | 3 | 3 | 2 | 49 | 47.6 |
| 绳纹 | 3 | | | | 39 | 2 | 4 | 1 | 49 | 47.6 |
| 方格纹 | | | | | 1 | | | | 1 | 1 |
| 篮纹 | 1 | | | | 1 | | | | 2 | 1.9 |
| 绳纹＋凹弦纹 | | | | | 1 | | | | 1 | 0.9 |
| 弦纹 | | | | | | | 1 | | 1 | 1 |
| 合计 | 16 | 4 | 9 | 2 | 55 | 6 | 8 | 3 | 103 | |
| 百分比（%） | 15.5 | 3.9 | 8.7 | 1.9 | 53.4 | 5.8 | 7.8 | 2.9 | | 100 |

1）仰韶文化标本

钵　标本 WYT：64，泥质红陶。敞口，尖唇。素面，轮制。残高 5.1、厚 0.4 厘米。（图六，1）

壶　标本 WYT：37，泥质灰陶。侈口，尖唇，高领，领内外隐约可见轮制痕迹。素面。口径 13、残高 3.4、壁厚 0.4～0.6 厘米。（图六，2）

豆盘残片　标本 WYT：8，夹细砂灰陶。敞口，唇部残，折壁。素面，器壁内外可见轮制痕迹。残高 3.7、壁厚 0.5～0.8 厘米。（图六，3）

2）龙山文化标本

罐　共 3 件。其中夹砂罐 2 件、泥质罐 1 件。

标本 WYT：45，夹砂黑皮陶。侈口，方唇，唇部有一周凹槽，折沿，沿面微凹，内折棱明显，鼓腹。腹饰竖绳纹，沿唇内外及器壁内可见轮制痕迹。残高 4、壁厚 0.2～0.7 厘米。（图七，1）

标本 WYT：51，夹砂灰陶。残甚。圆唇，折沿，沿面内凹，内折棱突出。素面，沿面内外可见轮制痕迹。残高 2、壁厚 0.7 厘米。（图七，2）

标本 WYT：49，泥质褐陶。敞口，圆唇，折沿，直壁。素面，轮制。残高 3、壁厚 0.6 厘米。（图七，3）

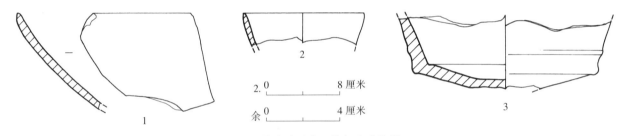

图六　月台遗址出土仰韶文化陶器

1. 钵（WYT：64）　2. 壶（WYT：37）　3. 豆盘残片（WYT：8）

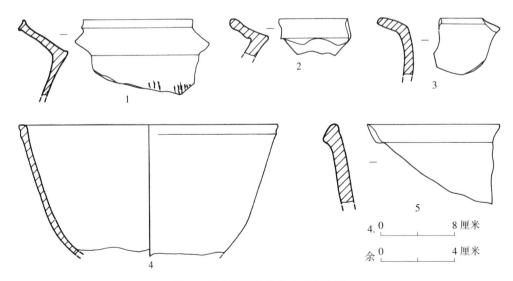

图七　月台遗址出土龙山文化陶器

1、2. 夹砂罐（WYT：45、51）　3. 泥质罐（WYT：49）　4、5. 盆（WYT：3、44）

盆　2件。

标本WYT：3，夹细砂灰陶。直口，方唇，唇面有凹槽一周，深弧腹。素面，器壁内外隐约可见轮制痕迹，轮制。口径28.2、残高13.5、壁厚0.5~0.9厘米。（图七，4）

标本WYT：44，泥质黑皮陶。直口，圆唇，斜壁。器壁及唇部经过打磨，壁内可见轮制痕迹。残高4.2、壁厚0.6~1厘米。（图七，5）

3）二里头文化标本

罐　共6件。

标本WYT：1，夹砂灰陶。侈口，圆唇，折沿，弧腹。腹饰竖绳纹，轮制。口径26.4、残高5、壁厚0.5~0.6厘米。（图八，1）

标本WYT：40，夹砂灰陶。侈口，尖唇，卷沿，沿面较窄，鼓腹。腹饰右斜绳纹，沿外及器壁内隐约可见轮制痕迹。残高5、壁厚0.5厘米。（图八，2）

标本WYT：31，泥质灰陶。方唇，折沿，弧腹。素面，轮制。口径20.2、残高6、厚0.5厘米。（图八，3）

标本WYT：42，花边罐。夹砂灰陶。方唇，唇下有一周凸棱，凸棱上有压印花边，卷沿，鼓腹。腹饰绳纹，沿面内外可见轮制痕迹。残高5、壁厚0.4~0.6厘米。（图八，4）

标本WYT：2，夹砂黑皮褐陶。此标本甚残。侈口，方唇，沿面内侧有凹槽一周，沿面外侧有凹槽三周。沿面内、外侧饰凹弦纹。轮制。口径28.4、残高3.4、壁厚0.6厘米。（图八，5）

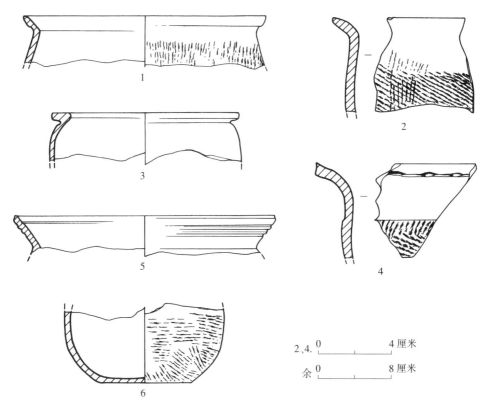

图八　月台遗址出土二里头文化陶器

1~4. 罐（WYT：1、40、31、42）　5. 罐残片（WYT：2）　6. 夹砂罐底（WYT：5）

标本 WYT：5，罐底。夹砂灰陶。圆腹，平底。外壁饰杂乱绳纹。轮制。底径 10.1、残高 8.4、壁厚 0.6～0.7 厘米。（图八，6）

4）二里岗文化标本

鬲　标本 WYT：4，夹砂灰陶。方唇，唇面有凹槽一周，卷沿。腹部饰左斜竖绳纹。轮制。口径 16.3、残高 8、壁厚 0.5～0.8 厘米。（图九）

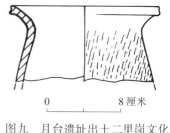

图九　月台遗址出土二里岗文化陶鬲（WYT：4）

## 二、牛店北遗址

### （一）地理位置与概况

牛店北遗址位于河南省新密市牛店镇牛店村北，处于洧水河主要支流绥水右源南岸地带，为单独台地。遗址地理坐标为北纬 34°31.394′、东经 113°15.786′，海拔高度 262 米。编号为 2 号。（彩版二，1）

遗址地势东北侧较平缓，经平整形成一级级的梯田，台地高出东侧较低处台地约 2 米，西面崖面较陡，高出西侧季节湖水面约 5 米。遗址地下遗迹范围的西及北侧紧邻河道。

牛店北遗址平面基本呈不规则长条形，遗址南北长约 250、东西最宽处约 114 米，面积约 2.12 万平方米。（图一〇）

此遗址以往未见著录或公布，2009 年溱洧流域聚落调查新发现该遗址。

依据对采集标本的观察，大部分陶器标本的时代为龙山文化晚期、二里头文化和二里岗文化，

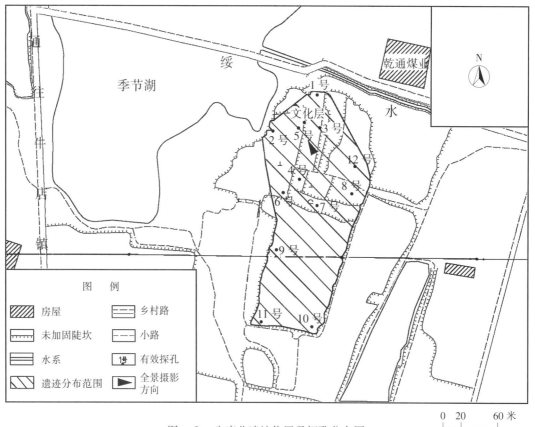

图一〇　牛店北遗址位置及探孔分布图

文化层内也以龙山文化标本为主。另外,还有少量红陶素面壶残片为仰韶文化时期,少量篮纹罐残片时代为"新砦期"。

（二）地层堆积与文化遗存

### 1. 地层堆积

在遗址布探孔 12 个（图一一）,其地层堆积情况如下:

1 号孔:位于遗址所在台地北端。

①层:厚 0.3 米。土色黄,土质疏松。耕土层。

②层:深 0.3 米,厚 0.3 米。土色黄褐,结构疏松。含有红烧土颗粒、炭粒。扰土层。

③层:深 0.6 米,厚 0.2 米。土色灰褐,土质较软,结构一般。含有红烧土颗粒、炭粒。文化层。

深 0.8 米以下为褐色次生土。

2 号孔:位于遗址所在台地西北部。

①层:厚 0.3 米。土色黄,土质疏松。耕土层。

②层:深 0.3 米,厚 0.7 米。土色灰褐,土质较软,结构疏松。含有红烧土颗粒、炭粒。文化层。

深 1 米以下为褐色次生土层。

3 号孔:位于遗址所在台地北部。

①层:厚 0.3 米。土色黄,土质较软,结构疏松。耕土层。

②层:深 0.3 米,厚 0.3 米。土色黄褐,结构疏松。含有炭粒。扰土层。

③层:深 0.6 米,厚 0.7 米。土色灰褐,土质较软,结构疏松。含有红烧土颗粒、炭粒。文化层。

深 1.3 米以下为褐色次生土层。

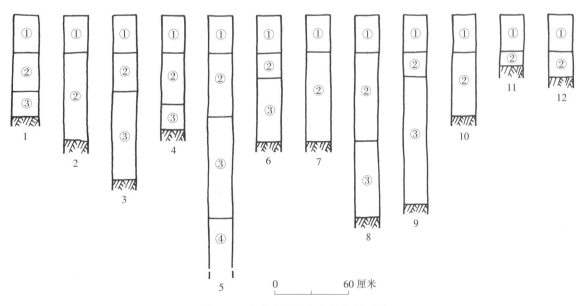

图一一 牛店北遗址探孔柱状剖面图

4 号孔：位于遗址所在台地中部偏北。

①层：厚 0.3 米。土色黄，土质较软，结构疏松。耕土层。

②层：深 0.3 米，厚 0.4 米。土色黄褐，结构疏松。含有炭粒。扰土层。

③层：深 0.7 米，厚 0.2 米。土色黄褐，土质较软，结构疏松。含有大量红烧土、炭粒。文化层。

深 0.9 米以下为褐色次生土层。

5 号孔：位于遗址所在台地北部。

①层：厚 0.3 米。土色黄，土质疏松。耕土层。

②层：深 0.3 米，厚 0.5 米。结构疏松。扰土层。

③层：深 0.8 米，厚 0.8 米。土色灰褐，土质较软，结构疏松。含有较多红烧土颗粒、炭粒。文化层。

④层：深 1.6 米，厚 0.4 米。土色黄褐，土质较软，结构一般。含有较少红烧土、炭粒。文化层。不到底。

6 号孔：位于遗址所在台地西部。

①层：厚 0.3 米。土色黄，土质疏松。耕土层。

②层：深 0.3 米，厚 0.2 米。土质一般。扰土层。

③层：深 0.5 米，厚 0.5 米。土色灰褐，土质较软，结构一般。含有红烧土颗粒、炭粒。文化层。

深 1 米以下为褐色次生土层。

7 号孔：位于遗址所在台地中部。

①层：厚 0.3 米。土色黄，土质疏松。耕土层。

②层：深 0.3 米，厚 0.7 米。土色灰褐，土质较软，结构一般。含有红烧土颗粒、炭粒，出有黑皮磨光陶片 1 片、兽骨 1 块。文化层。

深 1 米以下为褐色次生土层。

8 号孔：位于遗址所在台地东部。

①层：厚 0.3 米。土色黄，土质疏松。耕土层。

②层：深 0.3 米，厚 0.7 米。土色黄褐，土质较软，结构一般。含有红烧土颗粒、炭粒。文化层。

③层：深 1 米，厚 0.6 米。土色灰褐，土质较软，结构一般。含有少量红烧土颗粒、炭粒，出有陶罐口沿残片 1 片。文化层。

深 1.6 米以下为褐色次生土层。

9 号孔：位于遗址所在台地中部偏南。

①层：厚 0.3 米。土色黄，土质疏松。耕土层。

②层：深 0.3 米，深 0.2 米。土色黄褐，结构疏松。扰土层。

③层：深 0.5 米，厚 1 米。土色灰黑，土质较软，结构一般。含有大量红烧土、炭粒。灰坑土。

深 1.5 米以下为褐色次生土层。

10 号孔：位于遗址所在台地东南角。

①层：厚 0.3 米。土色黄，土质疏松。耕土层。

②层：深 0.3 米，厚 0.5 米。土色黄褐，土质较软，结构疏松。含有红烧土颗粒、炭粒。文化层。

深 0.8 米以下为褐色次生土层。

11 号孔：位于遗址所在台地西南角。

①层：厚 0.3 米。土色黄，土质疏松。耕土层。

②层：深 0.3 米，厚 0.1 米。土色黄褐，土质较软，结构一般。含有少量红烧土颗粒、炭粒。文化层。

深 0.4 米以下为褐色次生土层。

12 号孔：位于遗址所在台地东北部。

①层：厚 0.3 米。土色黄，土质疏松。耕土层。

②层：深 0.3 米，厚 0.2 米。土色黄褐，土质较软，结构疏松。含有少量红烧土颗粒、炭粒。文化层。

深 0.5 米以下为褐色次生土层。

依据勘探钻孔地层堆积情况，遗址文化层上覆盖有耕土及厚度 0.2 米到 0.5 米不等的扰土层；2 号、3 号、5 号探孔所在的遗址北部区域文化层较厚，厚度可达 1.2 米，依据土质土色可分为二层以上不同的文化层；6 号至 8 号探孔所在的遗址中部区域和 9 号所在西南部的文化层亦较厚，最厚处可达 1.3 米，依据土质土色可分为二层不同的文化层，个别探孔区域可见单独灰坑遗迹（彩版二，2）；遗址南部文化层较薄，文化层也多不分层；另外，12 号探孔所在的遗址东北部区域台地地势较低，文化层也相对单薄。

**2. 文化遗存**

（1）遗迹

牛店北遗址经长期雨水冲刷，部分厚约 0.15~0.6 米的文化层暴露于台地西北部的南北向断崖崖面上。文化层距所在台地地表约 0.5 米，可见长度约 8 米；土色灰褐，不分层，内有红烧土块、陶片标本等。

（2）遗物

可辨器形的标本共计 13 件，其种类有罐、鬲、盆、碗、豆盘、瓮、器盖及圆陶片等。根据采集标本的器物形制特征及纹饰特征（图一二、一三；表二），时代可分为龙山文化、二里头文化和二里岗文化。

1）龙山文化标本

罐　共 6 件。均为夹砂罐。

标本 WNDB：9，夹砂灰陶。方唇，唇面有一周凹槽，折沿，沿面中部微鼓，沿外侧有一周凹槽。沿内外隐约可见轮制痕迹。残高 2.4、壁厚 0.3~0.6 厘米。（图一四，1）

标本 WNDB：62，泥质黑皮陶。方唇，折沿，沿面较窄。素面，轮制。残高 1.5、壁厚 0.3~0.7 厘米。（图一四，2）

图一二　牛店北遗址陶器纹饰拓片

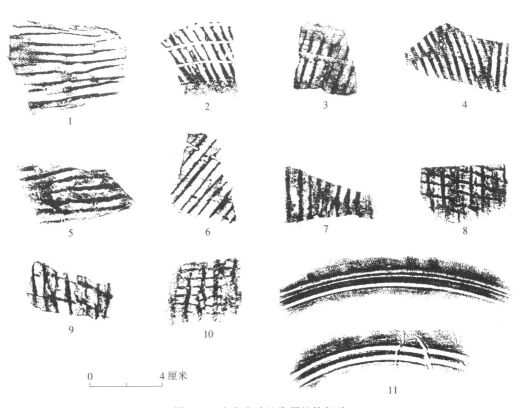

图一三　牛店北遗址陶器纹饰拓片

表二　　　　　　　　　　　　　牛店北遗址陶器陶质陶色纹饰统计表

| 纹饰＼陶系 | 泥质 | | | | 夹砂 | | | 合计 | 百分比（％） |
|---|---|---|---|---|---|---|---|---|---|
| | 灰 | 红 | 褐 | 黑 | 黑皮 | 灰 | 褐 | | |
| 素面 | 16 | 3 | 3 | | 1 | 6 | | 29 | 43.3 |
| 绳纹 | 9 | | | 2 | | 6 | | 17 | 25.4 |
| 方格纹 | 1 | | | | | 1 | 1 | 3 | 4.5 |
| 篮纹 | 11 | | | 1 | | 1 | | 13 | 19.4 |
| 篮纹＋附加堆纹 | 1 | | | | | | | 1 | 1.5 |
| 弦纹 | 3 | | | 1 | | | | 4 | 5.9 |
| 合计 | 41 | 3 | 3 | 4 | 1 | 14 | 1 | 67 | |
| 百分比（％） | 61.2 | 4.5 | 4.5 | 5.9 | 1.5 | 20.9 | 1.5 | | 100 |

标本 WNDB：6，夹砂灰陶。侈口，方唇，唇部有一周凹槽，折沿，沿面微凹，内折棱凸出，鼓腹。器壁内外隐约可见轮制痕迹。口径15、残高2、壁厚0.2～0.6厘米。（图一四，3）

标本 WNDB：8，夹砂灰陶。此标本甚残。侈口，方唇，唇部有一周凹槽，折沿，沿面微凹，内折棱凸出。沿外侧明显可见轮制痕迹，内侧不明显。残高3、壁厚0.3～0.5厘米。（图一四，4）

标本 WNDB：12，夹砂灰陶。此标本甚残。圆唇，折沿。轮制。残高2、壁厚0.7厘米。（图一四，5）

标本 WNDB：19，罐底。夹砂黑皮褐胎。斜腹，平底。素面，轮制。底径10、残高1.8、壁厚0.7～0.9厘米。（图一四，6）

碗　标本 WNDB：38，泥质灰陶。敞口，方唇。唇面有一周凹槽，斜壁。素面，器壁外侧隐约可见轮制痕迹。残高3、壁厚0.3～0.8厘米。（图一四，7）

瓮　标本 WNDB：10，夹砂灰陶。此标本甚残。圆唇，高领，领外侧近唇部有一周凹槽。轮制。残高3.3、壁厚0.5厘米。（图一四，8）

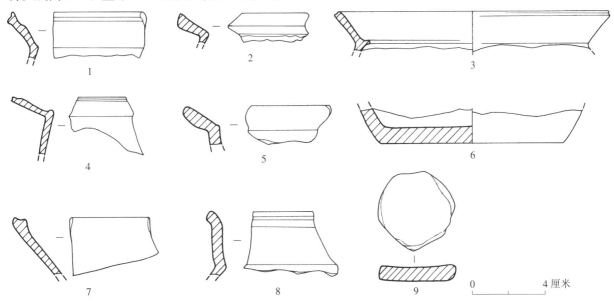

图一四　牛店北遗址出土龙山文化陶器

1～5. 罐（WNDB：9、62、6、8、12）　6. 罐底（WNDB：19）　7. 碗（WNDB：38）　8. 瓮（WNDB：10）　9. 圆陶片（WNDB：53）

圆陶片　标本 WNDB：53，泥质灰陶。由残陶片磨制形成圆饼形。素面，磨制。壁厚 0.6～0.8 厘米。（图一四，9）

2）二里头文化标本

罐　标本 WNDB：3，夹砂灰陶。侈口，方唇，唇部有一周凹槽，卷沿，鼓腹。腹部饰竖绳纹。器壁内侧粗糙，沿内外隐约可见轮制痕迹。口径 16.4、残高 5.4、壁厚 0.3～0.4 厘米。（图一五，1）

鬲　标本 WNDB：1，夹砂灰陶。圆唇，卷沿，沿下加厚，鼓腹。腹饰右斜绳纹。沿上见轮制痕迹。轮制。口径 24.4、残高 10、壁厚 0.8～1 厘米。（图一五，2）

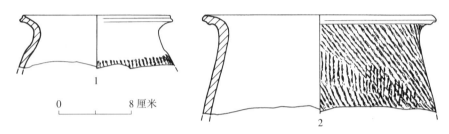

图一五　牛店北遗址出土二里头文化陶器
1. 罐（WNDB：3）　2. 鬲（WNDB：1）

3）二里岗文化标本

盆残片　标本 WNDB：2，泥质灰陶。鸡冠耳形錾，有 4 个按窝。器壁饰竖行及右斜细绳纹。器壁内侧有制作按压痕迹，轮制。残高 12.6、壁厚 0.6～1 厘米。（图一六，1）

器盖　标本 WNDB：5，夹砂灰陶。敞口，圆唇，唇外侧加厚，斜壁微鼓。腹壁上饰数周凹弦纹。器壁上端经过打磨，器壁外侧可见明显轮制痕迹，器壁内侧隐约可见轮制痕迹。口径 34.4、残高 8.8、壁厚 0.6～1.2 厘米。（图一六，2）

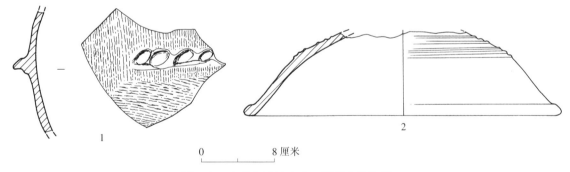

图一六　牛店北遗址出土二里岗文化陶器
1. 盆残片（WNDB：2）　2. 器盖（WNDB：5）

## 三、潭村湾遗址

（一）地理位置与概况

潭村湾遗址位于河南省新密市牛店镇潭村湾自然村北台地，遗址处于东、北面绥水支流、南面绥水主流三流环绕地带。遗址地理坐标为北纬 34°31.297′、东经 113°16.750′，海拔高度 263 米。编号为 3 号。（彩版三，1）

潭村湾遗址所在台地地势为北高南低，后经平整形成一级级的梯田。洧水河主要支流绥水河及其支流在遗址南侧及东、北两侧环绕流过，遗址处于三流交汇所夹的二级梯田临河台地上，面积较大，地势平缓。遗址主要分布在潭村湾村北。依据陶片分布范围可知：台地东、北面至遗址所临河流断崖，西、南均至遗址所在台地勘探出的文化层范围。遗址平面基本呈南北向不规则形，西北—东南向最长处长约206米，西南—东北向最长处长约108米，面积约1.32万平方米。遗址所在台地面与其东北面现河道的高差约为9米，遗址地下遗迹范围的东及北侧紧临河道。（图一七）

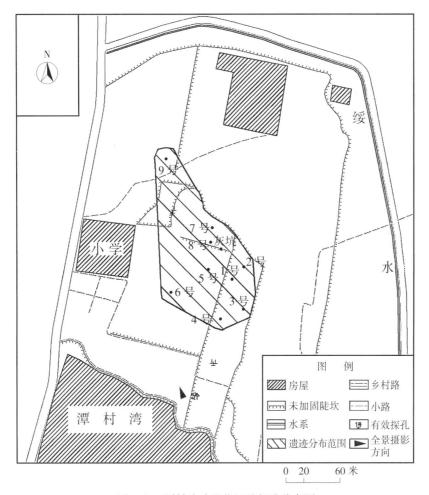

图一七 潭村湾遗址位置及探孔分布图

该遗址经以往调查发现，但未见著录或公布，2009年溱洧流域聚落调查时复查。

依据对采集标本的观察，大部分陶片标本的时代为仰韶文化晚期，少量残片的年代为龙山文化早期。

（二）地层堆积与文化遗存

**1. 地层堆积**

在遗址上布探孔9个（图一八），其地层堆积情况如下：

1号孔：位于遗址所在台地东部。

①层：厚0.3米。土色黄，土质软。耕土层。

②层：深0.3米，厚0.3米。土色黄，结构疏松。含有现代砖块、红烧土颗粒、炭粒。扰土层。

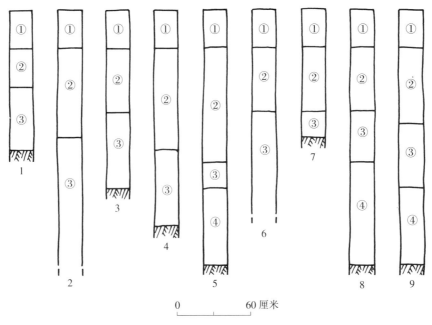

图一八　潭村湾遗址探孔柱状剖面图

③层：深 0.6 米，厚 0.5 米。土色黄褐，土质较硬，结构紧密。含有大量红烧土、炭粒。文化层。

深 1.1 米以下为黄白色生土层。

2 号孔：位于遗址所在台地东部。

①层：厚 0.3 米。土色黄，土质较软。耕土层。

②层：深 0.3 米，厚 0.7 米。土色黄，结构疏松。扰土层。

③层：深 1 米，厚 1 米。土色灰褐，土质较硬，结构紧密。含有大量红烧土、炭粒。不到底。文化层。

3 号孔：位于遗址所在台地东南部。

①层：厚 0.3 米。土色黄，土质较软。耕土层。

②层：深 0.3 米，厚 0.5 米。土色黄，结构疏松。扰土层。

③层：深 0.8 米，厚 0.6 米。土色灰褐，土质较硬，结构紧密。含有大量红烧土、炭粒。文化层。

深 1.4 米以下为黄白色生土层。

4 号孔：位于遗址所在台地南部。

①层：厚 0.3 米。土色黄，土质较软。耕土层。

②层：深 0.3 米，厚 0.8 米。土色黄，结构疏松。扰土层。

③层：深 1.1 米，厚 0.6 米。土色黄褐，土质一般，结构疏松。含有红烧土颗粒，并有夹砂灰陶 1 片。文化层。

深 1.7 米以下为黄白色生土层。

5 号孔：位于遗址所在台地中部。

①层：厚 0.3 米。土色黄，土质较软。耕土层。

②层：深 0.3 米，厚 0.9 米。土色黄，结构疏松。扰土层。

③层：深 1.2 米，厚 0.2 米。土色黄褐，土质一般，结构疏松。含有大量红烧土颗粒、炭粒和带弦纹灰陶 1 片。文化层。

④层：深 1.4 米，厚 0.6 米。土色灰褐，土质一般，结构疏松，较黏。含有磨光灰陶片。文化层。

深 2 米以下为黄白色生土层。

6 号孔：位于遗址所在台地西南部。

①层：厚 0.3 米。土色黄，土质较软。耕土层。

②层：深 0.3 米，厚 0.5 米。土色黄，结构疏松。扰土层。

③层：深 0.8 米，厚 0.8 米。土色灰褐，土质一般。不到底。文化层。

7 号孔：位于遗址所在台地中部偏北。

①层：厚 0.3 米。土色黄，土质较软。耕土层。

②层：深 0.3 米，厚 0.5 米。土色黄，结构疏松。扰土层。

③层：深 0.8 米，厚 0.2 米。土色黄褐，土质较硬，结构一般。含有红烧土颗粒、炭粒和夹砂褐陶片颗粒。文化层。

深 1 米以下为黄白色生土层。

8 号孔：位于遗址所在台地中部。

①层：厚 0.3 米。土色黄，土质较软。耕土层。

②层：深 0.3 米，厚 0.5 米。土色黄，结构疏松。扰土层。

③层：深 0.8 米，厚 0.4 米。土色灰褐，土质较软，结构疏松。含有大量红烧土、炭粒。灰坑土。

④层：深 1.2 米，厚 0.8 米。土色灰褐，土质疏松。灰坑土第 2 层。

深 2 米以下为黄白色生土层。

9 号孔：位于遗址所在台地西北端。

①层：厚 0.3 米。土色黄，土质较软。耕土层。

②层：深 0.3 米，厚 0.6 米。土色黄，结构疏松。扰土层。

③层：深 0.9 米，厚 0.5 米。土色黄褐，土质较软，结构疏松。含有红烧土颗粒、炭粒。文化层。

④层：深 1.4 米，厚 0.6 米。土色灰褐，土质一般，结构一般。含有少量红烧土颗粒、炭粒。文化层。

深 2 米以下为黄白色生土层。

依据勘探钻孔地层堆积情况，遗址文化层上覆盖有耕土及厚度 0.3 米到 0.9 米不等的扰土层；7 号、8 号探孔所在的遗址北部区域台地高于遗址中南部 1 号至 6 号探孔所在区域，文化层虽然较薄，但遗迹分布较为密集，出现有夹带大量红烧土块的单独分层灰坑遗迹；1 号、2 号、5 号、6 号所在的遗址中部区域文化层较厚，最厚处可达 1 米以上，依据土质土色可分二层文化层；9 号探孔所在的遗址西北端区域文化层亦较丰富；3 号、4 号探孔所在的遗址南部区域为遗址边缘区，文化层较薄，厚度多为0.6米左右，文化层为一层；遗址外北面区域虽然与西北端9号探孔同为一片台地，但已不见文化层，遗址外西南面及南面也是相同情况。

　　**2. 文化遗存**

　　（1）遗迹

　　本次复查时，在潭村湾遗址范围内北部较高台地南壁发现有含红烧土块的残存灰坑遗迹。灰坑长约0.8米，高约0.4米；土色灰褐，不分层，内含有红烧土块，未发现陶片标本。结合陶片分布范围、数量及勘探结果，大量遗迹单位应存于地表之下。

　　（2）遗物

　　共采集遗物标本27件。陶器器类有罐、钵、碗等，素面最为常见，另有细绳纹、篮纹等。（图一九）

　　1）石器标本

　　石刀　WTCW：1，长石石英，灰色。磨制，上部残，双面刃，扁平板状。残长10.3、厚1.2厘米。（彩版三，2；图二〇）

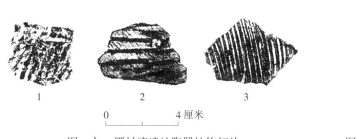

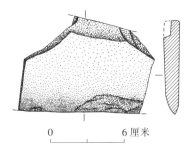

图一九　潭村湾遗址陶器纹饰拓片　　　　　图二〇　潭村湾遗址出土石刀（WTCW：1）

　　2）仰韶文化陶器标本

　　罐　共4件。

　　标本WTCW：14，夹砂褐陶。侈口，尖圆唇外撇，内折棱明显，鼓腹。素面，轮制。口径24、残高5.4、壁厚0.5厘米。（图二一，1）

　　标本WTCW：3，夹砂褐陶。此标本甚残。方唇。沿面内外隐约可见轮制痕迹。素面。残高2.6、壁厚0.7~0.9厘米。（图二一，2）

　　标本WTCW：8，彩陶罐残片。泥质红陶。饰红彩。器壁内有划痕，磨光，轮制。残高4.2、壁厚0.3~0.5厘米。（图二一，3）

　　标本WTCW：4，泥质褐陶。方唇，折沿，沿面微凹，内折棱凸出。沿外侧饰细绳纹。轮制。残高2.4、壁厚0.4~0.6厘米。（图二一，4）

　　钵　2件。

　　标本WTCW：5，泥质褐陶。敛口，尖圆唇，弧腹。器壁内隐约可见轮制痕迹。素面。残高3.4、壁厚0.3~0.6厘米。（图二一，5）

　　标本WTCW：2，泥质灰陶。敛口，圆唇，弧腹。器壁内隐约可见轮制痕迹。素面。残高3.9、壁厚0.4~0.7厘米。（图二一，6）

　　碗　共2件。

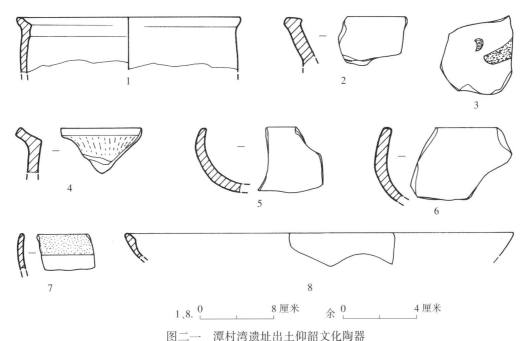

图二一　潭村湾遗址出土仰韶文化陶器

1、2、4. 罐（WTCW：14、3、4）　3. 彩陶罐残片（WTCW：8）　5、6. 钵（WTCW：5、2）　7. 彩陶碗
（WTCW：26）　8. 碗（WTCW：13）

标本 WTCW：26，泥质灰陶。敛口，圆唇。沿外侧饰红彩带。轮制。残高 1.8、壁厚 0.3 厘米。（图二一，7）

标本 WTCW：13，泥质红陶。敞口，尖圆唇。素面，轮制。口径 42、残高 3.6、壁厚 0.5～0.9 厘米。（图二一，8）

### 四、补子庙遗址

（一）地理位置与概况

补子庙遗址位于河南省新密市区西 6 千米牛店镇潭村湾村西北绥水北岸台地上。史载此地为东周补国故城。遗址以补国故城为中心，东、西、南三面被洧水的主要支流绥水的一条支流所环绕，处于三面河流交汇所夹的较高的临河单独台地上，地理坐标为北纬 34°31.430′、东经 113°16.895′，海拔高度 257 米。编号为 4 号。（彩版四，1）

补子庙遗址所在台地地势平坦，高约 10 余米，四周为晚期夯土。夯土围绕范围内为亚峰耐火材料厂废弃的厂房。遗址现残存台地较高，台地西南—东北向最长处长约 225 米，南北宽约 117 米，总面积依据陶片分布范围，估计值约 1.59 万平方米。遗址所在台地面与其四周现河道的高差约为 14 米，遗址四周紧临河道。（图二二）

1987 年调查补国故城时发现该遗址。河南省文物考古研究所新郑工作站工作人员也曾在此遗址调查，发现有裴李岗文化陶片。1994 年密县人民政府公布其为文物保护单位。2006 年 12 月新密市文物管理所文物普查时进行复查，2009 年溱洧流域聚落调查时再次复查。

根据采集标本的器物形制特征及纹饰特征，遗址时代为仰韶文化中晚期。

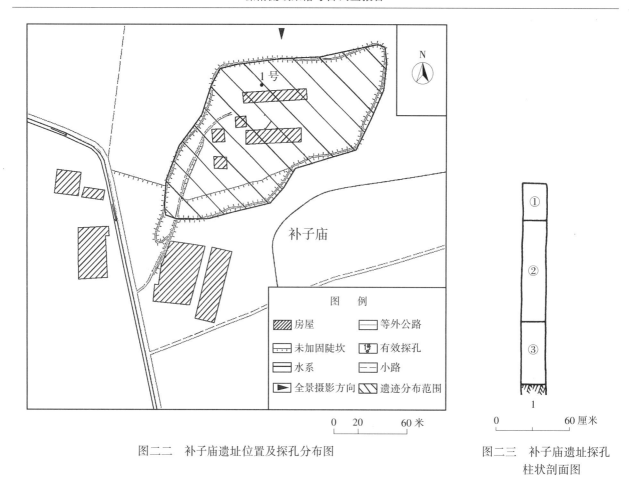

图二二　补子庙遗址位置及探孔分布图　　　　图二三　补子庙遗址探孔
柱状剖面图

（二）地层堆积与文化遗存

**1. 地层堆积**

在遗址上布探孔 1 个（图二三），其地层堆积情况如下：

1 号孔：位于遗址所在台地北部。

①层：厚 0.3 米。土色黄，土质较软。耕土层。

②层：深 0.3 米，厚 0.8 米。土色黄，结构疏松。含有红烧土颗粒、炭粒。扰土层。

③层：深 1.1 米，厚 0.5 米。土色黄褐，土质较软，结构疏松。含有红烧土颗粒、炭粒和陶片颗粒。文化层。

深 1.6 米以下为黄色次生土层。

由于遗址所在位置现为废弃的亚峰耐火材料厂厂房，现场均为现代建筑，据工厂看护人员介绍，当时建造厂房时，曾大范围取土；勘探情况亦不理想，仅于遗址北部探有一孔见一层厚约 0.5 米的文化层，其余均不可探或为扰土，可见此遗址已被修筑四围的晚期夯土墙或修建现代厂房完全破坏。

**2. 文化遗存**

（1）遗迹

本次复查只在遗址四周夯土及坍塌至低地的夯土块中可见大量新石器时代陶片，以仰韶文化标本为主。夯土建造年代晚于新石器时代，故结合历次调查结论及陶片分布范围、数量，推测遗迹单位可能被压于地表之下，建造夯土时取土取至早期地层。

（2）遗物

可辨器形的标本共计21件，其种类有鼎足、罐、盆、钵、缸、环等。陶质以夹砂陶为主，泥质陶次之。陶色常见褐色，以素面最为多见。（图二四；表三）

图二四 补子庙遗址陶器纹饰拓片

表三　　　　　　　　　　　　　补子庙遗址陶器陶质陶色纹饰统计表

| 纹饰 \ 陶系 | 泥质 | | | 夹砂 | | | 合计 | 百分比（%） |
|---|---|---|---|---|---|---|---|---|
| | 灰 | 红 | 褐 | 红 | 褐 | 黑 | | |
| 素面 | 5 | 6 | 2 | 3 | 19 | 1 | 36 | 78.3 |
| 彩陶 | | 2 | | | | | 2 | 4.3 |
| 篮纹 | | | | 3 | 4 | | 7 | 15.2 |
| 附加堆纹 | | | | | 1 | | 1 | 2.2 |
| 合计 | 5 | 8 | 2 | 6 | 23 | 2 | 46 | |
| 百分比（%） | 10.9 | 17.4 | 4.3 | 13 | 50 | 4.3 | | 100 |

鼎足　2件。

标本WBZM：35，夹砂褐陶。残缺较多，只剩足尖，凿形，内侧有凹槽。手制。残高3.9厘米。（图二五，1）

标本WBZM：21，夹砂褐陶。甚残。下部缺失，可能为镂空锛形足。手制。残高5.7厘米。（图二五，2）

罐　共8件。其中夹砂罐6件、泥质罐2件。

标本WBZM：16，夹砂夹蚌灰陶。尖唇，折沿，沿面上端饰凸棱一周，鼓腹。器腹内侧粗糙，沿面内外侧及器表轮制后磨光。残高3、壁厚0.5~1厘米。（图二五，3）

标本WBZM：23，夹砂黑陶褐胎。尖唇，近唇部饰压制凹槽一周，宽折沿，沿面微凹，内折棱明显，鼓腹。沿面内外及器壁外侧均磨光，器壁内侧粗糙，沿面上端隐约可见轮制痕迹。残高

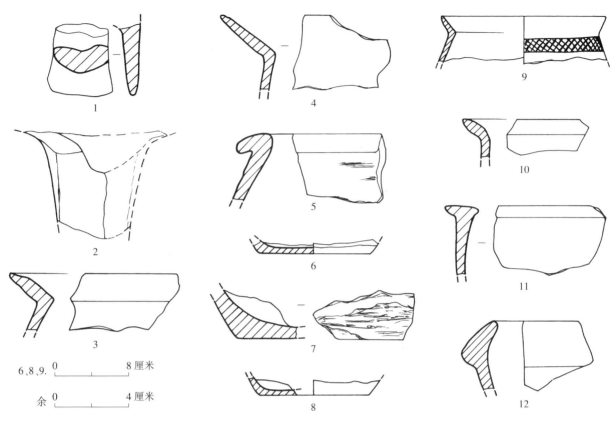

图二五　补子庙遗址出土仰韶文化陶器

1、2. 鼎足（WBZM：35、21）　　3~5. 罐（WBZM：16、23、8）　　6~8. 罐底（WBZM：7、13、5）　　9. 彩陶罐（WBZM：1）
10~12. 盆（WBZM：18、17、14）

3.8、壁厚 0.5~0.7 厘米。（图二五，4）

　　标本 WBZM：19，夹砂褐陶。此标本甚残。尖圆唇，折沿，沿面微鼓，沿内侧磨光，外侧可见轮制痕迹。

　　标本 WBZM：8，夹砂红陶。敛口，圆唇，平折沿。素面。残高 3.5、厚 0.6 厘米。（图二五，5）

　　标本 WBZM：7，罐底。夹砂褐陶。斜腹，平底。素面，轮制。底径 11.8、残高 1、壁厚 0.7厘米。（图二五，6）

　　标本 WBZM：13，罐底。夹砂褐陶。斜腹，平底。器壁较粗糙，素面，轮制。残高 2.8、壁厚0.6~1 厘米。（图二五，7）

　　标本 WBZM：5，罐底。泥质红陶。斜腹内收，平底。素面，轮制。底径 11.8、残高 1.4、壁厚 0.7 厘米。（图二五，8）

　　标本 WBZM：1，泥质红陶。侈口，尖圆唇，折沿，折棱明显，斜肩。肩部饰红彩网纹，轮制。口径 18、残高 5、壁厚 0.6 厘米。（彩版四，2；图二五，9）

　　盆　共 3 件。

　　标本 WBZM：18，泥质灰陶。敞口，尖唇，折沿，沿较窄，内折棱明显。器壁内外均磨光，轮制。残高 1.9、壁厚 0.5 厘米。（图二五，10）

　　标本 WBZM：17，泥质灰陶。直口微敛，尖唇，平折沿，上腹较直。口沿及器壁内外均磨光，内壁可见模糊轮制痕迹，器壁内侧折腹部有制作工具按压印痕一周。残高 3.7、壁厚 0.5~1.8 厘

米。（图二五，11）

标本 WBZM：14，泥质红陶。敛口，圆唇，唇外侧加厚凸出，直壁。素面，器壁内外可见轮制痕迹。残高 3.5、壁厚 0.6 厘米。（图二五，12）

钵　共 5 件。其中彩陶钵残片 2 件。

标本 WBZM：10，泥质红陶。敛口，圆唇，弧腹。器表磨光，素面，轮制。残高 5、厚 0.5～0.7 厘米。（图二六，1）

标本 WBZM：28，夹砂灰陶。敛口，方唇。轮制。残高 2、壁厚 0.7～1 厘米。（图二六，2）

标本 WBZM：15，泥质红陶。敛口，尖圆唇，折腹。器表磨光，素面，器壁内有轮制痕迹。残高 2.8、壁厚 0.7 厘米。（图二六，3）

标本 WBZM：12，泥质红陶。敛口，尖圆唇，无折棱，弧壁。器表口沿下饰白衣。轮制。残高 3.5、厚 0.7 厘米。（图二六，4）

标本 WBZM：33，泥质红陶。敛口，圆唇。口下饰白衣黑彩。器壁内外均磨光，器壁内侧有轮制痕迹。残高 3.4、壁厚 0.5～0.7 厘米。（图二六，5）

缸　1 件。标本 WBZM：2，泥质红陶。敛口，内折沿，尖圆唇，沿外侧凸出，口沿加厚，斜肩。肩饰凸棱数周。素面，沿上端可见轮制痕迹。口径 27.8、残高 5、壁厚 0.6～0.8 厘米。（图二六，6）

彩陶残片　1 件。

标本 WBZM：32，泥质灰陶。此标本甚残，上饰褐色圆点纹。器壁内外均磨光，轮制。残高 3.4、壁厚 0.6 厘米。（图二六，7）

另采集有陶环 1 件。

标本 WBZM：42，泥质灰陶。横截面为半圆形。外侧磨光，轮制。直径约 7 厘米。（图二六，8）

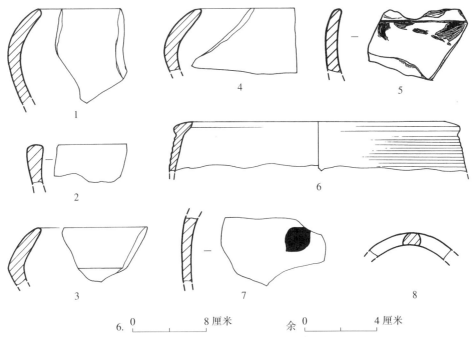

图二六　补子庙遗址出土仰韶文化陶器

1～4. 钵（WBZM：10、28、15、12）　5. 彩陶钵（WBZM：33）　6. 缸（WBZM：2）　7. 彩陶片（WBZM：32）　8. 环（WBZM：42）

## 五、前士郭遗址

（一）地理位置与概况

前士郭遗址位于河南省郑州市新密市西大街办事处前士郭村西，处于洧水主要支流绥水左源东岸地带。遗址地理坐标为北纬34°31.605′、东经113°18.760′，海拔高度242米。编号为5号。（彩版五，1）

前士郭遗址所在台地地势为北高南低，后经平整形成一级级缓和的梯田。遗址主要分布在大坡嘴村西，依据遗址文化层所在台地范围可知：东至前士郭南北向村际公路西侧勘探出的文化层范围，北至勘探出文化层范围，西以绥水左源东河沿断崖为界，南以嵩山大道北侧为界。遗址平面基本呈南北向长方形，遗址南北长约560米，东西长约214米，面积9.07万平方米。遗址所在台地面与其西侧现河道的高差约为10米，遗址地下遗迹范围距其西侧河道断崖约15米。（图二七）

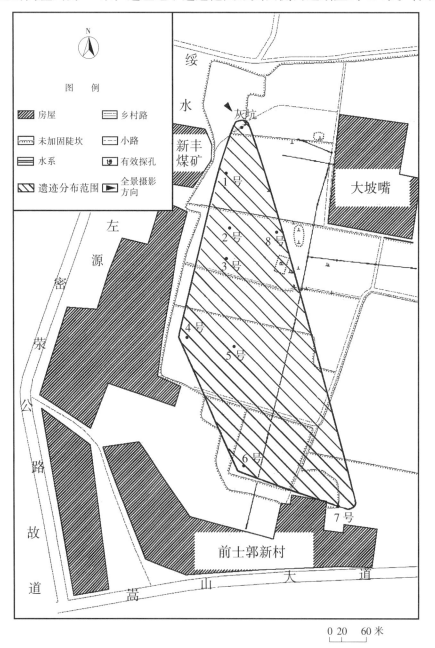

图二七　前士郭遗址位置及探孔分布图

2006 年，新密市文物管理所文物普查时发现该遗址，但未见著录或公布，2009 年溱洧流域聚落调查时复查并发现遗迹。

依据对采集标本的观察，大部分陶器标本的时代为二里岗文化时期，少量为仰韶文化晚期。

另外，采集有少量绳纹及素面残片，时代为龙山文化。

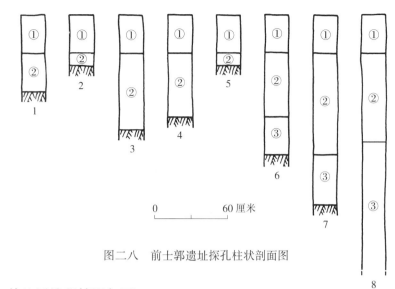

图二八　前士郭遗址探孔柱状剖面图

（二）地层堆积与文化遗存

**1. 地层堆积**

在遗址布探孔 8 个（图二八），其地层堆积情况如下：

1 号孔：位于遗址所在台地北端。

①层：厚 0.3 米。土色黄，土质疏松。耕土层。

②层：深 0.3 米，厚 0.3 米。土色黄褐，土质较软，结构一般。含有大量红烧土颗粒、炭粒、褐色土块。文化层。

深 0.6 米以下为黄白色生土层。

2 号孔：位于遗址所在台地北部。

①层：厚 0.3 米。土色黄，土质疏松。耕土层。

②层：深 0.3 米，厚 0.1 米。土色黄褐，土质一般。含有红烧土颗粒、炭粒、褐色土块。文化层。

深 0.4 米以下为黄白色生土层。

3 号孔：位于遗址所在台地北部。

①层：厚 0.3 米。土色黄，土质疏松。耕土层。

②层：深 0.3 米，厚 0.6 米。土色黄褐，土质疏松。含有红烧土颗粒、炭粒，出有灰陶陶片 1 片。文化层。

深 0.9 米以下为黄白色生土层。

4 号孔：位于遗址所在台地西端。

①层：厚 0.3 米。土色黄，土质疏松。耕土层。

②层：深 0.3 米，厚 0.5 米。土色灰褐，土质一般，结构疏松。含有大量红烧土、炭粒。灰坑土。

深 0.8 米以下为黄白色生土层。

5 号孔：位于遗址所在台地中部。

①层：厚 0.3 米。土色黄，土质疏松。耕土层。

②层：深 0.3 米，厚 0.1 米。土色黄褐，土质一般，结构一般。含有红烧土颗粒、炭粒。文化层。

深 0.4 米以下为黄白色生土层。

6 号孔：位于遗址所在台地西南端。

①层：厚 0.3 米。土色黄，土质疏松。耕土层。

②层：深 0.3 米，厚 0.5 米。土色灰褐，土质较硬。含有红烧土颗粒、炭粒。扰土层。

③层：深 0.8 米，厚 0.3 米。土色灰褐，土质较硬。含有大量红烧土、炭粒，有块状青灰土，出有灰陶陶片 2 片。文化层。

深 1.1 米以下为黄白色生土层。

7 号孔：位于遗址所在台地东南端。

①层：厚 0.3 米。土色黄，土质疏松。耕土层。

②层：深 0.3 米，厚 0.8 米。土色黄褐，含有现代砖块。扰土层。

③层：深 1.1 米，厚 0.4 米。土色黄褐，土质一般。含有有红烧土颗粒、炭粒。文化层。

深 1.5 米以下为黄白色生土层。

8 号孔：位于遗址所在台地东北部。

①层：厚 0.3 米。土色黄，土质疏松。耕土层。

②层：深 0.3 米，厚 0.7 米。土色黄褐。含有现代砖块。扰土层。

③层：深 1 米，厚 1 米。土色浅黄，土质一般，结构一般，较黏。含有少量红烧土颗粒、炭粒，出有陶片 1 片。不到底。文化层。

依据勘探钻孔地层堆积情况，遗址文化层上覆盖有耕土及厚度 0.7 米到 0.8 米不等的扰土层；绝大部分探孔所在区域耕土下即见文化层，1 号至 5 号探孔以及 8 号探孔所在遗址北部区域文化层较厚，文化层最厚可达约 1 米，依据土质土色一般为一层文化层，但上层文化层明显被土地平整所破坏，部分探孔所在区域文化层仅残存极少量；6 号、7 号探孔所在的遗址南部区域文化层厚度一般。另外，在遗址 1 号探孔北面的区域也探出存在较薄文化层，但由于距 1 号探孔所在的遗址北端区域距离较远，且文化层看不出连续的迹象，故暂不列入该遗址范围。

**2. 文化遗存**

（1）遗迹

2006 年调查时，该遗址经长期雨水冲刷，部分文化层暴露于遗址西部南北向断崖崖面。本次复查时，除遗址东部已发现的文化层外，又在遗址东部一东西向断崖上发现一处灰坑遗迹（彩版五，2）。灰坑长约 1.5、深约 1 米，距地表约 0.1 米；土色灰黑，土质较软，结构紧密，含有红烧土块、炭粒、陶片等；灰坑内以二里岗文化标本为主。

（2）遗物

可辨器形标本共 11 件，种类有罐、鬲、甗、盆、瓮、圈足等。陶器陶质以夹砂陶为主，泥质陶为辅；陶色以灰陶最多，另见红陶、褐陶、黑陶和黑皮陶；纹饰以绳纹为主。（图二九、三〇；表四）

1）仰韶文化标本

盆　标本 WQSG：3，泥质灰陶。敛口，圆唇加厚，弧腹。器壁内外可见轮制痕迹，素面。残高 4、壁厚 0.5 厘米。（图三一，1）

圈足　标本 WQSG：7，泥质红陶。敞口，圆唇略加厚，斜腹。素面，轮制。残高 2.5、壁厚 0.5 厘米。（图三一，2）

2）二里岗文化标本

罐　共 2 件。

图二九　前士郭遗址陶器纹饰拓片

图三○　前士郭遗址陶器纹饰拓片

标本 WQSG：8，夹砂黑陶。盘形口，方唇，折沿，沿面内凹。沿内和唇部各有一周凹槽，沿外侧饰竖绳纹。轮制。口径23.6、残高3.2、壁厚0.8厘米。（图三二，1）

标本 WQSG：6，罐底。夹砂灰陶。斜腹，平底。素面，轮制。底径9.9、残高1厘米。（图三二，2）

鬲　3件。

**表四**             前士郭遗址陶器陶质陶色纹饰统计表

| 纹饰＼陶系 | 泥质 | | | | | 夹砂 | | | | 合计 | 百分比（％） |
|---|---|---|---|---|---|---|---|---|---|---|---|
| | 灰 | 红 | 褐 | 黑 | 黑皮 | 灰 | 红 | 褐 | 黑 | | |
| 素面 | 7 | 2 | 1 | 1 | | 3 | | | 3 | 17 | 32.1 |
| 绳纹 | 6 | | | 2 | | 22 | 1 | 1 | 1 | 33 | 62.3 |
| 弦纹 | | | | 1 | | 1 | | | | 2 | 3.8 |
| 绳纹圆圈纹 | | | | | | 1 | | | | 1 | 1.9 |
| 合计 | 13 | 2 | 1 | 3 | 1 | 27 | 1 | 1 | 4 | 53 | |
| 百分比（％） | 24.5 | 3.8 | 1.9 | 5.7 | 1.9 | 50.9 | 1.9 | 1.9 | 7.5 | | 100 |

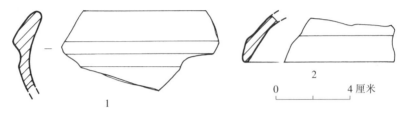

图三一　前士郭遗址出土仰韶文化晚期陶器
1. 盆（WQSG：3）　2. 圈足（WQSG：7）

标本 WQSG：51，夹砂灰陶。方唇，唇外折，折沿，有折棱。唇面有凹槽，轮制。残高 1.7、厚 0.4 厘米。（图三二，3）

标本 WQSG：4，夹砂灰陶。方唇下垂，折沿，沿面上端近唇部饰凹弦纹一周。腹残，沿下 3.6 厘米处饰凹弦纹一周，下饰粗绳纹。轮制。口径 17.6、残高 7.4、厚 0.8 厘米。（图三二，4）

标本 WQSG：2，残片。夹砂灰陶。唇部残。口下 1 厘米处饰凹弦纹一周，下饰圆圈纹，再下饰竖绳纹。轮制。残高 7.6、壁厚 0.5 厘米。（图三二，5）

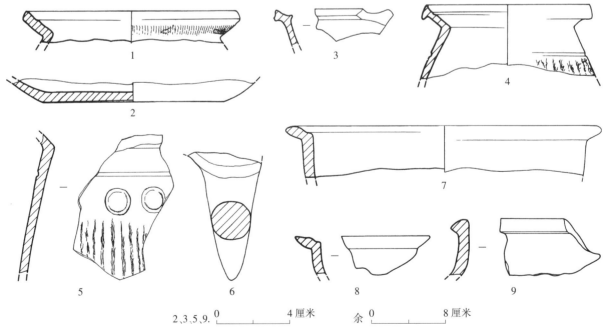

图三二　前士郭遗址出土二里岗文化陶器
1. 罐（WQSG：8）　2. 罐底（WQSG：6）　3～5. 鬲（WQSG：51、4、2）　6. 甗足（WQSG：12）　7、8. 盆（WQSG：9、10）　9. 瓮（WQSG：11）

鬲足 1件。

标本 WQSG：12，夹砂灰陶。圆锥状。素面，手制。残高 13 厘米。（图三二，6）

盆 2件。

标本 WQSG：9，泥质灰陶。敞口，尖唇，卷沿，直壁。沿内外可见轮制痕迹，素面。口径 34、残高 5.4、壁厚 0.9 厘米。（图三二，7）

标本 WQSG：10，泥质黑皮陶。敞口，尖唇，折沿，直壁。内折棱凸出，沿内外隐约可见轮制痕迹。残高 4、壁厚 0.6~1 厘米。（图三二，8）

瓮 1件。

标本 WQSG：11，夹砂黑皮陶。高领，圆唇外凸。领外侧可见轮制痕迹。残高 3、壁厚 1.1 厘米。（图三二，9）

### 六、郭湾遗址

（一）地理位置与概况

郭湾遗址位于河南省新密市牛店镇郭湾村东北，处于东、北面临洧水河主要支流绥水河地带。所在台地地势平缓。遗址地理坐标为北纬 34°31.276′、东经 113°18.012′，海拔高度 251 米。编号为 6 号。（彩版六，1）

依据遗址文化层所在台地范围可知：东至绥水河西岸河沿断崖，其余三面均以文化层所在台地地头断崖为界。郭湾遗址平面基本呈顺河的西北—东南向长方形，遗址所在台地东西长约 183 米，南北宽约 52 米，面积估计值约 0.88 万平方米。遗址所在台地面与其东、北侧现河道的高差约为 11 米，遗址地下遗迹范围紧临东、北侧河道。（图三三）

该遗址以往未见著录或公布，2009 年溱洧流域聚落调查时发现。

依据对采集标本的观察，大部分陶器标本的时代为龙山文化晚期。

（二）地层堆积与文化遗存

**1. 地层堆积**

勘探时，距调查时发现遗址约半年，遗址现所在台地已被村民取土完全破坏，已不存文化层，遗址面积只能按照原先调查时的估计值。

**2. 文化遗存**

（1）遗迹

遗址位于河边高台地，高出南边林地约 3 米，经长期雨水冲刷，部分文化层暴露于崖面。西面地头断崖上发现有厚约 1 米的文化层，可见长度约 20 米，

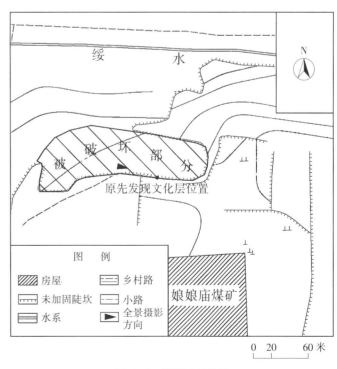

图三三 郭湾遗址位置

不分层，距台地地表约 0.6 米，上部 0.3 米为耕土层，下 0.3 米为黄土层，内有烧土颗粒、炭块。0.6 米以下为文化层（彩版六，2），土呈红褐色，土质坚硬，有黏性，含有烧土颗粒和较多陶片；文化层内以龙山文化标本为主。

（2）遗物

郭湾遗址共采集陶器标本 44 件，其陶质以夹砂陶（88.7%）为主，另有泥质陶（11.3%）；陶色以灰陶（88.6%）为主，另有黑皮陶（9.1%）、褐陶（2.3%）；纹饰以素面（45.5%）为主，另有方格纹（31.8%）、篮纹（11.4% 以）、绳纹（9.1%）、弦纹（2.3%）等。（图三四；表五）

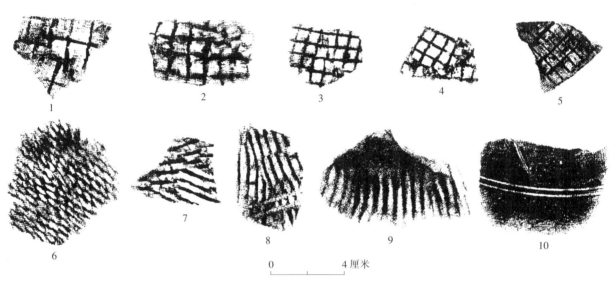

图三四　郭湾遗址陶器纹饰拓片

表五　　　　　　　　　　　　　　郭湾遗址陶器陶质陶色纹饰统计表

| 陶系<br>纹饰 | 泥质 | | 夹砂 | | | 合计 | 百分比<br>（%） |
|---|---|---|---|---|---|---|---|
| | 灰 | 黑皮 | 灰 | 褐 | 黑皮 | | |
| 素面 | 1 | 2 | 16 | | 1 | 20 | 45.5 |
| 绳纹 | | | 4 | | | 4 | 9.1 |
| 方格纹 | | | 13 | 1 | | 14 | 31.8 |
| 篮纹 | 1 | 1 | 3 | | | 5 | 11.4 |
| 弦纹 | | | 1 | | | 1 | 2.3 |
| 合计 | 2 | 3 | 37 | 1 | 1 | 44 | |
| 百分比（%） | 4.5 | 6.8 | 84.1 | 2.3 | 2.3 | | 100 |

可辨器形的标本共计 14 件，其种类有罐、盆、碗、豆、瓮等。根据采集标本的器物形制特征及纹饰特征，时代应为龙山文化晚期。

罐　共 8 件。其中夹砂罐 7 件、泥质罐 1 件。

标本 WGW∶3，夹砂灰陶。侈口，折沿，内折棱明显，方唇，唇部有凹槽，鼓腹。沿面上部近唇部有一周浅凹槽，沿面内外有轮制痕迹。腹部饰横方格纹，方格较小，内见横丝。轮制。残高5.5、壁厚0.4~0.6厘米。（图三五，1）

标本WGW：2，夹砂灰陶。侈口，方唇，唇面微凹，折沿，内折棱明显，沿面微弧。沿上有一周凹槽，沿面内侧磨光，外侧可见轮制痕迹。残高3.8、壁厚0.5厘米。（图三五，2）

标本WGW：6，夹砂灰陶。此标本甚残。方唇，折沿，内折棱明显。沿上端有内凹，沿外侧可见轮制痕迹，沿内侧磨光。轮制。残高1.9、壁厚0.4厘米。（图三五，3）

标本WGW：4，夹砂灰陶。侈口，方唇，折沿，内折棱明显，鼓腹。唇上部有一周凸棱，沿上端有一周凹槽，沿面内侧可见轮制痕迹，外侧磨光。腹部饰方格纹，方格较大，印痕明显，内有横丝。轮制。残高5.6、壁厚0.2~0.4厘米。（图三五，4）

标本WGW：5，夹砂灰陶。侈口，方唇，唇部有凹槽，折沿，沿面微凹，内折棱突出，鼓腹。沿面上端近唇部有一周浅凹槽，沿面内侧有明显轮制痕迹。腹部饰竖方格纹，方格较为模糊，器腹上部磨光。轮制。残高5.7、壁厚0.3~0.6厘米。（图三五，5）

标本WGW：23，夹砂灰陶。此标本甚残。方唇。沿上端近唇部有一周凹槽，沿内外侧可见轮制痕迹。轮制。残高2.3、壁厚0.2~0.6厘米。（图三五，6）

标本WGW：51，夹砂灰陶。甚残。侈口，方唇。沿上端近唇部有一周凹槽，器壁内外侧轮制痕迹不明显。轮制。高2.2、壁厚0.4~0.6厘米。（图三五，7）

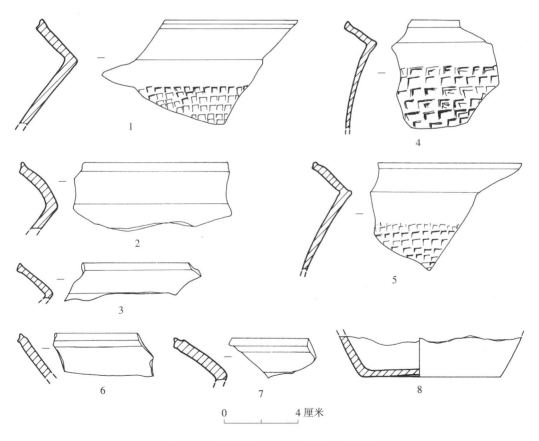

图三五　郭湾遗址出土龙山文化晚期陶器
1~7. 罐（WGW：3、2、6、4、5、23、51）　8. 罐底（WGW：14）

标本 WGW：14，罐底。泥质黑皮陶。斜腹内收，小平底。轮制。底径 7.6、残高 2.1 厘米。（图三五，8）

小盆　标本 WGW：22，夹砂灰陶。敛口，圆唇，沿面较窄，内外有凸棱。器壁内外均可见轮旋痕迹，内侧明显类似弦纹。轮制。残高 4、壁厚 0.3～0.5 厘米。（图三六，1）

碗　标本 WGW：19，夹砂灰陶。敞口，唇部有一周凹槽形成双唇，内侧有凸棱。斜腹内收。内壁磨光，外壁有轮制痕迹。轮制。口径 18、残高 2.8、壁厚 0.4～0.6 厘米。（图三六，2）

豆圈足　标本 WGW：42，夹砂灰陶。喇叭状，尖唇加厚。轮制。残高 1.8、壁厚 0.2～0.4 厘米。（图三六，3）

瓮　3 件。

标本 WGW：1，泥质灰陶。圆唇外撇，高领较直，折肩。沿内侧有轮制痕迹，肩部内侧有早期工具按压印痕一周。领肩外侧磨光，肩腹转折处内侧有一周小麻点制作痕迹。肩上饰一周凹弦纹，肩下及腹部饰印痕深刻竖篮纹。轮制。残高 7.2、壁厚 0.6 厘米。（图三六，4）

标本 WGW：12，夹砂灰陶。直口，圆唇。外壁磨光，内壁可见轮制痕迹。轮制。残高 3、壁厚 0.4 厘米。（图三六，5）

标本 WGW：52，泥质灰陶。圆唇外撇。领外侧隐约可见轮制痕迹。口径 12、残高 3.6、壁厚 0.4 厘米。（图三六，6）

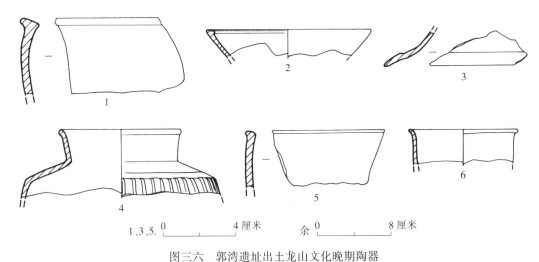

图三六　郭湾遗址出土龙山文化晚期陶器

1. 小盆（WGW：22）　2. 碗（WGW：19）　3. 豆圈足（WGW：42）　4～6. 瓮（WGW：1、12、52）

## 七、马鞍河遗址

### （一）地理位置与概况

马鞍河遗址位于河南省新密市西大街办事处马鞍河村西，处于东、西、南三面马鞍河水环绕的临河台地上。遗址地理坐标为北纬 34°31.502′、东经 113°20.021′，海拔高度 252 米。编号为 7 号。（彩版七，1）

马鞍河遗址所在台地地势较为平缓。遗址主要分布在马鞍河村附近，依据遗址文化层所在台地范围可知：东、西、南面均至马鞍河河沿断崖，北面以勘探出的文化层为限。遗址平面基本呈顺河的南北向不规则形，遗址东西宽约 197 米，南北长约 393 米，面积约 4.98 万平方米。遗址所

在台地面与其东侧现河道的高差约为 9 米，遗址地下遗迹范围距其西侧河道断崖约 41 米，东侧紧临河道。（图三七）

20 世纪 60 年代文物普查时发现该遗址。1990 年新密市人民政府公布其为文物保护单位，2006 年 10 月新密市文物管理所文物普查时复查，2009 年溱洧流域聚落调查时再次复查。

根据采集标本的器物形制及纹饰特征，大部分为仰韶文化中晚期。

（二）地层堆积与文化遗存

**1. 地层堆积**

在遗址上布探孔 12 个（图三八），其堆积情况如下：

1 号孔：位于遗址所在台地中部。

①层：厚 0.3 米。土色黄，土质疏松。耕土层。

②层：深 0.3 米，厚 0.3 米。土色黄，土质一般。含有现代砖块。扰土层。

③层：深 0.6 米，厚 0.6 米。土色灰褐，土质一般，结构一般。含有红烧土颗粒。文化层。

④层：深 1.2 米，厚 0.4 米。土色灰褐，土质较软，结构疏松。含有大量红烧土颗粒。文化层。

⑤层：深 1.6 米，厚 0.5 米。土色黄褐，土质一般，结构较密。含有少量红烧土颗粒、炭粒，带黏性。文化层。

⑥层：深 2.1 米，厚 0.6 米。土色灰褐，土质较软，结构疏松。含有大量红烧土、炭粒，见骨，带黏性。文化层。

深 2.7 米以下为褐色次生土层。

2 号孔：位于遗址所在台地中部。

①层：厚 0.3 米。土色黄，土质疏松。耕土层。

②层：深 0.3 米，厚 0.1 米。土色黄，土质一般。含有现代砖块。扰土层。

③层：深 0.4 米，厚 0.3 米。土色灰黑，土质较软，结构疏松。含有大量红烧土、炭粒。文化层。

④层：深 0.7 米，厚 0.6 米。土色灰黑，土质较软，结构一般。含有大量红烧土、炭粒。文化层。

⑤层：深 1.3 米，厚为 0.4 米。土色灰黑，土质较软，结构一般。含有红烧土颗粒、炭粒。文化层。

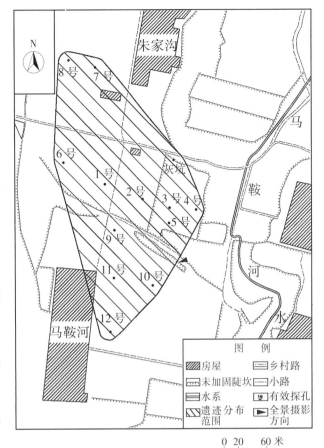

图三七　马鞍河遗址位置及探孔分布图

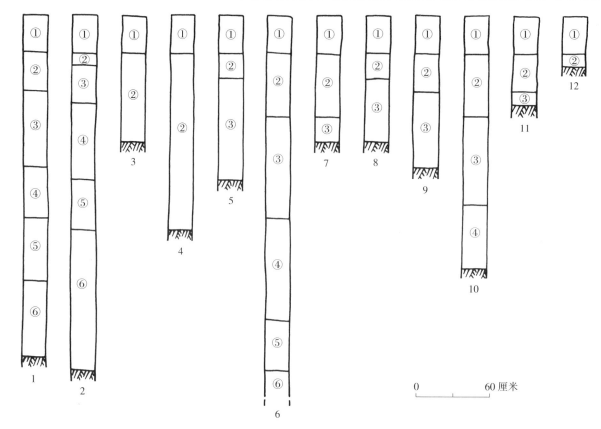

图三八　马鞍河遗址探孔柱状剖面图

⑥层：深 1.7 米，厚 1.1 米。土色灰黑，土质一般，结构一般，带有黏性。含有红烧土颗粒、炭粒。文化层。

深 2.8 米以下为褐色次生土层。

3 号孔：位于遗址所在台地东部。

①层：厚 0.3 米。土色黄，土质疏松。耕土层。

②层：深 0.3 米，厚 0.7 米。土色灰褐，土质较软，结构一般。含有红烧土颗粒、炭粒。文化层。

深 1 米以下为褐色次生土层。

4 号孔：位于遗址所在台地东部。

①层：厚 0.3 米。土色黄，土质疏松。耕土层。

②层：深 0.3 米，厚 1.4 米。土质较软，结构疏松。含有大量红烧土、炭粒。文化层。

深 1.7 米以下为褐色次生土层。

5 号孔：位于遗址所在台地东部。

①层：厚 0.3 米。土色黄，土质疏松。耕土层。

②层：深 0.3 米，厚 0.2 米。土质一般，结构疏松。扰土层。

③层：深 0.5 米，厚 0.8 米。土色灰褐，土质较软，结构一般。含有红烧土颗粒、炭粒，同 3 号孔。文化层。

深 1.3 米以下为褐色次生土层。

6 号孔：位于遗址所在台地西端。

①层：厚 0.3 米。土色黄，土质疏松。耕土层。

②层：深 0.3 米，厚 0.5 米。土色黄褐，土质一般。扰土层。

③层：深 0.8 米，厚 0.8 米。土色灰黑，土质较软，结构一般。含有大量红烧土、炭粒。文化层。

④层：深 1.6 米，厚 0.8 米。土色灰褐，土质较软，结构疏松。含有较大量红烧土颗粒、炭粒。文化层。

⑤层：深 2.4 米，厚 0.4 米。土色灰黑，土质一般，结构疏松。含有红烧土颗粒和较多炭粒。文化层。

⑥层：深 2.8 米，厚 0.2 米。土色黄褐，土质一般，结构一般。含有红烧土颗粒、炭粒。不到底。文化层。

7 号孔：位于遗址所在台地北端。

①层：厚 0.3 米。土色黄，土质疏松。耕土层。

②层：深 0.3 米，厚 0.5 米。土色黄褐，土质一般。含有现代砖块。扰土层。

③层：深 0.8 米，厚 0.2 米。土色黄褐，土质一般，结构一般。含有红烧土颗粒、炭粒。文化层。

深 1 米以下为褐色次生土层。

8 号孔：位于遗址所在台地北端。

①层：厚 0.3 米。土色黄，土质疏松。耕土层。

②层：深 0.3 米，厚 0.2 米。土色黄褐，土质一般，结构疏松。扰土层。

③层：深 0.5 米，厚 0.5 米。土色黄褐，土质一般，结构一般。含有红烧土颗粒。文化层。

深 1 米以下为褐色次生土层。

9 号孔：位于遗址所在台地中部。

①层：厚 0.3 米。土色黄，土质疏松。耕土层。

②层：深 0.3 米，厚 0.3 米。土色黄褐，土质一般，结构疏松。扰土层。

③层：深 0.6 米，厚 0.6 米。土色灰褐，土质较软，结构疏松。含有大量红烧土、炭粒。文化层。

深 1.2 米以下为褐色次生土层。

10 号孔：位于遗址所在台地东南部。

①层：厚 0.3 米。土色黄，土质疏松。耕土层。

②层：深 0.3 米，厚 0.5 米。土色黄褐，土质一般，结构疏松。扰土层。

③层：深 0.8 米，厚 0.7 米。土色灰褐，土质一般，结构较密。含有红烧土、炭粒。文化层。

④层：深 1.5 米，厚 0.5 米。土色黄褐，土质较硬，结构紧密。含有少量红烧土颗粒、炭粒。文化层。

深 2 米以下为褐色次生土层。

11 号孔：位于遗址所在台地南部。

①层：厚 0.3 米。土色黄，土质疏松。耕土层。

②层：深 0.3 米，厚 0.3 米。土色黄，土质一般，结构疏松。扰土层。

③层：深 0.6 米，厚 0.1 米。土色灰褐，土质较软，结构疏松。含有大量红烧土、炭粒。文化层。

深 0.7 米以下为褐色次生土层。

12 号孔：位于遗址所在台地南端。

①层：厚 0.3 米。土色黄，土质疏松。耕土层。

②层：深 0.3 米，厚 0.1 米。土色黄褐，土质较软，结构疏松。含有少量红烧土颗粒、炭粒。文化层。

深 0.4 米以下为褐色次生土层。

依据勘探钻孔地层堆积情况，遗址文化层上覆盖有耕土层及厚度 0.1 米到 0.5 米不等的扰土层；遗址北部东端 3 号、4 号探孔和南端 12 号探孔所在区域受土地平整的破坏，耕土层下即见文化层；遗址北部以 1 号至 6 号探孔所在区域文化层最为丰富，文化层最厚处达 2.2 米以上，最多可分为四层以上不同的文化层；遗址北部分南、北两端文化层相对较薄，多为一层文化层。

**2. 文化遗存**

（1）遗迹

马鞍河遗址经长期雨水冲刷，部分文化层暴露于崖面（彩版七，2）。遗址中部、北部遗迹最为丰富，保存有房基和大量红烧土。文化层堆积厚 1.4～4 米；土色灰褐，土质一般，结构疏松，含有大量红烧土、炭粒及陶片；文化层内以仰韶文化标本为主。

（2）遗物

马鞍河遗址共采集遗物标本 58 件，其中陶器陶质以泥质陶（65.6%）为主，另有夹砂陶（34.4%）；陶色以红陶（34.5%）及灰陶（34.5%）为主，另有褐陶（20.7%）、黑陶（5.2%）等；纹饰以素面（50%）为主，另有彩陶（24.1%）、绳纹（12.1%）。（图三九；表六）

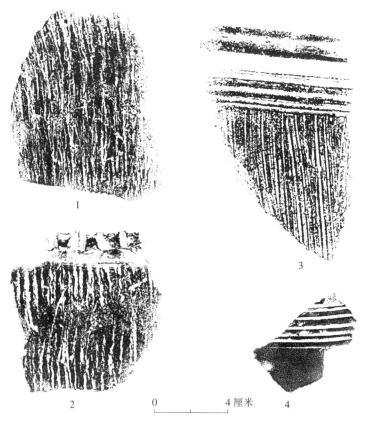

图三九　马鞍河遗址陶器纹饰拓片

**表六**　　　　　　　　　　　　　马鞍河遗址陶器陶质陶色纹饰统计表

| 陶系\纹饰 | 泥质 | | | | | | 夹砂 | | | | 合计 | 百分比（%） |
|---|---|---|---|---|---|---|---|---|---|---|---|---|
| | 灰 | 红 | 褐 | 黑 | 黑皮 | 黄 | 灰 | 红 | 褐 | 黑皮 | | |
| 素面 | 9 | 3 | 2 | 2 | 1 | 1 | 2 | 1 | 7 | 1 | 29 | 50 |
| 篮纹 | 1 | | | | | | 5 | | 1 | | 7 | 12.1 |
| 线纹 | | 2 | | | | | 1 | | | | 3 | 5.2 |
| 彩陶 | 1 | 13 | | | | | | | | | 14 | 24.1 |
| 绳纹凹弦纹 | | | | 1 | | | 1 | | | | 2 | 3.4 |
| 凹弦纹戳印纹 | | | | | | | | | 1 | | 1 | 1.7 |
| 划纹 | | | 1 | | | | | | | | 1 | 1.7 |
| 磨光 | | | 1 | | | | | | | | 1 | 1.7 |
| 合计 | 11 | 19 | 3 | 3 | 1 | 1 | 9 | 1 | 9 | 1 | 58 | |
| 百分比（%） | 19 | 32.8 | 5.2 | 5.2 | 1.7 | 1.7 | 15.5 | 1.7 | 15.5 | 1.7 | | 100 |

可辨器形标本有石器3件、陶器37件，其中陶器种类有鼎、罐、盆、钵、杯、瓮、缸、器盖、尖底瓶、环等。（表七）根据采集标本的器物形制特征及纹饰特征，大部分为仰韶文化中晚期。

**表七**　　　　　　　　　　　　　马鞍河遗址陶器器类统计表

| 陶系\器类 | 泥质 | | | | | 夹砂 | | | | | 合计 | 百分比（%） |
|---|---|---|---|---|---|---|---|---|---|---|---|---|
| | 灰 | 红 | 褐 | 黑 | 黑皮 | 灰 | 红 | 褐 | 黑 | 黑皮 | | |
| 鼎足 | | | | | | | | 2 | | 1 | 3 | 8 |
| 罐 | | 6 | | | | | 1 | | 1 | | 8 | 21.6 |
| 盆 | 4 | 1 | 1 | | | | | | | | 6 | 16.2 |
| 钵 | 1 | 8 | | | | | 1 | | | | 10 | 27 |
| 杯 | | | | 1 | 1 | | | | | | 2 | 5.4 |
| 瓮 | 1 | | | | | | | | 1 | | 2 | 5.4 |
| 缸 | | | | | | 1 | 1 | 1 | | 1 | 4 | 10.8 |
| 器盖 | | | | | | | | 1 | | | 1 | 2.7 |
| 尖底瓶 | | 1 | | | | | | | | | 1 | 2.7 |
| 合计 | 6 | 16 | 1 | 1 | 2 | 1 | 2 | 5 | 1 | 2 | 37 | |
| 百分比（%） | 16.2 | 43.2 | 2.7 | 2.7 | 5.4 | 2.7 | 5.4 | 13.5 | 2.7 | 5.4 | | 100 |

1）石器标本

石斧　1件。

标本WMAH：53，辉绿岩，灰绿色。长方形。横截面呈抹角长方形，正、底面略低，弧形双面刃，顶部残。磨制。残高6.3、宽6.7、厚3.5厘米。（彩版八，1；图四〇，1）

石铲　2件。

标本WMAH：54，辉绿岩，灰绿色。梯形。横截面呈抹角梯形，弧形双面刃，双面钻孔一个。

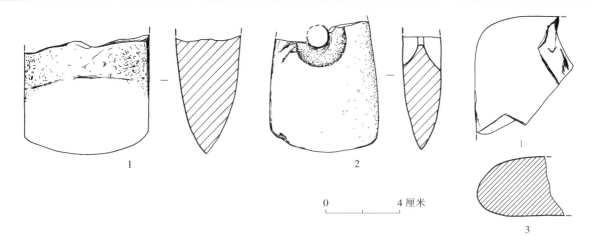

图四〇　马鞍河遗址出土石器

1. 斧（WMAH：53）　　2、3. 铲（WMAH：54、55）

刃部有使用痕迹，通体磨光。磨制。残长6.8、宽5.8、厚2厘米。（彩版八，2；图四〇，2）

标本WMAH：55，浅灰色。刃部残。一面较平，一面略鼓，抹角弧顶。通体磨光。磨制。残长6.3、厚3厘米。（彩版八，3；图四〇，3）

2）仰韶文化陶器标本

鼎足　3件。

标本WMAH：37，夹砂褐陶。凿形鼎足，鼎足下端残，正面饰按窝三个。手制。残高4.5厘米。（图四一，1）

标本WMAH：27，夹砂褐陶。凿形鼎足，足尖残，素面。手制。残高6厘米。（图四一，2）

标本WMAH：48，夹砂黑皮褐陶。锛形足，素面。手制。残高5厘米。（图四一，3）

罐　共8件。其中夹砂罐2件、彩陶罐3件、泥质罐3件。

标本WMAH：34，夹砂褐陶。侈口，尖圆唇，折沿，沿面略鼓。素面，轮制。残高4.5厘米。（图四二，1）

标本WMAH：45，夹砂黑陶。此标本甚残。斜腹，平底。素面，轮制。残高2、壁厚0.9~1.1厘米。（图四二，5）

标本WMAH：33，泥质红陶。侈口，圆唇，卷沿，斜肩。沿面上端饰凸棱一周。肩饰白衣。

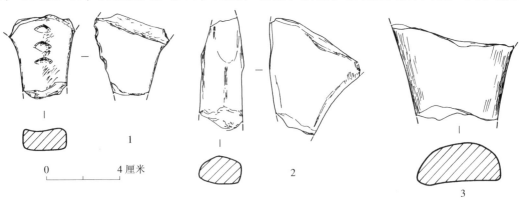

图四一　马鞍河遗址出土仰韶文化中晚期陶器

1~3. 鼎足（WMAH：37、27、48）

轮制。口径30.8、残高6、厚0.8厘米。(图四二,2)

标本WMAH:20,泥质红陶。侈口,圆唇,卷沿,斜肩。肩饰黑彩网纹。轮制。残高3.2、厚0.6厘米。(彩版九,1;图四二,3)

标本WMAH:35,泥质红陶灰胎。此标本甚残,系肩腹交接处残片。纹饰不明。轮制。残高8、厚0.6厘米。(图四二,4)

标本WMAH:62,罐底。泥质红陶。斜腹,平底。素面磨光,轮制。残高3.9、壁厚0.6~1.1厘米。(图四二,6)

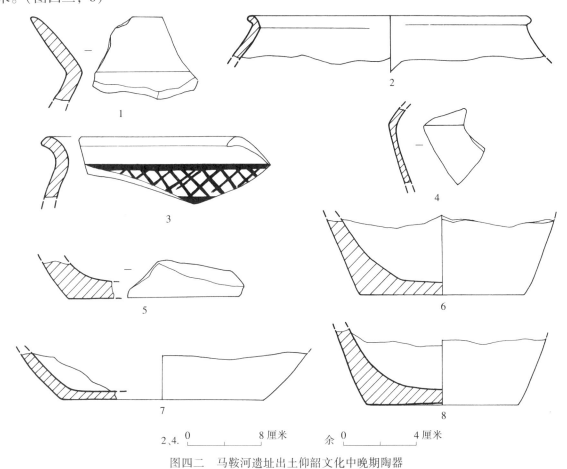

图四二　马鞍河遗址出土仰韶文化中晚期陶器

1、5. 夹砂罐(WMAH:34、45)　2~4. 彩陶罐(WMAH:33、20、35)　6~8. 泥质罐底(WMAH:62、13、11)

标本WMAH:13,泥质红陶。此标本甚残。斜腹,平底。素面,轮制。底径11、残高2.6、厚0.8厘米。(图四二,7)

标本WMAH:11,泥质红陶。斜腹,平底。素面,轮制。底径8.4、残高4、厚0.8~1.2厘米。(图四二,8)

盆　6件。

标本WMAH:36,泥质灰陶。敞口,圆唇外撇,卷沿,弧腹。沿腹交接处内侧饰凹槽一周。素面,轮制。残高3、厚0.7厘米。(图四三,1)

标本WMAH:44,泥质灰陶。直口,方唇,卷沿,斜腹。轮制。残高3.5、厚0.6厘米。(图四三,2)

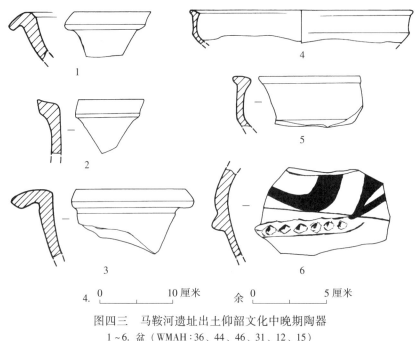

図四三　马鞍河遗址出土仰韶文化中晚期陶器
1~6. 盆（WMAH：36、44、46、31、12、15）

标本 WMAH：46，泥质褐陶。直口，圆唇，平折沿，沿面鼓，内折棱明显，直腹略弧。轮制。残高 4.2、厚 0.7~0.9 厘米。（图四三，3）

标本 WMAH：31，泥质灰陶。微敛口，圆唇，折沿，上腹较直，下腹斜收。素面，轮制。口径 30.2、残高 4.4、厚 0.6~0.8 厘米。（图四三，4）

标本 WMAH：12，泥质灰陶。敛口，圆唇，上腹较直，下腹斜收。素面，轮制。残高 3.5、厚 0.5 厘米。（图四三，5）

标本 WMAH：15，泥质红陶。口部残。腹饰白衣黑彩弧线三角纹，下饰鋬手。轮制。残高 5.9、厚 0.3~0.7 厘米。（彩版九，2；图四三，6）

彩陶钵　共 10 件。

标本 WMAH：24，泥质红陶灰胎。敛口，圆唇，鼓腹。腹饰白衣黑彩网格纹、带纹，下饰弧线三角纹。轮制。残高 6.8、厚 0.7~0.9 厘米。（彩版九，3；图四四，1）

标本 WMAH：25，泥质红陶。敛口，圆唇，鼓肩。白衣黑彩。轮制。厚 0.8 厘米。（彩版九，4；图四四，2）

标本 WMAH：65，夹蚌红陶。直口微敛，尖唇。饰红彩，器壁内外经过打磨。轮制。残高 2.9、厚 0.6 厘米。（图四四，3）

标本 WMAH：23，泥质红陶。直口微敛，尖唇，弧腹。红顶，腹饰红双钩纹。轮制。厚 0.7、残高 5 厘米。（彩版九，5；图四四，4）

标本 WMAH：14，泥质红陶。口部残，上腹鼓。腹饰白衣黑彩弧线纹。轮制。残高 7.6、厚 0.3~0.5 厘米。（彩版九，6；图四四，5）

标本 WMAH：21，泥质灰陶灰胎。口部残，上腹鼓，下腹内敛。腹饰白衣黑彩弧线三角纹。轮制。厚 0.3~0.6 厘米。（彩版一〇，5；图四四，6）

标本 WMAH：19，泥质红陶灰胎。口部残，上腹鼓，下腹内收。腹饰白衣黑彩、红彩的弧边

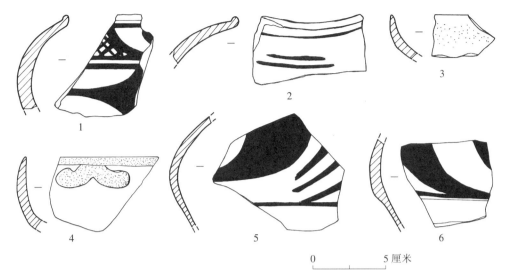

图四四　马鞍河遗址出土仰韶文化中晚期陶器
1~6. 彩陶钵残片（WMAH：24、25、65、23、14、21）

三角纹和同心圆圈纹。轮制。厚0.3~0.8厘米。（彩版一〇，4；图四五，1）

　　标本WMAH：16，泥质红陶。口部残，上腹鼓，下腹内收。腹饰灰白衣黑彩弧线三角纹。轮制。厚0.7厘米。（彩版一〇，1；图四五，2）

　　标本WMAH：17，泥质红陶。口部残，上腹鼓。腹饰灰衣褐彩网纹、弧线三角纹、平行直线纹、圆点纹。轮制。厚0.5~0.7厘米。（彩版一〇，2；图四五，3）

　　标本WMAH：18，泥质红陶灰胎。口部残，上腹鼓。腹饰白衣黑彩弧线三角纹。轮制。残高8、厚0.6~0.8厘米。（彩版一〇，3；图四五，4）

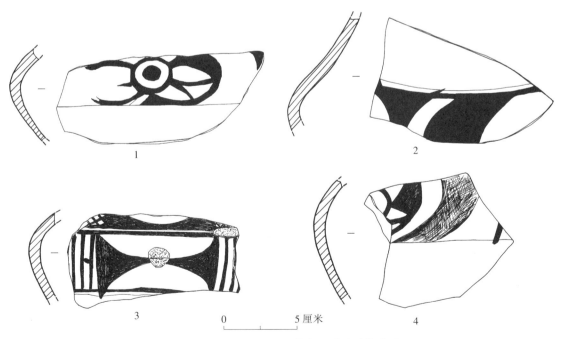

图四五　马鞍河遗址出土仰韶文化中晚期陶器
1~4. 彩陶钵残片（WMAH：19、16、17、18）

杯　2件。

标本WMAH：29，泥质黑陶。敞口，尖唇，弧壁，平底。素面，轮制。口径14.4、底径8.2、高15、厚0.4～0.9厘米。（彩版一〇，6；图四六，1）

标本WMAH：41，泥质黑皮褐胎。杯底起棱，平底，直壁略弧。素面，轮制。底径14、残高3、厚0.5～0.9厘米。（图四六，2）

瓮　2件。

标本WMAH：50，泥质黑皮褐陶。直口微侈，尖唇外撇，矮领，斜肩。沿面上端饰凸棱一周，肩饰凹弦纹两道。轮制。口径11、残高3.5、厚0.8厘米。（图四六，3）

标本WMAH：64，泥质灰陶。敛口，圆唇，唇外侧加厚，弧腹。器壁内外经过打磨，轮制。残高5.2、厚0.8厘米。（图四六，4）

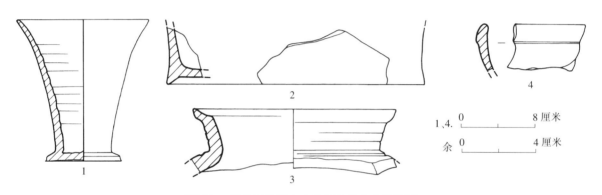

图四六　马鞍河遗址出土仰韶文化中晚期陶器
1、2. 杯（WMAH：29、41）　　3、4. 瓮（WMAH：50、64）

缸　4件。

标本WMAH：63，夹蚌红陶。敞口，尖唇，折沿，直壁，一耳。腹饰左斜划纹。器壁内外可见轮制痕迹。口径31、残高10.8、厚0.8～1厘米。（图四七，1）

标本WMAH：28，夹砂黑皮褐胎。直口，方唇外侧加厚，唇面略鼓。器壁外侧饰凹弦纹数周，下有附加鸡冠耳和右斜细划纹。轮制。残高9、厚0.8～1.2厘米。（图四七，2）

标本WMAH：49，夹砂褐陶。直口，方唇加厚，唇面略鼓，下部残。口部外侧饰凹弦纹一周。轮制。残高3.5、厚0.9厘米。（图四七，3）

标本WMAH：66，夹砂灰陶。敛口，尖圆唇，唇外侧加厚，形成凸棱，棱上有一周竖向戳划纹形成花边。鼓腹，腹饰附加堆纹和凹弦纹。轮制。口径37、残高10.2、厚0.8～1.2厘米。（图四七，4）

器盖　标本WMAH：32，夹砂褐陶。敞口，尖圆唇外侧加厚，浅腹。素面，轮制。口径25.4、残高5、厚0.6～0.8厘米。（图四八，1）

尖底瓶底　标本WMAH：10，泥质红陶。饰线纹。轮制。残高5厘米。（图四八，2）

彩陶残片　2件。

标本WMAH：22，泥质红彩灰陶。残片，形制不详。饰白衣黑彩弧线三角纹及平行线纹。轮制。残高6.8厘米。（彩版九，7；图四八，3）

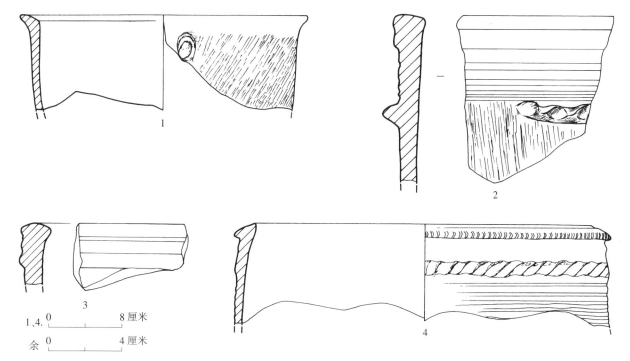

图四七　马鞍河遗址出土仰韶文化中晚期陶器
1～4. 缸（WMAH：63、28、49、66）

标本 WMAH：26，泥质红陶灰胎。残片，器形不详。饰白衣黑彩弧线纹。轮制。残高5.1、厚0.4～0.6厘米。（彩版九，8；图四八，4）

另有陶环5件。

标本 WMAH：56，泥质黄陶。宽带状。横截面呈三角形。素面，手制。环宽0.9厘米。（彩版八，4；图四九，1）

标本 WMAH：57，泥质灰陶。横截面呈圆角三角形，不规整。素面，手制。环宽0.8厘米。（彩版八，5；图四九，2）

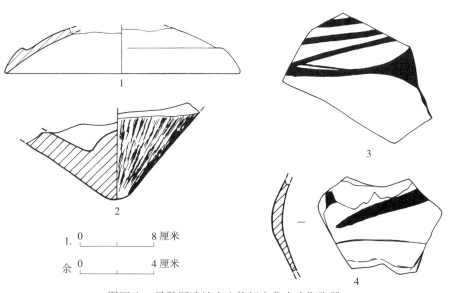

图四八　马鞍河遗址出土仰韶文化中晚期陶器
1. 器盖（WMAH：32）　2. 尖底瓶底（WMAH：10）　3、4. 彩陶残片（WMAH：22、26）

标本 WMAH：58，泥质灰陶。横截面呈圆角三角形，略扁。素面，手制。环宽 1.0 厘米。（彩版八，6；图四九，3）

标本 WMAH：59，泥质灰陶。横截面呈圆角三角形。素面，手制。环宽 0.8 厘米。（彩版八，7；图四九，4）

标本 WMAH：60，泥质灰陶。横截面略呈半圆形。素面，手制。环宽 0.6 厘米。（彩版八，8；图四九，5）

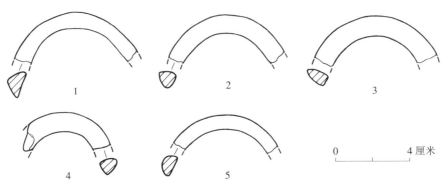

0          4 厘米

图四九    马鞍河遗址出土仰韶文化中晚期陶器

1～5. 环（WMAH：56～60）

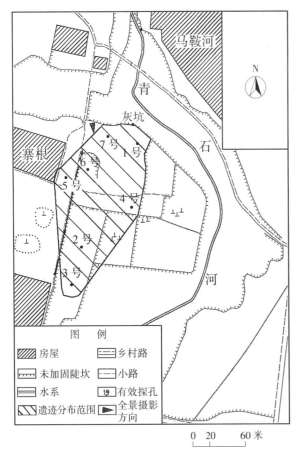

图例

▨ 房屋          ▤ 乡村路

┉ 未加固陡坎    ┅ 小路

▦ 水系          ⊡ 有效探孔

▨ 遗迹分布范围   ▶ 全景摄影方向

0    20    60 米

图五〇    寨根遗址位置及探孔分布图

## 八、寨根遗址

### （一）地理位置与概况

寨根遗址位于河南省新密市西大街办事处马鞍河村 4 组，处于东、北面绥水河支流马鞍河水环绕地带。遗址地理坐标为北纬 34°31.332′、东经 113°20.107′，海拔高度 238.5 米。编号为 8 号。（彩版一一，1）

寨根遗址所在台地地势为西高东低，中部隆起，后经平整形成一级级的梯田。遗址主要分布在寨根村东，依据遗址文化层所在台地范围可知：东、北面至马鞍河西岸、南岸河沿断崖，西面以寨根村为界，南面以勘探范围为界。寨根遗址平面基本呈南北向不规则形，东北—西南向最长处长约 195 米，西北—东南向长约 101 米，面积 1.31 万平方米。遗址所在台地面与其北侧现河道的高差约为 7 米，遗址地下遗迹范围紧临其北侧河道。（图五〇）

该遗址以往未见著录或公布，2008 年 12 月新密市文物管理所文物普查发现该遗址，2009 年溱洧流域聚落调查时复查。

根据采集标本的器物形制特征及纹饰特征，大部分时代为龙山文化晚期。

（二）地层堆积与文化遗存

### 1. 地层堆积

在遗址布探孔 7 个（图五一），其地层堆积情况如下：

1 号孔：位于遗址所在台地东北端。

①层：厚 0.3 米。土色黄，土质疏松。耕土层。

②层：深 0.3 米，厚 0.2 米。土色黄褐，土质疏松。含有少量红烧土、炭粒。文化层。

深 0.5 米以下为次生土层。

2 号孔：位于遗址所在台地南部。

①层：厚 0.3 米。土色黄，土质疏松。耕土层。

②层：深 0.3 米，厚 0.1 米。扰土层。

③层：深 0.4 米，厚 1.1 米。土色黄褐，土质疏松。含有红烧土颗粒。文化层不到底。

3 号孔：位于遗址所在台地南端。

①层：厚 0.3 米。土色黄，土质疏松。耕土层。

②层：深 0.3 米，厚 0.4 米。土色黄褐，土质疏松。含有少量红烧土、炭粒。文化层。

深 0.7 米以为次生土层。

4 号孔：位于遗址所在台地东部。

①层：厚 0.3 米。土色黄，土质疏松。耕土层。

②层：深 0.3 米，厚 0.1 米。土色灰褐，土质一般。含有少量红烧土块、炭粒。文化层。

深 0.4 米以下为次生土层。

5 号孔：位于遗址所在台地西部。

①层：厚 0.3 米。土色黄，土质疏松。耕土层。

②层：深 0.3 米，厚 0.5 米。扰土层。

③层：深 0.8 米，厚 0.6 米。土色灰褐，土质一般。含有红烧土、炭粒。文化层。

④层：深 1.4 米，厚 0.4 米。土色黄褐，土质较疏松。含有少量红烧土块、炭粒。文化层。

⑤层：深 1.8 米，厚 0.4 米。土色灰褐，土质较硬。含有大量红烧土、炭粒。不到底。文化层。

6 号孔：位于遗址所在台地西北部。

①层：厚 0.3 米。土色黄，土质疏松。耕土层。

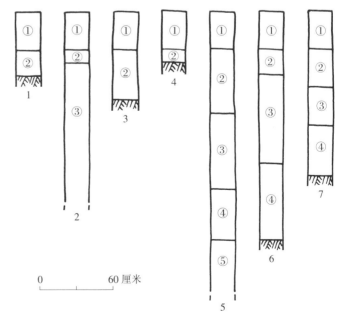

图五一　寨根遗址探孔柱状剖面图

②层：深0.3米，厚0.2米。扰土层。

③层：深0.5米，厚0.7米。土色黄褐，土质疏松。含有红烧土、炭粒。文化层。

④层：深1.2米，厚0.6米。土色灰褐，土质一般。含有少量红烧土、炭粒。文化层。

深1.8米以下为生土层。

7号孔：位于遗址所在台地北端。

①层：厚0.3米。土色黄，土质疏松。耕土层。

②层：深0.3米，厚0.3米。扰土层。

③层：深0.6米，厚0.3米。土色黄褐，土质疏松。含有红烧土、炭粒。文化层。

④层：深0.9米，厚0.4米。土色灰褐，土质一般。含有红烧土、炭粒。文化层。

深1.3米以下为生土层。

依据勘探钻孔地层堆积情况，遗址文化层上覆盖有耕土及厚度0.1米到0.5米不等的扰土层；遗址东端及南部的1号、3号、4号探孔所在台地受土地平整的破坏，耕土层下即见文化层；5号至7号探孔所在的遗址南部北端近河处文化层较厚，最厚处达1.4米以上，最多可分为三层不同的文化层；文化层向南延伸逐渐变薄。另外，依据5号探孔的勘探情况推测，5号探孔西侧的马鞍河四组村下应覆盖有文化层或遗迹。

### 2. 文化遗存

（1）遗迹

寨根遗址经长期雨水冲刷，部分灰坑暴露于遗址北部东西向河沟断崖崖面上。灰坑开口距遗址所在台地地表约0.4米，长约1.2米，深约0.8米；土色黑灰，土质较软，结构一般，含有红烧土、炭粒及陶片；灰坑内以龙山文化标本为主。（彩版一一，2）

（2）遗物

寨根遗址共采集陶器标本25件，以泥质灰陶和黑皮陶为主，器表以素面常见，另有篮纹、绳纹和方格纹。（图五二）可辨器形的标本共计12件，其种类有罐、盆、钵、碗、瓮等。根据采集标本的形制特征及纹饰特征，大部分时代为龙山文化晚期。

罐　2件。

标本WZG：14，夹砂灰陶。侈口，方唇外折，折沿，沿唇上部有一周凸棱，内折棱明显。轮制。残高3、壁厚0.4厘米。（图五三，1）

标本WZG：20，罐底。夹砂黑皮褐胎。斜壁内收，小平底。器壁内有数周制作凸棱，底部有轮制痕迹。轮制。底径7.8、残高1.5、壁厚0.5~0.7厘米。（图五三，2）

盆　2件。

标本WZG：16，泥质灰皮褐胎。圆

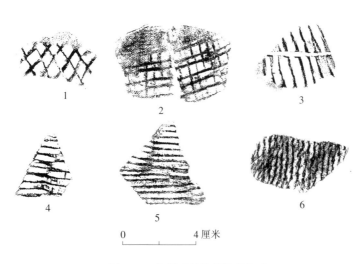

0　　　　　　4厘米

图五二　寨根遗址陶器纹饰拓片

唇外撇，卷沿，直壁。壁内可见轮制痕迹。轮制。残高 3、壁厚 0.6 ~ 1.2 厘米。（图五三，3）

标本 WZG：36，盆底。泥质灰陶。斜腹，小平底。底部有轮制痕迹，轮制。底径 4.4、残高 1.7、壁厚 0.4 ~ 0.6 厘米。（图五三，4）

钵　2 件。

标本 WZG：4，泥质灰陶。敛口，圆唇外撇，弧腹。轮制。残高 3、壁厚 0.4 厘米。（图五三，5）

标本 WZG：18，夹砂黑皮陶。敛口，尖唇，外侧加厚，斜壁。轮制。残高 2.5、壁厚 0.4 ~ 0.6 厘米。（图五三，6）

碗　2 件。

标本 WZG：15，泥质灰陶。敞口，唇部有凹槽形成双唇，斜壁。器壁内隐约可见轮制痕迹，轮制。残高 3.5、壁厚 0.3 ~ 0.5 厘米。（图五三，7）

标本 WZG：38，泥质黑陶。敞口，唇部有凹槽形成双唇，弧壁，假圈足。素面，轮制。口径 10.8、底径 4.4、高 3.5 厘米。

瓮　3 件。

标本 WZG：13，泥质黑皮陶。圆唇外卷，高领。领内有制作凸棱，领内外轮制痕迹明显。轮制。残高 6.8、壁厚 0.6 ~ 0.9 厘米。（图五三，8）

标本 WZG：1，泥质灰陶。侈口，圆唇外撇，高领，肩部及以下残。素面，轮制。口径 16、残高 6、壁厚 0.7 ~ 0.8 厘米。（图五三，9）

标本 WZG：17，泥质灰陶。圆唇外撇，高领。轮制。残高 2、壁厚 0.6 厘米。（图五三，10）

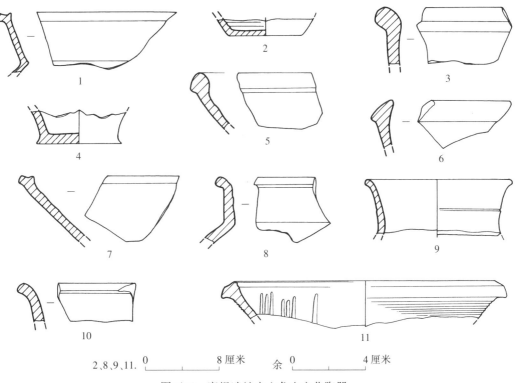

图五三　寨根遗址出土龙山文化陶器

1、2. 罐（WZG：14、20）　　3、4. 盆（WZG：16、36）　　5、6. 钵（WZG：4、18）　　7. 碗（WZG：15）
8 ~ 10. 瓮（WZG：13、1、17）　　11. 刻槽盆（WZG：2）

刻槽盆　1件。

标本 WZG：2，泥质黑陶。敞口，方唇加厚外凸。口沿内侧上端饰凹弦纹一周，下饰刻槽，外侧饰细凹弦纹。轮制。口径 28.2、残高 4.8、壁厚 0.7 厘米。（图五三，11）

### 九、禹楼遗址

（一）地理位置与概况

禹楼遗址位于河南省新密市西大街办事处马禹楼村南，处于东、北面绥水北面支流马鞍河二流半环绕的区域地带。遗址地理坐标为北纬 34°31.482′、东经 113°19.865′，海拔高度 254 米。编号为 9 号。（彩版一二，1）

禹楼遗址所在台地地势为西高东低，后经平整形成一级级的梯田，现坐落有村落。遗址主要分布在禹楼村东南，以遗址所在地的化工厂四周围墙为范围。禹楼遗址估计面积约 0.5 万平方米，遗址所在台地面与其东侧现河道的高差约为 10 米。

1992 年，新密市化工厂在厂西院平整土地时，在院内东北角约 2 米深处发现石磨盘、石磨棒各 1 件，由于种种原因，新密市文物管理所未能采集，遗址范围内亦未发现其他遗迹①。据出土遗物现场判断，该遗址的性质应为裴李岗文化。2009 年溱洧流域聚落调查时复查，遗址范围内未发现其他遗迹。

（二）地层堆积

依据原资料记述的遗址所在化工厂内的位置，尝试勘探，因厂内地表堆积有大面积坚硬石灰，无法下探；转而到厂外区域进行勘探，地表下铺有砂石，仍无法下探，勘探遗址文化层面积不可得，现取得的遗址面积为发现遗物所在厂房的围墙所围面积。

### 一〇、青石河遗址

（一）地理位置与概况

青石河遗址位于河南省新密市城区 3 千米城关镇青石河村东南，处于西临洧水北面支流绥水支流青石河东岸台地，高出河床约 30 米。遗址地理坐标为北纬 34°31.327′、东经 113°20.270′，海拔高度 241 米。编号为 10 号。（彩版一二，2）

遗址所在台地地势为东北高西南低，后经平整形成一级级的梯田。洧水主要支流绥水的支流青石河水在遗址的西侧流过，向南汇入绥水，遗址处于二至三级梯田的临河台地上。主要分布在青石河东岸台地上，依据发现文化遗物的遗址台地范围：北面以东西向南环路为界，东及南面以地头断崖为界，西以青石河东岸断崖为限。据发现者估计，遗址面积约 2 万平方米。

（二）文化遗存

1965 年，当地群众在遗址区域内耕地时发现石磨盘 1 件及红陶片，群众将出土的石磨盘送

---

① 魏新民：《新密溱洧流域裴李岗文化》，《河南文物考古论集（四）》，大象出版社，2006 年。关于遗物是否采集的情况，本处结论与原资料相悖，经查证，为原资料笔误。

交密县文化馆，可由于种种原因，红陶片已遗失；但石磨盘资料已公布①。后因遗址被农田所覆盖，不见任何遗迹现象②。2006 年 10 月新密市文物管理所文物普查进行复查，2009 年溱洧流域聚落调查时再次复查。

依据对收集标本的观察，大部分为裴李岗文化者。

## 一一、裴洼遗址

裴洼遗址位于河南省新密市西 3.5 千米城关镇马鞍河村东，处于西临马鞍河水的东岸地带。遗址地理坐标为北纬 34°31.514′、东经 113°20.717′，海拔高度 246 米。编号为 11 号。（彩版一二，3）

裴洼遗址范围内地势西北高东南低，遗址所在台地地势较为平缓。遗址主要分布在马鞍河村东西，依据原密县文化馆所定范围：北至现位于遗址北的东西向公路，其余界限不详。现范围内已全被现代建筑所覆盖，无法下探，故已不能了解到遗址的具体地层堆积状况。据原先发现者估计，遗址面积约 1.3 万平方米。

1961 年原密县文化馆在进行文物调查时，在裴洼遗址区域内采集到大量泥质灰陶片，主要有鬲、瓿、豆、盆等。由于种种原因，标本未能保存。本次调查时已采集不到陶片标本。

依据对以往采集标本的观察，大部分陶器标本的时代为殷墟时期。

## 一二、孙家门遗址

（一）地理位置与概况

孙家门遗址位于河南省新密市城关镇孙家门村西南，处于北面青石河和西、南面绥水及其冲沟水的三流交汇地带。遗址地理坐标为北纬 34°30.489′、东经 113°19.992′，海拔高度 230 米。编号为 12 号。（彩版一三，1）

孙家门遗址所在台地地势为东北高西南低。遗址主要分布在孙家门村西南，围绕遗址内灰坑所在台地范围外扩。孙家门遗址估计面积约 0.1 万平方米，遗址所在台地面与其西北侧现河道的高差约为 6 米。（图五四）

该遗址以往未见著录或公布，2009 年溱洧流域聚落调查时发现。

依据对采集标本的观察，大部分陶器标本的时代为龙山文化晚期。

（二）地层堆积与文化遗存

### 1. 地层堆积

依据调查时发现的南北向路西侧崖面所在台地范围进行勘探，未发现任何文化层或单独遗迹，第一次调查发现的路边灰坑也因南北向路的进一步拓宽而被完全破坏殆尽，据此推测，此遗址可能原先就因土地平整或其他原因，已不存文化层，仅残存部分单独遗迹。

---

① 详见开封地区文物管理委员会：《河南开封地区新石器时代遗址调查简报》，《考古》1979 年第 3 期。
② 开封地区文物管理委员会：《河南开封地区新石器时代遗址调查简报》，《考古》1979 年第 3 期。魏新民：《新密溱洧流域裴李岗文化》，《河南文物考古论集（四）》，大象出版社，2006 年。

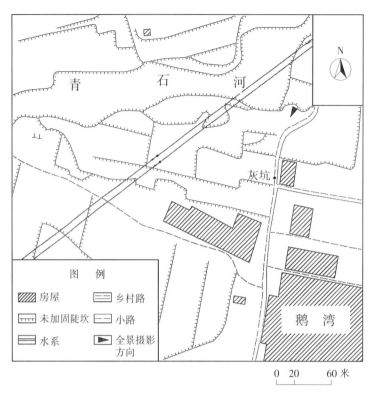

图五四　孙家门遗址位置及遗迹分布图

### 2. 文化遗存

（1）遗迹

因遗址内南北向土路的修建，破坏了遗址东部，部分灰坑暴露于遗址东部被修路挖出的高约1.1米的崖面上。在断崖崖面底部发现有开口于耕土层下0.3米的灰坑一处（彩版一三，2）。灰坑长约1.5米，深0.8米不到底；土色黑灰，土质较软，结构疏松，含有红烧土颗粒、炭粒及陶片、兽骨等；灰坑内以龙山文化标本为主。

（2）遗物

孙家门遗址共采集陶器标本35件，其陶质以泥质陶（65.7%）为主，另有夹砂陶（34.3%）；陶色以灰陶（68.5%）为主，另有黑皮陶（31.5%）；纹饰以素面（45.7%）为主，另有篮纹（25.7%）、方格纹（20%）、绳纹（8.6%）。（图五五；表八）

可辨器形的标本共计12件，其种类有罐、盆、钵、杯、瓮、器盖、桥形耳、环等。根据采集标本的器物形制特征及纹饰特征，时代应为龙山文化晚期。

罐　3件。

标本WSJM：28，夹砂灰陶。侈口，方唇，唇部略下垂，折沿，内折棱明显，沿面内凹，鼓腹。腹饰右斜绳纹，器壁内侧隐约可见轮制痕迹。轮制。残高3、厚0.3~0.5厘米。（图五六，1）

标本WSJM：33，残片。夹砂灰陶。此标本甚残。方唇。器壁内有数周制作凸棱，沿面内外可见轮制痕迹。残高2.4、厚0.3~0.5厘米。（图五六，2）

图五五　孙家门遗址陶器纹饰拓片

表八　　　　　　　　　　　　孙家门遗址陶器陶质陶色纹饰统计表

| 陶系　纹饰 | 泥质 | | 夹砂 | | 合计 | 百分比（%） |
|---|---|---|---|---|---|---|
| | 灰 | 黑皮 | 灰 | 黑皮 | | |
| 素面 | 4 | 8 | 3 | 1 | 16 | 45.7 |
| 绳纹 | | | 3 | | 3 | 8.6 |
| 方格纹 | 1 | 1 | 5 | | 7 | 20 |
| 篮纹 | 8 | 1 | | | 9 | 25.7 |
| 合计 | 13 | 10 | 11 | 1 | 35 | |
| 百分比（%） | 37.1 | 28.6 | 31.4 | 2.9 | | 100 |

标本 WSJM：4，罐底。夹砂灰陶。斜壁，小平底。壁饰带抹痕方格纹，器壁外有抹痕。轮制。底径10、残高6.6、厚0.6厘米。（图五六，3）

盆　2件。

标本 WSJM：1，泥质灰陶。尖圆唇，平折沿，斜直深腹。腹部饰一周凸弦纹。器壁内外明显可见轮制痕迹。素面，轮制。口径22、残高9、壁厚0.5～0.7厘米。（图五六，4）

标本 WSJM：21，泥质黑皮陶。直口微敛，圆唇，唇部较厚，直壁。腹壁上有明显轮制痕迹，

磨光，轮制。残高2、壁厚0.4厘米。（图五六，5）

钵　2件。

标本WSJM∶19，泥质灰陶。敛口，唇略鼓。唇外侧有凸棱，唇内侧壁隐约可见轮制痕迹。轮制。残高2、壁厚0.4厘米。（图五六，6）

标本WSJM∶20，泥质黑皮陶。尖圆唇，敛口，斜壁。外壁饰两周凹弦纹。轮制痕迹明显，轮制。残高2.4、壁厚0.4厘米。（图五六，7）

杯　标本WSJM∶3，泥质黑皮陶。侈口，尖圆唇外撇，斜壁。壁外有一周凸棱，器壁内侧可见轮制痕迹。素面磨光，轮制。口径19.2、残高5.4、壁厚0.6厘米。（图五六，8）

瓮　标本WSJM∶35，泥质黑皮陶。方唇外撇，高领。领内隐约可见轮制痕迹。轮制。残高3、壁厚0.2～0.4厘米。（图五六，9）

器盖　标本WSJM∶5，泥质黑皮陶。直口微敞，折沿，圆唇，斜直腹。器壁内有制作凸棱，器壁内外可见轮制痕迹。素面，轮制。残高4.4、壁厚1厘米。（图五六，10）

桥形耳　标本WSJM∶18，泥质黑陶。桥形耳，耳中部内凹。手制。（图五六，11）

环　标本WSJM∶24，泥质灰陶。圆圈状，横截面近三角形。一面饰一周凹弦纹，磨光。（图五六，12）

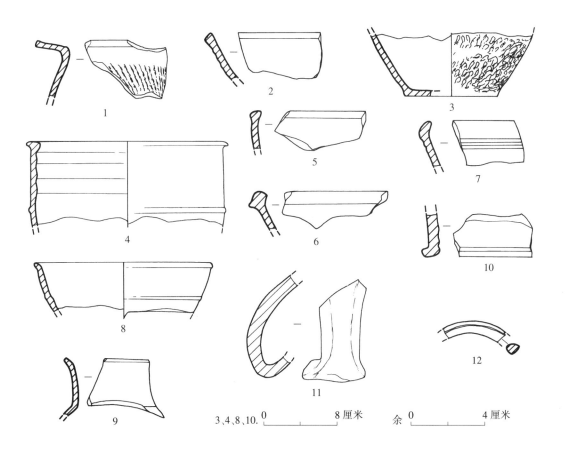

3、4、8、10.　0　　　　　8厘米　　余　0　　　　4厘米

图五六　孙家门遗址出土龙山文化晚期陶器

1～3. 罐（WSJM∶28、33、4）　　4、5. 盆（WSJM∶1、21）　　6、7. 钵（WSJM∶19、20）　　8. 杯（WSJM∶3）
9. 瓮（WSJM∶35）　　10. 器盖（WSJM∶5）　　11. 桥形耳（WSJM∶18）　　12. 环（WSJM∶24）

### 一三、西瓦店遗址

（一）地理位置与概况

西瓦店遗址位于河南省新密市西南约 8 千米西瓦店村，处于北面临洧水河的主要支流绥水河的南岸地带。遗址地理坐标为北纬 34°29.856′、东经 113°20.261′，海拔高度 209 米。编号为 13 号。（彩版一四，1）

西瓦店遗址所在台地地势平缓。依据遗址文化层所在台地范围可知：遗址四围均以遗址所在台地四周地头断崖为界。据原先发现者估计，遗址平面基本呈东西向长方形，东西长约 600 米，南北宽约 200 米，面积估计值约 12 万平方米。

1978 年砖厂工人在遗址区域内挖土时发现该遗址，本次聚落调查时复查。

依据采集到的陶片标本，该遗址为龙山文化时期遗存。

（二）地层堆积与文化遗存

**1. 地层堆积**

本次复查时，依据原先调查时发现陶片的范围进行勘探，未发现任何文化层或单独遗迹，据此推测，此遗址可能原先就因砖厂取土或其他原因，已不存遗迹。现场也未寻到任何遗迹和遗物。

**2. 文化遗物**

1978 年砖厂工人采集到的石器有斧、凿等，陶器有鼎、罐、澄滤器、碗、器盖等。现今，由于种种原因，陶片标本已遗失，仅存石器。现藏于新密市博物馆。

### 一四、老城东北角遗址

（一）地理位置与概况

老城东北角遗址位于河南省新密市城关镇老城东关北，处于洧水主要支流绥水北面支流皂角树河水及菜园沟水所夹地域。遗址地理坐标为北纬 34°31.163′、东经 113°22.193′，海拔高度 242 米。编号为 14 号。（彩版一四，2）

遗址所在台地地势平缓。主要分布在新密市东街村六组。据原先发现者估计，遗址面积约 3.5 万平方米。

1964 年秋，老城东街生产队社员在深翻土地时发现该遗址，1987 年密县人民政府密政〔1987〕45 号文件将其公布为第一批县级文物保护单位。2009 年溱洧流域聚落调查时复查。

依据对采集标本的观察，其时代为裴李岗文化。

（二）地层堆积与文化遗存

**1. 地层堆积**

据熟悉遗址具体位置的原密县文化馆干部魏殿臣的介绍，我们大致了解了遗址所在位置，但因遗址所在地现在完全被叠压在新密老城现代建筑下，无法下探，故已不能了解到遗址的具体地层堆积状况。

**2. 文化遗存**

1964 年社员挖土时，曾在该遗址区域内地表下约 1 米深处挖出石磨盘、石磨棒 10 多件，还有大量的泥质和夹砂红陶片。后新密县文化馆工作人员又在此遗址上收集到石磨盘 2 件，一件长 36.5、宽 20 厘米，两侧边沿平直，两端做法不一，前端边沿圆钝，后端平沿；另一件为椭圆形，两端边沿圆钝，腰略内收，长 72、宽 30 厘米。形状与裴李岗Ⅰ式磨盘相同[1]。资料已公布。

调查现场见到田地上挖成数条沟，高处的土被挖出堆至低处，在沟内及堆土中均能采集到火候较低、易碎的陶片标本，但遗址范围内未发现遗迹，结合陶片分布范围、数量，推测遗迹单位可能被压于地表之下[2]。本次复查时已采集不到陶片标本。

### 一五、老城东关遗址

（一）地理位置与概况

老城东关遗址位于河南省新密市城关镇老城东关东，处于洧水主要支流绥水北面支流皂角树河水及菜园沟水所夹地域。遗址地理坐标为北纬 34°31.796′、东经 113°22.199′，海拔高度 244 米。编号为 15 号。（彩版一五，1）

老城东关遗址所在台地地势平缓。主要分布在老城东北角西面约 800 米处。据原先发现者估计，遗址面积约 1.5 万平方米。

1972 年发现该遗址，2009 年溱洧流域聚落调查时复查。

依据对采集标本的观察，大部分标本的时代为裴李岗文化时期。

（二）地层堆积与文化遗存

#### 1. 地层堆积

据熟悉遗址具体位置的原新密文化馆干部魏殿臣的介绍，我们大致了解了遗址所在位置，但因遗址所在地现在完全被叠压在新密老城现代建筑下，无法下探，故已不能了解到遗址的具体地层堆积状况。

#### 2. 文化遗存

（1）遗迹

1972 年 3 月，东关东街社员报送县文管所一件老城遗址范围内所采集的石铲，现为新密市博物馆馆藏。1975 年，老城东街生产队在耕地时，在遗址区域内发现带肩石铲和双刃石铲各 1 件。教师徐如松立即将这些出土文物送交密县文化馆。密县文化馆工作人员立即赴现场了解情况，在现场又发现一些泥质红陶片。在遗址范围内未发现遗迹，结合陶片分布范围、数量推测，遗迹单位可能被压于地表之下[3]。由于种种原因，现仅存石器，采集到的 2 件石铲，资料仅公布了 1 件[4]。本次调查已采集不到陶片标本。

---

[1] 详见开封地区文物管理委员会：《河南开封地区新石器时代遗址调查简报》，《考古》1979 年第 3 期。

[2] 详见开封地区文物管理委员会：《河南开封地区新石器时代遗址调查简报》，《考古》1979 年第 3 期。魏新民：《新密溱洧流域裴李岗文化》，《河南文物考古论集（四）》，大象出版社，2006 年。

[3] 详见开封地区文物管理委员会：《河南开封地区新石器时代遗址调查简报》，《考古》1979 年第 3 期。魏新民：《新密溱洧流域裴李岗文化》，《河南文物考古论集（四）》，大象出版社，2006 年。

[4] 开封地区文物管理委员会：《河南开封地区新石器时代遗址调查简报》，《考古》1979 年第 3 期。

（2）遗物

石铲　2件。

标本 WLCDG：1，斜长、角闪片岩，灰绿色。扁平板状，舌状双面宽刃，刃部有使用痕迹，顶部残。磨制。残长 10、残宽 9、厚 0.9 厘米。（彩版一五，2；图五七，1）

标本 WLCDG：2，斜长、角闪片岩，灰绿色。扁体舌形，一面平整，一面圆润，弧形单面刃，带双平肩，条状柄。磨光，磨制。长 17、宽 7.8、厚 0.8 厘米。（彩版一五，3；图五七，2）

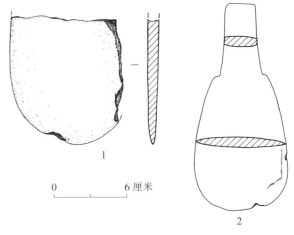

图五七　老城东关遗址出土石铲
1、2. WLCDG：1、2

### 一六、老城后街遗址

（一）地理位置与概况

老城后街遗址位于河南省新密市城区老城后街轴承厂北墙外岗地上，处于洧水主要支流绥水北面支流菜园沟水东岸地带。遗址地理坐标为北纬 34°31.121′、东经 113°21.981′，海拔高度 242 米。编号为 16 号。（彩版一六，1）

老城后街遗址所在台地地势平缓。据原先发现者估计，遗址面积约 6 万平方米。

1988 年，老城东街生产队社员在遗址区域内取土时发现该遗址，2009 年溱洧流域聚落调查时复查。

依据以往结论，本遗址标本的时代为殷墟文化。

（二）地层堆积与文化遗存

**1. 地层堆积**

据熟悉遗址具体位置的原密县文化馆干部魏殿臣的介绍，我们大致了解了遗址所在位置，但因遗址所在地现在完全被叠压在新密老城民居下，无法下探，故已不能了解到遗址的具体地层堆积状况。

**2. 文化遗存**

（1）遗迹

1988 年在遗址内采集有石器及陶鬲、夹砂罐、大口尊、盆等标本，由于种种原因，现仅存石器。当时采集到的 1 件石铲，现藏新密市博物馆。遗址范围是否存在遗迹不明，结合陶片分布范围、数量推测，遗迹单位可能被压于地表之下。本次调查已采集不到陶片标本。

（2）遗物

石铲　标本 WLCHJ：1，青色石质。板状，直角梯形，双面刃，刃部锋利，其余各端磨制平整，中部有一双面钻孔，磨光。磨制。长 13、宽 9.5、厚 2 厘米。（彩版一六，2；图五八）

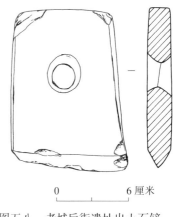

图五八　老城后街遗址出土石铲
（WLCHJ：1）

### 一七、菜园沟遗址

（一）地理位置与概况

菜园沟遗址位于河南省新密市城关镇菜园沟村东南，遗址处于西面、北面绥水支流菜园沟水环绕地带。遗址地理坐标为北纬34°30.268′、东经113°21.178′，海拔高度219.8米。编号为17号。（彩版一七，1）

菜园沟遗址所在台地地势为西南高东北低，遗址西南面原为高地，后经平整形成一级级的梯田。依据遗址文化层所在台地范围可知：北面、东面以勘探出文化层范围为界，西至菜园沟水东河沿断崖，南至遗址所在台地南面地头断崖。遗址平面基本呈东西向不规则形，遗址南北长约99米，东西最长处约200米，面积1.12万平方米。遗址所在台地面与其北、西侧现河道的高差约为14米，遗址地下遗迹范围紧临其北、西侧河道断崖。（图五九）

该遗址以往未见著录或公布，2006年11月新密市文物管理所文物普查时新发现此遗址。2009年溱洧流域聚落调查时复查。

根据采集标本的器物形制特征及纹饰特征，大部分陶器标本的时代为仰韶文化晚期和龙山文化晚期，少量标本的年代为二里头文化和二里岗文化时期。

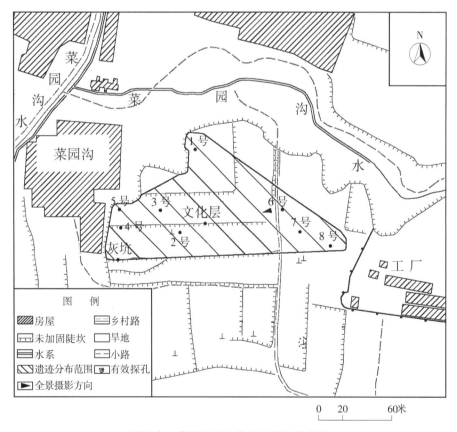

图五九　菜园沟遗址位置及探孔分布图

（二）地层堆积与文化遗存

**1. 地层堆积**

在遗址上布探孔8个（图六○），其地层堆积情况如下：

1 号孔：位于遗址所在台地北端。

①层：厚 0.3 米。土色黄，土质较软。耕土层。

②层：深 0.3 米，厚 0.1 米。土色黄，土质较软。扰土层。

③层：深 0.4 米，厚 0.4 米。土色灰褐，土质较软，结构疏松。含有烧土、炭灰。文化层。

深 0.8 米以下为黄白色生土层。

2 号孔：位于遗址所在台地南部。.

①层：厚 0.3 米。土色黄，土质较软。耕土层。

②层：深 0.3 米，厚 0.9 米。土色灰，土质较软，结构一般。含有烧土粒、炭灰，出有陶片。灰坑土。

深 1.2 米以下为黄白色生土层。

3 号孔：位于遗址所在台地西部。

①层：厚 0.3 米。土色黄，土质较软。耕土层。

②层：深 0.3 米，厚 0.8 米。土色灰褐，土质较软，结构疏松。含有烧土粒、炭粒。灰坑土。

③层：深 1.1 米，厚 0.4 米。土色黄褐，土质稍硬，结构较紧密。含有烧土粒、炭灰。文化层。

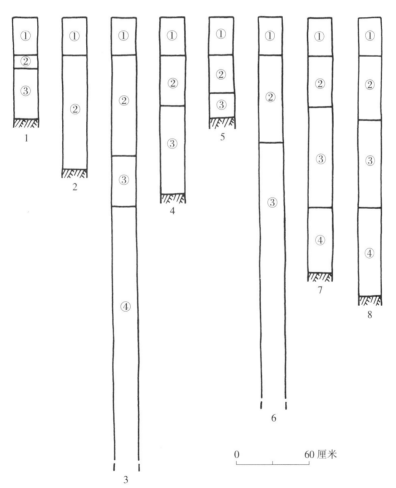

图六〇 菜园沟遗址探孔柱状剖面图

④层：深 1.5 米，厚 2 米。土色褐灰色，土质较硬，结构紧密。含有烧土粒、炭灰，含砂。不到底。文化层。

4 号孔：位于遗址所在台地西端。

①层：厚 0.3 米。土色黄，土质较软。耕土层。

②层：深 0.3 米，厚 0.4 米。土色黄，结构疏松。扰土层。

③层：深 0.7 米，厚 0.7 米。土色黄褐，土质稍硬，结构一般。含有烧土粒、炭灰。文化层。

深 1.4 米以下为黄白色生土层。

5 号孔：位于遗址所在台地西端。

①层：厚 0.3 米。土色黄，土质较软。耕土层。

②层：深 0.3 米，厚 0.3 米。土色黄，结构疏松。扰土层。

③层：深 0.6 米，厚 0.2 米。土色灰褐，土质较软，结构疏松。含有烧土粒、炭粒。灰坑土。

深 0.8 米以下为黄白色生土层。

6 号孔：位于遗址所在台地东部。

①层：厚 0.3 米。土色黄，土质较软。耕土层。

②层：深 0.3 米，厚 0.7 米。土色灰褐，土质较软，结构疏松。含有较多烧土粒、炭粒。灰坑土。

③层：深 1 米，厚 2 米。土色黄褐，土质较硬，结构紧密。含有烧土粒、炭粒，出有龙山文化陶片。不到底。文化层。

7 号孔：位于遗址所在台地东部。

①层：厚 0.3 米。土色黄，土质较软。耕土层。

②层：深 0.3 米，厚 0.4 米。土色黄，结构疏松。扰土层。

③层：深 0.7 米，厚 0.8 米。土色黄褐，土质较软，结构紧密。含有较多烧土粒、炭粒。灰坑土。

④层：深 1.5 米，厚 0.5 米。土色黄褐，土质较软，结构疏松。出有龙山文化陶片。文化层。

深 2 米以下为黄白色生土层。

8 号孔：位于遗址所在台地东端。

①层：厚 0.3 米。土色黄，土质较软。耕土层。

②层：深 0.3 米，厚 0.5 米。土色黄，土质较软。扰土层。

③层：深 0.8 米，厚 0.7 米。土色黄褐，土质较软，结构紧密。含有较少烧土粒、炭粒。文化层。

④层：深 1.5 米，厚 0.7 米。土色黄褐，土质稍疏松，结构一般。含有水锈、烧土粒、炭粒。文化层。

深 2.2 米以下为黄白色生土层。

依据勘探钻孔地层堆积情况表明，遗址文化层上覆盖有耕土及厚度 0.1 米到 0.5 米不等的扰土层；遗址西部 2 号、3 号、4 号、5 号探孔及遗址东部 6 号、7 号、8 号探孔所在区域文化层较厚，最厚处可达 2 米以上，依据土质土色可分为二或三层文化层，多见文化层上覆盖有灰坑遗迹；

遗址中部及北部文化层相对较薄，遗迹相对稀疏。

**2. 文化遗存**

（1）遗迹

菜园沟遗址经长期雨水冲刷，部分文化层暴露于遗址中部东西向崖面上。除中部已发现文化层外，于遗址西南边缘河沟断崖上发现一处灰坑遗迹（彩版一七，2）。文化层厚约0.3米，可见长度约6米；土褐色，土质一般，结构一般，含有红烧土颗粒、炭粒及少量陶片；文化层内以龙山文化、二里头文化、商代标本为主。灰坑长约1.5米，深约0.8米，不到底，上距地表约0.8米；土色灰，土质较干，呈粉状，含有红烧土颗粒、炭粒及陶片；灰坑内以仰韶文化标本为主。

（2）遗物

可辨器形标本有石器3件、陶器19件。采集陶器以泥质陶多见，夹砂陶次之；纹饰以素面为常见，另有彩陶和绳纹等（图六一；表九）。陶器种类有罐、鬲、盆、钵、碗、瓮、器盖、陶环等。根据采集标本的器物形制特征及纹饰特征，时代可分为仰韶文化晚期、龙山文化晚期、二里头文化和二里岗文化。

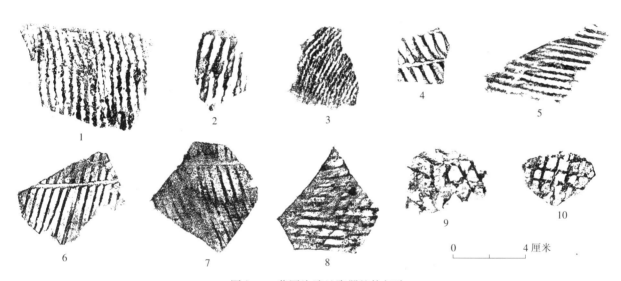

图六一　菜园沟遗址陶器纹饰拓片

表九　　　　　　　　　　　　　菜园沟遗址陶器陶质陶色纹饰统计表

| 陶系\纹饰 | 泥质 | | | | | | 夹砂 | | | 合计 | 百分比（%） |
|---|---|---|---|---|---|---|---|---|---|---|---|
| | 灰 | 红 | 褐 | 黑 | 黑皮 | 黄 | 灰 | 红 | 褐 | | |
| 素面 | 13 | 1 | 6 | 3 | 2 | 1 | 2 | 1 | 2 | 31 | 49.2 |
| 绳纹 | 11 | | | | | | 1 | | 1 | 13 | 20.6 |
| 方格纹 | 1 | | | | | | 1 | | | 2 | 3.2 |
| 篮纹 | 5 | | | | 1 | | | | | 6 | 9.5 |
| 彩陶 | | 11 | | | | | | | | 11 | 17.5 |
| 合计 | 30 | 12 | 6 | 3 | 3 | 1 | 4 | 1 | 3 | 63 | |
| 百分比（%） | 47.6 | 19 | 9.5 | 4.8 | 4.8 | 1.6 | 6.3 | 1.6 | 4.8 | | 100 |

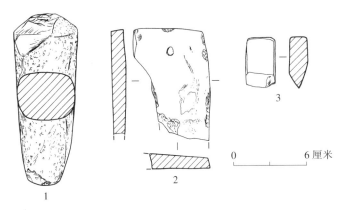

图六二　菜园沟遗址出土石器
1. 斧（WCYG：17）　2. 铲（WCYG：7）　3. 凿（WCYG：82）

1) 石器标本

石斧　标本 WCYG：17，黑色。残。长条形，弧顶，横截面呈抹角长方形，刃部略宽。通体磨光。残长 13.7 厘米。（彩版一八，1；图六二，1）

石铲　标本 WCYG：7，石灰岩，灰黄色。扁平状，刃部残，两缘略薄。素面，磨制。残长 9 厘米。（彩版一八，2；图六二，2）

石凿　标本 WCYG：82，灰色。扁体长方形，双面刃，刃部锋利，磨光。磨制。长 4、宽 2.4、厚 1.4 厘米。（图六二，3）

2) 陶器标本

① 仰韶文化标本

罐　共 8 件。其中彩陶罐 4 件。

标本 WCYG：69，夹砂灰陶。侈口，圆唇，折沿，内折棱明显，鼓腹。沿面下端有一周凹槽。器壁内外均见轮制痕迹，外侧更为明显。残高 3、壁厚 0.5～0.7 厘米。（图六三，1）

标本 WCYG：35，夹砂灰陶。方唇，折沿，鼓腹。素面。沿面有两道凹槽。器壁较薄，器壁内外均有轮制痕迹。残高 4、壁厚 0.3～0.5 厘米。（图六三，2）

标本 WCYG：38，泥质红陶。直口微敛，尖圆唇外撇，折沿，内折棱明显，鼓腹。腹部饰黑彩网格纹和平行线纹。器壁内侧及沿内侧均有轮制痕迹，壁内侧有水渍痕迹，器壁外侧经过打磨。口径 26.2、残高 9.4、壁厚 0.4～0.8 厘米。（彩版一八，3；图六三，3）

标本 WCYG：37，泥质红陶。敛口，圆唇外撇，折沿，鼓腹。腹饰黑彩网格纹。口沿内侧有轮制痕迹，器表磨光，器壁内侧有水渍痕迹。残高 3.5、壁厚 0.5～0.8 厘米。（彩版一八，4；图六三，4）

标本 WCYG：42，泥质红陶。直口微敛，圆唇，深弧腹微鼓。口沿下饰网格及黑彩带纹。器壁内侧有明显轮制痕迹，器表磨光。残高 8、壁厚 0.5～0.7 厘米。（彩版一八，5；图六三，5）

标本 WCYG：48，泥质红陶。饰黑彩带纹。器表磨光，器内壁可见明显轮制痕迹。残高 5.3 厘米。（彩版一八，6；图六三，6）

标本 WCYG：44，罐底。泥质灰陶。斜壁内收，小平底。轮制。残高 2.5、壁厚 0.5～1 厘米。（图六三，7）

标本 WCYG：77，罐底。泥质灰陶。斜壁内收，平底。内外壁均见轮制痕迹。残高 3、壁厚 0.5～1 厘米。（图六三，8）

钵　2 件。

标本 WCYG：60，泥质红陶。敛口，尖唇。饰红彩平行纹及曲线纹。器壁磨光，器壁内侧有明显轮制痕迹。残高 2.6、壁厚 0.3～0.7 厘米。（彩版一九，1；图六四，1）

标本 WCYG：62，泥质红陶。饰黑彩。轮制，器表磨光。（彩版一九，2；图六四，2）

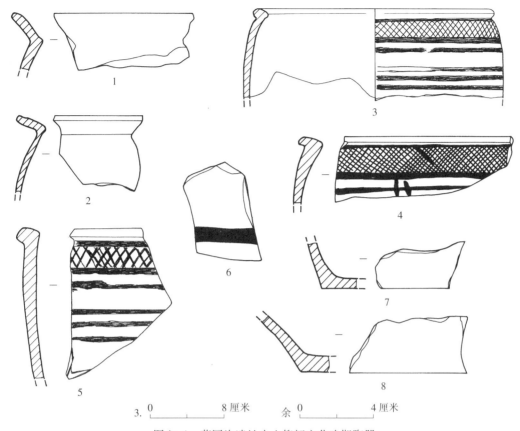

图六三 菜园沟遗址出土仰韶文化晚期陶器
1、2. 夹砂罐（WCYG：69、35） 3~6. 彩陶罐残片（WCYG：38、37、42、48） 7、8. 泥质罐底（WCYG：44、77）

　　彩陶碗　标本 WCYG：36，泥质红陶。敞口、尖唇、壁较直、曲腹。饰红彩平行直线纹和曲线纹、顿点纹。器壁内侧轮制痕迹明显，外侧磨光。残高 7.2、壁厚 0.2~0.4 厘米。（彩版一九，3；图六四，3）

　　彩陶瓮　标本 WCYG：49，泥质红陶。饰黑彩线纹。器表磨光，器内壁可见明显轮制痕迹。（彩版一九，4；图六四，4）

　　彩陶残片　标本 WCYG：59，泥质红陶。饰三周黑彩带纹。器表磨光，器内壁经过打磨。轮制。残高 4.6 厘米。（彩版一九，5；图六四，5）

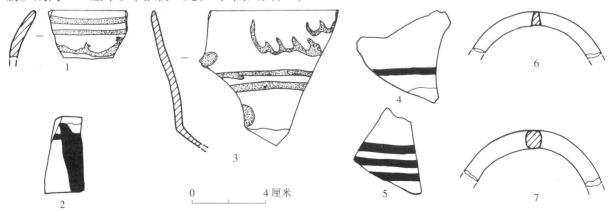

图六四 菜园沟遗址出土仰韶文化晚期陶器
1、2. 彩陶钵残片（WCYG：60、62） 3. 彩陶碗（WCYG：36） 4. 彩陶瓮残片（WCYG：49） 5. 彩陶残片（WCYG：59）
6、7. 环（WCYG：39、61）

环 2件。

标本WCYG:39，泥质褐陶。圆圈状，横截面为椭圆形。轮制，磨光。（图六四，6）

标本WCYG:61，泥质红陶。圆圈状，横截面为圆角长方形。轮制，磨光。（图六四，7）

②龙山文化标本

盆 标本WCYG:31，泥质灰陶。直口微敛，圆唇外撇，弧腹。素面。器壁内可见轮制痕迹。残高3.5、壁厚0.5厘米。（图六五，1）

瓮 2件。

标本WCYG:32，泥质黑陶。敛口，圆唇外撇，鼓腹。素面，轮制。残高3.9、壁厚0.5厘米。（图六五，2）

标本WCYG:25，泥质灰陶。此标本甚残。方唇外撇，高领。素面，轮制。残高3、壁厚0.4厘米。（图六五，3）

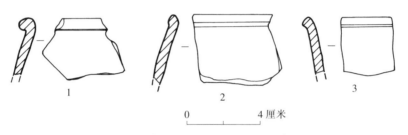

图六五 菜园沟遗址出土龙山文化陶器
1. 盆（WCYG:31） 2、3. 瓮（WCYG:32、25）

③二里头文化标本

器盖 标本WCYG:67，夹砂灰陶。敞口，尖圆唇，斜腹。沿上端近唇部饰凸棱一周。素面，轮制。残高2.5、壁厚0.5厘米。（图六六，1）

④二里岗文化标本

罐底 标本WCYG:11，泥质褐陶。斜腹内收，平底。素面，轮制。底径11、残高3、厚0.6～1厘米。（图六六，2）

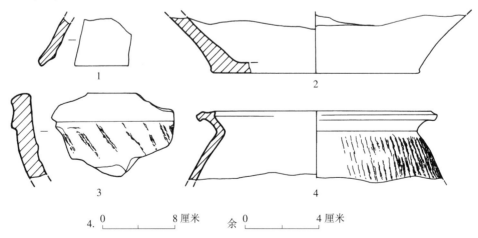

图六六 菜园沟遗址出土二里头文化及二里岗文化陶器
1. 器盖（WCYG:67） 2. 罐底（WCYG:11） 3. 鬲残片（WCYG:71） 4. 盘口鬲（WCYG:1）
（1为二里头文化标本，余为二里岗文化标本）

高 2 件。

标本 WCYG：71，夹砂红陶。此标本甚残。盘形口，方唇，唇下加厚。沿面下端有凹槽一周，沿下饰绳纹。轮制。残高 4.4、壁厚 1 厘米。（图六六，3）

标本 WCYG：1，泥质灰陶。盘口，方唇略外撇下垂，折沿，斜腹。沿下饰右斜绳纹。轮制。口径 26、残高 7.5、壁厚 0.4 厘米。（图六六，4）

## 一八、张坡遗址

（一）地理位置与概况

张坡遗址位于河南省新密市平陌镇龙岗村张坡组，处于东、西、北面绥水河南面支流环绕地带，地势高亢、险要。遗址地理坐标为北纬 34°28.908′、东经 113°20.069′，海拔高度 239 米。编号为 18 号。（彩版二〇，1）

张坡遗址所在台地地势为南高北低，后经平整形成一级级的梯田。遗址主要分布在龙岗村张坡组西侧。依据遗址文化层所在台地范围可知：东面至遗址所在台地地头断崖，南、北面以勘探出的两处单独遗迹为界。张坡遗址平面基本呈南北向长条形，遗址东西宽约 15 米，南北长约 87 米，面积约 0.14 万平方米。遗址所在台地面与其北侧现河道的高差约为 14 米，遗址地下遗迹范围距其北侧河道断崖约 66 米。（图六七）

张坡遗址以往未见著录或公布，是在群众挖树坑时被发现，2009 年溱洧流域聚落调查时复查。依据对采集标本的观察，大部分陶器标本的时代为仰韶文化中期。

（二）地层堆积与文化遗存

### 1. 地层堆积

在遗址上布探孔 1 个（图六八），其地层堆积情况如下：

1 号孔：位于遗址所在台地北端。

①层：厚 0.3 米。土色黄，土质较软。耕土层。

②层：深 0.3 米，厚 0.7 米。土色黄，结构疏松。扰土层。

③层：深 1 米，厚 0.5 米。土色灰黑，土质较软，结构紧密。含有较多红烧土颗粒、炭粒。灰坑土。

深 1.5 米以下为黄白色生土层。

对以往调查时发现的灰坑所在台地范围进行勘探，于台地北部发现一处单独遗迹，据此推测，此遗址可能原先就因土地平整或其他原因，已不存文化层，仅残存部分单独遗迹。

### 2. 文化遗存

（1）遗迹

张坡遗址文化层位于地表 0.5 米以下，当时在树坑内发现灰坑。灰坑土呈黑褐色，土质较软，包含有红烧土块和陶片。据新密市文物管理所工作人员介绍，采集的彩陶钵标本出于树坑内的灰坑之中。该遗址地表遗物少见，现仍可见红烧土颗粒和少量陶片残片。

（2）遗物

张坡遗址共采集遗物 3 件，其中有石器 2 件、彩陶钵残片 1 件。

根据采集标本的器物形制特征及纹饰特征，辨识为仰韶文化中期。

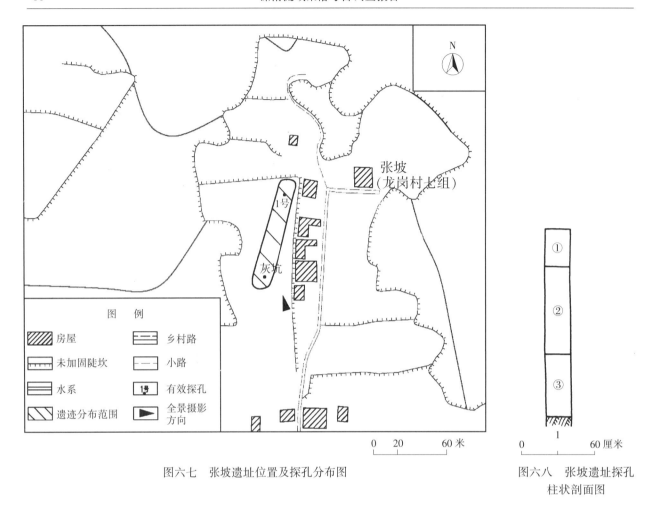

图六七　张坡遗址位置及探孔分布图　　　　　　　图六八　张坡遗址探孔
柱状剖面图

石斧　2件。

标本WZP：2，黑色。梯形，横截面呈椭圆形。素面磨光，磨制。残长11.4、厚4.5、宽5～10厘米。（图六九，1）

标本WZP：3，辉绿岩，灰绿色。梯形，横截面近似椭圆形，弧形双面刃，刃部残，平顶。打磨兼制。残长10、宽6、厚3.2厘米。（彩版二〇，2；图六九，2）

彩陶钵　标本WZP：1，泥质红陶。敛口，尖圆唇，上鼓腹，下腹内收。上腹饰白衣黑彩弧线三角纹和红彩圆点纹。轮制。口径23、残高6.4、壁厚0.6～0.8厘米。（彩版二〇，3；图六九，3）

**一九、惠沟遗址**

（一）地理位置与概况

惠沟遗址位于河南省新密市新华路办事处惠沟村，在新密市新城东门外，处于洧水北面主要支流绥水的一条支流——湾子河东源水东岸地带。遗址地理坐标为北纬34°31.908′、东经113°23.579′，海拔高度255米。编号为19号。

遗址所处区域地势北高南低。依据20世纪六七十年代发现遗址时确定的遗址范围仅可知：遗址北抵东西向郑密公路，西以西侧河沿断崖为界。遗址所在台地基本呈长方形，东西长约250米，南北宽约90米，据原先发现者估计，遗址面积估计值约为2.25万平方米。

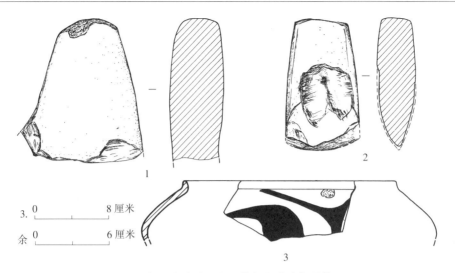

图六九　张坡遗址出土仰韶文化中期器物
1、2. 石斧（WZP：2、3）　3. 彩陶钵（WZP：1）

依据对采集标本的观察，大部分标本的时代相当于仰韶文化中晚期。

（二）地层堆积与文化遗存

**1. 地层堆积**

对原先调查时发现的遗址范围东面和南面的裸露地表进行勘探，未发现任何文化层或单独遗迹，据此推测，此遗址可能已被新密市汽车东站覆盖，已不存遗迹。

**2. 文化遗存**

（1）遗迹

该遗址当时发现时有遗迹、遗物及文化层。后因遗址被建筑物覆盖，均未再发现遗迹、遗物。

（2）遗物

惠沟遗址采集到的文化遗物为最初发现时的遗迹内采集。共计采集遗物标本 31 件，其中陶器陶质以泥质陶（74.3%）为主，另有夹砂陶（25.9%）；陶色以红陶（42%）为主，另有灰陶（35.5%）、褐陶（16.2%）、黑陶（6.5%）；纹饰以彩陶（51.6%）为主，另有素面（35.5%）、划纹（6.5%）、附加堆纹（3.2%）、绳纹加附加堆纹（3.2%）。（图七〇；表一〇）

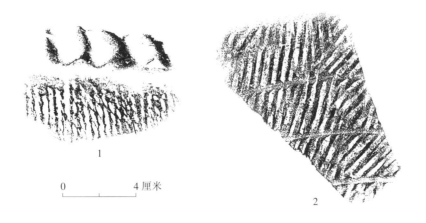

图七〇　惠沟遗址陶器纹饰拓片

表一〇                    惠沟遗址陶器陶质陶色纹饰统计表

| 纹饰＼陶系 | 泥质 | | | | 夹砂 | | | 合计 | 百分比（%） |
|---|---|---|---|---|---|---|---|---|---|
| | 灰 | 红 | 褐 | 黑 | 灰 | 红 | 褐 | | |
| 素面 | 1 | 1 | 1 | 2 | 3 | 2 | 1 | 11 | 35.5 |
| 彩陶 | 7 | 8 | 1 | | | | | 16 | 51.6 |
| 绳纹凹弦纹 | | | | | | | 1 | 1 | 3.2 |
| 附加堆纹 | | | | | | | 1 | 1 | 3.2 |
| 划纹 | | 2 | | | | | | 2 | 6.5 |
| 合计 | 8 | 11 | 2 | 2 | 3 | 2 | 3 | 31 | |
| 百分比（%） | 25.8 | 35.5 | 6.5 | 6.5 | 9.7 | 6.5 | 9.7 | | 100 |

惠沟遗址出土陶器有鼎、深腹罐、敛口罐、小口高领罐、钵、折腹盆、白衣彩陶片①。主要有泥质红陶、夹砂红陶，另有部分灰陶，器物主要有罐、盆等，主要为素面，也有白衣彩陶等。

可辨器形标本有石器2件、陶器29件，其中陶器种类有鼎、罐、盆、钵、碗、缸、尖底瓶、陶环等。

根据采集标本的器物形制特征及纹饰特征，时代为仰韶文化中晚期。

1）石器标本

石斧　2件。

标本WHG：38，闪长岩，青色。长条梯形，平顶，双面弧形刃。打磨兼制。刃部磨光，刃部有使用痕迹。长19.5、宽4.8~6.8、厚5.2厘米。（彩版二一，1；图七一，1）

标本WHG：39，辉绿玢岩，灰绿色。长条梯形，平顶，双面弧形刃。打磨兼制。刃部磨光，刃部有使用痕迹。长12.8、宽3.5~5.1、厚4.3厘米。（彩版二一，2；图七一，2）

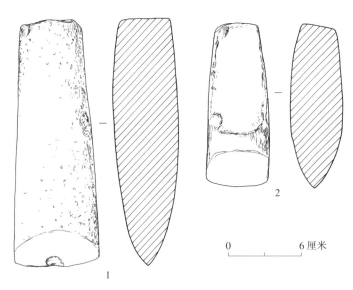

0          6厘米

图七一　惠沟遗址出土石斧
1、2. WHG：38、39

2）陶器标本

鼎　共6件。

鼎残片　2件。

标本 WHG：12，釜形鼎肩腹交接处。夹砂褐胎。斜肩，折腹。肩腹交接处饰一周附加堆纹。手制。残高2.7、壁厚0.4~0.5厘米。（图七二，1）

标本WHG：26，腹底交接处。夹砂灰陶。弧腹。素面，轮制。残高8.2、厚0.4~0.6厘米。（图七二，2）

鼎足　4件。

标本WHG：11，夹砂红陶，局部呈黑色。扁凿形，横截面呈三棱形，内侧

---

①　国家文物局主编：《中国文物地图集·河南分册》，中国地图出版社，1991年。

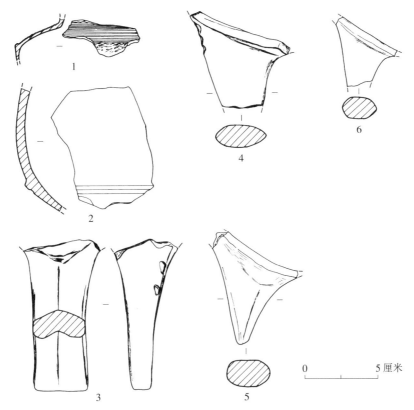

图七二 惠沟遗址出土仰韶文化中晚期陶器

1、2. 鼎残片（WHG：12、26） 3～6. 鼎足（WHG：11、23、27、28）

有凹槽。手制。残高10厘米。（图七二，3）

标本WHG：23，夹砂红陶。凿形鼎足，足尖残。鼎足前部上端饰按窝纹。手制。残高6.5厘米。（图七二，4）

标本WHG：27，夹砂褐陶。凿形鼎足。素面，手制。残高7.4厘米。（图七二，5）

标本WHG：28，夹砂灰陶。凿形鼎足，足尖残。素面，手制。残高4.5厘米。（图七二，6）

彩陶罐 3件。

标本WHG：35，泥质红陶。侈口外卷，圆唇，折沿，沿面鼓，鼓腹。沿内侧上端及唇、沿外侧均饰红衣，沿下腹饰白衣，饰黑彩弧线三角纹、带状纹及圆点纹。轮制。口径20、残高6.6、壁厚0.4～0.7厘米。（彩版二二，1；图七三，1）

标本WHG：4，泥质红陶。敛口，尖圆唇外撇。肩上饰白底黑彩。轮制。残高3、壁厚0.6～0.7厘米。（彩版二二，2；图七三，2）

标本WHG：10，残片。泥质红陶。白底黑彩。轮制。壁厚0.5～0.6厘米。（彩版二二，3；图七三，3）

彩陶盆 标本WHG：32，圆唇，唇面略鼓，卷沿，鼓腹。沿面及腹饰白衣，沿面饰平行黑彩竖带纹，沿下腹饰黑彩弧线三角纹及黑彩带纹。轮制。口径34、残高8、厚0.4～0.8厘米。（彩版二二，4；图七三，4）

彩陶钵 6件。

标本WHG：34，泥质红陶。敛口，圆唇外撇，上腹鼓。口下腹饰白衣，黑彩圆点纹、弧线三

角纹、带纹。轮制。口径 24、残高 6、壁厚 0.6～0.7 厘米。（彩版二二，5；图七三，5）

　　标本 WHG：37，泥质红陶。敛口，圆唇外撇，上腹鼓。口下腹饰白衣，黑彩弧线三角纹、带纹。轮制。口径 18、残高 7.5、壁厚 0.8～1.0 厘米。（彩版二二，6；图七三，6）

　　标本 WHG：36，泥质红陶。敛口，圆唇，鼓腹。口下饰白衣，黑彩网纹、圆点纹、弧线三角纹、平行带纹。轮制。壁厚 0.6～0.9 厘米。（彩版二三，1；图七三，7）

　　标本 WHG：7，泥质红陶。敛口，尖唇。肩饰白底黑彩。轮制。壁厚 0.9 厘米。（彩版二三，2；图七三，8）

　　标本 WHG：1，泥质红陶。敛口，尖唇，折腹。饰黑彩。轮制。残高 3、壁厚 0.5～0.6 厘米。（彩版二三，3；图七三，9）

　　标本 WHG：16，泥质红陶。敛口，尖唇，内折棱明显，斜腹。口部红顶。轮制。口径 22、残高 5.5、壁厚 0.4～0.6 厘米。（彩版二三，4；图七三，10）

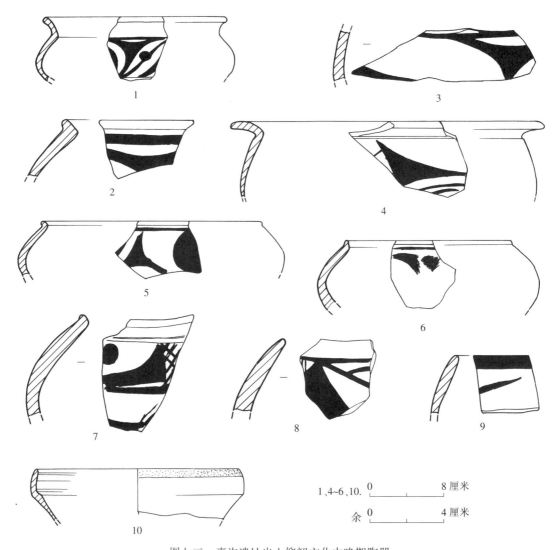

1、4～6、10. ┠─────┨ 8 厘米
余 ┠─────┨ 4 厘米

图七三　惠沟遗址出土仰韶文化中晚期陶器
1～3. 彩陶罐（WHG：35、4、10）　4. 彩陶盆（WHG：32）　5～10. 彩陶钵（WHG：34、37、36、7、1、16）

彩陶碗　3 件。

标本 WHG：5，泥质红陶。敞口，尖唇，斜腹。唇外下部饰带状红顶及红彩，磨光。轮制。残高 4、壁厚 0.5～0.6 厘米。（图七四，1）

标本 WHG：19，泥质褐陶。直口，尖唇。红顶。器表磨光，器壁内可见轮制痕迹。残高 4、壁厚 0.4～0.6 厘米。（图七四，2）

标本 WHG：3，泥质红陶。直口，尖圆唇。肩饰白底红彩、黑彩。轮制。残高 3、壁厚 0.4～0.5 厘米。（彩版二二，7；图七四，3）

碗底　标本 WHG：17，泥质褐陶。弧腹内收，平底。素面，轮制。底径 10、残高 2、壁厚 0.4～0.5 厘米。（图七四，4）

尖底瓶　3 件。

标本 WHG：30，泥质红陶。侈口，圆唇，折沿，鼓腹。沿下饰鹰嘴形钩纽 2 个，壁饰斜划纹。轮制。复原口径 34、残高 9、壁厚 0.7～1.1 厘米。（图七四，5）

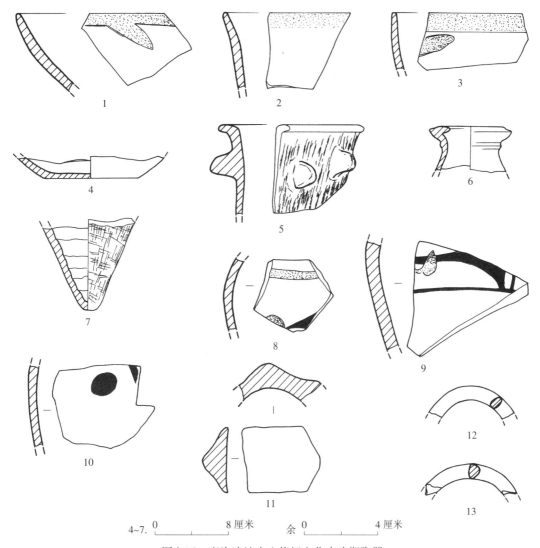

图七四　惠沟遗址出土仰韶文化中晚期陶器

1～3. 彩陶碗（WHG：5、19、3）　4. 碗底（WHG：17）　5、6. 尖底瓶口（WHG：30、2）　7. 尖底瓶底（WHG：31）　8～10. 彩陶片（WHG：9、6、8）　11～13. 环（WHG：14、15、22）

标本 WHG：2，小口，圆唇，平内折沿，束颈，下部残。颈部有一周凸棱。素面，沿面上可见轮制痕迹。口径 9、残高 5、厚 0.4 厘米。（图七四，6）

标本 WHG：31，瓶底。泥质红陶。尖底。饰划纹。轮制。残高 10 厘米。（图七四，7）

彩陶片　3 件。

标本 WHG：6，泥质红陶。饰白衣黑彩。轮制。壁厚 0.8 厘米。（彩版二三，5；图七四，9）

标本 WHG：8，泥质红陶。饰白衣黑彩圆点纹。轮制。壁厚 0.4～0.5 厘米。（彩版二三，6；图七四，10）

标本 WHG：9，泥质红陶。饰白衣红带彩及黑彩。轮制。壁厚 0.4～0.5 厘米。（彩版二三，7；图七四，8）

另采集有陶环 3 件。

标本 WHG：14，泥质灰陶。宽带纹环，环面有乳状凸棱。素面，手制。（图七四，11）

标本 WHG：15，泥质黑陶。圆环状，横截面呈椭圆形。素面磨光，手制。（彩版二一，3；图七四，12）

标本 WHG：22，泥质黑陶。圆环状，横截面呈半圆形。素面磨光，手制。（彩版二一，4；图七四，13）

## 二〇、密新集贸市场遗址

（一）地理位置与概况

密新集贸市场遗址位于河南省新密市密新路原集贸市场，处于洧水主要支流绥水北面支流湾子河水西岸地带。遗址地理坐标为北纬 34°31.355′、东经 113°23.303′，海拔高度 231 米。编号为 20 号。

遗址所处区域地势北高南低，后经平整形成一级级的梯田。遗址主要分布在现新密市密新路西，依据遗址采集陶片范围大约可知：遗址已被现代建筑完全破坏，依据原先调查者的估计，面积估计值约 1 万平方米。

该遗址以往未见著录或公布，2006 年新密市文物管理所文物普查时发现此遗址，2009 年溱洧流域聚落调查时复查。

依据对原先发现者采集标本的观察，大部分陶器标本的时代为龙山文化。

（二）地层堆积与文化遗存

### 1. 地层堆积

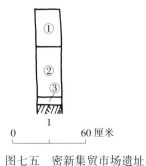

图七五　密新集贸市场遗址
探孔柱状剖面图

在遗址上布探孔 1 个（图七五），1 号孔其地层堆积情况如下：

①层：厚 0.3 米。土色黄，土质较软。耕土层。

②层：深 0.3 米，厚 0.4 米。土色黄，结构疏松。扰土层。

③层：深 0.7 米，厚 0.05 米。土色黄，土质软，结构一般。含有红烧土颗粒、炭粒。文化层。

深 0.75 米以下为黄白色生土层。

依据勘探钻孔地层堆积情况，遗址范围内未发现遗迹，仅发现较薄文化层，且较稀薄，结合陶片分布范围推测遗迹单位被压于地表之下或已被破坏。

### 2. 文化遗存

据发现者介绍，最初被发现时，该遗址见有龙山文化的陶罐、瓮等遗物，后因种种原因，皆已遗失。本次复查时已采集不到陶片标本。

## 二一、高沟遗址

### （一）地理位置与概况

高沟遗址位于河南省新密市七里岗乡高沟村化肥厂北院内，处于洧水北面支流朝阳寺水北岸地带。遗址地理坐标为北纬 34°30.171′、东经 113°41.467′，海拔高度 84 米。编号为 21 号。

遗址所在台地地势北高南低，后经平整形成一级级的梯田。依据遗址文化层所在范围可知：遗址四围均以化肥厂围墙为界。高沟遗址平面基本呈方形，遗址东西长约 60 米，南北长约 50 米，估计面积值约 0.3 万平方米。遗址所在台地面与其南侧现河道的高差约为 9 米，遗址地下遗迹范围距其南侧河道断崖约 400 米。

1995 年发现该遗址，2009 年溱洧流域聚落调查时复查。

依据对采集标本的观察，大部分陶器及石器标本的时代为裴李岗文化。

### （二）地层堆积与文化遗存

#### 1. 地层堆积

对原先调查时发现的遗址范围南面的裸露地表进行勘探，未发现任何文化层或单独遗迹，据此推测，此遗址可能已被高沟化肥厂厂房覆盖，已不存遗迹。

#### 2. 文化遗存

（1）遗迹

1995 年化肥厂建蓄水池，在 1.5 米深处出土有石磨盘、石磨棒、石铲及陶双耳壶等文化遗物，推测应出土于文化层。遗址表面现为厂房，在遗址范围内未发现其他遗迹，结合遗物分布范围、数量推测遗迹单位可能被压于地表之下①。本次复查时，已不见遗物。

（2）遗物

以往在高沟遗址采集到的标本有石器 7 件、陶器 1 件。根据采集标本的器物形制特征及纹饰特征，为裴李岗文化。

石磨盘　3 件。

标本 WGG：1，砂岩，黄色。琢磨兼制。平面为鞋底形，两端圆钝，前宽后窄，底部有柱状椭圆形短足 4 个，一足断，一侧有残痕。总长 70、前端宽 30、后端宽 26、高 7.5 厘米。（彩版二四，1；图七六，1）

标本 WGG：2，砂岩，黄色。琢磨兼制。平面为鞋底形，内收，前宽后窄，底部琢制圆柱状矮足 4 个，一端有残痕。长 57.2、前端宽 23、后宽 19 厘米。（彩版二四，2；图七六，2）

标本 WGG：3，砂岩，黄色。琢磨兼制。平面为鞋底形，两端圆钝，前宽后窄，底部有圆柱状

---

① 详见郑州历史文化丛书编纂委员会：《郑州市文物志》，河南人民出版社，1999 年。

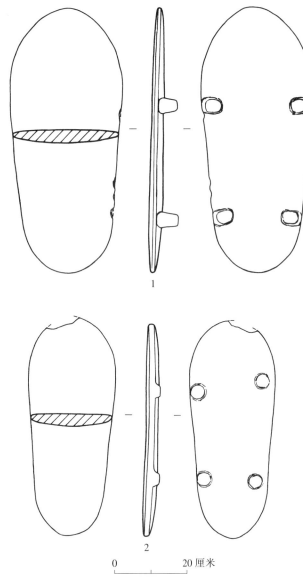

图七六　高沟遗址出土裴李岗文化石磨盘
1、2. WGG：1、2

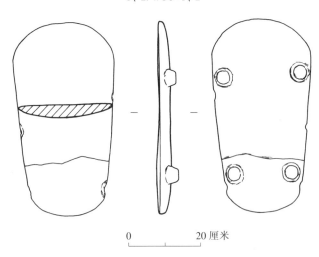

图七七　高沟遗址出土裴李岗文化石磨盘（WGG：3）

短足 4 个，中间断开，两侧有残痕，盘面使用后的下凹痕迹明显。长 51.2、前宽 27.5、后宽 22 厘米。（彩版二四，3；图七七）

石磨棒　3 件。

标本 WGG：4，砂岩，浅灰色。打磨兼制。残半。圆柱形，把手部分略凹，一端把手残，一面磨光。残长 25.5 厘米。（彩版二五，1；图七八，1）

标本 WGG：5，砂岩，浅黄色。打磨兼制。两端把手横截面呈椭圆形，中部使用部分横截面呈弧边三角形，把手部分略细，中部使用部分形成凹槽，中部通体磨光。长 35 厘米。（彩版二五，2；图七八，2）

标本 WGG：6，砂岩，浅黄色。打磨兼制。一端残，圆柱形，横截面呈椭圆形。长 35.5 厘米。（彩版二五，3；图七八，3）

石铲　标本 WGG：8，斜闪、角闪片岩，灰绿色。舌状，两面刃，顶部残。磨制。残长 11 厘米。（彩版二五，4；图七九，1）

陶双耳壶　标本 WGG：7，泥质灰陶。喇叭口，圆唇，领较低，方肩，鼓腹，上腹部两侧对称饰弯月耳，耳中部靠近器身各有双面孔一个，平底，假圈足。轮制。口径 4.8、底径 4.6、高 9.8、厚 0.3～1 厘米。（彩版二五，5；图七九，2）

**二二、西施村遗址**

西施村遗址位于河南省登封市大冶乡西施村村南，处于洧水北岸地带，编号为 22 号。

本次溱洧流域调查未调查该遗址。依据以往调查结果，遗址面积约为 1.67 万平方米，南北长约 153 米，东西长约 135 米。遗址所在台地面与其南侧现河道的高差约为

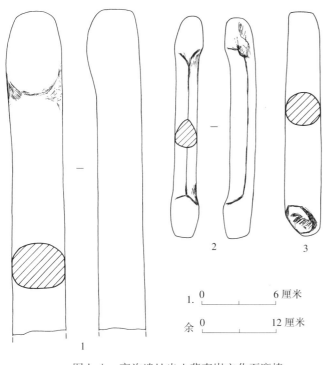

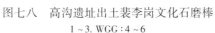

图七八　高沟遗址出土裴李岗文化石磨棒
1～3. WGG：4～6

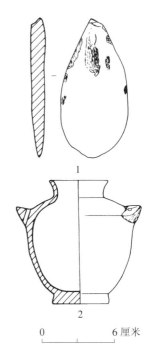

图七九　高沟遗址出土裴李岗文化石器及陶器
1. 石铲（WGG：8）　2. 陶双耳壶（WGG：7）

8 米，遗址地下遗迹范围距其南侧河道断崖约 150 米。文化层内含石斧和夹砂红陶、黑陶等器物残片，遗址的时代为龙山文化及二里头文化①。

### 二三、平陌遗址

（一）地理位置与概况

平陌遗址位于河南省新密市西南平陌镇平陌村平陌街西头老盐店西院，处于西临溱水、南面溱水支流的二流交汇地带。遗址地理坐标为北纬 34°27.252′、东经 113°18.252′，海拔高度 260 米。编号 23 号。（彩版二六，1）

平陌遗址地势西北高东南低，后经平整形成一级级的梯田。据原先发现者观察，遗址所在台地略为方形台地，东西长 152 米，南北长 130 米，面积估计值约 1.98 万平方米。

2002 年 1 月发现该遗址，2006 年 12 月新密市文物管理所文物普查时进行复查，本次聚落调查时再次复查。

依据对征集标本的观察，大部分为裴李岗文化者。

（二）地层堆积与文化遗存

**1. 地层堆积**

原先调查时发现的遗址范围内均为现代建筑，无法下探。

---

① 详见河南省文物考古研究所等：《颍河文明——颍河上游考古调查试掘与研究》，大象出版社，2008 年，第 90 页。国家文物局主编：《中国文物地图集·河南分册》，中国地图出版社，1991 年，第 21 页。

### 2. 文化遗存

（1）遗迹

2002 年 1 月平陌村三组村民韩国忠在宅院东屋建蓄水池时，在不到 10 平方米范围内，约 1.5 米深处，挖出石器数件。后因遗址均被现代房屋覆盖，故不见任何遗迹现象①。本次复查时也未见新遗迹。

（2）遗物

该遗址在村民修建的蓄水池中挖出有双刃石铲、石镰各 1 件，石斧 2 件。

石斧　2 件。

标本 WPM：2，安山岩，灰绿色。上窄下宽，弧形顶，单面弧形刃，横截面呈抹角长方形。磨制。长 5.7、宽 3.3、厚 0.5～1.1 厘米。（彩版二七，1；图八〇，1）

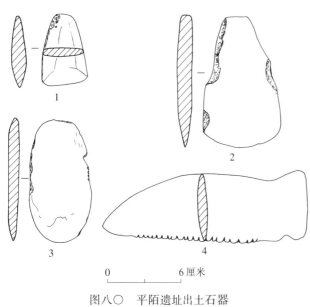

图八〇　平陌遗址出土石器
1、2. 斧（WPM：2、1）　3. 铲（WPM：4）　4. 镰（WPM：3）

标本 WPM：1，斜闪、角闪片岩，灰绿色。板状，上窄下宽，抹角弧顶稍残，双面刃，刃部较宽。顶下端有捆绑痕迹。磨制。长 10.5、宽 5.8、厚 0.4～1.4 厘米。（彩版二六，2；图八〇，2）

石铲　标本 WPM：4，斜闪、角闪片岩，灰绿色。鞋底状，扁平体，上端残，下端刃部锋利。打磨兼制。长 10、宽 4.8、厚 0.9 厘米。（彩版二七，2；图八〇，3）

石镰　标本 WPM：3，斜闪、角闪片岩，灰绿色。器形较薄，通体磨光。锯齿状刃。磨制。长 16.8、宽 5.2 厘米。（彩版二七，3；图八〇，4）

### 二四、莪沟北岗遗址

（一）地理位置与概况

莪沟北岗遗址位于河南省新密市区南 7.5 千米超化镇莪沟村北岗上，处于东北面绥水、南面洧水二流交汇地域，地势高亢、险要。遗址地理坐标为北纬 34°27.409′、东经 113°22.016′，海拔高度 242 米。编号为 24 号。（彩版二八；图八一）

莪沟北岗遗址所处区域内地势西北高东南低，后经平整形成一级级的梯田。遗址主要分布在莪沟北岗村北，依据遗址文化层所在台地范围可知：北至超平公路向南 20 米处，南至超平公路向南 90 米处，东至遗址东侧西南—东北向公路，西至遗址所在台地地头断崖。据以往发掘者估计，莪沟北岗遗址面积估计值约为 0.8 万平方米。遗址所在台地面与其西南侧现河道的高差约为 74 米，遗址地下遗迹范围距其西南及西侧河道断崖约为 135 米及 173 米。

---

①　详见魏新民：《新密溱洧流域裴李岗文化》，《河南文物考古论集（四）》，大象出版社，2006 年。

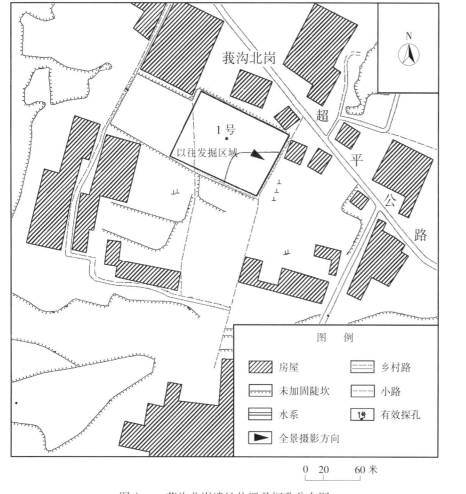

图八一　莪沟北岗遗址位置及探孔分布图

图八二　莪沟北岗遗址
探孔柱状剖面图

　　1975 年发现该遗址。1977 年 11 月～12 月和 1978 年 3 月～5 月，河南省博物馆会同原密县文化馆对遗址先后进行了两次考古发掘。1987 年 4 月，密县人民政府公布其为县级文物保护单位。2006 年 12 月新密市文物管理所文物普查时进行复查，2009 年溱洧流域聚落调查时再次复查。

　　依据对以往采集标本及发掘出土文化遗物的观察，大部分为裴李岗文化者。

　　（二）地层堆积与文化遗存

### 1. 地层堆积

在遗址上布探孔 1 个（图八二），其地层堆积情况如下：

1 号孔：位于遗址所在台地中部。

①层：厚 0.3 米。土色黄，土质疏松。耕土层。

②层：深 0.3 米，厚 0.3 米。扰土层。

③层：深 0.6 米，厚 0.7 米。土色黄褐，土质疏松。含有红烧土颗粒、炭粒。文化层。

④层：深 1.3 米，厚 0.7 米。土色黄褐，土质疏松。含有红烧土颗粒、炭粒。文化层。

深 2 米以下为生土层。

依据勘探钻孔地层堆积情况，现存文化层面积较小，推测可能与遗址曾经受过大面积发掘有关。我们在曾密集发掘的遗址中部台地上经过较为详细地勘探，1 号探孔所在区域文化层厚度可达 1.4 米，依据土质土色可分为二层文化层。

**2. 文化遗存**

（1）遗迹

1977 年对莪沟北岗遗址进行发掘，发掘面积 2747 平方米，共清理房基 6 座、灰坑 44 个、墓葬 68 座。遗址表面现为耕地，遗迹、遗物少见[①]。

（2）遗物

1975 年 9 月，原密县文化馆人员在当地群众家里意外发现其在遗址区内采集的石磨盘和石斧各 1 件。1977 年 10 月生产队在遗址区内平整土地时，又采集到石磨盘、石磨棒、石铲 10 余件和大量陶片。本次复查时此遗址已不见遗物。

收集到的文化遗物主要为博物馆藏品。

可辨器形的标本有石磨棒、石磨盘、石铲、石斧、打制石器等共 27 件，陶器有壶、钵、三足钵、勺等共 5 件。

根据采集标本的器物形制特征及纹饰特征，均为裴李岗文化。

1）石器标本

石磨盘　1 件。

标本 WEGBG：10，砂岩，浅灰色。鞋底形，前宽后窄，底部琢制圆柱状短足 4 个，前端有残痕。打磨兼制。长 64.5、前端残宽 33、后端 25、高 10 厘米。（彩版二九，1；图八三）

石磨棒　6 件。

标本 WEGBG：1，砂岩，灰色。残。圆柱状，横截面呈圆形，把手部分略细，中间使用部分形成凹槽，凹槽一面半磨光，余磨光。打磨兼制。残长 15.5、直径 5 ~ 5.6 厘米。（彩版二九，2；图八四，1）

标本 WEGBG：2，砂岩，灰色。残。圆柱状，横截面呈椭圆形，一端把手部分略细，一面磨光，另一面近中部磨光，其余磨光不明显。打磨兼制。残长 20.5、直径 4.6 ~ 5 厘米。（彩版二九，3；图八四，4）

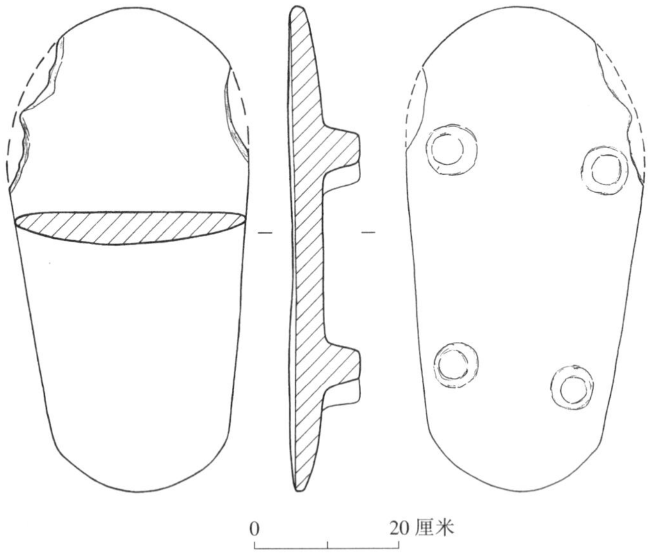

标本 WEGBG：3，砂岩，灰色。残。圆柱状，横截面呈椭圆形，一端把手部分略细，中部有使用痕迹，通体磨光。打磨兼制。残长 16.8 厘米（彩版二九，4；图八四，3）

标本 WEGBG：4，砂岩，灰色。残。圆柱状，一端把手部分略细，中间使用部分形成凹槽，把手上端磨光，使用部分一周磨光。打磨兼制。残长 15.2、直径 3.9 ~

0　　　　　20厘米

图八三　莪沟北岗遗址出土裴李岗文化石磨盘（WEGBG：10）

---

[①] 河南省博物馆、密县文化馆：《河南密县莪沟北岗新石器时代遗址》，《考古学集刊》第一集，中国社会科学出版社，1981 年。

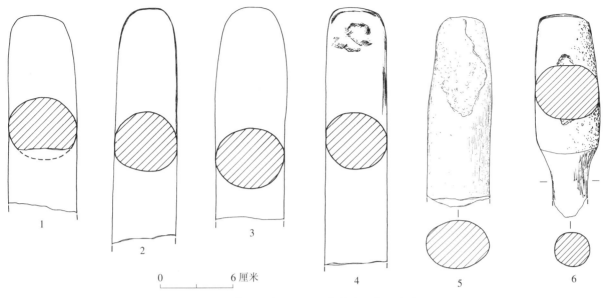

图八四　莪沟北岗遗址出土裴李岗文化石磨棒

1~6. WEGBG：1、5、3、2、4、28

5.1厘米。（彩版二九，5；图八四，5）

标本WEGBG：5，砂岩，灰色。残。圆柱状，横截面呈椭圆形，通身有磨光痕迹。打磨兼制。残长18.5、直径4.7~5.2厘米。（彩版二九，6；图八四，2）

标本WEGBG：28，砂岩，灰褐色。残。锤头为扁柱体，横截面为椭圆形，前端稍细；柄稍细，横截面为圆形。素面，磨制。残长16厘米。（彩版二九，7；图八四，6）

石铲　9件。

标本WEGBG：6，斜闪、角闪片岩，灰绿色。顶部、刃部残。长方形，两侧较薄，中间较厚。打磨兼制。残长19、宽7~7.8厘米（彩版三〇，1；图八五，1）

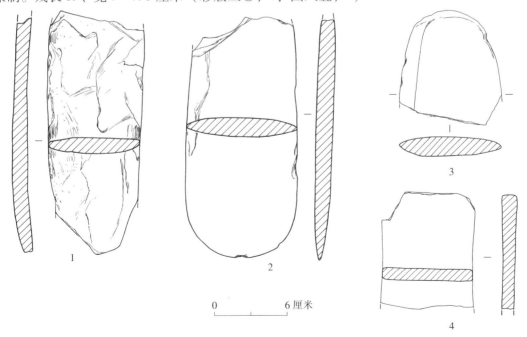

图八五　莪沟北岗遗址出土裴李岗文化石铲

1~4. WEGBG：6、8、9、11

标本 WEGBG：8，斜闪、角闪片岩，灰绿色。顶部残。扁平板状，中间向两缘渐薄，刃部有使用痕迹。通体磨光，素面。磨制。残长 19、宽 9、厚 1.5 厘米。（彩版三〇，2；图八五，2）

标本 WEGBG：9，斜闪、角闪片岩，灰绿色。扁角长方形，单面刃。通体磨光。磨制。残长 9、宽 8.3、厚 1.5 厘米。（彩版三〇，3；图八五，3）

标本 WEGBG：11，黄色。平面长方形。残，一端较残。磨制。残长 37、中部宽 30.8、厚 3.8 ~ 4.8 厘米。（图八五，4）

标本 WEGBG：15，斜长、角闪片岩，深绿色。扁体舌形，上部残，弧形双面刃，磨光。打制加磨制。长 25.5、宽 10、厚 1.7 厘米。（彩版三二，1；图八六，1）

标本 WEGBG：14，斜长、角闪片岩，深绿色。平面呈舌形，弧形单面刃，磨光。磨制。长 23.5、宽 8.4、厚 1.5 厘米（彩版三一，2；图八六，2）

标本 WEGBG：7，斜闪、角闪片岩，灰绿色。顶残，扁平板状。舌状双面刃，横截面两侧较薄，中间较厚，一侧残一缺口，刃部有使用痕迹。素面，通体磨光。磨制。残长 18、宽 10、厚 1.4 厘米。（彩版三一，1；图八七，1）

标本 WEGBG：16，斜长、角闪片岩，深绿色。扁体舌形。通体圆润，上部残，弧形双面刃，磨光。磨制。长 16.5、宽 7.6、厚 1.2 厘米。（彩版三二，2；图八七，2）

标本 WEGBG：17，斜长、角闪片岩，深绿色。扁体舌形，一面平整，一面圆润，弧形单面刃，双斜肩，条状柄，磨光。磨制。长 14.5、刃宽 8.3、厚 0.6 ~ 0.8 厘米。（彩版三〇，4；图八七，3）

石斧　3 件。

标本 WEGBG：18，石英岩，灰白色。扁体梯形，横截面为圆角长方形，弧形双面刃，磨光。

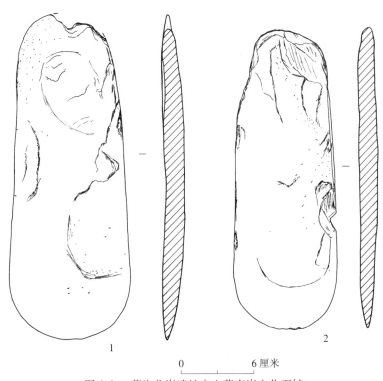

0　　　　　6 厘米

图八六　莪沟北岗遗址出土裴李岗文化石铲
1、2. WEGBG：15、14

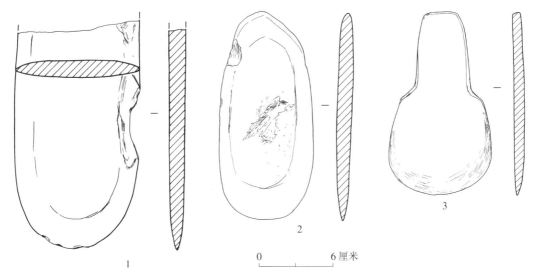

图八七　莪沟北岗遗址出土裴李岗文化石铲
1~3. WEGBG：7、16、17

打制加磨制。长5.1、宽4、厚1厘米。（彩版三三，1；图八八，1）

标本 WEGBG：19，绢云母石英片岩，紫灰色。扁圆体梯形，通体圆润，双面刃，刃部稍残，磨光。磨制。长5.3、宽2.8、厚1.2厘米。（彩版三三，2；图八八，2）

标本 WEGBG：20，斜长、角闪片岩，灰绿色。扁体梯形，通体圆润，弧形双面刃，磨光。磨制。长7.7、宽4.2、厚1.3厘米。（彩版三三，3；图八八，3）

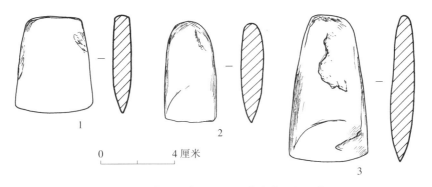

图八八　莪沟北岗遗址出土裴李岗文化石斧
1~3. WEGBG：18、19、20

打制石器　4件。

标本 WEGBG：12，黑色。尖锥状器。打制。长5.2、宽4、厚2.3厘米。（图八九，1）

标本 WEGBG：13，白色。尖状器。较小。打制。长2.8厘米。（图八九，2）

标本 WEGBG：23，石英脉，白色。打制。长2.5厘米。（图八九，3）

标本 WEGBG：26，燧石，铁褐色。打制。长5、宽4、厚1.6厘米。（图八九，4）

刮削器　3件。

标本 WEGBG：21，燧石，黑色。打制。长4.7厘米。（彩版三四，1；图八九，5）

标本 WEGBG：22，燧石团块，黑色。打制。长3.1、宽2.5、厚1.2厘米。（彩版三四，2；图八九，6）

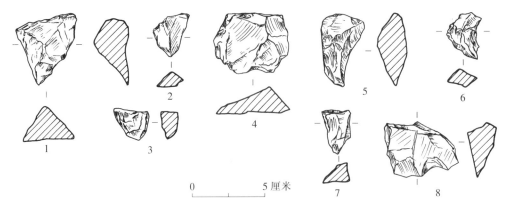

图八九　莪沟北岗遗址出土裴李岗文化石器
1~4. 打制石器（WEGBG：12、13、23、26）　5~7. 刮削器（WEGBG：21、22、24）　8. 三棱石器（WEGBG：25）

标本 WEGBG：24，石英脉，浅红色。打制。长 2.8 厘米。（彩版三四，3；图八九，7）

三棱石器　标本 WEGBG：25，燧石团块，铁褐色。打制。长 5、宽 3.6、厚 2 厘米。（彩版三三，4；图八九，8）

2）陶器标本

勺　标本 WEGBG：29，泥质红陶。勺口椭圆形，圆柱状柄，近勺处较粗，柄底与勺底持平。素面，手制。残长 15.6 厘米。（彩版三五，1；图九〇，1）

双耳壶　标本 WEGBG：31，泥质红陶。尖唇，直口，沿外侈，低领，腹体近圆球状，小平底。上腹有对桥形双耳。素面，手制。口径 5.6、高 13.6 厘米。（彩版三五，2；图九〇，2）

钵　标本 WEGBG：30，泥质红陶。敞口，圆唇，弧腹，圜底。素面，手制。口径 17.6、高 6.2、壁厚 0.6 厘米。（彩版三五，3；图九〇，3）

三足钵　2 件。

标本 WEGBG：32，泥质红陶。敞口，圆唇，弧腹，圜底，三圆锥状足。素面，轮制加手制。口径 22、高 9.6、壁厚 0.4~0.6 厘米。（彩版三五，4；图九〇，4）

标本 WEGBG：33，泥质红陶。口微敛，圆唇，弧腹，圜底，三圆锥状高足，足尖外撇。素面，轮制加手制。口径 14、高 11.8、壁厚 0.5~0.6 厘米。（彩版三五，5；图九〇，5）

**二五、莪沟村遗址**

（一）地理位置与概况

莪沟村遗址位于河南省新密市城区南 7.5 千米超化镇莪沟村北岗下东南，处于南临洧水河地带。遗址地理坐标为北纬 34°27.336′、东经 113°21.857′，海拔高度 191 米。编号为 25 号。（彩版三六，1）

莪沟村遗址所在台地地势为北高南低，后经平整形成一级级的梯田。遗址主要分布在莪沟村东，依据采集遗物所在台地范围可知：东、西均至遗址所在台地地头断崖，北面以遗址北面高台地的南面崖壁为界，南面以现洧水河为界。莪沟村遗址平面基本呈东西向长方形，东西长约 60 米，南北宽约 22 米，面积约 0.13 万平方米。遗址所在台地面与其西南侧现河道的高差约为 9 米，遗址地下遗迹范围距其西南侧河道断崖约 40 米。（图九一）

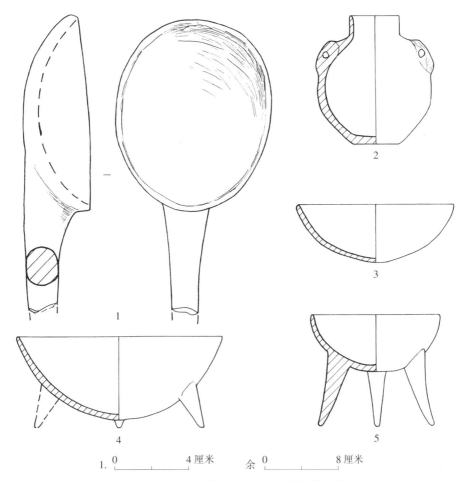

1. 0 ____ 4厘米　　余 0 ____ 8厘米

图九〇　莪沟北岗遗址出土裴李岗文化陶器
1. 勺（WEGBG∶29）　2. 双耳壶（WEGBG∶31）　3. 钵（WEGBG∶30）　4、5. 三足钵（WEGBG∶32、33）

该遗址以往未见著录或公布，2005 年发现该遗址，2009 年溱洧流域聚落调查时复查。依据对采集标本的观察，石器标本的时代为裴李岗文化。

（二）地层堆积与文化遗存

**1. 地层堆积**

在遗址上布探孔 2 个（图九二），其地层堆积情况如下：

1 号孔：位于遗址范围外东部。

①层：厚 0.3 米。土色黄，土质较软。耕土层。

②层：深 0.3 米，厚 0.5 米。土色黄，结构疏松。扰土层。

③层：深 0.8 米，厚 1.4 米。土色灰褐，土质较软，结构疏松。含有红烧土颗粒、炭粒、陶片颗粒。不到底。文化层。

2 号孔：位于遗址范围外西部。

①层：厚 0.3 米。土色黄，土质较软。耕土层。

②层：深 0.3 米，厚 1.2 米。土色黄，结构疏松。扰土层。

③层：深 1.5 米，厚 0.5 米。土色灰褐，土质较软，结构疏松。含有红烧土颗粒、炭粒。不到底。文化层。

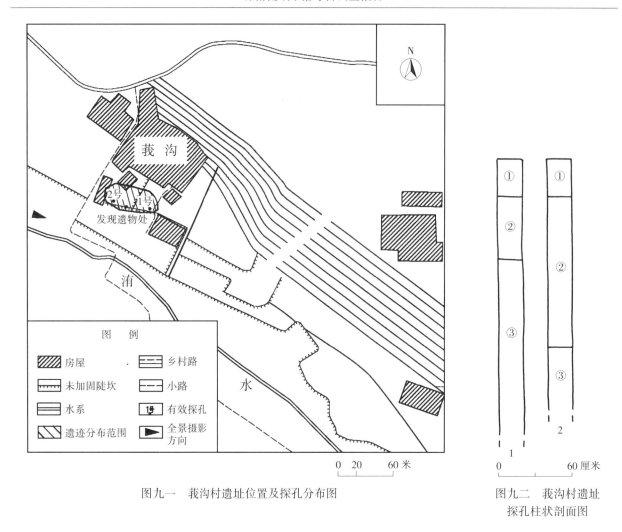

图九一 莪沟村遗址位置及探孔分布图　　　　　图九二 莪沟村遗址
探孔柱状剖面图

依据勘探钻孔地层堆积情况，遗址文化层上覆盖有耕土及厚度 0.5 米到 1.2 米不等的扰土层。遗址表面被民居所占，我们只在民居南侧菜地，即当年村民发现石磨盘的区域探到两处探孔，其余区域均不可探。遗址文化层较厚，最厚处达 1.4 米，为一层文化层。

**2. 文化遗存**

2005 年 10 月 23 日，郑州市召开"荥阳市织机洞国际学术研讨会"，与会代表到莪沟参观旧石器遗址，农民杨书灿、杨金城介绍情况时说，他们种地时发现了三足石磨盘和四足石磨盘各 1 件。其中四足石磨盘现藏于郑州市文物考古研究院。遗址范围内未发现遗迹，但依据文化遗物分布范围，推测遗迹单位可能被压于现地表之下[①]。本次复查时已不见遗迹及遗物。

**二六、尖城岗遗址**

尖城岗遗址位于河南省新密市区南 7 千米超化镇河西村西岗上，处于洧水和绥水二面河流交汇区域。编号为 26 号。

1984 年文物普查时，因当地村民开挖水渠，新密文物管理所在遗址区域水渠内曾采集到陶

―――――――――――――

① 魏新民：《新密溱洧流域裴李岗文化》，《河南文物考古论集（四）》，大象出版社，2006 年。

片，器形有鼎、红陶盆、白衣彩陶钵等。因种种原因，遗迹情况现已不明，所采集遗物均已遗失。结合陶片分布范围推测，遗迹单位可能被压于地表之下。据当时发现者估计，遗址面积值为6万平方米，属仰韶文化遗存①。

### 二七、黄寨遗址

（一）地理位置与概况

黄寨遗址位于河南省新密市来集镇黄寨村黄寨组，处于南临洧水、东临洧水支流腾蛟水的二流交汇地带。遗址地理坐标为北纬34°27.493′、东经113°25.742′，海拔高度171米。编号为27号。（彩版三六，2）

黄寨遗址所在台地地势平缓。遗址主要分布在紧邻黄寨村东的台地上。依据黄寨遗址文化层所在台地范围可知：北面以台地断崖为限，断崖下为大隗至李堂的东西向公路，路北为村庄民居，南面以台地地头断崖为限，南即为洧水，东至腾蛟水西河沿，西部略平与大路相连。遗址平面呈东西向不规则形，东西长约66米，南北最长处长约42米，遗址面积0.2万平方米。遗址所在台地面与其南侧现河道的高差约为17米，遗址地下遗迹范围紧临其南侧河道断崖。（图九三）

1990年发现该遗址，2006年进行复查，2009年溱洧流域聚落调查时再次复查。

依据对复查采集标本的观察，大部分标本年代为龙山文化晚期。

（二）地层堆积与文化遗存

**1. 地层堆积**

在遗址上布探孔2个（图九四），其地层堆积情况如下：

1号孔：位于遗址所在台地东部。

①层：厚0.3米。土色黄，土质疏松。耕土层。

②层：深0.3米，厚0.7米。土色黄。扰土层。

③层：深1米，厚0.6米。土色灰黑，土质疏松，结构松散。含有大量红烧土颗粒、炭粒。灰坑土。

深1.6米以下为生土层。

2号孔：位于遗址范围外东部。

①层：厚0.3米。土色黄，土质疏松。耕土层。

②层：深0.3米，厚0.7米。土色黄。扰土层。

③层：深1米，厚0.4米。土色黄褐，土质较硬。路土，宽约2米，厚1~2厘米左右。杂有炭粒。

深1.4米以下为生土层。

依据勘探钻孔地层堆积情况，黄寨遗址仅残存极少量遗迹，推测可能与黄寨遗址北侧临近东西向大隗至李堂公路，现代建筑及道路造成的破坏较大，1990年7月河南省文物研究所为配合宋大铁路建设又在此发掘等因素有关。1号探孔所在铁路东侧区域发现灰坑遗迹，铁路西侧因地表覆盖有较厚的现代石灰层，土质较硬，无法下探；另外，在遗址东北面不远处2号探孔所在公路

---

① 国家文物局主编：《中国文物地图集·河南分册》，中国地图出版社，1991年，第45页。

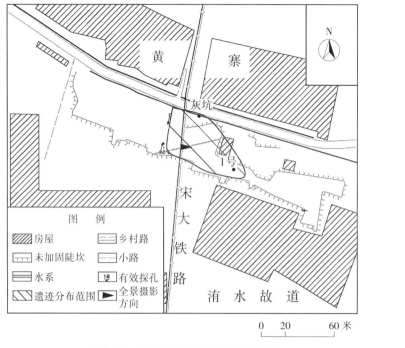

图九三　黄寨遗址位置及探孔分布图　　　　图九四　黄寨遗址探孔
柱状剖面图

北侧高台地上探出存有时代不明的东西向小路一条。

**2. 文化遗存**

（1）遗迹

1990 年 7 月，为配合宋大铁路建设，河南省文物研究所发现并发掘了黄寨遗址，当时曾在遗址南部临河断崖发现厚约 0.4 米的文化层。查明此遗址属龙山文化遗址，面积 5000 平方米[1]。2006 年 10 月，新密市文物管理所文物普查进行复查时，又在遗址所在台地北壁发现有龙山文化性质的灰坑，后由于遗址北壁被现代新修围墙完全包围，故未再发现遗迹现象。据以往发掘及调查结果，推测遗迹应被压于地表之下。本次复查未能发现新的遗迹。

（2）遗物

黄寨遗址共采集陶器标本 36 件，其陶质以夹砂陶（61%）为主，另有泥质陶（39%）；陶色以灰陶（44.4%）为主，另有黑陶（38.9%）、褐陶（13.9%）、黑皮陶（2.8%）；纹饰以素面（47.2%）为主，另有绳纹（38.9%）、篮纹（5.6%）、绳纹加附加堆纹（2.8%）、方格纹（2.8%）、弦纹（2.8%）。（图九五；表一一）

可辨器形的标本共计 4 件，其种类有罐、盆、瓮等。根据采集标本的器物形制特征及纹饰特征，时代应为龙山文化晚期。

罐　标本 WHZ：2，夹砂灰陶。侈口，方唇，折沿，沿面上端有一周凹槽，沿面下端略凹，内折棱明显，鼓腹。腹饰横菱形大方格纹。沿内外侧壁及器壁内侧上端可见轮制痕迹。轮制。口径 25.6、残高 6.4、壁厚 0.4～0.8 厘米。（图九六，1）

① 河南省文物研究所：《河南密县黄寨遗址的发掘》，《华夏考古》1993 年第 3 期。

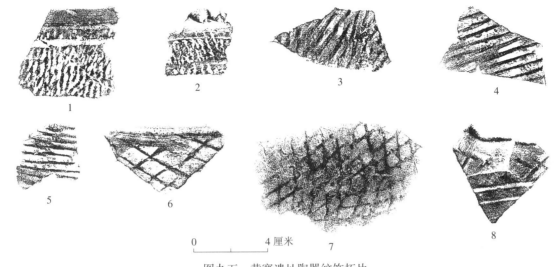

图九五 黄寨遗址陶器纹饰拓片

表一一 黄寨遗址陶器陶质陶色纹饰统计表

| 陶系<br>纹饰 | 泥质 | | | 夹砂 | | | | 合计 | 百分比<br>（%） |
|---|---|---|---|---|---|---|---|---|---|
| | 灰 | 褐 | 黑 | 灰 | 褐 | 黑 | 黑皮 | | |
| 素面 | | 2 | 10 | 3 | 1 | 1 | | 17 | 47.2 |
| 绳纹 | 1 | | | 10 | 1 | 2 | | 14 | 38.9 |
| 方格纹 | | | | | | 1 | | 1 | 2.8 |
| 篮纹 | | | 1 | 1 | | | | 2 | 5.6 |
| 绳纹+附加堆纹 | | | | 1 | | | | 1 | 2.8 |
| 弦纹 | | | | | | | 1 | 1 | 2.8 |
| 合计 | 1 | 2 | 11 | 15 | 3 | 3 | 1 | 36 | |
| 百分比（%） | 2.8 | 5.6 | 30.6 | 41.6 | 8.3 | 8.3 | 2.8 | | 100 |

罐残片 标本 WHZ：10，泥质灰陶。圆唇，唇下端加厚。轮制。残高 1.7、壁厚 0.6 厘米。（图九六，2）

盆 标本 WHZ：4，泥质黑皮褐胎。圆唇，卷沿，直壁。器壁内侧有一周轮制凹槽，外侧隐约可见轮制痕迹。轮制。残高 2、壁厚 0.3~0.5 厘米。（图九六，3）

瓮 标本 WHZ：7，泥质黑皮褐胎。此标本甚残。圆唇外撇，高领。轮制。残高 2.5、壁厚 0.6 厘米。（图九六，4）

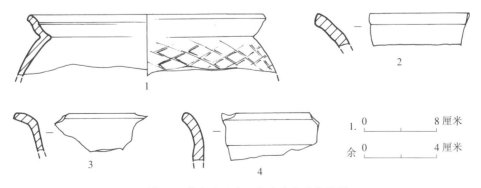

图九六 黄寨遗址出土龙山文化晚期陶器
1、2. 罐（WHZ：2、10） 3. 盆（WHZ：4） 4. 瓮（WHZ：7）

## 二八、苏寨遗址

### （一）地理位置与概况

苏寨遗址位于河南省新密市来集镇苏寨村西北，处于南面洧水和北面、东面、西面洧水支流腾蛟水四面河流交汇地带，地势高亢、险要。遗址地理坐标为北纬34°27.673′、东经113°26.425′，海拔高度196米。编号为28号。（彩版三七，1）

苏寨遗址所在台地地势北高南低，位于遗址中部偏南的一条东西向断崖将遗址明显分为北高南低的两部分。遗址主要分布在苏寨村西北，依据遗址文化层所在台地范围可知：遗址四周范围均以四围河沟断崖为界，亦为勘探出文化层范围。苏寨遗址平面基本呈南北向长条形，遗址东北—西南向长约402米，西北—东南向最宽处长约77米，遗址面积约2.23万平方米。遗址所在台地面与其西、南侧现河道的高差约为27米，遗址地下遗迹范围紧临其西侧河道断崖。（图九七）

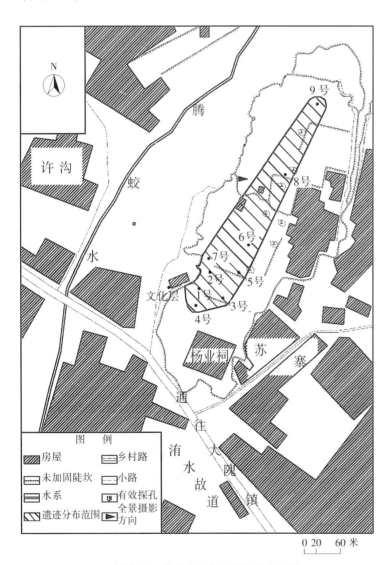

图九七　苏寨遗址位置及探孔分布图

2009年溱洧流域聚落调查时新发现该遗址。

依据对采集标本的观察，大部分陶器标本的时代为龙山文化晚期、"新砦期"及二里头文化，少量残片的年代为商代文化。

### （二）地层堆积与文化遗存

#### 1. 地层堆积

在遗址布探孔9个（图九八），其地层堆积情况如下：

1号孔：位于遗址所在台地西南部。

①层：厚0.3米。土色黄，土质软。耕土层。

②层：深0.3米，厚0.2米。土色黄褐，土质松散，土质一般，结构一般。含有红烧土颗粒、炭粒。文化层。

③层：深0.5米，厚0.3米。土色黄褐，土质一般，结构一般。含有少量红烧土颗粒、炭粒。文化层。

④层：深0.8米，厚1.2米。土色灰褐，土质一般，结构一般。含有大量红烧土、炭粒。文化层。

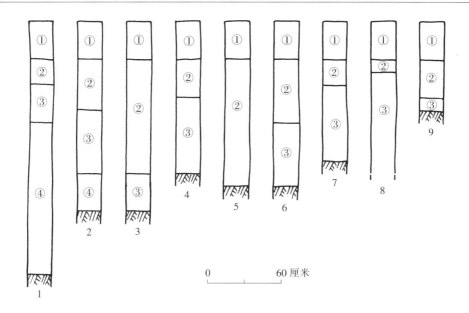

图九八　苏寨遗址探孔柱状剖面图

深 2 米以下为黄白色生土层。

2 号孔：位于遗址所在台地西南部。

①层：厚 0.3 米。土色黄，土质较软。耕土层。

②层：深 0.3 米，厚 0.4 米。土色黄，结构疏松。扰土层。

③层：深 0.7 米，厚 0.5 米。土色灰褐，土质一般，结构一般。含有少量红烧土、炭粒。文化层。

④层：深 1.2 米，厚 0.3 米。土色灰褐，土质一般，结构一般。含有少量红烧土颗粒、炭粒。文化层。

深 1.5 米下为黄白色生土。

3 号孔：位于遗址所在台地南部。

①层：厚 0.3 米。土色黄，土质较软。耕土层。

②层：深 0.3 米，厚 0.9 米。土色灰褐，土质较软，结构疏松。含有红烧土颗粒。文化层。

③层：深 1.2 米，厚 0.3 米。土色黄褐，土质一般，结构一般。含有少量红烧土、炭粒。文化层。

深 1.5 米为黄白色生土层。

4 号孔：位于遗址所在台地南端。

①层：厚 0.3 米。土色黄，土质软。耕土层。

②层：深 0.3 米，厚 0.3 米。土色黄，结构疏松。扰土层。

③层：深 0.6 米，厚 0.6 米。土色黄褐，土质一般，结构一般。含有少量红烧土、炭粒。文化层。

深 1.2 米以下为黄白色生土层。

5 号孔：位于遗址所在台地南部。

①层：厚 0.3 米。土色黄，土质较软。耕土层。

②层：深 0.3 米，厚 1 米。土色黄褐，土质较软，结构疏松。含有少量红烧土、炭粒，出有陶片 2 片。文化层。

深 1.3 以下为黄褐色次生土层。

6 号孔：位于遗址所在台地中部偏南。

①层：厚 0.3 米。土色黄，土质较软。耕土层。

②层：深 0.3 米，厚 0.5 米。土色黄，结构疏松。扰土层。

③层：深 0.8 米，厚 0.5 米。土色黄褐，土质一般，结构一般。含有少量红烧土、炭粒。文化层。

深 1.3 米以下为黄白色生土层。

7 号孔：位于遗址所在台地西南部。

①层：厚 0.3 米。土色黄，土质软。耕土层。

②层：深 0.3 米，厚 0.2 米。土色黄，结构疏松。扰土层。

③层：深 0.5 米，厚 0.6 米。土色黄褐，土质软，结构疏松。含有红烧土、炭粒。文化层。

深 1.1 米以下为黄白色生土层。

8 号孔：位于遗址所在台地中部。

①层：厚 0.3 米。土色黄，土质较软。耕土层。

②层：深 0.3 米，厚 0.1 米。土色黄，结构疏松。扰土层。

③层：深 0.4 米，厚 0.8 米。土色灰褐，土质较软，结构疏松。含有红烧土颗粒、炭粒，见石。不到底。灰坑土。

9 号孔：位于遗址所在台地北端。

①层：厚 0.3 米。土色黄，土质较软。耕土层。

②层：深 0.3 米，厚 0.3 米。土色黄，结构疏松。扰土层。

③层：深 0.6 米，厚 0.1 米。土色灰褐，土质疏松，结构疏松。含有红烧土、炭粒，出有陶片 1 片。文化层。

深 0.7 米以下为黄白色生土层。

依据勘探钻孔地层堆积情况，遗址文化层上覆盖有耕土及厚度 0.1 米到 0.5 米不等的扰土层；遗址西南部 1 号、2 号探孔所在区域文化层最厚，厚度可达 1.7 米，依据土质土色最多可分为三层文化层；依据 1 号、2 号探孔所在台地近处西侧断崖可见的文化层推测，遗址西南部较为丰富的区域可能已被水流或雨水破坏了一部分；其余探孔所在大部分区域文化层厚度均一般，多在 0.1 米到 1 米之间，依据土质土色最多可分为二层文化层，部分探孔所在区域受土地平整的破坏，如 8 号探孔，仅见灰坑，不见文化层。

## 2. 文化遗存

（1）遗迹

遗址经长期雨水冲刷，部分文化层暴露于南部崖面，西南部河沿断崖上发现有厚约 2 米的文化层（彩版三七，2），可见长度约 10 米，位于一户民居的屋后。文化层不分层，土色褐色，土质较硬，结构疏松，含有红烧土颗粒、炭粒及陶片；文化层内以龙山文化和"新砦期"标本为主。

（2）遗物

可辨器形的标本共计9件，其种类有罐、斝、盆、碗、豆、瓮、器盖等。根据采集标本的器物形制特征及纹饰特征（图九九；表一二），可分为龙山文化晚期、"新砦期"和二里头文化。另外采集有少量"新砦期"罐、鼎、器盖残片及少量商代罐、盆残片，未作为标本描述。

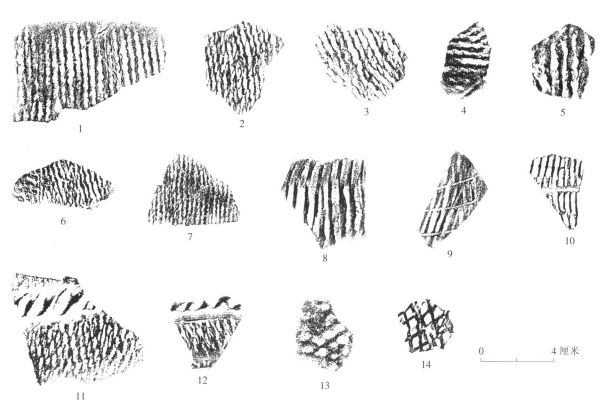

图九九　苏寨遗址陶器纹饰拓片

表一二　　　　　　　　　　　　　苏寨遗址陶器陶质陶色纹饰统计表

| 纹饰 ＼ 陶系 | 泥质 | | | 夹砂 | | | 合计 | 百分比（%） |
|---|---|---|---|---|---|---|---|---|
| | 灰 | 褐 | 黑 | 灰 | 褐 | 黑 | | |
| 素面 | 2 | 2 | 3 | 2 | 2 | 3 | 14 | 43.75 |
| 绳纹 | 3 | | 3 | 3 | 1 | 2 | 12 | 37.50 |
| 篮纹 | | | 1 | | | | 1 | 3.13 |
| 绳纹+附加堆纹 | | | | 1 | 1 | | 2 | 6.25 |
| 磨光 | | | 1 | | | | 1 | 3.13 |
| 方格纹 | 1 | | 1 | | | | 2 | 6.25 |
| 合计 | 6 | 2 | 9 | 6 | 4 | 5 | 32 | |
| 百分比（%） | 18.75 | 6.25 | 28.13 | 18.75 | 12.50 | 15.63 | | 100 |

1）龙山文化标本

盆　2件。

标本WSZ：43，泥质灰陶。直口，圆唇，卷沿，沿面微凹。领饰模糊细绳纹，沿内及器壁内可见轮制痕迹。轮制。残高3、壁厚0.4～0.5厘米。（图一〇〇，1）

标本WSZ：42，泥质黑皮陶。直口微敛，圆方唇，弧腹。器壁内外可见轮制痕迹。素面，轮制。残高3.2、壁厚0.4～0.6厘米。（图一〇〇，2）

碗　标本WSZ：83，泥质灰陶。敞口，斜方唇，斜腹。素面，轮制。残高2.5、壁厚0.5厘米。（图一〇〇，3）

罂　WSZ：41，夹砂灰陶。肩腹交接处，下饰一周凹槽。腹部较粗糙。肩上磨光，轮制。残高2.8、壁厚0.4～0.8厘米。（图一〇〇，4）

2）"新砦期"标本

器盖纽　标本WSZ：44，夹砂灰陶。圆筒状中空，双层纽，上、下端残。上下层交接处有一周凸棱。素面，轮制。残高9.4、壁厚0.6～1厘米。（图一〇〇，5）

3）二里头文化标本

罐　标本WSZ：5，泥质灰陶。此标本甚残。方唇，唇下部加厚，折沿。沿面内外可见轮制痕迹。素面，轮制。残高1.2、壁厚0.5～0.9厘米。（图一〇〇，6）

盆　标本WSZ：1，夹砂黑皮陶。侈口，圆唇，折沿，沿面内凹，内折棱明显，鼓腹。腹饰竖绳纹。沿面可见轮制痕迹。轮制。口径28、残高7.4、壁厚0.4～1.2厘米。（图一〇〇，7）

豆　标本WSZ：4，泥质黑皮陶。圆唇内外各有一周凸棱。轮制。残高3.8、壁厚0.6厘米。（图一〇〇，8）

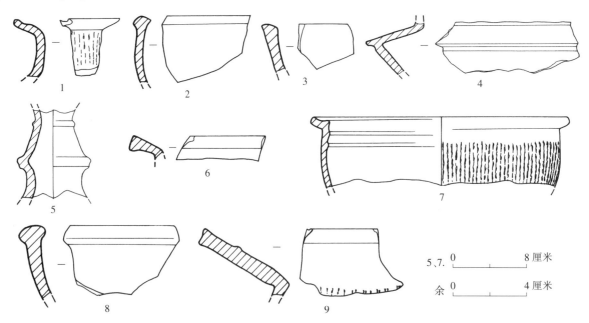

图一〇〇　苏寨遗址出土龙山文化晚期、"新砦期"及二里头文化陶器

1、7. 盆（WSZ：43、1）　2. 盆（WSZ：42）　3. 碗（WSZ：83）　4. 罂（WSZ：41）　5. 器盖纽（WSZ：44）　6. 罐（WSZ：5）　8. 豆（WSZ：4）　9. 瓮（WSZ：3）（1～4为龙山文化标本，5为"新砦期"标本，余为二里头文化标本）

瓮　标本 WSZ：3，泥质灰陶。方唇，折沿，内折棱明显。唇上下、沿面各有一周凸棱，沿下壁饰绳纹。轮制。残高 3.5、壁厚 0.6～0.8 厘米。（图一○○，9）

### 二九、芦村遗址

（一）地理位置与概况

芦村遗址位于河南省新密市大隗镇芦村北，处于南面洧水河、东面冲沟水的二流交汇地带，地势高亢、险要。遗址地理坐标为北纬 34°27.534′、东经 113°27.063′，海拔高度 172 米。编号为 29 号。（彩版三八，1）

芦村遗址所在台地地势北高南低。遗址主要分布在芦村北面高台地上，依据陶片标本分布范围所在台地可知：遗址四周均以位于芦村北、洧水河北岸芦村寨四周夯土寨墙为界。芦村遗址受到修筑寨墙时取土的破坏，遗址内陶片分布范围的平面基本呈南北向长条形，遗址东北—西南向长约 84 米，西北—东南向长约 32 米，面积约 0.26 万平方米。遗址所在台地面与其南侧现河道的高差约为 24 米，遗址地下遗迹范围紧临其南侧河道断崖。（图一○一）

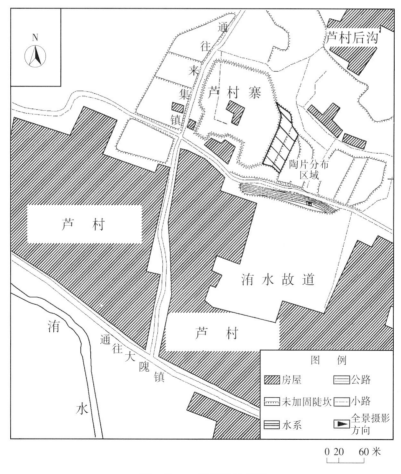

图一○一　芦村遗址位置

该遗址以往未见著录或公布，本次聚落调查时新发现芦村遗址。

依据对采集标本的观察，大部分陶器标本的时代为仰韶文化中期，少量红陶残片的年代为仰韶文化晚期。

（二）地层堆积与文化遗迹

**1. 地层堆积**

依据调查时发现的芦村寨及其附近范围进行勘探，未发现任何文化层或单独遗迹，据此推测，此遗址可能原先就因土地平整、修建寨墙或其他原因，已不存遗迹。

**2. 文化遗存**

（1）遗迹

在芦村遗址范围内未发现灰坑、文化层等遗迹，但在芦村当代围墙夯土层及城寨东部台地上发现有较多陶片标本。结合陶片分布范围、数量推测，遗迹单位可能原先被压于地表之下，建造夯土寨墙时取土取至早期地层，从而将遗迹破坏。

（2）遗物

在芦村遗址共采集陶器标本55件，其陶质以泥质陶（69.1%）为主，另有夹砂陶（30.9%）；陶色以灰陶（36.3%）为主，另有红陶（30.9%）、褐陶（20%）、褐红陶（12.7%）、黑陶（1.8%）；纹饰以素面（94.5%）为主，另有线纹（5.5%）。（图一〇二；表一三）

图一〇二　芦村遗址陶器纹饰拓片

**表一三　芦村遗址陶器陶质陶色纹饰统计表**

| 陶系 纹饰 | 泥质 | | | | 夹砂 | | | 合计 | 百分比（%） |
|---|---|---|---|---|---|---|---|---|---|
| | 灰 | 红 | 褐 | 褐红 | 灰 | 褐 | 黑 | | |
| 素面 | 12 | 8 | 8 | 7 | 8 | 8 | 1 | 52 | 94.5 |
| 线纹 | | 1 | 2 | | | | | 3 | 5.5 |
| 合计 | 12 | 9 | 10 | 7 | 8 | 8 | 1 | 55 | |
| 百分比（%） | 21.8 | 16.4 | 18.2 | 12.7 | 14.5 | 14.5 | 1.8 | | 100 |

可辨器形的标本共20件，其种类有罐、鼎足、缸、盆、钵、尖底瓶等。根据采集标本的器物形制特征及纹饰特征，时代应为仰韶文化中期。另采集有少量仰韶文化晚期残片。

鼎足　标本WLC:8，夹砂夹蚌褐陶。鸭嘴形鼎足，内侧有凹槽，足尖残。手制。残高10.7厘米。（图一〇三，1）

罐　共6件。其中夹砂罐4件、泥质罐2件。

标本WLC:2，夹砂黑陶。尖唇，斜折沿，沿面微凹，直腹。沿面上端有凸棱，沿面内外及器表隐约可见轮制痕迹。素面，轮制。残高3.8、壁厚0.3~0.5厘米。（图一〇三，2）

标本WLC:6，夹砂灰陶。直口，方唇，唇部向内凸出，矮领，斜肩，领腹交接处内侧折棱明显。肩部饰数周凸弦纹。器壁内侧粗糙，器壁外侧可见轮制痕迹。轮制。残高4.2、壁厚0.9厘米。（图一〇三，3）

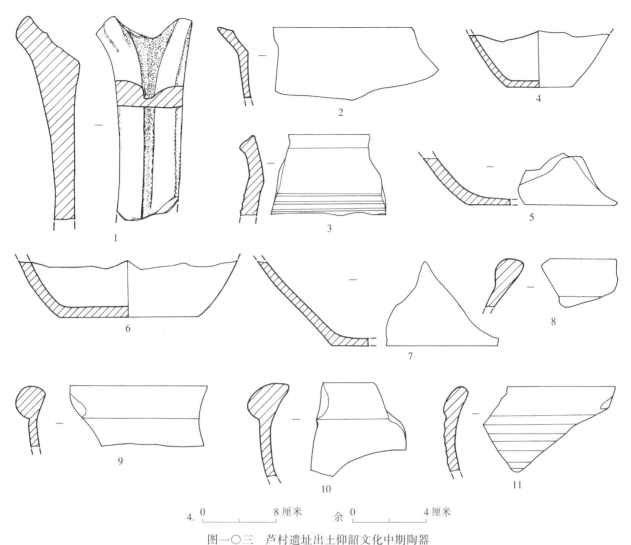

图一〇三　芦村遗址出土仰韶文化中期陶器

1. 鼎足（WLC：8）　2、3. 夹砂罐（WLC：2、6）　4、5. 夹砂罐底（WLC：9、21）　6、7. 泥质罐底（WLC：14、16）　8～11. 盆（WLC：50、3、12、4）

标本 WLC：9，罐底。夹砂黑陶。斜壁内收，平底。器壁内外粗糙。素面，轮制。底径 7.2、壁厚 0.4～0.5 厘米。（图一〇三，4）

标本 WLC：21，罐底。夹砂灰陶。斜壁内收，小平底。器壁内外较粗糙。轮制。残高 2.5、壁厚 0.4～0.7 厘米。（图一〇三，5）

标本 WLC：14，罐底。泥质灰陶。斜腹内收，平底。素面，轮制。底径 7.4、壁厚 0.6～0.7 厘米。（图一〇三，6）

标本 WLC：16，罐底。泥质灰陶。斜腹内收，平底。素面，轮制。残高 4.5、壁厚 0.4～0.5 厘米。（图一〇三，7）

盆　4 件。

标本 WLC：50，泥质红陶灰胎。敛口，圆唇，唇部外侧加厚。素面，轮制。残高 2.6、壁厚 0.5 厘米。（图一〇三，8）

标本 WLC：3，泥质褐陶。敛口，圆唇，沿外侧加厚。器壁磨光，器壁外侧可见轮制痕迹。素

面，轮制。残高3.2、壁厚0.4厘米。（图一○三，9）

标本WLC:12，泥质红陶。敛口，尖唇，沿外侧加厚，弧壁。器壁内外磨光，器壁外侧隐约可见轮制痕迹。素面，轮制。残高4.6、壁厚0.6～0.7厘米。（图一○三，10）

标本WLC:4，泥质红陶。敛口，圆唇，沿外侧加厚。器表外侧有数周明显制作凸棱。素面，轮制。残高4.5、壁厚0.5厘米。（图一○三，11）

钵　7件。

标本WLC:5，泥质红陶。敛口，尖唇，斜腹内收。素面，轮制。残高3.5、壁厚0.5～0.7厘米。（图一○四，1）

标本WLC:10，泥质红陶。敛口，尖唇，弧腹内收。腹饰白彩。轮制。残高4.5、壁厚0.4～0.8厘米。（图一○四，2）

标本WLC:7，泥质褐陶。敛口，圆唇，斜腹内收。素面，轮制。残高4.8、壁厚0.8厘米。（图一○四，3）

标本WLC:11，泥质红陶。敛口，方唇，斜腹内收。素面，轮制。残高5.5、壁厚0.6～0.9厘米。（图一○四，4）

标本WLC:15，泥质红陶。敛口，圆唇，斜腹内收。素面，轮制。残高4、壁厚0.5～0.9厘米。（图一○四，5）

标本WLC:40，泥质灰陶。尖唇，弧腹内收。素面，轮制。残高3.4、壁厚0.6～0.8厘米。（图一○四，6）

标本WLC:44，泥质红陶。敛口，尖唇，弧腹内收。素面，轮制。残高4、壁厚0.4～0.6厘米。（图一○四，7）

缸　标本WLC:35，夹砂灰陶。直口，方唇，唇部较厚，直腹。轮制。残高4.7、壁厚0.6～1.2厘米。（图一○四，8）

尖底瓶底　标本WLC:25，泥质红陶。袋状尖凸。足壁饰左斜绳纹。手制。残高3.2厘米。（图一○四，9）

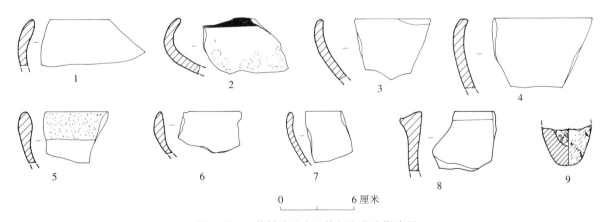

图一○四　芦村遗址出土仰韶文化晚期陶器

1～7. 钵（WLC:5、10、7、11、15、40、44）　8. 缸（WLC:35）　9. 尖底瓶底（WLC:25）

### 三〇、罗湾遗址

（一）地理位置与概况

罗湾遗址位于河南省新密市大隗镇罗湾村西南，处于南面临洧水主流地带。遗址地理坐标为北纬 34°27.186′、东经 113°27.830′，海拔高度 151 米。编号为 30 号。（彩版三八，2）

罗湾遗址所在台地地势北高南低，后经平整形成一级级的梯田。主要分布在罗湾村南，依据遗址文化层所在台地范围可知：东、西均至遗址两侧南北向冲沟，北面以罗湾村南界为限，南面以洧水河北岸河沿断崖为界。遗址平面基本呈南北向不规则形，东西长约 80 米，南北长约 116 米，依据陶片分布范围的面积估计为 0.9 万平方米。遗址所在台地面与其南侧现河道的高差约为 24 米，遗址地下遗迹范围紧临其南侧河道断崖。（图一〇五）

该遗址以往未见著录或公布，2009 年溱洧流域聚落调查时发现。

依据对采集标本的观察，大部分陶器标本的时代为二里岗文化。

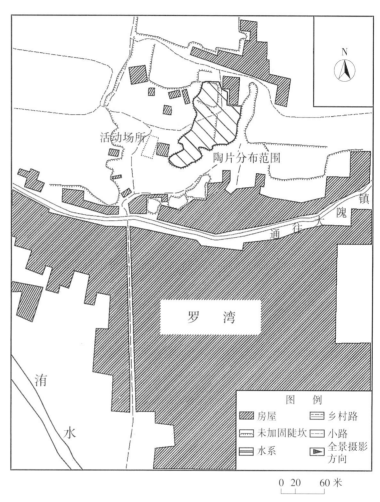

图一〇五　罗湾遗址位置

（二）地层堆积与文化遗存

**1. 地层堆积**

对调查发现的罗湾村范围进行勘探，未发现任何文化层或单独遗迹，据此推测，此遗址可能原先就因土地平整或其他原因，已不存遗迹。

**2. 文化遗存**

（1）遗迹

在罗湾遗址范围内未发现灰坑、文化层等遗迹，但在罗湾村南面的台地上发现有较多陶片标本。结合陶片分布范围、数量推测，遗迹单位可能原先被压于地表之下，村民取土或其他活动将遗迹破坏。

（2）遗物

罗湾遗址共采集陶器标本 26 件。可辨器形的标本共计 4 件，其种类有罐、盆等。根据采集标本的器物形制特征及纹饰特征（图一〇六），其年代为二里岗文化。

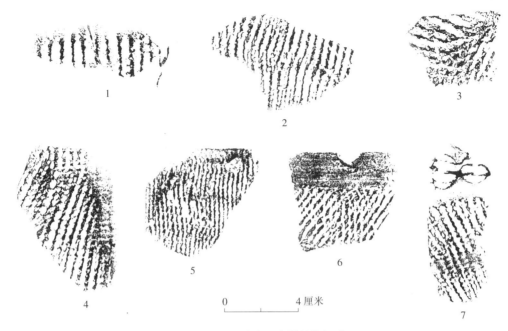

图一○六　罗湾遗址陶器纹饰拓片

罐　3件。

标本 WLW：10，夹砂灰陶。方唇，唇部有凹槽，折沿。沿外侧饰绳纹，沿面有数周凹槽。轮制。残高4.4、壁厚0.5~0.8厘米。（图一○七，1）

标本 WLW：1，夹砂灰陶。方唇，唇下端有凹槽，平折沿。腹部饰竖向粗绳纹。沿上端隐约可见轮制痕迹。残高3.8、壁厚0.9厘米。（图一○七，2）

标本 WLW：2，夹砂褐陶。侈口，圆唇，折沿，沿面微凹。器壁较厚。腹部饰右斜绳纹，沿内侧可见轮制痕迹。残高3.2、壁厚0.5厘米。（图一○七，3）

盆　标本 WLW：25，泥质灰陶。敞口，尖唇，折腹。素面，轮制。残高3、壁厚0.3~0.5厘米。（图一○七，4）

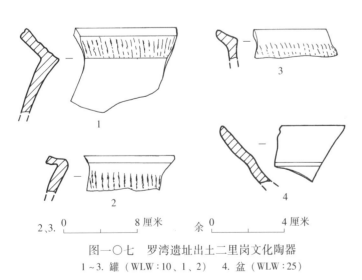

图一○七　罗湾遗址出土二里岗文化陶器
1~3. 罐（WLW：10、1、2）　4. 盆（WLW：25）

## 三一、观寨遗址

### （一）地理位置与概况

观寨遗址位于河南省新密市大隗镇观寨村东北，处于南面洧水、东面杨河水、北面河流冲沟的三流交汇地带，地势高亢。遗址地理坐标为北纬34°26.889′、东经113°29.009′，海拔高度173米。编号为31号。（彩版三九，1）

观寨遗址所在台地地势北高南低，后经平整形成一级级的梯田。遗址主要分布在观寨村东北，依据遗址文化层所在台地范围可知：东面以勘探文化层范围为界，南面至洧水与杨河水交汇处及洧水北面河沿断崖，北面以东西向公路北面东西向冲沟为界，西面以观寨村北面勘探文化层为限。观寨遗址基本呈东南—西北向长条形，遗址西北—东南向长约234米，东西宽约65米，面积1.37万平方米。遗址所在台地面与其南侧现河道的高差约为14米，遗址地下遗迹范围紧临其南侧河道断崖。（图一〇八）

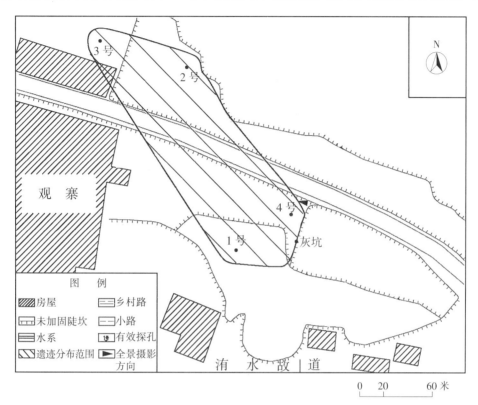

图一〇八　观寨遗址位置及探孔分布图

该遗址以往未见著录或公布，2009年溱洧流域聚落调查时发现。

依据对采集标本的观察，大部分陶器标本的时代为龙山文化晚期和"新砦期"。

（二）地层堆积与文化遗存

**1. 地层堆积**

在遗址上布探孔4个（图一〇九），其地层堆积情况如下：

1号孔：位于遗址所在台地南部。

①层：厚0.3米。土色黄，土质较软。耕土层。

②层：深0.3米，厚0.4米。土色黄，结构疏松。扰土层。

③层：深0.7米，厚0.3米。土色灰褐，土质较硬，结构较紧密。含有炭粒、红烧土颗粒。文化层。

深1米以下为黄白色生土层。

2号孔：位于遗址所在台地北部。

①层：厚0.15米。土色黄，土质较软。耕土层。

②层：深0.15米，厚0.65米。土色黄灰，结构疏松。含有炭灰、烧土颗粒。灰坑土。

深0.8米以下为黄白色生土层。

3号孔：位于遗址所在台地西北。

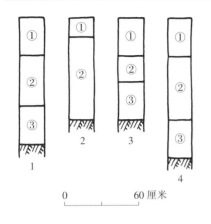

①层：厚0.3米。土色黄，土质较软。耕土层。

②层：深0.3米，厚0.2米。土色黄，结构疏松。扰土层。

③层：深0.5米，厚0.3米。土色黄褐，土质一般。含有陶片，无其他。文化层。

深0.8米以下为黄白色生土层。

4号孔：位于遗址所在台地东部。

①层：厚0.3米。土色黄，土质较软。耕土层。

②层：深0.3米，厚0.5米。土色黄，结构疏松。扰土层。

③层：深0.8米，厚0.3米。土色灰，土质较软，结构疏松。含有炭灰、烧土颗粒。灰坑土。

图一〇九　观寨遗址探孔柱状剖面图

深1.1米以下为黄白色生土层。

依据勘探钻孔地层堆积情况，遗址文化层上覆盖有耕土及厚度0.2米到0.4米不等的扰土层；遗址北端2号探孔所在台地受土地平整的破坏，耕土层下即见灰坑；遗址所受破坏严重，大部分区域文化层已不存，1号、3号探孔所在地势稍高区域残存有一层较薄文化层，其余区域仅存厚度0.3米到0.65米不等的灰坑遗迹。

**2. 文化遗存**

（1）遗迹

观寨遗址经长期雨水冲刷，部分灰坑暴露于崖面。遗址内中部公路南一南北向地头断崖上发现有长约1、深约0.3米的灰坑（彩版三九，2）。灰坑开口于0.5米以下，土色黑灰色，土质较软，结构一般，不分层，含有红烧土颗粒、炭粒及陶片；灰坑内以龙山文化标本为主。

（2）遗物

可辨器形的标本共计9件，有罐、甑、盆、碗、瓮等。根据采集标本的器物形制特征及纹饰特征，时代应为龙山文化晚期和"新砦期"。（图一一〇、一一一；表一四）

1）龙山文化标本

罐　标本WGZ：49，夹砂灰陶。此标本甚残。方唇，唇面有凹槽。沿内外侧可见轮制痕迹。残高1.5、壁厚0.3～0.5厘米。（图一一二，1）

甑　标本WGZ：31，泥质灰陶。平底，底部残有圆孔。内部粗糙，外侧有轮制痕迹。残高2.6厘米。（图一一二，2）

碗　2件。

标本WGZ：42，泥质黑皮陶。敞口，方唇内勾，唇上有一周凹槽，斜腹。器壁外侧有明显轮制痕迹，内侧亦可见轮制痕迹。残高4.1、厚0.3～0.5厘米。（图一一二，3）

标本WGZ：3，碗底。泥质黑皮陶。斜壁内收，小平底。器壁内外侧均可见轮制痕迹，外壁修整后有抹痕。底径10、残高4、厚0.6～0.8厘米。（图一一二，4）

盆　标本WGZ：1，泥质黑皮陶。敞口，尖唇外撇内勾，弧腹内收。沿面上端有凸棱一周，沿面下端和唇外侧各有凹槽一周。外壁素面，内壁饰压印纹，可见轮制痕迹。口径40、残高8、厚0.8厘米。（图一一二，5）

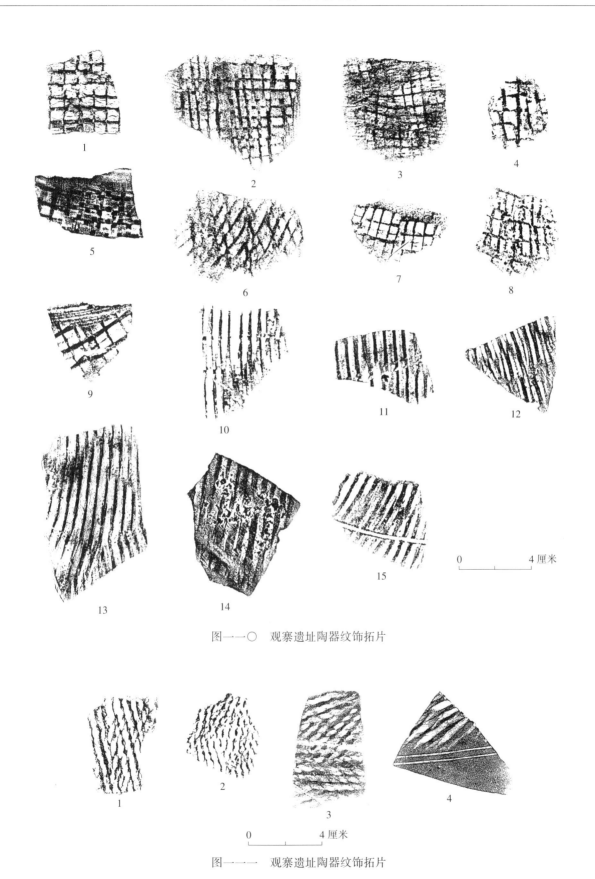

图一一〇　观寨遗址陶器纹饰拓片

图一一一　观寨遗址陶器纹饰拓片

表一四　　　　　　　　　　　观寨遗址陶器陶质陶色纹饰统计表

| 陶系<br>纹饰 | 泥质 | | 夹砂 | | 合计 | 百分比<br>（%） |
|---|---|---|---|---|---|---|
| | 灰 | 褐 | 灰 | 褐 | | |
| 素面 | 23 | 1 | 4 | | 28 | 45.2 |
| 绳纹 | | | 3 | | 3 | 4.8 |
| 方格纹 | 2 | | 12 | 1 | 15 | 24.2 |
| 篮纹 | 14 | | 1 | | 15 | 24.2 |
| 划纹 | 1 | | | | 1 | 1.6 |
| 合计 | 40 | 1 | 20 | 1 | 62 | |
| 百分比（%） | 64.5 | 1.6 | 32.3 | 1.6 | | 100 |

瓮　3件。

标本 WGZ：2，夹砂褐陶。直口，圆唇外撇，高领。器表磨光，领内外壁均可见轮制痕迹。口径16、残高5、厚0.6厘米。（图一一二，6）

标本 WGZ：4，泥质黑皮陶。直口，圆唇外撇，高领，平肩，内折棱明显。器表光滑，领内外侧可见轮制痕迹。口径12.8、残高3.8、厚0.6厘米。（图一一二，7）

标本 WGZ：5，泥质黑皮陶。直口，圆唇外撇，高领。领内侧上端近唇部有凸棱一周。器表磨光，领内外侧可见轮制痕迹。口径14、残高3.8厘米。（图一一二，8）

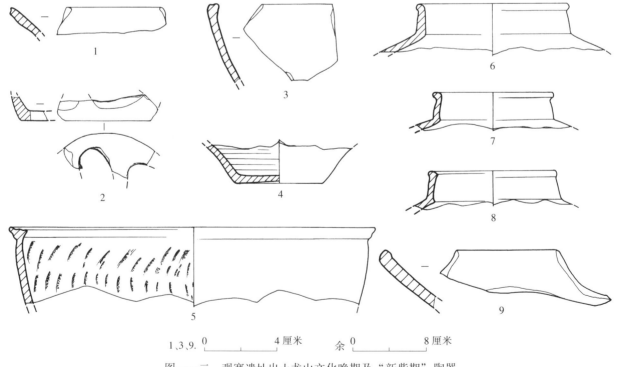

1、3、9.　0 ⊢——⊣ 4厘米　　　余　0 ⊢——⊣ 8厘米

图一一二　观寨遗址出土龙山文化晚期及"新砦期"陶器

1、9. 罐（WGZ：49、24）　2. 甗（WGZ：31）　3. 碗（WGZ：42）　4. 碗底（WGZ：3）　5. 盆（WGZ：1）
6~8. 瓮（WGZ：2、4、5）（9为"新砦期"标本，余为龙山文化晚期标本）

2）"新砦期"标本

罐　标本 WGZ：24，泥质黑皮陶。此标本甚残。圆唇，沿面内凹。沿面上端有凹槽一周，沿内外侧均可见轮制痕迹。（图一一二，9）

### 三二、马良沟遗址

（一）地理位置与概况

马良沟遗址位于河南省新密市东 15 千米桧树亭村马良沟西岭，处于西临杨河水右源、东临杨河水主源的二流交汇地带。遗址地理坐标为北纬 34°29.510′、东经 113°28.357′，海拔高度 210 米。编号为 32 号。（彩版四〇，1）

马良沟遗址地势北高南低，由于遗址处于南北向两河所夹的二级梯田地带的偏东部，故两河所夹地带中部较高，近河处略低，后经平整形成一级级的梯田。依据以往调查及发掘结果可知：南面以遗址内东西向路南侧地头断崖为界，北面以裴沟东庄沟村南侧为限，东、西均以河沿断崖为界。遗址面积估计值约 1 万平方米，遗址所在台地面与其东、西两侧现河道的高差约为 16 米，遗址地下遗迹范围距其东及西侧河道断崖约 500 米及 433 米。（图一一三）

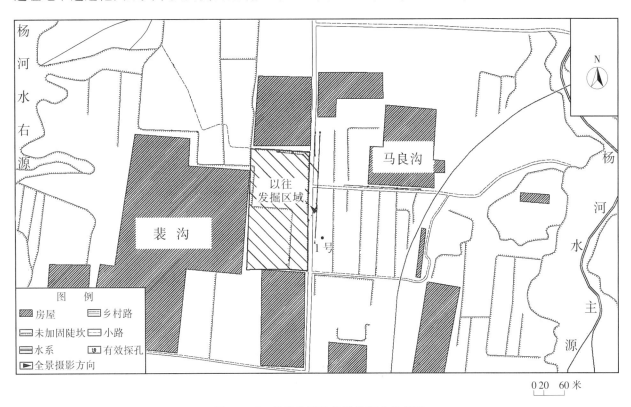

图一一三　马良沟遗址位置及探孔分布图

1978 年发现该遗址，1986 年 11 月 21 日，由河南省人民政府公布为第二批河南省文物保护单位。2006 年 10 月新密市文物管理所文物普查时进行复查，2009 年溱洧流域聚落调查时再次复查。

遗址出土的文化遗物经碳十四测定，距今 6825±100 年，在时间上和裴李岗遗址大致是同时期的；从遗物特征上看，与裴李岗遗址的文化遗物基本相同。因此，马良沟遗址属于裴李岗类型新石器时代早期文化遗址。

依据对复查采集标本的观察，大部分为裴李岗文化，少量为仰韶文化晚期。

（二）地层堆积与文化遗存

**1. 地层堆积**

在遗址上布探孔 1 个（图一一四），其地层堆积情况如下：

1 号孔：位于遗址所在台地东部。

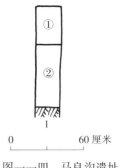

①层：厚 0.3 米。土色黄，土质较软。耕土层。

②层：深 0.3 米，厚 0.5 米。土色褐，土质一般。含有红烧土颗粒、少量炭粒、骨颗粒。文化层。

深 0.8 米以下为褐色次生土层。

依据勘探钻孔地层堆积情况，现存文化层面积较小，推测可能与遗址曾经受过大面积发掘有关。我们在曾密集发掘的遗址西部台地上经过较为详细地勘探，未发现文化层或单独灰坑遗迹；1 号探孔所在遗址东部区域文化层厚度仅为 0.5 米，不分层。

图一一四　马良沟遗址
探孔柱状剖面图

**2. 文化遗存**

（1）遗迹

1978 年冬，当地群众在遗址区域内平整土地时，采集到石磨盘、石磨棒各 1 件。来集公社文化站站长郑明恩闻讯后，到平整土地现场收集了出土的遗物，并将这一情况报告给县文化馆。县和开封地区文管会分别到当地调查后，于 1979 年 5 月 9 日开始试掘，开挖 4 米×10 米探沟两条，历时 6 天，试掘面积 80 平方米。

遗址内文化层厚 65～70 厘米。发现 2 个圆形灰坑，形状近于比较规则的圆形，坑口出现于表土层下，打破文化层。其中一灰坑直径 1.8 米，坑底稍大于坑口；坑壁近于垂直，边沿不甚平齐，深 1.3 米；坑底不平，北部较高，南部较深。坑内堆积均为红褐色土夹灰土，北边近低处有一层厚约 20 厘米的红烧土。另一个圆形灰坑形制较小。

（2）遗物

马良沟遗址经过发掘，出土遗物丰富，有石器和陶器，石器有斧、铲、磨盘和磨棒，陶器有罐、碗、弯月形双耳壶和三足钵等。现在遗址表面已采集不到陶片。

石器及陶器标本全为博物馆藏品。共收集遗物标本 34 件，其中陶器的陶质以夹砂陶（60.6%）为主，另有泥质陶（39.4%）；陶色以红陶（78.8%）为主，另有褐陶（15.2%）、黑陶（6%）；均为素面。

可辨器形的标本有石器 9 件、陶器 25 件，其中陶器种类有罐、盆、壶、钵、杯、瓮、泥塑等。

1）石器标本

石磨盘　4 件。

标本 WMLG：44，石英砂岩，紫褐色。残存磨盘边缘一部分，横截面为两缘较薄、中部较厚，正面较平，底部略弧，底部近边缘处残留有一圆形扁平状足。磨制。残长 14.7、残宽 6.5 厘米。（彩版四〇，2；图一一五，1）

标本 WMLG：46，石英砂岩，紫褐色。残存磨盘边缘一部分，横截面为中间鼓厚、两缘较薄，

正面较平，底部略弧。素面，磨制。残长10.1、残宽9、厚2.8厘米。（彩版四〇，3；图一一五，2）

标本WMLG：47，石英砂岩，紫褐色。残有磨盘边缘一部分，横截面为边缘较薄、中部较厚，正面较平，底面略弧。磨制。残长15.5、残宽10.9、厚3.5厘米。（彩版四〇，4；图一一五，3）

标本WMLG：48，石英砂岩，灰白色。残存磨盘中部，正面较平，底面略弧。磨制。残长10.6、残宽12、厚2.7厘米。（彩版四〇，5；图一一五，4）

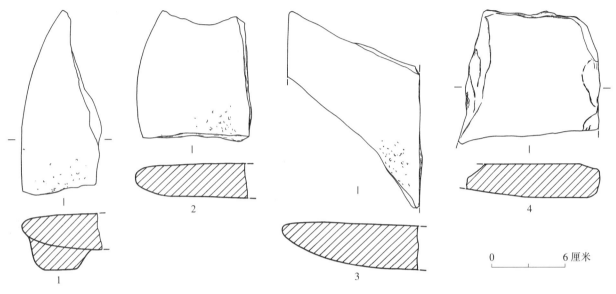

图一一五　马良沟遗址出土裴李岗文化石磨盘
1~4. WMLG：44、46、47、48

石铲　2件。

标本WMLG：37，斜闪、角闪片岩，深绿色。残存双面刃部，平板状。磨制。残长9.2、宽10、厚1~1.6厘米。（彩版四一，1；图一一六，1）

标本WMLG：50，斜闪、角闪片岩，灰绿色。残存刃部，横截面中间厚、两边薄。磨制。残长7.8、残宽7.3、厚2.5厘米。（彩版四一，2；图一一六，2）

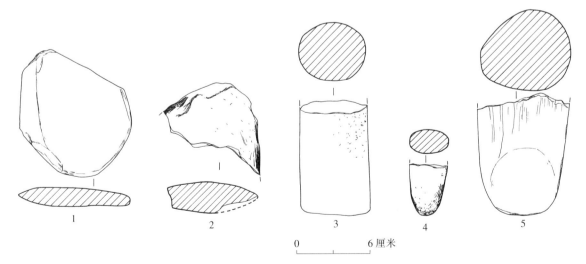

图一一六　马良沟遗址出土裴李岗文化石器
1、2. 铲（WMLG：37、50）　3~5. 磨棒（WMLG：43、49、45）

石磨棒　3件。

标本 WMLG：43，石英砂岩，灰褐色。残。横截面呈椭圆形。表面凹凸不平，砂质感较强，磨制。残长9.1、宽5.7、厚4.6厘米（彩版四一，3；图一一六，3）

标本 WMLG：49，结构质密，灰色。残存头部，横截面呈长条椭圆形。磨制。残长4、径1.9×3.2厘米。（彩版四一，4；图一一六，4）

标本 WMLG：45，绢云母石英片岩，灰褐色。结构紧密。残。横截面呈一端略宽的椭圆形，表面凹凸不平。磨制。残长9.7、径6.4×7.4厘米。（彩版四一，5；图一一六，5）

2）陶器标本

罐　11件。

标本 WMLG：1，夹蚌夹砂红陶。侈口，尖唇，卷沿，直腹。素面，轮制。残高7.6、壁厚0.5～0.7厘米。（图一一七，1）

标本 WMLG：2，夹蚌夹砂红陶。直口，尖唇，卷沿，直腹。素面，轮制。残高9、壁厚0.3～0.7厘米。（图一一七，2）

标本 WMLG：3，夹蚌夹砂红陶。直口，尖唇，卷沿，直腹。素面，轮制。残高5、壁厚0.4～0.6厘米。（图一一七，3）

标本 WMLG：6，夹蚌夹砂红陶。直口，尖唇，卷沿，直腹。素面，轮制。残高5、壁厚0.4～0.7厘米。（图一一七，4）

标本 WMLG：9，夹蚌夹砂红陶。侈口，尖唇，卷沿，直腹。素面，轮制。残高3.4、壁厚0.4厘米。（图一一七，5）

标本 WMLG：11，夹蚌夹砂褐陶。侈口，尖唇，卷沿，直腹。素面，轮制。残高2.4、壁厚0.4厘米。（图一一七，6）

标本 WMLG：13，夹蚌夹砂红陶。侈口，尖唇，卷沿，直腹。素面，轮制。残高4.1、壁厚0.3厘米。（图一一七，7）

标本 WMLG：7，夹蚌夹砂红陶。侈口，圆唇，直领外撇。素面，轮制。残高4.2、壁厚0.6厘米。（图一一七，8）

标本 WMLG：17，罐底。夹蚌夹砂红陶。下腹内收，平底。素面，轮制。底径14.4、残高3、壁厚0.7～1厘米。（图一一七，9）

标本 WMLG：18，罐底。夹蚌夹砂红陶。下腹内收，平底。素面，轮制。底径6、壁厚0.7厘米。（图一一七，10）

标本 WMLG：16，罐底。夹蚌夹砂红陶。下腹内收，平底。素面，轮制。底径11、残高2.9、壁厚0.6～0.8厘米。（图一一七，11）

盆　3件。

标本 WMLG：5，夹砂夹蚌红陶。敞口，尖唇，平折沿，斜腹。素面，轮制。残高5.9、壁厚0.7～1.2厘米。（图一一八，1）

标本 WMLG：10，夹砂夹蚌红陶。敞口，尖圆唇，折沿。素面，轮制。残高3.6、壁厚0.5厘米。（图一一八，2）

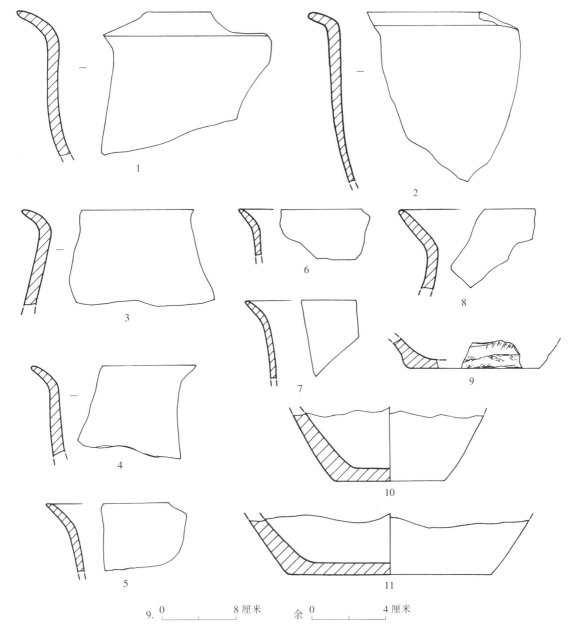

图一一七　马良沟遗址出土裴李岗文化陶器

1~8. 罐（WMLG：1、2、3、6、9、11、13、7）　9~11. 罐底（WMLG：17、18、16）

标本 WMLG：12，夹蚌夹砂红陶。尖唇，平沿。素面，轮制。残高 3、壁厚 0.5 厘米。（图一一八，3）

壶　3 件。

标本 WMLG：22，泥质红陶。侈口，尖圆唇，直领。素面，轮制。口径 12、残高 3.2、壁厚 0.5 厘米。（图一一八，4）

标本 WMLG：23，泥质红陶。侈口，尖唇，直领。素面，轮制。口径 8、残高 3.4、壁厚 0.5 厘米。（图一一八，5）

标本 WMLG：8，泥质红陶。侈口，尖唇，卷沿。轮制。残高 3.2、壁厚 0.7 厘米。（图一一八，6）

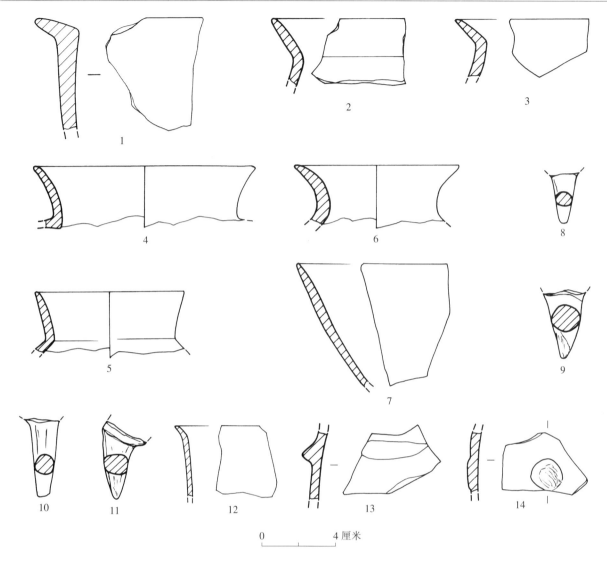

图一一八　马良沟遗址出土裴李岗文化陶器

1～3. 盆（WMLG：5、10、12）　4～6. 壶（WMLG：22、23、8）　7. 钵（WMLG：20）　8～11. 钵足（WMLG：29、31、32、34）
12. 杯（WMLG：15）　13. 半月形纽（WMLG：25）　14. 泥钉（WMLG：26）

钵　5件。

标本 WMLG：20，泥质红陶。敞口，尖唇，弧壁。素面，轮制。残高 6.5、壁厚 0.4～0.6 厘米。（图一一八，7）

标本 WMLG：29，泥质褐陶。锥形足。素面，手制。残高 2.6 厘米。（图一一八，8）

标本 WMLG：31，泥质褐陶。锥形足。素面，手制。残高 3.7 厘米。（图一一八，9）

标本 WMLG：32，泥质褐陶。锥形足。素面，手制。残高 4 厘米。（图一一八，10）

标本 WMLG：34，泥质红陶。锥形足。素面，手制。残高 4.2 厘米。（图一一八，11）

杯　标本 WMLG：15，夹细砂红陶。尖唇外撇，直腹。素面，轮制。残高 3.7、壁厚 0.3 厘米。（图一一八，12）

半月形器纽　标本 WMLG：25，泥质红陶。半月形。素面，手制。残高 3.2、壁厚 0.5 厘米。（图一一八，13）

泥钉　标本 WMLG：26，泥质红陶。素面，手制。残高 3.1 厘米。（图一一八，14）

### 三三、郑家庄遗址

（一）地理位置与概况

郑家庄遗址位于河南省新密市大隗镇郑家庄南，处于东面杨河水、西面冲沟水二流所夹地带。遗址地理坐标为北纬 34°26.905′、东经 113°30.226′，海拔高度 126 米。编号为 33 号。（彩版四二，1）

郑家庄遗址所在台地地势东高西低，后经平整形成一级级的梯田，周边沟壑复杂。洧水主流的北面支流杨河水在遗址西侧及南侧环绕流过，遗址处于二级梯田的临河台地上。主要分布在郑家庄村南，依据遗址文化层所在台地范围可知：东至遗址东侧的郑大沟西岸河沟断崖，西至遗址西侧杨河水东岸河沟断崖，北以郑家庄村南界为限，南以遗址所在台地地头断崖为界。郑家庄遗址平面基本呈顺河的西北—东南向长条形，西北—东南最长处长约 293 米，东北—西南向最宽处宽约 68 米，面积 1.43 万平方米。遗址所在台地面与其西南侧现河道的高差约为 18 米，遗址地下遗迹范围紧临其西南侧河道断崖。（图一一九）

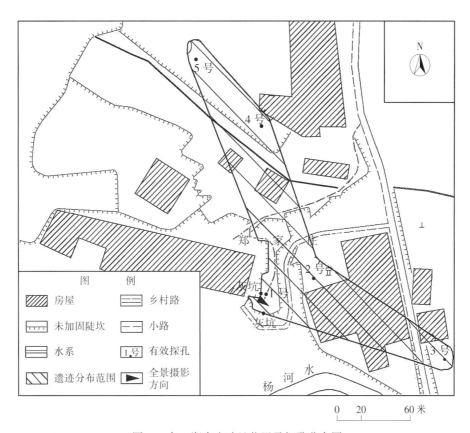

图一一九　郑家庄遗址位置及探孔分布图

此遗址以往未见著录或公布，2009 年溱洧流域聚落调查时发现。

依据对采集标本的观察，大部分陶器标本的时代为仰韶文化晚期。

（二）地层堆积与文化遗存

**1. 地层堆积**

在遗址上布探孔 5 个（图一二〇），其地层堆积情况如下：

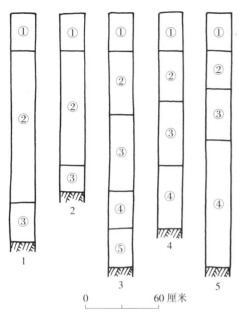

1 号孔：位于遗址所在台地中部偏西南。

①层：厚 0.3 米。土色黄，土质较软。耕土层。

②层：深 0.3 米，厚 1.2 米。土色黄。含有料姜石颗粒、红烧土颗粒、炭粒，杂有褐色颗粒。文化层。

③层：深 1.5 米，厚 0.3 米。土色灰黑，土质较软、松散。含有料姜石颗粒、红烧土颗粒。灰坑土。

深 1.8 米以下为黄白色生土层。

2 号孔：位于遗址所在台地中部偏南。

①层：厚 0.3 米。土色黄，土质较软。耕土层。

②层：深 0.3 米，厚 0.9 米。土色黄，土质较软，结构疏松。扰土层。

③层：深 1.2 米，厚 0.2 米。土色浅黄，土质一般，结构一般。含有砖颗粒、料姜石颗粒、红烧土。文化层。

深 1.4 米以下为黄白色生土层。

图一二〇　郑家庄遗址探孔柱状剖面图

3 号孔：位于遗址所在台地东南部。

①层：厚 0.3 米。土色黄，土质较软。耕土层。

②层：深 0.3 米，厚 0.5 米。土色浅黄，土质一般，结构一般。含有红烧土颗粒、炭粒。文化层。

③层：深 0.8 米，厚 0.6 米。土色黄，土质较软，结构疏松。含有灰陶颗粒。文化层。

④层：深 1.4 米，厚 0.3 米。土色黄褐，土质一般，结构一般。含有料姜石颗粒、红烧土颗粒、炭粒、红陶颗粒。文化层。

⑤层：深 1.7 米，厚 0.3 米。土色黄褐，土质较硬，结构紧密。含有砂、红烧土，炭粒较少。文化层。

深 2 米以下为黄白色生土层。

4 号孔：位于遗址所在台地西北部。

①层：厚 0.3 米。土色黄，土质较软。耕土层。

②层：深 0.3 米，厚 0.4 米。土色黄，结构疏松。扰土层。

③层：深 0.7 米，厚 0.5 米。土色黄，土质一般，结构一般。杂有大量褐色土块、炭粒。文化层。

④层：深 1.2 米，厚 0.5 米。土色黄褐，土质一般，结构一般。含有红烧土颗粒、炭粒。文化层。

深 1.7 米以下为黄白色生土层。

5 号孔：位于遗址所在台地西北端。

①层：厚 0.3 米。土色黄，土质较软。耕土层。

②层：深 0.3 米，厚 0.3 米。土色黄，结构疏松。扰土层。

③层：深 0.6 米，厚 0.4 米。土色褐，土质一般，结构一般。含有炭粒、红烧土颗粒。文化层。

④层：深1米，厚1米。土色黄褐，土质一般，结构一般。含有炭粒、红烧土颗粒、褐陶颗粒、灰陶颗粒。文化层。

深2米以下为黄白色生土层。

依据勘探钻孔地层堆积情况，遗址文化层上覆盖有耕土层及厚度0.3米到0.9米不等的扰土层；遗址中部1号探孔所在的向西南突出的台地区域遗迹较为丰富，文化层可达1.2米，文化层下叠压有灰坑；除勘探情况外，1号探孔所在台地西侧临河壁面可见数处灰坑遗迹。其余区域遗迹均不很丰富。此处为杨河水入洧水数条河道中的一条，可见此处河流摆动较大，可能是遗址受河流侵蚀作用较为严重的结果。

### 2. 文化遗存

（1）遗迹

郑家庄遗址经长期雨水冲刷，部分文化层暴露于遗址西面近杨河水河沟断崖崖面上，崖面高约7米。1号灰坑长约1.2、深约1米，开口距地表约3米，灰坑下压黄黏土。2号灰坑位于遗址北侧靠近郑家庄南界壁面上，灰坑开口距地表约0.3米，长约1、深约3米。两灰坑土色均为灰黑色，不分层。1号灰坑因长期暴露在外，土质较硬，结构紧密；2号灰坑土质较软，结构疏松；两灰坑均含有红烧土颗粒、炭粒及陶片。（彩版四二，2、3）

（2）遗物

郑家庄遗址共采集遗物标本50件，其中陶器陶质以泥质陶（60%）为主，另有夹砂陶（40%）；陶色以灰陶（66%）为主，另有红陶（22%）、褐陶（8%）、黑皮陶（4%）；纹饰以素面（74%）为主，另有绳纹（24%）、篮纹（2%）。（图一二一；表一五）

0　　　　4厘米

图一二一　郑家庄遗址陶器纹饰拓片

表一五　　　　　　　　　　郑家庄遗址陶器陶质陶色纹饰统计表

| 陶系<br>纹饰 | 泥质 | | | 夹砂 | | | 合计 | 百分比<br>（%） |
|---|---|---|---|---|---|---|---|---|
| | 灰 | 红 | 褐 | 黑皮 | 灰 | 褐 | | |
| 素面 | 14 | 11 | 3 | 2 | 7 | | 37 | 74 |
| 绳纹 | | | | | 12 | | 12 | 24 |
| 篮纹 | | | | | | 1 | 1 | 2 |
| 合计 | 14 | 11 | 3 | 2 | 19 | 1 | 50 | |
| 百分比（%） | 28 | 22 | 6 | 4 | 38 | 2 | | 100 |

可辨器形的标本除玉璜、石刀各 1 件外，另有陶器 16 件，其种类有鼎、罐、盆、钵、豆、瓮、器盖等。

1）玉石器标本

玉璜　标本 WZJZ：21，大理岩，黄白色。扁平圆圈状，横截面近似三角形，壁上饰一双面对钻穿孔。磨制。残长 7.5、宽 2.3、厚 0.1～0.6 厘米。（彩版四二，4；图一二二，1）

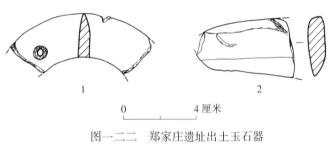

图一二二　郑家庄遗址出土玉石器
1. 玉璜（WZJZ：21）　2. 石刀（WZJZ：10）

石刀　标本 WZJZ：10，砂岩，灰色。扁状，单面刃。磨制。残长 5.4、宽 3.1 厘米。（图一二二，2）

2）陶器标本

鼎　标本 WZJZ：13，盆形鼎。夹砂灰陶。尖唇，宽沿。唇上部有凸棱。轮制。口径 22、残高 3.2、厚 0.6 厘米。（图一二三，1）

罐　共 8 件。其中夹砂罐 7 件、泥质罐 1 件。

标本 WZJZ：17，夹砂灰陶。方唇，唇面有凹槽，折沿，内侧有凸棱，内折棱明显。饰竖粗绳纹。轮制。口径 24、残高 4.6、壁厚 1.2～1.4 厘米。（图一二三，2）

标本 WZJZ：18，夹砂黑皮陶。尖圆唇，折沿，内折棱明显，沿面微凹，鼓腹。沿面内侧轮制痕迹明显，外侧有经打磨的轮制痕迹。腹饰交错绳纹，腹上部近口沿处有两周凹弦纹。轮制。口径 22、残高 8.4、壁厚 0.6～0.8 厘米。（图一二三，3）

标本 WZJZ：20，夹砂褐陶。圆唇，折沿，沿面上端唇部凸出，鼓腹。沿外侧抹光，内侧有轮制痕迹。腹饰竖粗绳纹，器壁外侧近口沿处有两周抹痕切断竖纹。轮制。口径 22、残高 5.2、壁厚 1～1.2 厘米。（图一二三，4）

标本 WZJZ：12，夹砂灰陶。圆唇，折沿，内折棱明显，沿面微凹，鼓腹。沿面内侧有轮制痕迹。沿下端器腹有抹痕一周，再下饰凹弦纹一周。腹饰竖绳纹，绳纹印痕较浅。轮制。口径 25.2、残高 4.2、壁厚 0.8～1.1 厘米。（图一二三，5）

标本 WZJZ：33，罐底。夹砂灰陶。斜壁内收，小平底。壁饰绳纹。轮制。残高 4、壁厚 0.6 厘米。（图一二三，6）

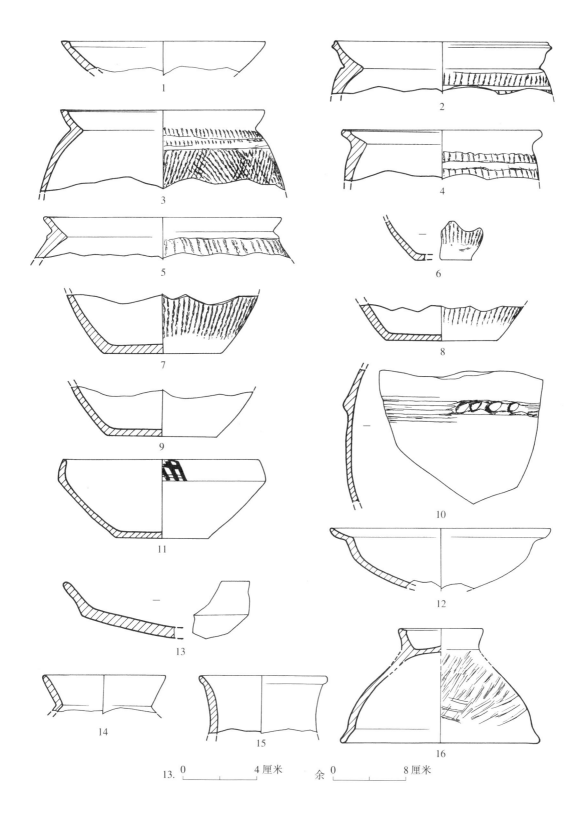

图一二三　郑家庄遗址出土仰韶文化晚期陶器

1. 鼎（WZJZ：13）　2 ~ 5. 罐（WZJZ：17、18、20、12）　6 ~ 9. 罐底（WZJZ：33、9、14、1）　10. 盆腹部残片（WZJZ：3）　11. 钵（WZJZ：2）　12、13. 豆（WZJZ：22、30）　14、15. 瓮（WZJZ：29、19）　16. 器盖（WZJZ：23）

标本 WZJZ：9，罐底。夹砂灰陶。斜壁内收，平底。壁饰竖绳纹带竖丝，呈麦粒状。器壁近底部抹光，内壁隐约可见慢轮修整痕迹。轮制。底径 12.8、残高 6.2、壁厚 0.6 ~ 0.9 厘米。（图一二三，7）

标本 WZJZ：14，罐底。夹砂褐陶。斜壁内收，小平底。壁饰绳纹。轮制。底径 12、残高 3.8、壁厚 0.7 ~ 0.9 厘米。（图一二三，8）

标本 WZJZ：1，罐底。泥质灰陶。斜壁内收，平底。器表经过打磨，器壁内可见轮制痕迹。轮制。底径 11.8、残高 5、壁厚 0.7 ~ 0.9 厘米。（图一二三，9）

盆腹部残片　标本 WZJZ：3，泥质灰陶。附加堆纹状錾耳，錾耳上 4 个按窝，腹壁上饰 6 周不规则凹弦纹。轮制。残高 13.8 厘米。（图一二三，10）

钵　标本 WZJZ：2，泥质红陶。敛口，圆唇，斜腹内收，平底。沿外侧局部饰黑色网络纹。腹内壁不甚规整，外壁磨光。轮制。口径 21.2、底径 10、高 8.3、厚 0.4 ~ 0.6 厘米。（图一二三，11）

豆　2 件。

标本 WZJZ：22，泥质灰陶。敞口，圆唇，折沿，沿面微凹，内折棱明显，弧腹较浅。轮制。口径 24、残高 6.4、壁厚 0.5 ~ 0.8 厘米。（图一二三，12）

标本 WZJZ：30，泥质灰陶。敞口，圆唇，折腹。轮制。残高 3、壁厚 0.5 ~ 0.7 厘米。（图一二三，13）

瓮　2 件。

标本 WZJZ：29，泥质灰陶。敞口，尖圆唇，高领。轮制。口径 13.6、残高 3.8、壁厚 0.6 厘米。（图一二三，14）

标本 WZJZ：19，泥质黑皮陶。敞口，圆唇外撇，高领。轮制。口径 13.6、残高 6、壁厚 0.6 厘米。（图一二三，15）

器盖　标本 WZJZ：23，夹砂黑皮褐胎。敞口，圆唇，弧腹内收，底沿较斜。器纽为大喇叭状，纽内可见盖纽弧壁。器表饰不规则模糊篮纹，经打磨。盖内壁未打磨。轮制。口径 22、底径 9.6、壁厚 0.4 ~ 0.6 厘米。（图一二三，16）

## 三四、北庄西遗址

### （一）地理位置与概况

北庄西遗址位于河南省新密市大隗镇山头湾北庄西村西北，处于北面洧水、东面马关水和西面、南面冲沟水近乎四周水流环绕地带，地势高亢。遗址地理坐标为北纬 34°25.968′、东经 113°30.270′，海拔高度 189 米。编号为 34 号。（彩版四三，1）

北庄西遗址位于丘陵沟壑近河的高台地上，遗址所在台地地势西高东低，后经平整形成中间高、四周低的一级级梯田。遗址主要分布在北庄西村西北，依据遗址文化层所在台地范围可知：遗址四界均以勘探文化层为界。北庄西遗址基本呈东西向长条形，遗址东西长约 298 米，南北宽约 73 米，面积约 1.96 万平方米。遗址所在台地面与其北侧现河道的高差约为 28 米，遗址地下遗迹范围距其西侧河道断崖约 133 米，北侧紧邻河道断崖。（图一二四）

依据对采集标本的观察，大部分陶器标本的时代为仰韶文化晚期。

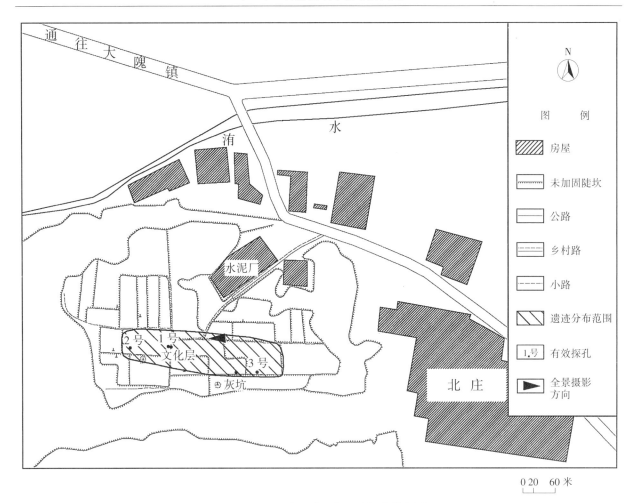

图一二四 北庄西遗址位置及探孔分布图

（二）地层堆积与文化遗存

**1. 地层堆积**

在遗址上探孔 3 个（图一二五），其地层堆积情况如下：

1 号孔：位于遗址所在台地中部偏西。

①层：厚 0.3 米。土色黄，土质较软。耕土层。

②层：深 0.3 米，厚 0.2 米。土色黄，结构疏松。扰土层。

③层：深 0.5 米，厚 0.7 米。土色灰褐，土质较软，结构疏松。含有红烧土颗粒、炭粒。文化层。

④层：深 1.2 米，厚 0.2 米。土色黄褐，土质软，结构疏松。含有红烧土块，含砂较多。文化层。

深 1.4 米以下为黄白色生土层。

2 号孔：位于遗址所在台地西部。

①层：厚 0.3 米。土色黄，土质较软。耕土层。

②层：深 0.3 米，厚 0.3 米。土色黄，土质软，结构疏松。扰土层。

③层：深 0.6 米，厚 0.4 米。土色黄褐，土质软。含有少量炭粒、褐色土颗粒。文化层。

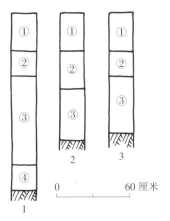

图一二五 北庄西遗址
探孔柱状剖面图

深 1 米以下为黄白色生土层。

3 号孔：位于遗址所在台地东南部。

①层：厚 0.3 米。土色黄，土质较软。耕土层。

②层：深 0.3 米，厚 0.2 米。土色黄，土质较软，结构疏松。扰土层。

③层：深 0.5 米，厚 0.45 米。土色黄褐，土质一般，结构一般。含有红烧土颗粒、炭粒、灰陶颗粒。文化层。

深 0.95 米以下为黄白色生土层。

依据勘探钻孔地层堆积情况，遗址文化层上覆盖有耕土及厚度 0.2 米到 0.3 米不等的扰土层。北庄西遗址受到平整土地的破坏，可勘探到的文化层面积较小，主要集中在遗址所在台地中部的东西向两块较高台地上，西部的台地高于东部的相邻台地。1 号、2 号探孔所在的遗址西部台地文化层稍厚，厚度最多为 0.9 米，依据土质土色可分为二层文化层；3 号探孔所在的遗址东部台地，文化层稍薄。

### 2. 文化遗存

（1）遗迹

北庄西遗址经长期雨水冲刷，部分文化层暴露于崖面，遗址内西部较高台地东面地头断崖发现有文化层。文化层可见长度约 4 米，土褐色，不分层，土质一般，结构一般，含有红烧土颗粒、炭粒及少量陶片。遗址东部较低台地南侧地头断崖可见一处灰坑遗迹。灰坑长 2 米，深约 1 米，开口距地表约 0.3～0.5 米；土色褐黑，含有红烧土块、炭粒及陶片；上层耕土层厚 0.08 米，下为黄土，黄土色同于生土，但其中含有红烧土颗粒；灰坑内以仰韶文化标本为主。（彩版四三，2、3）

（2）遗物

北庄西遗址共采集陶器标本 34 件，其陶质以泥质陶（55.9%）为主，另有夹砂陶（44.1%）；陶色以灰陶（64.7%）为主，另有红陶（14.7%）、褐陶（11.7%）、黑皮陶（5.9%）、黑陶（2.9%）；纹饰以素面（82.4%）为主，另有黑彩线纹（8.8%）、附加堆纹（5.9%）、白衣彩陶（2.9%）。（图一二六；表一六）

可辨器形的标本共计 14 件，其种类有罐、盆、钵、豆、瓮等。根据采集标本的器物形制特征及纹饰特征，时代为仰韶文化晚期。

罐　共 6 件。其中夹砂罐 4 件、泥质罐和彩陶罐各 1 件。

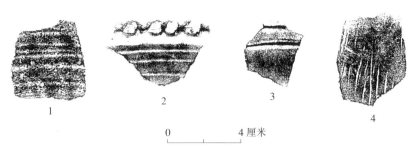

1　　　　　2　　　　　3　　　　　4

0 ⊢――――⊣ 4厘米

图一二六　北庄西遗址陶器纹饰拓片

表一六　　　　　　　　　　　北庄西遗址陶器陶质陶色纹饰统计表

| 陶系<br>纹饰 | 泥质 | | | | 夹砂 | | | | 合计 | 百分比<br>（％） |
|---|---|---|---|---|---|---|---|---|---|---|
| | 灰 | 红 | 褐 | 黑 | 灰 | 红 | 褐 | 黑 | | |
| 素面 | 10 | 2 | 1 | 2 | 9 | 2 | 1 | 1 | 28 | 82.4 |
| 白衣彩陶 | | | 1 | | | | | | 1 | 2.9 |
| 黑彩线纹 | 1 | 1 | 1 | | | | | | 3 | 8.8 |
| 附加堆纹 | 1 | | | | 1 | | | | 2 | 5.9 |
| 合计 | 12 | 3 | 3 | 2 | 10 | 2 | 1 | 1 | 34 | |
| 百分比（％） | 35.3 | 8.8 | 8.8 | 5.9 | 29.4 | 5.9 | 2.9 | 2.9 | | 100 |

标本 WBZX：2，夹砂黑皮褐胎。尖唇加厚，折沿，沿上端有凸棱，内折棱明显。沿内侧下端有一周浅凹槽。沿内外及腹上部打磨光滑，腹内壁粗糙，略经打磨。轮制。残高 3、厚 0.5 厘米。（图一二七，1）

标本 WBZX：1，夹砂灰陶。圆唇，折沿，沿面上端有一周凹槽，鼓腹。器壁内侧较粗糙。沿内外侧及器壁内均见轮制痕迹。口径 19.4、残高 4.5、厚 0.6～0.8 厘米。（图一二七，2）

标本 WBZX：10，夹砂红陶。圆唇，折沿，内折棱明显，鼓腹。轮制。残高 4、厚 0.6 厘米。（图一二七，3）

标本 WBZX：9，夹砂夹蚌灰陶。侈口，圆唇，唇外部加厚。器壁内外均粗糙。轮制。残高 2.5、厚 0.6 厘米。（图一二七，4）

标本 WBZX：11，罐底。泥质灰陶。斜壁，平底。器壁内侧可见轮制痕迹，外侧磨光。底径 11.2、残高 7.4、厚 0.6～0.9 厘米。（图一二七，5）

标本 WBZX：33，泥质红陶。残陶片。饰黑彩带。器表磨光，器壁内侧可见轮制痕迹。经过打磨，轮制。残高 3.3、厚 0.5 厘米。（彩版四四，1；图一二七，6）

盆　标本 WBZX：4，泥质黑皮褐胎。敛口，沿外侧加厚。外壁磨光，内侧可见轮制痕迹。轮制。残高 2.6、厚 0.5 厘米。（图一二七，7）

碗　标本 WBZX：34，泥质灰陶。敞口，圆唇。器壁内外均磨光。轮制。残高 3.5、壁厚 0.4 厘米。（图一二七，8）

钵　标本 WBZX：3，泥质褐陶。敛口，尖唇外撇，鼓腹。腹饰白衣红彩单线纹，彩陶图案不清。器表打磨光滑，内侧较涩，未见轮制痕迹。残高 7.8、壁厚 0.5～0.7 厘米。（彩版四四，2；图一二七，9）

豆　标本 WBZX：7，泥质黑皮陶。敞口，尖唇，浅腹内收。轮制。口径 15.6、残高 2.4、壁厚 0.5 厘米（图一二七，10）

瓮　2 件。

标本 WBZX：8，泥质灰陶。圆唇，唇外撇，高领。器表打磨光滑，沿下部及壁内侧可见轮制痕迹。口径 10、残高 3.1、壁厚 0.6 厘米。（图一二七，11）

标本 WBZX：5，泥质灰陶。圆唇，唇外撇，唇外侧加厚，高领。沿面有凹槽一周，内外壁均

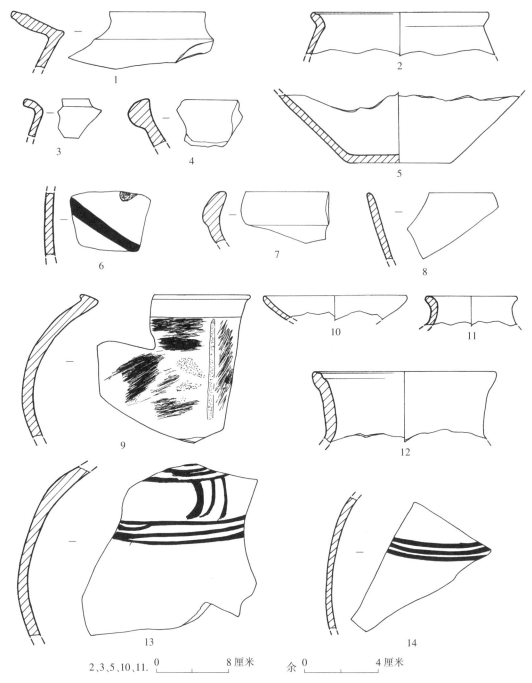

2、3、5、10、11.　0　　　　8厘米　　余　0　　　　4厘米

图一二七　北庄西遗址出土仰韶文化晚期陶器

1~4. 罐（WBZX：2、1、10、9）　5. 罐底（WBZX：11）　6. 彩陶罐残片（WBZX：33）　7. 盆（WBZX：4）　8. 碗（WBZX：34）　9. 钵（WBZX：3）　10. 豆（WBZX：7）　11、12. 瓮（WBZX：8、5）　13、14. 彩陶残片（WBZX：12、13）

磨光。器壁外侧可见明显轮制痕迹。轮制。口径 10、残高 3.5、壁厚 0.7 厘米。（图一二七，12）

彩陶残片　2 件。

标本 WBZX：12，泥质褐陶。饰褐彩平行线纹和勾叶纹。外壁磨光，内壁轮制痕迹明显。残高 8.7、壁厚 0.6~0.8 厘米。（彩版四四，3；图一二七，13）

标本 WBZX：13，泥质灰陶。饰三道平行黑彩条纹。外表磨光，内壁略经磨光。残高 6.7、壁厚 0.3~0.4 厘米。（彩版四四，4；图一二七，14）

### 三五、叶茂沟遗址

（一）地理位置与概况

叶茂沟遗址位于河南省新密市大隗镇叶茂沟西南，处于南面洧水河、西面桃园沟水二流交汇地带。遗址地理坐标为北纬34°26.551′、东经113°31.165′，海拔高度152米。编号为35号。（彩版四四，5）

洧水主流在遗址南侧蜿蜒流过，遗址西为南北向的桃园沟向南接于溱水，遗址处于二流交汇所夹的台地上，遗址所在地为二级梯田的临河台地，面积较大，地势平缓。叶茂沟遗址主要分布在叶茂沟南面，依据遗址文化层所在台地范围可知：东至黄湾寨村西界；西至遗址西侧桃园沟，亦现新修南北向公路；北面以东西向叶茂沟为界，南面以洧水河北岸河沿断崖为界。遗址平面基本呈南北向不规则形，东西最宽处宽约135米，南北长约315米，面积约2.7万平方米。遗址所在台地面与其东南侧现河道的高差约为22米，遗址地下遗迹范围距其东南侧河道断崖约28米。（图一二八）

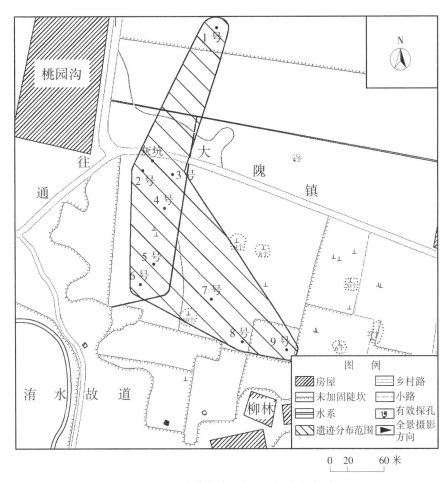

图一二八　叶茂沟遗址位置及探孔分布图

该遗址以往未见著录或公布，2009年溱洧流域聚落调查时发现。

依据对采集标本的观察，大部分陶器标本的时代为仰韶文化晚期、二里岗上层文化，有少量西周文化陶器残片。

（二）地层堆积与文化遗存

**1. 地层堆积**

在遗址上布探孔9个（图一二九），其地层堆积情况如下：

1号孔：位于遗址所在台地北端。

①层：厚0.3米。土色黄，土质疏松。耕土层。

②层：深0.3米，厚0.55米。土色黄褐，土质疏松。扰土层。

③层：深0.85米，厚0.75米。土色黄褐，土质疏松。含有少量褐陶、褐色土块。文化层。

深1.6米以下为黄白色生土层。

2号孔：位于遗址所在台地中部偏北。

①层：厚0.3米。土色黄，土质疏松。耕土层。

②层：深0.3米，厚0.4米。土色黄褐，杂有褐色土块，土质疏松。含有砖块、红烧土颗粒、煤渣。晚期地层。文化层。

③层：深0.7米，厚0.2米。土色灰褐，土质疏松。含有红烧土、炭粒，出有陶片。文化层。

深0.9米以下为黄白色生土层。

3号孔：位于遗址所在台地中部偏北。

①层：厚0.3米。土色黄，土质疏松。耕土层。

②层：深0.3米，厚0.7米。土色黄褐，土质疏松。扰土层。

③层：深1米，厚0.3米。含有灰陶颗粒、烧土块。文化层。

深1.3米以下为黄白色生土层。

4号孔：位于遗址所在台地中部。

①层：厚0.3米。土色黄，土质疏松。耕土层。

②层：深0.3米，厚0.4米。土色黄褐，结构疏松。扰土层。

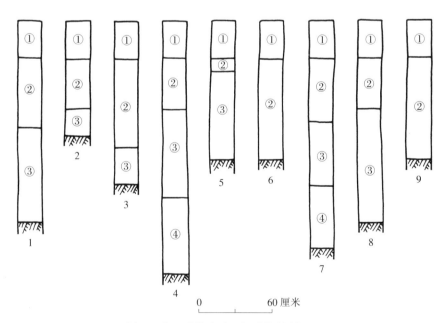

图一二九　叶茂沟遗址探孔柱状剖面图

③层：深 0.7 米，厚 0.7 米。土色灰褐，结构一般。含有红烧土及炭粒较少。文化层。

④层：深 1.4 米，厚 0.6 米。土色灰黑。含有红烧土、炭粒较多。灰坑土。

深 2 米以下为黄白色生土层。

5 号孔：位于遗址所在台地中部。

①层：厚 0.3 米。土色黄，土质疏松。耕土层。

②层：深 0.3 米，厚 0.1 米。土色黄褐，结构疏松。扰土层。

③层：深 0.4 米，厚 0.7 米。土色灰黑。含有红烧土块和陶片 4 片。灰坑土。

深 1.1 米以下为黄白色生土层。

6 号孔：位于遗址所在台地中部偏南。

①层：厚 0.3 米。土色黄，土质疏松。耕土层。

②层：深 0.3 米，厚 0.8 米。土色灰黑，土质疏松。灰坑土。

1.1 米以下为黄白色生土层。

7 号孔：位于遗址所在台地东部。

①层：厚 0.3 米。土色黄，土质疏松。耕土层。

②层：深 0.3 米，厚 0.5 米。土色黄褐，结构疏松。扰土层。

③层：深 0.8 米，厚 0.5 米。土色黄褐，土质疏松，结构一般。含少量红烧土颗粒、炭粒，出含有夹砂陶片。文化层。

④层：深 1.3 米，厚 0.5 米。土色灰褐，土质疏松，结构一般。含有较多红烧土颗粒。文化层。

深 1.8 米以下为黄白色生土层。

8 号孔：位于遗址所在台地东南部。

①层：厚 0.3 米。土色黄，土质疏松。耕土层。

②层：深 0.3 米，厚 0.4 米。土色黄褐，结构疏松。扰土层。

③层：深 0.7 米，厚 0.9 米。土色黑灰，结构一般。含有灰块土、红烧土颗粒、炭粒。文化层。

1.6 米以下为黄白色生土层。

9 号孔：位于遗址所在台地东部。

①层：厚 0.3 米。土色黄，土质疏松。耕土层。

②层：深 0.3 米，厚 0.8 米。土色灰褐，土质疏松。含有红烧土、炭粒，含砂，出有陶片。文化层。

深 1.1 米以下为黄白色生土层。

依据勘探钻孔地层堆积情况，遗址文化层上覆盖有耕土及厚度 0.1 米到 0.7 米不等的扰土层；遗址南端 6 号探孔和遗址东南端 9 号探孔所在台地受土地平整的破坏，耕土层下即见文化层或灰坑；2 号至 6 号探孔所在的遗址中部区域文化层较丰富，文化层最厚约为 0.8 米，为一层文化层，个别探孔所在区域存在单独灰坑遗迹或文化层下叠压灰坑的情况，其西侧区域文化层非常稀薄；7 号至 9 号探孔所在遗址东南部区域文化层最厚，厚度最多可达 1 米，依据土质土色可分为二层文化层；8 号探孔以南区域地势较低，见有较薄文化层。

### 2. 文化遗存

（1）遗迹

叶茂沟遗址经长期雨水冲刷，部分文化层暴露于遗址南部高约0.8米的东西向地头断崖崖面上。文化层厚约0.3米，土褐色，不分层，可见长度约3米，土质一般，结构较密，含有炭粒及陶片。另有灰坑暴露于遗址中部东西向公路南侧断崖上，因被修路破坏，灰坑情况不明，但据当时发现者叙述，灰坑内陶片标本的时代为龙山文化。另外在本次调查之前，在遗址中部东西向路南侧，即2号探孔北侧发现有灰坑遗迹，灰坑中出有龙山文化晚期陶片，未能采集，之后因修建道路将灰坑破坏。

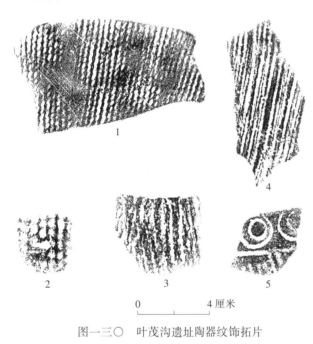

图一三〇　叶茂沟遗址陶器纹饰拓片

（2）遗物

叶茂沟遗址共采集陶器标本7件，其种类有罐、鬲、器盖等。根据采集标本的器物形制特征及纹饰特征（图一三〇），可分为仰韶文化晚期和二里岗文化。

1）仰韶文化标本

器盖　标本WYMG：23，泥质红陶。圆唇，斜壁。壁饰一周凸弦纹。器壁外可见轮制痕迹。残高3、壁厚0.4厘米。（图一三一，1）

2）二里岗文化标本

罐　标本WYMG：11，夹砂褐陶。盘形口，尖唇上折，沿面鼓。素面，轮制。残高3.8、壁厚0.6厘米。（图一三一，2）

罐残片　标本WYMG：15，夹砂灰陶。器壁饰一周凹弦纹，凹弦纹上饰圆圈纹，下饰竖绳纹。轮制。残高3.8、壁厚0.3厘米。（图一三一，3）

高领罐　标本WYMG：22，夹砂灰陶。尖唇外撇，高领，斜肩。唇上端有一周凹弦纹，加厚。肩饰竖绳纹。轮制。口径18.6、残高5.6、壁厚1厘米。（图一三一，4）

鬲　标本WYMG：26，夹砂褐陶。此标本甚残。盘形口，折沿，斜方唇。沿面有凹槽，沿下有一周凸棱。素面，轮制。残高4.7、壁厚0.9厘米。（图一三一，5）

鬲足　标本WYMG：17，夹砂灰陶。袋状足，足尖残。素面，手制。残高4厘米。（图一三一，6）

残陶片　标本WYMG：3，泥质黑陶。饰附加堆纹。轮制。残高3.4、壁厚0.5～0.7厘米。（图一三一，7）

### 三六、刘湾遗址

（一）地理位置与概况

刘湾遗址位于河南省新密市大隗镇刘湾村西北，处于北面洧水河、西面马关水的二流交汇地带，地势高亢、险要。遗址地理坐标为北纬34°25.733′、东经113°31.246′，海拔高度148米。编

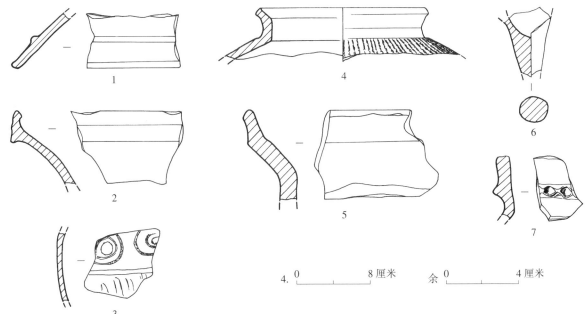

图一三一　叶茂沟遗址出土仰韶文化晚期及二里岗文化陶器

1. 器盖（WYMG：23）　2. 罐（WYMG：11）　3. 罐残片（WYMG：15）　4. 高领罐（WYMG：22）　5. 鬲（WYMG：26）
6. 鬲足（WYMG：17）　7. 残陶片（WYMG：3）（1 为仰韶文化标本，余为二里岗文化标本）

号为 36 号。（彩版四五，1）

刘湾遗址所在台地地势南高北低，后经平整形成一级级的梯田。遗址主要分布在刘湾村西北，依据遗址文化层所在台地范围可知：遗址北至洧水河主流南岸河沟断崖，东、西、南三面均以遗址所在台地地头断崖为界。刘湾遗址平面呈不规则形，东西长约 100 米，南北最长处长约 174 米，西半部分面积约 0.42 万平方米，东半部分面积约 0.19 万平方米，总面积约 0.61 万平方米。遗址所在台地面与其北侧现河道的高差约为 27 米，遗址地下遗迹范围紧临其北侧河道断崖。（图一三二）

该遗址以往未见著录或公布，2009 年溱洧流域聚落调查时发现。

依据对采集标本的观察，大部分陶器标本的时代为二里头文化。

（二）地层堆积与文化遗存

**1. 地层堆积**

在遗址上布探孔 13 个（图一三三），其地层堆积情况如下：

1 号孔：位于遗址所在台地中部。

①层：厚 0.3 米。土色黄，土质较软。耕土层。

②层：深 0.3 米，厚 0.5 米。土色灰褐，土质较软。含有炭灰、烧土粒。灰坑土。

深 0.8 米以下为黄白色生土层。

2 号孔：位于遗址所在台地西部。

①层：厚 0.3 米。土色黄，土质较软。耕土层。

②层：深 0.3 米，厚 0.8 米。土色黄，结构疏松。扰土层。

③层：深 1.1 米，厚 0.4 米。土色灰，土质较软，结构一般。含有炭灰、烧土粒和水锈。文化层。

深 1.5 米以下为黄白色生土层。

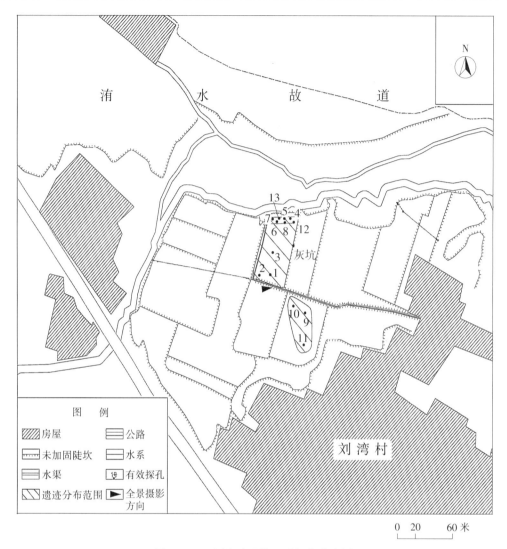

图一三二　刘湾遗址位置及探孔分布图

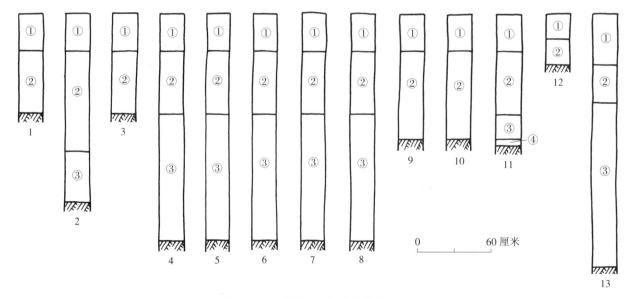

图一三三　刘湾遗址探孔柱状剖面图

3 号孔：位于遗址所在台地西部。

①层：厚 0.3 米。土色黄，土质较软。耕土层。

②层：深 0.3 米，厚 0.5 米。土色黑褐，土质较硬，结构紧密。含有炭灰、烧土粒。文化层。

深 0.8 米以下为黄白色生土层。

4 号孔：位于遗址所在台地北端。

①层：厚 0.3 米。土色黄，土质较软。耕土层。

②层：深 0.3 米，厚 0.5 米。土色黄，结构疏松。扰土层。

③层：深 0.8 米，厚 1 米。土色黄褐，土质较硬，结构紧密。含砂，为花土。夯土堆积。

深 1.8 米以下为黄白色生土层。

5 号孔：位于遗址所在台地北端。

①层：厚 0.3 米。土色黄，土质较软。耕土层。

②层：深 0.3 米，厚 0.5 米。土色黄，结构疏松。扰土层。

③层：深 0.8 米，厚 1 米。土色黄褐，土质较硬，结构紧密。含砂，为花土。夯土堆积。

深 1.8 米以下为黄白色生土层。

6 号孔：位于遗址所在台地西部。

①层：厚 0.3 米。土色黄，土质较软。耕土层。

②层：深 0.3 米，厚 0.5 米。土色黄，结构疏松。扰土层。

③层：深 0.8 米，厚 1 米。土色黄褐，土质较硬，结构紧密。含砂，为花土。夯土堆积。

深 1.8 米以下为黄白色生土层。

7 号孔：位于遗址所在台地西北端。

①层：厚 0.3 米。土色黄，土质较软。耕土层。

②层：深 0.3 米，厚 0.5 米。土色黄，结构疏松。扰土层。

③层：深 0.8 米，厚 1 米。土色黄褐，土质较硬，结构紧密。含有黄沙，为花土。夯土堆积。

深 1.8 米以下为黄白色生土层。

8 号孔：位于遗址所在台地北部。

①层：厚 0.3 米。土色黄，土质较软。耕土层。

②层：深 0.3 米，厚 0.5 米。土色黄，结构疏松。扰土层。

③层：深 0.8 米，厚 1 米。土色黄褐，土质较硬，结构紧密。含有黄沙，为花土。夯土堆积。

深 1.8 米以下为黄白色生土层。

9 号孔：位于遗址所在台地东南部。

①层：厚 0.3 米。土色黄，土质较软。耕土层。

②层：深 0.3 米，厚 0.7 米。土色黄褐，土质较软，结构疏松。含有红烧土、炭灰。文化层。

深 1 米以下为黄白色生土层。

10 号孔：位于遗址所在台地中部。

①层：厚 0.3 米。土色黄，土质较软。耕土层。

②层：深 0.3 米，厚 0.7 米。土色黄褐，土质较软，结构疏松。含有红烧土、炭灰。文化层。

深 1 米以下为黄白色生土层。

11 号孔：位于遗址所在台地东南部。

①层：厚 0.3 米。土色黄，土质较软。耕土层。

②层：深 0.3 米，厚 0.5 米。土色黄，结构疏松。扰土层。

③层：深 0.8 米，厚 0.2 米。土色黄褐，土质较软，结构疏松。含有红烧土、炭灰。文化层。

④层：深 1 米，厚 0.05 米。土色浅黄褐，土质较硬，结构紧密。路土。

深 1.05 米以下为黄白色生土层。

12 号孔：位于遗址所在台地东北部。

①层：厚 0.2 米。土色黄，土质较软。耕土层。

②层：深 0.2 米，厚 0.2 米。土色黄褐，土质较硬，结构紧密。含砂，较纯净。夯土堆积。

深 0.4 米以下为黄白色生土层。

13 号孔：位于遗址所在台地西北端。

①层：厚 0.4 米。土色黄，土质较软。耕土层。

②层：深 0.4 米，厚 0.3 米。土色黄褐，土质一般，结构一般。含有红烧土、炭灰。文化层。

③层：深 0.7 米，厚 1.3 米。土色黄褐，土质较硬。含砂，较纯净。夯土堆积。

深 2 米以下为黄白色生土层。

依据勘探钻孔地层堆积情况，遗址文化层上覆盖有耕土层及厚度 0.5 米到 0.8 米不等的扰土层；1 号、3 号、9 号、10 号探孔所在遗址中部区域受土地平整的破坏，耕土层下即见文化层，个别探孔所在区域存有单独灰坑遗迹，此区域文化层厚度一般，最厚处为遗址中东部，厚约 0.7 米，为一层文化层；11 号探孔所在遗址东南部区域在较薄文化层下还叠压有厚约 0.05 米的路土；经过勘探，2 号探孔南侧，即 10 号、11 号探孔西侧区域地表以下均为较厚的晚期垫土，但据 1 号、2 号、10 号、11 号探孔勘探情况推测，此区域原先也应为遗址范围内，故可列入复原面积，垫土区域南侧为较低台地，不见文化层或遗迹；4 号到 8 号探孔以及 12 号探孔所在的遗址北部区域扰土层下即见近东西向的夯土，北面以河沟断崖为界，夯土长约 20 余米，宽约 8 米，厚约 1 米，性质不明，不见分层，勘探过程中发现 13 号探孔中存在文化层叠压在夯土上的情况，依据文化层土质土色及包含物推测，文化层下叠压的夯土时代可能至少为与二里头文化同时或早于二里头文化，有待发掘确认；7 号探孔西侧为一南北向人工水渠，渠西为较低台地，不见任何遗迹或夯土，12 号探孔东侧也为相同情况。

**2. 文化遗存**

（1）遗迹

刘湾遗址经长期雨水冲刷，部分灰坑暴露于崖面，在遗址东面地头断崖崖面底部发现有灰坑遗迹一处（彩版四五，2）。灰坑长约 1、深约 0.9 米；土色灰黑，土质较软，结构疏松，不分层，含有红烧土颗粒、炭粒及陶片、石器、兽骨等；灰坑内以二里头文化标本为主。

（2）遗物

刘湾遗址共采集遗物标本 49 件，其中陶器陶质以夹砂陶（61.2%）为主，另有泥质陶（38.8%）；陶色以灰陶（95.9%）为主，另有褐陶（4.1%）；纹饰以绳纹（65.3%）为主，另有素面（30.6%）、绳纹加附加堆纹（4.1%）。（图一三四；表一七）

图一三四　刘湾遗址陶器纹饰拓片

表一七　　　　　　　　　　　　刘湾遗址陶器陶质陶色纹饰统计表

| 陶系 纹饰 | 泥质 | 夹砂 | | 合计 | 百分比 （%） |
|---|---|---|---|---|---|
| | 灰 | 灰 | 褐 | | |
| 素面 | 4 | 10 | 1 | 15 | 30.6 |
| 绳纹 | 14 | 17 | 1 | 32 | 65.3 |
| 绳纹附加堆纹 | 1 | 1 | | 2 | 4.1 |
| 合计 | 19 | 28 | 2 | 49 | |
| 百分比（%） | 38.8 | 57.1 | 4.1 | | 100 |

可辨器形的标本有石器4件、陶器10件，其中陶器种类有鼎、罐、盆等。根据采集标本的器物形制特征及纹饰特征，时代应为二里头文化。

1）石器标本

石斧　3件。

标本 WLW：3，青色。上部横截面为椭圆形。表面磨制。

标本 WLW：18，闪长岩，灰绿色。横截面为长方形，刃部较残。磨制。残长13.7、宽6厘米。（彩版四六，1；图一三五，1）

标本 WLW：19，泥灰岩，灰黄色。扁平状，刃部残。磨制。残长11.5、宽6.6、厚1.3厘米。

（彩版四六，2；图一三五，2）

石锛　标本WLW：17，辉绿岩，灰绿色。单面刃，平顶略弧。表面磨制光滑。长8.4、宽1.6～3.6厘米。（彩版四六，3；图一三五，3）

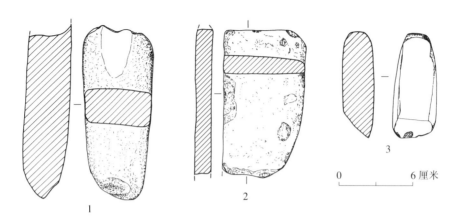

图一三五　刘湾遗址出土石器
1、2. 斧（WLW：18、19）　3. 锛（WLW：17）

2）陶器标本

鼎　标本WLW：4，夹砂灰陶。侈口，圆唇，卷沿，鼓腹。饰右斜细绳纹，下部呈交错状，器壁外侧沿下饰凸棱一周。口沿内外可见轮制痕迹。口径16、残高10.4厘米。

罐　4件。

标本WLW：1，夹砂灰陶。侈口，方唇，唇面微凹微下垂，卷沿，腹微鼓。沿下2厘米处饰竖行绳纹。器壁外侧可见轮制痕迹。口径22、残高9.6、壁厚0.6～0.8厘米。（图一三六，1）

标本WLW：6，泥质灰陶。侈口，方唇，卷沿，鼓腹。腹饰横向绳纹。轮制。口径18、残高4.6、壁厚0.6厘米。（图一三六，2）

标本WLW：12，夹砂灰陶。侈口，方唇，卷沿，鼓腹。唇面隐约可见一周凹槽，腹饰竖绳纹。沿内外侧隐约可见轮制痕迹。口径14、残高7.6、壁厚0.6～0.8厘米。（图一三六，3）

标本WLW：15，夹砂灰陶。侈口，方唇，卷沿，鼓腹。沿下饰一周凹弦纹，弦纹下饰竖绳纹。沿内外侧可见隐约轮制痕迹，器壁内侧凹凸不平。口径16、残高7、壁厚0.6～0.8厘米。（图一三六，4）

盆　2件。

标本WLW：5，泥质灰陶。敞口，圆唇，卷沿。外壁饰一周凸棱。器壁外侧可见轮制痕迹。残高4.6、壁厚0.8厘米。（图一三六，5）

标本WLW：52，夹砂灰陶。侈口，方唇，折沿，鼓腹。外壁饰右斜绳纹，较模糊。沿外侧可见轮制痕迹。残高3.5、壁厚0.3～0.5厘米。（图一三六，6）

器盖　2件。

标本WLW：2，泥质灰陶。敞口，尖唇外撇，折沿，折棱不明显，弧壁。器壁外侧可见轮制痕迹。口径28.4、残高7.6、壁厚0.8厘米。（图一三六，7）

标本WLW：3，泥质灰陶。敞口，尖唇，折沿，折棱不明显，弧壁。外壁饰一周凹弦纹。可见

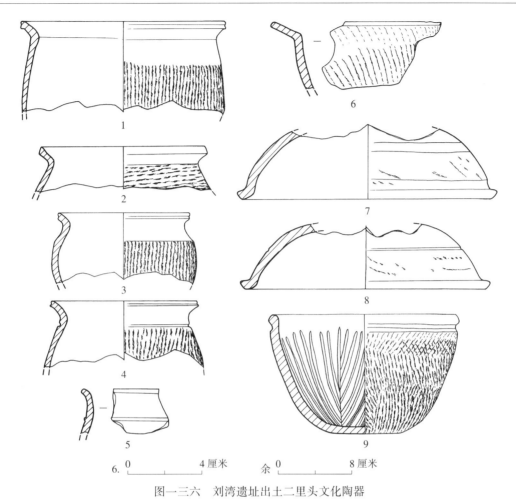

图一三六　刘湾遗址出土二里头文化陶器

1～4. 罐（WLW：1、6、12、15）　　5、6. 盆（WLW：5、52）　　7、8. 器盖（WLW：2、3）　9. 刻槽盆（WLW：21）

轮制痕迹。口径 27、残高 6.8、壁厚 0.8～1 厘米。（图一三六，8）

刻槽盆　标本 WLW：21，泥质灰陶。直口，圆唇，斜壁内收，小平底。唇下外侧有一周凹槽，凹槽下有一周抹痕。外壁饰斜绳纹，近沿处绳纹带竖丝。轮制痕迹不明显。口径 20.6、底径 7.2、高 12.6、壁厚 0.8～1 厘米。（图一三六，9）

### 三七、西马庄遗址

（一）地理位置与概况

西马庄遗址位于河南省新密市刘寨镇西马庄村南，处于洧水北面支流武定河水源头东西两岸台地地带。遗址地理坐标为北纬 34°30.351′、东经 113°31.246′，海拔高度 190 米。编号为 37 号。（彩版四七，1）

西马庄遗址地势北高南低，后经平整形成一级级的梯田。洧水北面支流武定河水在遗址西侧流过，遗址处于二级梯田的临河台地上。依据遗址文化层所在台地可知：北面以东西向铁路北面勘探出的文化层为界，西面以铁路南西马庄村东侧为界，东面以 2009 年新修的南北向公路东侧台地东面断崖为界，遗址所在台地高于公路面约 6 米，南面以铁路南面第二处台地勘探出文化层为限。遗址平面约为顺河的南北向长条形，东北—西南向长约 324 米，西北—东南向宽约 138 米，遗址面积约为 3.32 万平方米。遗址所在台地面与其东侧现河道的高差约为 9 米，遗址地下遗迹范围紧临其东侧河道断崖。（图一三七）

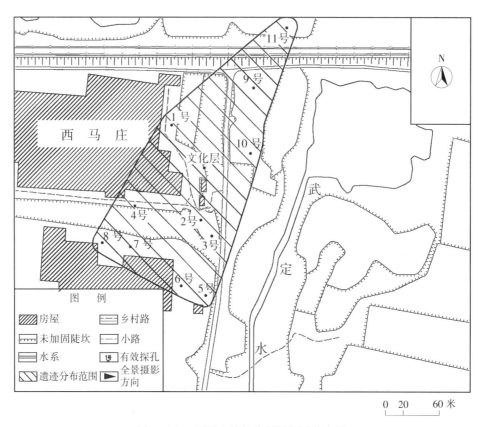

图一三七　西马庄遗址位置及探孔分布图

2006 年 10 月新密市文物管理所文物普查时发现该遗址，2009 年溱洧流域聚落调查时复查。

依据对复查采集标本的观察，大部分为仰韶文化晚期和龙山文化者，少量残片的年代为裴李岗文化和仰韶文化中期。

（二）地层堆积与文化遗存

**1. 地层堆积**

在遗址布探孔 11 个（图一三八），其地层堆积情况如下：

1 号孔：位于遗址所在台地西部。

①层：厚 0.3 米。土色黄，土质较软。耕土层。

②层：深 0.3 米，厚 0.3 米。土色黄，结构疏松。扰土层。

③层：深 0.6 米，厚 0.7 米。土色黄褐，土质较软，结构一般。含有红烧土颗粒、炭粒、陶片颗粒。文化层。

深 1.3 米以下为黄白色生土层。

2 号孔：位于遗址所在台地中部。

①层：厚 0.3 米。土色黄，土质疏松。耕土层。

②层：深 0.3 米，厚 0.5 米。土色黄褐，结构疏松。扰土层。

③层：深 0.8 米，厚 0.4 米。土色灰黑，土质较硬，结构紧密。含有少量红烧土颗粒、炭粒。

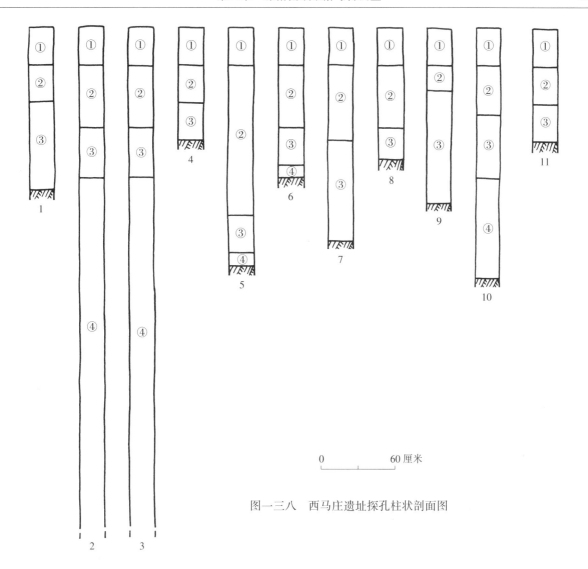

0　　　　　　60 厘米

图一三八　西马庄遗址探孔柱状剖面图

文化层。

④层：深 1.2 米，厚 2.8 米左右。土色灰褐，土质一般，结构一般。含有白砂、陶片颗粒。不到底。文化层。

3 号孔：位于遗址所在台地中部偏南。

①层：厚 0.3 米。土色黄，土质较软。耕土层。

②层：深 0.3 米，厚 0.5 米。土色黄褐，结构疏松。扰土层。

③层：深 0.8 米，厚 0.4 米。土色灰黑，土质较硬，结构紧密。含有红烧土颗粒、炭粒。文化层。

④层：深 1.2 米，厚 2.8 米左右。土色灰褐，土质一般，结构一般。含有白砂、陶片颗粒。不到底。文化层。

4 号孔：位于遗址所在台地西部。

①层：厚 0.3 米。土色黄，土质较软。耕土层。

②层：深 0.3 米，厚 0.3 米。土色黄，结构疏松。扰土层。

③层：深 0.6 米，厚 0.3 米。土色灰黑，土质较硬，结构紧密。含有灰陶颗粒。文化层。

深 0.9 米以下为黄白色生土层。

5 号孔：位于遗址所在台地东南部。

①层：厚 0.3 米。土色黄，土质较软。耕土层。

②层：深 0.3 米，厚 1.2 米。土色黄褐，结构疏松。扰土层。

③层：深 1.5 米，厚 0.3 米。土色灰黑，土质一般，结构一般。含有少量红烧土颗粒、炭粒、白色颗粒状遗物。文化层。

④层：深 1.8 米，厚 0.1 米。土色灰黑，土质较硬，结构紧密。含有少量红烧土颗粒、炭粒。文化层。

深 1.9 米以下为黄白色生土层。

6 号孔：位于遗址所在台地南部。

①层：厚 0.3 米。土色黄，土质较软。耕土层。

②层：深 0.3 米，厚 0.5 米。土色黄，结构疏松。扰土层。

③层：深 0.8 米，厚 0.3 米。土色黑褐，土质一般，结构一般。含有红烧土颗粒、炭粒。文化层。

④层：深 1.1 米，厚 0.1 米。土色灰黑，土质较硬，结构紧密。含有大量红烧土颗粒、炭粒。文化层。

深 1.2 米以下为黄白色生土层。

7 号孔：位于遗址所在台地西部。

①层：厚 0.3 米。土色黄，土质较软。耕土层。

②层：深 0.3 米，厚 0.6 米。土色黄褐，结构疏松。扰土层。

③层：深 0.9 米，厚 0.8 米。土色灰黑，土质一般，结构疏松。含有大量红烧土颗粒、炭粒。文化层。

深 1.7 米以下为黄白色生土层。

8 号孔：位于遗址所在台地西南端。

①层：厚 0.3 米。土色黄，土质疏松，耕土层。

②层：深 0.3 米，厚 0.5 米。土色黄褐，结构疏松。扰土层。

③层：深 0.8 米，厚 0.25 米。土色灰黑，土质较软，结构疏松。含有红烧土颗粒，炭粒较少。文化层。

深 1.05 米以下为黄白色生土层。

9 号孔：位于遗址所在台地东北部。

①层：厚 0.3 米。土色黄，土质软。耕土层。

②层：深 0.3 米，厚 0.2 米。土色黄，结构疏松。扰土层。

③层：深 0.5 米，厚 0.9 米。土色灰黑，土质较疏松，结构一般。含有大量白沙。文化层。

深 1.4 米以下为黄白色生土层。

10 号孔：位于遗址所在台地东部。

①层：厚 0.3 米。土色黄，土质软。耕土层。

②层：深 0.3 米，厚 0.4 米。土色黄褐，结构疏松。扰土层。

③层：深 0.7 米，厚 0.5 米。土色灰褐，土质较软，结构疏松。灰坑土。

④层：深 1.2 米，厚 0.8 米。土色灰黑，土质较硬，结构紧密。含有大量白色颗粒，有褐色土块。文化层。

深 2 米以下为黄白色生土层。

11 号孔：位于遗址所在台地东北端。

①层：厚 0.3 米。土色黄，土质较软。耕土层。

②层：深 0.3 米，厚 0.3 米。土色黄，结构疏松。扰土层。

③层：深 0.6 米，厚 0.3 米。土色灰褐，土质较软，结构疏松。灰坑土。

深 0.9 米以下为黄白色生土层。

依据勘探钻孔地层堆积情况，遗址内道路、铁路、冲沟较多，大致将遗址分为四部分：东西向铁路以北的 11 号探孔所在区域，新修建的南北向公路东侧 9 号和 10 号探孔所在的高台地，遗址南部的东西向冲沟又将遗址内南北向公路西侧区域分为 1 号至 4 号探孔所在沟北侧区域和 5 号至 8 号探孔所在沟南侧区域。遗址文化层上覆盖有耕土及厚度 0.2 米到 1.2 米不等的扰土层；1 号至 4 号探孔所在的遗址中部区域文化层最厚，最厚处达到了 3.2 米以上，依据土质土色可分为二层文化层，其中 2 号、3 号探孔内较厚的第④层灰褐土，见有少量陶片颗粒，处于同一区域的 1 号、4 号探孔内的第④层同于 2、3 号探孔内第④层，但因不见陶片颗粒，故未计入文化层之列，2 号探孔所在沟北侧断崖上也可见夹砂褐陶片出现于第④层中的情况，也可印证 2 号、3 号探孔的勘探结果；5 号至 8 号探孔所在沟南侧区域文化层相对较薄，最厚处为 0.8 米左右，依据土质土色可分为二层文化层；公路东侧 9 号、10 号探孔所在的高台地文化层厚度一般，在 1 米左右，为一层文化层，存有灰坑遗迹叠压文化层的情况；铁路以北的 11 号探孔所在区域文化层较单薄，可能已为遗址边缘区。

**2. 文化遗存**

（1）遗迹

本次复查时，在西马庄遗址东侧新修南北向公路西侧南北向地头断崖上发现有厚约 3 米的文化层。文化层可见长度 50 米；土褐色，土质较硬，不分层，含有红烧土、炭粒及陶片；文化层内以仰韶文化和龙山文化标本为主。（彩版四七，2）

（2）遗物

可辨器形有石器 4 件、陶器 21 件，其中陶器种类有鼎、罐、盆、壶、盘、器盖、纺轮等。根据采集标本的器物形制特征及纹饰特征（图一三九；表一八），可分为仰韶文化晚期和龙山文化。另外采集有少量裴李岗文化和仰韶文化中期残陶片，未作为标本描述。

图一三九　西马庄遗址陶器纹饰拓片

**表一八**　　　　　　　　　　　西马庄遗址陶器陶质陶色纹饰统计表

| 陶系 纹饰 | 泥质 | | | | 夹砂 | | | 合计 | 百分比（%） |
|---|---|---|---|---|---|---|---|---|---|
| | 灰 | 红 | 褐 | 黑皮 | 灰 | 红 | 褐 | | |
| 素面 | 10 | 5 | 1 | 2 | 8 | 4 | 3 | 33 | 82.5 |
| 绳纹 | | | | | 4 | | 2 | 6 | 15 |
| 附加堆纹 | | | 1 | | | | | 1 | 2.5 |
| 合计 | 10 | 5 | 2 | 2 | 12 | 4 | 5 | 40 | |
| 百分比（%） | 25 | 12.5 | 5 | 5 | 30 | 10 | 12.5 | | 100 |

1）石器标本

石铲　4件。

标本WXMZ：7，青灰色，石灰岩。扁平板状，顶及刃部残。素面磨光，磨制。残长7.8、宽10、厚0.2~1.6厘米。（图一四〇，1）

标本WXMZ：36，灰色。甚残。扁平状，双面磨制。（彩版四八，1；图一四〇，2）

标本WXMZ：41，砂岩，灰褐色。残。扁平状，一面较粗糙，双面磨制。残长11.4、宽5.2~9.5厘米。（彩版四八，2；图一四〇，3）

标本WXMZ：42，石灰质，青灰色。甚残。扁平状，双面磨制。残长5.5、残宽7.3厘米。（彩版四八，3；图一四〇，4）

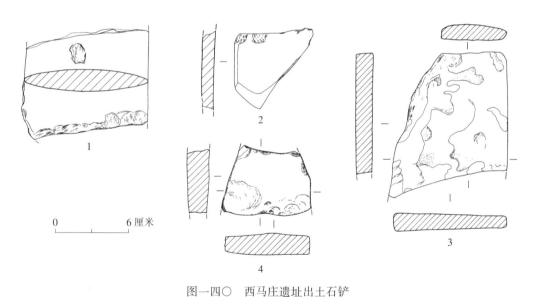

0 ———————— 6厘米

图一四〇　西马庄遗址出土石铲
1~4. WXMZ：7、36、41、42

2）陶器标本

①仰韶文化晚期标本

鼎足　标本WXMZ：25，夹砂褐陶。凿形鼎足。素面，手制。高4.6厘米。（图一四一，1）

罐　11件。

夹砂罐　7件。

标本WXMZ：56，夹砂灰陶。此标本甚残。方唇，沿面上端近唇部有一周凹槽。素面，轮制。

残高 1.9、壁厚 0.5～0.7 厘米。(图一四一，2)

标本 WXMZ：84，夹砂红陶。敞口，圆唇，折沿，沿面内凹，壁较直。沿面内外隐约可见轮制痕迹。残高 3.6、壁厚 0.5～0.8 厘米。(图一四一，3)

标本 WXMZ：6，夹砂褐陶。侈口，圆唇，折沿，沿面内凹，鼓腹。沿面内部隐约可见轮制痕迹，器壁较粗糙。腹饰竖绳纹。轮制。口径 18、残高 4.8、壁厚 0.4～1.4 厘米。(图一四一，4)

标本 WXMZ：1，夹砂褐陶。侈口，尖圆唇，折沿，鼓腹。素面，轮制。口径 26、残高 6、壁厚 0.7～1.1 厘米。(图一四一，5)

标本 WXMZ：29，夹砂灰陶。侈口，尖圆唇，窄折沿，鼓腹。腹饰竖状粗绳纹。器壁较粗糙，轮制。口径 16、残高 4.6、壁厚 0.3～0.9 厘米。(图一四一，6)

标本 WXMZ：2，夹砂褐陶。方唇，卷沿。素面，轮制。残高 4.5、壁厚 0.6 厘米。(图一四一，7)

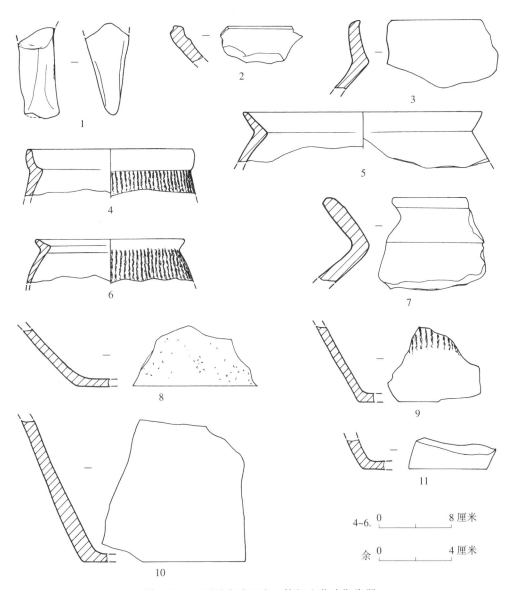

图一四一　西马庄遗址出土仰韶文化晚期陶器

1. 鼎足 (WXMZ：25)　　2～7. 罐 (WXMZ：56、84、6、1、29、2)　　8～11. 罐底 (WXMZ：4、26、11、30)

标本 WXMZ：22，夹砂红陶。此标本甚残。方唇，斜沿，沿面较粗糙。素面，轮制。

夹砂罐底　3 件。

标本 WXMZ：4，夹砂灰陶。斜腹内收，平底。器壁内较粗糙。素面，轮制。残高 3.1、壁厚 0.4～0.5 厘米。（图一四一，8）

标本 WXMZ：26，夹砂灰陶。斜壁内收，小平底。壁饰绳纹。器壁较粗糙，轮制。残高 4、壁厚 0.5 厘米。（图一四一，9）

标本 WXMZ：30，夹砂灰陶。斜壁内收，平底。素面，轮制。残高 1.5、壁厚 0.4～0.5 厘米。（图一四一，11）

泥质罐底　标本 WXMZ：11，泥质红陶。斜壁，小平底。素面，轮制。残高 7.5、壁厚 0.4～0.9 厘米。（图一四一，10）

盆錾手　2 件。

标本 WXMZ：10，泥质褐陶。附加堆纹状錾手。器壁内有按窝，手制。（图一四二，1）

标本 WXMZ：12，泥质红陶。附加堆纹状錾手。器壁内有按窝，手制。（图一四二，2）

壶　标本 WXMZ：14，泥质灰陶。圆筒状。素面，轮制。

盘　2 件。

标本 WXMZ：23，泥质灰陶。圆唇，斜壁。轮制。

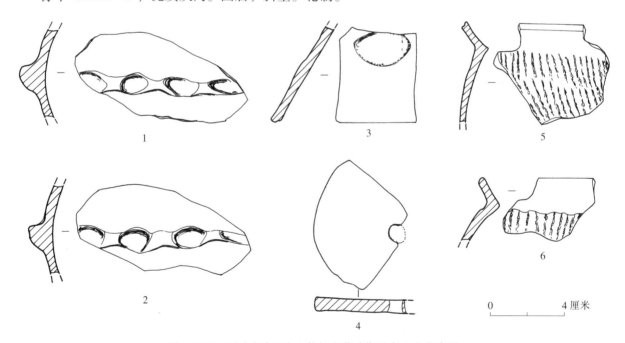

图一四二　西马庄遗址出土仰韶文化晚期及龙山文化陶器

1、2. 盆錾手（WXMZ：10、12）　3. 盘圈足（WXMZ：15）　4. 纺轮（WXMZ：17）　5、6. 罐（WXMZ：9、18）

（5、6 为龙山文化标本，余为仰韶文化标本）

标本 WXMZ：15，圈足。泥质灰陶。圆筒状。附加堆纹已脱落，仅留按窝痕迹。素面，轮制。残高 5.2、壁厚 0.6 厘米。（图一四二，3）

器盖　WXMZ：19，夹砂褐陶。斜壁内收，小平底，有假圈足。素面，轮制。残高 2、壁厚 0.4～1 厘米。

纺轮　标本 WXMZ：17，泥质褐陶。残，圆饼状，中间有一圆孔。一面较粗糙，轮制。（图一四二，4）

②龙山文化标本

罐　2 件。

标本 WXMZ：9，夹砂灰陶。侈口，方唇，折沿，沿面微凹，弧腹。腹饰粗绳纹。沿面及器壁内隐约可见轮制痕迹。残高 5.3、壁厚 0.3～0.7 厘米。（图一四二，5）

标本 WXMZ：18，夹砂灰陶。侈口，圆唇，折沿，鼓腹。腹饰粗绳纹。轮制。残高 3.3、壁厚 0.4～0.7 厘米。（图一四二，6）

### 三八、杨家门遗址

（一）地理位置与概况

杨家门遗址位于河南省新密市刘寨镇崔岗村杨家门组，处于洧水北面支流武定河水北面高岗地带。遗址地理坐标为北纬 34°28.933′、东经 113°31.311′，海拔高度 203 米。编号为 38 号。（彩版四七，3）

杨家门遗址所处地势西北高东南低，后经平整形成一级级的梯田。遗址主要分布在武定河水西面冲沟北岸，依据文化遗物所出台地范围可知：遗址四周以杨家门村四界为限。据原先发现者估计，遗址平面约为东西向长方形，东西长约 100 米，南北宽约 50 米，遗址面积估计值约为 0.5 万平方米。遗址所在台地面与其南侧现河道的高差约为 22 米。

1985 年发现该遗址，2006 年 8 月新密市文物管理所文物普查时进行复查，2009 年溱洧流域聚落调查时再次复查。

1985 年采集的标本为裴李岗文化时期①。

（二）地层堆积与文化遗存

**1. 地层堆积**

因遗址所在地现在完全被叠压在杨家门村民居下，无法下探，故已不能了解到遗址的具体地层堆积状况。

**2. 文化遗存**

1985 年发现该遗址，据当时观察可知，文化层距地表约 1 米，厚约 1.2 米，可见长度不明，土色褐色，含有大量红陶片。该遗址现已为村庄，本次调查未发现遗迹、遗物。

1985 年，群众取土时出土有石磨盘、石磨棒各 1件，另有大量红陶片。因种种原因，现仅存石磨盘，藏于新密市博物馆。

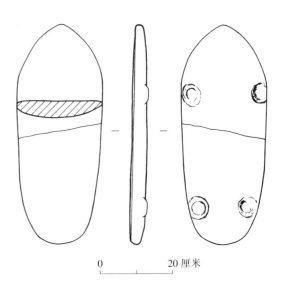

图一四三　杨家门遗址出土石磨盘（WYJM：1）

石磨盘　标本 WYJM：1，砂岩，浅灰色。平面为椭圆形，两头圆钝，前宽后窄，中间断开，

① 国家文物局：《中国文物地图集·河南分册》，中国地图出版社，1991 年，第 45 页。

底部琢制柱状矮足。素面，打磨兼制。长 57.5、前宽 23、后宽 21 厘米。（彩版四八，4；图一四三）

### 三九、云岩宫遗址

（一）地理位置与概况

云岩宫遗址位于河南省新密市刘寨镇刘寨村黄帝宫内云岩宫武定湖内东面的孤岛上，处于洧水北面支流武定水上武定湖水四面环绕地带内。遗址地理坐标为北纬 34°28.400′、东经 113°31.585′，海拔高度 171 米。编号为 39 号。（彩版四九，1）

云岩宫遗址所处地势北高南低。遗址主要分布在武定湖水环绕的湖内孤岛及岛西面的台地上，依据勘探情况可知：遗址东、南面范围均以孤岛四界断崖为限，西、北两面以勘探出的文化层范围为限。云岩宫遗址基本呈西北—东南向长条形，西北—东南向长约 320 米，南北最宽处约 56 米，遗址面积约 1.73 万平方米。遗址所在台地面与其东侧现湖面的高差约为 18 米，遗址地下遗迹范围紧邻其东侧河道断崖。（图一四四）

2003 年发现该遗址，2004 年河南省文物考古研究所曾进行文物调查，2009 年溱洧流域聚落调查时复查。

依据对采集标本的观察，大部分时代为仰韶文化晚期、龙山文化和"新砦期"者，另有少量仰韶文化中期的残陶片。此外，依据以往河南省文物考古研究所对该遗址的调查结果，该遗址还

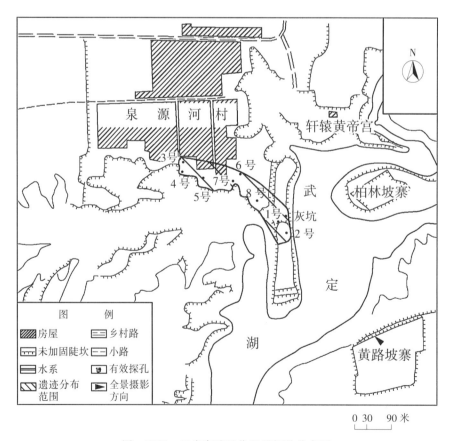

图一四四　云岩宫遗址位置及探孔分布图

含有二里头文化、二里岗上层文化的因素①。

（二）地层堆积与文化遗存

### 1. 地层堆积

在遗址上布探孔 8 个（图一四五），其地层堆积情况如下：

1 号孔：位于遗址所在台地东部。

①层：厚 0.3 米。土色黄，结构疏松。耕土层。

②层：深 0.3 米，厚 0.7 米。土色黄，结构疏松。扰土层。

③层：深 1 米，厚 1.8 米。土色黄褐，土质硬，结构紧密。含有少量红烧土颗粒、炭粒，出有陶片 2 片。灰坑土。

④层：深 2.8 米，厚 0.2 米。土色黄褐，土质硬，结构紧密。颜色偏白，含有红烧土颗粒、炭粒。属灰坑上层土。

2 号孔：位于遗址所在台地南部。

①层：厚 0.1 米。土色灰褐，结构疏松。含有红烧土颗粒、炭粒。灰坑土。

深 0.1 米以下为黄白色生土层。

3 号孔：位于遗址所在台地西端。

①层：厚 0.4 米。土色黄，结构疏松。耕土层。

②层：深 0.4 米，厚 0.4 米。土色黄褐，土质一般，结构一般。含有烧土颗粒。文化层。

深 0.8 米以下为黄白色生土层。

4 号孔：位于遗址所在台地西端。

①层：厚 0.3 米。土色黄，结构疏松。耕土层。

②层：深 0.3 米，厚 0.6 米。土色黄，结构疏松。扰土层。

③层：深 0.9 米，厚 0.1 米。土色黄褐，土质一般，结构疏松。含有烧土颗粒。文化层。

深 1 米以下为黄白色生土层。

5 号孔：位于遗址所在台地西部。

①层：厚 0.4 米。土色黄，结构疏松。耕土层。

②层：深 0.4 米，厚 0.6 米。土色黄褐，土质一般，结构疏松。含有烧土颗粒。文化层。

深 1 米以下为黄白色生土层。

6 号孔：位于遗址所在台地北端。

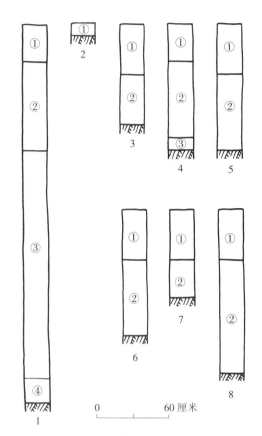

图一四五　云岩宫遗址探孔柱状剖面图

---

① 河南省文物考古研究所等：《河南新密市黄帝宫新石器时代遗址调查》，《华夏考古》2009 年第 2 期。

①层：厚 0.4 米。土色黄，结构疏松。耕土层。

②层：深 0.4 米，厚 0.6 米。土色灰，土质一般，结构疏松。含有烧土颗粒、炭灰。文化层。

深 1 米以下为黄白色生土层。

7 号孔：位于遗址所在台地北部。

①层：厚 0.4 米。土色黄，结构疏松。耕土层。

②层：深 0.4 米，厚 0.3 米。土色黄褐，土质一般，结构疏松。含有红烧土、少量炭灰。文化层。

深 0.7 米以下为黄白色生土层。

8 号孔：位于遗址所在台地中部。

①层：厚 0.4 米。土色黄，结构疏松。耕土层。

②层：深 0.4 米，厚 0.9 米。土色黄褐，土质一般，结构一般。含有烧土粒、炭粒。文化层。

深 1.3 米以下为黄白色生土层。

遗址区分为东面的南北向小岛和西面泉源河村南面台地两部分，中间有南北向河沟相隔，其中 1 号、2 号探孔位于小岛上中部，3 号至 8 号探孔位于泉源河村南台地上。依据勘探钻孔地层堆积情况，遗址文化层上覆盖有耕土及厚度 0.6 米到 0.7 米不等的扰土层，遗址大部分区域受土地平整的破坏，耕土层下即见文化层；5 号、6 号、8 号探孔所在的遗址个别区域文化层较厚，最厚处可达 0.9 米，均为一层文化层，其余区域文化层较薄，厚度多在 0.1~0.4 米之间，个别探孔，如 2 号探孔开口即见较薄文化层；个别探孔区域可见单独灰坑遗迹。

**2. 文化遗存**

（1）遗迹

遗迹主要分布在孤岛的南部和西部。2006 年在遗址四周断崖上发现有厚约 1 米的文化层，还发现有灰坑，确定为龙山文化时期。本次调查，于遗址中部石子路南侧路边发现有长约 3、深约 1 米的灰坑（彩版四九，2）。灰坑经长期雨水冲刷，暴露于崖面，坑内填土为灰褐色，土质较软，结构疏松，含有红烧土块、炭粒、陶片等；灰坑内以仰韶文化标本为主。另外，从发现灰坑处沿小路向西约 50 米，于南侧崖面可见遗迹，因距离较远不可及，具体不详。

（2）遗物

1997 年河南省文物考古研究所进行文物勘探时获得有泥质绳纹灰陶片、红陶片和红陶口沿、底等①。可辨器形的标本有石器 1 件、陶器 23 件，其中陶器种类有罐、盆、钵、碗、豆、盘、杯、瓮等。根据采集标本的器物形制特征及纹饰特征（表一九），可分为仰韶文化晚期、龙山文化和"新砦期"。其中，"新砦期"陶片甚碎，兹不详述。

---

① 详见河南省文物考古研究所等：《河南新密市黄帝宫新石器时代遗址调查》，《华夏考古》2009 年第 2 期。

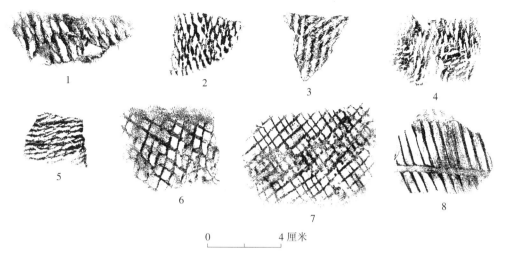

图一四六　云岩宫遗址陶器纹饰拓片

表一九　　　　　　　　　　　云岩宫遗址陶器陶质陶色纹饰统计表

| 陶系<br>纹饰 | 泥质 | | | | 夹砂 | | | 合计 | 百分比<br>（%） |
|---|---|---|---|---|---|---|---|---|---|
| | 灰 | 红 | 褐 | 黑皮 | 灰 | 红 | 褐 | | |
| 素面 | 10 | 5 | 1 | 2 | 8 | 4 | 3 | 33 | 82.5 |
| 绳纹 | | | | | 4 | | 2 | 6 | 15 |
| 方格纹 | | 1 | | | | | | 1 | 2.5 |
| 合计 | 10 | 5 | 2 | 2 | 12 | 4 | 5 | 40 | |
| 百分比（%） | 25 | 12.5 | 5 | 5 | 30 | 10 | 12.5 | | 100 |

1）石器标本

双刃石铲　标本WYYG：46，辉绿岩，灰绿色。平面呈抹角三角形，一侧磨光，三面皆刃，刃部锋利。打制兼磨制。长8.2厘米。（彩版四九，3；图一四七，1）

2）陶器标本

①仰韶文化标本

夹砂罐　标本WYYG：1，夹砂黑陶。侈口，方唇，折沿，沿面内凹，弧腹。腹饰右斜绳纹。轮制。口径24、残高5.6、壁厚0.6~1.3厘米。（图一四七，2）

彩陶罐　标本WYYG：45，泥质红陶。侈口，圆唇，折沿，弧腹略鼓。唇外侧饰凹弦纹一周，腹上部饰平行黑彩带纹四周。器表磨光。

碗　标本WYYG：38，泥质红陶。敛口，圆唇，弧腹。素面，轮制。残高2.1、壁厚0.5厘米。（图一四七，3）

②龙山文化标本

罐底　共4件。夹砂罐底和泥质罐底各2件。

标本WYYG：11，夹砂灰陶。斜壁内收，平底。轮制。残高4、壁厚0.7~1厘米。（图一四七，4）

标本WYYG：47，夹砂褐陶。斜壁内收，平底。轮制。残高3.7、壁厚0.7厘米。（图一四七，5）

标本WYYG：36，泥质灰陶。平底内凹。素面，轮制。底径7、残高1.2厘米。（图一四七，6）

标本WYYG：4，泥质灰陶。斜腹，平底。素面磨光，轮制。底径13、残高9、壁厚0.5~0.6

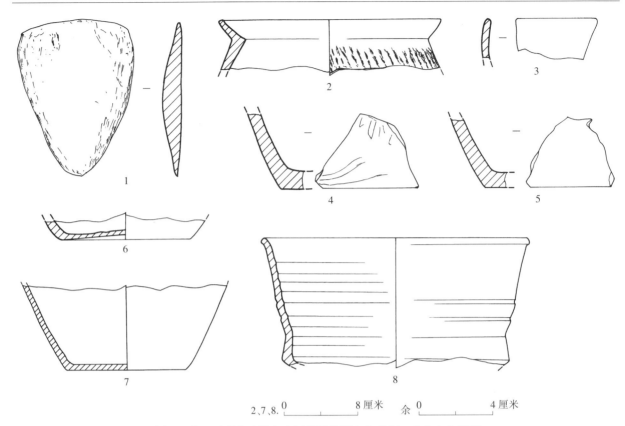

图一四七　云岩宫遗址出土石器及仰韶文化晚期、龙山文化陶器

1. 石铲（WYYG：46）　2. 陶罐（WYYG：1）　3. 陶碗（WYYG：38）　4～7. 陶罐底（WYYG：11、47、36、4）　8. 陶盆
（WYYG：28）（2、3 为仰韶文化标本，4～8 为龙山文化标本）

厘米。（图一四七，7）

双腹盆　标本 WYYG：28，泥质灰陶。敞口，方唇，折沿，斜直腹微弧内收，腹近底部外凸。腹内侧饰凸弦纹。素面。器壁内可见轮制痕迹。口径 29、残高 13.6、壁厚 0.8～1 厘米。（图一四七，8）

钵　2 件。

标本 WYYG：33，泥质灰陶。敛口，尖唇，有折棱，沿面加厚，斜腹。腹内有制作凸棱，器壁内外可见轮制痕迹。口径 28.4、残高 4.4、壁厚 0.6 厘米。（图一四八，1）

标本 WYYG：34，泥质灰陶。敛口，尖唇，斜腹。外壁可见轮制痕迹。口径 24、残高 3.6、壁厚 0.8 厘米。（图一四八，2）

杯　标本 WYYG：40，泥质黑陶。侈口，圆唇，唇外加厚。磨光，轮制。口径 8、残高 2.6、壁厚 0.4 厘米。（图一四八，3）

瓮　3 件。

标本 WYYG：35，泥质灰黑陶。此标本甚残。圆唇外撇，唇外侧加厚，高领。素面，轮制。口径 16、残高 4、壁厚 0.7 厘米。（图一四八，4）

瓮底　2 件。

标本 WYYG：29，泥质灰陶。折腹内收，平底。腹外侧下端饰凹槽一周，腹内有数周制作凹槽。素面。器壁内外可见轮制痕迹。底径 14、残高 5.8、壁厚 0.6 厘米。（图一四八，5）

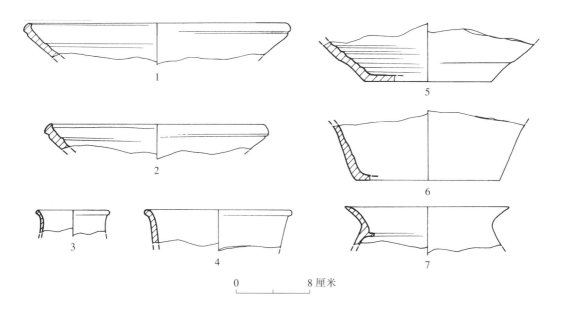

图一四八　云岩宫遗址出土龙山文化陶器

1、2. 钵（WYYG：33、34）　3. 杯（WYYG：40）　4. 瓮（WYYG：35）　5、6. 瓮底（WYYG：29、30）
7. 罐（WYYG：37）

标本 WYYG：30，泥质灰陶。折腹内收，平底。腹内侧近底部有数周制作凹槽。素面。器壁内外可见轮制痕迹。底径 15.8、残高 8、壁厚 0.6～1.1 厘米。（图一四八，6）

罐　标本 WYYG：37，夹砂黑陶。此标本甚残。侈口，尖唇，折沿，内折棱凸出。沿面外可见轮制痕迹。口径 18、残高 5、壁厚 0.6 厘米。（图一四八，7）

小口高领罐　标本 WYYG：31，泥质黑陶。直口，圆唇，高领，折肩。表面磨光，素面。口径 13.8、残高 5、壁厚 0.8 厘米。（图一四九，1）

钵　7 件。

标本 WYYG：23，泥质黑陶。敛口，尖唇，有折棱，斜腹。器壁内外可见轮制痕迹。口径 26.2、残高 7、壁厚 0.7 厘米。（图一四九，2）

标本 WYYG：25，泥质灰陶褐胎。敛口，尖唇，有折棱，沿加厚，斜腹。素面。器壁内有数周制作凹槽，器外可见轮制痕迹。口径 27.4、残高 5.6、壁厚 0.9 厘米。（图一四九，3）

标本 WYYG：27，泥质黑陶。敞口，方唇，斜腹，平底，假圈足。沿外近唇部饰凹槽一周，底部可见轮制痕迹。口径 20.8、底径 7、高 7、壁厚 0.4～0.6 厘米。（图一四九，4）

标本 WYYG：21，泥质灰陶。敛口，尖唇，有折棱，斜腹。素面。器壁内可见数周制作凹槽，器壁外轮制痕迹明显。口径 35、残高 6、壁厚 0.6 厘米。（图一四九，5）

标本 WYYG：26，泥质褐陶。敛口，尖唇，有折棱，折棱凸出，沿加厚，斜腹。器壁内外可见轮制痕迹。口径 27、残高 5、壁厚 0.8 厘米。（图一四九，6）

标本 WYYG：22，泥质灰褐陶。敛口，尖唇，有折棱，折棱凸出，斜腹。器壁内外可见轮制痕迹。口径 24、残高 8.4、壁厚 0.6 厘米。（图一四九，7）

标本 WYYG：24，泥质黑陶。敛口，圆唇，有折棱，斜腹。素面。器壁内外可见轮制痕迹。口径 29.8、残高 10.8、壁厚 0.4～0.7 厘米。（图一四九，8）

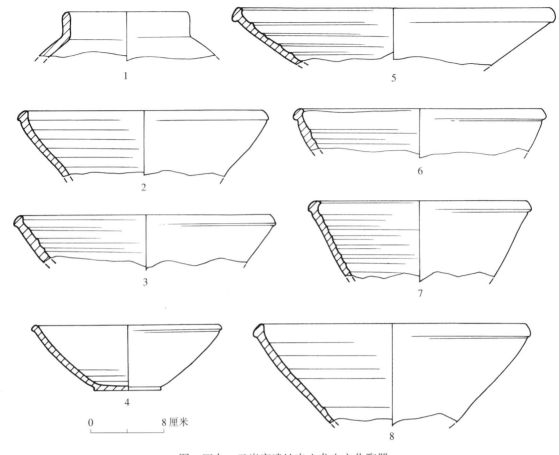

图一四九　云岩宫遗址出土龙山文化陶器
1. 小口高领罐（WYYG：31）　2～8. 钵（WYYG：23、25、27、21、26、22、24）

### 四〇、和合寨遗址

（一）地理位置与概况

和合寨遗址位于河南省新密市大隗镇和合寨村北，处于东、北二面河流交汇地带。遗址地理坐标为北纬34°27.349′、东经113°32.038′，海拔高度136米。编号为40号。（彩版五〇，1）

和合寨遗址所在台地地势南高北低。遗址主要分布在和合寨村北，依据遗址文化层所在台地范围可知：东、北面至洧水河北面支流武定河水河沟断崖，南面紧抵和合寨村东面，西面以遗址所在台地地头断崖为界。和合寨遗址平面基本呈不规则形，遗址东西最长处长约285米，南北长约252米，面积约4.1万平方米。遗址所在台地面与其东北侧现河道的高差约20米，遗址地下遗迹范围紧临其东北侧河道断崖。（图一五〇）

该遗址以往未见著录或公布，2009年溱洧流域聚落调查时发现。

依据对采集标本的观察，大部分陶器标本的时代为龙山文化晚期。

（二）地层堆积与文化遗存

**1. 地层堆积**

在遗址上布探孔8个（图一五一），其地层堆积情况如下：

1号孔：位于遗址所在台地北端。

①层：厚 0.25 米。土色黄褐，土质较软。耕土层。有树根。

②层：深 0.25 米，厚 0.75 米。土色黄褐，土质软，结构疏松。含有夹砂褐陶颗粒、夹砂灰陶颗粒、红烧土颗粒。文化层。

深 1 米以下为黄白色生土层。

2 号孔：位于遗址所在台地北部。

①层：厚 0.3 米。土色黄褐，土质较软。耕土层。

②层：深 0.3 米，厚 0.5 米。土色黄褐，土质一般，结构一般。含有红烧土、夹砂灰陶粒、红烧土颗粒、炭粒。文化层。

深 0.8 米以下为黄白色生土层。

3 号孔：位于遗址所在台地中部。

①层：厚 0.3 米。土色黄褐，土质较软。耕土层。

②层：深 0.3 米，厚 0.2 米。土色黄褐，土质软，结构疏松。含有红烧土、炭粒，含少量砂。文化层。

③层：深 0.5 米，厚 0.6 米。土色灰褐，土质一般，结构一般。含有红烧土、炭粒，有褐色块结状土，出有陶片 1 片。文化层。

深 1.1 米以下为黄白色生土层。

4 号孔：位于遗址所在台地南端。

①层：厚 0.3 米。土色黄褐，土质较软。耕土层。

②层：深 0.3 米，厚 0.2 米。土色黄褐。土质软，结构疏松。含有少量砂、红烧土颗粒。文化层。

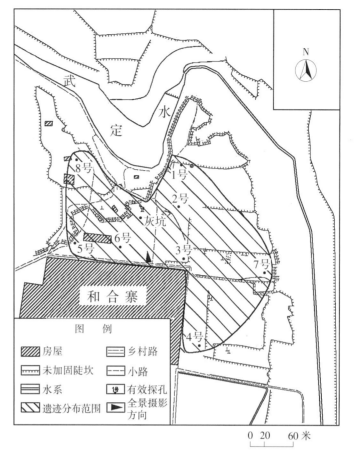

图一五〇　和合寨遗址位置及探孔分布图

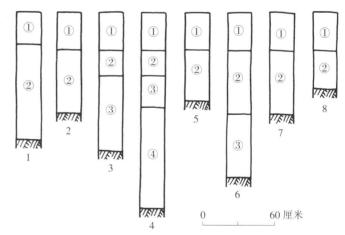

图一五一　和合寨遗址探孔柱状剖面图

③层：深 0.5 米，厚 0.25 米。土色灰褐，土质一般，结构一般。含有较少红烧土。文化层。

④层：深 0.75 米，厚 0.8 米。土色浅褐，土质疏松。含有少量砂粒、炭粒。文化层。

深 1.55 米以下为黄白色生土层。

5 号孔：位于遗址所在台地西端。

①层：厚 0.3 米。土色黄，土质软。耕土层。

②层：深 0.3 米，厚 0.4 米。土色黄褐，土质软，结构疏松。含有少量红烧土颗粒、炭粒，不见陶片颗粒。文化层。

深 0.7 米以下为黄白色生土层。

6 号孔：位于遗址所在台地西部。

①层：厚 0.3 米。土色黄，土质软。耕土层。

②层：深 0.3 米，厚 0.5 米。土色黄褐，土质较软，结构疏松。含有少量红烧土颗粒、炭粒和少量砂粒。文化层。

③层：深 0.8 米，厚 0.5 米。土色灰褐，土质一般，结构一般。含有部分结状褐土块和少量红烧土、炭粒。文化层。

深 1.3 米以下为黄白色生土层。

7 号孔：位于遗址所在台地东端。

①层：厚 0.3 米。土色黄，土质软。耕土层。

②层：深 0.3 米，厚 0.5 米。土色褐黄，土质较软，结构疏松。含有红烧土、炭粒和少量砂粒。文化层。

深 0.8 米以下为黄白色生土层。

8 号孔：位于遗址范围外西北端。

①层：厚 0.3 米。土色黄，土质较软。耕土层。

②层：深 0.3 米，厚 0.3 米。土色浅黄，土质软，结构疏松。含有炭粒，不见红烧土，出有陶片 1 块。文化层。

深 0.6 米以下为黄白色生土层。

依据勘探钻孔地层堆积情况，遗址文化层上覆盖有耕土，均不见扰土层；遗址中部 3 号、6 号探孔所在区域文化层较厚，厚度可达 1 米以上，依据土质土色可分为二层文化层；3 号、6 号探孔所在区域南侧即为和合寨村，据 3 号、6 号探孔的勘探情况以及位于村东的 4 号探孔区域显示的文化层丰富程度推测，和合寨村下应覆盖有部分文化层；其余区域文化层较薄，均为一层文化层。另外，在遗址西北面的冲沟冲出的存有晚期寨墙的孤岛上还残存有厚约 0.3 米的稀薄文化层。

**2. 文化遗存**

（1）遗迹

和合寨遗址经长期雨水冲刷，部分灰坑暴露于北部河沿断崖较高的崖面上，因位置较高，具体情况不明；遗址北部因台地边旧窑洞坍陷，致使一处灰坑被发现于坍塌窑洞壁上。灰坑开口于耕土层下 0.3 米，长 1.5、深 2 米；土色浅灰，不分层，土质较软，结构疏松，含有红烧土颗粒、炭粒及陶片；灰坑内以龙山文化标本为主。（彩版五〇，2）

（2）遗物

和合寨遗址共采集陶器标本 7 件，其种类有罐、瓮等。根据采集标本的器物形制特征及纹饰特征（图一五二），时代为龙山文化晚期。

罐　共 5 件。其中夹砂罐 4 件、泥质罐 1 件。

标本 WHHZ：4，夹砂灰陶。侈口，折沿，内折棱明显，方唇。唇部有凹槽，沿面上端及下端

各有一周凹弦纹。沿面外侧有轮制痕迹。口径 21.6、残高 4、壁厚 0.5 厘米。（图一五三，1）

标本 WHHZ：2，夹砂灰陶。侈口，折沿，内折棱明显，方唇。沿面上端有凸棱一周，下端有凹槽一周。轮制。残高 3、壁厚 0.6 厘米。（图一五三，2）

标本 WHHZ：1，夹砂黑皮褐胎。侈口，折沿，内折棱明显，方唇，鼓腹。唇部有一周凹槽，沿面上端与下端各有一周凹弦纹，腹下 1.5 厘米处饰带横丝正方格纹。口沿外侧有明显轮制痕迹，内侧有隐约轮制痕迹。口径 19.2、残高 10.2、壁厚 0.6 厘米。（图一五三，3）

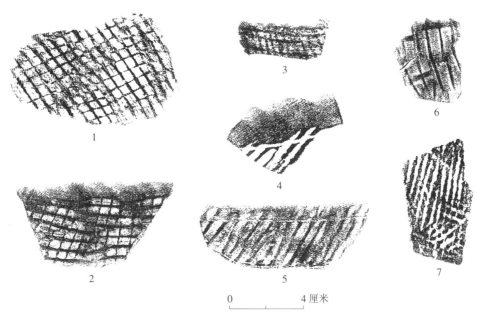

图一五二　和合寨遗址陶器纹饰拓片

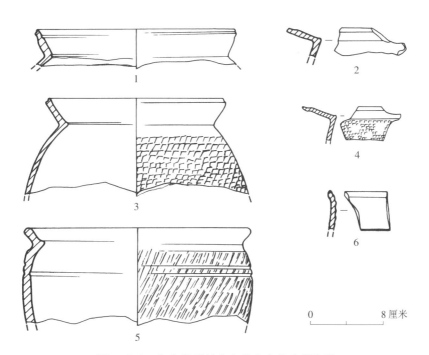

图一五三　和合寨遗址出土龙山文化晚期陶器
1～5. 罐（WHHZ：4、2、1、3、7）　6. 瓮（WHHZ：6）

标本 WHHZ：3，夹砂灰陶。尖唇，折沿，内折棱明显，鼓腹。轮制。残高 3.5、壁厚 0.5 厘米。（图一五三，4）

标本 WHHZ：7，泥质黑皮褐胎。侈口，折沿，沿面上端略鼓，内折棱明显，圆唇，鼓腹。器壁沿下饰左斜浅篮纹和两周凹弦纹。器壁内侧凹凸不平，饰凹弦纹一周。沿面内外可见轮制痕迹。口径 24、残高 10、壁厚 0.8 厘米。（图一五三，5）

瓮　2 件。

标本 WHHZ：5，泥质黑皮褐胎。高领，圆唇，唇外撇。唇内侧有一周凹槽，领内侧有明显轮制痕迹，以至形成一周凹槽，外侧亦可见轮制痕迹。

标本 WHHZ：6，泥质黑皮陶。此标本甚残。高领，圆唇，唇外撇。唇内侧有一周凹槽，以至形成几周浅凹槽，领内侧轮制痕迹明显。残高 4.2、壁厚 0.6 厘米。（图一五三，6）

## 四一、新砦遗址

（一）地理位置与概况

新砦遗址位于河南省新密市新砦村，处于南临洧水地带。遗址地理坐标为北纬 34°26.909′、东经 113°33.603′，海拔高度 160 米。编号为 41 号。（彩版五一，1）

新砦遗址面积较大，地势平缓，主要包括新砦行政村的苏沟、梁家台、煤土沟和东湾村四个自然村和位于遗址东部的王嘴村。主要分布在洧水河北岸台地上，现存东、北、西三面城墙及靠近城墙下部的壕沟（护城河）。平面形状基本呈圆角长方形，外壕东西向通过煤土沟北的东西向公路南侧，至苏沟村西北向南接于一东西向冲沟北端，外壕向东通过煤土沟村北侧，穿过公路，接于洧水北面支流圣寿西溪水西侧；西、北、东面城墙以梁家台村西，苏沟村西、北，煤土沟村南，王嘴村西面为范围，东墙南半部分已被洧水冲毁，墙外为护城河；内壕位于苏沟村南，东接洧水，西至梁家台村北向南折，接于梁家台村北。

遗址东西长约 1000 米，南北长约 1000 米，根据勘探出的外壕分布范围，新砦遗址的面积约 100 万平方米。遗址所在台地面与其南侧现河道的高差约为 27 米，遗址地下遗迹范围紧临其南侧河道断崖。

调查时，遗址城墙及内、外壕沟内外除城内四个自然村民居占地外，均大面积种植冬小麦，中部南北向小路贯通苏沟村和梁家台两处村落。该城址距今年代久远，受风蚀、南侧洧水水流冲击等自然因素的影响，整座城址均掩埋在今地表以下，东墙南半部分已被洧水冲毁；农作物种植、城内村民取土、建造房屋、修建道路等对遗址都有一定的侵蚀、破坏作用。（图一五四）

20 世纪 70 年代由中国社会科学院考古研究所进行挖掘。1999～2005 年由北京大学和郑州市文物研究所进行发掘。新砦遗址已确定是一处设有外壕、城壕和内壕共三重防御设施、中心区建有大型建筑的大型城址，整个城址均掩埋于地下。经钻探和局部解剖得知，城址平面基本为方形，南以双洧河为自然屏障，东、北、西三面城墙及贴近城墙下部的护城河。在城址西南部已探明坐落有一座东西宽 50、南北长 1405 米的大型建筑基址①。

---

① 中国社会科学院考古研究所河南新砦队、郑州市文物考古研究院：《河南新密市新砦遗址东城墙发掘简报》《河南新密市新砦遗址浅穴式大型建筑基址的发掘》，《考古》2009 年第 2 期。北京大学震旦古代文明研究中心、郑州市文物考古研究院：《新密新砦——1999～2000 年田野考古发掘报告》，文物出版社，2008 年。

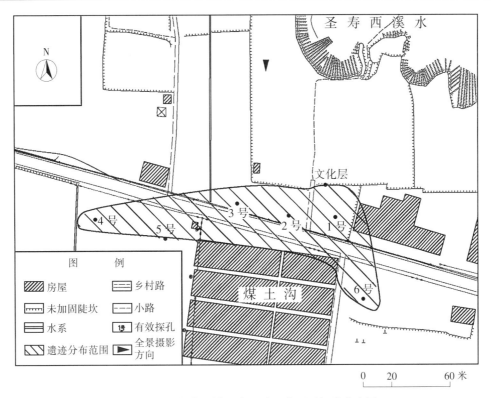

图一五四　新砦（煤土沟）遗址位置及探孔分布图

依据对采集标本的观察，陶片标本时代为"新砦期"。以往发掘结果显示，新砦遗址主要以龙山文化晚期、"新砦期"和二里头文化为主[①]。

煤土沟遗址位于煤土沟村北侧偏西，东西向公路南北两侧，东、西、北面至遗址所在台地地头断崖，南面靠近经过勘探的新砦北外壕外侧。煤土沟遗址平面基本呈东西向长条形，东西长约200米、南北宽约44米，勘探面积约0.72万平方米。（彩版五一，2）

依据对采集标本的观察，大部分陶器标本的时代为二里岗文化。另外采集有部分仰韶文化晚期和龙山文化晚期的残片。

（二）地层堆积与文化遗存

**1. 地层堆积**

在新砦（煤土沟）遗址上布探孔6个（图一五五），其地层堆积情况如下：

1号孔：位于遗址所在台地东北部。

①层：厚0.3米。土色黄，土质较软。耕土层。

②层：深0.3米，厚0.3米。土色黄，结构疏松。扰土层。

③层：深0.6米，厚0.2米。土色灰褐，土质较软，结构一般。含有红烧土颗粒、炭粒。文化层。

① 赵芝荃：《河南密县新砦遗址的试掘》，《考古》1981年第5期。赵春青、顾万发、王文华等：《河南新密新砦遗址1999年试掘简报》，《华夏考古》2000年第4期。赵春青：《新砦期的确认及其意义》，《中原文物》2002年第1期。北京大学震旦古代文明研究中心、郑州市文物考古研究院：《新密新砦——1999~2000年田野考古发掘报告》，文物出版社，2008年。中国社会科学院考古研究所河南新砦队、郑州市文物考古研究院：《河南新密市新砦遗址东城墙发掘简报》《河南新密市新砦遗址浅穴式大型建筑基址的发掘》，《考古》2009年第2期。

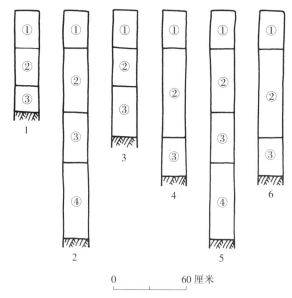

图一五五　新砦（煤土沟）遗址探孔柱状剖面图

①层：厚 0.3 米。土色黄，土质较软。耕土层。

②层：深 0.3 米，厚 0.3 米。土色黄，结构疏松。扰土层。

③层：深 0.6 米，厚 0.4 米。土色黄，土质较软，结构疏松。含有红烧土颗粒、炭粒。文化层。

深 1 米以下为黄白色生土层。

4 号孔：位于遗址所在台地西端。

①层：厚 0.3 米。土色黄，土质较软。耕土层。

②层：深 0.3 米，厚 0.7 米。土色黄，结构疏松。扰土层。

③层：深 1 米，厚 0.3 米。土色黄，土质较软，结构疏松。含有红烧土颗粒、炭粒。文化层。

深 1.3 米以下为黄白色生土层。

5 号孔：位于遗址所在台地西部。

①层：厚 0.3 米。土色黄，土质较软。耕土层。

②层：深 0.3 米，厚 0.5 米。土色黄，结构疏松。扰土层。

③层：深 0.8 米，厚 0.4 米。土色黄，土质较软，结构疏松。含有红烧土颗粒、炭粒。文化层以。

④层：深 1.2 米，厚 0.6 米。土色黄，土质较软，结构疏松。含有红烧土颗粒、炭粒。灰坑土。

深 1.8 米以下为黄白色生土层。

6 号孔：位于遗址所在台地东部。

①层：厚 0.3 米。土色黄，土质较软。耕土层。

②层：深 0.3 米，厚 0.7 米。土色黄，结构疏松。扰土层。

③层：深 1 米，厚 0.3 米。土色灰褐，土质较软，结构疏松。含有红烧土颗粒、炭粒。文化层。

深 0.8 米以下为黄白色生土层。

2 号孔：位于遗址所在台地北部。

①层：厚 0.3 米。土色黄，土质较软。耕土层。

②层：深 0.3 米，厚 0.5 米。土色黄，结构疏松。扰土层。

③层：深 0.8 米，厚 0.4 米。土色灰褐，土质较软，结构疏松。含有红烧土颗粒、炭粒。文化层。

④层：深 1.2 米，厚 0.6 米。土色灰黑，土质较软，结构疏松。灰坑土。

深 1.8 米以下为黄白色生土层。

3 号孔：位于遗址所在台地北部。

深 1.3 米以下为黄白色生土层。

本次调查勘探主要围绕新砦北外壕外侧的煤土沟遗址进行，依据勘探钻孔地层堆积情况，遗址文化层上覆盖有耕土和厚度 0.3 米到 0.7 米不等的扰土层。勘探显示，遗址文化层各个部分厚度较平均，厚度多在 0.2 米到 0.4 米之间，依据土质土色最多可分为一层文化层，个别探孔下叠压有灰坑遗迹。东西向公路从遗址中部穿过，公路两侧文化层应为相互延续的文化层，煤土沟遗址南侧紧邻新砦北壕沟北侧。

### 2. 文化遗存

（1）遗迹

新砦（煤土沟）遗址经长期雨水冲刷，部分文化层暴露于遗址北部东西向地头断崖崖面上。文化层距地表约 0.4 米；土褐色，不分层，土质较硬，结构一般，含有红烧土颗粒、炭粒及陶片；出土遗物以二里岗文化标本为主。（彩版五一，3）

（2）遗物

新砦遗址采集到的文化遗物皆为博物馆标本，可辨器形的陶器标本共计 13 件，有拍、尊形瓮、瓹、豆、壶、杯、器盖、器盖钮、鼎足等。另有铲、斧、刀、镰、圆形器、镞、凿、网坠、锤、矛等石器。根据采集标本的器物形制特征及纹饰特征，时代为"新砦期"。（图一五六、图一五七）

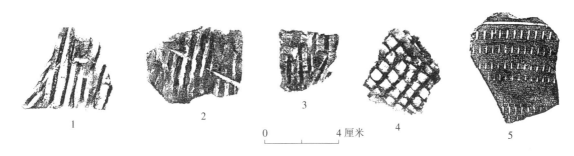

图一五六　新砦遗址陶器纹饰拓片

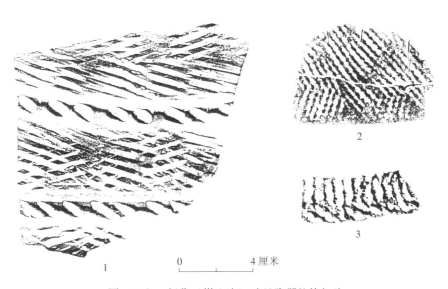

图一五七　新砦（煤土沟）遗址陶器纹饰拓片

1）石器标本

石铲 24 件。

标本 WXZ：14，青色。扁平梯形，较薄，上部残，刃部有使用痕迹，表面凹凸不平。打制。残长 14、宽 11.4、厚 1.1 厘米。（彩版五二，1；图一五八，1）

标本 WXZ：15，砂岩，浅灰色。扁平板状长方形，下部残，双面钻孔未透穿，横截面为圆角长方形。磨制。残长 12.5、宽 9、厚 2.3 厘米。（彩版五二，2；图一五八，2）

标本 WXZ：16，辉绿岩，灰绿色。扁平状长方形，上部残，横截面呈圆角长方形，双面刃，两侧边缘一侧较平、一侧较鼓。磨制。残长 7.4、宽 7.5、厚 1.2 厘米。（彩版五二，3；图一五八，3）

标本 WXZ：17，砂岩，灰色。扁平板状梯形，中有单面钻孔一个，刃部残，横截面为长棱形，一侧较厚。磨制。残长 6.2、宽 8.6、厚 1 厘米。（彩版五三，1；图一五八，4）

标本 WXZ：26，石英岩，浅灰色。扁平状抹角梯形，平顶略弧，刃部残，顶部较薄，向下渐厚。磨制，通体磨光。残长 10.7、宽 9.8、厚 1.7 厘米。（彩版五三，2；图一五八，5）

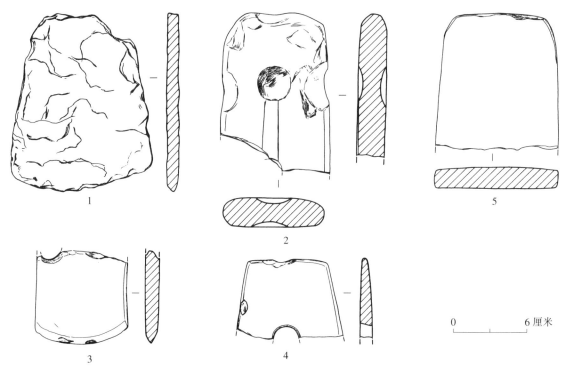

图一五八 新砦遗址出土石铲
1~5. WXZ：14、15、16、17、26

标本 WXZ：18，细砂岩，灰色。扁平状长方形，下部残，双面钻孔，横截面呈圆角长方形。磨制。残长 19.6、宽 10.5、厚 2.2 厘米。（彩版五四，1；图一五九，1）

标本 WXZ：19，细砂岩，灰色。有肩石铲。下部残，扁平状长方形，横截面呈圆角长方形。肩部有捆绑磨损痕迹。磨制。残长 18.2、宽 10.8、厚 1.7 厘米。（彩版五四，2；图一五九，2）

标本 WXZ：29，石灰岩，浅灰色。长条状。表面遍布打制痕迹，为半成品。打制。长 29、宽 11.4 厘米。（彩版五六，1；图一六〇）

标本 WXZ：21，细砂岩，黄灰色。扁平状长方形，上部残，横截面呈长棱形，刃部有使用痕

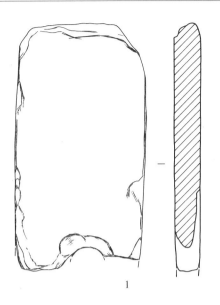
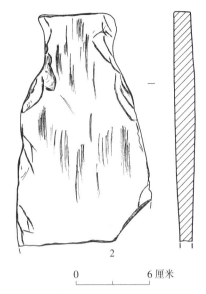

图一五九 新砦遗址出土石铲
1、2. WXZ：18、19

迹。磨制。残长 16、宽 12、厚 2.2 厘米。（彩版五五，2；图一六一，1）

标本 WXZ：20，长石石英片岩，灰青色。扁平状梯形，双面钻孔，单面刃，刃左侧残缺。铲体正面略鼓，背面较平。磨制。长17.4、宽 10.6、厚 1.5 厘米。（彩版五五，1；图一六一，2）

标本 WXZ：30，石灰岩，灰绿色。扁平板状长方形，刃部略宽，平顶直角，顶下双面钻孔，刃部残。磨制，通体磨光。残长12.5、宽 6.8、厚 1.2 厘米。（彩版五三，3；图一六一，3）

标本 WXZ：42，灰色。扁平板状长方形，平顶略弧，横截面呈长方形，中部有一个双面钻孔，刃部残。磨制，通体磨光。残长12.8、宽 9.7、厚 1.7 厘米。（彩版五八，1；图一六一，4）

标本 WXZ：32，石灰岩，浅灰色。扁平状长方形，横截面呈抹角长方形，中有一个双面钻孔，单面刃略弧，刃部有使用痕迹。磨制，通体磨光。残长 12.5、宽 9.8、厚 1.8 厘米。（彩版五六，2；图一六二，1）

标本 WXZ：34，细粒砂岩，浅灰色。扁平状长方形，中有单面钻孔一个，单面刃略弧。磨制，通体磨光。残长 7.8、宽 9.9、厚1.2 厘米。（彩版五七，1；图一六二，2）

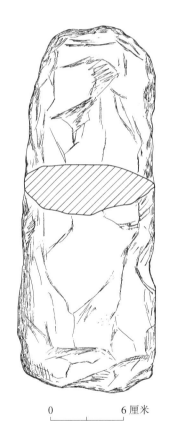

图一六〇 新砦遗址出土石铲
（WXZ：29）

标本 WXZ：36，石灰岩，灰色。扁平板状梯形，平顶，中部有一单面钻孔，刃部残，顶部残缺一块。磨制。残长 11、宽 8.5、厚 0.6～1 厘米。（彩版五三，4；图一六二，3）

标本 WXZ：38，石灰岩，灰色。扁平板状梯形，顶部残，单面刃，刃部较宽，部分残。磨制，通体磨光。残长 15.5、宽 8.2～10、厚 1.5 厘米。（彩版五七，2；图一六二，5）

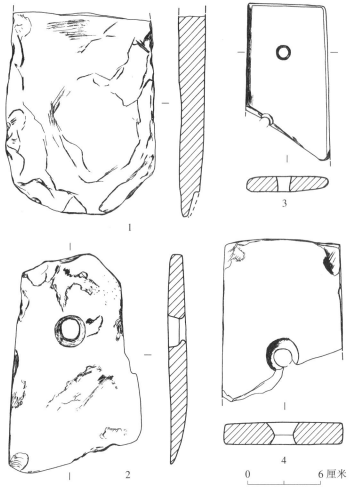

图一六一　新砦遗址出土石铲
1～4. WXZ：21、20、30、42

标本 WXZ：39，细粒砂岩，灰色。扁平板状梯形，上部残，刃部略宽，弧形单面刃，刃部有使用痕迹。磨光，通体磨光。残长 8、宽 10.2、厚 1.3 厘米。（彩版五七，3；图一六二，4）

标本 WXZ：40，细粒砂岩，灰色。残存一半，顶部残，上存双面钻孔一个，弧形刃残。磨制，通体磨光。残长 7、宽 5、厚 1 厘米。（彩版五八，2；图一六二，6）

标本 WXZ：47，粉砂岩，灰色。扁平状梯形，上端已残，单面刃，刃部锋利、磨光。磨制。残长 19.8、宽 10.6、厚 2.2 厘米。（彩版五九，2；图一六三，1）

标本 WXZ：53，石灰岩，灰色。扁平状梯形，一面平整，一面局部凹凸不平，单面刃磨光。磨制。长 15.9、宽 9.7、厚 1.7 厘米。（彩版六〇，2；图一六三，2）

标本 WXZ：41，石灰岩，灰色。扁平状长方形，平顶，顶下两缘有捆绑痕迹，单面弧形刃，刃部有残缺，刃部磨光。磨制。长 20、宽 9～9.8、厚 2.2 厘米。（彩版五八，3；图一六四，1）

标本 WXZ：46，凝灰质细砂岩，灰色。扁平状梯形，上端残，单面刃，刃部残，磨光。打制加磨制。残长 14.5、宽 10.5、厚 1.6 厘米。（彩版六〇，1；图一六四，2）

标本 WXZ：43，石灰岩，灰色。扁平板状长方形，平顶，中部有双面钻孔一个，刃部残，单面磨光。磨制。残长 8.5、宽 9.1、厚 1.3 厘米。（彩版五九，1；图一六四，3）

标本 WXZ：44，泥灰岩，灰色。扁平状梯形，横截面呈长方形，平顶略弧，中部有双面钻孔二个，刃部残。磨制。残长 12.5、宽 6.8～8.5、厚 1.8 厘米。（彩版五九，3；图一六四，4）

石斧　3 件。

标本 WXZ：22，辉绿岩，灰绿色。上部残，正面略鼓，双面刃。磨制。残长 9.5、宽 6.9、厚 4.2 厘米。（彩版六一，1；图一六五，1）

标本 WXZ：33，黑色。扁平板状长条形，顶部残，一缘略弧，一面平，一面略鼓，双面弧形刃，有轻微使用痕迹。磨制。残长 10.2、宽 5.7、厚 2 厘米。（彩版六一，2；图一六五，2）

标本 WXZ：58，斜长角闪岩，青色。圆角梯形，上部圆角方柱体，下部扁平状，双面刃，刃

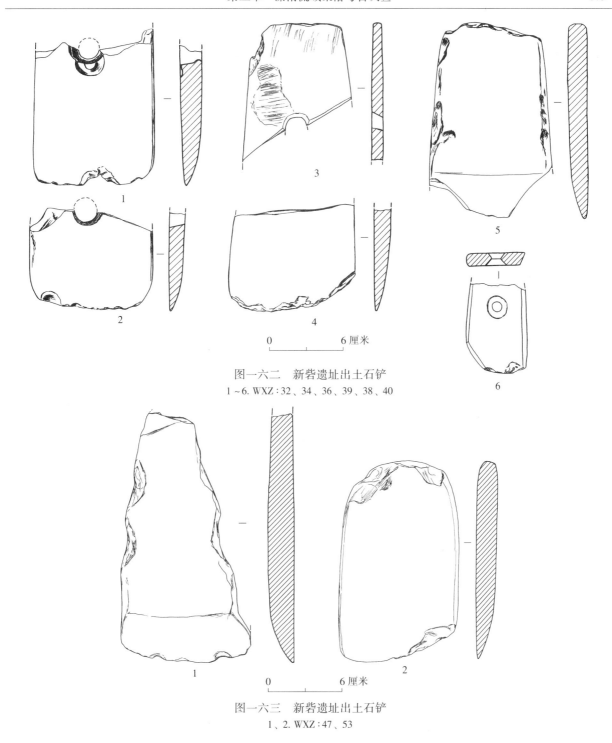

图一六二　新砦遗址出土石铲
1～6. WXZ：32、34、36、39、38、40

图一六三　新砦遗址出土石铲
1、2. WXZ：47、53

部较钝、磨光。磨制。长9.7、宽5.3、厚3.4厘米。（彩版六一，3；图一六五，3）

　　石刀　标本WXZ：12，绢云母石英片岩，灰褐色。长方形，残存一半，单面刃。磨制。残长10、宽4.8厘米（彩版六一，4；图一六五，4）

　　石凿　标本WXZ：13，青黑色。长方形条状，平顶，刃部残。磨制，通体磨光。残高8.5、宽3.6、厚2.2厘米（彩版六二，1；图一六五，5）

　　石矛　标本WXZ：35，黑色。残存三角形顶端，顶端尖锐，双面刃，中部略凹。通体磨光。残长8.3、厚1.2厘米（彩版六二，2；图一六五，6）

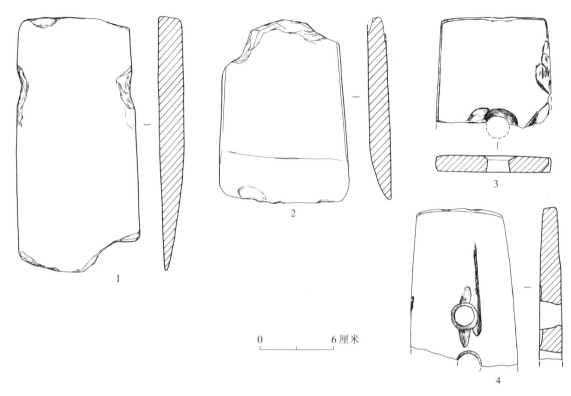

图一六四　新砦遗址出土石铲
1~4. WXZ：41、46、43、44

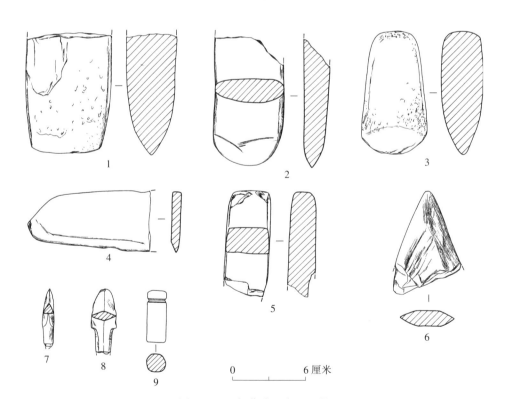

图一六五　新砦遗址出土石器
1~3. 斧（WXZ：22、33、58）　4. 刀（WXZ：12）　5. 凿（WXZ：13）　6. 矛（WXZ：35）
7、8. 镞（WXZ：50、49）　9. 网坠（WXZ：48）

石镞　2件。

标本 WXZ：49，泥质板岩，灰色。圆角三角形，截面为菱形，两面中间各有一条凸棱，圆铤磨光。磨制。残高5.1厘米。（彩版六二，3；图一六五，8）

标本 WXZ：50，灰色。三棱锥状，圆铤磨光。磨制。残长4.6厘米。（彩版六二，4；图一六五，7）

石网坠　标本 WXZ：48，石灰岩，浅灰色。圆柱体，一端有凹槽一周，磨光。磨制。长4.1厘米。（彩版六二，5；图一六五，9）

石镰　标本 WXZ：37，褐色。残存尖部，单面弧形刃，背面磨光。磨制。残长10、宽4.8、厚0.7厘米。

圆形石器　3件。

标本 WXZ：23，绢云母石英片岩，青灰色。圆形扁状。磨制。直径20.8、厚5厘米。（彩版六三；图一六六，1）

标本 WXZ：25，绢云母石英片岩，灰色。椭圆形。磨制。直径7.6~12、厚3厘米。（彩版六四，1；图一六六，2）

标本 WXZ：31，绢云母石英片岩，灰色。圆形略扁，一面凹，内有平行凸棱四道，背面略鼓，残缺一角。打磨兼制。直径13、厚3.2~4厘米。（彩版六四，2；图一六六，3）

石锤　标本 WXZ：27，辉绿玢岩，灰绿色。下细上粗，横截面呈抹角长方形，其中一面上端有凹槽两个，下端有凹槽一个，便于手握，下端有使用痕迹。打磨兼制。长14.7厘米。（彩版六五，1；图一六六，4）

石器　标本 WXZ：24，泥灰岩，浅灰色。圆角长方形，表面凹凸不平。打制。长17.5、宽12.5、厚5.2厘米。（彩版六五，2；图一六七）

2）陶器标本

鼎足　3件。

标本 WXZ：5，夹砂灰陶。三角形扁足，正、背面均饰指甲纹。手制。高12.3厘米。（图一六八，1）

标本 WXZ：4，夹砂褐陶。三角形扁足，饰按窝纹。手制。高13厘米。（图一

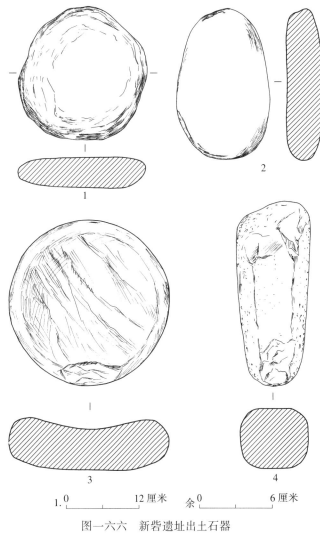

图一六六　新砦遗址出土石器

1~3. 圆形石器（WXZ：23、25、31）　4. 锤（WXZ：27）

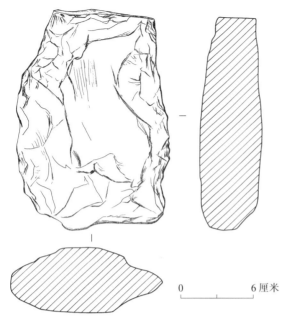

图一六七　新砦遗址出土石器（WXZ：24）

六八，2）

标本 WXZ：7，夹砂灰陶。三角形扁足，正面饰按窝纹。手制。高9.7厘米。（图一六八，3）

甗足　标本 WXZ：6，夹砂灰陶。锥状实足，满饰绳纹。手制。高6.5厘米。（图一六八，4）

壶　标本 WXZ：51，泥质灰陶，薄胎。口残，束颈，鼓腹，最大腹径靠下，平底微凹。素面，轮制。残高13.3、底径8.8、壁厚0.4~0.6厘米。（彩版六五，3；图一六九，1）

豆　标本 WXZ：9，泥质黑皮灰胎。残存豆柄上部及少部豆盘底，豆柄镂空，近豆盘处有对称穿孔。轮制。残高3、壁厚0.3厘米。（图一六九，2）

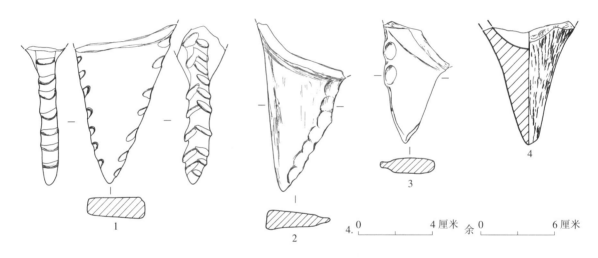

图一六八　新砦遗址出土"新砦期"陶器
1~3. 鼎足（WXZ：5、4、7）　4. 甗足（WXZ：6）

器盖　2件。

标本 WXZ：1，泥质黑皮褐胎。纽残，斜顶近平，盖壁内凹外撇。素面，轮制。口径28.8、残高9、壁厚0.8~1厘米。（图一六九，3）

标本 WXZ：8，泥质黑皮褐胎。纽残，盖顶较平，盖壁较直内折。盖顶饰凹弦纹三周。轮制。口径18.2、残高5.2、壁厚0.6厘米。（图一六九，4）

杯　标本 WXZ：52，泥质灰陶。上部残，喇叭形口，下腹微鼓，平底，把残。素面，轮制加手制。残高7.8、底径5.7、壁厚0.5~0.7厘米。（彩版六五，4；图一六九，5）

拍　标本 WXZ：11，泥质褐陶。手制。残高4.5厘米。（图一六九，6）

器盖纽　标本 WXZ：10，泥质黑皮灰胎。形制不详。素面，轮制。顶径5.6、残高8、壁厚0.7厘米。（图一六九，7）

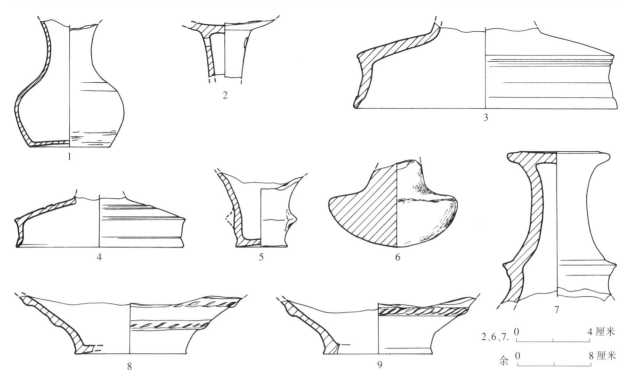

图一六九　新砦遗址出土"新砦期"陶器

1. 壶（WXZ：51）　2. 豆（WXZ：9）　3、4. 器盖（WXZ：1、8）　5. 杯（WXZ：52）　6. 拍（WXZ：11）　7. 器盖纽（WXZ：10）　8、9. 瓮底（WXZ：3、2）

瓮　2件。

标本 WXZ：3，泥质灰陶。残存尊形瓮底部，平底，弧腹内收。腹饰附加堆纹两周，近底处素面。轮制。底径12、残高6、壁厚0.6厘米。（图一六九，8）

标本 WXZ：2，夹砂黑皮褐胎。残存尊形瓮底部，斜弧腹内收，近底处外撇。近底处饰附加堆纹一周，其余素面。轮制。底径12、残高6、壁厚0.6厘米。（图一六九，9）

在新砦（煤土沟）遗址上共采集陶器标本28件。可辨器形的陶器标本共计6件，种类有罐、鬲、盆、瓮等。根据采集标本的器物形制特征及纹饰特征（见图一五七），为二里岗文化。另外采集有部分时代为仰韶文化晚期和龙山文化晚期的残片，未作为标本描述。

罐底　2件。

标本 WMTG：3，夹砂灰陶。斜壁，平底。内壁有按窝，外壁有抹痕。素面，轮制。残高5.2、壁厚0.4～0.6厘米。（图一七〇，1）

标本 WMTG：5，泥质灰陶。斜壁内收，平底。素面，轮制。残高1.8、壁厚0.6～0.8厘米。（图一七〇，2）

瓮　标本 WMTG：1，夹砂灰陶。直口，尖唇，唇外撇，高领，鼓腹。腹饰粗绳纹。轮制。残高5.8、壁厚0.5～0.7厘米。（图一七〇，3）

鬲　标本 WMTG：4，夹砂灰陶。盘形口，尖唇，唇部上折，折沿，鼓腹。腹饰右斜绳纹。轮制。残高4、壁厚0.3～0.6厘米。（图一七〇，4）

盆　2件。

标本 WMTG：2，泥质灰陶。方唇，唇略下垂，小平折沿，斜直腹。轮制。口径28、残高4、

壁厚 0.5 ~ 0.8 厘米。（图一七〇，5）

　　标本 WMTG：21，腹部残片。泥质褐陶。饰附加堆纹、交错篮纹。轮制。残高 11.6、壁厚 0.8
厘米。（图一七〇，6）

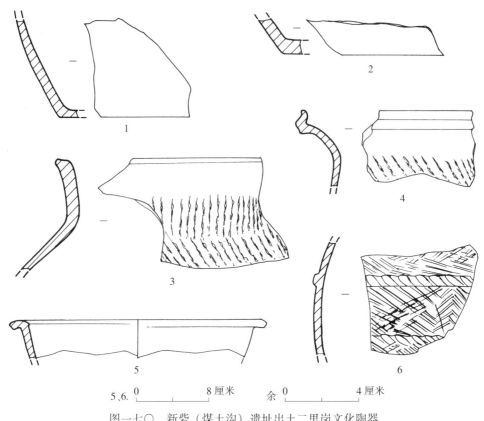

图一七〇　新砦（煤土沟）遗址出土二里岗文化陶器
1、2. 罐底（WMTG：3、5）　3. 瓮（WMTG：1）　4. 鬲（WMTG：4）　5、6 盆（WMTG：2、21）

### 四二、洪山庙遗址

（一）地理位置与概况

　　洪山庙遗址位于河南省新密市大隗镇陈庄村洪山庙村，处于北面临洧水河地带。遗址地理坐
标为北纬 34°25.566′、东经 113°33.097′，海拔高度 143 米。编号为 42 号。（彩版六六，1）

　　洪山庙遗址所在台地地势西南高东北低，后经平整形成一级级的梯田。洧水河主流在遗址北
侧环绕流过，遗址处于二级梯田的临河台地上，面积较大，地势平缓。遗址主要分布在洪山庙村
北，依据遗址文化层所在台地范围可知：东、西两面均至勘探出文化层范围边界，南侧以位于遗
址南侧的地头断崖为界，北侧紧邻洧水河南岸河沿断崖。洪山庙遗址平面基本呈南北向长条形，
东西长约 15 米，南北长约 46 米，面积 0.06 万平方米。遗址所在台地面与其北侧现河道的高差约
为 17 米。（图一七一）

　　该遗址以往经过多次调查，2009 年溱洧流域聚落调查时再次复查。

　　依据对采集标本的观察，大部分陶器标本的时代为仰韶文化晚期。

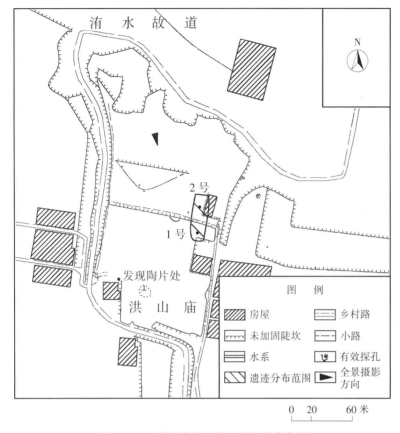

图一七一　洪山庙遗址位置及探孔分布图　　　　图一七二　洪山庙遗址探孔
柱状剖面图

（二）地层堆积与文化遗存

**1. 地层堆积**

在遗址上布探孔2个（图一七二），其地层堆积情况如下：

1号孔：位于遗址所在台地南部。

①层：厚0.3米。土色黄，土质较软。耕土层。

②层：深0.3米，厚0.6米。土色黄，结构疏松。扰土层。

③层：深0.9米，厚0.5米。土色灰褐，土质较软，结构疏松。含有炭粒、红烧土颗粒。文化层。

④层：深1.4米，厚0.6米。土色灰褐，土质较软，结构疏松。含有红烧土颗粒、炭粒。文化层。

深2米以下为黄白色生土层。

2号孔：位于遗址所在台地北部。

①层：厚0.3米。土色黄，土质较软。耕土层。

②层：深0.3米，厚0.9米。土色黄，结构疏松。扰土层。

③层：深1.2米，厚0.3米。土色深褐，土质一般，土质疏松。含有红烧土颗粒、炭粒。文化层。

深1.5米以下为黄白色生土层。

依据勘探钻孔地层堆积情况，遗址文化层上覆盖有耕土及厚度0.6米的扰土层；遗址北部区域受土地平整的破坏，耕土层下即见文化层；1号探孔所在的遗址南部区域文化层较厚，北部较薄，与遗址所在台地南壁面上发现陶片处连为一片；台地西部大部分经勘探，不见文化层，文化层分布面积较小[①]。（彩版六六，2）

### 2. 文化遗存

（1）遗迹

洪山庙遗址经雨水长期冲刷，部分陶片暴露于遗址南面东西向地头断崖崖面上。陶片所处地层土褐色，不分层，土质较硬，结构疏松，含有少量陶片。地面和断崖发现有灰坑遗迹，出土器物有灰色绳纹、方格纹陶片。（图一七三）

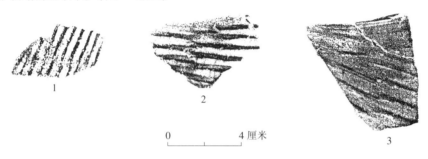

图一七三　洪山庙遗址陶器纹饰拓片

（2）遗物

洪山庙共采集陶片标本 8 件，可辨器形标本 4 件，种类有罐、盆、盘、器盖等。另有石斧 1 件。

1）石器标本

石斧　标本 WHSM：22，黑色。扁体梯形，个体较大。上部稍残，双面刃，刃部略残。打磨兼制。长 13.5、宽 5.8、厚 2.4 厘米。（彩版六六，3；图一七四，1）

2）陶片标本

罐　标本 WHSM：15，夹砂褐陶。侈口，方唇，沿面微鼓，折沿。唇上有一周凹槽，沿上端

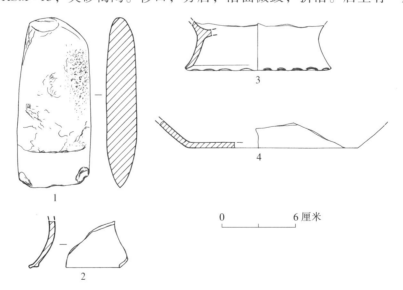

图一七四　洪山庙遗址出土石器及仰韶文化晚期陶器
1. 石斧（WHSM：22）　2. 盘圈足（WHSM：6）　3. 圈足（WHSM：4）　4. 盆底（WHSM：3）

①　国家文物局：《中国文物地图集·河南分册》，中国地图出版社，1991 年，第 45 页。

有一周凹弦纹，器壁饰横篮纹。轮制。

盘圈足　标本 WHSM：6，泥质灰陶。喇叭状，方唇。唇部有一周凹槽。轮制。残高 3.7、壁厚 0.2～0.5 厘米。（图一七四，2）

圈足　标本 WHSM：4，夹砂红褐陶。侈口，尖唇。唇部有捏制花边。轮制。圈足径 12、残高 3.5、壁厚 0.2～0.8 厘米。（图一七四，3）

盆底　标本 WHSM：3，泥质灰陶。弧腹，平底。磨光，轮制。残高 1.9、壁厚 0.5 厘米。（图一七四，4）

### 四三、双楼西沟遗址

（一）地理位置与概况

双楼西沟遗址位于河南省新密市大隗镇双楼西沟村东，处于东、北二面河流交汇地带。遗址地理坐标为北纬 34°26.043′、东经 113°34.224′，海拔高度 138 米。编号为 43 号。（彩版六七，1）

双楼西沟遗址所在台地地势西高东低，后经平整形成一级级的梯田。洧水河主流在遗址北侧蜿蜒流过，遗址东侧为虎獘溪水向北汇于洧水，遗址处于二流交汇所夹二级梯田的临河台地上。依据遗址文化层所在台地范围可知：东、西面至遗址所在台地地头断崖，北面至洧水河南岸河沿断崖，南面以遗址南侧东西向小路为界。双楼西沟遗址估计面积值约为 0.1 万平方米，遗址所在台地面与其北侧现河道的高差约为 17 米。（图一七五）

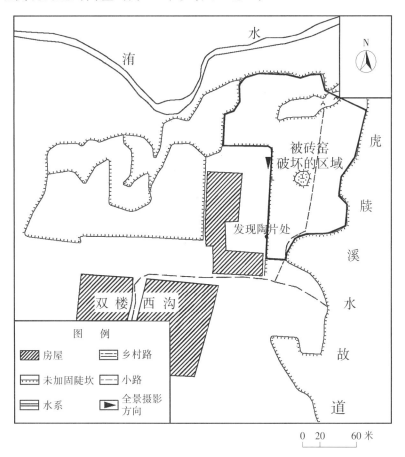

图一七五　双楼西沟遗址位置

该遗址以往未见著录或公布，2009 年溱洧流域聚落调查时发现。

依据对采集标本的观察，大部分陶器标本的时代为二里头文化。

（二）地层堆积与文化遗存

**1. 地层堆积**

经过勘探，未发现文化层或单独灰坑遗迹，估计遗址所在台地已被完全破坏。

**2. 文化遗存**

本次调查，仅发现断崖壁上挂有陶片，未发现文化层，估计已被取土破坏。后在遗址上采集遗物标本共 9 件，其中可辨器形的标本 1 件。另外采集有二里头文化罐、瓦足盆残片，未作为标本描述。

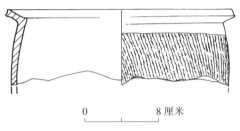

图一七六　双楼西沟遗址出土二里头文化陶罐（WSLXG∶1）

罐　标本 WSLXG∶1，夹砂褐陶。折沿，方唇，鼓腹。唇部有凹槽，唇下有一周凸棱，腹饰右斜绳纹。轮制。口径 25、残高 8、壁厚 0.6～0.8 厘米。（图一七六）

## 四四、张庄遗址

（一）地理位置与概况

张庄遗址位于河南省新密市新密市大隗镇南张庄村北，处于东侧河流半环绕地带。遗址地理坐标为北纬 34°24.453′、东经 113°33.340′，海拔高度 153 米。编号为 44 号。（彩版六七，2）

张庄遗址地势南高北低，后经平整形成一级级的梯田。遗址主要分布在洧水南部支流虎脿溪水左源西北岸台地上，依据张庄遗址文化层所在台地范围及陶片分布范围可知：遗址南界至南面张庄村北边界勘探出的文化层范围，向北至陈沟村东勘探出的文化层范围，东以南北向高速公路为界，向西以陈沟村南勘探出的文化层范围为界。遗址范围为不规则形，南北长 231 米，东西宽 212 米，总面积约 3.17 万平方米。遗址所在台地面与其东侧现河道的高差约为 15 米，遗址地下遗迹范围距其东侧河道断崖约 50 米。（图一七七）

张庄遗址，在新中国成立后的历次文物普查中均有记载。2006 年 11 月新密市文物管理所文物普查时进行复查，2009 年溱洧流域聚落调查时再次复查。

根据采集标本的器物形制特征及纹饰特征，可分为龙山文化晚期、二里头文化、二里岗文化和殷墟文化。

（二）地层堆积与文化遗存

**1. 地层堆积**

在遗址上布探孔 7 个（图一七八），其地层堆积情况如下：

1 号孔：位于遗址所在台地北端。

①层：厚 0.3 米。土色黄，土质较软。耕土层。

②层：深 0.3 米，厚 1.7 米。土色黄褐，土质较软，结构疏松。含有较少烧土颗粒、炭粒。文化层。

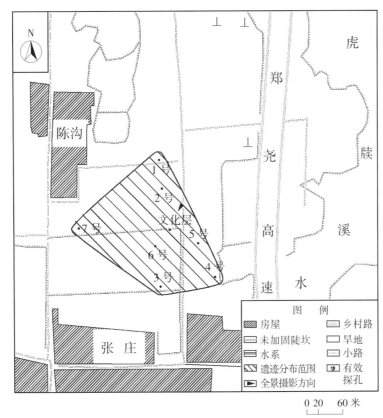

图一七七 张庄遗址位置及探孔分布图

深 2 米以下为黄白色生土层。

2 号孔：位于遗址所在台地北部。

①层：厚 0.3 米。土色黄，土质较软。耕土层。

②层：深 0.3 米，厚 1 米。土色灰黑，土质较软，结构疏松。含有红烧土、炭灰。灰坑土。

深 1.3 米以下为黄白色生土层。

3 号孔：位于遗址所在台地南端。

①层：厚 0.3 米。土色黄，土质较软。耕土层。

②层：深 0.3 米，厚 0.5 米。土色黄，结构疏松。扰土层。

③层：深 0.8 米，厚 0.2 米。土色灰褐，土质较硬，结构紧密。含有红烧土颗粒、炭粒。文化层。

深 1 米以下为黄白色生土层。

4 号孔：位于遗址所在台地东端。

①层：厚 0.3 米。土色黄，土质较软。耕土层。

②层：深 0.3 米，厚 0.7 米。土色

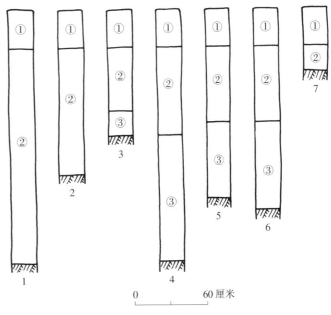

图一七八 张庄遗址探孔柱状剖面图

黄，结构疏松。扰土层。

③层：深1米，厚1米。土色黄褐，土质较软，结构疏松。含有陶片。文化层。

深2米以下为黄白色生土层。

5号孔：位于遗址所在台地东部。

①层：厚0.3米。土色黄，土质较软。耕土层。

②层：深0.3米，厚0.6米。土色黄，结构疏松。扰土层。

③层：深0.9米，厚0.6米。土色灰黑，土质较软，结构疏松。含有较多红烧土颗粒、炭粒。灰坑土。

深1.5米以下为黄白色生土层。

6号孔：位于遗址所在台地中部。

①层：厚0.3米。土色黄，土质较软。耕土层。

②层：深0.3米，厚0.6米。土色黄，结构疏松。扰土层。

③层：深0.9米，厚0.7米。土色灰褐，土质较硬，结构紧密。含有红烧土颗粒、炭粒。文化层。

深1.6米以下为黄白色生土层。

7号孔：位于遗址所在台地西端。

①层：厚0.3米。土色黄，土质较软。耕土层。

②层：深0.3米，厚0.2米。土色黄褐，结构疏松。含有较少红烧土颗粒、炭粒。文化层。

深0.5米以下为黄白色生土层。

依据勘探钻孔地层堆积情况，遗址文化层上覆盖有耕土及厚度0.5米到0.7米不等的扰土层，个别探孔耕土层下即见文化层或单独遗迹；4号至6号探孔所在的遗址东南部区域文化层较厚，厚度多在0.6米到0.7米之间，最厚可达1米，文化层较为单一；1号、2号探孔所在的遗址北部区域文化层最厚，最厚可达1.7米，为一层文化层，2号探孔可见单独灰坑遗迹；3号、7号探孔所在的遗址南部及西部区域，文化层较薄，厚度为0.2米，应为遗址的边缘区。另在遗址范围外南部与张庄村之间存在一条地下沟，方向不明。

**2. 文化遗存**

（1）遗迹

在发现的张庄遗址范围内，在虎睑溪水西岸河沿断崖西50米原有一取土坑，从断崖处可见厚约2.8米文化层；于遗址中部东西向地头北面断崖上亦可见厚约1米的文化层，文化层内以商代殷墟文化标本为主。（彩版六七，3）

（2）遗物

可辨器形标本有石器4件、陶器56件，其中陶器种类有罐、鬲、甗、盆、钵、碗、盘、瓮、缸、器盖、拍、环等。根据采集标本的器物形制特征及纹饰特征，可分为龙山文化晚期、二里头文化、二里岗文化和殷墟文化。（图一七九至图一八二；表二〇、二一）

1）石器标本

石斧　2件。

标本WZZ：1，辉绿岩，灰绿色。横截面呈圆角长方形，四面略鼓，双面刃。磨制。残长10.3、

图一七九　张庄遗址陶器纹饰拓片

宽5.9厘米。（彩版六八，1；图一八三，1）

标本WZZ：31，辉绿岩，灰绿色。横截面呈圆角长方形，双面刃。磨制。长12、宽5.7、厚3.3厘米。（彩版六八，2；图一八三，2）

石铲　2件。

标本WZZ：2，黑色。扁平板状，残留一侧。横截面呈梭形，正面略鼓，背面平直，单面刃。磨制。残长12.3、残宽7.2、厚1.5厘米。（图一八三，3）

标本WZZ：42，石灰岩，灰色。扁平板状，残留一侧。横截面呈梭形，正面略鼓，背面平直，单面刃。磨制。残长12.4、残宽7.2、厚0.9～1.6厘米。（图一八三，4）

2）陶器标本

①龙山文化晚期标本

罐　标本WZZ：33，泥质褐陶。侈口，方唇，折沿，内折棱明显，鼓腹。沿下1厘米处饰方格纹。轮制。口径17、残高4、壁厚0.4～0.6厘米。（图一八四，1）

瓮　3件。

标本WZZ：12，泥质黑皮褐胎。小直口，圆唇外撇，高领，平肩。素面磨光，轮制。口径

图一八〇　张庄遗址陶器纹饰拓片

18.2、残高 6.6、壁厚 0.6～0.9 厘米。（图一八四，2）

　　标本 WZZ：27，泥质黑皮褐胎。此标本甚残。方唇，高领。素面，轮制。残高 3.1、壁厚 0.8 厘米。（图一八四，3）

　　标本 WZZ：32，泥质灰陶。圆唇外撇，高领。素面，轮制。残高 3.1、壁厚 0.5 厘米。（图一八四，4）

　　盘圈足　标本 WZZ：81，泥质黑皮褐胎。素面，轮制。残高 4、壁厚 0.5～0.7 厘米。（图一八四，5）

　　②二里头文化标本

　　罐　标本 WZZ：9，夹砂红陶。盘形口，方唇，卷沿，鼓腹。唇面饰凸棱一周，沿下 1 厘米处饰竖绳纹。轮制。口径 18.8、残高 6.2、壁厚 0.6～0.8 厘米。（图一八四，6）

　　钵　标本 WZZ：51，泥质灰陶。敛口，方唇，有折棱，斜壁。素面，轮制。口径 16.9、残高

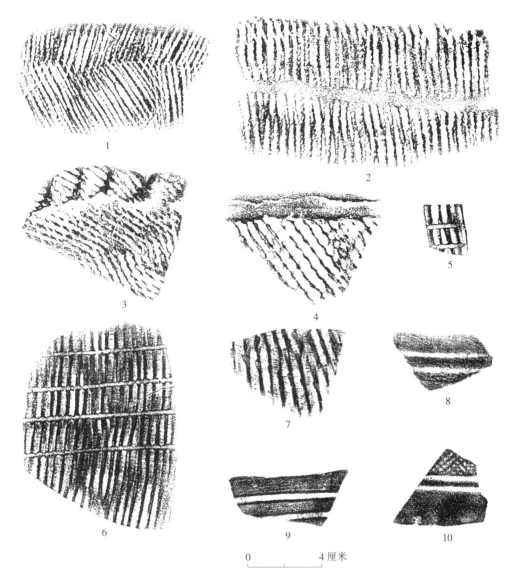

图一八一　张庄遗址陶器纹饰拓片

4、壁厚0.6～0.8厘米。（图一八四，7）

　　器盖纽　标本WZZ：18，泥质黑陶。平顶，束颈中空。顶部轮制痕迹明显。磨光。顶径8.4、残高4.2、壁厚0.4厘米。（图一八四，8）

　　③二里岗文化标本

　　鬲足　2件。

　　标本WZZ：28，夹砂灰陶。锥状足。素面，手制。残高9.5厘米。（图一八四，11）

　　标本WZZ：30，夹砂灰陶。锥状足。素面，手制。残高8厘米。（图一八四，12）

　　盆　标本WZZ：26，夹砂灰陶。直口，平卷沿，沿面略鼓，圆唇，直腹。沿下腹面有凸棱两周，下饰右斜绳纹。轮制。口径30、残高5.6、壁厚0.8厘米。（图一八四，14）

　　碗底　2件。

　　标本WZZ：45，泥质灰陶。上部残，斜腹内收，平底。内、外侧饰压制凹弦纹四周。器壁内外可见轮制痕迹。底径6、残高3.5、壁厚0.3～0.5厘米。（图一八四，9）

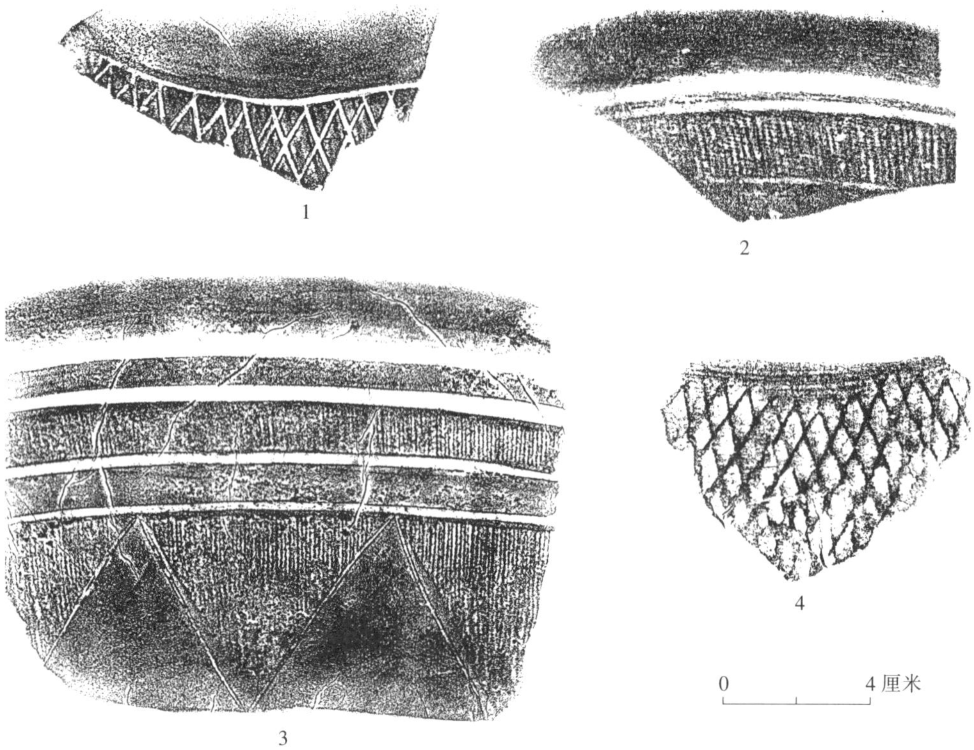


图一八二　张庄遗址陶器纹饰拓片

**表二〇**　　张庄遗址陶器陶质陶色纹饰统计表

| 陶系<br>纹饰 | 泥质 | | | | 夹砂 | | | | | 合计 | 百分比（%） |
|---|---|---|---|---|---|---|---|---|---|---|---|
| | 灰 | 红 | 黑 | 黑皮 | 灰 | 红 | 褐 | 黑 | 黑皮 | | |
| 素面 | 18 | 1 | 1 | 4 | 14 | 5 | 17 | 1 | 1 | 62 | 45.9 |
| 绳纹 | 2 | 1 | 2 | | 16 | 6 | 29 | 1 | 1 | 58 | 43 |
| 方格纹 | 1 | | 1 | | | | | | | 2 | 1.5 |
| 篮纹 | 3 | | | | 1 | | 1 | | | 5 | 3.7 |
| 凹弦纹＋绳纹＋三角状纹 | | | 1 | | | | | | | 1 | 0.7 |
| 菱形划纹 | 1 | | | | | | | | | 1 | 0.7 |
| 凹弦纹 | 1 | | | | 4 | | | | 1 | 6 | 4.4 |
| 合计 | 26 | 2 | 5 | 4 | 35 | 11 | 47 | 2 | 3 | 135 | |
| 百分比（%） | 19.3 | 1.5 | 3.7 | 3 | 25.9 | 8.1 | 34.8 | 1.5 | 2.2 | | 100 |

**表二一**　　张庄遗址陶器器类统计表

| 陶系<br>器类 | 泥质 | | | | | 夹砂 | | | | | 合计 | 百分比（%） |
|---|---|---|---|---|---|---|---|---|---|---|---|---|
| | 灰 | 红 | 褐 | 黑 | 黑皮 | 灰 | 红 | 褐 | 黑 | 黑皮 | | |
| 罐 | | | 3 | 2 | | 2 | 1 | | | | 8 | 15 |
| 瓮 | 4 | | 1 | | 2 | | | | | | 7 | 13.2 |
| 盘圈足 | | | | | 1 | | | | | | 1 | 2 |
| 钵 | 1 | | | | | | | | | | 1 | 2 |
| 盖纽 | | | | 1 | | | | | | | 1 | 2 |
| 斝足 | | | | | | 2 | | | | | 2 | 3.8 |

| 陶系 器类 | 泥质 | | | | | 夹砂 | | | | | 合计 | 百分比（%） |
|---|---|---|---|---|---|---|---|---|---|---|---|---|
| | 灰 | 红 | 褐 | 黑 | 黑皮 | 灰 | 红 | 褐 | 黑 | 黑皮 | | |
| 盆 | 1 | 1 | | | | 3 | | | | | 5 | 9.4 |
| 碗底 | 2 | | | | | | | | | | 2 | 3.8 |
| 器盖 | | | | 1 | | | | | | | 1 | 2 |
| 鬲 | | | | | | 5 | 1 | 7 | | | 13 | 24.5 |
| 鬲足 | | | | | | 1 | 1 | 6 | 2 | 2 | 12 | 23 |
| 合计 | 8 | 1 | 4 | 4 | 3 | 13 | 3 | 13 | 2 | 2 | 53 | |
| 百分比（%） | 15 | 2 | 7.5 | 7.5 | 5.7 | 24.5 | 5.7 | 24.5 | 3.8 | 3.8 | | 100 |

标本 WZZ：24，泥质灰陶。假圈足，平底，斜壁内收。底部可见轮制痕迹。底径 5.2、残高 4.5、壁厚 0.4～0.8 厘米。（图一八四，10）

器盖　标本 WZZ：36，泥质黑陶。尖唇，弧壁，浅腹。素面，轮制。口径 22、残高 4.5、厚 0.4 厘米。（图一八四，13）

④殷墟文化标本

罐　共 6 件。

标本 WZZ：47，夹砂褐陶。此标本甚残。侈口，尖唇，折沿，内折棱明显，下部残。沿上端近唇部有凹槽一周。素面，轮制。口径 28、残高 3.2、厚 0.5～0.9 厘米。（图一八五，1）

标本 WZZ：83，夹砂褐陶。此标本甚残。方唇，唇部下垂，折沿，内折棱明显，沿面内凹。沿面上端近唇部有凹槽一周。素面，轮制。残高 2.3、壁厚 0.8 厘米。（图一八五，2）

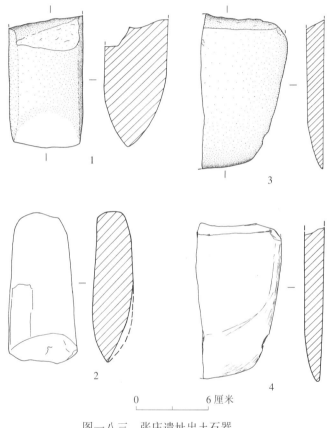

图一八三　张庄遗址出土石器
1、2. 斧（WZZ：1、31）　　3、4. 铲（WZZ：2、42）

标本 WZZ：6，泥质黑陶。方唇微外撇，卷沿，弧肩。唇面饰细凹弦纹一周，沿下有一周抹痕，沿外侧及腹饰右斜绳纹及横绳纹。轮制。口径 20.2、残高 7.4、壁厚 0.6 厘米。（图一八五，3）

标本 WZZ：107，夹砂灰陶。尖唇，折沿，沿面微凹，内折棱明显，鼓腹。腹饰右斜粗绳纹。器壁较粗糙，轮制。残高 7.2、壁厚 1～1.2 厘米。（图一八五，4）

标本 WZZ：21，泥质黑陶。敛口，方唇，鼓腹。口下 1 厘米处饰斜细绳纹。轮制。口径 15.2、残高 6.8、壁厚 0.6～0.8 厘米。（图一八五，5）

标本 WZZ：8，夹砂灰陶。侈口，方唇微外撇，折沿，内折棱明显，圆腹。唇面饰凹槽一周。素面，轮制。口径 14.8、残高 12、壁厚 0.6～0.8 厘米。（图一八五，6）

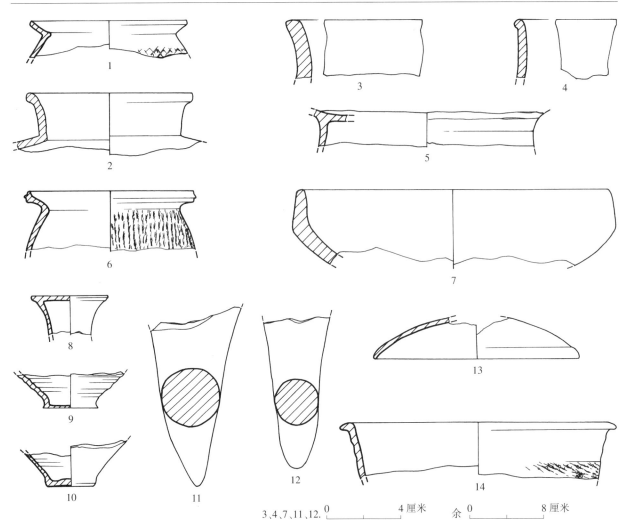

图一八四　张庄遗址出土龙山文化晚期、二里头文化及二里岗文化陶器

1. 罐（WZZ：33）　2~4. 瓮（WZZ：12、27、32）　5. 盘圈足（WZZ：81）　6. 罐（WZZ：9）　7. 钵（WZZ：51）　8. 器盖纽
（WZZ：18）　9、10. 碗底（WZZ：45、24）　11、12. 鬶足（WZZ：28、30）　13. 器盖（WZZ：36）　14. 盆（WZZ：26）（1~5
为龙山文化标本，6~8 为二里头文化标本，余为二里岗文化标本）

鬲　共 25 件。

标本 WZZ：44，夹砂褐陶。侈口，尖圆唇外撇加厚，折沿，内折棱明显，沿面外侧略鼓，下部残。沿面上端近唇部饰凹弦纹一周。素面，轮制。口径 24、残高 3.8、壁厚 0.6~1 厘米。（图一八五，7）

标本 WZZ：7，夹砂褐陶。盘形口，方唇，折沿，内折棱明显，弧腹。沿面上端近唇部有一周凹槽，沿下 3 厘米处饰细凹弦纹一周、附加堆纹一周，腹饰绳纹。轮制。口径 24、残高 11.2、壁厚 0.9 厘米。（图一八五，8）

标本 WZZ：90，夹砂灰陶。侈口，方唇，折沿。唇上有一周凸棱，沿面上端近唇部有一周凹槽。素面，轮制。残高 3.5、壁厚 0.7 厘米。（图一八五，9）

标本 WZZ：100，夹砂褐陶。盘形口，方唇，折沿，内折棱凸出，沿面内凹。沿面上端近唇部有凹槽。素面，轮制。残高 3.4、壁厚 0.7 厘米。（图一八五，10）

标本 WZZ：106，夹砂灰陶。此标本甚残。方唇，折沿，沿面微凹，内折棱明显。唇下部有凸棱，沿面近唇部有一周凹槽。轮制。残高 1.7、壁厚 0.5~1 厘米。（图一八五，11）

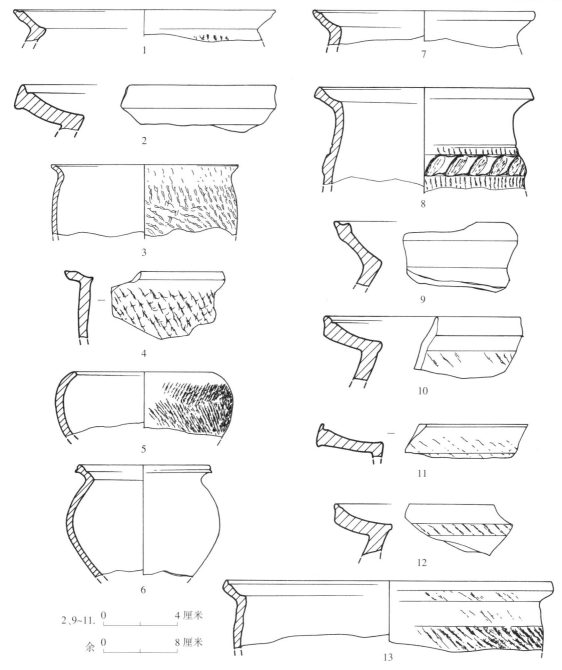

2,9~11. 0 ———— 4 厘米

余 0 ———— 8 厘米

图一八五　张庄遗址出土殷墟文化陶器

1~6. 罐（WZZ：47、83、6、107、21、8）　7~13. 鬲（WZZ：44、7、90、100、106、101、62）

　　标本 WZZ：101，夹砂褐陶。盘形口，方唇，折沿，沿面内凹。唇面有一周凹槽，沿面上端近唇部有一周凹弦纹。轮制。残高 2.7、壁厚 0.7~0.9 厘米。（图一八五，12）

　　标本 WZZ：62，夹砂灰陶。侈口，尖唇，折沿，内折棱明显，沿面内凹，鼓腹。沿面上端近唇部有一周凹槽，沿下 2 厘米处饰右斜粗绳纹。轮制。口径 36、残高 7.5、壁厚 0.8 厘米。（图一八五，13）

　　标本 WZZ：14，夹砂褐陶。侈口，方唇上凸，折沿，内折棱明显，上腹略束，下腹略鼓。沿下 2 厘米处饰右斜绳纹。轮制。口径 28.2、残高 15.6、壁厚 1~1.2 厘米。（图一八六，1）

　　标本 WZZ：61，夹砂红陶。侈口，尖圆唇，折沿，沿面内凹，内折棱明显，沿面内凹，鼓腹。

沿下饰绳纹。沿面内外隐约可见轮制痕迹。口径22、残高6、壁厚0.7厘米。（图一八六，2）

标本WZZ：99，夹砂灰陶。方唇，折沿，沿面有压制凹槽。素面，轮制。口径16、残高7、壁厚0.7厘米。（图一八六，3）

标本WZZ：79，夹砂褐陶。此标本甚残。侈口，尖圆唇，折沿，内折棱凸出，沿面内凹。素面，轮制。残高2.5、壁厚0.6厘米。（图一八六，4）

标本WZZ：103，夹砂褐陶。此标本甚残。尖唇，沿面内凹。沿面上端近唇部有一周凸棱。器壁内外隐约可见轮制痕迹。残高2.5、壁厚0.8厘米。（图一八六，5）

标本WZZ：108，夹砂灰陶。口部残，腹稍鼓，大袋足，矮实足根。腹底饰粗绳纹。轮制兼手制。残高18、厚0.6~1厘米（彩版六八，3；图一八六，6）

鬲足 12件。

标本WZZ：49，夹砂黑皮褐胎。锥状足。手制。残高10.6厘米。（图一八六，7）

标本WZZ：13，夹砂褐陶。袋鬲底。实足根较低，平足尖，足根内勾，足尖截面呈椭圆形。袋足上撇。裆部饰绳纹。手制。残高9.8厘米。（图一八六，8）

标本WZZ：17，夹砂褐陶。袋鬲底。实足根较低，平足尖，足根内勾，足尖横截面呈圆形。袋足上部饰粗绳纹。轮制。残高14.4厘米。（图一八六，9）

标本WZZ：19，夹砂褐陶。袋鬲底。实足根较低，平足尖，足根内勾，足尖截面呈椭圆形。腹饰绳纹。手制。残高9.6厘米。（图一八六，10）

标本WZZ：64，夹砂褐陶。袋鬲底。实足根较低，平足尖，足根内勾，足尖截面呈椭圆形。足上腹部饰绳纹。手制。残高6厘米。（图一八六，11）

标本WZZ：50，夹砂红陶。小矮实足根。素面，手制。残高5.6厘米。（图一八六，12）

标本WZZ：41，夹砂褐陶。袋鬲底。足残，实足为贴饰，接合处可见绳纹。足部饰绳纹。手制。残高6厘米。（图一八六，13）

标本WZZ：4，夹砂褐陶。袋鬲底。足残，实足为贴饰，接合处可见绳纹。裆部饰粗绳纹。手制。残高7.6厘米。（图一八六，14）

标本WZZ：23，夹砂黑陶。袋鬲底。足残，实足为贴饰，接合处可见绳纹。裆部饰粗绳纹。手制。残高3.6厘米。（图一八六，15）

标本WZZ：55，夹砂黑陶。袋鬲底。足残，实足为贴饰，接合处可见绳纹。腹饰绳纹。轮制。残高4厘米。（图一八六，16）

标本WZZ：38，夹砂黑皮褐胎。圆锥状足。足尖残，足上有竖向刮划痕迹。素面，手制。残高4.6厘米。（图一八六，17）

标本WZZ：96，夹砂褐陶。袋鬲底。足残，实足为贴饰，接合处可见绳纹。饰绳纹。手制。残高5.4厘米。（图一八六，18）

盆 共4件。

标本WZZ：11，夹砂灰陶。敞口，尖唇，折沿，内折棱明显，弧腹。沿面上有两周凸棱，腹饰右斜绳纹。轮制。口径34.2、残高11、壁厚0.6~0.8厘米。（图一八七，1）

标本WZZ：22，泥质褐陶。唇外撇，唇部残，高领，平沿，鼓腹。腹饰右斜绳纹。轮制。残

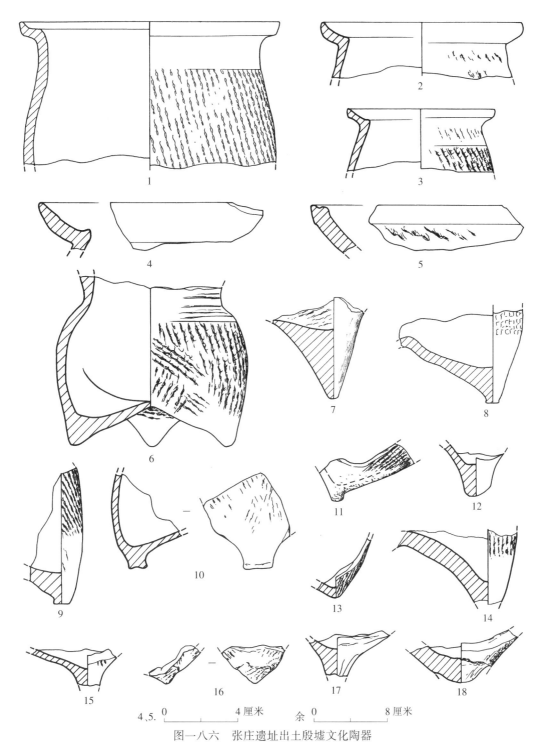

图一八六 张庄遗址出土殷墟文化陶器

1～6. 鬲（WZZ：14、61、99、79、103、108）　7～18. 鬲足（WZZ：49、13、17、19、64、50、41、4、23、55、38、96）

高6.7、壁厚0.6～0.9厘米。（图一八七，2）

标本WZZ：141，夹砂灰陶。敞口，尖唇，卷沿，直壁。轮制。残高2、壁厚0.3～0.5厘米。（图一八七，3）

标本WZZ：78，泥质灰陶。敞口，方唇加厚。口下饰凹弦纹两道，间饰右斜细绳纹。轮制。口径30.4、残高5.8、壁厚0.8厘米。（图一八七，4）

缸底　标本 WZZ：20，夹砂灰陶。圈足底内鼓，壁较厚，下腹内收。素面，轮制。残高 6、壁厚 1~2 厘米。（图一八七，5）

瓮　共 3 件。

标本 WZZ：75，泥质灰陶。此标本甚残。方唇，高领。素面，轮制。口径 18、残高 4、壁厚 1 厘米。（图一八七，6）

标本 WZZ：70，泥质灰陶。此标本甚残。方唇，高领。素面，轮制。口径 18、残高 3.2、壁厚 0.7 厘米。（图一八七，7）

标本 WZZ：65，泥质褐陶。侈口，尖圆唇，立领。素面。口径 18、残高 4、壁厚 0.9 厘米。（图一八七，8）

另外采集有陶拍和陶环。

拍　2 件。

标本 WZZ：63，泥质黑陶。菌状，拍柄截面呈圆形。素面，手制，制作不规整。残高 10.2 厘米。（彩版六八，4；图一八七，9）

标本 WZZ：3，夹砂黑皮褐陶。菌状，拍面部分残。素面，手制。高 8.8 厘米。（彩版六八，5；图一八七，10）

环　标本 WZZ：48，泥质灰陶。环形，横截面近圆形。轮制。（图一八七，11）

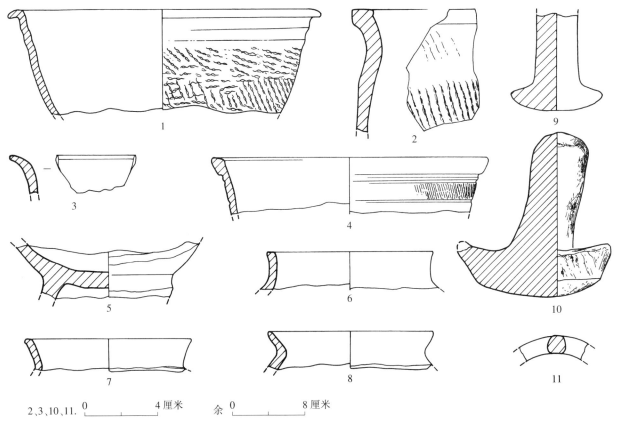

图一八七　张庄遗址出土殷墟文化陶器

1~4. 盆（WZZ：11、22、141、78）　5. 缸底（WZZ：20）　6~8. 瓮（WZZ：75、70、65）　9、10. 拍（WZZ：63、3）　11. 环（WZZ：48）

### 四五、王嘴遗址

（一）地理位置与概况

王嘴遗址位于河南省新密市刘寨镇王嘴村东，处于洧水北面支流圣寿西溪水东岸。遗址地理坐标为北纬34°26.262′、东经113°34.367′，海拔高度113米。编号为45号。（彩版六九，1）

遗址所在台地地势东高西低，洧水河主流在遗址东南面流过，遗址处于二至三级梯田的临河台地上，面积较大。遗址主要分布在圣寿西溪水东岸台地上，依据文化层所在台地范围可知：遗址四周范围均以勘探出文化层范围为界。遗址平面近似方形，东西长约331米，南北最长处长约295米，遗址面积约为8.46万平方米。遗址所在台地面与其西侧现河道的高差约为24米，遗址地下遗迹范围距其西侧河道断崖约158米。（图一八八）

图一八八　王嘴遗址位置及探孔分布图

1986年发现王嘴遗址，2006年11月新密市文物管理所文物普查时进行复查，2009年溱洧流域聚落调查时再次复查。

依据对复查采集标本的观察，大部分为裴李岗文化者。

（一）地层堆积与文化遗存

**1. 地层堆积**

在遗址上布探孔8个（图一八九），其地层堆积情况如下：

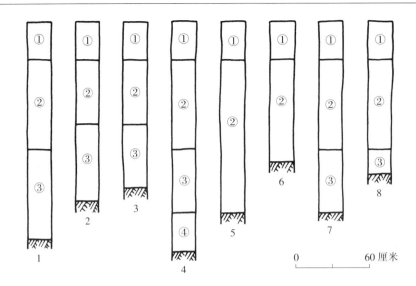

图一八九　王嘴遗址探孔柱状剖面图

1 号孔：位于遗址所在台地西北端。

①层：厚 0.3 米。土色黄，土质较软。耕土层。

②层：深 0.3 米，厚 0.7 米。土色黄，土质软，结构疏松。含有红烧土颗粒、炭粒、灰陶片颗粒。疑为晚期地层。文化层。

③层：深 1 米，厚 0.7 米。土色褐，土质较硬，结构紧密。含有红烧土颗粒、炭粒。土质呈结状，出有红陶颗粒。文化层。

深 1.7 米以下为黄白色生土层。

2 号孔：位于遗址所在台地西部。

①层：厚 0.3 米。土色黄，土质较软。耕土层。

②层：深 0.3 米，厚 0.5 米。土色黄，土质较软，结构疏松。含有红烧土颗粒、炭粒、灰陶片颗粒。疑为晚期地层。文化层。

③层：深 0.8 米，厚 0.6 米。土色褐，土质较硬，结构疏松。含有红烧土颗粒、炭粒。土质呈结状，出有红陶颗粒。文化层。

深 1.4 米以下为黄白色生土层。

3 号孔：位于遗址所在台地西南部。

①层：厚 0.3 米。土色黄，土质软。耕土层。

②层：深 0.3 米，厚 0.5 米。土色黄，土质软，结构疏松。含有红烧土颗粒、炭粒、灰陶片颗粒。疑为晚期地层。文化层。

③层：深 0.8 米，厚 0.5 米。土色褐，土质较硬，结构紧密。含有红烧颗粒、炭粒。土质呈结状，出有陶片 1 片。文化层。

深 1.3 米以下为黄白色生土层。

4 号孔：位于遗址所在台地中部。

①层：厚 0.3 米。土色黄，土质软。耕土层。

②层：深 0.3 米，厚 0.7 米。土色黄，土质软。含有现代砖块、红烧土颗粒、炭粒、煤渣、树根。扰土层。

③层：深 1 米，厚 0.5 米。土色褐，土质软，结构疏松。含有少量红烧土颗粒、炭粒。土质呈结状。疑为灰坑，出有几片陶片。文化层。

④层：深 1.5 米，厚 0.3 米。土色灰褐，土质一般，结构疏松。夹杂有褐色土块，含有红烧土块。文化层。

深 1.8 米以下为黄白色生土层。

5 号孔：位于遗址所在台地东南部。

①层：厚 0.3 米。土色黄，土质软。耕土层。耕土下有一层现代路土。

②层：深 0.3 米，厚 1.2 米。土色褐，土质一般，结构一般。夹杂有褐色土块，少见红烧土颗粒，含少量红陶颗粒。文化层。

深 1.5 米以下为黄白色生土层。

6 号孔：位于遗址所在台地东北部。

①层：厚 0.3 米。土色黄，土质软。耕土层。

②层：深 0.3 米，厚 0.8 米。土色褐，土质软，结构疏松。夹杂有褐色土块，含有红烧土块、炭粒、灰陶颗粒。文化层。

深 1.1 米以下为黄白色生土层。

7 号孔：位于遗址所在台地东南部。

①层：厚 0.3 米。土色黄，土质软。耕土层。耕土下有一层现代路土。

②层：深 0.3 米，厚 0.7 米。土色黄，土质软，结构疏松。含有红烧土颗粒、炭粒、灰陶片颗粒。疑为晚期地层。文化层。

③层：深 1 米，厚 0.5 米。土色褐，土质一般，结构疏松。夹杂有褐色土块，含有炭粒、少量红烧土颗粒、少量陶片颗粒。文化层。

深 1.5 米以下为黄白色生土层。

8 号孔：位于遗址主要文化层分布范围外东部。

①层：厚 0.3 米。土色黄，土质软。耕土层。

②层：深 0.3 米，厚 0.7 米。土色黄，土质软，结构疏松。含有红烧土颗粒、炭粒、灰陶片颗粒。疑为晚期地层。文化层。

③层：深 1 米，厚 0.2 米。土色褐，土质一般，结构一般。夹杂有褐色土块、极少量陶片，含有炭粒，少见红烧土颗粒。文化层。

1.2 米以下为黄白色生土层。

依据勘探钻孔地层堆积情况，遗址文化层上覆盖有耕土及厚度 0.5 米到 0.7 米不等的扰土层，遗址东北端 6 号探孔所在台地耕土层下即见文化层；2 号至 5 号探孔所在区域文化层较为丰富，最厚处厚度可达 1.2 米，有二层文化层，个别探孔所在区域可见文化层下叠压灰坑遗迹；1 号、6 号探孔所在的遗址北端、东端边缘区域文化层也有一定厚度，多在 0.5 米到 0.8 米之间，文化层多不分层。另外，在遗址 7 号探孔所在的遗址东端向东 170 余米处还发现有较薄文化层。对遗址南面东西向公路南侧区域也进行了勘探，不见文化层或单独遗迹现象，据当地村民介绍，此区域原为冲沟，现为填充土。

### 2. 文化遗存

（1）遗迹

1986 年，在遗址中部南北向公路东侧地头断崖上发现有厚约 0.8～1.5 米的文化层，可见长度约 50 米；土褐色，土质较硬，结构一般，不分层，含有红烧土颗粒、炭粒及陶片；文化层内以裴李岗文化标本为主。（彩版六九，2）

（2）遗物

王嘴遗址共采集陶器标本 41 件，其陶质以泥质陶（70.8%）为主，另有夹砂陶（29.2%）；陶色以红陶（43.9%）为主，另有褐陶（46.4%）、灰陶（9.7%）；均素面（100%）。（表二二）

表二二　　　　　　　　　　　　王嘴遗址陶器陶质陶色纹饰统计表

| 纹饰＼陶系 | 泥质 | | | 夹砂 | | | 合计 | 百分比（%） |
|---|---|---|---|---|---|---|---|---|
| | 灰 | 红 | 褐 | 灰 | 红 | 褐 | | |
| 素面 | 3 | 17 | 9 | 1 | 1 | 10 | 41 | |
| 合计 | 3 | 17 | 9 | 1 | 1 | 10 | 41 | |
| 百分比（%） | 7.3 | 41.5 | 22 | 2.4 | 2.4 | 24.4 | | 100 |

可辨器形的标本共计 6 件，其种类有罐、壶、钵等。另外采集有少量裴李岗文化壶、敛口钵残片，未作为标本描述。再者，1978 年 6 月文物普查时发现双刃石铲 1 件，已残断，舌状刃，与裴李岗出土石铲同①。根据采集标本的器形形制特征及纹饰特征，时代应为裴李岗文化。

罐　标本 WWZ:4，夹砂夹蚌褐陶。此标本甚残。尖唇，卷沿。沿面内外可见轮制痕迹。素面，轮制。残高 3、壁厚 0.3～0.5 厘米。（图一九〇，1）

壶　标本 WWZ:1，夹砂红陶。侈口，尖唇，高领外撇。素面，轮制。口径 14、残高 7、壁厚 0.3～0.5 厘米。（图一九〇，2）

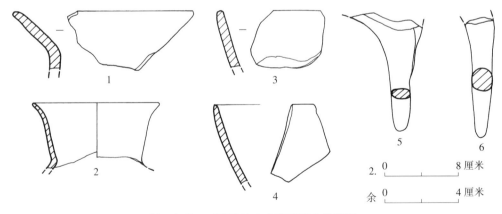

图一九〇　王嘴遗址出土裴李岗文化陶器

1. 罐（WWZ:4）　2. 壶（WWZ:1）　3、4. 钵（WWZ:18、8）　5、6 钵足（WWZ:3、2）

---

① 开封地区文物管理委员会：《河南开封地区新石器时代遗址调查简报》，《考古》1979 年第 3 期。

钵　共4件。其中口沿残片和钵足各2件。

标本WWZ:18，夹砂红陶。此标本甚残。圆唇。素面，轮制。残高3、壁厚0.3~0.5厘米。（图一九〇，3）

标本WWZ:8，泥质红陶。敛口，尖唇，弧腹。素面，轮制。残高4、壁厚0.3~0.4厘米。（图一九〇，4）

标本WWZ:3，泥质红陶。长锥形足。手制。残高6.2厘米。（图一九〇，5）

标本WWZ:2，泥质灰陶。长锥形足。素面，手制。残高6.3厘米。（图一九〇，6）

### 四六、前马庄遗址

（一）地理位置与概况

前马庄遗址位于河南省新密市刘寨镇前马庄村南，处于西、南二面河流交汇地带。遗址地理坐标为北纬34°29.247′、东经113°33.927′，海拔高度160米。编号为46号。（彩版七〇，1）

前马庄遗址位于丘陵近河的二级阶地上，地势北高南低，后经平整形成一级级的梯田。遗址主要分布前马庄村南，依据对遗址文化层所在台地的勘探情况可知：西面以勘探出文化层范围为界，南面以响赤涧水的河沟断崖为界，北面以前马庄村南界为限，东以南北向秦沟为限。前马庄遗址平面基本呈不规则形，东西长约172米，南北长约234米，面积约3.13万平方米。遗址所在台地面与其南侧现河道的高差约为25米，遗址地下遗迹范围紧临其南侧河道断崖。（图一九一）

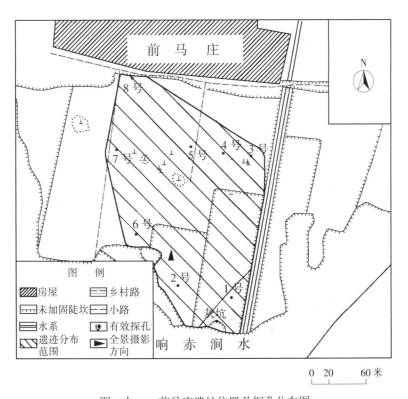

图一九一　前马庄遗址位置及探孔分布图

该遗址以往未见著录或公布，2009 年溱洧流域聚落调查时发现。

依据对采集标本的观察，大部分陶器标本的时代为仰韶文化晚期和龙山文化晚期。

（二）地层堆积与文化遗存

**1. 地层堆积**

在遗址上布探孔 8 个（图一九二），其地层堆积情况如下：

1 号孔：位于遗址所在台地南部。

①层：厚 0.3 米。土色黄，土质较软。耕土层。

②层：深 0.3 米，厚 1.2 米。土色黄褐，土质较软，结构一般。含有少量红烧土颗粒、炭粒，出有黑皮褐胎陶片残片 1 片。文化层。

深 1.5 米以下为黄白色生土层。

2 号孔：位于遗址所在台地南部。

①层：厚 0.3 米。土色黄，土质软。耕土层。

②层：深 0.3 米，厚 0.3 米。土色黄褐，土质软，结构疏松。灰坑土。

③层：深 0.6 米，厚 0.8 米。土色黄褐，土质一般，结构一般。含有少量红烧土颗粒、炭粒及陶片颗粒。文化层。

④层：深 1.4 米，厚 0.4 米。土色灰褐。含有大量红烧土、炭粒、陶片颗粒。文化层。

⑤层：深 1.8 米，厚 0.2 米。土色灰黑，土质松散。含有白色石块、螺壳。灰坑土。

深 2 米以下为黄白色生土层。

3 号孔：位于遗址所在台地东北部。

①层：厚 0.3 米。土色黄，土质软。耕土层。

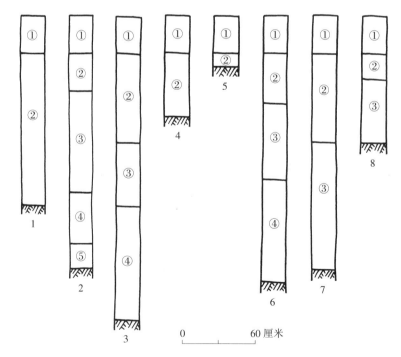

图一九二　前马庄遗址探孔柱状剖面图

②层：深 0.3 米，厚 0.7 米。土色黄褐，土质较软，结构疏松。含有红烧土颗粒、炭粒较少。文化层。

③层：深 1 米，厚 0.5 米。土色黄褐，土质较软，结构一般。密度较 2 层大，含水锈，出有灰陶陶片 1 片。文化层。

④层：深 1.5 米，厚 0.9 米。土色黄褐，土质较软，结构疏松。含有褐色土块、大量水锈和少量红烧土颗粒、炭粒。文化层。

深 2.4 米以下为黄白色生土层。

4 号孔：位于遗址所在台地北部。

①层：厚 0.3 米。土色黄，土质较软。耕土层。

②层：深 0.3 米，厚 0.5 米。土色灰褐，土质较软，结构疏松。含有大量红烧土、炭粒、水锈。文化层。

深 0.8 米以下为黄白色生土层。

5 号孔：位于遗址所在台地北部。

①层：厚 0.3 米。土色黄，土质软。耕土层。

②层：深 0.3 米，厚 0.1 米。土色黄褐，土质较软，结构疏松。含有少量红烧土、炭粒。文化层。

深 0.4 米以下为黄白色生土层。

6 号孔：位于遗址所在台地西南部。

①层：厚 0.3 米。土色黄，土质较软。耕土层。

②层：深 0.3 米，厚 0.4 米。土色黄，结构疏松。扰土层。

③层：深 0.7 米，厚 0.6 米。土色灰褐，土质较软，结构疏松。含有红烧土颗粒、炭粒、陶片颗粒。文化层。

④层：深 1.3 米，厚 0.8 米。土色黄褐，土质一般，结构一般。含有水锈、陶片颗粒、红烧土颗粒、炭粒，杂有褐色土块。文化层。

深 2.1 米以下为黄白色生土层。

7 号孔：位于遗址所在台地北部偏西。

①层：厚 0.3 米。土色黄，土质较软。耕土层。

②层：深 0.3 米，厚 0.7 米。土色黄褐，土质较软，结构疏松。含有红烧土、炭粒较少，出有陶片残片 1 片。文化层。

③层：深 1 米，厚 1 米。土色灰褐，土质软，结构一般。含有水锈，红烧土、炭粒较多，出有陶片颗粒、骨渣。文化层。

深 2 米以下为黄白色生土层。

8 号孔：位于遗址所在台地西北部。

①层：厚 0.3 米。土色黄，土质软。耕土层。

②层：深 0.3 米，厚 0.2 米。土色灰褐，土质较软，结构疏松。含有红烧土颗粒及炭粒。灰坑土。

③层：深 0.5 米，厚 0.5 米。土色黄褐，土质较软，结构一般。含有少量红烧土颗粒、炭粒。文化层。

深 1 米以下为黄白色生土层。

依据勘探钻孔地层堆积情况，遗址文化层上覆盖有耕土及厚 0.4 米的扰土层；遗址东南端 1 号、2 号探孔所在台地受土地平整的破坏，地势稍低，1 号探孔耕土层下即见文化层，但此区域（包括西侧的 6 号探孔区域）文化层均较厚，厚度可达 1.2 ~ 1.7 米，依据土质土色可分为二层以上文化层；遗址北部 3 号、4 号、5 号探孔所在台地也受到了破坏，耕土层下直接叠压文化层，文化层最厚可达 2.1 米，由东向西由厚逐渐变薄，文化层堆积分层也由三层减为一层；另外南北向水渠东侧文化层堆积较稀疏。

**2. 文化遗存**

（1）遗迹

在该遗址发现一灰坑，位于遗址南部南北向水渠南端的河沿断崖上。灰坑开口于地表下 1.5 米，上部被取土，开口长约 2.5 米，底部长约 1.5 米，厚约 0.7 米，底部较平；土灰黑色，结构疏松，内有红烧土块、炭粒及较多陶片；灰坑内以龙山文化标本为主。（彩版七〇，2）

（2）遗物

可辨器形的标本有石器 1 件、陶器 19 件，其中陶器种类有罐、盆、钵、碗、盘、瓮、圈足等。另外采集有部分甑残片，未作为标本描述。根据采集标本的器形形制特征及纹饰特征，时代应为仰韶文化晚期和龙山文化晚期。（图一九三、一九四；表二三）

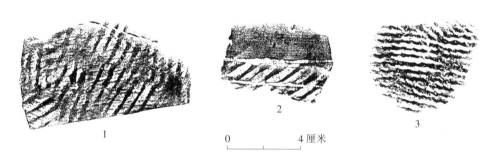

图一九三　前马庄遗址陶器纹饰拓片

1）石器标本

石刀　标本 WQMZ：41，石灰岩，灰色。残半，长方形，单面刃，中间有一个双面穿孔。磨制。残长 9、宽 5.8、厚 1 厘米。（图一九五，1）

2）陶器标本

①仰韶文化晚期标本

钵　标本 WQMZ：22，泥质红陶。敛口，圆唇，斜腹。器壁内外可见轮制痕迹。素面，轮制。残高 2.8、壁厚 0.2 ~ 0.4 厘米。（图一九五，2）

②龙山文化晚期标本

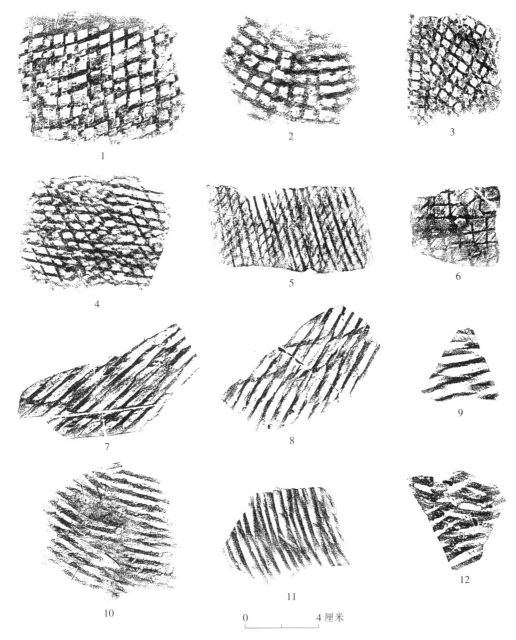

图一九四　前马庄遗址陶器纹饰拓片

表二三　　　　　　　　　　　　前马庄遗址陶器陶质陶色纹饰统计表

| 陶系　纹饰 | 泥质 | | | 夹砂 | | 合计 | 百分比（%） |
|---|---|---|---|---|---|---|---|
| | 灰 | 红 | 黑皮 | 灰 | 黑皮 | | |
| 素面 | 15 | 1 | 3 | 4 | 3 | 26 | 39.4 |
| 绳纹 | 2 | | | 2 | | 4 | 6.1 |
| 方格纹 | | | | 23 | | 23 | 34.8 |
| 篮纹 | 9 | | | 4 | | 13 | 19.7 |
| 合计 | 26 | 1 | 3 | 33 | 3 | 66 | |
| 百分比（%） | 39.4 | 1.5 | 4.55 | 50 | 4.55 | | 100 |

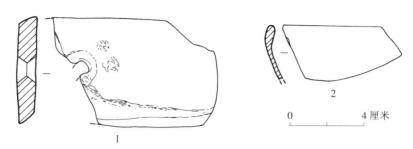

图一九五　前马庄遗址出土石器及仰韶文化晚期陶器
1. 石刀（WQMZ：41）　　2. 陶钵（WQMZ：22）

罐　共9件。其中夹砂罐7件、泥质罐2件。

标本WQMZ：1，夹砂灰陶。方唇，折沿，沿面中部略鼓形成凸棱，内折棱凸出，鼓腹。沿面外侧近唇部有一周凹槽，腹饰菱形横方格纹。轮制。器壁内粗糙，沿面内外可见轮制痕迹。口径22.4、残高9.6、壁厚0.8~1厘米。（图一九六，1）

标本WQMZ：9，夹砂灰陶。侈口，方唇，折沿，沿面上端略鼓，下端略凹，内折棱凸出，鼓腹。唇面有一周凹槽，腹饰菱形横方格纹。轮制，沿面内外可见明显轮制痕迹。口径21.2、残高10、壁厚0.6~0.8厘米。（图一九六，2）

标本WQMZ：6，夹砂黑皮褐胎。侈口，方唇，折沿，沿面微凹，内折棱凸出，鼓腹。沿下2厘米处饰菱形方格纹。轮制，沿面内外隐约可见轮制痕迹。口径35.6、残高12.8、壁厚0.6~0.8厘米。（图一九六，3）

标本WQMZ：11，夹砂灰陶。侈口，方唇，折沿，沿面中部微凸，内折棱明显，鼓腹。腹饰方格纹。器壁内较粗糙，沿面内外及折沿处可见轮制痕迹。轮制。口径18.2、残高15.6、壁厚0.6~0.8厘米。（图一九六，4）

标本WQMZ：59，夹砂灰陶。此标本甚残。方唇，唇部有凹槽，折沿。素面。轮制，沿面内外可见轮制痕迹。残高2.2、壁厚0.4~0.6厘米。（图一九六，5）

标本WQMZ：68，夹砂灰陶。此标本甚残。圆唇，折沿。轮制，沿面内外隐约可见轮制痕迹。残高2.1、壁厚0.5厘米。（图一九六，6）

标本WQMZ：17，泥质黑皮褐胎。此标本甚残。方唇，折沿。沿面上部饰一周凹弦纹。沿面磨光，沿内外有明显轮制痕迹。轮制。口径31.8、残高2.6、壁厚0.7~0.9厘米。（图一九六，7）

标本WQMZ：49，罐底。泥质灰陶。斜壁，平底微凹。素面。器壁内制作粗糙。轮制。残高1.6、壁厚0.4厘米。（图一九六，8）

标本WQMZ：19，罐底。夹砂灰陶。斜腹内收，平底微凹。腹与底饰方格纹。器壁较粗糙。轮制。底径9、残高3.5、壁厚0.5~0.7厘米。（图一九六，9）

盆　共3件。

标本WQMZ：2，泥质黑皮陶。敞口，圆唇，卷沿，直壁内收，平底。素面。器壁外经过打磨，内侧磨光，器壁内外及底部可见明显轮制痕迹。轮制。口径29.6、底径24、高8、壁厚0.7~0.9厘米。（图一九七，1）

标本WQMZ：65，泥质灰陶。敞口，尖唇，唇外侧加厚，唇下有凸棱。素面，轮制。残高

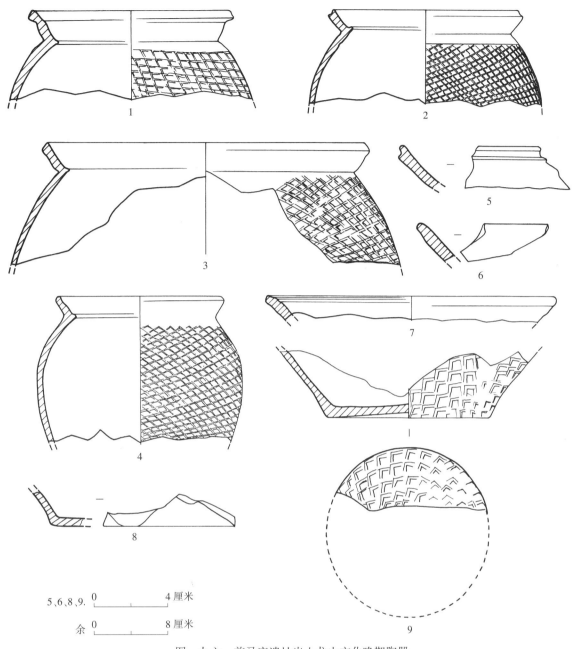

图一九六　前马庄遗址出土龙山文化晚期陶器

1~7. 罐（WQMZ：1、9、6、11、59、68、17）　　8、9. 罐底（WQMZ：49、19）

2.6、壁厚 0.5~0.8 厘米。（图一九七，2）

　　标本 WQMZ：8，刻槽盆。泥质灰陶。敛口，圆唇，沿外侧加厚，腹斜直，沿腹交接处内侧有一周凹槽。外腹饰左斜竖篮纹，内壁有曲折状和竖状刻槽。轮制。残高 6.1、壁厚 0.6~0.8 厘米。（图一九七，3）

　　碗　共3件。

　　标本 WQMZ：5，泥质灰陶。敛口，方唇，唇内外侧有凸棱，弧腹内收较浅。素面，轮制。残高 4.5、壁厚 0.4~0.6 厘米。（图一九七，4）

　　标本 WQMZ：10，碗底。泥质黑皮陶。斜壁内收，小凹底。素面。器壁及底部有轮制痕迹。

轮制。底径7.5、残高3.5、壁厚0.5～0.7厘米。（图一九七，5）

标本 WQMZ：54，碗底。泥质灰陶。小平底，假圈足。素面。底部有轮制痕迹。底径5、残高1.2、壁厚0.4厘米。（图一九七，6）

桥形耳　标本 WQMZ：14，泥质灰陶褐胎。残。桥形耳两边边缘厚，中间薄。素面。手制。残高4.8、壁厚0.4厘米。（图一九七，7）

圈足　2件。

标本 WQMZ：13，泥质灰陶。敞口，方唇外撇，卷沿。沿上有一周凹槽。轮制。残高4.7、壁厚0.4～0.6厘米。（图一九七，8）

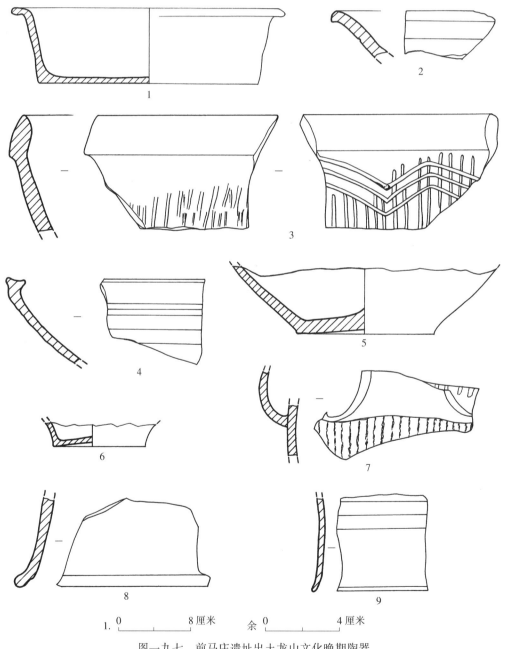

图一九七　前马庄遗址出土龙山文化晚期陶器

1、2. 盆（WQMZ：2、65）　3. 刻槽盆（WQMZ：8）　4. 碗（WQMZ：5）　5、6. 碗底（WQMZ：10、54）
7. 桥形耳（WQMZ：14）　8、9. 圈足（WQMZ：13、42）

标本 WQMZ：42，泥质灰陶。侈口，圆唇外撇，弧壁。素面。器壁内外明显可见轮制痕迹。轮制。残高 4.9、壁厚 0.4 厘米。（图一九七，9）

### 四七、楚家门遗址

（一）地理位置与概况

楚家门遗址位于河南省新密市曲梁乡黄台村楚家门村西北角，处于东面临河地带。遗址地理坐标为北纬 34°26.686′、东经 113°35.273′，海拔高度 138 米。编号为 47 号。（彩版七一，1）

楚家门遗址所在台地地势北高南低，后经平整形成一级级的梯田。遗址主要分布在楚家门村北，依据遗址文化层所在台地范围可知：东、北均至勘探出文化层范围边界，西至洧水北面支流响赤涧水东岸河沿断崖，南面以楚家门村北界为限。楚家门遗址平面近似圆形，遗址东西长约 60 米，南北长约 47 米，面积约 0.24 万平方米。遗址所在台地面与其西侧现河道的高差约为 20 米，遗址地下遗迹范围紧临其西侧河道断崖。（图一九八）

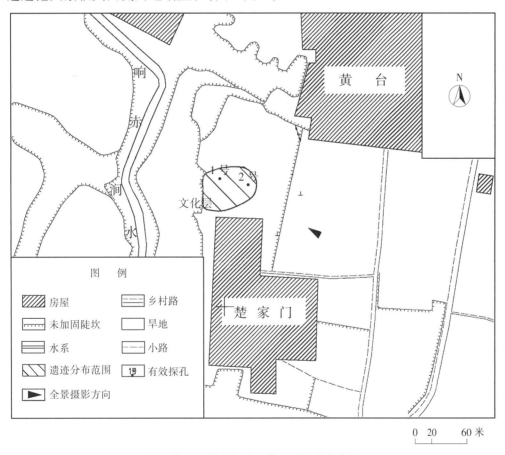

图一九八　楚家门遗址位置及探孔分布图

该遗址以往未见著录或公布，2008 年调查新发现，2009 年溱洧流域聚落调查时复查。

依据对采集标本的观察，大部分陶器标本的时代为二里岗文化。

（二）地层堆积与文化遗存

**1. 地层堆积**

在遗址上布探孔 2 个（图一九九），其地层堆积情况如下：

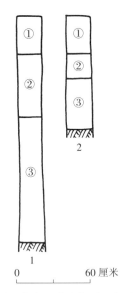

图一九九　楚家门遗址探孔
柱状剖面图

1 号孔：位于遗址所在台地北偏西。

①层：厚 0.3 米。土色黄，土质较软。耕土层。

②层：深 0.3 米，厚 0.5 米。土色黄，结构疏松。扰土层。

③层：深 0.8 米，厚 1 米。土色灰褐，土质较软，结构疏松。含有少量红烧土颗粒、炭粒，出有夹砂褐陶片。文化层。

深 1.8 米以下为黄白色生土层。

2 号孔：位于遗址所在台地北偏东。

①层：厚 0.3 米。土色黄，土质较软。耕土层。

②层：深 0.3 米，厚 0.2 米。土色黄，结构疏松。扰土层。

③层：深 0.5 米，厚 0.4 米。土色灰褐，土质较软，结构疏松。含有红烧土颗粒、炭粒。文化层。

深 0.9 米以下为黄白色生土层。

依据勘探钻孔地层堆积情况，遗址文化层上覆盖有耕土及厚度 0.2 米到 0.5 米不等的扰土层；探孔所在的遗址区域文化层厚度一般，厚度在 0.4 米到 1 米之间，均为一层文化层；探孔所在台地西面断崖处即为发现文化层处，与探孔所在区域连成一片，勘探显示，遗址现存面积较小。

**2. 文化遗存**

（1）遗迹

楚家门遗址经长期雨水冲刷，部分文化层暴露于遗址西北部南北向崖面上。文化层厚约 1.5 米；土褐色，不分层，土质较软，结构一般，含有炭粒及陶片；文化层内以二里岗文化标本为主。（彩版七一，2）

（2）遗物

楚家门遗址采集到的陶片均较为残碎，无口沿，无法绘图，可见灰陶绳纹残片。根据采集标本的器形形制特征及纹饰特征，陶片标本为二里岗文化。

**四八、韩咀遗址**

（一）地理位置与概况

韩咀遗址位于河南省新密市大隗镇双楼韩咀东北，处于北面洧水河半环绕地带。遗址地理坐标为北纬 34°26.340′、东经 113°35.538′，海拔高度 126 米。编号为 48 号。（彩版七二，1）

韩咀遗址所在台地地势西高东低，后经平整形成一级级的梯田。遗址处于二至三级梯田的临河台地上。主要分布在韩咀村东北，依据遗址文化层所在台地范围可知：东、西、南均至遗址所在台地地头断崖，北面以洧水河南岸河沿断崖为界。韩咀遗址平面基本呈南北向长条形，东西宽约 79 米，南北长约 160 米，面积 1.1 万平方米。遗址所在台地面与其西北侧现河道的高差约为 27 米，遗址地下遗迹范围距其北及西侧河道断崖约 15 米及 50 米。（图二〇〇）

该遗址以往未见著录或公布，2009 年溱洧流域聚落调查时发现。

依据对采集标本的观察，大部分陶器标本的时代为仰韶文化晚期和河南龙山文化早期。

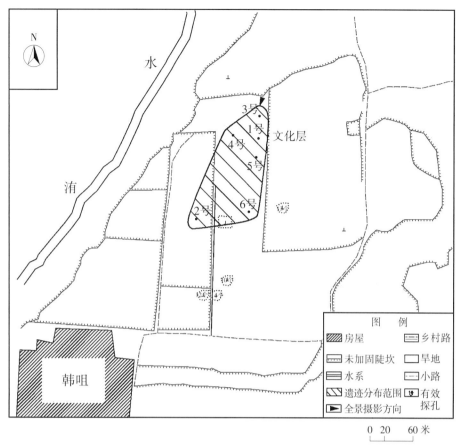

图二○○　韩咀遗址位置及探孔分布图

（二）地层堆积与文化遗存

**1. 地层堆积**

在遗址上布探孔 6 个（图二〇一），其地层堆积情况如下：

1 号孔：位于遗址所在台地东部。

①层：厚 0.3 米。土色黄，土质较软。耕土层。

②层：深 0.3 米，厚 0.6 米。土色黄褐，结构疏松。扰土层。

③层：深 0.9 米，厚 0.5 米。土色灰褐，土质较软，结构一般。含有极少红烧土颗粒。文化层。

深 1.4 米以下为黄白色生土层。

2 号孔：位于遗址所在台地西南部。

①层：厚 0.3 米。土色黄，土质较软。耕土层。

②层：深 0.3 米，厚 0.7 米。土色黄，结构疏松。扰土层。

③层：深 1 米，厚 0.2 米。土色灰褐，土质较软，结构一般。含有大量红烧土颗粒、炭粒。文化层。

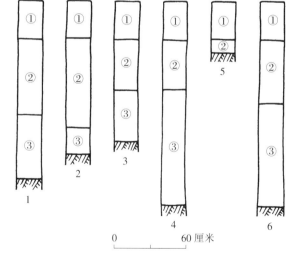

图二○一　韩咀遗址探孔柱状剖面图

深 1.2 米以下为黄白色生土层。

3 号孔：位于遗址所在台地东北端。

①层：厚 0.3 米。土色黄，土质较软。耕土层。

②层：深 0.3 米，厚 0.4 米。土色黄，结构疏松。扰土层。

③层：深 0.7 米，厚 0.4 米。土色灰褐，土质较软，结构一般。含有红烧土颗粒、炭粒和夹砂灰陶片 1 片。文化层。

深 1.1 米以下为黄白色生土层。

4 号孔：位于遗址所在台地北部．

①层：厚 0.3 米。土色黄，土质较软。耕土层。

②层：深 0.3 米，厚 0.4 米。土色黄，结构疏松。扰土层。

③层：深 0.7 米，厚 0.9 米。土色灰褐，土质软，结构疏松。含有红烧土颗粒、炭粒。文化层。

深 1.6 米以下为黄白色生土层。

5 号孔：位于遗址所在台地东部。

①层：厚 0.3 米。土色黄，土质较软。耕土层。

②层：深 0.3 米，厚 0.1 米。土色灰褐，结构疏松。文化层。

深 0.4 米以下为黄白色生土层。

6 号孔：位于遗址所在台地东南部。

①层：厚 0.3 米。土色黄，土质较软。耕土层。

②层：深 0.3 米，厚 0.5 米。土色黄，结构疏松。扰土层。

③层：深 0.8 米，厚 0.8 米。土色灰褐，土质较软，结构一般。含有红烧土颗粒、炭粒、泥质灰陶颗粒。文化层。

深 1.6 米以下为黄白色生土层。

依据勘探钻孔地层堆积情况，遗址文化层上覆盖有耕土及厚度 0.1 米到 0.7 米不等的扰土层；遗址东端 5 号探孔所在台地受土地平整的破坏，探孔耕土层下即见文化层，1 号、4 号、6 号探孔所在的遗址北部及南端文化层稍厚，厚度为 0.5 米到 0.9 米，均为一层文化层；其余探孔所在遗址区域文化层较薄，厚度多为 0.4 米以下。南北向排列的 1 号、3 号、5 号探孔以东为土地平整时被破坏，形成低于遗址所在台地约 2 米的情况，依据探孔情况及遗址所在台地东壁发现的文化层情况推测，1 号、3 号、5 号探孔东面原先应存有遗迹，但现已被完全破坏。

**2. 文化遗存**

（1）遗迹

韩咀遗址经长期雨水冲刷，部分文化层暴露于遗址东侧地头断崖崖面上。文化层可见长度约 15 米，距离遗址所在台地地表约 1 米，厚约 0.3 米；土色浅灰，不分层，土质较软，结构一般，含有红烧土颗粒、炭粒及陶片；文化层内以仰韶文化标本为主。（彩版七二，2）

（2）遗物

韩咀遗址共采集陶器标本 26 件。可辨器形的标本共计 16 件，其种类有鼎、罐、豆、缸等。

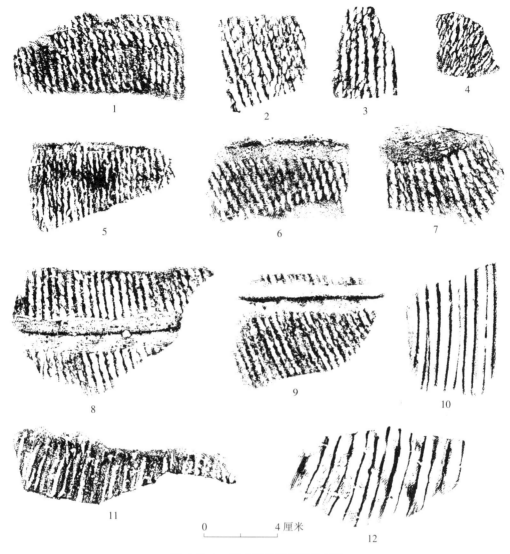

图二〇二　韩咀遗址陶器纹饰拓片

根据采集标本的器形形制特征及纹饰特征（图二〇二），其年代为仰韶文化晚期和河南龙山文化早期。

1）仰韶文化标本

鼎足　标本 WHZ：9，夹砂灰陶。此标本甚残。横截面近圆形。手制。残高3.8厘米。（图二〇三，1）

罐　共9件。均为夹砂罐。

标本 WHZ：3，夹砂灰陶。侈口，尖圆唇，折沿，内折棱明显，沿面微鼓，鼓腹。沿面上端近唇部有一周凸棱。腹饰竖绳纹，较浅。器壁内侧可见制作按压纹，沿内外侧及器壁内侧隐约可见轮制痕迹。口径24.2、残高6、壁厚0.7～0.9厘米。（图二〇三，2）

标本 WHZ：4，夹砂褐陶。侈口，方唇，折沿，内折棱明显，鼓腹。唇部有一周凹槽，沿外侧近唇部有凹槽一周。腹饰较浅竖细绳纹。沿内外侧隐约可见轮制痕迹。残高6.2、壁厚0.3～0.7厘米。（图二〇三，3）

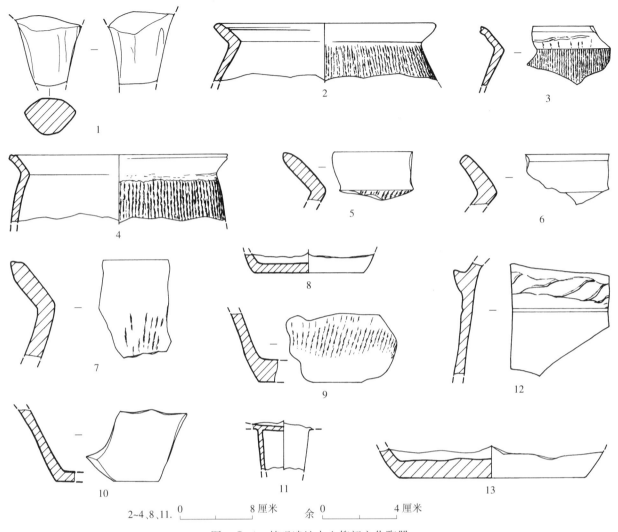

图二○三　韩咀遗址出土仰韶文化陶器

1. 鼎足（WHZ：9）　2~7. 罐（WHZ：3、4、2、41、7、42）　8~10. 罐底（WHZ：17、10、13）　11. 豆柄（WHZ：8）
12. 附加堆纹残片（WHZ：45）　13. 缸底（WHZ：47）

标本 WHZ：2，夹砂灰陶。侈口，方唇，折沿，鼓腹。唇上部有一周凹槽，沿外侧近唇部有凹槽一周，腹饰竖绳纹。制作粗糙，器壁凹凸不平。沿内侧及器壁内侧隐约可见轮制痕迹。口径23.6、残高7、壁厚0.5~0.8厘米。（图二○三，4）

标本 WHZ：41，夹砂褐陶。侈口，尖唇，折沿，沿外侧加厚，内折棱明显，斜腹。腹饰竖绳纹。轮制。残高2.6、壁厚0.6厘米。（图二○三，5）

标本 WHZ：7，夹砂褐陶。此标本甚残。圆唇，折沿。轮制。残高2.5、壁厚0.8厘米。（图二○三，6）

标本 WHZ：42，夹砂灰陶。侈口，尖唇，折沿，内折棱明显，鼓腹。沿下饰绳纹。轮制。残高5、壁厚0.8~1厘米。（图二○三，7）

标本 WHZ：17，罐底。夹砂灰陶褐胎。斜壁，平底。器表凹凸不平，轮制。底径12、残高2.2、壁厚1厘米。（图二○三，8）

标本 WHZ：10，罐底。夹砂灰陶。斜壁内收，小平底。腹饰左斜绳纹。制作粗糙，轮制。残

高 3.8、壁厚 0.6～1.2 厘米。(图二○三, 9)

标本 WHZ:13, 罐底。夹细砂灰陶。斜壁内收, 平底。器表凹凸不平, 似印有篮纹。轮制。残高 3.7、壁厚 0.6 厘米。(图二○三, 10)

豆柄 标本 WHZ:8, 泥质黑皮褐胎。圆筒状。器表隐约可见轮制痕迹。残高 5、壁厚 0.6 厘米。(图二○三, 11)

附加堆纹残片 标本 WHZ:45, 泥质灰陶。饰鸡冠纹, 器壁内有按窝痕迹。轮制。残高 5.8、壁厚 0.6 厘米。(图二○三, 12)

缸底 标本 WHZ:47, 泥质灰陶。平底, 内底微鼓。素面, 轮制。底径 10.1、残高 1.4、壁厚 0.5～1 厘米。(图二○三, 13)

2) 龙山文化标本

罐 3件。

标本 WHZ:1, 夹砂灰陶。侈口, 方唇, 折沿, 内折棱明显, 沿面微鼓, 束颈, 鼓腹。唇部有一周凹槽, 沿面上端近唇部有凸棱一周, 下端有凹槽一周, 腹饰竖绳纹。壁内侧近沿部有两周凹弦纹, 下部有制作按压纹。沿面内侧及外侧隐约可见轮制痕迹。口径 27.8、残高 7.6、壁厚 0.5～0.8 厘米。(图二○四, 1)

标本 WHZ:5, 夹砂灰陶褐胎。侈口, 尖唇, 折沿, 内折棱明显, 束颈, 鼓腹。沿面上端近唇部有凸棱一周, 沿下器壁外侧有抹痕一周, 腹饰右斜绳纹和一周附加堆纹, 绳纹内有竖丝。器壁内外经过打磨, 隐约可见轮制痕迹。口径 22、残高 5.2、壁厚 0.8～1 厘米。(图二○四, 2)

标本 WHZ:6, 夹砂灰陶褐胎。尖唇, 斜折沿, 内折棱明显, 束颈, 鼓腹。沿面上端有凸棱一周, 沿面下端有凹槽一周, 沿下器壁饰抹痕一周, 腹饰竖绳纹和一周附加堆纹。器壁内侧有隐约制作按压纹, 器壁内外隐约可见轮制痕迹。口径 24.2、残高 9、壁厚 0.8～1 厘米。(图二○四, 3)

图二○四 韩咀遗址出土龙山文化陶罐
1～3.WHZ:1、5、6

### 四九、马鞍垌遗址

(一) 地理位置与概况

马鞍垌遗址位于河南省新郑市西土桥大队马鞍垌村北, 处于北面临洧水河地带。遗址地理坐标为北纬 34°26.144′、东经 113°36.222′, 海拔高度 135 米。编号为 49 号。(彩版七二, 3)

马鞍垌遗址所在台地地势西高东低, 后经平整形成一级级的梯田。遗址主要分布在马鞍垌村北, 依据遗址文化层所在台地范围可知:北至洧水河南岸河沿断崖, 东、西面均至遗址所在台地地头断崖，南面以勘探出文化层的范围为限。马鞍垌遗址平面基本呈顺河的东西向长条形，东西长约128米，南北最宽处约37米，遗址面积约0.43万平方米。遗址所在台地面与其北侧现河道的高差约为27米，遗址地下遗迹范围紧临其北侧河道断崖。（图二〇五）

该遗址以往未见著录或公布，2009年溱洧流域聚落调查时发现。

依据对采集标本的观察，本遗址以龙山文化时期为主。

（二）地层堆积与文化遗存

**1. 地层堆积**

在遗址上布探孔3个（图二〇六），其地层堆积情况如下：

1号孔：位于遗址所在台地西部。

①层：厚0.3米。土色黄，土质较软。耕土层。

②层：深0.3米，厚0.3米。土色黄，结构疏松。扰土层。

③层：深0.6米，厚0.7米。土色灰褐，土质一般，结构一般。含有红烧土颗粒、炭粒。文化层。

④层：深1米，厚0.3米。土色浅灰褐，土质较硬，结构紧密。含有红烧土颗粒、炭粒。文化层。

深1.6米以下为黄白色生土层。

2号孔：位于遗址所在台地西部。

①层：厚0.3米。土色黄，土质较软。耕土层。

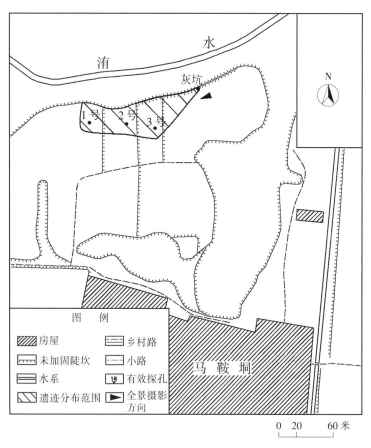

图二〇五　马鞍垌遗址位置及探孔分布图

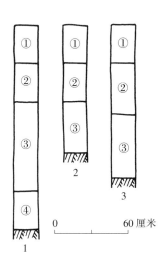

图二〇六　马鞍垌遗址探孔
柱状剖面图

②层：深0.3米，厚0.3米。土色黄，结构疏松。扰土层。

③层：深0.6米，厚0.4米。土色灰褐，土质一般，结构一般。含有红烧土颗粒。文化层。

深1米以下为黄白色生土层。

3号孔：位于遗址所在台地中部。

①层：厚0.3米。土色黄，土质较软。耕土层。

②层：深0.3米，厚0.4米。土色黄，结构疏松。扰土层。

③层：深0.7米，厚0.5米。土色灰褐，土质一般，结构一般。含有陶片颗粒、烧土粒。文化层。

深1.2米以下为黄白色生土层。

依据勘探钻孔地层堆积情况，遗址文化层上覆盖有耕土及厚度0.3米到0.4米不等的扰土层；1号探孔所在的遗址西部区域文化层较厚，厚度最多可达1米，依据土质土色可分为二层文化层；2号、3号探孔所在的遗址东部区域地势较低，为逐级梯田状，低于1号探孔所在台地，文化层较薄，厚度为0.4~0.5米，均为一层文化层；3号探孔东北面东西向崖边即为发现灰坑处，低于2号、3号探孔所在台地区域，大部分因土地平整而被破坏。

### 2. 文化遗存

（1）遗迹

马鞍垌遗址经长期雨水冲刷，部分灰坑暴露于遗址北部东西向断崖崖面上。灰坑开口距地表约0.4米，长约2米，宽1.5米；土色黑灰，不分层，土质一般，结构疏松，含有炭粒及陶片；灰坑内以龙山文化标本为主。

（2）遗物

马鞍垌遗址采集到的陶片均为残片，无口沿，无法绘图，可见龙山文化的红陶薄胎鬶及灰陶篮纹陶片（图二〇七）。根据采集标本的器形形制特征及纹饰特征，陶片标本主要以龙山文化为主，另有少量二里头文化和二里岗文化遗物的碎片。

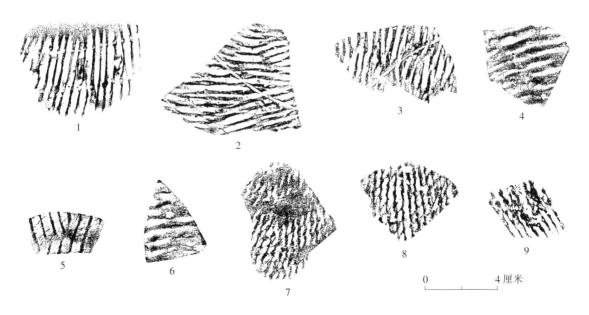

图二〇七　马鞍垌遗址陶器纹饰拓片

## 五〇、西土桥遗址

西土桥遗址位于河南省新郑市辛店乡西土桥村西南，处于洧水南岸地带的高坡地上。编号为 50 号。

本次溱洧流域聚落调查时未调查该遗址。依据以往调查结果，遗址估计面积值为约 2 万平方米，出土有石磨盘、石磨棒及陶钵、三足器、筒形罐等，遗址的时代为裴李岗文化时期。曾征集到一件石磨盘，平面呈椭圆形，两端圆钝，底部有柱状短足四个，形状与裴李岗Ⅱ式磨盘基本相同，长 51、宽 25 厘米①。

## 五一、周湾遗址

### （一）地理位置与概况

周湾遗址位于河南省新郑市周湾村东，处于东、南溱洧二水河流交汇区域。遗址地理坐标为北纬 34°27.012′、东经 113°37.839′，海拔高度 126 米。编号为 51 号。（彩版七三，1）

周湾遗址所在台地地势平缓。依据遗址文化层所在台地范围可知：东、南均至遗址所在台地地头断崖，西以周湾村东界为限，北以遗址北面东西向小路为限。周湾遗址平面基本呈顺河的东西向长条形，东西最长处长约 518 米，南北长约 150 米，面积 4.43 万平方米。遗址所在台地面与其南侧现河道的高差约为 22 米，遗址地下遗迹范围距其南侧河道断崖约 20 米。（图二〇八）

该遗址以往未见著录或公布，2009 年溱洧流域聚落调查时发现。

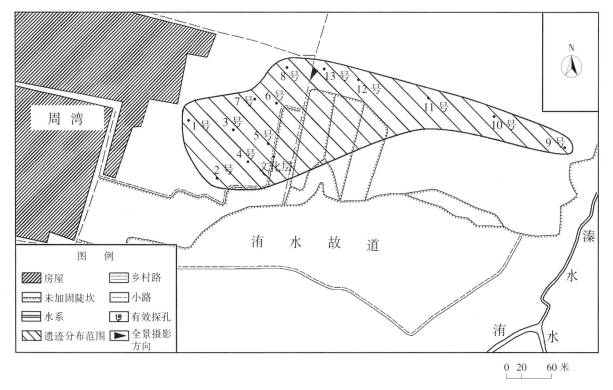

图二〇八　周湾遗址位置及探孔分布图

①　国家文物局：《中国文物地图集·河南分册》，中国地图出版社，第 15 页。

依据对采集标本的观察，大部分陶器标本的时代为龙山文化晚期。

（二）地层堆积与文化遗存

### 1. 地层堆积

在遗址上布探孔 13 个（图二〇九），其地层堆积情况如下：

1 号孔：位于遗址所在台地西端。

①层：厚 0.3 米。土色黄，土质较软。耕土层。

②层：深 0.4 米，厚 0.7 米。土色灰黑，土质较软，结构疏松。含有大量红烧土颗粒、炭粒、陶片颗粒。文化层。

深 1 米以下为黄白色生土层。

2 号孔：位于遗址所在台地西南部。

①层：厚 0.3 米。土色黄，土质较软。耕土层。

②层：深 0.3 米，厚 0.2 米。土色黄，结构疏松。扰土层。

③层：深 0.5 米，厚 0.1 米。土色灰褐，结构一般。含有红烧土颗粒、炭粒。文化层。

深 0.6 米以下为黄白色生土层。

3 号孔：位于遗址所在台地西部。

①层：厚 0.4 米。土色黄，土质较软。耕土层。

②层：深 0.4 米，厚 0.4 米。土色灰黑，土质较软，结构疏松。含有大量红烧土颗粒、炭粒。灰坑土。

③层：深 0.8 米，厚 1 米。土色黑，土质软，结构一般。灰坑土。

④层：深 1.8 米，厚 0.5 米。土色灰黑，结构一般。含有水锈。灰坑分层土。

深 2.3 米以下为黄白色生土层。

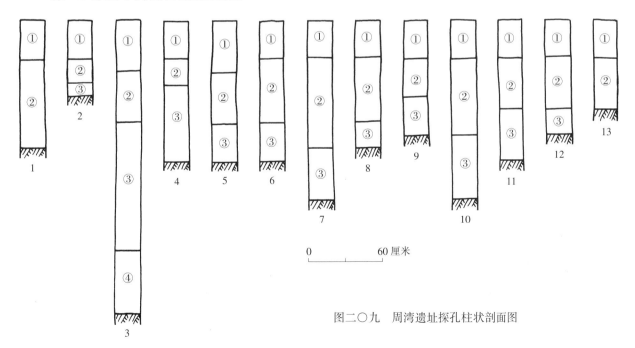

0 _____ 60 厘米

图二〇九 周湾遗址探孔柱状剖面图

4 号孔：位于遗址所在台地西南部。

①层：厚 0.3 米。土色黄，土质较软。耕土层。

②层：深 0.3 米，厚 0.2 米。土色黄，结构疏松。扰土层。

③层：深 0.5 米，厚 0.6 米。土色灰褐，结构疏松。文化层。

深 1.1 米以下为黄白色生土层。

5 号孔：位于遗址所在台地中部偏西。

①层：厚 0.4 米。土色黄，土质较软。耕土层。

②层：深 0.4 米，厚 0.4 米。土色黄，结构疏松。扰土层。

③层：深 0.8 米，厚 0.3 米。土色黄褐，结构疏松。含有红烧土颗粒、炭粒。文化层。

深 1.1 米以下为黄白色生土层。

6 号孔：位于遗址所在台地中部偏北。

①层：厚 0.3 米。土色黄，土质较软。耕土层。

②层：深 0.3 米，厚 0.5 米。土色黄，结构疏松。扰土层。

③层：深 0.8 米，厚 0.3 米。土色黄褐，结构疏松。含有红烧土颗粒、炭粒。文化层。

深 1.1 米以下为黄白色生土层。

7 号孔：位于遗址所在台地中部偏北。

①层：厚 0.3 米。土色黄，土质较软。耕土层。

②层：深 0.3 米，厚 0.7 米。土色黄，结构疏松。扰土层。

③层：深 1 米，厚 0.4 米。土色黄褐，土质较软，结构疏松。含有红烧土颗粒、炭粒。文化层。

深 1.4 米以下为黄白色生土层。

8 号孔：位于遗址所在台地北部。

①层：厚 0.3 米。土色黄，土质较软。耕土层。

②层：深 0.3 米，厚 0.5 米。土色黄，结构疏松。扰土层。

③层：深 0.8 米，厚 0.2 米。土色黄褐，结构一般。含有红烧土颗粒、炭粒。文化层。

深 1 米以下为黄白色生土层。

9 号孔：位于遗址所在台地东北端。

①层：厚 0.3 米。土色黄，土质软。耕土层。

②层：深 0.3 米，厚 0.3 米。土色黄，结构疏松。扰土层。

③层：深 0.6 米，厚 0.3 米。土色黄褐，土质较软，近底部稍硬，结构疏松。含有炭粒、少量红烧土颗粒，出有陶片 1 块。文化层。

深 0.9 米以下为黄白色生土层。

10 号孔：位于遗址所在台地东北部。

①层：厚 0.3 米。土色黄，土质较软。耕土层。

②层：深 0.3 米，厚 0.6 米。土色黄，结构疏松。含有红烧土颗粒、炭粒、砖块。文化层。

③层：深 0.9 米，厚 0.5 米。土质较硬，结构紧密。含有陶片颗粒、少量红烧土颗粒、炭粒。

文化层。

深 1.4 米以下为黄白色生土层。

11 号孔：位于遗址所在台地东北部。

①层：厚 0.3 米。土色黄，土质较软。耕土层。

②层：深 0.3 米，厚 0.4 米。土色黄，土质较硬，结构疏松。扰土层。

③层：深 0.7 米，厚 0.4 米。土色灰褐，土质较硬，结构紧密。含有较少红烧土颗粒、炭粒，出有陶片。文化层。

深 1.1 米以下为黄白色生土层。

12 号孔：位于遗址所在台地北端。

①层：厚 0.3 米。土色黄，土质较软。耕土层。

②层：深 0.3 米，厚 0.4 米。土色黄，土质较硬，结构疏松。扰土层。

③层：深 0.7 米，厚 0.2 米。土色灰褐，土质较硬，结构紧密。含有少量陶片颗粒。文化层。

深 0.9 米以下为黄白色生土层。

13 号孔：位于遗址所在台地北端。

①层：厚 0.3 米。土色黄，土质较软。耕土层。

②层：深 0.3 米，厚 0.4 米。土色黄，结构疏松。扰土层。

深 0.7 米以下为黄白色生土层。

依据勘探钻孔地层堆积情况，遗址文化层上覆盖有耕土及厚度 0.2 米到 0.7 米不等的扰土层，1 号、3 号探孔所在遗址西端受土地平整的破坏，耕土层下即见较薄文化层；1 号、3 号、4 号探孔所在台地西部区域及 10 号、12 号探孔所在的遗址个别区域文化层相对较厚，厚度一般在 0.5 米到 0.7 米左右，依据土质土色可分为一层文化层，3 号探孔可见灰坑遗迹相互叠压的情况；其余探孔所在区域文化层较薄，文化层厚度多在 0.1 米到 0.4 米，多为一层文化层，且个别区域文化层土色较浅，所含红烧土颗粒较少；5 号探孔所在台地东侧断崖上即为发现文化层处。

**2. 文化遗存**

（1）遗迹

周湾遗址经长期雨水冲刷，部分文化层暴露于遗址东部距遗址南面边界约 40 米、高约 2.2 米的南北向崖面上。文化层距离遗址所在台地地表约 1.2 米，厚约 0.8 米，可见长度约 5 米；不分层，土色黑灰，土质一般，结构一般，含有红烧土颗粒及陶片；文化层内以龙山文化标本为主。（彩版七三，2）

（2）遗物

周湾遗址共采集陶器标本 79 件，其陶质以泥质陶（63.3%）为主，另有夹砂陶（36.7%）；陶色以灰陶（72.2%）为主，另有黑陶（13.9%）、褐陶（10.1%）、黑皮陶（3.8%）；纹饰以素面（48.1%）为主，另有方格纹（12.7%）、绳纹（11.4%）、篮纹（10.1%）、凸弦纹（7.6%）、篮纹加凹弦纹（6.3%）、花边纹（1.3%）、方格纹加凹弦纹（1.3%）、凹弦纹（1.3%）。（图二一〇；表二四）

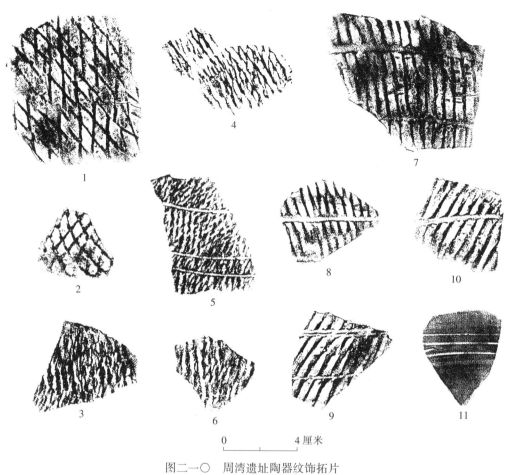

0　　　　4厘米

图二一〇　周湾遗址陶器纹饰拓片

表二四　　　　　　　　　　　　周湾遗址陶器陶质陶色纹饰统计表

| 纹饰＼陶系 | 泥质 | | | | 夹砂 | | | | | 合计 | 百分比（％） |
|---|---|---|---|---|---|---|---|---|---|---|---|
| | 灰 | 褐 | 黑 | 黑皮 | 灰 | 红 | 褐 | 黑 | 黑皮 | | |
| 素面 | 15 | 4 | 6 | 3 | 4 | | 1 | 5 | | 38 | 48.1 |
| 绳纹 | | 1 | | | 6 | | 2 | | | 9 | 11.4 |
| 方格纹 | 2 | | | | 8 | | | | | 10 | 12.7 |
| 篮纹 | 7 | | | | 1 | | | | | 8 | 10.1 |
| 篮纹＋凹弦纹 | 5 | | | | | | | | | 5 | 6.3 |
| 凸弦纹 | 6 | | | | | | | | | 6 | 7.6 |
| 花边纹 | | | | | | | | | | 1 | 1.3 |
| 方格纹凹弦纹 | | | | | 1 | | | | | 1 | 1.3 |
| 凹弦纹 | 1 | | | | 1 | | | | | 1 | 1.3 |
| 合计 | 36 | 5 | 6 | 3 | 21 | | 3 | 5 | | 79 | |
| 百分比（％） | 45.6 | 6.3 | 7.6 | 3.8 | 26.6 | | 3.8 | 6.3 | | | 100 |

　　可辨器形的标本共计19件，其种类有罐、盆、钵、碗、豆、盘、杯、瓮、圈足等。根据采集标本的器形形制特征及纹饰特征，时代应为龙山文化晚期。

　　罐　3件。

标本 WZW：48，夹砂灰陶。方唇，唇上下有凸棱，折沿，内折棱明显。素面，轮制。残高2.8、壁厚0.7厘米。（图二一一，1）

标本 WZW：37，罐底。夹砂灰陶。斜腹，小平底。腹饰竖绳纹。轮制。残高2.5、壁厚0.5厘米。（图二一一，2）

标本 WZW：16，罐底。泥质黑皮陶。小平底。轮制。底径6.3、残高1.4、壁厚0.2～0.5厘米。（图二一一，3）

盆　2件。

标本 WZW：42，泥质黑皮陶。敞口，圆唇，唇外有凸棱，弧腹内收。素面，轮制。残高3、壁厚0.6厘米。（图二一一，4）

标本 WZW：46，盆底。泥质灰陶。斜壁内收，小平底。轮制。残高2.3、壁厚0.5厘米。（图二一一，5）

钵　2件。

标本 WZW：59，泥质灰陶。敛口，尖唇，斜腹内收。素面，轮制。残高2.8、壁厚0.7厘米。（图二一一，6）

标本 WZW：7，泥质灰陶。敛口，方唇，唇上有凹槽，斜腹内收。素面，轮制。残高6.2、壁厚0.2～0.4厘米。（图二一一，7）

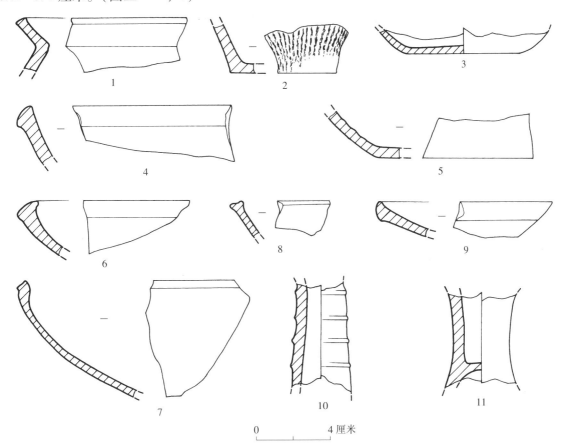

0　　　　4厘米

图二一一　周湾遗址出土龙山文化晚期陶器

1. 罐（WZW：48）　2、3. 罐底（WZW：37、16）　4. 盆（WZW：42）　5. 盆底（WZW：46）　6、7. 钵（WZW：59、7）
8. 碗（WZW：82）　9. 豆（WZW：63）　10、11. 豆柄（WZW：52、40）

　　碗　标本 WZW：82，泥质灰陶。方唇，唇内侧有一周凸棱，斜壁内收。轮制。残高 2、壁厚 0.3 厘米。（图二一一，8）

　　豆　3 件。

　　标本 WZW：63，泥质黑皮陶。敞口，圆唇，浅腹。轮制。残高 1.9、壁厚 0.4 厘米。（图二一一，9）

　　标本 WZW：52，豆柄。泥质黑皮陶。圆筒状。壁上饰四周凸弦纹。轮制。残高 5.6、壁厚 0.6 厘米。（图二一一，10）

　　标本 WZW：40，豆柄。泥质黑皮陶。圆筒状。轮制。残高 4.8、壁厚 0.4～0.7 厘米。（图二一一，11）

　　盘　3 件。

　　标本 WZW：47，夹砂褐陶。圆唇，浅腹内收。素面，轮制。残高 2.2、壁厚 0.3～0.5 厘米。（图二一二，1）

　　标本 WZW：77，泥质灰陶。方唇，唇内外有凸棱，斜壁内收。素面，轮制。残高 2.6、壁厚 0.5 厘米。（图二一二，2）

　　标本 WZW：5，为盘与圈足交接处。泥质黑皮陶。轮制。残高 5.2、壁厚 0.7 厘米。（图二一二，4）

　　杯　标本 WZW：80，泥质黑皮陶。侈口，束腰。素面，轮制。

　　瓮　3 件。

　　标本 WZW：14，泥质灰陶。敞口，圆唇较厚，沿外撇。素面，轮制。残高 3.6、壁厚 0.5 厘米。（图二一二，5）

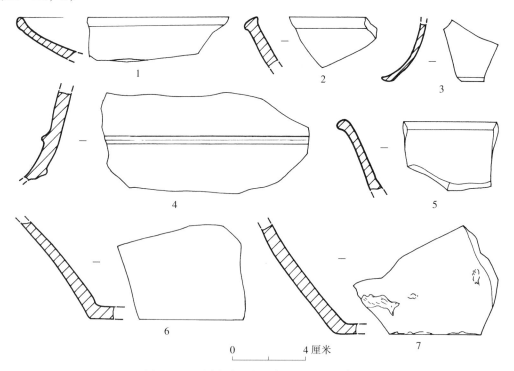

图二一二　周湾遗址出土龙山文化晚期陶器

1、2、4. 盘（WZW：47、77、5）　3. 圈足（WZW：33）　5. 瓮（WZW：14）　6、7. 瓮底（WZW：39、41）

标本 WZW：39，瓮底。泥质黑皮陶。斜腹内收，平底。素面，轮制。残高 5、壁厚 0.4～0.6 厘米。（图二一二，6）

标本 WZW：41，瓮底。夹砂灰陶。小平底，斜腹。素面，轮制。（图二一二，7）

圈足　标本 WZW：33，泥质黑皮陶。喇叭口状，尖唇，唇部较厚。素面，轮制。残高 5.7、壁厚 0.4～0.6 厘米。（图二一二，3）

### 五二、交流寨遗址

（一）地理位置与概况

交流寨遗址位于河南省新密市东南 36 千米曲梁乡大樊庄村南交流寨村西，处于东、北、南三面河流交汇地带。遗址地理坐标为北纬 34°27.20′、东经 113°38.03′，海拔高度 130 米。编号为 52 号。（彩版七四，1）

交流寨遗址所在台地地势西低东高，后经平整形成一级级的梯田。依据遗址文化层所在台地范围可知：东至交流寨村东沿，西自遗址东界西 80 米为限，南至地头断崖，北至柳泉水南沿断崖。交流寨遗址基本呈东西向不规则形，东西最长处长约 621 米，南北最长处长约 363 米，面积约 11.63 万平方米。遗址所在台地面与其东北侧现河道的高差约为 22 米，遗址地下遗迹范围距其东南侧河道断崖约 40 米，北侧紧临河道断崖。（图二一三）

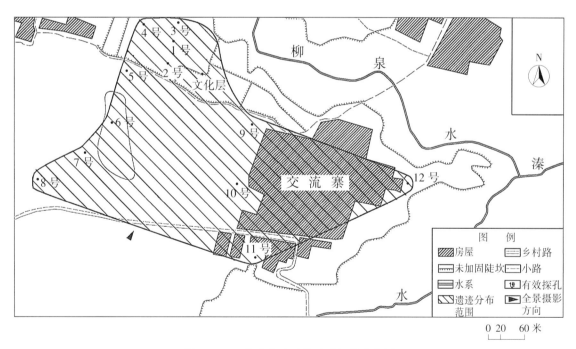

图二一三　交流寨遗址位置及探孔分布图

1986 年文物普查时发现此遗址，2004 年 10 月新密市人民政府公布其为市级文物保护单位，2006 年 8 月新密市文物管理所文物普查时进行复查，2009 年溱洧流域聚落调查时再次复查。

依据对采集标本的观察，大部分时代为仰韶文化中晚期。另外，河南省文物考古研究所对该遗址进行文物勘探时，除发现新石器时代遗存外，还发现有东周时期遗存。

（二）地层堆积与文化遗存

**1. 地层堆积**

在遗址上布探孔 12 个（图二一四），其地层堆积情况如下：

1 号孔：位于遗址所在台地北部。

①层：厚 0.3 米。土色黄，土质疏松。耕土层。

②层：深 0.3 米，厚 0.7 米。土色灰褐，土质一般。含有红烧土块、炭粒。文化层。

深 1 米以下为生土层。

2 号孔：位于遗址所在台地北部。

①层：厚 0.3 米。土色黄，土质疏松。耕土层。

②层：深 0.3 米，厚 0.6 米。文化层。

深 0.9 米以下为生土层。

3 号孔；位于遗址所在台地北端。

①层：厚 0.3 米。土色黄，土质疏松。耕土层。

②层：深 0.3 米，厚 0.3 米。土色黄，土质疏松。含砖块颗粒。扰土层。

③层：深 0.6 米，厚 0.4 米。土色灰褐，土质一般。文化层。

深 1 米以下为生土层。

4 号孔：位于遗址所在台地西北部，

①层：厚 0.3 米。土色黄，土质疏松。耕土层。

②层：深 0.3 米，厚 0.3 米。土色黄。扰土层。

③层：深 0.6 米，厚 0.5 米。土色黄褐，土质疏松。含有少量红烧土颗粒、炭粒。文化层。

深 1.1 米以下为生土层。

5 号孔：位于遗址所在台地北部偏西，

①层：厚 0.3 米。土色黄，土质疏松。耕土层。

②层：深 0.3 米，厚 0.05 米。土色黄。扰土层。

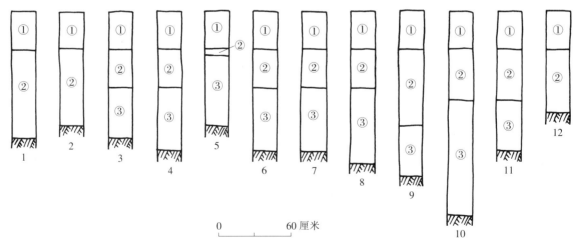

0　　　　　　60 厘米

图二一四　交流寨遗址探孔柱状剖面图

③层：深0.35米，厚0.55米。土色灰褐，土质一般。含有红烧土。文化层。

深0.9米以下为生土层。

6号孔：位于遗址所在台地西部。

①层：厚0.3米。土色黄，土质疏松。耕土层。

②层：深0.3米，厚0.3米。扰土层。

③层：深0.6米，厚0.5米。土色黄褐，土质疏松。含有红烧土、炭粒。文化层。

深1.1米以下为生土层。

7号孔：位于遗址所在台地西南部。

①层：厚0.3米。土色黄，土质疏松。耕土层。

②层：深0.3米，厚0.3米。扰土层。

③层：深0.6米，厚0.5米。含有较少红烧土颗粒、炭粒。文化层。

深1.1米以下为生土层。

8号孔：位于遗址所在台地西南端。

①层：厚0.3米。土色黄，土质疏松。耕土层。

②层：深0.3米，厚0.3米。土色黄。扰土层。

③层：深0.6米，厚0.6米。土色黄褐。含炭较多，红烧土较少。文化层。

深1.2米以下为生土层。

9号孔：位于遗址所在台地中部偏东。

①层：厚0.3米。土色黄，土质疏松。耕土层。

②层：深0.3米，厚0.6米。土色黄。扰土层。

③层：深0.9米，厚0.4米。土色黄褐，土质较硬，结构紧密。含有少量炭粒。文化层。

深1.3米以下为生土层。

10号孔：位于遗址所在台地中部。

①层：厚0.3米。土色黄，土质疏松。耕土层。

②层：深0.3米，厚0.4米。扰土层。

③层：深0.7米，厚0.9米。土色灰褐。含有红烧土颗粒、炭粒。文化层。

深1.6米以下为生土层。

11号孔：位于遗址所在台地南端。

①层：厚0.3米。土色黄，土质疏松。耕土层。

②层：深0.3米，厚0.4米。土色黄。扰土层。

③层：深0.7米，厚0.4米。土色黄褐，土质疏松。含有红烧土颗粒、炭粒。文化层。

深1.1米以下为生土层。

12号孔：位于遗址所在台地东部。

①层：厚0.3米。土色黄，土质疏松。耕土层。

②层：深0.3米，厚0.5米。土色黄褐，杂有褐色土块，土质松散。含有灰陶颗粒、红烧土颗粒、炭粒。文化层。

深 0.8 米以下为生土层。

依据勘探钻孔地层堆积情况，遗址文化层上覆盖有耕土及厚度 0.05 米到 0.6 米不等的扰土层；遗址北端 1 号、2 号探孔和东端 12 号探孔所在台地受土地平整的破坏，耕土层下即见文化层；1 号、2 号探孔所在的遗址北部区域，8 号探孔所在的遗址西南部区域，10 号探孔所在的遗址中部区域文化层稍厚，厚度最多可达 0.9 米，大多平均在 0.6 ~ 0.7 米左右，文化层较为单一，均为一层；其余探孔所在区域文化层较薄，文化层多在 0.4 ~ 0.5 米，文化层也为一层。遗址东端 12 号探孔与 9 号、10 号、11 号探孔之间坐落有交流寨村，依据 12 号探孔的情况，交流寨村下应还叠压有文化层或遗迹，亦属遗址范围；遗址南侧偏西为周湾遗址，与交流寨遗址属同一块台地，但两个遗址之间有明显的断层，采集的陶片时代也有差别，故应为两处遗址。总的来讲，遗址西北部遗存较为丰富，其余部分文化层较为稀疏。

### 2. 文化遗存

#### （1）遗迹

1997 年，经河南省文物考古研究所进行文物勘探，在遗址中部发现有大量的灰坑及文化层。遗址经长期雨水冲刷，部分文化层暴露于崖面。北部、南部地头断崖上发现有厚约 0.5 ~ 1 米的文化层，可见长度约 5 米；不分层，土褐色，土质较硬，结构疏松，含有红烧土颗粒、炭粒及陶片。（彩版七四，2）

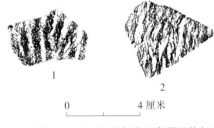

1

2

0　　　　4 厘米

图二一五　交流寨遗址陶器纹饰拓片

#### （2）遗物

交流寨遗址共采集陶器标本 39 件，其陶质以泥质陶（66.6%）为主，另有夹砂陶（33.4%）；陶色以灰陶（46.2%）为主，另有红陶（25.6%）、褐陶（20.5%）、黑皮陶（5.2%）、黑陶（2.6%）；纹饰以素面（82%）为主，另有绳纹（10.3%）、彩陶（7.7%）。（图二一五；表二五）

表二五　　　　　　　　　　　交流寨遗址陶器陶质陶色纹饰统计表

| 陶系<br>纹饰 | 泥质 | | | | 夹砂 | | | 合计 | 百分比<br>（%） |
| --- | --- | --- | --- | --- | --- | --- | --- | --- | --- |
| | 灰 | 红 | 黑 | 黑皮 | 灰 | 褐 | 黑皮 | | |
| 素面 | 13 | 7 | 1 | | 3 | 7 | 1 | 32 | 82 |
| 绳纹 | 1 | | 1 | | 1 | 1 | | 4 | 10.3 |
| 彩陶 | | 3 | | | | | | 3 | 7.7 |
| 合计 | 14 | 10 | 1 | 1 | 4 | 8 | 1 | 39 | |
| 百分比（%） | 35.9 | 25.6 | 2.6 | 2.6 | 10.3 | 20.5 | 2.6 | | 100 |

可辨器形的陶器标本共计 12 件，有罐、盆、壶、钵、碗、缸等。根据采集标本的器形形制特征及纹饰特征，时代为仰韶文化中晚期。

罐　共 2 件。

标本 WJLZ：23，夹砂黑陶。侈口，方唇，唇外侧加厚，矮领，斜肩。唇面有一周凹槽。轮制。口径 27、残高 6、壁厚 0.8 ~ 1 厘米。（图二一六，1）

标本 WJLZ：35，罐底。泥质红陶。斜腹，平底微内凹。素面。器壁较粗糙，轮制。底径17.8、残高5.2、壁厚0.6～1厘米。（图二一六，2）

盆　共2件。

标本 WJLZ：11，泥质红陶。火候较低，红陶色彩已脱落。敞口，圆唇，折沿，沿外侧近唇部内凹，斜腹内收。轮制。口径24.2、残高6.2、壁厚0.4～0.8厘米。（图二一六，3）

标本 WJLZ：22，泥质红陶灰胎。直口，尖圆唇，折沿，内折棱明显，直腹。沿外饰凹槽一周，沿下腹部饰凹弦纹三周。沿内外可见轮制痕迹。轮制。残高3.4、壁厚0.6～0.8厘米。（图二一六，4）

碗　标本 WJLZ：10，泥质褐陶。敞口，方唇内勾，浅腹。器壁外侧下部有片状修补痕迹。器表沿面凹凸不平，壁内外均见轮制痕迹。口径26、残高5、壁厚0.6厘米。（图二一六，5）

壶　标本 WJLZ：24，泥质红陶。直口外侈，尖唇外撇，高领。素面，轮制。口径10、高4、壁厚0.6～0.8厘米。（图二一六，6）

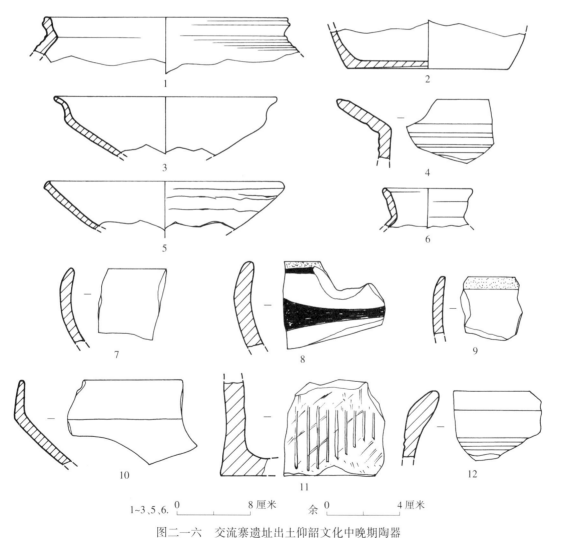

图二一六　交流寨遗址出土仰韶文化中晚期陶器

1. 罐（WJLZ：23）　2. 罐底（WJLZ：35）　3、4. 盆（WJLZ：11、22）　5. 碗（WJLZ：10）　6. 壶（WJLZ：24）
7～10. 钵（WJLZ：30、39、28、12）　11. 缸底（WJLZ：34）　12. 缸（WJLZ：29）

钵　共4件。

标本WJLZ：30，泥质红陶。敛口，圆唇，弧腹。素面磨光，器壁内可见轮制痕迹，轮制。残高3.9、壁厚0.6厘米。（图二一六，7）

标本WJLZ：39，泥质红陶。敛口，圆唇，弧腹。唇外侧饰红彩直线纹，下饰白衣黑彩弧形纹。器壁内敛，器壁内可见轮制痕迹。残高4.5、壁厚0.7厘米。（彩版七四，3；图二一六，8）

标本WJLZ：28，泥质红陶。敛口，圆唇。唇外侧0.5厘米处饰红彩。轮制。残高3.3、壁厚0.6厘米。（图二一六，9）

标本WJLZ：12，泥质灰陶。敛口，圆唇，斜腹。轮制。残高4.5、壁厚0.4~0.6厘米。（图二一六，10）

缸　2件。

标本WJLZ：34，缸底。夹砂红陶。直腹，平底。腹饰长条格纹和斜线纹。器壁较粗糙，轮制。残高4.9、壁厚0.9~1.1厘米。（图二一六，11）

标本WJLZ：29，夹砂红陶。敛口，圆唇，有折棱。腹上部饰凹弦纹两周。轮制。残高3.7、壁厚0.6~0.9厘米。（图二一六，12）

## 五三、李家岗遗址

（一）地理位置与概况

李家岗遗址位于河南省新密市曲梁乡李家岗村东北，处于北面临河地带。遗址地理坐标为北纬34°28.733′、东经113°31.246′，海拔高度147米。编号为53号。（彩版七五，1）

李家岗遗址所在台地地势西北高东南低，后经平整形成一级级的梯田。遗址主要分布在李家岗村北，依据遗址文化层所在台地范围可知：北至洧水河北面支流柳泉河水南岸河沟断崖，西、东、南三面均以勘探出的文化层范围为界。李家岗遗址平面近似圆形，遗址东西长约68米，南北长约68米，面积约0.38万平方米。遗址所在台地面与其北侧现河道的高差约为13米，遗址地下遗迹范围距其北侧河道断崖约18米。（图二一七）

该遗址以往未见著录或公布，2009年溱洧流域聚落调查时发现。

依据对采集标本的观察，大部分陶器标本的时代为仰韶文化和二里头文化。

（二）地层堆积与文化遗存

**1. 地层堆积**

在遗址上布探孔4个（图二一八），其地层堆积情况如下：

1号孔：位于遗址所在台地东部。

①层：厚0.3米。土色黄，土质软。耕土层。

②层：深0.3米，厚0.5米。土色黄，结构疏松。扰土层。

③层：深0.8米，厚0.3米。土色黄褐，土质较软，结构疏松。含有红烧土颗粒、炭粒。文化层。

深1.1米以下为黄色次生土层。

2号孔：位于遗址所在台地西部。

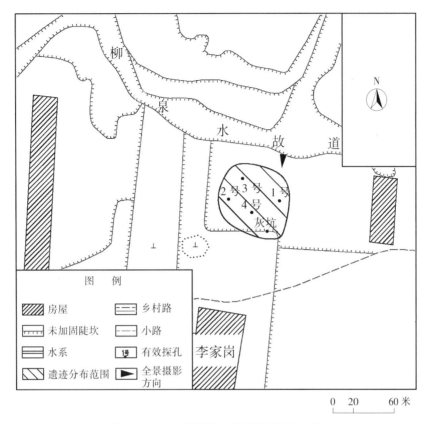

图二一七　李家岗遗址位置及探孔分布图

①层：厚0.3米。土色黄，土质软。耕土层。

②层：深0.3米，厚0.7米。土色黄，结构疏松。含有现代砖块。扰土层。

③层：深1米，厚0.6米。土色黄褐，土质软，结构一般。含有少量红烧土颗粒、炭粒。文化层。

深1.6米以下为黄白色生土层。

3号孔：位于遗址所在台地北部。

①层：厚0.3米。土色黄，土质软。耕土层。

②层：深0.3米，厚0.7米。土色黄，结构疏松。扰土层。

③层：深1米，厚0.5米。土色灰黑，土质软，结构疏松。含有大量红烧土、炭粒。文化层。

深1.5米以下为黄白色生土层。

4号孔：位于遗址所在台地中南部。

①层：厚0.3米。土色黄，土质软。耕土层。

②层：深0.3米，厚0.2米。土色黄褐，土质软，结构疏松。出有陶片1片。文化层。

深0.5米以下为黄色次生土层。

依据勘探钻孔地层堆积情况，遗址可能受到大面积破坏，遗址文化层上覆盖有耕土及厚度0.5

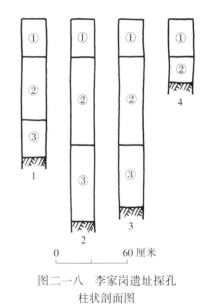

图二一八　李家岗遗址探孔
柱状剖面图

米到 0.7 米不等的扰土层；遗址南端 4 号探孔所在区域受土地平整的破坏，耕土层下即见较薄文
化层；遗址 1 号、2 号探孔所在区域残存有 0.3 米到 0.6 米不等的文化层，均为一层文化层；3 号
探孔所在的遗址北部区域受土地平整的破坏，扰土层下即见灰坑。总体来讲，遗址残存文化层面
积较小。

### 2. 文化遗存

（1）遗迹

李家岗遗址经长期雨水冲刷，部分灰坑暴露于遗址东南部东西向断崖崖面上。灰坑长约 3 米，
深约 1.2 米；土色浅灰，不分层，土质较软，结构疏松，含有红烧土颗粒、炭粒及陶片；灰坑内
以二里头文化标本为主。（彩版七五，2）

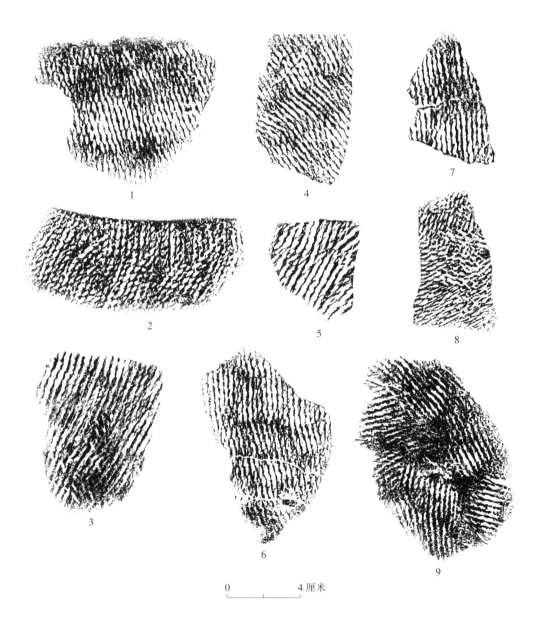

图二一九　李家岗遗址陶器纹饰拓片

（2）遗物

可辨器形的陶器标本共计5件，其种类主要有鼎、罐、鬲等。根据采集陶片标本的器形形制特征及纹饰特征（图二一九、二二〇；表二六），时代应为仰韶文化晚期和二里头文化。另外采集有部分时代为仰韶文化晚期的罐、钵、碗残片，未作为标本描述。

0　　　　　4厘米

图二二〇　李家岗遗址陶器纹饰拓片

表二六　　　　　　　　　　　　李家岗遗址陶器陶质陶色纹饰统计表

| 纹饰 ＼ 陶系 | 泥质 | | | | | 夹砂 | | | | | 合计 | 百分比（%） |
|---|---|---|---|---|---|---|---|---|---|---|---|---|
| | 灰 | 红 | 褐 | 黑 | 黑皮 | 灰 | 红 | 褐 | 黑 | 红褐 | | |
| 素面 | 2 | 1 | | | | 8 | | | | | 11 | 32.4 |
| 绳纹 | | | | | | 20 | | | | | 20 | 58.8 |
| 凹弦纹 | 1 | | | | | | | | | | 1 | 2.9 |
| 附加堆纹 | | | | | | 1 | | | | | 1 | 2.9 |
| 绳纹＋凹弦纹 | 1 | | | | | | | | | | 1 | 2.9 |
| 合计 | 4 | 1 | | | | 29 | | | | | 34 | |
| 百分比（%） | 11.8 | 2.9 | | | | 85.3 | | | | | | 100 |

1）仰韶文化晚期标本

鼎　标本WLJG:2，盆形鼎。夹砂褐陶。尖唇，斜折沿，沿面微凹。沿上端有凸棱一周，近沿处有凹槽一周。器壁内侧凹凸不平，沿内外侧隐约可见轮制痕迹。轮制。残高5、壁厚0.4~1厘米。（图二二一，1）

2）二里头文化标本

罐　共3件。

标本WLJG:4，夹砂灰陶。圆唇，唇下部加厚，卷沿微折。腹饰竖绳纹。沿面内外侧可见轮制痕迹。口径22、残高4、壁厚0.8~1厘米。（图二二一，2）

标本WLJG:3，夹砂灰皮褐胎。方唇，唇部有凹槽，卷沿，鼓腹。腹部饰绳纹。口沿内外侧均可见轮制痕迹，器壁内侧有制作按压痕迹。口径18.2、残高12、壁厚0.6~0.8厘米。（图二二一，3）

标本WLJG:18，夹砂灰陶。侈口，方唇，斜折沿，鼓腹。腹部饰竖绳纹。口沿内外侧隐约可见轮制痕迹。残高3.5、壁厚0.5~0.7厘米。（图二二一，4）

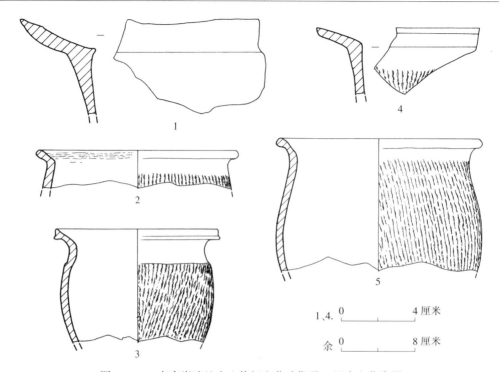

图二二一　李家岗遗址出土仰韶文化晚期及二里头文化陶器

1. 鼎（WLJG：2）　　2～4. 罐（WLJG：4、3、18）　　5. 鬲（WLJG：1）（1 为仰韶文化标本，余为二里头文化标本）

鬲　标本 WLJG：1，夹砂灰陶。侈口，圆唇，唇下部加厚，卷沿，鼓腹。腹部饰右斜竖绳纹。器壁内外隐约可见轮制痕迹，器壁内侧近沿处可见制作按压痕迹。口径 22.2、残高 14、壁厚 0.6～0.8 厘米。（图二二一，5）

### 五四、朱家沟遗址

（一）地理位置与概况

朱家沟遗址位于河南省新密市东南刘寨镇朱家沟村西南，处于西面洧水河北面支流响赤涧水和南、北面冲沟水三流环绕地带。遗址地理坐标为北纬 34°27.979′、东经 113°34.938′，海拔高度 140 米。编号为 54 号。（彩版七六，1）

朱家沟遗址所在台地地势为中部高四周低。依据遗址文化层所在台地范围可知：遗址北面以朱家沟村西勘探出的文化层为界，南面、东面及西面均以遗迹所在台地四周勘探出的文化层为限。朱家沟遗址平面呈南北向不规则形，西北—东南向最长处长约 600 米，东北—西南向最宽处宽约 165 米，面积 7.6 万平方米。遗址所在台地面与其西南侧现河道的高差约为 19 米，遗址地下遗迹范围距其西南侧河道断崖约 63 米。（图二二二）

该遗址以往未见著录或公布，2009 年溱洧流域聚落调查时发现。

依据对采集标本的观察，大部分陶器标本的时代为龙山文化晚期、"新砦期"、二里头文化及二里岗文化、殷墟文化。

（二）地层堆积与文化遗存

**1. 地层堆积**

在遗址上布探孔 12 个（图二二三），其堆积情况如下：

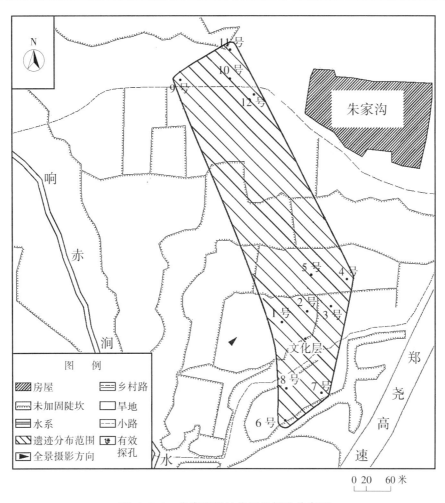

图二二二 朱家沟遗址位置及探孔分布图

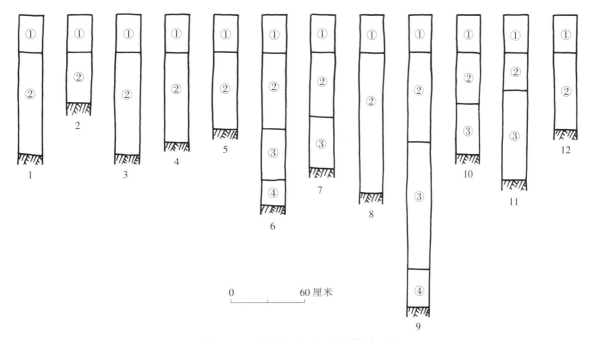

图二二三 朱家沟遗址探孔柱状剖面图

1 号孔：位于遗址所在台地南部。

①层：厚 0.3 米。土色黄，土质软。耕土层。

②层：深 0.3 米，厚 0.8 米。土色灰黑，土质较软，结构疏松。含有大量红烧土颗粒、炭粒、水锈，出土陶片 1 块。文化层。

深 1.1 米以下为黄白色生土层。

2 号孔：位于遗址所在台地南部。

①层：厚 0.3 米。土色黄，土质较软。耕土层。

②层：深 0.3 米，厚 0.4 米。土色黄，结构疏松。含有大量红烧土颗粒、炭粒。文化层。

深 0.7 米以下为黄白色生土层。

3 号孔：位于遗址所在台地南部。

①层：厚 0.3 米。土色黄，土质较软。耕土层。

②层：深 0.3 米，厚 0.8 米。土色黄褐，土质较软，结构疏松。含有少量烧土痕迹、陶片颗粒。文化层。

深 1.1 米以下为黄白色生土层。

4 号孔：位于遗址所在台地东南端。

①层：厚 0.3 米。土色黄，土质软。耕土层。

②层：深 0.3 米，厚 0.7 米。土色黄褐，土质软，结构疏松。含有少量烧土颗粒、陶片颗粒。文化层。

深 1 米以下为黄白色生土层。

5 号孔：位于遗址所在台地中部偏南。

①层：厚 0.3 米。土色黄，土质软。耕土层。

②层：深 0.3 米，厚 0.6 米。土色黄褐，结构疏松。含有灰陶颗粒、炭粒和少量红烧土颗粒。文化层。

深 0.9 米以下为黄白色生土层。

6 号孔：位于遗址所在台地南端。

①层：厚 0.3 米。土色黄，土质较软。耕土层。

②层：深 0.3 米，厚 0.6 米。土色黄褐，土质较软，结构疏松。含有少量灰陶颗粒、炭粒。文化层。

③层：深 0.9 米，厚 0.4 米。土色灰褐，土质软，结构疏松。含有水锈、红烧土颗粒、炭粒。文化层。

④层：深 1.3 米，厚 0.2 米。土色黄褐，土质软，结构疏松。含有大量水锈、少量红烧土颗粒。文化层。

1.5 米以下为黄白色生土层。

7 号孔：位于遗址所在台地东南部。

①层：厚 0.3 米。土色黄，土质软。耕土层。

②层：深 0.3 米，厚 0.5 米。土色黄褐，结构松散。含有砖块、灰陶颗粒。文化层。

③层：深 0.8 米，厚 0.4 米。土色灰褐，结构疏松。含有大量水锈、少量砂。文化层。

深 1.2 米以下为黄白色生土层。

8 号孔：位于遗址所在台地南部。

①层：厚 0.3 米。土色黄，土质软。耕土层。

②层：深 0.3 米，厚 1.1 米。土质软，结构疏松。含有红烧土颗粒、炭粒和少量灰陶颗粒。文化层。

深 1.4 米以下为黄白色生土层。

9 号孔：位于遗址所在台地西北部。

①层：厚 0.3 米。土色黄，土质软。耕土层。

②层：深 0.3 米，厚 0.7 米。土色黄褐，结构疏松。含有现代砖块。扰土层。

③层：深 1 米，厚 1 米。土色灰褐，土质软，结构疏松。含有红烧土颗粒、炭粒。灰坑土。

④层：深 2 米，厚 0.3 米。土色黄褐，土质软，结构疏松。含有砂、炭粒。文化层。

深 2.3 米以下为黄白色生土层。

10 号孔：位于遗址所在台地北部。

①层：厚 0.3 米。土色黄，土质软。耕土层。

②层：深 0.3 米，厚 0.4 米。土色黄褐，土质软。含有现代砖块。扰土层。

③层：深 0.7 米，厚 0.4 米，土色灰褐，结构疏松。含有红烧土颗粒、炭粒，较松散。灰坑土。

深 1.1 米以下为黄白色生土层。

11 号孔：位于遗址所在台地北端。

①层：厚 0.3 米。土色黄，土质软。耕土层。

②层：深 0.3 米，厚 0.3 米。土色黄，结构疏松。含有现代砖块。扰土层。

③层：深 0.6 米，厚 0.7 米。土色黄褐，土质软。含有红烧土颗粒、炭粒。文化层。

深 1.3 米以下为黄白色生土层。

12 号孔：位于遗址所在台地东北部。

①层：厚 0.3 米。土色黄，土质软。耕土层。

②层：深 0.3 米，厚 0.6 米。土色黄褐，结构疏松。含有少量红烧土颗粒，较松散。文化层。

深 0.9 米以下为黄白色生土层。

依据勘探钻孔地层堆积情况，遗址文化层主要集中于北、中、南三部分，北部区域文化层上覆盖有耕土及厚度 0.3 米到 0.7 米的扰土层；1 号至 5 号探孔所在的遗址中部偏南地区文化层最为丰富，地面及台地上也随处可见散落的陶片及遗迹，据当地村民介绍，此处曾进行过大面积的土地平整，勘探结果显示，文化层最厚处可达 0.8 米，厚度一般，但分布面积较大，均为一层；6 号至 8 号探孔所在的遗址南部文化层最厚，厚度可达 1.2 米，依据土质土色可分为二或三层文化层；遗址北部，即朱家沟村西侧，与遗址中部有一冲沟相隔，经过勘探，遗址北部也发现有厚约 0.7 米的文化层和两处灰坑遗迹；10 号探孔向南为一小片洼地，不见文化层分布，9 号探孔向西也不见文化层。

**2. 文化遗存**

（1）遗迹

朱家沟遗址经长期雨水冲刷，部分文化层暴露于高约 1.2 米的地头断崖崖面上，遗迹分布广泛，四周壁上多处均见陶片标本。遗址内南、西及东部地头断崖上发现有厚约0.6米的文化层，可见长度合计长约20米，不分层；土色浅灰，土质较软，结构疏松，含有红烧土颗粒、炭粒及陶片。（彩版七六，2）

（2）遗物

可辨器形的标本有石器2件、陶器31件，其中陶器种类有罐、鬲、斝、甗、尊、盆、壶、瓮、器盖、圈足等。根据采集陶片标本的器形形制特征及纹饰特征（图二二四；表二七），可分为龙山文化晚期、"新砦期"、二里头文化及二里岗文化、殷墟文化。

图二二四　朱家沟遗址陶器纹饰拓片

| 表二七 | | | | 朱家沟遗址陶器陶质陶色纹饰统计表 | | | | | |
|---|---|---|---|---|---|---|---|---|---|
| 陶系<br>器类 | 泥质 | | | | 夹砂 | | | 合计 | 百分比<br>（%） |
| | 灰 | 褐 | 黑 | 黑皮 | 灰 | 褐 | 黑皮 | | |
| 罐 | | 1 | | | 4 | 2 | 2 | 9 | 29.0 |
| 鬲 | | 2 | | | 3 | | | 5 | 16.1 |
| 斝 | | | | | 1 | | | 1 | 3.2 |
| 甑 | | | | | | 1 | | 1 | 3.2 |
| 尊 | 1 | | | | | | | 1 | 3.2 |
| 盆 | 6 | 2 | | 1 | | | | 9 | 29.0 |
| 壶 | 1 | | | | | | 1 | 2 | 6.5 |
| 瓮 | 1 | | | | | | | 1 | 3.2 |
| 器盖 | | | 1 | | | | | 1 | 3.2 |
| 圈足 | | | 1 | | | | | 1 | 3.2 |
| 合计 | 9 | 5 | 2 | 1 | 8 | 3 | 3 | 31 | |
| 百分比（%） | 29.0 | 16.1 | 6.5 | 3.2 | 25.8 | 9.7 | 9.7 | | 100 |

1）石器标本

石铲　标本 WZJG：29，粉砂岩，灰黄色。此标本甚残。只残留刃部，刃部有使用痕迹，素面光滑，双面刃。磨制。残长 4.1、宽 8、厚 0.3～1.2 厘米。（彩版七六，3；图二二五，1）

石镰　标本 WZJG：22，砂岩，灰色。残。近长方形，单面刃。磨制。残长 7.9、宽 3.7、厚 0.3～1 厘米。（彩版七六，4；图二二五，2）

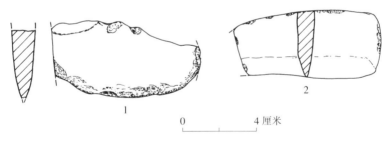

图二二五　朱家沟遗址出土石器
1. 铲（WZJG：29）　2. 镰（WZJG：22）

2）陶器标本

①龙山文化标本

罐　共 5 件。

标本 WZJG：25，夹砂黑皮陶。方唇，折沿，内折棱明显，腹壁较直。腹饰绳纹。轮制。口径 24.2、残高 6.4、厚 0.7 厘米。（图二二六，1）

标本 WZJG：16，夹砂灰陶。方唇，折沿，内折棱明显，鼓腹。唇部有一周凹槽。素面，轮制。口径 16、残高 3.6、厚 0.7 厘米。（图二二六，2）

标本 WZJG：32，泥质褐陶。尖唇，唇外撇，折沿，直壁。器壁及沿外可见轮制痕迹。素面磨光，轮制。残高 4、厚 0.8 厘米。（图二二六，3）

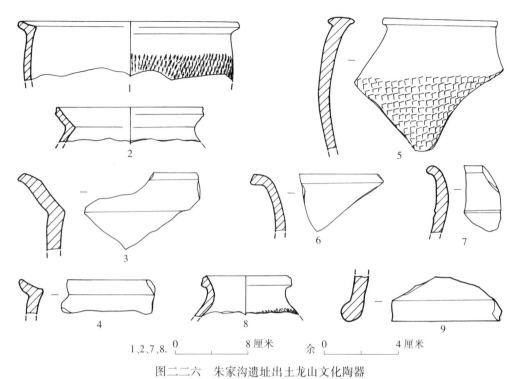

图二二六　朱家沟遗址出土龙山文化陶器

1~4. 罐（WZJG：25、16、32、34）　5. 敛口罐（WZJG：67）　6、7. 盆（WZJG：28、23）　8. 壶（WZJG：27）

9. 器盖（WZJG：30）

标本WZJG：34，夹砂褐陶。尖唇，折沿，沿面较窄，内折棱明显，鼓腹。素面，轮制。残高1.8、厚0.6厘米。（图二二六，4）

标本WZJG：67，夹砂黑皮陶。敛口，尖唇外凸，窄沿，沿面微鼓，鼓腹。腹内有制作抹痕，腹饰方格纹。轮制。残高7、壁厚0.5~0.8厘米。（图二二六，5）

盆　共2件。

标本WZJG：28，泥质灰陶。敞口，方唇，卷沿，直壁。器壁内外可见轮制痕迹。素面，轮制。残高3、壁厚0.4~0.6厘米。（图二二六，6）

标本WZJG：23，泥质褐陶。圆唇，唇部下垂，卷沿，直壁。壁饰一周凹弦纹。轮制。残高7、厚1.2厘米。（图二二六，7）

壶　标本WZJG：27，夹砂黑皮陶。小口，方唇，矮领，斜肩。饰竖绳纹。器壁内外可见轮制痕迹。轮制。口径10、残高4.2、厚0.6~0.8厘米。（图二二六，8）

器盖　标本WZJG：30，泥质黑皮陶。敞口，圆唇外撇，直壁。器壁略经打磨，器壁内外隐约可见轮制痕迹。轮制。残高2.3、厚0.9厘米。（图二二六，9）

②"新砦期"标本

刻槽盆　标本WZJG：69，泥质灰陶。直口，方唇外撇，唇外侧加厚，壁较直。外壁饰模糊绳纹，有抹痕。内壁饰竖刻槽。器壁内外可见轮制痕迹。轮制。残高6、壁厚0.5~0.9厘米。（图二二七，1）

盆　标本WZJG：37，泥质灰陶。敛口，圆唇，唇外凸出，折腹内收。器壁内隐约可见轮制痕迹。轮制。残高4.6、壁厚0.4~0.7厘米。（图二二七，2）

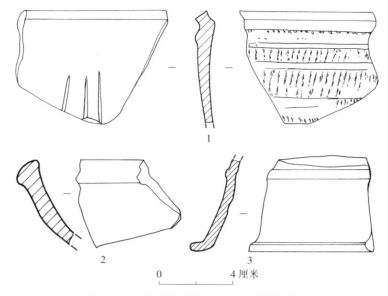

图二二七　朱家沟遗址出土"新砦期"陶器
1. 刻槽盆（WZJG：69）　2. 盆（WZJG：37）　3. 圈足（WZJG：68）

圈足　标本 WZJG：68，泥质黑陶。沿外撇。外壁饰一周凸弦纹。器壁内外有轮制痕迹，轮制。残高4.9、壁厚0.5厘米。（图二二七，3）

③二里头文化标本

罐　共2件。

标本 WZJG：33，夹砂灰陶。圆唇，卷沿。沿下饰左斜绳纹。残高3.1、厚0.4厘米。（图二二八，1）

标本 WZJG：24，夹砂灰陶。方唇，卷沿，腹较直。唇部有一周凹槽，腹饰竖绳纹。轮制。残高5.4厘米。

盆　2件。

标本 WZJG：35，泥质灰陶。敛口，圆唇，弧壁。唇外下有一周凹弦纹，壁饰右斜绳纹。轮制。残高4.2、厚0.8厘米。（图二二八，2）

标本 WZJG：36，泥质褐陶。敞口，圆唇，斜壁。壁饰绳纹。轮制。残高4.4、厚0.4～0.6厘米。（图二二八，3）

④二里岗文化标本

瓮　标本 WZJG：26，泥质灰陶。直口，方唇，斜肩。肩上可见轮制痕迹。轮制。残高2.8、壁厚0.6厘米。（图二二八，4）

鬲足　3件。

标本 WZJG：6，夹砂灰陶。圆锥状。手制。残高4厘米。（图二二八，5）

标本 WZJG：13，夹砂灰陶。袋状足，足尖残。素面，手制。残高4.4厘米。（图二二八，6）

标本 WZJG：21，夹砂灰陶。圆锥形袋状。足上有制作竖向刮痕。素面，手制。残高7.4厘米。（图二二八，7）

斝足　标本 WZJG：7，夹砂灰陶。上部近三棱形，下部扁状。素面，手制。残高5.9厘米。

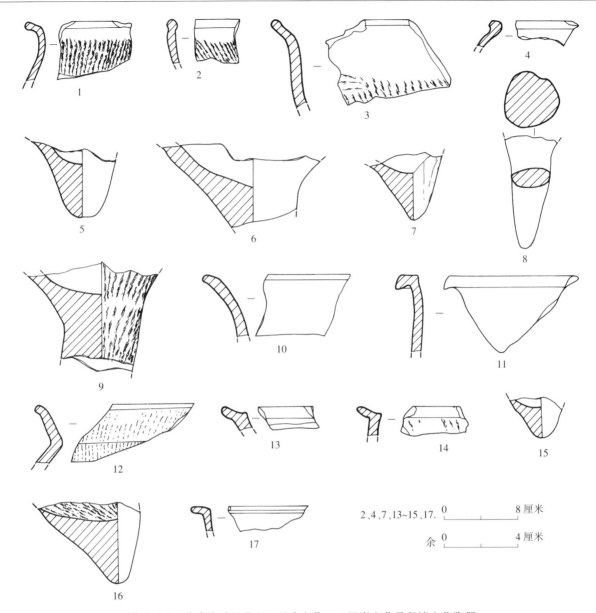

图二二八　朱家沟遗址出土二里头文化、二里岗文化及殷墟文化陶器

1、13、14. 罐（WZJG：33、2、4）　2、3、10、11、17. 盆（WZJG：35、36、9、10、5）　4. 瓮（WZJG：26）　5～7、15、16. 鬲足（WZJG：6、13、21、1、3）　8. 斝足（WZJG：7）　9. 甗足（WZJG：12）　12. 壶（WZJG：8）（1～3 为二里头文化标本，4～12 为二里岗文化标本，余皆殷墟文化标本）

（图二二八，8）

大口尊　标本 WZJG：11，泥质灰陶，局部褐黑。圆唇，卷沿，斜直壁。唇部有一周凸棱，腹饰一周凸弦纹。器壁内外明显可见轮制痕迹。轮制。

甗　标本 WZJG：12，夹砂褐陶。圆锥状足，足尖残，袋足。足外壁饰绳纹。手制。残高 5.3 厘米。（图二二八，9）

盆　共 2 件。

标本 WZJG：9，泥质灰陶。敞口，圆唇，卷沿。器壁内外可见轮制痕迹。轮制。残高 3.2、壁厚 0.6 厘米。（图二二八，10）

标本 WZJG：10，泥质灰陶。直口，方唇，平折沿，沿面略为打磨，唇部下垂，内折棱明显，

直壁。器壁内外可见轮制痕迹。轮制。残高 4、壁厚 0.5 厘米。（图二二八，11）

壶　标本 WZJG：8，泥质灰陶。侈口，圆唇，唇部外侧加厚，折沿，沿外撇，鼓腹。沿外及腹分布竖细绳纹。轮制。残高 3、壁厚 0.6 厘米。（图二二八，12）

⑤殷墟文化标本

罐　2 件。

标本 WZJG：2，夹砂灰陶。此标本甚残。圆唇，折沿，沿面内凹，外沿下侧加厚，内折棱明显。素面，轮制。残高 2.6、壁厚 1.4 厘米。（图二二八，13）

标本 WZJG：4，夹砂褐陶。尖唇，折沿，沿面内凹，沿外下侧加厚，内折棱明显，腹较直。腹饰绳纹。轮制。残高 3、壁厚 1 厘米。（图二二八，14）

鬲足　2 件。

标本 WZJG：1，夹砂褐陶。袋状鬲底，鬲足为圆锥形。素面，手制。残高 4.2 厘米。（图二二八，15）

标本 WZJG：3，夹砂褐陶。圆锥状实足。足外壁素面，足内残留绳纹痕迹。手制。残高 4.3 厘米。（图二二八，16）

盆　标本 WZJG：5，泥质黑皮陶。圆唇，折沿，沿面微鼓，内折棱明显，直壁。素面，轮制。残高 2.6、壁厚 0.8 厘米。（图二二八，17）


## 五五、牛玉环遗址

（一）地理位置与概况

牛玉环遗址位于河南省新密市曲梁乡牛玉环村南面，处于西、南面洧水河北面支流柳泉河水半环绕地带。遗址地理坐标为北纬 34°28.105′、东经 113°37.372′，海拔高度 130 米。编号为 55 号。（彩版七七，1）

牛玉环遗址平面基本呈顺河的不规则形，遗址西北—东南向最长处长约 564 米，面积约 9.18 万平方米。遗址所在台地面与其西南侧现河道的高差约为 15 米，遗址地下遗迹范围紧临其西南侧河道断崖。（图二二九）

牛玉环遗址早年已被发现，也发现有遗迹及遗物，但未见著录或公布。2009 年溱洧流域聚落调查时复查。

依据对采集标本的观察，大部分陶器标本的时代为龙山文化晚期和殷墟文化。

（二）地层堆积与文化遗存

### 1. 地层堆积

在遗址上布探孔 8 个（图二三〇），其地层堆积情况如下：

1 号孔：位于遗址所在台地西南端。

①层：厚 0.3 米。土色黄，土质较软。耕土层。

②层：深 0.3 米，厚 0.8 米。土色黄，结构疏松。扰土层。

③层：深 1.1 米，厚 0.7 米。土色灰褐，土质较硬，结构疏松。含有少量红烧土颗粒、炭粒。文化层。

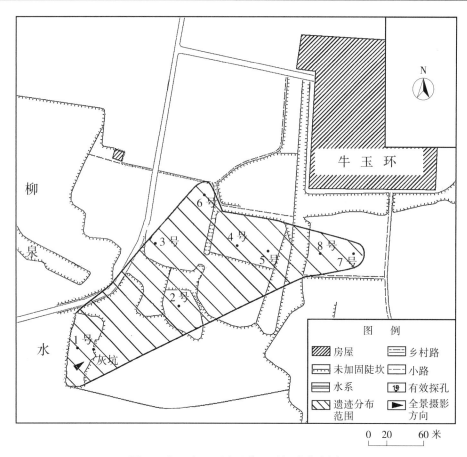

图二二九 牛玉环遗址位置及探孔分布图

深1.8米以下为黄白色生土层。

2号孔：位于遗址所在台地中部。

①层：厚0.3米。土色黄，土质较软。耕土层。

②层：深0.3米，厚0.5米。土色黄，结构疏松。扰土层。

③层：深0.8米，厚0.4米。土色黄褐，土质较软，结构疏松。含有少量红烧土颗粒、炭粒。文化层。

深1.2米以下为黄白色生土层。

3号孔：位于遗址所在台地中部偏北。

①层：厚0.3米。土色黄，土质较软。耕土层。

②层：深0.3米，厚0.7米。土色黄，结构疏松。扰土层。

③层：深1米，厚0.5米。土色黄褐，土质较软，结构疏松。含有少量红烧土颗粒、炭粒。文化层。

④层：深1.5米，厚0.3米。土色灰褐，土质较硬，结构紧密。含有红烧土颗粒、炭粒、水锈。文化层。

深1.8米以下为黄白色生土层。

4号孔：位于遗址所在台地中部偏北。

①层：厚0.3米。土色黄，土质较软。耕土层。

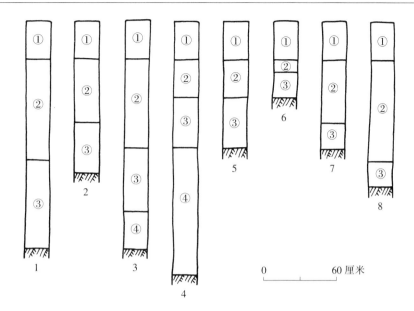

图二三〇　牛玉环遗址探孔柱状剖面图

②层：深0.3米，厚0.3米。土色黄，结构疏松。扰土层。

③层：深0.6米，厚0.4米。土色黄，土质较松。扰土层。

④层：深1米，厚1米。土色灰褐，土质较硬，结构紧密。含有红烧土颗粒、炭粒、水锈。文化层。

深2米以下为黄白色生土层。

5号孔：位于遗址所在台地东部偏北。

①层：厚0.3米。土色黄，土质较软。耕土层。

②层：深0.3米，厚0.3米。土色黄，结构疏松。扰土层。

③层：深0.6米，厚0.4米。土色黄褐，土质较软，结构疏松。含有少量红烧土颗粒、炭粒。文化层。

深1米以下为黄白色生土层。

6号孔：位于遗址所在台地北端。

①层：厚0.3米。土色黄，土质较软。耕土层。

②层：深0.3米，厚0.1米。土色黄，结构疏松。扰土层。

③层：深0.4米，厚0.2米。土色灰褐，土质较硬，结构紧密。含有少量红烧土颗粒、炭粒。文化层。

深0.6米以下为黄白色生土层。

7号孔：位于遗址所在台地东端。

①层：厚0.3米。土色黄，土质较软。耕土层。

②层：深0.3米，厚0.5米。土色黄，结构疏松。扰土层。

③层：深0.8米，厚0.2米。土色黄褐，土质较软，结构疏松。含有少量红烧土颗粒、炭粒。文化层。

深 1 米以下为黄白色生土层。

8 号孔：位于遗址所在台地东部。

①层：厚 0.3 米。土色黄，土质较软。耕土层。

②层：深 0.3 米，厚 0.8 米。土色黄，结构疏松。扰土层。

③层：深 1.1 米，厚 0.2 米。土色黄褐，土质较软，结构疏松。含有少量红烧土颗粒、炭粒。文化层。

深 1.3 米以下为黄白色生土层。

依据勘探钻孔地层堆积情况，遗址文化层上覆盖有耕土及厚度 0.1 米到 0.8 米不等的扰土层；1 号探孔所在区域为调查时发现文化层处，2 号到 6 号探孔所在区域为一块台地，与东面 7 号、8 号探孔所在台地中间相隔冲沟，亦与被后期破坏的西南面 1 号探孔所在台地相隔。1 号探孔所在区域未发现文化层，仅发现单个灰坑遗迹；3 号、4 号探孔所在台地中部文化层较厚，厚度最多为 1.4 米，依据土质土色可分为二层文化层，2 号、5 号、6 号探孔所在台地边缘处文化层较薄，厚度最多为 0.4 米，均为一层文化层；7 号、8 号探孔所在的遗址东部区域文化层最厚处为 0.2 米，为一层。

### 2. 文化遗存

（1）遗迹

本次复查时发现有文化层。该遗址南部有一个长方形取土坑，东西约 18 米，南北约 25 米，深约 0.6 米。在取土坑东壁耕土层下发现有文化层及灰坑。文化层较薄，土质疏松。灰坑深 0.5、宽 2 米；土质稍硬，呈灰黑色，含有少量陶片；灰坑内以龙山文化标本为主。（彩版七七，2）

（2）遗物

牛玉环遗址共采集陶器标本 39 件，可辨器形的标本共计 6 件，种类有罐、鬲等。根据采集标本的器形形制特征及纹饰特征（图二三一；表二八），时代应为龙山文化晚期和殷墟文化。

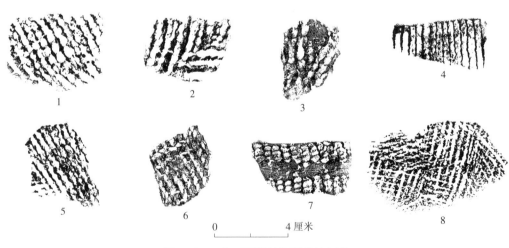

图二三一　牛玉环遗址陶器纹饰拓片

**表二八** 牛玉环遗址陶器陶质陶色纹饰统计表

| 陶系<br>纹饰 | 泥质 | | | | | 夹砂 | | | | | 合计 | 百分比<br>（％） |
|---|---|---|---|---|---|---|---|---|---|---|---|---|
| | 灰 | 红 | 褐 | 黑 | 黑皮 | 灰 | 红 | 褐 | 黑皮 | 红褐 | | |
| 素面 | 8 | | | | 3 | 2 | | | | 3 | 13 | 33.3 |
| 绳纹 | 5 | | | | | 18 | | | | | 26 | 66.7 |
| 合计 | 13 | | | | 3 | 20 | | | | 3 | 39 | |
| 百分比（％） | 33.3 | | | | 7.7 | 51.3 | | | | 7.7 | | 100 |

1）龙山文化标本

罐　4件。

标本 WNYH：13，泥质灰陶。方唇，平折沿，直腹微鼓。轮制。残高3.7、壁厚0.6厘米。（图二三二，1）

标本 WNYH：30，泥质灰陶。方唇，唇上、下部有凸棱，唇上有凹槽，折沿。轮制。残高3、壁厚0.8厘米。（图二三二，2）

标本 WNYH：25，泥质灰陶。方唇，唇上端有一周凸棱，折沿。轮制。残高2.8、壁厚0.5厘米。（图二三二，3）

标本 WNYH：22，罐底。泥质灰陶。斜壁内收，平底。轮制。残高3、壁厚0.4厘米。（图二三二，4）

2）殷墟文化标本

鬲　标本 WNYH：40，夹砂灰陶。侈口，方唇，折沿，鬲的高度小于其最大宽度，大袋足，分裆，裆部稍高，小矮实足根。腹部和裆部饰绳纹。轮制加手制。口径16.2、高15.3、壁厚0.6～0.9厘米。（彩版七七，3；图二三二，5）

鬲足　标本 WNYH：12，夹砂灰陶。袋状足。饰绳纹。手制。残高3.1厘米。（图二三二，6）

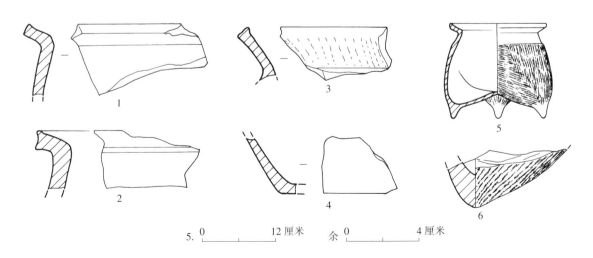

5. |0_____12厘米|　余 |0_____4厘米|

图二三二　牛玉环遗址出土龙山文化及殷墟文化陶器

1～4. 罐（WNYH：13、30、25、22）　5. 鬲（WNYH：40）　6. 鬲足（WNYH：12）（5、6为殷墟文化标本，余为龙山文化标本）

### 五六、全庄遗址

（一）地理位置与概况

全庄遗址位于河南省新密市曲梁乡全庄村西南，处于西南面临河地带。遗址地理坐标为北纬34°28.17.4′、东经113°37.008′，海拔高度125.5米。编号为56号。（彩版七八，1）

全庄遗址所在台地地势为北高南低，后经平整形成一级级的梯田。现存台地面积较小，依据遗址文化层所在台地范围可知：东、北均至遗址所在台地地头断崖，西、南面以临柳泉水河沿断崖为界。全庄遗址平面基本呈东西向不规则形，遗址东北—西南向长约362米，西北—东南向长约142米，面积约3.22万平方米。遗址所在台地面与其西侧现河道的高差约为18米，遗址地下遗迹范围紧邻其西侧河道断崖。（图二三三）

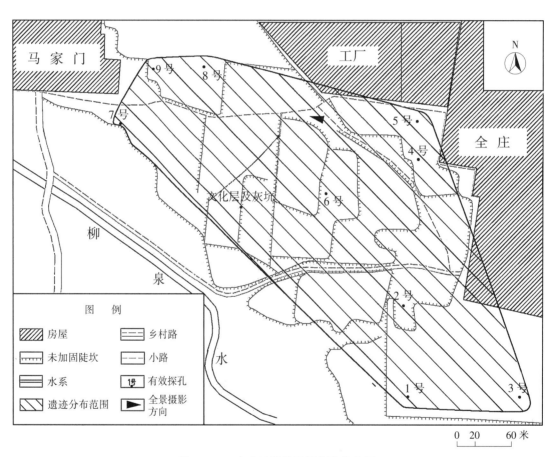

图二三三　全庄遗址位置及探孔分布图

全庄遗址以往未见著录或公布，2008年调查时新发现该遗址，2009年溱洧流域聚落调查时复查。

依据对采集标本的观察，大部分陶器标本时代为龙山文化晚期，少量为二里头文化时期。

（二）地层堆积与文化遗存

**1. 地层堆积**

在遗址上布探孔9个（图二三四），其地层堆积情况如下：

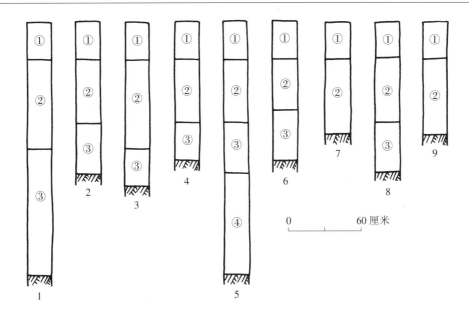

图二三四　全庄遗址探孔柱状剖面图

1 号孔：位于遗址所在台地南部。

①层：厚 0.3 米。土色黄，土质软。耕土层。

②层：深 0.3 米，厚 0.7 米。土色黄，土质软，结构疏松。扰土层。

③层：深 1 米，厚 1 米。土色灰黑，土质较软，结构疏松。含有红烧土颗粒、炭粒。文化层。

深 2 米以下为黄白色生土层。

2 号孔：位于遗址所在台地南部。

①层：厚 0.3 米。土色黄，土质软。耕土层。

②层：深 0.3 米，厚 0.5 米。土色黄，土质软，结构疏松。扰土层。

③层：深 0.8 米，厚 0.4 米。土色灰黑，土质较软，结构疏松。含有红烧土颗粒、炭粒。灰坑土。

深 1.2 米以下为黄白色生土层。

3 号孔：位于遗址所在台地东南部。

①层：厚 0.3 米。土色黄，土质软。耕土层。

②层：深 0.3 米，厚 0.7 米。土色黄，土质软，结构疏松。扰土层。

③层：深 1 米，厚 0.3 米。土色灰褐，土质较软，结构疏松。含有少量红烧土颗粒、炭粒、陶片颗粒。文化层。

深 1.3 米以下为黄白色生土层。

4 号孔：位于遗址所在台地东北部。

①层：厚 0.3 米。土色黄，土质软。耕土层。

②层：深 0.3 米，厚 0.5 米。土色黄，土质软，结构疏松。扰土层。

③层：深 0.8 米，厚 0.3 米。土色灰褐，土质较软，结构疏松。含有红烧土颗粒、炭粒、陶片颗粒。文化层。

深 1.1 米以下为黄白色生土层。

5 号孔：位于遗址所在台地东北端。

①层：厚 0.3 米。土色黄，土质软。耕土层。

②层：深 0.3 米，厚 0.5 米。土色黄，土质软，结构疏松。扰土层。

③层：深 0.8 米，厚 0.4 米。土色黄褐，土质一般，结构疏松。含有红烧土颗粒、炭粒，有少量灰陶片颗粒。文化层。

④层：深 1.2 米，厚 0.8 米。土色黄，土质软，结构疏松。含有红烧土颗粒、炭粒、陶片颗粒。出有陶片 1 片，为夹砂黑皮褐陶。文化层。

深 2 米以下为黄白色生土层。

6 号孔：位于遗址所在台地中部。

①层：厚 0.3 米。土色黄，土质软。耕土层。

②层：深 0.3 米，厚 0.4 米。土色黄，土质软，结构疏松。扰土层。

③层：深 0.7 米，厚 0.4 米。土色灰褐，土质较软，结构疏松。含有少量红烧土颗粒、炭粒和少量陶片颗粒。文化层。

深 1.1 米以下为黄白色生土层。

7 号孔：位于遗址所在台地西北部。

①层：厚 0.3 米。土色黄，土质软。耕土层。

②层：深 0.3 米，厚 0.6 米。土色灰褐，土质较软，结构疏松。含有少量红烧土颗粒、炭粒。文化层。

深 0.9 米以下为黄白色生土层。

8 号孔：位于遗址所在台地西北端。

①层：厚 0.3 米。土色黄，土质软。耕土层。

②层：深 0.3 米，厚 0.5 米。土色黄，土质软，结构疏松。扰土层。

③层：深 0.8 米，厚 0.4 米。土色黄褐，土质较软，结构疏松。含有红烧土颗粒、炭粒。文化层。

深 1.2 米以下为黄白色生土层。

9 号孔：位于遗址所在台地西北端。

①层：厚 0.3 米。土色黄，土质软。耕土层。

②层：深 0.3 米，厚 0.6 米。土色黄褐，土质较软，结构疏松。含有少量红烧土颗粒、炭粒。文化层。

深 0.9 米以下为黄白色生土层。

依据勘探钻孔地层堆积情况，遗址文化层上覆盖有耕土及厚度 0.4 米到 0.7 米不等的扰土层；1 号探孔及 5 号探孔所在的遗址南部及北部区域文化层较为丰富，厚度为 1 米到 1.2 米，依据土质土色可分为一或二层文化层；7 号、9 号探孔所在的遗址西部文化层厚度一般在 0.6 米左右，文化层为一层；其余区域文化层较薄，厚度多在 0.4 米以下，文化层单一；由于土地平整，4 号到 6 号探孔及 9 号探孔所在台地区域较高，其余探孔所在区域较低；依据勘探结果，南北面应为连成一片的文化层。

### 2. 文化遗存

（1）遗迹

经长期雨水冲刷，全庄遗址部分文化层暴露于遗址东部过洞崖面上。文化层可见长度约4米，厚约1米，距遗址所在台地地表约1.5米；土色褐色，不分层，土质较硬，结构较密，含有炭粒及陶片；文化层内以龙山文化标本为主。（彩版七八，2）

（2）遗物

共采集陶器标本19件，其中可辨器形的标本有4件，种类有罐、盆等。纹饰为篮纹、方格纹及附加堆纹等（图二三五）。根据采集陶片标本的形制特征及纹饰特征，可分为龙山文化晚期和二里头文化。具体如下述：

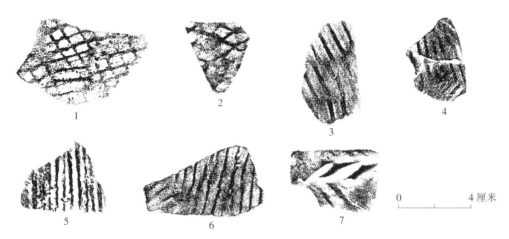

图二三五　全庄遗址陶器纹饰拓片

1）龙山文化标本

盆　标本WQZ：4，泥质灰陶。平沿，方唇，唇部较厚。素面，沿面内可见轮制痕迹。残高1.6、壁厚0.3厘米。（图二三六，3）

盆底　标本WQZ：1，泥质褐陶。深腹，平底。器壁上有制作凹槽，器壁内外可见轮制痕迹。磨光。残高9.4、壁厚0.6～1.0厘米。（图二三六，2）

2）二里头文化标本

刻槽盆　标本WQZ：2，泥质黑皮灰胎。圆唇，敛口。内壁刻槽稀疏，外壁饰右斜篮纹。轮制。残高7、壁厚0.6厘米。（图二三六，1）

### 五七、程庄遗址

（一）地理位置与概况

程庄遗址位于河南省新密市曲梁乡大樊庄村西南，东面溱水、西南面柳溪河之交汇地带。遗址地理坐标为北纬34°27.305′、东经113°38.100′，海拔高度122.1米。编号为57号。（彩版七九，1）

程庄遗址所在台地地势平缓。遗址范围东面至冲沟，西面至柳溪河河沿，南至柳溪河北沿，北面以勘探出的文化层范围为界。遗址基本呈南北向长条形，南北长551米，东西最宽处约250米，面积约8.65万平方米。遗址所在台地面与其南侧现河道的高差约为18米，遗址地下遗迹范围紧

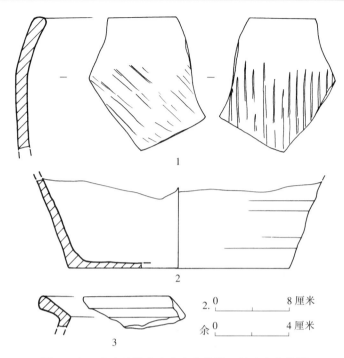

图二三六　全庄遗址出土龙山文化及二里头文化陶器

1. 刻槽盆（WQZ：2）　2. 盆底（WQZ：1）　3. 盆（WQZ：4）（1 为二里头文化标本，余为龙山文化标本）

邻其南侧河道断崖。（图二三七）

　　程庄遗址于 1956 年发现，此后曾进行多次调查①。1997 年河南省文物考古研究所新郑工作站工作人员曾对该遗址进行过试掘。2006 年 11 月新密市文物管理所文物普查时进行复查，2009 年溱洧流域聚落调查时再次复查。

　　依据对采集标本的观察，大部分标本时代为仰韶文化、龙山文化早期、"新砦期"、二里头文化、二里岗文化时期。

　　（二）地层堆积与文化遗存

　　**1. 地层堆积**

　　在遗址上布探孔 16 个（图二三八），其地层堆积情况如下：

　　1 号孔：位于遗址所在台地南部。

　　①层：厚 0.3 米。土色黄，土质软。耕土层。

　　②层：深 0.3 米，厚 1.2 米。土色灰褐，土质软，结构疏松，结构一般。含有大量红烧土、炭粒。文化层。

　　1.5 米以下为黄白色生土层。

　　2 号孔：位于遗址所在台地南部。

　　①层：厚 0.3 米。土色黄，土质软。耕土层。

　　②层：深 0.3 米，厚 0.9 米。土色黄，结构疏松。含有现代砖块。扰土层。

　　③层：深 1.2 米，厚 0.3 米。土色灰褐，土质软，结构疏松。含有大量红烧土、炭粒。灰坑土。

①　魏殿臣、谷洛群：《密县古文化遗址概述》，《河南文博通讯》1980 年第 3 期。

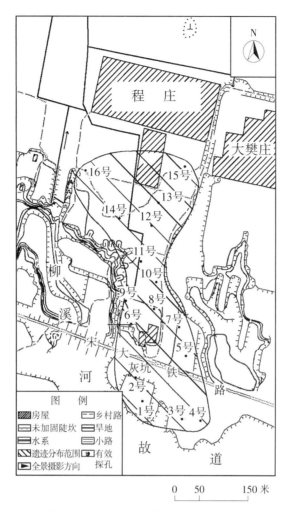

图二三七　程庄遗址位置及探孔分布图

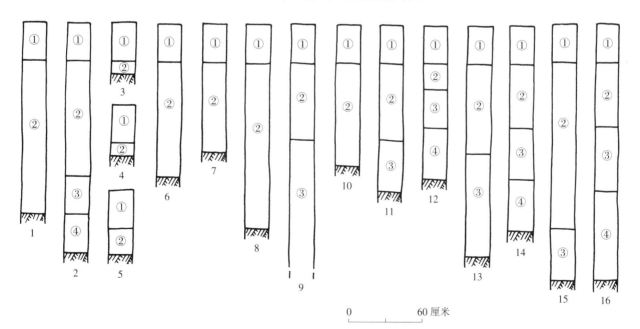

图二三八　程庄遗址探孔柱状剖面图

④层：深1.5米，厚0.3米。土色黄褐，土质一般，结构一般。含有陶片、褐色土块、水锈。文化层。

深1.8米以下为黄白色生土层。

3号孔：位于遗址所在台地南部。

①层：厚0.3米。土色黄，土质软。耕土层。

②层：深0.3米，厚0.1米。土色灰褐，土质软，结构疏松。含有大量红烧土、炭粒。文化层。

深0.4米以下为黄白色生土层。

4号孔：位于遗址所在台地南部。

①层：厚0.3米。土色黄，土质软。耕土层。

②层：深0.3米，厚0.1米。土色灰白，土质较硬，结构紧密。含有白灰活动面，浅灰与白灰面相间，分层，厚0.02米。疑为房址。

深0.4米以下为黄白色生土层。

5号孔：位于遗址所在台地东南部。

①层：厚0.3米。土色黄，土质软。耕土层。

②层：深0.3米，厚0.2米。土色黄褐，土质较软，结构疏松。含有红烧土、炭粒且含砂。文化层。

深0.5米以下为黄白色生土层。

6号孔：位于遗址所在台地西南部。

①层：厚0.3米。土色黄，土质软。耕土层。

②层：深0.3米，厚0.9米。土色灰黑，土质较软，结构疏松。含有大量红烧土、炭粒。

深1.2米以下为黄白色生土层。

7号孔：位于遗址所在台地东南部。

①层：厚0.3米。土色黄，土质软。耕土层。

②层：深0.3米，深0.7米。土色黄褐，土质软，结构疏松。含有大量红烧土颗粒、炭粒。文化层。

深1米以下为黄白色生土层。

8号孔：位于遗址所在台地中部。

①层：厚0.3米。土色黄，土质较软。耕土层。

②层：深0.3米，厚1.3米。土色灰黑，土质较软，结构疏松。含有黄色砂粒、红烧土块、炭粒。文化层。

深1.6米以下为黄白色生土层。

9号孔：位于遗址所在台地中西部。

①层：厚0.3米。土色黄，土质较软。耕土层。

②层：深0.3米，厚0.6米。土色黄，结构疏松。含有现代砖块。扰土层。

③层：深0.9米，厚1.1米（不到底）。土色灰褐，土质较软，结构一般。含有少量红烧土、

炭粒。文化层。

10 号孔：位于遗址所在台地中部。

①层：厚 0.3 米。土色黄，土质较软。耕土层。

②层：深 0.3 米，厚 0.8 米。土色灰褐，土质较硬，结构紧密。含有红烧土颗粒、炭粒。文化层。

深 1.1 米以下为黄白色生土层。

11 号孔：位于遗址所在台地中部。

①层：厚 0.3 米。土色黄，土质软。耕土层。

②层：深 0.3 米，厚 0.6 米。土色黄，结构疏松。扰土层。

③层：深 0.9 米，厚 0.4 米。土色灰黑，土质较软，结构疏松。含有大量红烧土颗粒、炭粒。文化层。

深 1.3 米以下为黄白色生土层。

12 号孔：位于遗址所在台地中部偏北。

①层：厚 0.3 米。土色黄，土质较软。耕土层。

②层：深 0.3 米，厚 0.2 米。土色黄，结构疏松。扰土层。

③层：深 0.5 米，厚 0.3 米。土色灰褐，土质一般，结构一般。含有少量红烧土颗粒、炭粒。灰坑土。

④层：深 0.8 米，厚 0.4 米。土色黄褐，土质较硬，结构紧密。含有红烧土、炭粒。文化层。

深 1.2 米以下为黄白色生土层。

13 号孔：位于遗址所在台地中部偏北。

①层：厚 0.3 米。土色黄，土质软。耕土层。

②层：深 0.3 米，厚 0.7 米。土色黄，结构疏松。含有现代砖块。扰土层。

③层：深 1 米，厚 0.8 米。土色灰褐，结构一般、疏松。含有少量红烧土、炭粒。文化层。

深 1.8 米以下为黄白色生土层。

14 号孔：位于遗址所在台地中部偏北。

①层：厚 0.3 米。土色黄，土质较软。耕土层。

②层：深 0.3 米，厚 0.5 米。土色黄，结构疏松。含有现代砖块。扰土层。

③层：深 0.8 米，厚 0.4 米。土色灰褐，土质一般，结构一般。含有少量红烧土、炭粒。文化层。

④层：深 1.2 米，厚 0.4 米。土色黄褐，土质较硬，结构紧密。含有红烧土、炭粒。文化层。

深 1.6 米以下为黄白色生土层。

15 号孔：位于遗址所在台地东北部。

①层：厚 0.3 米。土色黄，土质较软。耕土层。

②层：深 0.3 米，厚 1.3 米。土色黄，结构疏松。含有现代砖块。扰土层。

③层：深 1.6 米，厚 0.4 米。土色灰褐，土质一般，结构一般。含有红烧土颗粒、炭粒。文化层。

深 2 米以下为黄白色生土层。

16 号孔：位于遗址所在台地西北部。

①层：厚 0.3 米。土色黄，土质较软。耕土层。

②层：深 0.3 米，厚 0.5 米。土色黄，结构疏松，结构一般。含有现代砖块。扰土层。

③层：深 0.8 米，厚 0.5 米。土色黄褐，土质较软，结构疏松。含有红烧土块、炭粒。文化层。

④层：深 1.3 米，厚 0.7 米。土色灰褐，土质较软，结构疏松。含有少量红烧土颗粒、炭粒。文化层。

深 2 米以下为黄白色生土层。

依据勘探钻孔地层堆积情况，遗址文化层上覆盖有耕土及厚度 0.2 米到 1.3 米不等的扰土层；遗址南部 1 号、3 号至 7 号探孔所在台地受修建铁路的破坏，耕土层下即见文化层；其中，1 号、2 号探孔所在的遗址西南端区域及 6 号、7 号探孔所在的铁路北侧区域文化层较厚，最厚可达 1 米以上，见有灰坑遗迹，其余区域文化层仅残存较薄或被破坏殆尽；遗址中部较高台地相对于南部被铁路破坏区域，文化层更厚，厚度可达 1.3 米以上，部分文化层下覆盖有灰坑遗迹；遗址北部 13 号至 16 号探孔所在区域堆积相对遗址中部较薄，但文化层较为丰富，厚度最多可达 1.2 米左右。

### 2. 文化遗存

（1）遗迹

本次调查时在遗址表面可采集到陶片。在遗址内铁路南侧断崖上暴露有宽约 3、深 2 米的灰坑；土色灰黑，土质较软，结构疏松，含有红烧土、炭粒及陶片；灰坑内以仰韶文化标本为主。（彩版七九，2）

（2）遗物

共采集器物标本 289 件，可辨器形的标本有石器 11 件、陶器 193 件，其中陶器种类有鼎、鼎足、罐、盆、壶、钵、碗、豆、杯、瓮、缸、器盖、圈足、彩陶罐、大口尊等。（表二九、三〇）根据采集陶片标本的形制特征及纹饰特征，可分为仰韶文化、龙山文化早期、"新砦期"、二里头文化、二里岗文化。（图二三九至图二四一）

**表二九　　　　　　　　　　　程庄遗址陶器陶质陶色纹饰统计表**

| 陶系<br>纹饰 | 泥质 | | | | | 夹砂 | | | | | 合计 | 百分比<br>（%） |
|---|---|---|---|---|---|---|---|---|---|---|---|---|
| | 灰 | 红 | 褐 | 黑 | 黑皮 | 灰 | 红 | 褐 | 黑 | 黑皮 | | |
| 素面 | 62 | 31 | 14 | 15 | 7 | 8 | 2 | 27 | 12 | 3 | 181 | 62.6 |
| 绳纹 | | | | 1 | | 12 | | 10 | 5 | | 28 | 9.7 |
| 篮纹 | 1 | | | | | 2 | | | | | 3 | 1.0 |
| 彩陶 | | 42 | 3 | 1 | | | 1 | | | | 47 | 16.3 |
| 篮纹＋凹旋纹 | 1 | | | | | | | | | | 1 | 0.3 |
| 凹旋纹 | 2 | 1 | 1 | 3 | 1 | | | | | | 8 | 2.8 |

续表二九

| 陶系 纹饰 | 泥质 | | | | | 夹砂 | | | | | 合计 | 百分比（%） |
|---|---|---|---|---|---|---|---|---|---|---|---|---|
| | 灰 | 红 | 褐 | 黑 | 黑皮 | 灰 | 红 | 褐 | 黑 | 黑皮 | | |
| 凹弦纹+划纹 | | | | | | | | 1 | | | 1 | 0.3 |
| 磨光 | 4 | | 1 | 1 | 1 | | | | | | 7 | 2.4 |
| 绳纹+附加堆纹 | | | | | | 3 | | | 1 | 1 | 5 | 1.7 |
| 附加堆纹 | | 1 | | | | 1 | | 2 | 1 | | 5 | 1.7 |
| 指甲纹+附加堆纹 | | | | | | 1 | | | | | 1 | 0.3 |
| 凸弦纹 | 1 | | | | | | | 1 | | | 2 | 0.7 |
| 合计 | 71 | 75 | 19 | 21 | 9 | 27 | 3 | 41 | 19 | 4 | 289 | |
| 百分比（%） | 24.6 | 26.0 | 6.6 | 7.3 | 3.1 | 9.3 | 1.0 | 14.2 | 6.6 | 1.4 | | 100 |

表三〇　　　　　　　　　　程庄遗址陶器器类统计表

| 陶系 器类 | 泥质 | | | | | 夹砂 | | | | | 合计 | 百分比（%） |
|---|---|---|---|---|---|---|---|---|---|---|---|---|
| | 灰 | 红 | 褐 | 黑 | 黑皮 | 灰 | 红 | 褐 | 黑 | 黑皮 | | |
| 罐 | 24 | 9 | 5 | 1 | 2 | 13 | 1 | 13 | 7 | | 75 | 41 |
| 鼎 | | | | | | 1 | | 1 | 1 | | 3 | 2 |
| 鼎足 | | | 1 | | | 5 | 2 | 3 | | | 11 | 6 |
| 瓮 | 12 | 2 | 2 | | | 1 | | | | | 17 | 9 |
| 缸 | 2 | | | | | 4 | | 3 | 1 | 2 | 12 | 7 |
| 盆 | 4 | 3 | | 2 | | | | | | | 9 | 5 |
| 壶 | 2 | | | | | | | | | | 2 | 1 |
| 钵 | 2 | 2 | 1 | | | | | | | | 5 | 3 |
| 碗 | 1 | | | | | 1 | | | | | 2 | 1 |
| 豆 | 6 | 2 | 3 | 1 | 1 | | | | | | 13 | 7 |
| 大口尊 | 1 | | | | | | | | | | 1 | 1 |
| 器盖 | 2 | | 1 | | | | | 1 | 1 | | 5 | 3 |
| 圈足 | 1 | 1 | | | | | | | | | 2 | 1 |
| 彩陶罐 | | 16 | | | | | | | | | 16 | 9 |
| 彩陶罐残片 | | 7 | | | | | | | | | 7 | 4 |
| 彩陶瓮 | | 4 | | | | | | | | | 4 | 2 |
| 合计 | 57 | 46 | 12 | 5 | 3 | 25 | 4 | 21 | 9 | 2 | 184 | |
| 百分比（%） | 31 | 25 | 7 | 3 | 2 | 14 | 2 | 11 | 5 | 1 | | 100 |

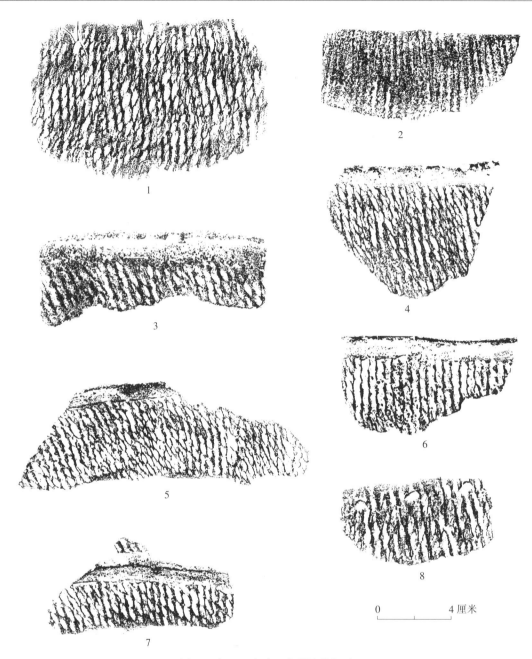

图二三九　程庄遗址陶器纹饰拓片

　　另外，河南省文物考古研究所工作人员还曾在遗址地表采集到龙山文化和二里头文化遗物，属于龙山文化的陶器有鼎、深腹罐、甗、盆、折腹盆、钵、圈足盘、碗、大口罐、瓮和器盖等，属于二里头文化的陶器有鼎、深腹罐、甑、大口罐、敛口罐、高领罐、平底盆、圈足盘、钵、豆、杯、瓮、缸、器盖等，此处未收集①。

　　1）石器标本

　　石铲　5件。

　　①　魏殿臣、谷洛群：《密县古文化遗址概述》，《河南文博通讯》1980年第3期。

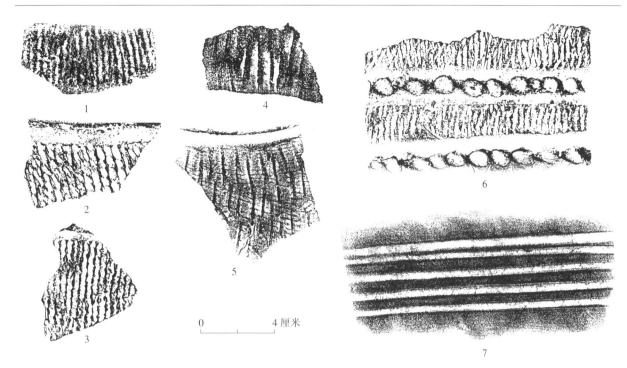

图二四○　程庄遗址陶器纹饰拓片

标本 WCZ：270，青黑色。扁平板状。两端及刃部残，横截面呈长方形，两端略薄。打制加磨制，器表磨制光滑。残长 7.6、残宽 7.8、厚 0.6～1.2 厘米。（图二四二，1）

标本 WCZ：145，泥灰岩，灰白色。扁状。素面，磨制。残长 11.6、宽 13、厚 1.6 厘米。（彩版八○，1；图二四二，5）

标本 WCZ：161，砂岩，青黑色。扁平板状，残存刃部一部分。单面刃，刃部有使用痕迹。素面，磨制。残长 6、宽 8、厚 1.2 厘米。（彩版八○，2；图二四二，4）

标本 WCZ：176，石灰岩，青黑色。扁平状，中间厚，两侧薄。素面，磨制。残长 8.8、残宽 8、厚 0.8～1.6 厘米。（彩版八○，3；图二四二，3）

标本 WCZ：192，砂岩，灰色。扁平状，两侧略薄。素面，磨制。残长 5.8、残宽 9.2、厚 1.2～1.5 厘米。（彩版八○，4；图二四二，2）

石锄　标本 WCZ：142，泥灰岩，灰白色。残存肩部。整体呈凸字形，扁平板状，中间略厚。磨制。残长 10.7、宽 13、厚 0.8～1.6 厘

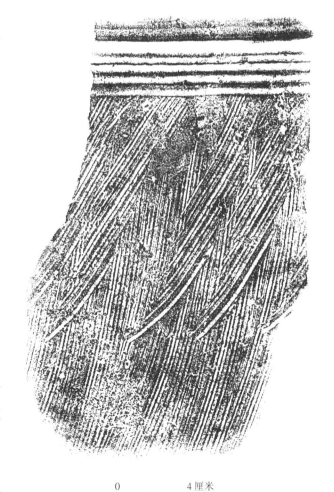

图二四一　程庄遗址陶器纹饰拓片

米。（彩版八一，1；图二四二，6）

石斧　2件。

标本 WCZ：321，辉绿岩，灰绿色。横截面呈抹角长方形，弧形顶，双面刃，刃部残。打制加磨制。长12.7、宽5.5、厚2.6厘米。（彩版八二，1；图二四三，1）

标本 WCZ：350，安山玢岩，褐色。横截面呈抹角长方形，弧形顶，两面抹角直刃。磨制。长9.9、宽5.2、厚0.6~1.8厘米。（彩版八二，2；图二四三，2）

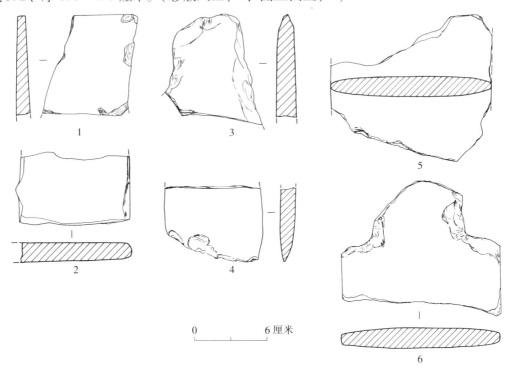

图二四二　程庄遗址出土石器
1~5. 铲（WCZ：270、192、176、161、145）　6. 锄（WCZ：142）

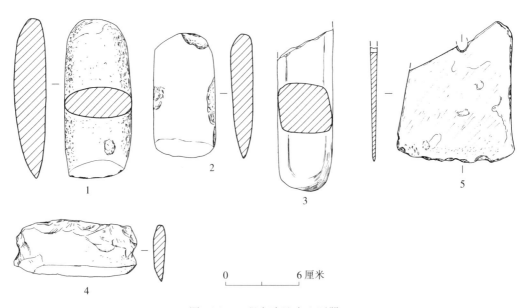

图二四三　程庄遗址出土石器
1、2. 斧（WCZ：321、350）　3. 杵（WCZ：143）　4. 刀（WCZ：144）　5. 钺（WCZ：318）

石杵　标本WCZ：143，绢云母石英片岩，灰白色。横截面近圆角方形，杵头为圆弧形。残存杵头端，杵头有杵击痕迹。磨制。残长12.7、直径4～4.5厘米。（彩版八二，3；图二四三，3）

石刀　标本WCZ：144，细砂岩，灰黄色。扁平板状，两侧有缺口，单面刃。刃部有使用痕迹。磨制。残长9.7、宽4.4、厚1.1厘米。（彩版八一，3；图二四三，4）

石钺　标本WCZ：318，绢云母石英片岩，灰绿色。扁平板状，器形较薄，顶端残，偏上两面对钻圆孔一个。打制加磨制。残长11.2、宽9.7、厚0.3～0.5厘米。（彩版八一，2；图二四三，5）

2）陶器标本

①仰韶文化标本

鼎　共2件。

标本WCZ：153，夹砂黑陶。子母口，尖唇外撇，折棱明显，斜肩，弧腹。肩腹交接处饰凸棱一周，下饰右斜绳纹。残高5、壁厚0.8厘米。（图二四四，1）

标本WCZ：105，盆形鼎。夹砂褐陶。尖唇，宽折沿，沿面微凹，内折明显。素面，轮制。口径32、残高5.8、壁厚0.6～0.8厘米。（图二四四，2）

鼎足　11件。

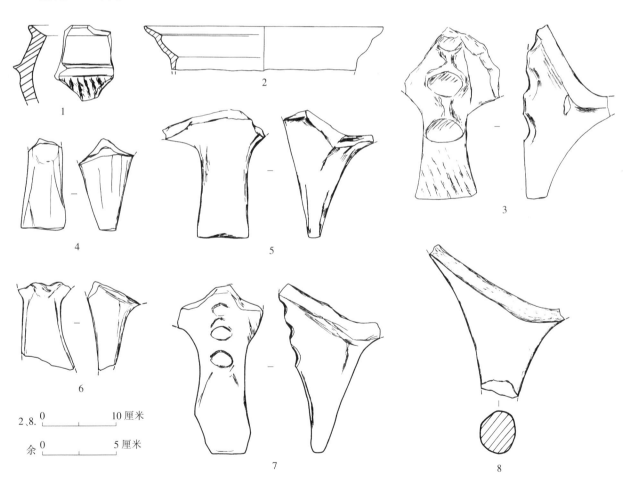

图二四四　程庄遗址出土仰韶文化陶鼎（足）

1.鼎（WCZ：153）　2.盆形鼎（WCZ：105）　3～8.鼎足（WCZ：134、285、76、127、223、213）

标本 WCZ：134，夹砂褐陶。凿形足。正面饰 3 个按窝，下饰右斜粗绳纹。手制。残高 11.5 厘米。（图二四四，3）

标本 WCZ：285，夹砂灰陶。凿形足。背面有 1 个凹槽。手制。残高 6.2 厘米。（图二四四，4）

标本 WCZ：76，夹砂灰陶。凿形足。素面，手制。残高 8.5 厘米。（图二四四，5）

标本 WCZ：127，夹砂灰陶。凿形足，足尖残。素面，手制。残高 5.8 厘米。（图二四四，6）

标本 WCZ：223，夹砂灰陶。凿形足。正面根部饰按窝 3 个。素面，手制。残高 11.1 厘米。（图二四四，7）

标本 WCZ：213，夹砂褐陶。凿形足，足尖残。正面根部饰浅按窝 2 个。手制。残长 20.2 厘米。（图二四四，8）

标本 WCZ：289，夹砂褐陶。凿形足。正面有按窝 3 个。手制。残高 9 厘米。（图二四五，1）

标本 WCZ：275，夹砂红陶。凿形足。正面有按窝 4 个。素面，手制。残高 9.2 厘米。（图二四五，2）

标本 WCZ：94，夹砂灰陶。扁凿形足。素面，手制。残高 7 厘米。（图二四五，3）

标本 WCZ：282，夹砂红陶。凿形足，足尖残。正面有按窝 4 个。手制。残高 6.4 厘米。（图二四五，4）

标本 WCZ：239，泥质褐陶。三角形足。腹饰绳纹，足正面饰 4 对按窝。手制。残高 9.3 厘米。（图二四五，5）

罐 共 94 件，其中夹砂罐 31 件、泥质罐 40 件、彩陶罐 23 件。

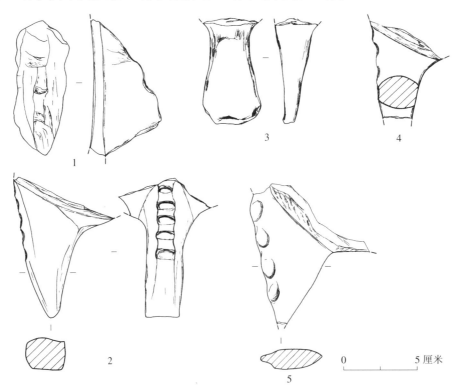

图二四五 程庄遗址出土仰韶文化陶鼎足

1~5. WCZ：289、275、94、282、239

夹砂罐　21 件。

标本 WCZ：171，夹砂褐陶。侈口，尖圆唇，折沿，内折棱明显，鼓腹。素面，轮制。口径 26.2、残高 6、壁厚 0.6 厘米。（图二四六，1）

标本 WCZ：271，夹砂褐陶。侈口，尖唇，折沿，鼓腹。沿内侧近唇部饰凸棱一周，腹饰绳纹，上有按窝纹一周。轮制。口径 20、残高 7.2、壁厚 0.8 厘米。（图二四六，2）

标本 WCZ：18，夹砂褐陶。侈口，方唇，唇外侧加厚，折沿，折棱明显，鼓腹。唇面饰凹槽一周，沿面上端近唇部饰凸棱一周，沿下 1 厘米处饰竖绳纹。轮制。口径 40.2、残高 10、壁厚 0.6～0.9 厘米。（图二四六，3）

标本 WCZ：33，夹砂灰陶。侈口，方唇，折沿，折棱明显，直腹略鼓。唇面饰花边纹，沿面上端饰一周凸棱，沿下腹饰一周抹痕，沿下 2 厘米处有一周附加堆纹，余饰竖绳纹。轮制。残高 7、壁厚 0.7 厘米。（图二四六，4）

标本 WCZ：278，夹砂褐陶。侈口，尖唇，折沿，沿面微凹，鼓腹。沿内侧近唇部饰凸棱一周，腹部饰竖绳纹。轮制。口径 16、残高 4.5、壁厚 0.5 厘米。（图二四六，5）

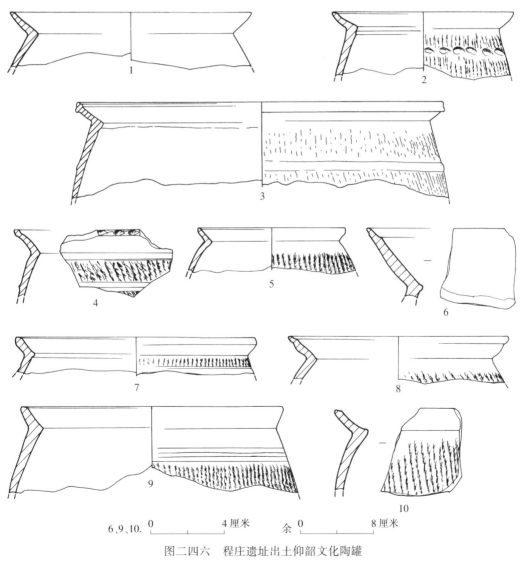

图二四六　程庄遗址出土仰韶文化陶罐

1～10. WCZ：171、271、18、33、278、310、279、28、297、306

标本 WCZ：310，夹砂黑陶。此标本甚残。侈口，尖唇，折沿。沿内侧近唇部饰凸棱一周。素面，轮制。残高 4.3、壁厚 0.6 厘米。（图二四六，6）

标本 WCZ：279，夹砂灰陶。侈口，尖唇，折沿，内折棱明显，鼓腹。沿面上端近唇部饰凸棱一周，腹饰绳纹及压印凹槽一周。轮制。口径 26、残高 3.8、壁厚 0.6 厘米。（图二四六，7）

标本 WCZ：28，夹砂灰陶。侈口，尖唇外撇，沿外侧略鼓，折沿，折棱明显，鼓腹。沿面上端饰凸棱一周，沿下 1 厘米处饰右斜粗绳纹。轮制。口径 24、残高 5、壁厚 0.8 厘米。（图二四六，8）

标本 WCZ：297，夹砂灰陶。侈口，方唇，折沿，内折棱明显，鼓腹。沿下 1 厘米处饰凹弦纹两周，下饰竖行绳纹。器壁内及沿面可见轮制痕迹。口径 14.3、残高 4.6、壁厚 0.4～0.6 厘米。（图二四六，9）

标本 WCZ：306，夹砂灰陶。侈口，尖唇，折沿，沿面微凹，内折棱明显。沿内侧近唇部饰凸棱一周，腹饰右斜绳纹。轮制。残高 4.6、壁厚 0.5 厘米（图二四六，10）。

标本 WCZ：243，夹砂褐陶。侈口，尖唇，折沿，内折棱明显，弧腹。沿上端近唇部有凹槽一周，腹饰竖绳纹。轮制。口径 24.3、残高 6、壁厚 0.5～0.7 厘米。（图二四七，1）

标本 WCZ：287，夹砂褐陶。侈口，尖唇，折沿，内折棱明显，鼓腹。沿面内侧近唇部有凹槽一周，沿外侧 2 厘米下腹部饰凹弦纹一周，余饰右斜绳纹。器壁及沿面可见轮制痕迹。口径 22、残高 6、壁厚 0.5 厘米。（图二四七，2）

标本 WCZ：259，夹砂褐陶。侈口，方唇，折沿，内侧折棱明显，鼓腹。腹饰竖绳纹。轮制。口径 21.4、残高 8、壁厚 0.6～0.8 厘米。（图二四七，3）

标本 WCZ：106，夹砂灰陶。侈口，尖圆唇，折沿，折棱明显，鼓腹。口下 0.5 厘米处饰左斜细绳纹。轮制。口径 18、残高 4.6、壁厚 0.6～0.8 厘米。（图二四七，4）

标本 WCZ：133，夹砂灰陶。此标本甚残。侈口，尖唇，卷沿。沿上端近唇部有一周凹槽。素面，轮制。残高 3.6、壁厚 0.7 厘米。（图二四七，5）

标本 WCZ：307，夹砂黑褐陶。侈口，方唇外撇，折沿。素面，轮制。口径 18、残高 2.4、壁厚 0.5 厘米。（图二四七，6）

标本 WCZ：311，夹砂黑褐陶。侈口，尖唇，折沿，沿面微鼓。沿内侧近唇部饰凸棱一周。素面，轮制。口径 24.2、残高 4、壁厚 0.6 厘米。（图二四七，7）

标本 WCZ：342，夹砂褐陶。方唇外撇。唇面有凹槽一周。素面，轮制。口径 12、残高 2.3、壁厚 0.5 厘米。（图二四七，8）

标本 WCZ：294，夹砂黑陶。侈口，尖唇，卷沿，鼓腹。沿上内侧近唇部有压制凹槽两周，颈部饰附加堆纹一周，腹饰竖绳纹。轮制。口径 26.4、残高 5.4、壁厚 0.8 厘米。（图二四七，9）

标本 WCZ：257，夹砂黑陶，褐胎。侈口，方唇，折沿，内折棱明显，鼓腹。唇面饰凹槽一周，沿外侧近唇部饰凸棱一周，腹饰竖绳纹。轮制。口径 16.4、残高 11、壁厚 0.5 厘米。（图二四七，10）

标本 WCZ：313，夹砂红陶。侈口，方唇，折沿，内侧折棱明显，沿面下部凹。沿面内侧饰凸棱数周，沿下饰凹槽一周，下饰右斜划纹。轮制。残高 4.1、壁厚 0.7 厘米。（图二四七，11）

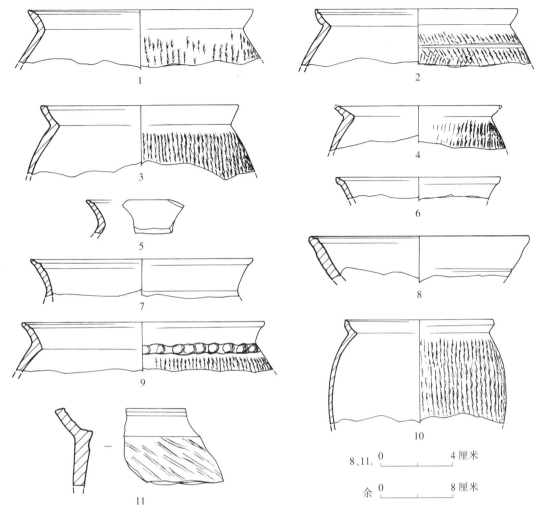

图二四七　程庄遗址出土仰韶文化陶罐
1～11. WCZ：243、287、259、106、133、307、311、342、294、257、313

标本 WCZ：8，夹砂黑陶。侈口，折沿，沿面略鼓，折棱明显，沿面外侧略鼓，鼓腹。唇面饰花边，腹饰右斜绳纹和附加堆纹。轮制。口径 32.6、残高 8、壁厚 0.6～1.2 厘米。（图二四八，1）

标本 WCZ：211，夹砂灰陶。侈口，尖唇，束颈，鼓腹。口下饰凸棱两周，上饰指甲纹，腹饰左斜绳纹。器壁内可见轮制痕迹。口径 12.2、残高 8.6、壁厚 0.8 厘米。（图二四八，2）

标本 WCZ：216，夹砂灰陶。侈口，方唇，卷沿，斜肩，鼓腹。肩腹交接处饰粗、细附加堆纹各一周。轮制。口径 12.1、残高 4.9、壁厚 0.3～0.6 厘米。（图二四八，3）

标本 WCZ：219，夹砂灰陶。直口，尖圆唇，矮领，斜肩。肩饰左斜绳纹及交叉绳纹。轮制。口径 22.4、残高 5.8、壁厚 0.6～0.8 厘米。（图二四八，4）

标本 WCZ：182，夹砂黑陶。斜腹，平底。底部以上 2 厘米处饰竖绳纹。轮制。底径 16、残高 9.2、壁厚 0.5～0.7 厘米。（图二四八，5）

标本 WCZ：291，夹砂褐陶。斜腹，平底。腹近底部饰抹痕。轮制。底径 13.4、残高 3.8、壁厚 0.6 厘米。（图二四八，6）

标本 WCZ：258，夹砂褐陶。斜腹，平底。腹饰绳纹，近底部饰抹痕。轮制。底径 13、残高 8、壁厚 0.5～0.7 厘米。（图二四八，7）

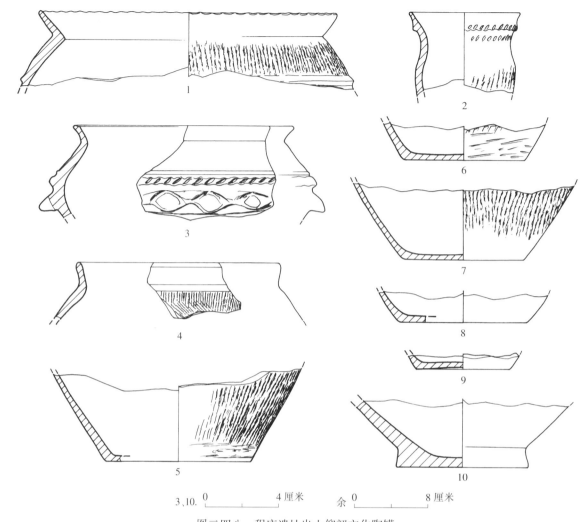

图二四八　程庄遗址出土仰韶文化陶罐

1～4. 罐（WCZ：8、211、216、219）　5～10. 罐底（WCZ：182、291、258、250、181、260）

标本 WCZ：250，夹砂褐陶。弧腹，平底。素面。器壁内较粗糙，轮制。底径 14、残高 3、壁厚 0.5～0.7 厘米。（图二四八，8）

标本 WCZ：181，夹砂灰陶。斜腹，平底微凹。素面，轮制。底径 10.1、残高 1.6、壁厚 0.6 厘米。（图二四八，9）

标本 WCZ：260，夹砂灰陶。斜腹内收，平底，假圈足。轮制。底径 7.1、残高 3.6 厘米。（图二四八，10）

泥质罐　24 件。

标本 WCZ：7，泥质灰陶。侈口，圆唇，折沿，内折棱凸出，鼓腹。素面，轮制。口径 34.2、残高 9.8、壁厚 0.8 厘米。（图二四九，1）

标本 WCZ：12，泥质红陶。侈口，圆唇，折沿，内折棱明显，沿面略鼓，鼓腹。素面，轮制。口径 30.2、残高 10.2、壁厚 0.5～1.4 厘米。（图二四九，2）

标本 WCZ：5，泥质褐陶。侈口，圆唇，折沿，内折棱明显，鼓腹。器壁内外可见轮制痕迹。素面。口径 32.2、残高 6、壁厚 0.4～1.4 厘米。（图二四九，3）

标本 WCZ：256，泥质灰陶。侈口，尖唇，折沿。素面。沿面及器壁经过打磨，轮制。口径

32.2、残高 9、壁厚 0.4～1 厘米。（图二四九，4）

标本 WCZ：251，泥质灰陶。侈口，尖唇，折沿，鼓腹。素面，轮制。口径 34、残高 15.2、壁厚 0.4～0.7 厘米。（图二四九，5）

标本 WCZ：122，泥质褐陶。侈口，方唇，折沿，直腹。唇面有细凹弦纹。素面，轮制。口径 26.2、残高 6.5、壁厚 0.8 厘米。（图二五〇，1）

标本 WCZ：66，泥质红陶。此标本甚残。侈口，尖圆唇，折沿。素面，沿外可见轮制痕迹。残高 3.2、壁厚 0.8 厘米。（图二五〇，2）

标本 WCZ：70，泥质灰陶。圆唇，折沿，折棱明显，斜肩，鼓腹。素面，轮制。口径 24、残高 6.2、壁厚 0.6～1 厘米。（图二五〇，3）

标本 WCZ：40，泥质灰陶。侈口，尖唇，卷沿，沿面加厚，鼓腹。素面，沿外可见轮制痕迹。残高 4、壁厚 0.7～0.8 厘米。（图二五〇，4）

标本 WCZ：301，泥质灰陶。侈口，圆唇，折沿，内折棱明显，鼓腹。轮制。口径 24.4、残高 4.4、壁厚 0.6～0.8 厘米。（图二五〇，5）

标本 WCZ：72，泥质红陶。侈口，尖圆唇，折沿，折棱明显，鼓腹。素面。口径 18.4、残高 4、壁厚 0.4～0.8 厘米。（图二五〇，6）

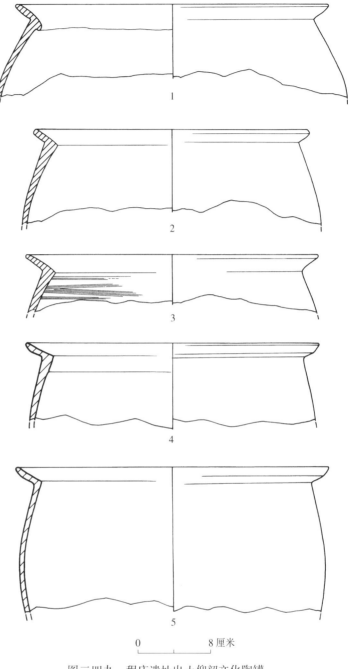

图二四九　程庄遗址出土仰韶文化陶罐
1～5. WCZ：7、12、5、256、251

标本 WCZ：167，泥质红陶。此标本甚残。尖圆唇，斜平沿，内折棱明显。素面，轮制。口径 32、残高 2.4、壁厚 0.8 厘米。（图二五〇，7）

标本 WCZ：89，泥质褐陶。尖唇，折沿，沿面略鼓，内折棱明显，鼓腹。沿下饰竖绳纹。轮制。口径 24.4、残高 5、壁厚 0.5～0.7 厘米。（图二五一，1）

标本 WCZ：326，泥质褐陶。侈口，方唇，折沿，内折棱明显。唇面有凹槽一周。素面，轮制。口径 36.4、残高 4.2、壁厚 0.5～0.7 厘米。（图二五一，2）

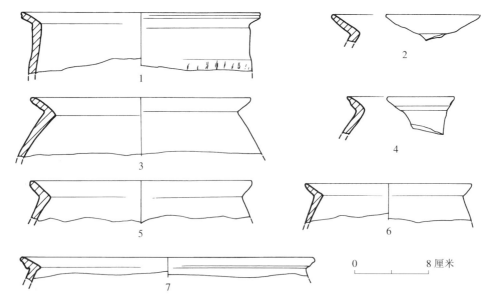

图二五○　程庄遗址出土仰韶文化陶罐
1～7. WCZ：122、66、70、40、301、72、167

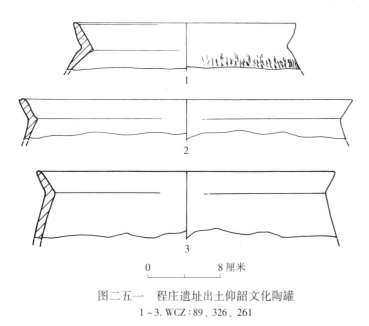

图二五一　程庄遗址出土仰韶文化陶罐
1～3. WCZ：89、326、261

标本 WCZ：261，泥质灰陶。侈口，尖唇，折沿。素面，器壁内外可见轮制痕迹。口径 32.6、残高 7.2、壁厚 0.9 厘米。（图二五一，3）

标本 WCZ：35，泥质灰陶。尖圆唇，折沿，沿面微鼓，鼓腹。素面，轮制。口径 32.4、残高 9、壁厚 0.8～1.1 厘米。（图二五二，1）

标本 WCZ：344，泥质灰陶。尖唇，折沿。素面，轮制。口径 26.4、残高 3.4、壁厚 0.8 厘米。（图二五二，2）

标本 WCZ：91，泥质红陶。侈口，尖唇，折沿，内折棱明显。沿面有一周凹槽，腹内壁沿下有两周凹弦纹。轮制。口径 24.2、残高 3.4、壁厚 0.5～0.7 厘米。（图二五二，3）

标本 WCZ：295，泥质灰陶。侈口，尖唇，折沿，鼓肩。沿面上端近唇部饰凹槽一周，唇部内侧饰弦纹一周。素面，轮制。口径 20.6、残高 6、壁厚 0.7 厘米。（图二五二，4）

标本 WCZ：6，泥质红陶。侈口，方唇，折沿，内折棱明显，沿面微鼓，斜直腹。沿下外侧有两周凹弦纹。轮制。口径 28、残高 9、壁厚 0.6～1.4 厘米。

标本 WCZ：9，泥质灰陶。侈口，尖圆唇，卷沿，鼓腹。轮制。口径 18、残高 3.8、壁厚 0.5 厘米。

标本 WCZ：244，泥质红陶。侈口，尖唇，折沿，沿面微凹，鼓腹。素面，轮制。口径 24.6、

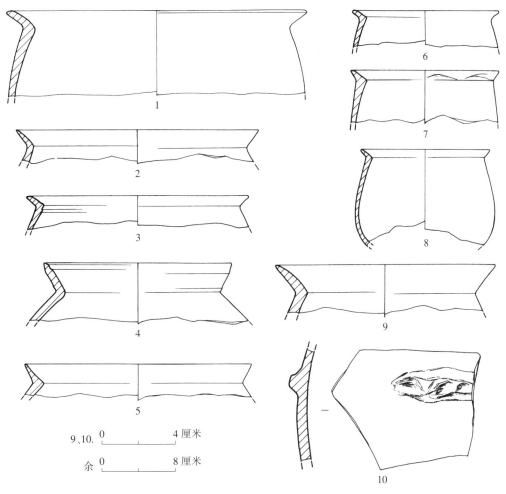

图二五二　程庄遗址出土仰韶文化陶罐
1～10. WCZ：35、344、91、295、244、112、303、99、249、93

残高 4、壁厚 0.5 厘米。（图二五二，5）

标本 WCZ：112，泥质灰陶。侈口，圆唇，折沿，折棱明显，弧腹。素面磨光，轮制。口径 16、残高 3.8、壁厚 0.4～0.6 厘米。（图二五二，6）

标本 WCZ：38，泥质黑皮灰胎。圆唇，折沿，沿面微凹，折棱明显，鼓腹。素面磨光，轮制。口径 14、残高 5.6、壁厚 0.4 厘米。

标本 WCZ：303，泥质灰陶。侈口，尖唇，折沿，鼓腹。素面，轮制。口径 16.4、残高 5.8、壁厚 0.6～0.8 厘米。（图二五二，7）

标本 WCZ：99，泥质灰陶。侈口，尖唇，折沿，沿面微鼓，内折棱明显，鼓腹。素面磨光。口径 14.2、残高 10.2、壁厚 0.6 厘米。（图二五二，8）

标本 WCZ：249，泥质黑陶。侈口，尖唇，折沿，内折棱明显，鼓腹。素面，轮制。口径 12.1、残高 2.5、壁厚 0.5 厘米。（图二五二，9）

标本 WCZ：93，泥质红陶。残片上留有鸡冠形鋬，器壁内有按窝。轮制兼手制。残高 6.4、壁厚 0.6 厘米。（图二五二，10）

标本 WCZ：327，泥质灰陶。弧腹，平底。腹饰右斜不规则方格纹。轮制。底径 13、残高

7.6、壁厚0.6厘米。（图二五三，1）

　　标本WCZ：22，泥质灰陶。斜腹，平底。腹饰凸棱一周。轮制。底径22.4、残高9、壁厚0.6～0.8厘米。（图二五三，2）

　　标本WCZ：337，泥质红陶。弧腹，平底。素面，轮制。底径15.4、残高7、厚0.4～0.6厘米（图二五三，3）

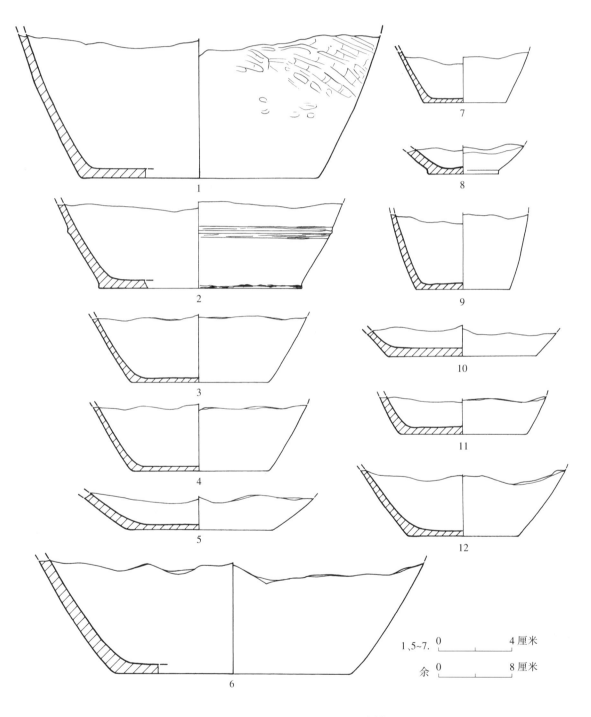

图二五三　程庄遗址出土仰韶文化陶罐底
1～12. WCZ：327、22、337、266、317、245、206、198、55、316、21、50

标本 WCZ：266，泥质黑皮陶。折腹，平底。磨光，轮制。底径15.2、残高6.7、壁厚0.5～0.7厘米。（图二五三，4）

标本 WCZ：317，泥质灰陶。弧腹，平底。素面，轮制。底径7.9、残高1.7、壁厚0.3～0.6厘米。（图二五三，5）

标本 WCZ：245，泥质灰陶。弧腹，平底。素面，轮制。底径13、残高5.8、壁厚0.5～0.7厘米。（图二五三，6）

标本 WCZ：206，泥质灰陶。斜腹，平底。素面，轮制。底径4.5、残高2.7、壁厚0.3～0.6厘米。（图二五三，7）

标本 WCZ：198，泥质灰陶。弧腹内收，矮假圈足。素面，底部可见明显轮制痕迹。底径7.6、残高3、壁厚0.6～0.8厘米。（图二五三，8）

标本 WCZ：55，泥质灰陶。斜腹，平底。素面，腹内壁上有按窝和轮制痕迹。底径10.2、残高8、壁厚0.5～0.7厘米。（图二五三，9）

标本 WCZ：316，泥质灰陶。斜腹内收，平底。轮制。底径16、残高3.2、壁厚0.6～0.9厘米。（图二五三，10）

标本 WCZ：21，泥质灰陶。斜腹，平底。素面，轮制。底径14、残高4、壁厚0.7厘米。（图二五三，11）

标本 WCZ：50，泥质褐陶。斜腹，平底。素面，轮制。底径12、残高7、壁厚0.4～0.8厘米。（图二五三，12）

彩陶罐　16件。

标本 WCZ：11，泥质红陶。侈口，尖唇，折沿，折棱明显，沿面略鼓，斜腹。口沿上端饰一周黑彩纹，沿下腹壁饰平行黑彩带纹三周及须纹。轮制。口径32.4、残高7.6、壁厚0.5～0.9厘米。（彩版八三，1；图二五四，1）

标本 WCZ：113，泥质红陶。侈口，尖唇，折沿，折棱明显，鼓腹。上腹饰平行黑彩带纹三周。轮制。口径28.2、残高4、壁厚0.4～0.6厘米。（图二五四，2）

标本 WCZ：231，泥质红陶。侈口，尖唇，折沿，鼓腹。沿下饰平行黑彩带纹及黑彩右斜线纹。轮制。口径26.4、残高5.4、壁厚0.5～0.7厘米。（彩版八三，3；图二五四，3）

标本 WCZ：233，泥质红陶。侈口，尖圆唇，折沿，斜肩。肩饰红彩网格纹，下饰红彩带纹。轮制。口径28.2、残高8、壁厚0.6～0.8厘米。（图二五四，4）

标本 WCZ：238，泥质红陶。侈口，尖唇，沿外侧略鼓，折沿，折棱明显，斜肩。肩饰白彩网纹，腹饰平行白彩纹三周。轮制。口径26.2、残高6.6、壁厚0.7～1.0厘米。（彩版八三，4；图二五四，5）

标本 WCZ：188，泥质红陶。侈口，尖唇，折沿，内折棱明显，弧腹。沿下饰红彩网纹及红彩带纹。口径18、残高3.6、壁厚0.4～0.6厘米。（图二五四，6）

标本 WCZ：241，泥质红陶。侈口，圆唇，折沿，直腹。沿下饰平行黑带纹三周，腹饰黑彩网纹。轮制。口径18、残高6、壁厚0.4～0.8厘米。（彩版八三，5；图二五四，7）

标本 WCZ：165，泥质红陶。侈口，尖圆唇，折沿，斜腹略鼓。沿上端饰红彩一周，沿下器壁

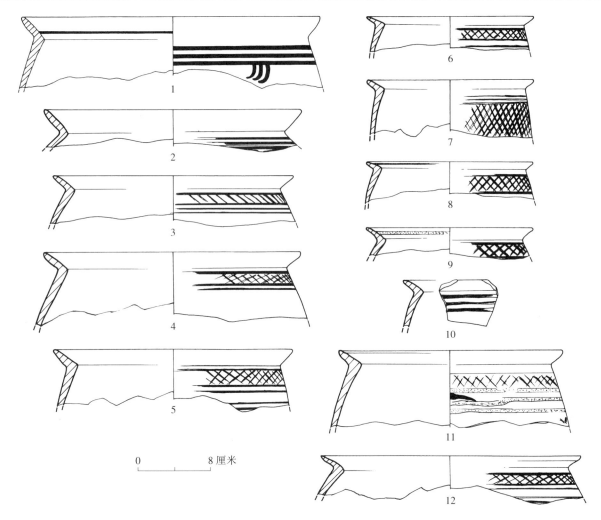

0 ＿＿＿＿ 8厘米

图二五四　程庄遗址出土仰韶文化彩陶罐
1～12. WCZ：11、113、231、233、238、188、241、165、240、54、255、237

饰红彩网纹。轮制。口径18、残高4.2、壁厚0.4～0.7厘米。（彩版八三，2；图二五四，8）

　　标本 WCZ：240，泥质红陶。侈口，尖唇，折沿，折棱明显，斜肩。沿面上端近唇部及沿面外侧近唇部饰红彩带纹一周，肩饰红彩网纹。轮制。口径18、残高3.4、壁厚0.6厘米。（彩版八四，4；图二五四，9）

　　标本 WCZ：54，泥质红陶。侈口，尖圆唇，折沿，沿面略鼓，内折棱明显，鼓腹。肩饰三道褐色带状纹。轮制。残高4.8、壁厚0.6～0.8厘米。（图二五四，10）

　　标本 WCZ：255，泥质红陶。侈口，圆唇，折沿，鼓腹。沿下饰网格纹和三周红彩带纹。器壁内可见轮制痕迹。口径24.4、残高8、壁厚0.6～1厘米。（图二五四，11）

　　标本 WCZ：237，泥质红陶。侈口，尖唇，折沿，沿面微鼓，沿外侧略鼓，斜肩。沿下饰黑彩网纹，腹饰平行黑彩纹。轮制。口径28.4、残高5.2、厚0.6～0.9厘米。（彩版八四，3；图二五四，12）

　　标本 WCZ：305，泥质红陶。侈口，圆唇，折沿，内侧有一钻孔未透，使外侧形成圆形凸起。器壁外侧隐约可见红彩。器壁内外及沿面可见轮制痕迹。口径14.3、残高4.5、壁厚0.6厘米。（图二五五，1）

　　标本 WCZ：236，泥质红陶。直口微敛，圆唇外撇，折沿，弧腹。沿下饰黑彩网纹及带纹，腹

壁饰数周平行黑彩带纹。轮制。残高 8.6、壁厚 0.5 ~ 0.8 厘米。（彩版八四，2；图二五五，2）

标本 WCZ：264，泥质红陶。敛口，圆唇，卷沿，鼓腹。沿下饰网格纹及三周黑色彩带纹。轮制。口径 24.4、残高 4.4、壁厚 0.5 ~ 1 厘米。（彩版八四，6；图二五五，3）

标本 WCZ：242，泥质红陶。直口，圆唇，卷沿，斜腹。沿下饰黑彩网格纹和数周彩带纹。轮制。口径 26.2、残高 8、壁厚 0.4 ~ 0.8 厘米。（彩版八四，5；图二五五，4）

彩陶罐残片　7 件。

标本 WCZ：214，泥质红陶。器壁饰三周平行黑彩带纹。轮制。残高 4.4、壁厚 0.5 厘米。（彩版八四，1；图二五五，5）

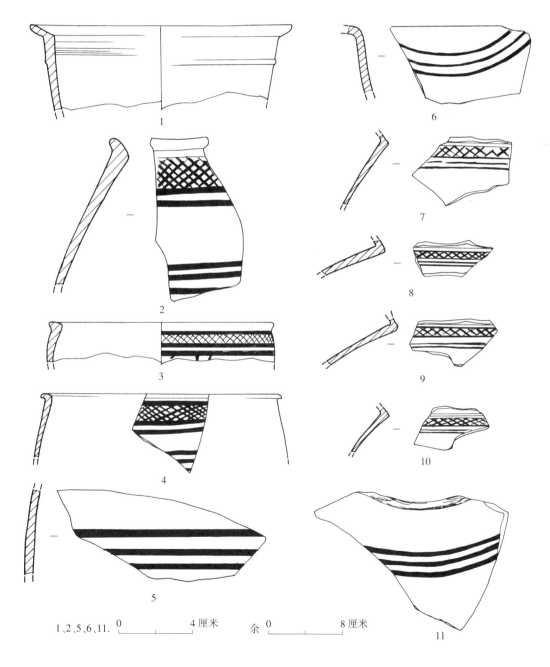

图二五五　程庄遗址出土仰韶文化彩陶罐及残片

1 ~ 4. 彩陶罐（WCZ：305、236、264、242）　5 ~ 11. 彩陶罐残片（WCZ：214、68、36、52、90、59、64）

标本 WCZ：68，泥质红陶。口部残，卷沿，斜肩。肩饰三周黑彩平行带纹。轮制。残高 3.9、壁厚 0.4~0.6 厘米。（图二五五，6）

标本 WCZ：36，泥质灰陶。唇部残，折沿，折棱明显。肩饰平行黑彩带纹数周及网格纹。器壁内可见轮制痕迹。残高 7.2、壁厚 0.5~0.8 厘米。（图二五五，7）

标本 WCZ：52，泥质红陶。沿残，鼓腹。腹上部饰数周平行黑彩带纹及网格纹。轮制。残高 3.8、壁厚 0.6~1 厘米。（图二五五，8）

标本 WCZ：90，泥质红陶。唇残，折沿，内折棱明显。腹饰平行黑彩带纹数道及网格纹。器壁内可见轮制痕迹。残高 5、壁厚 0.4~0.8 厘米。（图二五五，9）

标本 WCZ：59，泥质红陶。侈口，唇残，折沿，内折棱明显，弧腹。口下饰黑彩网格纹，网格纹上下各饰一、二周平行带纹。器壁内可见轮制痕迹。残高 4.5、壁厚 0.4~0.8 厘米。（图二五五，10）

标本 WCZ：64，泥质红陶。残存肩一部分。肩饰三道黑彩平行带纹。轮制。残高 7.3 厘米。（图二五五，11）

盆　共 7 件。

标本 WCZ：290，泥质灰陶。敞口，尖唇，浅腹斜直内收，平底。腹部饰右斜绳纹。轮制。口径 15.2、底径 11.4、高 4.2、壁厚 0.6~0.8 厘米。（图二五六，1）

标本 WCZ：272，泥质灰陶。敞口，方唇，折沿，浅弧腹。唇面有凹槽一周，腹部有一周凸棱，腹饰绳纹。素面，轮制。口径 30、残高 6.6、壁厚 0.4~0.6 厘米。（图二五六，2）

标本 WCZ：132，泥质红陶。直口，圆唇，弧腹，折棱明显。素面，轮制。残高 2.3、壁厚 0.6~0.7 厘米。（图二五六，3）

标本 WCZ：296，泥质灰陶。敛口，尖圆唇，折平沿，鼓腹。腹部距沿 2.8 厘米处饰凸棱一周。器壁内外可见轮制痕迹。口径 30.2、残高 5、壁厚 0.4~0.6 厘米。（图二五六，4）

彩陶盆　2 件。

标本 WCZ：234，泥质红陶，灰胎。敛口，尖圆唇，深鼓腹。口下饰网纹、平行直线纹和半月形纹。轮制。残高 8、壁厚 0.5~0.7 厘米。（彩版八五，2；图二五六，5）

标本 WCZ：263，泥质红陶。直口微敛，尖唇，折沿，曲腹。沿下外侧饰红彩直线纹两条。器壁内可见轮制痕迹。残高 6.7、壁厚 0.3~0.5 厘米。（图二五六，6）

刻槽盆　标本 WCZ：100，泥质灰陶。口微敛，圆唇，深腹。口下饰弦纹一周，腹饰右斜篮纹，腹壁内侧饰横状刻槽纹。唇内外可见轮制痕迹。口径 12.2、残高 6、壁厚 0.8 厘米。（图二五六，7）

钵　共 4 件。

标本 WCZ：85，泥质灰陶。敛口，圆唇，双折腹，折腹棱明显。素面，器壁内外可见轮制痕迹。口径 32.8、残高 6.4、壁厚 0.5~0.7 厘米。（图二五六，8）

标本 WCZ：226，泥质红陶。敛口，尖圆唇，弧腹。浅红顶，下腹有模糊不清红彩。素面，轮制。口径 26.4、残高 8.4、壁厚 0.4~0.6 厘米。（图二五六，9）

彩陶钵残片　2 件。

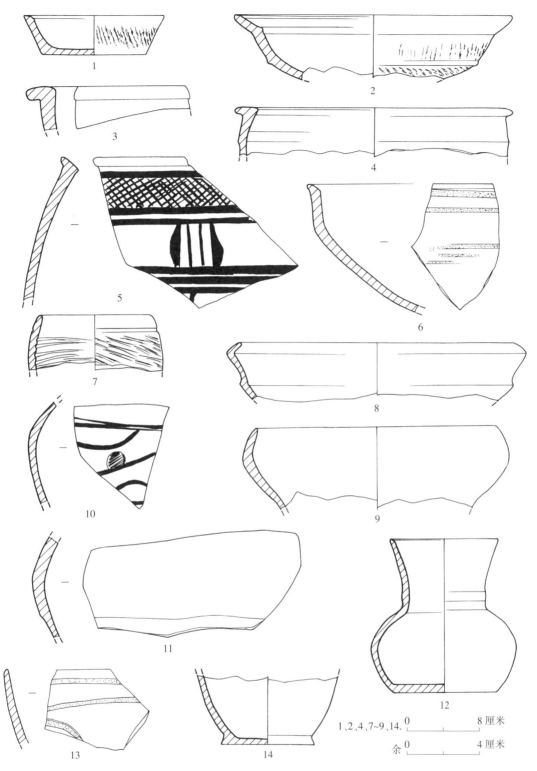

图二五六　程庄遗址出土仰韶文化陶器

1~4. 盆（WCZ：290、272、132、296）　5. 彩陶盆残片（WCZ：234、263）　7. 刻槽盆（WCZ：100）　8、9. 钵（WCZ：85、226）　10、11. 彩陶钵残片（WCZ：139、212）　12. 壶（WCZ：320）　13、14. 碗（WCZ：146、276）

标本 WCZ：139，泥质红陶。上下腹部对接处饰黑带纹及黑点纹。轮制。残高 5.6、壁厚 0.3~0.4 厘米。（图二五六，10）

标本 WCZ：212，泥质褐陶。肩腹交接处饰白衣。轮制。残高 5.7、壁厚 0.3~0.6 厘米。（图

二五六，11）

　　壶　标本 WCZ：320，泥质灰陶。喇叭口，尖圆唇，高领，弧肩，鼓腹，平底。素面，轮制。推测此器非实用器，为明器。口径 5.9、底径 5.7、高 8.1 厘米。（彩版八五，7；图二五六，12）

　　碗　共 2 件。

　　标本 WCZ：146，彩陶碗。泥质灰陶。敞口，尖唇，斜腹。红顶，壁饰平行红彩带纹数周。轮制。残高 4.2、壁厚 0.5 厘米。（图二五六，13）

　　标本 WCZ：276，碗底。夹砂灰陶。弧腹内收，平底，假圈足，圈足外撇。素面，器壁内外隐约可见轮制痕迹。底径 10.2、残高 7.2 厘米。（图二五六，14）

　　豆　共 9 件。

　　标本 WCZ：95，泥质灰陶。敛口，尖唇，有折棱，弧壁。素面，器壁内外可见轮制痕迹。口径 24.4、残高 5、壁厚 0.4 ~ 0.6 厘米。（图二五七，1）

　　标本 WCZ：195，泥质褐陶。敛口，尖唇，有折棱，弧腹。腹上部压制浅凹弦纹三周。素面。口径 24.2、残高 6.4、壁厚 0.4 ~ 0.6 厘米。（图二五七，2）

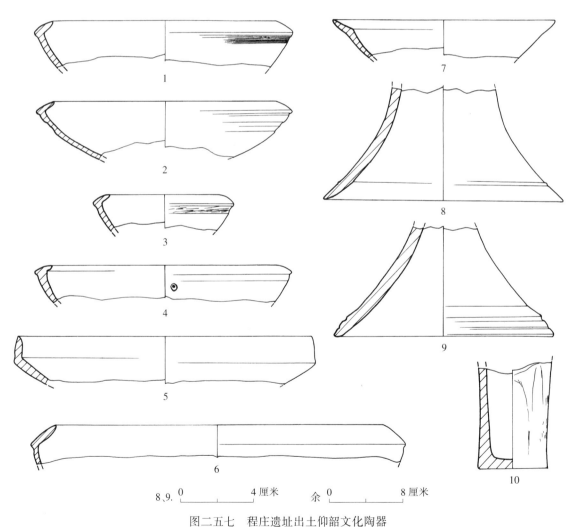

图二五七　程庄遗址出土仰韶文化陶器

1 ~ 7. 豆（WCZ：95、195、140、280、111、71、184）　　8、9. 豆圈足（WCZ：254、304）　　10. 杯（WCZ：215）

标本 WCZ：140，泥质灰陶。敛口，尖唇，斜壁微弧，有折棱。素面，轮制。口径 13、残高 3.8、壁厚 0.5 厘米。（图二五七，3）

标本 WCZ：280，泥质灰陶。敛口，尖唇，弧腹，有折棱。沿下饰凹弦纹一周，沿下 1.2 厘米有单面钻孔一个。素面，器壁内外可见轮制痕迹。口径 24.8、残高 4、壁厚 0.5～0.8 厘米。（图二五七，4）

标本 WCZ：111，泥质褐陶。直口微敛，尖唇，有折棱，斜壁。素面，轮制。口径 32、残高 5、壁厚 0.7～0.9 厘米。（图二五七，5）

标本 WCZ：71，泥质褐陶。敛口，尖圆唇，弧腹，有折棱。腹上端紧挨折棱处有压制凹槽一周。器壁内外可见轮制痕迹。口径 35.8、残高 4、壁厚 0.5 厘米。（图二五七，6）

标本 WCZ：184，泥质红陶。敞口，尖唇，折沿，内折棱明显，弧腹。素面，器壁内外隐约可见轮制痕迹。口径 24.2、残高 4、壁厚 0.4～0.6 厘米。（图二五七，7）

标本 WCZ：254，泥质红陶。上部残，喇叭口，尖唇，弧腹。圈足下部饰凹弦纹一周。素面，底部圈足内外可见轮制痕迹。底径 13.1、残高 5.9、壁厚 0.5 厘米。（图二五七，8）

标本 WCZ：304，泥质灰陶。上部残，喇叭口，方唇。圈足下部唇外侧饰凹槽三周。素面，器壁内外可见轮制痕迹。底径 12、残高 5.7、壁厚 0.6 厘米。（图二五七，9）

杯　标本 WCZ：215，泥质黑陶。平底筒状杯，器中部微凹。器壁较厚。素面，轮制。底径 7.6、残高 11.5、壁厚 1 厘米。（图二五七，10）

瓮　共 19 件，其中彩陶瓮 4 件、素面瓮 15 件。

彩陶瓮　4 件。

标本 WCZ：348，泥质红陶。尖唇，高领，广肩。肩部饰黑彩带纹及黑彩网格纹。轮制。口径 12.2、残高 8.6、壁厚 0.4 厘米。（彩版八五，6；图二五八，1）

标本 WCZ：346，泥质红陶。方唇，唇面有凹槽一周，高领，广肩，鼓腹。肩部饰黑彩直线纹和曲线纹。领内外可见轮制痕迹。口径 13.3、残高 8、壁厚 0.6 厘米。（彩版八五，4；图二五八，17）

标本 WCZ：168，泥质红陶。直口，圆唇外撇，高领。素面，轮制。口径 10、残高 4.5、壁厚 0.4 厘米。（图二五八，18）

标本 WCZ：347，残片。泥质红陶，灰胎。高领，弧肩，鼓腹。肩部饰红彩直线纹、曲线纹和平行斜线纹。轮制。残高 11.5、壁厚 0.4～0.9 厘米。（彩版八五，5；图二五八，19）

素面瓮　15 件。

标本 WCZ：154，泥质灰陶。侈口，尖唇加厚，高领，鼓肩。肩饰凸棱一周。轮制。口径 13、残高 6.4、壁厚 0.6～0.8 厘米。（图二五八，2）

标本 WCZ：1，泥质灰陶。尖唇，高领，领外撇，广肩微鼓。肩饰凸棱一周。轮制。口径 12.8、残高 6、壁厚 0.6～1.0 厘米。（图二五八，3）

标本 WCZ：299，泥质灰陶。直口，尖圆唇，折沿，高领，广肩。肩部有凸棱一周。素面，器壁内可见轮制痕迹。口径 9.2、残高 5.1、壁厚 0.4～0.8 厘米。（图二五八，4）

标本 WCZ：281，泥质灰陶。尖唇，高领，领外撇。素面，轮制。口径 14、残高 4.6、壁厚 0.7 厘米。（图二五八，5）

　　标本 WCZ：63，泥质灰陶。尖圆唇，矮领外撇，领面鼓。肩上饰两周平行凸棱。轮制。口径 12.2、残高 4.6、壁厚 0.6～0.8 厘米。（图二五七，6）

　　标本 WCZ：49，泥质灰陶。侈口，尖唇，高领。素面，领内外隐约可见轮制痕迹。口径 14、残高 6.8、壁厚 0.6～0.8 厘米。（图二五八，7）

　　标本 WCZ：308，泥质红陶。小喇叭口，圆唇。高领内侧近唇部饰凹槽一周。素面，轮制。口径 9、残高 3.9、厚 0.7 厘米。（图二五八，8）

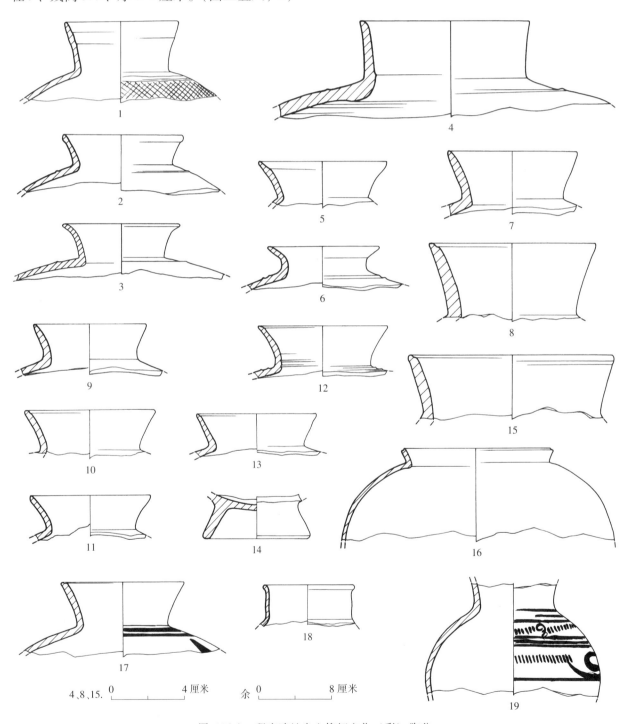

图二五八　程庄遗址出土仰韶文化（彩）陶瓮

1、17～19. 彩陶瓮（WCZ：348、346、168、347）　2～13、15、16. 瓮（WCZ：154、1、299、281、63、49、308、205、292、163、116、37、309、253）　14. 瓮圈足（WCZ：203）

标本 WCZ：205，泥质灰陶。小喇叭口，尖唇，高领，领外撇，沿面微鼓，平肩。素面，肩内外可见轮制痕迹。口径 12.4、残高 5.6、壁厚 0.9 厘米。（图二五八，9）

标本 WCZ：292，泥质灰陶。小喇叭口，圆唇，高领，领外撇。素面，轮制。口径 14、残高 5、壁厚 0.6 厘米。（图二五八，10）

标本 WCZ：163，泥质灰陶。小喇叭口，尖圆唇，高领，领外撇，平肩。素面，领内外可见轮制痕迹。口径 13、残高 4.6、壁厚 0.7 厘米。（图二五八，11）

标本 WCZ：253，泥质灰陶。侈口，方唇，折沿，折棱明显，鼓腹。唇面有凹槽一周。素面，轮制。口径 16.6、残高 10、壁厚 0.4 厘米。（图二五八，16）

标本 WCZ：116，泥质灰陶。侈口，尖唇，高领，平肩。领面上端饰凸棱一道，领下端饰凹弦纹两道。领内外明显可见轮制痕迹。口径 14.2、残高 5.6、壁厚 0.5~0.7 厘米。（图二五八，12）

标本 WCZ：37，泥质灰陶。尖唇，高领，领外撇。领上近唇部有一周凹槽。素面，轮制。口径 13.2、残高 4.4、壁厚 0.5~0.7 厘米。（图二五八，13）

标本 WCZ：309，泥质红陶。尖唇，高领，领外撇。领上近唇部饰凹槽一周。素面，轮制。口径 11、残高 3.3、壁厚 0.7 厘米。（图二五八，15）

瓮圈足　标本 WCZ：203，夹砂褐陶。喇叭形矮圈足。轮制。底径 12、残高 4.6、壁厚 0.8~1 厘米。（图二五八，14）

缸　共 10 件。

标本 WCZ：25，夹砂深灰陶。方唇，平沿，折棱明显。沿面有数周凹弦纹，沿下饰凸棱一周，腹饰右斜绳纹。轮制。口径 28.2、残高 6.2、壁厚 0.6 厘米。（图二五九，1）

标本 WCZ：115，夹砂黑皮褐胎。直口，平唇。唇面饰凹槽两周。轮制。残高 4.1、壁厚 1~1.5 厘米。（图二五九，2）

标本 WCZ：10，夹砂褐陶。直口微敛，圆唇加厚，折棱明显，直腹。口下腹内侧饰凹弦纹两周，腹外侧饰凹弦纹四周，下饰划纹。轮制。口径 20、残高 5、壁厚 1~1.2 厘米。（图二五九，3）

标本 WCZ：217，夹砂褐陶。直口，圆唇外撇，内侧有折棱，直腹。素面，轮制。残高 12.8、壁厚 0.5~0.7 厘米。（图二五九，4）

标本 WCZ：180，夹砂黑陶，褐胎。直口微敛，平唇。唇面有凸棱两道，口下饰附加堆纹一周。轮制。残高 8.2、壁厚 0.7~0.8 厘米。（图二五九，5）

标本 WCZ：4，夹砂黑陶。直口微敛，方唇，平折沿，内折棱明显。沿面有数道凹槽，沿下饰凸棱一周，下饰右斜绳纹。轮制。口径 40.4、残高 7.2、壁厚 0.8~1.4 厘米。（图二五九，6）

标本 WCZ：3，夹砂灰陶。直口，方唇，唇微下垂，平折沿，折棱明显，直腹。唇面上端饰花边，沿下饰凸棱一周，腹饰绳纹。轮制。口径 42.2、残高 7.2、壁厚 0.6~1.1 厘米。（图二六〇，1）

标本 WCZ：274，夹砂灰陶。直口微敛，方唇，折沿，直腹。唇上沿饰花边，沿下 1.5 厘米处有凸棱一周，腹饰绳纹。轮制。口径 40.4、残高 5.2、壁厚 1.1 厘米。（图二六〇，2）

标本 WCZ：209，夹砂灰陶。直口微敛，方唇加厚，唇面内撇。唇外侧饰花边，腹饰附加堆纹一周，间饰竖绳纹。轮制。口径 32、残高 7、壁厚 1~1.6 厘米。（图二六〇，3）

标本 WCZ：193，泥质灰陶。直口微敛，方唇。内外有凸棱，口下饰圆锥状錾。素面，器壁内外

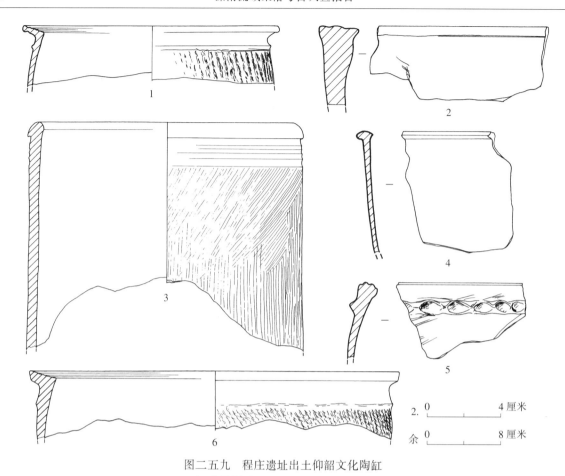

图二五九　程庄遗址出土仰韶文化陶缸
1~6. WCZ：25、115、10、217、180、4

可见轮制痕迹。推测此型缸用于瓮棺葬。口径 26.2、残高 8.5、壁厚 0.5~0.7 厘米。（图二六〇，4）

　　器盖　2 件。

　　标本 WCZ：288，夹砂红陶。敞口，圆唇，平折沿，浅弧腹。素面，轮制。口径 14.4、残高 2.5、壁厚 0.6~0.8 厘米。（图二六一，1）

　　标本 WCZ：121，泥质灰陶。上部残，方唇内斜，斜腹略鼓。素面，器壁内可见轮制痕迹。口径 30.4、残高 10、壁厚 0.6~0.8 厘米。（图二六一，2）

　　圈足　标本 WCZ：253，泥质红陶。圈足较浅。素面，轮制。残高 1.4、壁厚 0.4 厘米。

　　彩陶残片　2 件。

　　标本 WCZ：32，泥质红陶。饰三道平行红彩带纹。轮制。残高 8、壁厚 0.4~0.6 厘米。（图二六一，3）

　　标本 WCZ：235，泥质红陶。饰黑彩圆涡纹。轮制。残高 8.7、壁厚 0.5~0.6 厘米。（彩版八五，3；图二六一，4）

　　陶器残片　3 件。

　　标本 WCZ：232，残片。泥质红陶。器形不明。上饰一对鸡冠耳鋬。壁饰红彩带纹一道。轮制。残高 11.5、壁厚 0.7 厘米。（彩版八五，1；图二六一，5）

　　标本 WCZ：156，泥质红陶。器形不明。上饰两个圆形钻孔，均为双面对钻。轮制。残高 4.6、

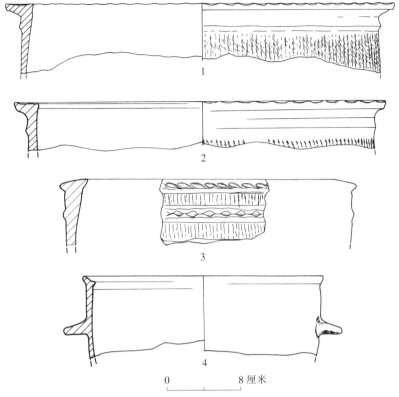

图二六〇　程庄遗址出土仰韶文化陶缸
1～4. WCZ：3、274、209、193

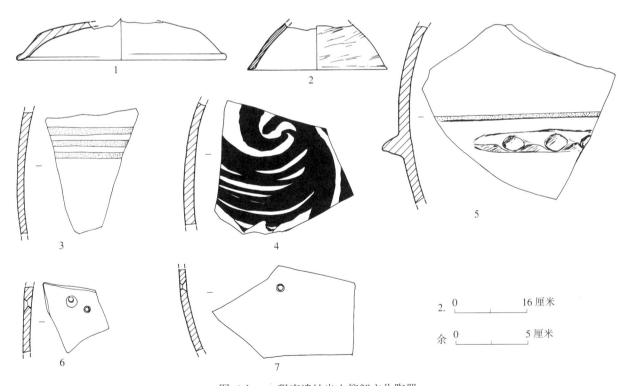

图二六一　程庄遗址出土仰韶文化陶器
1、2. 器盖（WCZ：288、121）　3、4. 彩陶残片（WCZ：32、235）　5～7. 残片（WCZ：232、156、43）

壁厚0.4~0.5厘米。(图二六一, 6)

标本 WCZ:43, 泥质红陶。上有一圆形钻孔, 双面对钻。素面, 轮制。残高6、壁厚0.5厘米。(图二六一, 7)

另有骨镞、羊角、鹿角各1件。

骨镞　标本 WCZ:322, 由动物骨骼制成。白褐色。上部为三棱体, 下部近圆柱体, 前端稍钝。通体磨光, 磨制。长10.1厘米。(图二六二, 1)

羊角　标本 WCZ:225, 黄色。弯状, 角顶端残。残长10.2厘米。(图二六二, 2)

鹿角　标本 WCZ:117, 黄色。残长16厘米。(图二六二, 3)

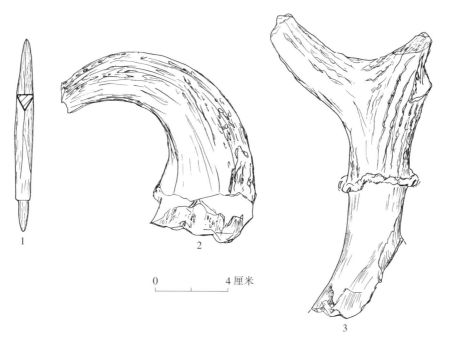

图二六二　程庄遗址出土仰韶文化骨角器
1. 骨镞 (WCZ:322)　2. 羊角 (WCZ:225)　3. 鹿角 (WCZ:117)

②龙山文化标本

鼎　标本 WCZ:47, 夹砂灰陶。敛口, 子母口, 尖唇外撇, 内折棱明显, 斜肩, 弧腹内收。肩腹交接处饰凸棱一周, 下饰右斜竖绳纹。轮制。口径24.2、残高5.8、壁厚0.5~0.7厘米。(图二六三, 1)

罐　共3件。

标本 WCZ:77, 夹砂褐陶。侈口, 方唇, 折沿, 折棱明显, 弧腹。口内侧饰压制弦纹一周, 口下0.5厘米处饰竖细绳纹。轮制。口径28、残高6、壁厚0.7~1厘米。(图二六三, 2)

标本 WCZ:118, 夹砂褐陶。侈口, 尖圆唇, 折沿, 内折棱明显, 束颈, 斜肩。沿面上、下端各饰压制凹弦纹一周, 口下饰右斜绳纹。器壁内外隐约可见轮制痕迹。口径20.6、残高4、壁厚0.5~0.7厘米。(图二六三, 3)

标本 WCZ:300, 泥质灰陶。侈口, 方唇, 折沿, 束颈, 鼓腹。唇面有凹槽一周。素面, 器表及沿面经过打磨, 器壁内隐约可见轮制痕迹。口径26、残高6.6、壁厚0.6~0.8厘米。(图二六

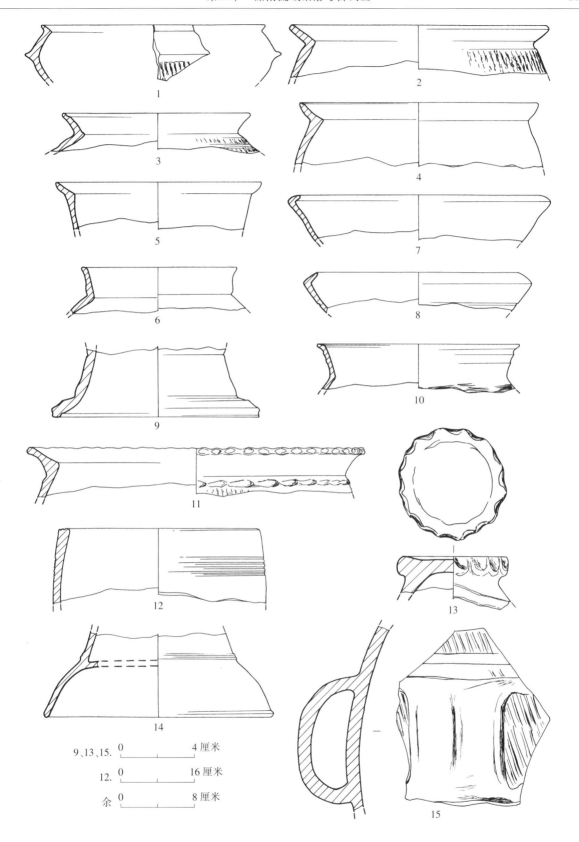

图二六三　程庄遗址出土龙山文化陶器

1. 鼎（WCZ：47）　　2~4. 罐（WCZ：77、118、300）　　5. 盆（WCZ：39）　　6. 壶（WCZ：34）　　7. 钵（WCZ：51）　　8. 豆
（WCZ：202）　　9、14. 豆圈足（WCZ：283、24）　　10. 瓮（WCZ：123）　　11、12. 缸（WCZ：187、125）　　13. 器盖（WCZ：196）
15. 器耳（WCZ：170）

三，4）

　　盆　标本 WCZ:39，泥质黑陶。侈口，尖唇，折沿，内折棱明显，斜直腹。素面磨光，轮制。口径 22.2、残高 5、壁厚 0.6~0.9 厘米。（图二六三，5）

　　壶　标本 WCZ:34，泥质灰陶。侈口，方唇微外撇，斜高领，斜肩。素面，领内外可见轮制痕迹。口径 16.8、残高 4.6、壁厚 0.4~0.6 厘米。（图二六三，6）

　　钵　标本 WCZ:51，泥质灰陶。敛口，尖圆唇，有折棱，曲腹。素面，器壁内外可见轮制痕迹。口径 28.8、残高 4.8、壁厚 0.4~0.6 厘米。（图二六三，7）

　　豆　共 3 件。

　　标本 WCZ:202，泥质灰陶。敛口，尖唇，有折棱，弧腹。素面磨光，轮制。口径 22.2、残高 4.2、壁厚 0.5 厘米。（图二六三，8）

　　标本 WCZ:283，豆圈足。泥质灰陶。喇叭形口，方唇。唇面有一周凹槽，沿内侧近唇部饰凹槽一周，沿外侧唇下饰凸棱一周、凹槽一周。器壁内外可见明显轮制痕迹。底径 11.2、残高 3.5、壁厚 0.5 厘米。（图二六三，9）

　　标本 WCZ:24，豆圈足。泥质灰陶。圈足上部残。敞口，圆唇，弧壁，近底内收形成圈足。腹与圈足交接处饰凹弦纹一周。器壁内外可见轮制痕迹。口径 24.6、残高 8.8、壁厚 0.6 厘米。（图二六三，14）

　　瓮　标本 WCZ:123，夹砂灰陶。尖唇外撇，高领外撇，斜肩。领饰压制弦纹一周，口领内侧上端饰细凹弦纹一周。轮制。口径 22.2、残高 5、壁厚 0.4~0.6 厘米。（图二六三，10）

　　缸　共 2 件。

　　标本 WCZ:187，夹砂褐陶。侈口，花边方唇，折沿，内折棱明显，鼓腹。沿下饰有附加堆纹一周。轮制。口径 36.8、残高 5.5、壁厚 0.7~1 厘米。（图二六三，11）

　　标本 WCZ:125，泥质灰陶。直口微敛，方唇，口部加厚。唇面饰凹弦纹两周，腹上部近口处饰凹弦纹五周。轮制。口径 44、残高 15.6、壁厚 1.6~2 厘米。（图二六三，12）

　　器盖　标本 WCZ:196，夹砂褐陶。覆碗形器盖，平顶外凸。器身素面，顶部边沿饰压印花边一周，轮制。顶径 6.2、残高 2.7 厘米。（图二六三，13）

　　桥形耳　标本 WCZ:170，泥质灰陶。附着在器壁上。耳上素面，器壁上饰右斜篮纹。轮制。残高 9.8 厘米。（图二六三，15）

　　③ "新砦期" 标本

　　尊形瓮　标本 WCZ:17，泥质褐陶。侈口，尖圆唇外撇，唇外侧加厚，高领，弧肩。肩部饰两周平行凹弦纹。器壁经过打磨，轮制。口径 32.4、高 7.2、壁厚 0.4~0.8 厘米。（图二六四，1）

　　盆　标本 WCZ:16，泥质黑陶。敞口，卷沿，圆唇，弧腹，平底。器内壁有三周凹弦纹。素面，器壁外轮制痕迹明显。口径 32.2、残高 8.4、壁厚 0.8~1 厘米。（图二六四，2）

　　器盖　2 件。

　　标本 WCZ:20，泥质黑陶。直壁，上有单面钻孔一个，底口圆唇外撇。凹弦纹三周，外壁饰凹弦纹两周。器壁内外可见轮制痕迹。口径 20.2、残高 8.6、壁厚 0.6 厘米。（图二六四，3）

　　标本 WCZ:218，泥质灰陶。平顶，直壁。素面，器壁内外可见轮制痕迹。口径 20、残高

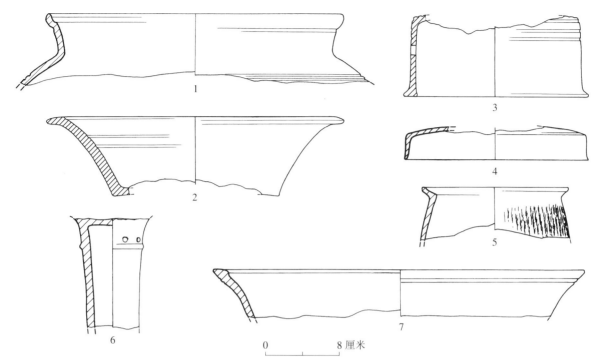

图二六四　程庄遗址出土"新砦期"、二里头文化及二里岗文化陶器

1. 尊形瓮（WCZ：17）　2. 盆（WCZ：16）　3、4. 器盖（WCZ：20、218）　5. 罐（WCZ：207）　6. 豆柄（WCZ：120）

7. 大口尊（WCZ：60）（5、6为二里头文化标本，7为二里岗文化标本，余为"新砦期"标本）

3.6、壁厚0.4～0.6厘米。（图二六四，4）

④二里头文化标本

罐　标本WCZ：207，夹砂灰陶。侈口，尖唇，折沿，内折棱明显，斜腹。沿面上端有凸棱一周，器腹满饰竖绳纹。轮制。口径16.2、残高5.6、壁厚0.6厘米。（图二六四，5）

豆柄　标本WCZ：120，泥质黑皮灰胎。豆盘底座残。圆筒状豆柄，上粗下细。豆柄上部饰凸棱纹一周，凸棱上部有钻孔两个。轮制。残高11.8厘米。（图二六四，6）

⑤二里岗文化标本

大口尊　标本WCZ：60，泥质灰陶。侈口，尖圆唇，唇部内侧加厚，斜壁内收。颈部有弦纹两周。素面，轮制。口径40.4、残高5.2、壁厚0.6厘米。（图二六四，7）

**五八、邓湾遗址**

（一）地理位置与概况

邓湾遗址位于河南省新郑市新村镇邓湾村西，遗址处于溱、洧水交流地带东面，地势高亢、险要。遗址地理坐标为北纬34°27.178′、东经113°38.651′，海拔高度115米。编号为58号。（彩版八六，1）

邓湾遗址所在台地地势为东高西低，后经平整形成一级级的梯田。遗址主要分布在邓湾村西、东西向出村道路南北两侧的台地上。受道路影响，遗址分为南、北两部分，依据勘探出的文化层范围可知：遗址西侧以遗址所在台地地头断崖为界，其余三面以勘探出的文化层范围为界。邓湾遗址南、北两部分平面形状均为南北向长条形，北部南北长约48米，东西宽约38米，面积约

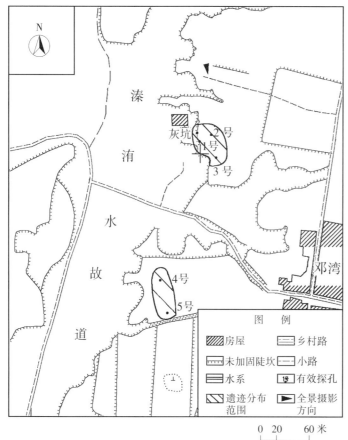

图二六五　邓湾遗址位置及探孔分布图

0.15 万平方米；南部南北长约 60 米，东西宽约 25 米，面积约 0.27 万平方米，遗址面积共计 0.42 万平方米。遗址所在台地面与其西侧现河道的高差约为 14 米，遗址地下遗迹北部分范围距其西侧河道断崖约 13 米，南部分范围距其西侧河道断崖约 33 米。（图二六五）

该遗址以往经过多次调查，2009 年溱洧流域聚落调查时复查。

依据对采集标本的观察，该遗址北部分布有殷墟文化和少量仰韶文化早期红陶残片。另据以往调查结果，遗址南部分布有裴李岗文化遗存，但此次未能采集到陶片标本。

（二）地层堆积与文化遗存

**1. 地层堆积**

在遗址上布探孔 5 个（图二六六），其地层堆积情况如下：

1 号孔：位于遗址所在台地北部。

①层：厚 0.3 米。土色黄，结构疏松。耕土层。

②层：深 0.3 米，厚 0.3 米。土色黄，结构疏松。扰土层。

③层：深 0.6 米，厚 0.9 米。土色灰褐，土质较软，结构疏松。含有红烧土颗粒、炭粒、红陶颗粒，含有砂。文化层。

深 1.5 米以下为黄白色生土层。

2 号孔：位于遗址所在台地北部。

①层：厚 0.3 米。土色黄，结构疏松。耕土层。

②层：深 0.3 米，厚 0.7 米。土色灰褐，土质较软，结构一般。含有陶片颗粒、红烧土颗粒、炭粒和砂。文化层。

深 1 米以下为黄白色生土层。

3 号孔：位于遗址所在台地北部。

①层：厚 0.3 米。土色黄，结构疏松。耕土层。

②层：深 0.3 米，厚 0.7 米。土色灰褐，土质较软，结构疏松。含有较少的红烧土和炭粒。文化层。

③层：深 1 米，厚 1.1 米。土色黄褐，土质一般，结构疏松。含有陶片颗粒较多，红烧土颗粒、炭粒较少。文化层。

深 2.1 米以下为黄白色生土层。

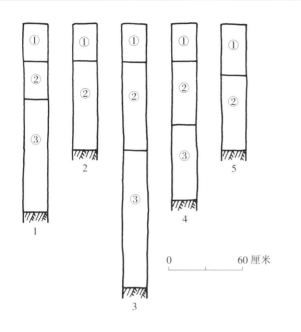

图二六六　邓湾遗址探孔柱状剖面图

图二六七　邓湾遗址出土殷墟文化陶器
1. 罐（WDW：2）　2. 鬲足（WDW：1）

4 号孔：位于遗址所在台地南部。

①层：厚 0.3 米。土色黄，结构疏松。耕土层。

②层：深 0.3 米，厚 0.5 米。土色灰褐，土质一般，结构一般。含有红烧土颗粒、炭粒、灰陶颗粒。文化层。

③层：深 0.8 米，厚 0.6 米。土色灰褐，土质较软，结构疏松。含有红烧土颗粒、炭粒。文化层。

深 1.4 米以下为黄白色生土层。

5 号孔：位于遗址所在台地南部。

①层：厚 0.4 米。土色黄，结构疏松。耕土层。

②层：深 0.4 米，厚 0.6 米。土色灰褐，土质一般，结构一般。含有红烧土颗粒、炭粒。文化层。

深 1 米以下为黄白色生土层。

依据勘探钻孔地层堆积情况，遗址文化层上覆盖有耕土，个别探孔所在区域耕土下还叠压有厚 0.3 米的扰土层；1 号、3 号、4 号探孔所在的遗址中部区域文化层较厚，最厚处可达 1.8 米，依据土质土色最多可分为二层不同的文化层；其余区域文化层较薄，厚度多在 0.6~0.7 米。3 号、4 号探孔之间为东西向出邓湾村的路，修路时将 3 号、4 号之间的部分台地破坏，依据勘探情况推测，路南、北两部分台地原先应连成一片台地。

**2. 文化遗存**

（1）遗迹

邓湾遗址以往经过多次调查。该遗址经长期雨水冲刷，部分文化层暴露于遗址西部的南北向崖面上。遗址北面文化层可见长度约 5 米，不分层，土褐色，土质较硬，结构疏松，含有红烧土颗粒、炭粒及陶片，据采集陶片判断应为商代文化遗存；遗址南面台地文化层可见长度 4 米，土色红褐，土质较硬，结构疏松，含有炭粒及陶片，据采集陶片判断应为仰韶文化早期遗存。

（2）遗物

邓湾遗址共采集陶器标本12件。可辨器形的标本共计2件，其种类为罐、鬲。另外，在文化层中还采集有仰韶文化早期红陶残片。根据采集标本的形制特征及纹饰特征，时代为商代殷墟文化。

罐　标本WDW：2，夹砂褐陶。侈口，圆唇，折沿，鼓腹，沿面微凹，内折棱明显。素面，轮制。残高4.5、壁厚0.7~0.9厘米。（图二六七，1）

鬲足　标本WDW：1，夹砂灰陶。袋状足。袋足上部饰竖绳纹。手制，下部有竖向制作刮划痕迹。残高8.3厘米。（图二六七，2）

### 五九、北李庄遗址

（一）地理位置与自然环境

北李庄遗址位于河南省新郑市辛店镇北李庄自然村东部约50米，处于东、北面洧水河主流和南面洧水河上冲沟水三流交汇地域。遗址地理坐标为北纬34°26.531′、东经113°38.089′，海拔高度126米。编号为59号。（彩版八六，2）

北李庄遗址地势西高东低。遗址范围依据遗址文化层所在台地范围可知：北面至洧水河河沿断崖，东、南、西三面均以遗址所在台地地头断崖为界。在遗址所在台地内东南部崖边为一平整土地残留高土堆，在土堆西壁残存有文化遗迹。北李庄遗址平面基本呈南北向长条形，遗址东西长约100米，南北长约196米，面积约1.64万平方米。遗址所在台地面与其东北侧现河道的高差约为24米，遗址地下遗迹范围紧临其东北侧河道断崖。（图二六八）

该遗址以往未见著录或公布，2009年溱洧流域聚落调查时发现。

依据对采集标本的观察，大部分陶器标本的时代为仰韶文化晚期。另据以往调查结果，遗址还存在二里头文化及西周时期文化遗存。

（二）地层堆积与文化遗存

1. 地层堆积

在遗址上布探孔5个（图二六九），其堆积情况如下：

1号孔：位于遗址所在台地东北端。

①层：厚0.3米。土色黄，土质较软。耕土层。

②层：深0.3米，厚0.8米。土色黄褐，土质较硬，结构紧密。含有红烧土颗粒、炭粒、陶片颗粒。文化层。

深1.1米以下为黄白色生土层。

2号孔：位于遗址所在台地东北部。

①层：厚0.3米。土色黄，土质较软。耕土层。

②层：深0.3米，厚0.3米。土色黄褐，土质较软，结构一般。含有较少红烧土颗粒、炭粒和少量陶片颗粒。文化层。

深0.6米下为黄白色生土层。

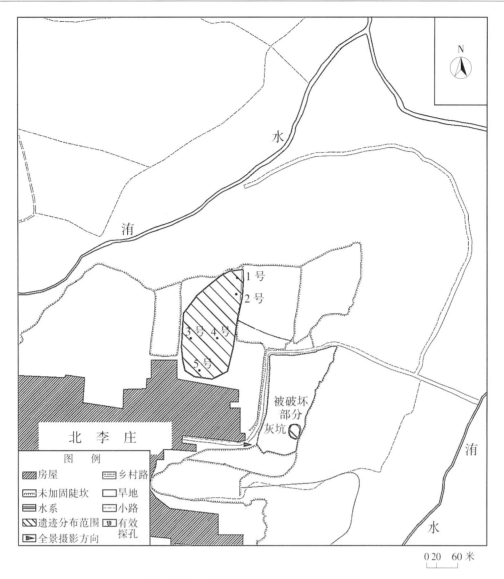

图二六八　北李庄遗址位置及探孔分布图

　　3 号孔：位于遗址所在台地中部偏西。

　　①层：厚 0.3 米。土色黄，土质较软。耕土层。

　　②层：深 0.3 米，厚 0.6 米。土色黄褐，土质一般，结构一般。含有少量红烧土颗粒、炭粒。文化层。

　　③层：深 0.9 米，厚 0.5 米。土色灰褐，土质较硬，结构紧密。含有红烧土颗粒、炭粒。文化层。

　　深 1.4 米以下为黄白色生土层。

　　4 号孔：位于遗址所在台地中部。

　　①层：厚 0.3 米。土色黄，土质较软。耕土层。

　　②层：深 0.3 米，厚 0.3 米。土色黄褐，结构疏松。含有红烧土颗粒、炭粒。扰土层。

　　③层：深 0.6 米，厚 0.3 米。土色黄褐，土质较软，

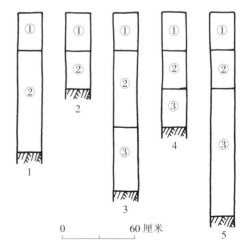

图二六九　北李庄遗址探孔柱状剖面图

结构一般。含有较少量红烧土颗粒、炭粒。文化层。

深0.9米以下为黄白色生土层。

5号孔：位于遗址所在台地南部。

①层：厚0.3米。土色黄，土质较软。耕土层。

②层：深0.3米，厚0.3米。土色黄褐，结构疏松。含有红烧土颗粒、炭粒。扰土层。

③层：深0.6米，厚1米。土色灰褐，土质较软，结构一般。含有红烧土颗粒、炭粒。文化层。

深1.6米以下为黄白色生土层。

依据勘探钻孔地层堆积情况，遗址文化层上覆盖有耕土及厚度0.3米的扰土层。据当地村民介绍，原先遗址东部区域台地较高，后因平整土地，将绝大部分破坏，现仅残存遗址东南部一高土堆，可见原先遗址所在台地面是与西部探孔所在台地为一体的，应为带有连续地层的一处遗址。3~5号探孔所在的遗址西部区域，文化层较厚，最厚可达1米左右，为一层文化层；近北面洧水台地区域文化层稍薄。另外，在遗址东部低于原遗址台面的被破坏部分也进行了勘探工作，没有发现任何残存的遗迹现象。

**2. 文化遗存**

（1）遗迹

北李庄遗址经长期雨水冲刷，部分文化层暴露于遗址所在台地内东南部崖边一因平整土地而残留的高土堆西壁上。土堆东西宽约5米，南北长约10米，高约3米。土堆西壁有一灰坑和一墓葬。灰坑距土堆地表深约1米，长约1.2米，深0.8米，残存不全，仅剩底部；土色浅灰，不分层，土质一般，结构疏松，含有红烧土颗粒、炭粒及少量陶片（彩版八六，3）。灰坑南侧为一残缺墓葬，长度不详，深约0.8米，土色灰，土质呈干燥灰状，较疏松，骨骼和陶片裸露在外。灰坑内以仰韶文化标本为主。

（2）遗物

北李庄遗址共采集遗物标本14件。可辨器形的标本有石器1件、陶器4件，其中陶器种类有罐、豆等。根据采集标本的形制特征及纹饰特征，时代为仰韶文化晚期。

1）石器标本

石铲　标本WBLZ:11，砂岩，灰黄色。扁平状。表面磨制光滑，磨制。残长7.5、厚1.2厘米。（图二七○，1）

2）陶器标本

罐　共2件。

标本WBLZ:10，细泥灰陶。圆唇，折沿，鼓腹。素面，轮制。口径24.4、残高11.4、壁厚0.4~0.6厘米。（图二七○，2）

标本WBLZ:6，夹砂褐陶。圆唇，折沿，鼓腹，内折棱明显。素面。残高9.4、壁厚0.6厘米。（图二七○，3）

豆　共2件。

标本WBLZ:3，泥质黑皮陶。敛口，圆唇，有折棱，斜壁内收。轮制。口径20.4、残高4.6、

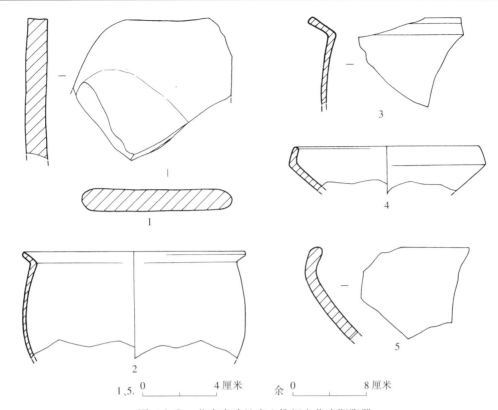

图二七〇　北李庄遗址出土仰韶文化晚期陶器
1. 石铲（WBLZ：11）　　2、3. 罐（WBLZ：10、6）　　4、5. 豆（WBLZ：3、9）

壁厚 0.5 厘米。（图二七〇，4）

标本 WBLZ：9，泥质灰陶。敛口，圆唇，斜壁内收。素面，轮制。残高 4.9、壁厚 0.5 厘米。（图二七〇，5）

## 六〇、东土桥遗址

（一）地理位置与概况

东土桥遗址位于河南省新郑市辛店镇东土桥村东北部约 400 米处，处于东北临洧水主流地带。遗址地理坐标为北纬 34°26.175′、东经 113°38.185′，海拔高度 125 米。编号为 60 号。（彩版八七，1）

东土桥遗址所在台地地势平缓。遗址主要分布在东土桥村北，依据遗址灰坑所在台地范围可知：东、北面至洧水河南岸河沿断崖，西、南面以勘探出文化层范围为界。东土桥遗址平面基本呈不规则形，遗址东西长约 91 米，南北长约 51 米，面积约 0.42 万平方米。遗址所在台地面与其东北侧现河道的高差约为 22 米，遗址地下遗迹范围紧临其东北侧河道断崖。（图二七一）

该遗址以往未见著录或公布，1986 年文物普查时发现此遗址。2009 年溱洧流域聚落调查时复查该遗址。

依据对采集标本的观察，大部分陶器标本的时代为龙山文化晚期。另据以往调查结果，此遗址存在"新砦期"因素。

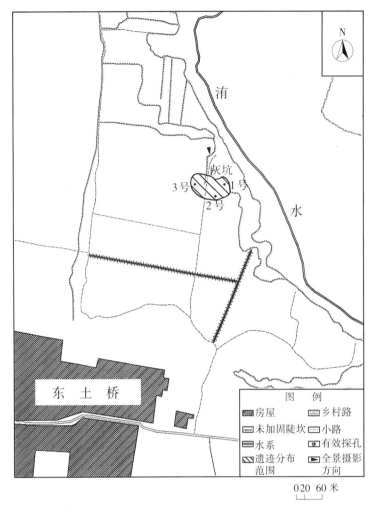

图二七一　东土桥遗址位置及探孔分布图

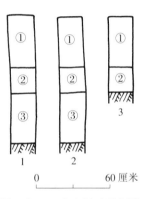

图二七二　东土桥遗址探孔
柱状剖面图

（二）地层堆积与文化遗存

**1. 地层堆积**

在遗址上布探孔 3 个（图二七二），其地层堆积情况如下：

1 号孔：位于遗址所在台地东部。

①层：厚 0.4 米。土色黄，土质较软。耕土层。

②层：深 0.4 米，厚 0.2 米。土色灰褐，土质较硬，结构紧密。含有红烧土颗粒、炭粒。文化层。

③层：深 0.6 米，厚 0.4 米。土色黑，土质较软，结构疏松。含有红烧土颗粒、炭粒。灰坑土。

深 1 米以下为黄白色生土层。

2 号孔：位于遗址所在台地南部。

①层：厚 0.4 米。土色黄，土质较软。耕土层。

②层：深 0.4 米，厚 0.2 米。土色灰褐，土质硬，结构紧密。含有红烧土颗粒、炭粒。文化层。

③层：深 0.6 米，厚 0.4 米。土色黑，土质较软，结构疏松。含有红烧土颗粒、炭粒。灰坑土。

深 1 米以下为黄白色生土层。

3 号孔：位于遗址所在台地西部。

①层：厚 0.4 米。土色黄，土质较软。耕土层。

②层：深 0.4 米，厚 0.2 米。土色黄褐，土质较软，结构疏松。文化层。

深 0.6 米以下为黄白色生土层。

依据勘探钻孔地层堆积情况，遗址文化层上覆盖有耕土层，遗址北部区域受土地平整的破坏，耕土层下即见文化层；探孔所在区域的文化层厚度一致，2 号探孔文化层下叠压有灰坑遗迹；勘探所得文化层与遗址所在台地北壁面上发现灰坑处连为一片；台地南部及西部大部分经勘探，不见文化层，文化层分布面积较小。

### 2. 文化遗存

（1）遗迹

东土桥遗址经长期雨水冲刷，部分灰坑暴露于遗址北面河沿断崖崖面上。灰坑开口距遗址所在台地地表约 0.5 米，长约 1.5 米，深 1 米；土色浅灰，不分层，土质较软，结构疏松，含有红烧土颗粒、炭粒及陶片；灰坑内以龙山文化标本为主。（彩版八七，2）

（2）遗物

东土桥遗址共采集陶器标本 30 件，其陶质以夹砂陶（63.2%）为主，另有泥质陶（36.7%）；陶色以灰陶（43.3%）为主，另有黑陶（40%）、褐陶（16.6%）；纹饰以素面（56.7%）为主，另有绳纹（40%）、篮纹（3.3%）。（图二七三；表三一）

可辨器形的标本共计 6 件，其种类有刻槽盆、罐、碗、豆、瓮等。

刻槽盆　标本 WDTQ：13，残片。泥质灰陶。外壁素面，内壁有较规整的竖向刻槽，刻印较深。轮制。残高 5.3 厘米。（图二七四，1）

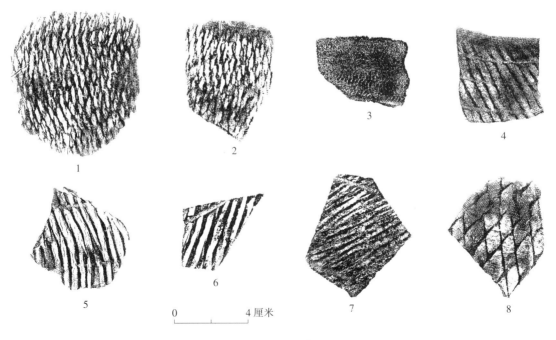

0　　　　　4厘米

图二七三　东土桥遗址陶器纹饰拓片

表三一　　　　　　　　　东土桥遗址陶器陶质陶色纹饰统计表

| 陶系\纹饰 | 泥质 | | | | | 夹砂 | | | | | 合计 | 百分比（%） |
|---|---|---|---|---|---|---|---|---|---|---|---|---|
| | 灰 | 红 | 褐 | 黑 | 黑皮 | 灰 | 红 | 褐 | 黑 | 黑皮 | | |
| 素面 | 4 | | | 4 | | 4 | | 3 | 2 | | 17 | 56.7 |
| 绳纹 | 2 | | | 1 | | 3 | | 2 | 4 | | 12 | 40 |
| 篮纹 | | | | | | | | | 1 | | 1 | 3.3 |
| 合计 | 6 | | | 5 | | 7 | | 5 | 7 | | 30 | |
| 百分比（%） | 20 | | | 16.7 | | 23.3 | | 16.6 | 23.3 | | | 100 |

罐　标本 WDTQ：7，泥质黑皮陶。圆唇下撇，折沿，内折棱明显。轮制。口径18.4、残高2.6、壁厚0.7厘米。（图二七四，2）

碗　共2件。

标本 WDTQ：19，泥质黑皮陶。唇面有一周凹槽形成双唇，斜壁内收。轮制。残高2.3、壁厚0.4厘米。（图二七四，3）

标本 WDTQ：23，泥质黑皮陶。方唇，唇面微凹，斜壁内收，浅腹。轮制。残高1.5、壁厚0.4厘米。（图二七四，4）

豆座　标本 WDTQ：25，泥质灰陶。方唇，唇部外侧加厚，沿上端有一周凹槽。轮制。

瓮残片　标本 WDTQ：1，泥质黑皮陶。唇部残，高领，溜肩。肩上饰斜篮纹及数周凹弦纹。轮制。残高5.5、壁厚0.3~0.6厘米。（图二七四，5）

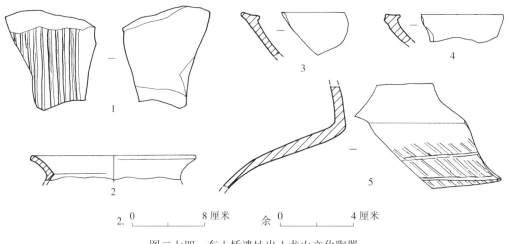

图二七四　东土桥遗址出土龙山文化陶器
1. 刻槽盆（WDTQ：13）　2. 罐（WDTQ：7）　3、4. 碗（WDTQ：19、23）　5. 瓮残片（WDTQ：1）

## 六一、裴李岗遗址

### （一）地理位置与概况

裴李岗遗址位于河南省新郑市西北约7.5千米的裴李岗村西地，处于西、南面洧水河半环绕地带。遗址地理坐标为北纬34°26.188′、东经113°39.099′，海拔高度132米。编号为61号。（彩版八七，3）

裴李岗遗址所在台地地势为北高南低，后经平整形成一级级的梯田。遗址主要分布在裴李岗村西，依据遗址文化层所在台地范围可知：遗址四围均以遗址所在台地地头断崖为界，南北向人工水渠将遗址分为渠东和渠西两部分。裴李岗遗址平面基本呈东西向不规则形，遗址东西最长处长约 348 米，南北最长处长约 146 米，面积约 3.42 万平方米。遗址所在台地面与其西南侧现河道的高差约为 11 米，遗址地下遗迹范围距其西南侧河道断崖约 320 米。（图二七五）

1958 年发现该遗址。1977～1979 年，进行过 4 次发掘，发现遗迹有墓葬、陶窑、灰坑、窖穴、房屋等。出土遗物有陶器、石器、装饰品、艺术品及其他遗物等。2009 年溱洧流域聚落调查时复查，未采集到标本。

依据以往调查及发掘结果，该遗址的性质应为裴李岗文化。

（二）地层堆积与文化遗存

**1. 地层堆积**

在遗址上布探孔 15 个（图二七六），其地层堆积情况如下：

1 号孔：位于遗址所在台地东南部。

①层：厚 0.3 米。土色黄，土质疏松。耕土层。

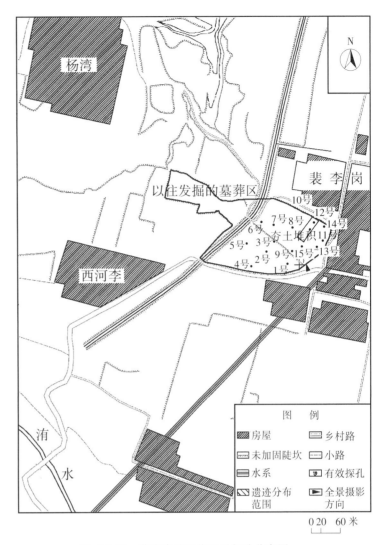

图二七五　裴李岗遗址位置及探孔分布图

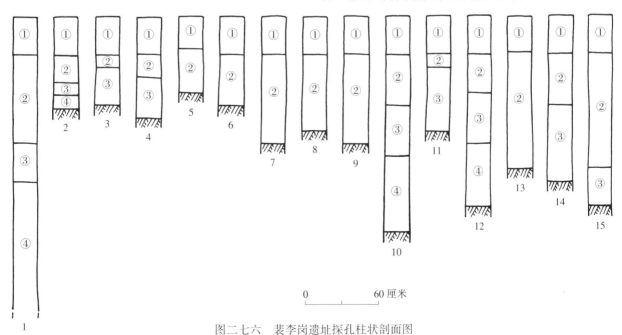

图二七六　裴李岗遗址探孔柱状剖面图

②层：深0.3米，厚0.7米。扰土层。

③层：深1米，厚0.3米。土色褐，土质一般。含有少量红烧土、炭粒、陶片颗粒。文化层。

④层：深1.3米，厚1米。土色黄褐，土质较硬。含有褐色土块、红烧土颗粒、炭粒、墓土、瓷片。土洞墓。不到底。

2号孔：位于遗址所在台地东南部。

①层：厚0.3米。土色黄，土质疏松。耕土层。

②层：深0.3米，厚0.2米。扰土层。

③层：深0.5米，厚0.1米。土色褐，土质较硬。含有黄沙。文化层。

④层：深0.6米，厚0.1米。土色褐，土质一般。文化层。

深0.7米以下为生土层。

3号孔：位于遗址所在台地东南部。

①层：厚0.3米。土色黄，土质疏松。耕土层。

②层：深0.3米，厚0.1米。扰土层。

③层：深0.4米，厚0.3米。土色褐。含少量红烧土、炭粒。文化层。

深0.7米以下为生土层。

4号孔：位于遗址所在台地南部。

①层：厚0.3米。土色黄，土质疏松。耕土层。

②层：深0.3米，厚0.2米。扰土层。

③层：深0.5米，厚0.3米。土色褐。含少量红烧土、炭粒。文化层。

深0.8米以下为生土层。

5号孔：位于遗址所在台地中部。

①层：厚0.25米。土色黄，土质疏松。耕土层。

②层：深0.25米，厚0.35米。土色褐。含少量红烧土、炭粒。文化层。

深0.6米以下为砂性黄生土层。

6号孔：位于遗址所在台地中部。

①层：厚0.3米。土色黄，土质疏松。耕土层。

②层：深0.3米，厚0.4米。土色黄褐。含有黄沙、少量红烧土、炭粒。文化层。

深0.7米以下为生土层。

7号孔：位于遗址所在台地中部。

①层：厚0.3米。土色黄，土质疏松。耕土层。

②层：深0.3米，厚0.7米。土色黄褐，土质疏松。含红烧土。文化层。

深1米以下为生土层。

8号孔：位于遗址所在台地东北部。

①层：厚0.3米。土色黄，土质疏松。耕土层。

②层：深0.3米，厚0.6米。土色黄褐，土质疏松。含有少量黄沙、红烧土。文化层。

9号孔：位于遗址所在台地东部。

①层：厚 0.3 米。土色黄，土质疏松。耕土层。

②层：深 0.3 米，厚 0.7 米。土色灰黑，土质较硬。含有钙粒、红烧土、炭粒。灰坑土。

深 1 米以下为生土层。

10 号孔：位于遗址所在台地东北部。

①层：厚 0.3 米。土色黄，土质疏松。耕土层。

②层：深 0.3 米，厚 0.4 米。扰土层。

③层：深 0.7 米，厚 0.4 米。土色黄褐，土质一般。含有红烧土、炭粒和陶片 1 片。文化层。

④层：深 1.1 米，厚 0.6 米。土色黄白夹花，土质硬。不见包含物。夯土，夯土深 0.15 米处见有一层分层。

深 1.7 米以下为生土层。

11 号孔：位于遗址所在台地东端。

①层：厚 0.3 米。土色黄，土质疏松。耕土层。

②层：深 0.3 米，厚 0.1 米。扰土层。

③层：深 0.4 米，厚 0.5 米。含有红烧土、炭粒。文化层。

深 0.9 米以下为生土层。

12 号孔：位于遗址所在台地东北部。

①层：厚 0.3 米。土色黄，土质疏松。耕土层。

②层：深 0.3 米，厚 0.3 米。扰土层。

③层：深 0.6 米，厚 0.4 米。有红烧土、炭粒。文化层

④层：深 1 米，厚 0.5 米。土色黄白夹花，土质较硬。不见包含物，含砂。夯土。

深 1.5 米以下为生土层。

13 号孔：位于遗址所在台地东端。

①层：厚 0.3 米。土色黄，土质疏松。耕土层。

②层：深 0.3 米，厚 0.9 米。有红烧土、炭粒和灰陶残片 1 片。文化层。

深 1.2 米以下为生土层。

14 号孔：位于遗址所在台地东北端。

①层：厚 0.3 米。土色黄，土质疏松。耕土层。

②层：深 0.3 米，厚 0.4 米。土色灰褐。含有陶片颗粒、红烧土、炭粒。文化层。

③层：深 0.7 米，厚 0.6 米。

深 1.3 米以下为生土层。

15 号孔：位于遗址所在台地东部。

①层：厚 0.3 米。土色黄，土质疏松。耕土层。

②层：深 0.3 米，厚 0.9 米。土色灰黑，土质较软。出有陶片颗粒。灰坑土。

③层：深 1.2 米，厚 0.3 米。夯土。

深 1.5 米以下为生土层。

依据勘探钻孔地层堆积情况，遗址文化层上覆盖有耕土及厚度 0.1 米到 0.7 米不等的扰土层，个

别探孔耕土层下即见文化层或单独遗迹；7 号、8 号、11 号、13 号探孔所在的遗址中东部区域文化层较厚，厚度多在 0.5 米到 0.9 米之间，文化层较为单一；其余探孔所在的遗址北部区域文化层较薄，厚度多为 0.4 米或低于 0.4 米，均为一层文化层，9 号、15 号探孔可见单独灰坑遗迹；10 号、12 号探孔所在区域文化层下叠压有疑似夯土的堆积，据勘探结果，夯土堆积位于遗址东北部，疑似夯土的堆积东西宽约 15 米，南北长约 50 米左右，因勘探并非详细勘探，堆积是否为一体的情况不明，大体上为东北—西南方向。夯土堆积中部较厚，厚约 0.6 米；两侧较薄，厚约 0.2 米到 0.3 米，不见分层，夯土下压生土；西北部探孔夯土层中见有红烧土颗粒，中部夯土中夹有少量泥质红陶陶片颗粒；部分探孔夯土堆积上可见灰坑堆积，夹杂有红陶颗粒；是否为夯土或夯土时代等问题，有待试掘确认。

### 2. 文化遗存

（1）遗迹

1977~1979 年，原开封地区文管会、郑州大学、中国社会科学院考古研究所等先后对该遗址进行过 4 次发掘，揭露面积 2700 多平方米，发掘墓葬 114 座、陶窑 1 座、灰坑 10 余个及几处残破的穴居房基。遗址东半部为聚落遗址，文化层厚 1~2 米，内含遗物极少。西半部为氏族墓地，埋葬相当密集，均为长方形土坑竖穴墓。本次复查时，遗址范围内未发现遗迹①。

（2）遗物

依据以往发掘情况可知，裴李岗遗址出土各种遗物 400 多件，其中石器有铲、斧、镰、磨盘、磨棒等，制作精致，特别是用砂岩琢磨而成的磨盘，平面呈椭圆形，腰部内收，整体呈鞋底状；陶器有壶、钵、罐、碗、鼎及陶猪、陶羊等，均为手制，多素面，少数饰篦点纹、压印纹、乳丁纹。陶质以泥质红陶为主，其次为夹砂红陶，颜色多呈橘红色或褐红色，代表性器物为三足钵、筒形罐等。骨器有针、锥、镞等。

### 六二、人和寨遗址

（一）地理位置与概况

人和寨遗址位于河南省新郑市辛店乡人和寨，遗址处于北面洧水、东面洧水支流河水二面河流交汇地带。遗址地理坐标为北纬 34°25.895′、东经 113°38.466′，海拔高度 116 米。编号为 62 号。（彩版八八，1）

人和寨遗址主要分布在人和寨村范围内，依据遗址上存夯土城墙范围可知：西、南面均以河沟为界，东面情况不明，北面不存夯土，以洧水河南岸河沿断崖为界。人和寨遗址以三面夯土城墙为界，据发掘成果获知，遗址面积约 4 万平方米。遗址所在台地面与其北侧现河道的高差约为 22 米，遗址地下遗迹范围紧临其北侧河道断崖。（图二七七）

河南省文物考古研究所在此遗址长期发掘，据发掘成果得知，遗址存在东、西、南三面夯土城墙，应为一处城址。经试掘，出土遗物有"新砦期"常见的深腹罐、折壁器盖、厚胎碗、豆等。2009 年溱洧流域聚落调查时复查。

---

① 详见开封地区文物管理委员会等：《河南新郑裴李岗新石器时代遗址》，《考古》1978 年第 2 期；《裴李岗遗址一九七八年发掘简报》，《考古》1979 年第 3 期。郑州历史文化丛书编纂委员会：《郑州市文物志》，河南人民出版社，1999 年。

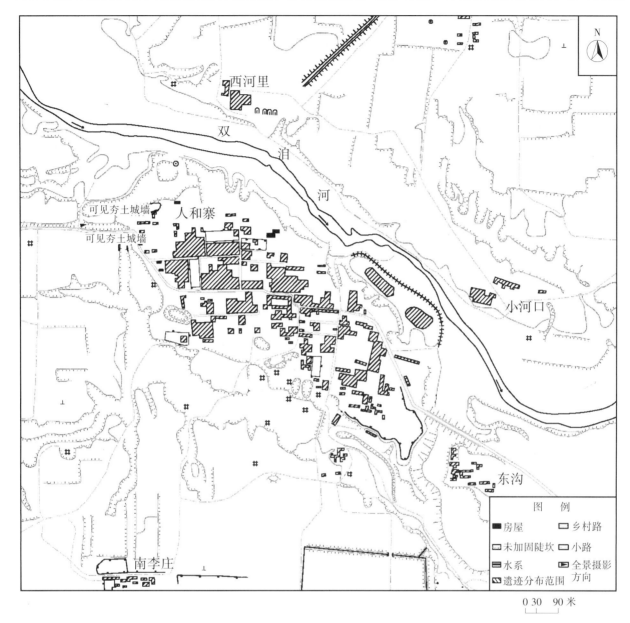

图二七七　人和寨遗址位置及探孔分布图

依据对采集标本的观察，大部分陶器标本的时代为龙山文化晚期和"新砦期"，另外采集有时代为二里头文化的部分残片。据以往调查，遗址西部主要是龙山文化遗存，"新砦期"、二里头文化和二里岗文化主要分布在遗址的中东部①。

（二）地层堆积与文化遗存

**1. 地层堆积**

人和寨遗址表面已被村庄完全覆盖，我们绕人和寨村勘探一周，除村西北地表及村西沟壁东、西两侧可见夯土城墙外，地下勘探未发现相关遗迹，估计与村庄建设的覆盖和破坏有关。

---

① 新郑市文物管理局：《新郑市文物志》，中国文史出版社，2005年，第47页。

## 2. 文化遗存

（1）遗迹

河南省文物考古研究所在此遗址试掘，发现有"新砦期"城墙，北面以洧水河为天然屏障。因遗址表面已全被村庄所覆盖，本次调查复查时，在人和寨村西北地表以及村西沟壁东、西两侧可见人和寨"新砦期"城墙，村西北地表残留高度约4米，村西沟壁东、西两侧可见厚度约6米。（彩版八八，2）

（2）遗物

人和寨遗址共采集陶器标本19件。可辨器形的标本共计5件，种类有罐、碗、瓮、器盖等。根据采集标本的形制特征及纹饰特征（图二七八），时代为龙山文化晚期和"新砦期"。另外采集有部分时代为二里头文化的罐、瓮残片，未作为标本描述。

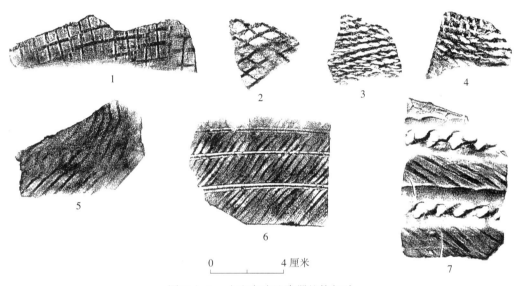

0　　　　4厘米

图二七八　人和寨遗址陶器纹饰拓片

1）龙山文化标本

罐　标本WRHZ：1，泥质灰陶。侈口，圆唇，唇外侧加厚，内折棱明显，沿面略鼓，鼓腹。唇上有一周凹槽，腹饰方格纹。沿面内外可见轮制痕迹，器壁内侧可见制作痕迹，轮制。口径23.6、残高4.8、壁厚0.8厘米。（图二七九，1）

碗　标本WRHZ：8，碗底。夹砂褐陶。斜壁内收，平底，假圈足。内壁饰弦纹数周，内壁与底有明显轮制痕迹。素面，轮制。底径6.8、残高6、壁厚0.6～0.8厘米。（图二七九，2）

瓮　标本WRHZ：9，泥质灰陶。圆唇，外撇，高领。轮制。残高4.6、壁厚0.6厘米。（图二七九，3）

桥形耳　标本WRHZ：2，泥质黑皮陶。手制。高8.8厘米。（图二七九，4）

2）"新砦期"标本

器盖　标本WRHZ：14，泥质黑陶。弧顶，底边外撇。器表磨光，轮制。口径32、残高5.4、壁厚1～1.4厘米。（图二七九，5）

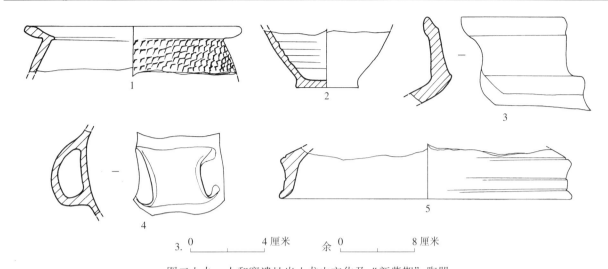

3.　0 _____ 4厘米　余　0 _____ 8厘米

图二七九　人和寨遗址出土龙山文化及"新砦期"陶器

1. 罐（WRHZ∶1）　2. 碗底（WRHZ∶8）　3. 瓮（WRHZ∶9）　4. 桥形耳（WRHZ∶2）　5. 器盖（WRHZ∶14）
（5 为"新砦期"标本，余为龙山文化标本）

### 六三、人和寨西南场遗址

人和寨西南场遗址位于河南省新郑市辛店乡人和寨村西南场，处于洧水南岸地带，编号为 63 号。本次未调查该遗址。依据以往调查结果，遗址估计面积值为约 1 万平方米。出土石器有铲、斧，陶器有鼎、盆、瓮、壶、豆等，纹饰有绳纹、线纹和方格纹，遗址的时代为仰韶文化及龙山文化时期①。

在遗址西北有一段夯土遗存，东西残长 90 米，南北残宽 10 米，夯层厚 4～7 厘米，为龙山文化晚期城址。

### 六四、南李庄遗址

南李庄遗址位于河南省新郑市辛店乡南李庄村东，处于洧水南岸地带，编号为 64 号。本次未调查该遗址。依据以往调查结果，遗址估计面积值为约 1 万平方米。地表采集有石铲、斧、凿等，陶器有彩陶片，还见有草拌泥烧土块等，遗址的时代为仰韶文化时期②。

### 六五、小李庄遗址

（一）地理位置与概况

小李庄遗址位于河南省新郑市城关镇小李庄村东约 130 米处，北面为洧水主流南岸地带，地势高亢。遗址地理坐标为北纬 34°25.184′、东经 113°40.020′，海拔高度 126 米。编号为 65 号。（彩版八九，1）

小李庄遗址所在台地地势为西南高东北低，后经平整形成一级级的梯田。遗址主要分布在小李庄村东，依据遗址灰坑所在台地范围可知：北至遗址北面洧水南岸河沿断崖，东、西、南三面均以遗址所在台地勘探出的文化层为界。小李庄遗址平面呈不规则形，东西长约 82 米，南北长约

---

① 国家文物局：《中国文物地图集·河南分册》，中国地图出版社，1991 年，第 16 页。
② 国家文物局：《中国文物地图集·河南分册》，中国地图出版社，1991 年，第 15 页。

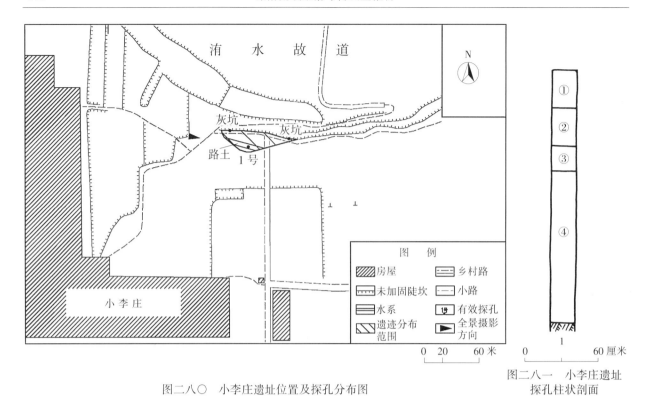

图二八○　小李庄遗址位置及探孔分布图

图二八一　小李庄遗址探孔柱状剖面

20 米，遗址面积据发现的两处灰坑距离估计，约 0.11 万平方米。遗址所在台地面与其北侧现河道的高差约为 20 米，遗址地下遗迹范围紧邻其北侧河道断崖。（图二八○）

此遗址以往未见著录或公布，2009 年溱洧流域聚落调查时发现。

依据对采集标本的观察，大部分陶器标本的时代为龙山文化晚期。

（二）地层堆积与文化遗存

**1. 地层堆积**

在遗址上布探孔 1 个（图二八一），其地层堆积情况如下：

1 号孔：位于遗址所在台地北端。

①层：厚 0.3 米。土色黄，土质疏松。耕土层。

②层：深 0.3 米，厚 0.3 米。扰土层。

③层：深 0.6 米，厚 0.2 米。土色黄褐，土质较硬。含有小石粒、少量红烧土。路土，宽 5 米。

④层：深 0.8 米，厚 1.2 米。为褐色次生土层。

依据勘探钻孔地层堆积情况，未发现文化层。本计划在原先发现的两处灰坑所在位置上端作一探孔，位于较低处的一处灰坑已经因采集标本清理殆尽，较高的一处灰坑因崖面较高陡，未能得到结果，仅在遗址近北侧灰坑的崖边发现时代不明的宽约 5 米的西北—东南向小路一条，长度不明。据未发现文化层的情况和小李庄遗址处于洧水转弯处外侧的情况推测，遗址可能已被洧水水流完全破坏，但也不排除土地平整带来的破坏作用。

**2. 文化遗存**

（1）遗迹

小李庄遗址经长期雨水冲刷，部分灰坑暴露于崖面。站在遗址北侧洧水南岸河沿断崖下通向洧水河滩的东西向坡道顶端向下 10 米处，可见遗址北侧洧水南岸河沿断崖上存有一处灰坑（彩版八九，2）。灰坑开口长约 2 米，深约 0.5 米，距地表深约 0.4 米；填土为灰黑色土，土质较软，结构疏松，不分层，含有红烧土颗粒、炭粒及陶片。再向坡道下行约 30 米，于河沿断崖上亦可见数处灰坑，因地势较高，无法采集到标本。灰坑内以龙山文化标本为主。

（2）遗物

小李庄遗址共采集陶器标本 43 件，其陶质以泥质陶（67.5%）为主，另有夹砂陶（32.5%）；陶色以灰陶（90.7%）为主，另有褐陶（9.3%）；纹饰以素面（44.2%）、篮纹（44.2%）为主，另有绳纹（4.6%）、方格纹（7%）。（表三二）

表三二　　　　　　　　　　　　小李庄遗址陶器陶质陶色纹饰统计表

| 纹饰＼陶系 | 泥质 | | | | | 夹砂 | | | | | 合计 | 百分比（%） |
|---|---|---|---|---|---|---|---|---|---|---|---|---|
| | 灰 | 红 | 褐 | 黑 | 黑皮 | 灰 | 红 | 褐 | 黑 | 黑皮 | | |
| 素面 | 14 | 1 | | | | 4 | | | | | 19 | 44.3 |
| 绳纹 | | | | | | 2 | | | | | 2 | 4.6 |
| 方格纹 | | | | | | 2 | | 1 | | | 3 | 7.0 |
| 篮纹 | 12 | 2 | | | | 5 | | | | | 19 | 44.2 |
| 合计 | 26 | 3 | | | | 13 | | 1 | | | 43 | |
| 百分比（%） | 60.5 | | 7 | | | 30.2 | | 2.3 | | | | 100 |

可辨器形的标本共计 5 件，种类有罐、盆、碗、瓮等。根据采集标本的形制特征及纹饰特征，时代应为龙山文化晚期。

罐　共 2 件。

标本 WXLZ：2，夹砂灰陶。方唇，折沿，内折棱凸出，鼓腹。唇部有一周凹槽，腹饰竖绳纹。轮制。口径 19.4、高 4.2、厚 0.4~0.6 厘米。（图二八二，1）

标本 WXLZ：1，泥质灰陶。圆唇，唇外侧加厚，折沿，沿面微凹，内折棱明显，鼓腹。腹饰两周凹弦纹。轮制。口径 26.6、高 4.8、厚 0.4~0.6 厘米。（图二八二，2）

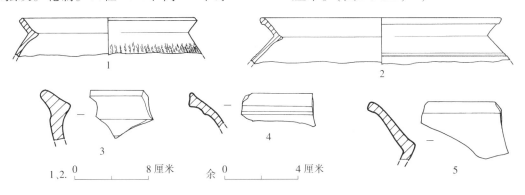

图二八二　小李庄遗址出土龙山文化晚期陶器
1、2. 罐（WXLZ：2、1）　3. 盆（WXLZ：44）　4、5. 瓮（WXLZ：22、14）

盆　标本 WXLZ：44，泥质褐陶。折沿，圆唇，直口微敛。器壁内部磨光。残高 2.5、厚 0.6 厘米。（图二八二，3）

碗　标本 WXLZ：22，泥质黑皮陶。敞口，圆唇，唇内侧加厚，有一周凹槽，斜壁内收。轮制。残高 1.8、厚 0.4～0.6 厘米。（图二八二，4）

瓮　标本 WXLZ：14，泥质灰陶。圆唇外撇，折沿，沿面微凹，内折棱明显。轮制。残高 3.1、厚 0.4～0.6 厘米。（图二八二，5）

## 六六、铁岭西遗址

（一）地理位置与概况

铁岭西遗址位于河南省新郑市新村镇铁岭西，南面为洧水河主流，处于西面洧水河、北面无名支流水二流交汇地域。遗址地理坐标为北纬 34°26.040′、东经 113°41.249′，海拔高度 115 米。编号为 66 号。（彩版九〇，1）

铁岭西遗址所在台地地势平缓。遗址主要分布在铁岭村西，依据遗址文化层所在台地范围可知：遗址西面以遗址所在台地地头断崖为界，东、北、南三面均以勘探出的文化层为界。铁岭西遗址平面基本呈顺河的南北向长条形，较为规整，遗址东西宽约 60 米，南北长约 143 米，面积约 0.77 万平方米。遗址所在台地面与其西侧现河道的高差约为 16 米，遗址地下遗迹范围距其西侧河道断崖约 28 米。（图二八三）

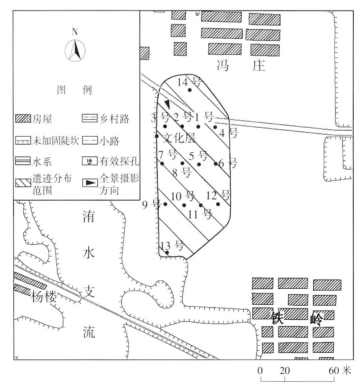

图二八三　铁岭西遗址位置及探孔分布图

该遗址以往未见著录或公布，2009 年溱洧流域聚落调查时发现。

依据对采集标本的观察，大部分陶器标本的时代为殷墟文化。

（二）地层堆积与文化遗存

## 1. 地层堆积

在遗址上布探孔 14 个（图二八四），其地层堆积情况如下：

1 号孔：位于遗址所在台地中部偏北。

①层：厚 0.3 米。土色黄，土质较软。耕土层。

②层：深 0.3 米，厚 0.8 米。土色黄，结构疏松。扰土层。

③层：深 1.1 米，厚 0.9 米。土色黄褐，土质较硬，结构紧密。含有褐色土块、红烧土颗粒、炭粒。文化层。

深 2 米以下为黄白色生土层。

2 号孔：位于遗址所在台地中部偏北。

①层：厚 0.3 米。土色黄，土质较软。耕土层。

②层：深 0.3 米，厚 0.7 米。土色黄，结构疏松。扰土层。

③层：深 1 米，厚 1 米。土色黄，结构疏松。含有红烧土颗粒、炭粒，出有陶片 1 片。文化层。

深 2 米以下为黄白色生土层。

3 号孔：位于遗址所在台地中部偏北。

①层：厚 0.3 米。土色黄，土质较软。耕土层。

②层：深 0.3 米，厚 0.5 米。土色黄，结构疏松。扰土层。

③层：深 0.8 米，厚 1 米。土色黄，土质较软，结构疏松。含有红烧土颗粒、炭粒。文化层。

深 1.8 米以下为黄白色生土层。

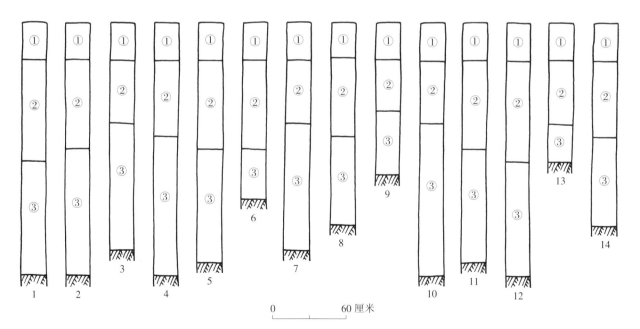

0　　　　60 厘米

图二八四　铁岭西遗址探孔柱状剖面图

4号孔：位于遗址所在台地中部偏北。

①层：厚0.3米。土色黄，土质较软。耕土层。

②层：深0.3米，厚0.6米。土色黄，结构疏松。扰土层。

③层：深0.9米，厚1.1米。土色黄，土质较软，结构疏松。含有红烧土颗粒、炭粒。文化层。

深2米以下为黄白色生土层。

5号孔：位于遗址所在台地中部。

①层：厚0.3米。土色黄，土质较软。耕土层。

②层：深0.3米，厚0.7米。土色黄，结构疏松。扰土层。

③层：深1米，厚0.9米。土色黄褐，土质较硬，结构紧密。含有少量红烧土颗粒、炭粒、黄色夹褐色颗粒，带水锈。文化层。

深1.9米以下为黄白色生土层。

6号孔：位于遗址所在台地中部偏东。

①层：厚0.3米。土色黄，土质较软。耕土层。

②层：深0.3米，厚0.7米。土色黄，结构疏松。扰土层。

③层：深1米，厚0.4米。土色黄，结构疏松。含有红烧土颗粒、炭粒。文化层。

深1.4米以下为黄白色生土层。

7号孔：位于遗址所在台地中部偏西。

①层：厚0.3米。土色黄，土质较软。耕土层。

②层：深0.3米，厚0.5米。土色黄，结构疏松。扰土层。

③层：深0.8米，厚1米。土色灰黑，土质较软，结构疏松。含有大量红烧土颗粒、炭粒，出有陶片2片。文化层。

深1.8米以下为黄白色生土层。

8号孔：位于遗址所在台地中部。

①层：厚0.3米。土色黄，土质较软。耕土层。

②层：深0.3米，厚0.6米。土色黄，结构疏松。扰土层。

③层：深0.9米，厚0.7米。土色黄，土质较软，结构疏松。含有红烧土颗粒、炭粒。文化层。

深1.6米以下为黄白色生土层。

9号孔：位于遗址所在台地中部偏西南。

①层：厚0.3米。土色黄，土质较软。耕土层。

②层：深0.3米，厚0.4米。土色黄，结构疏松。扰土层。

③层：深0.7米，厚0.5米。土色黄，土质较软，结构疏松。含有红烧土颗粒、炭粒。文化层。

深1.2米以下为黄白色生土层。

10号孔：位于遗址所在台地中部偏南。

①层：厚 0.3 米。土色黄，土质较软。耕土层。

②层：深 0.3 米，厚 0.5 米。土色黄，结构疏松。扰土层。

③层：深 0.8 米，厚 1.2 米。土色黄，土质较软，结构疏松。含有红烧土颗粒、炭粒。文化层。

深 2 米以下为黄白色生土层。

11 号孔：位于遗址所在台地中部偏南。

①层：厚 0.3 米。土色黄，土质较软。耕土层。

②层：深 0.3 米，厚 0.7 米。土色黄，结构疏松。扰土层。

③层：深 1 米，厚 0.9 米。土色黄，土质一般，结构疏松。含有红烧土颗粒、炭粒。文化层。

深 1.9 米以下为黄白色生土层。

12 号孔：位于遗址所在台地中部偏南。

①层：厚 0.3 米。土色黄，土质较软。耕土层。

②层：深 0.3 米，厚 0.8 米。土色黄，结构疏松。扰土层。

③层：深 1.1 米，厚 0.9 米。土色黄，结构疏松。含有红烧土颗粒、炭粒。文化层。

深 2 米以下为黄白色生土层。

13 号孔：位于遗址所在台地南端。

①层：厚 0.3 米。土色黄，土质较软。耕土层。

②层：深 0.3 米，厚 0.5 米。土色黄，结构疏松。扰土层。

③层：深 0.8 米，厚 0.3 米。土色黄，土质较软，结构疏松。含有红烧土颗粒、炭粒。文化层。

深 1.1 米以下为黄白色生土层。

14 号孔：位于遗址所在台地北端。

①层：厚 0.3 米。土色黄，土质较软。耕土层。

②层：深 0.3 米，厚 0.6 米。土色黄，结构疏松。扰土层。

③层：深 0.9 米，厚 0.7 米。土色黄，土质较软，结构疏松。含有红烧土颗粒、炭粒。文化层。

深 1.6 米以下为黄白色生土层。

依据勘探钻孔地层堆积情况，遗址文化层上覆盖有耕土及厚度 0.4 米到 0.8 米不等的扰土层；1 号至 5 号探孔、10 号至 12 号探孔以及 7 号、8 号探孔所在的遗址大部分区域文化层均较厚，厚度最多可达 1.2 米，大多平均在 1 米左右，文化层较为单一；14 号、6 号、9 号、13 号探孔所在的遗址北部、东部、西南部区域属于遗址的边缘区，文化层均较薄，文化层多在 0.3 米到 0.7 米之间，也为一层。

**2. 文化遗存**

（1）遗迹

铁岭西遗址经长期雨水冲刷，部分文化层暴露于遗址西面高约 3 米的地头崖面上。文化层距离遗址所在台地地表约 0.3 米，厚约 0.8 米，可见长度约 2 米；不分层，土色灰黑，土质较软，结

构疏松，含有红烧土颗粒、炭粒及陶片；文化层内以殷墟文化标本为主。（彩版九〇，2）

（2）遗物

铁岭西遗址共采集陶器标本30件，其陶质以夹砂陶（56.6%）为主，另有泥质陶（43.4%）；陶色以灰陶（76.6%）为主，另有褐陶（16.7%）、黑皮陶（3.3%）、红褐陶（3.3%）；纹饰以绳纹（50%）为主，另有素面（40%）、绳纹加附加堆纹（3.3%）、凹弦纹（3.3%）、篮纹加凹弦纹（3.3%）。（图二八五；表三三）

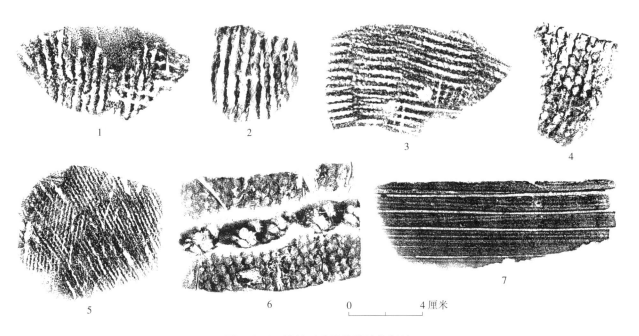

图二八五　铁岭西遗址陶器纹饰拓片

表三三　　　　　　　　　　　铁岭西遗址陶器陶质陶色纹饰统计表

| 陶系<br>纹饰 | 泥质 | | | | | 夹砂 | | | | | 合计 | 百分比<br>（%） |
|---|---|---|---|---|---|---|---|---|---|---|---|---|
| | 灰 | 红 | 褐 | 黑 | 黑皮 | 灰 | 红 | 褐 | 黑 | 红褐 | | |
| 素面 | 4 | | 1 | | | 5 | 2 | | | 1 | 13 | 43.3 |
| 绳纹 | 5 | | | | | 8 | | 1 | | | 14 | 46.7 |
| 绳纹附加堆纹 | | | 1 | | | | | | | | 1 | 3.3 |
| 凹弦纹 | | | | | 1 | | | | | | 1 | 3.3 |
| 篮纹凹弦纹 | 1 | | | | | | | | | | 1 | 3.3 |
| 合计 | 10 | | 2 | | 1 | 13 | | 3 | | 1 | 30 | |
| 百分比（%） | 33.3 | | 6.7 | | 3.3 | 43.3 | | 10 | | 3.3 | | 100 |

可辨器形的标本共计8件，种类有鼎、罐、鬲、盆、壶、瓮等。根据采集标本的形制特征及纹饰特征，应为殷墟文化。

鼎　标本 WTLX：24，夹砂灰陶。敛口，尖唇，子母口。轮制。残高 2.7、壁厚 1.1 厘米。（图二八六，1）

罐　标本 WTLX：2，夹砂灰陶。敞口，尖唇，折沿，沿面微凹，内折棱明显，鼓腹。腹部饰竖绳纹。轮制。残高 4.4、壁厚 0.6 厘米。（图二八六，2）

鬲　共 3 件。其中鬲足 2 件。

标本 WTLX：3，夹砂灰陶。方唇，斜折沿，沿面内凹，内折棱明显，鼓腹。器壁较厚。沿外下部有一周抹痕，腹部饰竖绳纹。轮制。口径 22.2、残高 9、壁厚 0.8 厘米。（图二八六，3）

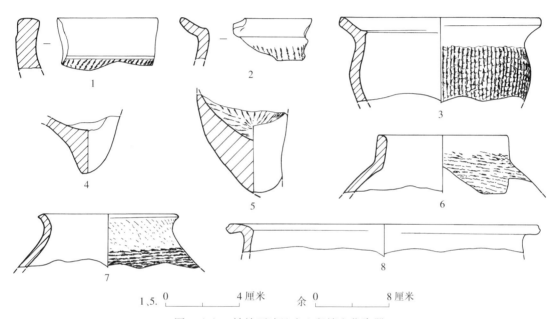

图二八六　铁岭西遗址出土殷墟文化陶器

1. 鼎（WTLX：24）　2. 罐（WTLX：2）　3. 鬲（WTLX：3）　4、5. 鬲足（WTLX：5、4）　6. 小口瓮（WTLX：16）
7. 壶（WTLX：1）　8. 盆（WTLX：18）

标本 WTLX：5，夹砂灰陶。锥状足。手制。残高 6 厘米。（图二八六，4）

标本 WTLX：4，夹砂红褐陶。锥状足，足尖残。足内有竖向制作刮划痕迹。手制。残高 5.2 厘米。（图二八六，5）

小口瓮　标本 WTLX：16，泥质灰陶。圆唇，矮领，斜肩。肩部饰右斜绳纹。轮制。口径 14.2、残高 6、壁厚 0.8 厘米。（图二八六，6）

壶　标本 WTLX：1，泥质灰陶。平唇，高领，束颈。肩部饰横绳纹。领外隐约可见轮制痕迹，轮制。口径 14.4、残高 5.6、壁厚 0.6 厘米。（图二八六，7）

盆　标本 WTLX：18，泥质灰陶。此标本甚残。卷沿，圆唇。轮制。口径 34.4、残高 3、壁厚 0.8 厘米。（图二八六，8）

## 六七、铁岭遗址

铁岭遗址位于河南省新郑市新村镇铁岭西，处于西、南两面河流交汇地域。编号为 67 号。本次溱洧流域聚落调查时未调查该遗址。

此遗址经过郑州市文物考古研究院的发掘，主要以战国时期墓葬为主①，下部叠压有分布面积较小的龙山文化晚期遗存。依据发掘者的估计，遗址龙山文化晚期遗存面积约 0.15 万平方米。

### 六八、杨楼遗址

（一）地理位置与概况

杨楼遗址位于河南省新郑市新村镇杨楼村西南，杨处于西南面洧水河主流、东面洧水河、北面无名支流水三流交汇地带。遗址地理坐标为北纬 34°25.771′、东经 113°41.095′，海拔高度 120 米。编号为 68 号。（彩版九一，1）

杨楼遗址所在台地地势平缓。遗址主要分布在杨楼村西南，依据遗址文化层所在台地范围可知：东、南至遗址所在台地地头断崖，北面以杨楼村南界为限，西面以勘探出的文化层为界。杨楼遗址平面基本呈不规则形，东西长约 86 米，南北长约 77 米，遗址面积 0.5 万平方米。遗址所在台地面与其西侧现河道的高差约为 19 米，遗址地下遗迹范围距其西侧河道断崖约 56 米。（图二八七）

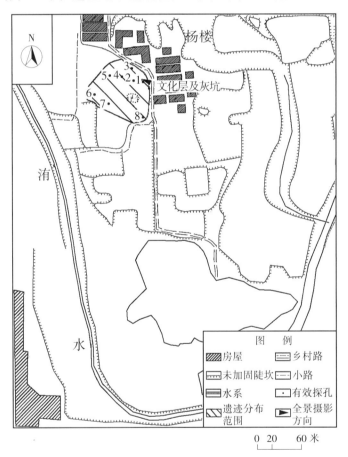

图二八七　杨楼遗址位置及探孔分布图

---

① 郑州市文物考古研究院、河南省文物管理局南水北调办公室：《南水北调新郑铁岭墓地发掘简报》，《文物春秋》2008 年第 5 期；《新郑铁岭墓地 M550 发掘简报》，《中原文物》2010 年第 10 期；《新郑铁岭墓地 M429 发掘简报》，《中原文物》2010 年第 1 期；《新郑铁岭墓地 M1404、M1405 发掘简报》，《中原文物》2012 年第 2 期；《新郑铁岭墓地 M709、M722 发掘简报》，《文物春秋》2012 年第 1 期；《新郑铁岭墓地 M1414 发掘简报》，《东方博物》2013 年第 4 期；《新郑铁岭墓地 M308 发掘简报》，《中原文物》2014 年第 2 期。

该遗址以往未见著录或公布，2009 年溱洧流域聚落调查时发现。

依据对采集标本的观察，大部分陶器标本的时代为仰韶文化晚期及龙山文化早期。

（二）地层堆积与文化遗存

### 1. 地层堆积

在遗址上布探孔 8 个（图二八八），其地层堆积情况如下：

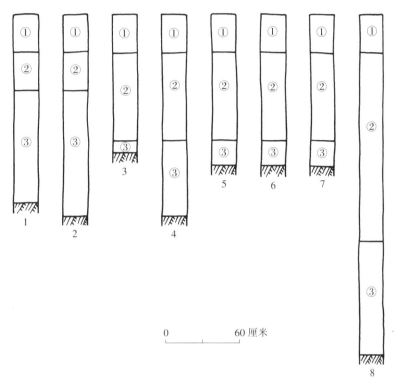

图二八八　杨楼遗址探孔柱状剖面图

1 号孔：位于遗址所在台地东北部。

①层：厚 0.3 米。土色黄，土质较软。耕土层。

②层：深 0.3 米，厚 0.3 米。土色黄，结构疏松。含有红烧土颗粒、炭粒。扰土层。

③层：深 0.6 米，厚 0.9 米。含有红烧土颗粒和少量炭粒。文化层。

深 1.5 米以下为黄白色生土层。

2 号孔：位于遗址所在台地北部。

①层：厚 0.3 米。土色黄，土质较软。耕土层。

②层：深 0.3 米，厚 0.3 米。土色黄，结构疏松。含有红烧土颗粒、炭粒。扰土层。

③层：深 0.6 米，厚 1 米。含有红烧土颗粒、少量炭粒、陶片颗粒。文化层。

深 1.6 米以下为黄白色生土层。

3 号孔：位于遗址所在台地北端。

①层：厚 0.3 米。土色黄，土质较软。耕土层。

②层：深 0.3 米，厚 0.7 米。土色黄，结构疏松。含砂。扰土层。

③层：深 1 米，厚 0.1 米。土色灰褐，土质较软，结构紧密。含有红烧土颗粒。文化层。

深 1.1 米以下为黄白色生土层。

4 号孔：位于遗址所在台地北部。

①层：厚 0.3 米。土色黄，土质较软。耕土层。

②层：深 0.3 米，厚 0.7 米。土色黄，结构疏松。扰土层。

③层：深 1 米，厚 0.6 米。土色灰褐，结构一般。文化层。

深 1.6 米以下为黄白色生土层。

5 号孔：位于遗址所在台地北部。

①层：厚 0.3 米。土色黄，土质较软。耕土层。

②层：深 0.3 米，厚 0.7 米。土色黄，结构疏松。扰土层。

③层：深 1 米，厚 0.5 米。结构一般。出有陶片 1 片。文化层。

深 1.5 米以下为黄白色生土层。

6 号孔：位于遗址所在台地西部。

①层：厚 0.3 米。土色黄，土质较软。耕土层。

②层：深 0.3 米，厚 0.7 米。土色黄，结构疏松。扰土层。

③层：深 1 米，厚 0.2 米。土色灰褐，土质较软，结构一般。含有红烧土颗粒、炭粒，含砂。文化层。

深 1.2 米以下为黄白色生土层。

7 号孔：位于遗址所在台地西南部。

①层：厚 0.3 米。土色黄，土质较软。耕土层。

②层：深 0.3 米，厚 0.7 米。土色黄，结构疏松。扰土层。

③层：深 1 米，厚 0.2 米。结构一般。含有红陶大颗粒。文化层。

深 1.2 米以下为黄白色生土层。

8 号孔：位于遗址所在台地东南部。

①层：厚 0.3 米。土色黄，土质较软。耕土层。

②层：深 0.3 米，厚 1.5 米。土色黄，结构疏松。扰土层。

③层：深 1.8 米，厚 0.9 米。土色灰黑，土质较软，结构紧密。含有红烧土颗粒、炭粒。灰坑土。

深 2.7 米以下为黄白色生土层。

依据勘探钻孔地层堆积情况，遗址文化层上覆盖有耕土及厚度 0.3 米到 1.5 米不等的扰土层；遗址北部的 1 号、2 号、4 号、5 号探孔的勘探结果显示，遗址北部文化层由东向西逐渐变薄，最厚处可达 1 米，文化层均为一层；6 号、7 号探孔所在的遗址西南部区域文化层最薄，厚度为 0.2 米，文化层均为一层；8 号探孔所在的遗址东南部文化层也较厚。总体来讲，杨楼遗址文化层分布东部较西部更为丰富，到 6 号、7 号探孔西南面的略低台地，文化层已不存。

## 2. 文化遗存

（1）遗迹

杨楼遗址经长期雨水冲刷，部分文化层暴露于遗址东面高约 3 米的地头崖面上。该遗址文化层距遗址所在台地约 1 米，文化层厚约 1.2 米，为灰土层与黄褐土层相间分布，土质一般，结构一般，含有炭粒和陶片。下部为一灰坑，灰坑长约 0.6 米，深约 0.4 米；土质较软，结构疏松，含有红烧土颗粒、炭粒及陶片，遗迹内以仰韶文化和龙山文化标本为主。灰坑下压黄色生土。（彩版九一，2）

（2）遗物

杨楼遗址共采集陶器标本 40 件。可辨器形的标本共计 11 件，种类有鼎、罐、盆、钵、豆、瓮、缸等。根据采集标本的形制特征及纹饰特征（图二八九、二九〇；表三四），时代应为仰韶文化晚期及龙山文化早期。

1）仰韶文化标本

鼎足　标本 WYL：9，应为盆形鼎足。夹砂灰陶。凿形，外侧有 3 个按窝。手制。残高 9 厘米。（图二九一，1）

罐　共 3 件。

标本 WYL：11，夹砂灰陶。侈口，圆唇，折沿，内折棱明显，鼓腹。沿面上端近唇部有一周凹弦纹，腹饰竖绳纹。器壁内及沿面隐约可见轮制痕迹。轮制。口径 24.2、残高 4.2、壁厚 1 厘米。（图二九一，2）

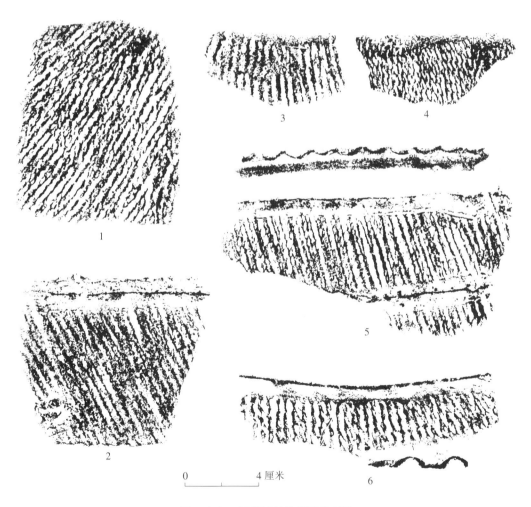

图二八九　杨楼遗址陶器纹饰拓片

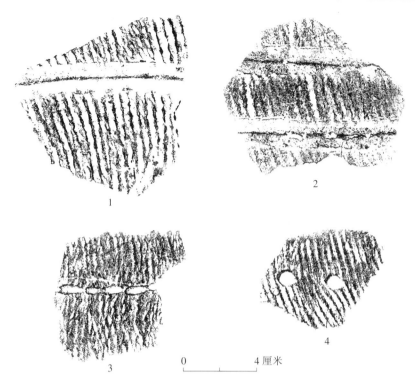

图二九○　杨楼遗址陶器纹饰拓片

**表三四**　　　　　　　　　　　杨楼遗址陶器陶质陶色纹饰统计表

| 陶系<br>纹饰 | 泥质 | | | | | 夹砂 | | | | | 合计 | 百分比<br>（％） |
|---|---|---|---|---|---|---|---|---|---|---|---|---|
| | 灰 | 红 | 褐 | 黑 | 黑皮 | 灰 | 红 | 褐 | 黑 | 黑皮 | | |
| 素面 | 6 | 1 | 1 | | | 3 | | | | | 11 | 27.5 |
| 绳纹 | | | | | | 17 | | | | | 17 | 42.5 |
| 绳纹附加堆纹 | | | | | | 11 | | | | | 11 | 27.5 |
| 黑彩网格纹 | | 1 | | | | | | | | | 1 | 2.5 |
| 合计 | 6 | 2 | 1 | | | 31 | | | | | 40 | |
| 百分比（％） | 15 | 5 | 2.5 | | | 77.5 | | | | | | 100 |

标本 WYL：7，夹砂灰陶。侈口，平唇，折沿，内折棱明显，鼓腹。沿面上端近唇部饰凸棱一周，腹饰按窝纹一周，另饰竖行绳纹。器壁内可见轮制痕迹。轮制。口径 16.4、残高 8.2、壁厚 0.6 厘米。（图二九一，3）

标本 WYL：10，夹砂灰陶。侈口，圆唇，折沿，折棱明显，鼓腹。沿面上端近唇部饰一周凹槽，腹饰竖绳纹。器壁内隐约可见轮制痕迹。轮制。口径 25.2、残高 6.2、壁厚 1～1.2 厘米。（图二九一，4）

盆　标本 WYL：2，泥质灰陶。圆唇，斜折沿，折棱明显，弧腹内收。轮制。口径 22.2、残高 4.6、壁厚 0.5 厘米。（图二九一，5）

豆　标本 WYL：1，夹砂灰陶。敛口，尖唇，斜腹内收，下有喇叭状圈足。轮制。口径 20.6、高 10.6、壁厚 0.5～0.9 厘米。（彩版九一，3；图二九一，6）

缸　共 2 件。

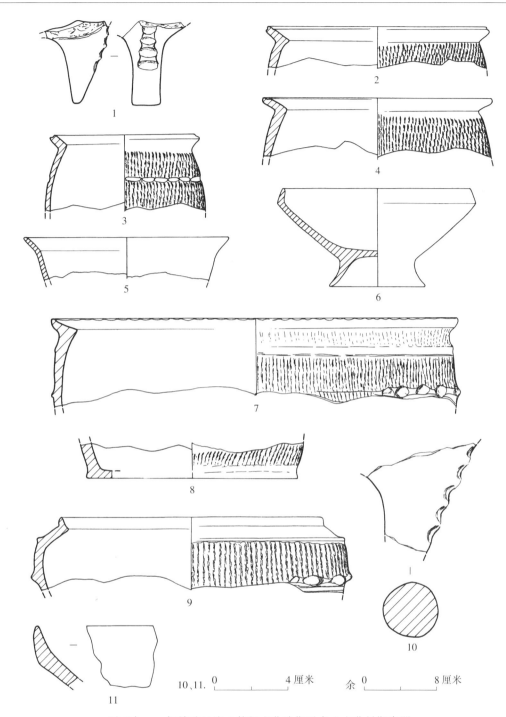

图二九一　杨楼遗址出土仰韶文化晚期及龙山文化早期陶器

1. 鼎足（WYL：9）　2~4. 罐（WYL：11、7、10）　5. 盆（WYL：2）　6. 豆（WYL：1）　7. 缸（WYL：3）8. 缸底（WYL：18）　9. 鼎（WYL：8）　10. 鼎足（WYL：13）　11. 钵（WYL：12）（9~11 为龙山文化标本，余为仰韶文化标本）

标本 WYL：3，夹砂灰陶。平折沿，内折棱明显，直腹，一个鸡冠耳。唇上饰一周压印花边，腹饰右斜绳纹和两周凸棱。轮制。口径44.4、残高9、壁厚0.8~1.1厘米。（图二九一，7）

标本 WYL：18，缸底。夹砂灰陶。斜腹，平底。腹饰左斜绳纹。器壁内较粗糙，隐约可见轮制痕迹。底径23、残高3.6、壁厚0.8~1厘米。（图二九一，8）

2）龙山文化标本

鼎　标本 WYL：8，夹砂灰陶。矮圆唇，折肩，肩下 3 厘米处有一对鸡冠耳。肩上有轮制痕迹，肩部有一周凸棱。腹饰绳纹。轮制。口径 28.4、残高 7.8、壁厚 0.8～1 厘米。（图二九一，9）

鼎足　标本 WYL：13，夹砂褐陶。扁鼎足，足尖残。外侧饰捏窝。手制。残高 5.8 厘米。（图一九一，10）

钵　标本 WYL：12，泥质灰陶。尖唇，敛口，斜腹内收。器壁内近唇部及器壁外有轮制痕迹。素面，轮制。残高 3.2、壁厚 0.5 厘米。（图二九一，11）

## 六九、岭西遗址

岭西遗址位于河南省新郑市城关镇西北岭，处于洧水东岸地带，编号为 69 号。本次未调查该遗址。依据以往调查结果，遗址估计面积值约 1 万平方米，地表采集有石磨盘、铲等，遗址的时代为裴李岗文化时期①。

## 七〇、新和庄遗址

（一）地理位置与概况

新和庄遗址位于河南省新郑市新和庄村西，处于西面洧水河主流、北面冲沟水的二流交汇地带。遗址地理坐标为北纬 34°24.854′、东经 113°42.061′，海拔高度 130 米。编号为 70 号。（彩版九二，1）

新和庄遗址所在台地地势平缓。依据遗址文化层所在台地范围可知：遗址四周均以遗址所在台地地头断崖为界。新和庄遗址平面基本呈南北向长条形，东西长约 49 米，南北长约 78 米，遗址面积 0.36 万平方米。遗址所在台地面与其西侧现河道的高差约为 17 米，遗址地下遗迹范围距其西侧河道断崖约 150 米。（图二九二）

该遗址以往未见著录或公布，2009 年溱洧流域聚落调查时发现。

依据对采集标本的观察，大部分陶器标本的时代为龙山文化晚期。

（二）地层堆积与文化遗存

### 1. 地层堆积

在遗址上布探孔 6 个（图二九三），其地层堆积情况如下：

1 号孔：位于遗址所在台地南部。

①层：厚 0.3 米。土色黄，结构疏松。耕土层。

②层：深 0.3 米，厚 0.7 米。土色黄，土质较软。扰土层。

③层：深 1 米，厚 0.8 米。土色灰褐，土质较软，结构一般。含有少量炭粒，少见红烧土颗粒，见有陶片颗粒，含砂较大。文化层。

深 1.8 米以下为褐色生土层。

2 号孔：位于遗址所在台地南部。

①层：厚 0.3 米。土色黄，土质较软。耕土层。

---

① 国家文物局：《中国文物地图集·河南分册》，中国地图出版社，1991 年，第 15 页。

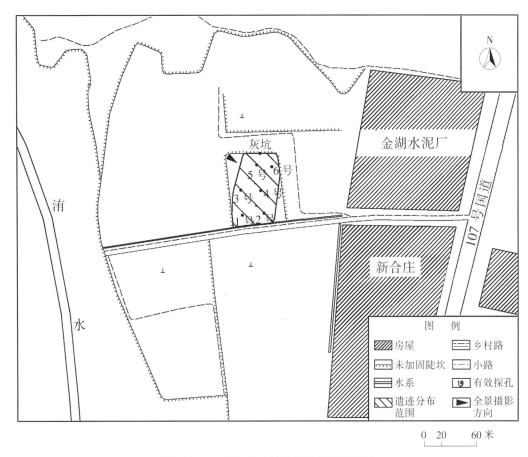

图二九二　新合庄遗址位置及探孔分布图

②层：深0.3米，厚1.2米。土色黄，结构疏松。扰土层。

③层：深1.5米，厚0.5米。土色灰褐，土质较软，结构一般。含炭粒，少见红烧土颗粒。文化层。

2米以下为黄白色生土层。

3号孔：位于遗址所在台地中部。

①层：厚0.3米。土色黄，土质较软。耕土层。

②层：深0.3米，厚0.7米。土色黄，结构疏松。扰土层。

③层：深1米，厚0.5米。土色黄褐，土质较软，结构一般。含砂，有红烧土块、炭粒。文化层。

深1.5米以下为褐色次生土层。

4号孔：位于遗址所在台地中部。

①层：厚0.3米。土色黄，土质较软。耕土层。

②层：深0.3米，厚0.8米。土色黄，结构疏

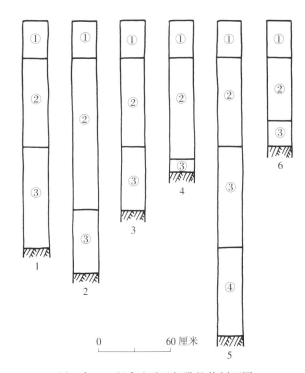

图二九三　新合庄遗址探孔柱状剖面图

松。扰土层。

③层：深 1.1 米，厚 0.1 米。土色黄褐，土质较软，结构一般。含砂，有褐色土块，出有陶片 1 片。文化层。

深 1.2 米以下为黄白色生土层。

5 号孔：位于遗址所在台地北部。

①层：厚 0.3 米。土色黄，土质较软。耕土层。

②层：深 0.3 米，厚 0.7 米。土色黄，结构疏松。扰土层。

③层：深 1 米，厚 0.8 米。土色灰黑，土质较软，结构一般。含有大量红烧土块、炭粒，出有陶片。文化层。

④层：深 1.8 米，厚 0.7 米。土色灰黑，土质较软，结构松散。含有红烧土块，炭粒较多。文化层。

深 2.5 米以下为黄白色生土层。

6 号孔：位于遗址所在台地东北部。

①层：厚 0.3 米。土色黄，土质较软。耕土层。

②层：深 0.3 米，厚 0.5 米。土色黄，结构疏松。扰土层。

③层：深 0.8 米，厚 0.2 米。土色黄褐，土色疏松，结构一般。含有少量红烧土颗粒、炭粒。文化层。

深 1 米以下为黄白色生土层。

依据勘探钻孔地层堆积情况，遗址文化层上覆盖有耕土及厚度 0.5 米到 1.2 米不等的扰土层；5 号探孔所在的遗址北部区域文化层最丰富，厚度达到 1.5 米，依据土质土色可分为二层文化层；其余探孔所在区域文化层较薄，厚度均不超过 0.8 米，文化层多为一层，个别探孔所在区域存有单独灰坑遗迹。遗址文化层所在台地可能受到取土或平整土地的破坏，残存台地面积较小，东、西、北三面地表均低于遗址所在台地，南侧紧靠一东西向水渠，水渠南侧台地地表也低于遗址所在台地。遗址所在台地四面均经过勘探，未发现文化层或单独遗迹现象的存在。

**2. 文化遗存**

（1）遗迹

新和庄遗址经长期雨水冲刷，部分文化层暴露于遗址北部地头断崖崖面。文化层距遗址所在台地地表深约 0.7 米，厚约 0.5 米，可见长度约 5 米；土色黑灰，土质较软，结构疏松，含红烧土颗粒、炭粒及陶片；文化层内以龙山文化标本为主。可见一灰坑。（彩版九二，2）

（2）遗物

新和庄遗址共采集陶器标本 68 件，其陶质以夹砂陶（57.3%）为主，另有泥质陶（42.7%）；陶色以灰陶（86.8%）为主，另有黑皮陶（10.3%）、褐陶（2.9%）；纹饰以绳纹（45.6%）为主，另有素面（32.4%）、篮纹（14.7%）、方格纹（2.9%）、绳纹加凹弦纹（2.9%）、凸弦纹（1.5%）。（图二九四；表三五）

图二九四　新和庄遗址陶器纹饰拓片

| 陶系<br>纹饰 | 泥质 | | | | | 夹砂 | | | | | 合计 | 百分比<br>（%） |
|---|---|---|---|---|---|---|---|---|---|---|---|---|
| | 灰 | 红 | 褐 | 黑 | 黑皮 | 灰 | 红 | 褐 | 黑 | 红褐 | | |
| 素面 | 7 | | | | 7 | 8 | | | | | 22 | 32.4 |
| 绳纹 | 3 | | | | | 26 | | 2 | | | 31 | 45.6 |
| 方格纹 | | | | | | 2 | | | | | 2 | 2.9 |
| 篮纹 | 9 | | | | | 1 | | | | | 10 | 14.7 |
| 绳纹＋凹弦纹 | 2 | | | | | | | | | | 2 | 2.9 |
| 凸弦纹 | 1 | | | | | | | | | | 1 | 1.5 |
| 合计 | 22 | | | | 7 | 37 | | 2 | | | 68 | |
| 百分比（%） | 32.4 | | | | 10.3 | 54.4 | | 2.9 | | | | 100 |

表三五　　　　　　　　　　　　　　新和庄遗址陶器陶质陶色纹饰统计表

可辨器形的标本共计 8 件，种类有鼎、罐、盆、碗、豆、陶环等，另外采集有缸、器盖残片，未作为标本描述。根据采集标本的形制特征及纹饰特征，时代应为龙山文化晚期。

鼎足　标本 WXHZ：30，夹砂褐陶。锥状足，平尖。素面，手制。残长 4.2 厘米。（图二九五，1）

罐　共 3 件。其中夹砂罐 2 件、泥质罐底 1 件。

标本 WXHZ：60，夹砂灰陶。侈口，方唇，折沿，沿面微凹，内折棱明显，鼓腹。唇面有一周凹槽，沿面内外隐约可见轮制痕迹。素面，轮制。残高 3.3、壁厚 0.4 厘米。（图二九五，2）

标本 WXHZ：1，夹砂灰陶。侈口，方唇，折沿，内折棱凸出，鼓腹。唇上有一周凹槽，腹饰竖绳纹。沿面内外可见轮制痕迹。器壁制作较粗糙。轮制。口径 24.2、残高 9.6、壁厚 0.3～0.5 厘米。（图二九五，3）

标本 WXHZ：14，罐底。泥质黑皮褐胎。斜壁内收，平底微凹。器壁内有数周凸棱。素面，轮制。底径 8、残高 3.1、厚 0.5～0.7 厘米。（图二九五，4）

刻槽盆　标本 WXHZ：6，泥质褐陶。敞口，沿较厚，斜壁。外壁饰两周凹弦纹，内壁饰有波浪状和竖向刻槽。轮制。口径32.4、残高6、壁厚0.6厘米。（图二九五，5）

碗底　标本 WXHZ：57，泥质灰陶。斜腹内收，小平底，假圈足。底上有轮制痕迹。轮制。底径6、残高4.5、壁厚0.4～0.7厘米。（图二九五，6）

豆圈足　标本 WXHZ：15，泥质黑皮陶。喇叭状，圆唇。唇内外侧各饰一周凹弦纹。轮制。残高4、壁厚0.4厘米。（图二九五，7）

环　标本 WXHZ：49，泥质灰陶。圆形，横截面为三棱形。内壁有一周凹槽。素面，轮制。（图二九五，8）

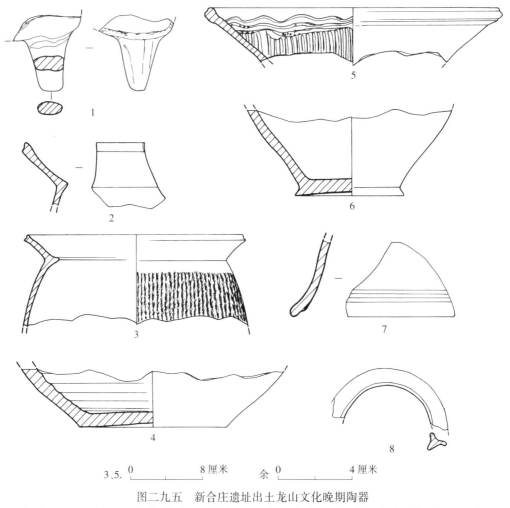

图二九五　新合庄遗址出土龙山文化晚期陶器
1. 鼎足（WXHZ：30）　2、3. 罐（WXHZ：60、1）　4. 罐底（WXHZ：14）　5. 刻槽盆（WXHZ：6）
6. 碗底（WXHZ：57）　7. 豆圈足（WXHZ：15）　8. 环（WXHZ：49）

# 第二节　溱水流域聚落考古调查

## 七一、马沟遗址

### （一）地理位置与概况

马沟遗址位于河南省新密市岳村乡马沟村，处于东、北、南面溱水三流交汇地带。遗址地理坐标为北纬 34°32.312′、东经 113°29.557′，海拔高度 245.5 米。编号为 71 号。（彩版九三，1）

马沟遗址所在地势西高东低，后经平整形成一级级的梯田。遗址主要分布在马沟村南，依据遗址文化层所在台地范围可知：东至溱水右源一支流上的五星水库河沿断崖，南以勘探出的文化层范围为界，西以马沟村南面南北向公路东侧勘探出的文化层范围为界，北以北面五星水库河沿断崖内侧勘探出的文化层为限。马沟遗址基本呈西北—东南向长条形，东西长约 269 米，南北最长处长约 203 米，遗址面积约 4.27 万平方米。遗址所在台地面与其东侧现河道的高差约为 10 米，遗址地下遗迹范围紧临其东侧河道断崖。（图二九六）

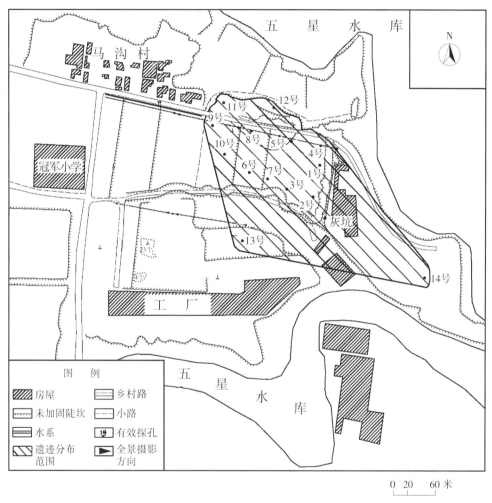

图二九六　马沟遗址位置及探孔分布图

该遗址系 2006 年调查时新发现，2009 年溱洧流域聚落调查时复查。

依据对采集标本的观察，大部分陶器标本的时代为仰韶文化晚期，少量罐残片的年代为龙山文化。另外，新密市文物管理所在东南部断崖上采集到完整的东周遗物，亦表明此遗址还包含有东周文化内涵。

（二）地层堆积与文化遗存

**1. 地层堆积**

在遗址上布探孔 14 个（图二九七），其地层堆积情况如下：

1 号孔：位于遗址所在台地中部偏北。

①层：厚 0.3 米。土色黄，土质较软。耕土层。

②层：深 0.3 米，厚 0.1 米。土色黄褐，土质较软，结构一般。含有红烧土颗粒、炭粒。文化层。

深 0.4 米以下为黄白色生土层。

2 号孔：位于遗址所在台地中部。

①层：厚 0.3 米。土色黄，土质较软。耕土层。

②层：深 0.3 米，厚 0.4 米。土色黄，结构疏松。扰土层。

③层：深 0.7 米，厚 0.7 米。土色黄褐，土质较软，结构松散。含有红烧土块、炭粒，夹有褐色土块。文化层。

深 1.4 米以下为黄白色生土层。

3 号孔：位于遗址所在台地中部。

①层：厚 0.3 米。土色黄，土质较软。耕土层。

②层：深 0.3 米，厚 0.7 米。土色黄褐，土质较软，结构疏松。夹杂褐色土块、红烧土、炭粒。文化层。

深 1 米以下为黄白色生土层。

4 号孔：位于遗址所在台地中部偏北。

①层：厚 0.3 米。土色黄，土质较软。耕土层。

②层：深 0.3 米，厚 0.9 米。土色黄，结构疏松。扰土层。

③层：深 1.2 米，厚 0.3 米。土色黄褐，土质较软，结构一般。含有少量红烧土颗粒、炭粒。

深 1.5 米以下为黄白色生土层。

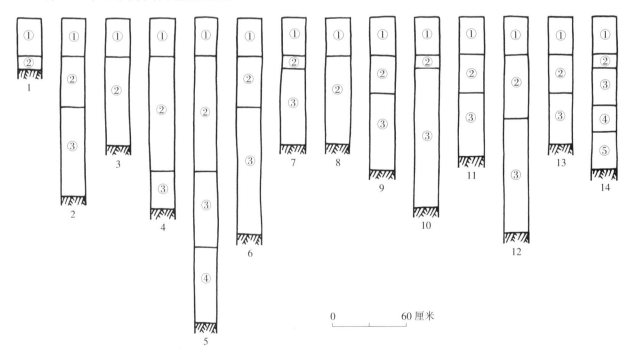

图二九七　马沟遗址探孔柱状剖面图

5 号孔：位于遗址所在台地中部偏北。

①层：厚 0.3 米。土色黄，土质较软。耕土层。

②层：深 0.3 米，厚 0.9 米。土色黄，结构疏松。扰土层。

③层：深 1.2 米，厚 0.6 米。土色灰褐，土质较硬，结构紧密。含有少量红烧土、炭粒。文化层。

④层：深 1.8 米，厚 0.6 米。土色灰褐，土质较硬，结构紧密。含有红烧土颗粒、炭粒、陶片颗粒。文化层。

深 2.4 米以下为黄白色生土层。

6 号孔：位于遗址所在台地中部。

①层：厚 0.3 米。土色黄，土质较软。耕土层。

②层：深 0.3 米，厚 0.4 米。土色黄，结构疏松。扰土层。

③层：深 0.7 米，厚 1 米。土色黄褐，土质较软，结构松散。含有红烧土颗粒、炭粒。文化层。

深 1.7 米以下为黄白色生土层。

7 号孔：位于遗址所在台地中部。

①层：厚 0.3 米。土色黄，土质较软。耕土层。

②层：深 0.3 米，厚 0.1 米。土色黄，结构疏松。扰土层。

③层：深 0.4 米，厚 0.6 米。土色黄褐，土质较软，结构松散。含有红烧土颗粒、炭粒、陶片颗粒。文化层。

深 1 米以下为黄白色生土层。

8 号孔：位于遗址所在台地中部偏北。

①层：厚 0.3 米。土色黄，土质较软。耕土层。

②层：深 0.3 米，厚 0.7 米。土色灰褐，土质较软，结构一般。含有红烧土颗粒、炭粒。文化层。

深 1 米以下为黄白色生土层。

9 号孔：位于遗址所在台地西北部。

①层：厚 0.3 米。土色黄，土质较软。耕土层。

②层：深 0.3 米，厚 0.3 米。土色黄，结构疏松。扰土层。

③层：深 0.6 米，厚 0.6 米。土色灰褐，土质较软，结构松散。含有红烧土颗粒。文化层。

深 1.2 米以下为黄白色生土层。

10 号孔：位于遗址所在台地西部。

①层：厚 0.3 米。土色黄，土质较软。耕土层。

②层：深 0.3 米，厚 0.1 米。土色黄，结构疏松。扰土层。

③层：深 0.4 米，厚 1.1 米。土色黄褐，土质较软，结构一般。含有少量红烧土颗粒、炭粒。文化层。

深 1.5 米以下为黄白色生土层。

11 号孔：位于遗址所在台地北端。

①层：厚 0.3 米。土色黄，土质较软。耕土层。

②层：深 0.3 米，厚 0.3 米。土色黄，结构疏松。扰土层。

③层：深 0.6 米，厚 0.5 米。土色红褐，土质较硬，结构紧密。窑土，全为红烧土。文化层。

深 1.1 米以下为黄白色生土层。

12 号孔：位于遗址所在台地北端。

①层：厚 0.3 米。土色黄，土质较软。耕土层。

②层：深 0.3 米，厚 0.5 米。土色黄，结构疏松。扰土层。

③层：深 0.8 米，厚 0.9 米。土色灰黑，土质较硬，结构紧密。含有红烧土块、炭粒。文化层。

深 1.7 米以下为黄白色生土层。

13 号孔：位于遗址所在台地西南部。

①层：厚 0.3 米。土色黄，土质较软。耕土层。

②层：深 0.3 米，厚 0.3 米。土色黄，结构疏松。扰土层。

③层：深 0.6 米，厚 0.4 米。土色黄褐，土质较软，结构一般。含有红烧土颗粒、炭粒，含有褐色土块。

深 1 米以下为黄白色生土层。

14 号孔：位于遗址所在台地东南部。

①层：厚 0.3 米。土色黄，土质较软。耕土层。

②层：深 0.3 米，厚 0.1 米。土色黄，结构疏松。扰土层。

③层：深 0.4 米，厚 0.3 米。土色灰褐，土质较软，结构一般。含有红烧土颗粒、炭粒。文化层。

④层：深 0.7 米，厚 0.2 米。土色灰褐，土质较软，结构一般。含有红烧土颗粒、炭粒。文化层。

⑤层：深 0.9 米，厚 0.3 米。土色灰褐，土质较软，结构紧密。含有大量红烧土、炭粒、陶片颗粒。文化层。

深 1.2 米以下为黄白色生土层。

依据勘探钻孔地层堆积情况，遗址文化层上覆盖有耕土及厚度 0.1 米到 0.9 米不等的扰土层；遗址北部 1 号、3 号、8 号探孔所在台地受土地平整的破坏，耕土层下即见文化层；文化层分布以东西向伸入遗址中部的冲沟为界，冲沟北面文化层丰富，遗址北端 5 号、12 号探孔及遗址东部 14 号探孔所在区域文化层最厚，厚度可达 1.2 米以上，依据土质土色最多可分为三层文化层；遗址北部 2 号、3 号、6 号、8 号、9 号探孔所在区域文化层相对较薄，厚度在 0.6 米到 1 米左右，均为一层文化层；遗址北部其余区域及东西向冲沟南侧区域文化层最薄，厚度多为 0.1 米到 0.3 米左右，冲沟南侧可见文化层最为稀疏。

**2. 文化遗存**

（1）遗迹

马沟遗址经长期雨水冲刷，部分灰坑暴露于遗址东侧断崖面（彩版九三，2）。灰坑距地表深约 4 米，长约 1 米，厚约 0.5 米；土色灰，土质较干呈粉状，结构疏松，夹杂有大量陶片、红烧土、炭粒；灰坑内以仰韶文化标本为主。灰坑上面叠压有晚期夯土寨墙。此外，在东南部断崖上采集到 1 件完整的战国时期陶豆。

（2）遗物

马沟遗址共采集陶器标本 39 件。其陶质以泥质陶（51.2%）为主，另有夹砂陶（48.7%）；陶色以灰陶（51.2%）为主，另有红陶（20.5%）、褐陶（15.4%）、黑陶（7.7%）、黑皮陶（5.1%）；纹饰以素面（66.7%）为主，另有绳纹（12.8%）、方格纹（2.6%）、篮纹（5.1%）、彩陶（5.1%）、磨光（5.1%）、凹弦纹（2.6%）。（图二九八；表三六）

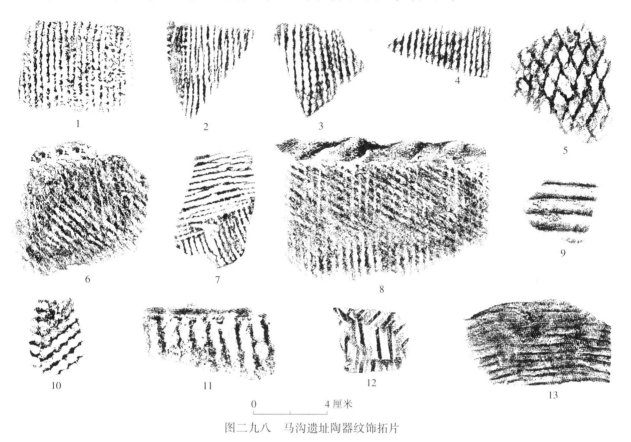

图二九八　马沟遗址陶器纹饰拓片

表三六　　　　　　　　　　　　马沟遗址陶器陶质陶色纹饰统计表

| 纹饰 \ 陶系 | 泥质 | | | | | | 夹砂 | | | | | 合计 | 百分比（%） |
|---|---|---|---|---|---|---|---|---|---|---|---|---|---|
| | 灰 | 红 | 褐 | 黑 | 黑皮 | 黄色 | 灰 | 红 | 褐 | 黑 | 黑皮 | | |
| 素面 | 11 | 2 | | | | | 3 | 3 | 6 | 1 | | 26 | 66.7 |
| 绳纹 | 1 | | | | | | 3 | | | 1 | | 5 | 12.8 |
| 方格纹 | | | | | | | | | | 1 | | 1 | 2.6 |
| 篮纹 | 1 | | | | | | 1 | | | | | 2 | 5.1 |
| 彩陶 | | 2 | | | | | | | | | | 2 | 5.1 |
| 凹弦纹 | | 1 | | | | | | | | | | 1 | 2.6 |
| 划纹 | | | | | | | | | | | | | |
| 磨光 | | | | 2 | | | | | | | | 2 | 5.1 |
| 合计 | 13 | 5 | | 2 | | | 7 | 3 | 6 | 3 | | 39 | |
| 百分比（%） | 33.3 | 12.8 | | 5.1 | | | 17.9 | 7.7 | 15.4 | 7.7 | | | 100 |

可辨器形的标本共计 12 件，种类有鼎、罐、盆、钵、器盖等。根据采集陶片标本的形制特征及纹饰特征，为仰韶文化晚期。另外采集有部分时代为龙山文化的陶罐残片，未作为标本描述。

鼎足　标本 ZMG：52，泥质红陶。扁状凿形。手制。残高 4.1 厘米。

罐　共 5 件。其中泥质罐 3 件、夹砂罐 2 件。

标本 ZMG：77，泥质褐胎黑陶。侈口，方唇，折沿，内折棱明显。表面磨光，器壁内可见轮制痕迹。口径 24.2、残高 5.8、壁厚 0.8 厘米。（图二九九，1）

标本 ZMG：75，泥质红陶。敛口，尖圆唇，折沿，鼓腹。外壁饰黑彩直线纹、黑彩网格纹。轮制。口径 24、残高 10、壁厚 0.7 厘米。（彩版九三，3；图二九九，2）

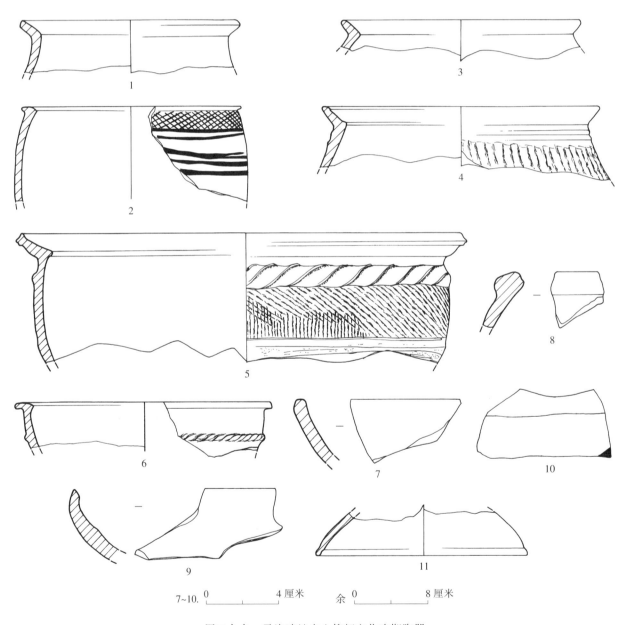

图二九九　马沟遗址出土仰韶文化晚期陶器

1～5. 罐（ZMG：77、75、76、79、44）　6～8. 盆（ZMG：78、51、70）　9、10. 钵（ZMG：49、4）　11. 器盖（ZMG：80）

标本 ZMG：76，泥质褐胎黑陶。侈口，圆唇，折沿，内折棱明显。素面，表面磨光，器壁内外明显可见轮制痕迹。口径 26.2、残高 4.2、壁厚 0.8 厘米。（图二九九，3）

标本 ZMG：79，夹砂灰陶。侈口，尖圆唇，折沿。沿内侧近唇部饰凸棱一周，沿下外侧饰凹槽一周，腹饰粗绳纹。轮制。口径 30.2、残高 7.8、壁厚 0.9～1.1 厘米。（图二九九，4）

标本 ZMG：44，夹砂灰陶。侈口，方唇，折沿，内侧有凸棱，内折棱明显，鼓腹。唇部有凹槽，沿下腹部饰附加堆纹，再下饰右斜绳纹。口沿内外侧隐约可见轮制痕迹。口径 49.4、残高 13.6、壁厚 0.8～1 厘米。（图二九九，5）

盆　3 件。

标本 ZMG：78，泥质灰陶。直口微敛，圆唇，平折沿，沿面微鼓，内折棱凸出，弧腹。沿下 3.5 厘米处饰附加堆纹。轮制。口径 28.4、残高 6、壁厚 0.9 厘米。（图二九九，6）

标本 ZMG：51，泥质红陶。敛口，尖圆唇。素面，轮制。残高 3.4、厚 0.6 厘米。（图二九九，7）

标本 ZMG：70，泥质灰陶。敛口，圆唇，唇外侧加厚。唇面有凹槽一周。素面，轮制。残高 3、壁厚 0.6 厘米。（图二九九，8）

钵　2 件。

标本 ZMG：49，泥质红陶。敛口，尖唇，斜壁。器表饰红衣。器壁内外均可见轮制痕迹，轮制。残高 3.7、壁厚 0.6～0.8 厘米。（图二九九，9）

标本 ZMG：4，泥质红陶。此标本甚残。弧腹。腹饰白衣。轮制。残高 3.5 厘米。（彩版九三，4；图二九九，10）

器盖　标本 ZMG：80，夹砂褐陶。圆唇，弧顶。器壁内侧粗糙，外壁经粗略磨光。口径 23、残高 5.6、壁厚 0.6 厘米。（图二九九，11）

### 七二、二郎庙遗址

（一）地理位置与概况

二郎庙遗址位于河南省新密市岳村乡赵寨村二郎庙组西南，处于西面、南面溱水和东面溱水上冲沟水三流交汇地带。遗址地理坐标为北纬 34°32.319′、东经 113°30.279′，海拔高度 220.6 米。编号为 72 号。（彩版九四，1）

二郎庙遗址地势西北高东南低，后经平整形成一级级的梯田。遗址主要分布在刘家门村东西，依据遗址文化层所在台地范围可知：东至遗址东侧二郎庙沟东台地勘探出的文化层范围，南抵溱水右源一支流上的五星水库河沿断崖，西至溱水右源一支流河沿断崖，北以勘探出的文化层范围为限。二郎庙遗址基本呈东西长、南北宽的不规则形，遗址南北宽约 222 米，东西长约 296 米，面积 5.02 万平方米。遗址所在台地面与其西南侧现河道的高差约为 15 米，遗址地下遗迹范围距其西南侧河道断崖约 60 米，西侧紧临河道断崖。（图三〇〇）

该遗址以往未见著录或公布，2006 年 8 月新密市文物管理所文物普查时发现，2009 年溱洧流域聚落调查时复查。

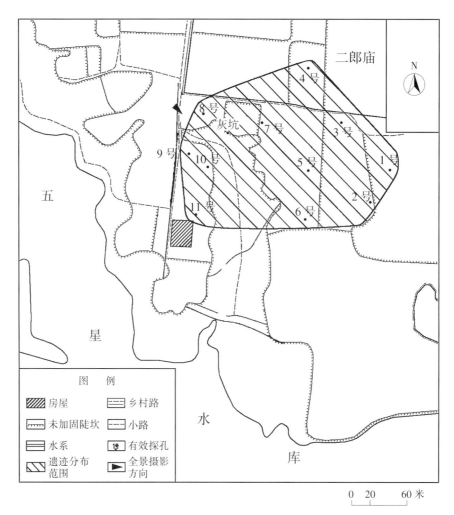

图三〇〇　二郎庙遗址位置及探孔分布图

依据对采集标本的观察，大部分标本的时代为二里头文化，少量为二里岗文化者。另外，新密市文物管理所在文物普查时，除发现新石器时代遗存外，还发现有东周时期遗存。

（二）地层堆积与文化遗存

**1. 地层堆积**

在遗址上布探孔 11 个（图三〇一），其地层堆积情况如下：

1 号孔：位于遗址所在台地东部。

①层：厚 0.05 米。土色黄，土质较软。耕土层。

②层：深 0.05 米，厚 0.15 米。土色黄褐。含有红烧土颗粒、炭粒。文化层。

深 0.2 米以下为黄白色生土层。

2 号孔：位于遗址所在台地东南部。

①层：厚 0.3 米。土色黄，土质较软。耕土层。

②层：深 0.3 米，厚 0.7 米。土色黄褐，土质较软，结构疏松。含有红烧土颗粒、炭粒。文化层。

深 1 米以下为黄白色生土层。

3 号孔：位于遗址所在台地东北部。

①层：厚 0.3 米。土色黄，土质较软。耕土层。

②层：深 0.3 米，厚 0.5 米。土色黄褐，结构疏松。含有现代砖块。扰土层。

③层：深 0.8 米，厚 0.9 米。土色黄褐，结构一般。含有红烧土颗粒、炭粒。文化层。

深 1.7 米以下为黄白色生土层。

4 号孔：位于遗址所在台地北部。

①层：厚 0.05 米。土色黄，土质较软。耕土层。

②层：深 0.05 米，厚 0.3 米。土色黄褐，土质较软，结构疏松。含有红烧土颗粒、炭粒。文化层。

深 0.35 米以下为黄白色生土层。

5 号孔：位于遗址所在台地中部。

①层：厚 0.3 米。土色黄，土质较软。耕土层。

②层：深 0.3 米，厚 0.5 米。土色黄，结构疏松。含有现代砖块。扰土层。

③层：深 0.8 米，厚 0.9 米。土色黄褐，土质较软，结构疏松。含有少量红烧土颗粒、炭粒。文化层。

深 1.7 米以下为黄白色生土层。

6 号孔：位于遗址所在台地南部。

①层：厚 0.3 米。土色黄，土质较软。耕土层。

②层：深 0.3 米，厚 1 米。土色黄褐，土质较软，结构一般。含有红烧土颗粒、陶片颗粒。文化层。

深 1.3 米以下为黄白色生土层。

7 号孔：位于遗址所在台地中部偏西。

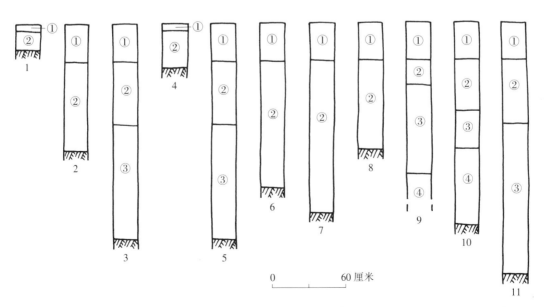

图三〇一　二郎庙遗址探孔柱状剖面图

①层：厚 0.3 米。土色黄，土质较软。耕土层。

②层：深 0.3 米，厚 1.2 米。土色黄褐，土质较软，结构一般。含有大量红烧土颗粒、炭粒。文化层。

深 1.5 米以下为黄白色生土层。

8 号孔：位于遗址所在台地西部。

①层：厚 0.3 米。土色黄，土质较软。耕土层。

②层：深 0.3 米，厚 0.7 米。土色黄褐，土质较软，结构一般。含有极少量红烧土颗粒、炭粒、白色料姜石颗粒。文化层。

深 1 米以下为黄白色生土层。

9 号孔：位于遗址所在台地西部。

①层：厚 0.3 米。土色黄，土质较软。耕土层。

②层：深 0.3 米，厚 0.2 米。土色黄，结构疏松。含有现代砖块。扰土层。

③层：深 0.5 米，厚 0.7 米。土色黑褐，土质较软。有大量红烧土、炭粒。灰坑土。

④层：深 1.2 米，厚 0.2 米。土色灰褐，土质较软。见石，不到底。

10 号孔：位于遗址所在台地西部。

①层：厚 0.3 米。土色黄，土质较软。耕土层。

②层：深 0.3 米，厚 0.4 米。土色黄褐，结构疏松。扰土层。

③层：深 0.7 米，厚 0.3 米。土色黄褐，土质较软，结构疏松。含有红烧土颗粒、炭粒。文化层。

④层：深 1 米，厚 0.6 米。土色灰褐，土质较软，结构一般。含有红烧土颗粒、炭粒。文化层。

深 1.6 米以下为黄白色生土层。

11 号孔：位于遗址所在台地西南部。

①层：厚 0.3 米。土色黄，土质较软。耕土层。

②层：深 0.3 米，厚 0.5 米。土色黄，结构疏松。含有现代砖块。扰土层。

③层：深 0.8 米，厚 1.2 米。土色灰黑，土质较软，结构一般。含有大量红烧土、炭粒。灰坑土。

深 2 米以下为黄白色生土层。

依据勘探钻孔地层堆积情况，遗址文化层上覆盖有耕土及厚度 0.2 米到 0.5 米不等的扰土层，扰土层大多存于遗址西端 9～11 号探孔所在区域；遗址中部及西部大部分区域文化层均较丰富，3 号、4 号探孔及 1 号探孔所在的遗址北部及东部区域为遗址边缘区，遗迹较少，未见到灰坑遗迹，文化层厚度一般，最厚为 0.9 米，均为一层文化层；2 号、5 号、6 号探孔所在处文化层较厚，厚度可达 1.2 米以上，均为一层文化层；7～11 号探孔所在的遗址西部文化层厚度一般，最厚为 1.2 米，但多见灰坑遗迹，采集标本所在的灰坑位置就是位于 7 号探孔南侧的壁面上，可见遗址西部确实为遗迹密集区。另外，遗址南部 6 号探孔以南区域为果园，勘探工作未能在此区域进行，但据果园北侧 2 号、6 号探孔的勘探结果推测，位于遗址南部的果园内也应存在文化层或遗迹单位。

### 2. 文化遗存

（1）遗迹

二郎庙遗址经长期雨水冲刷，部分灰坑暴露于中部壕沟南端断崖和中部壕沟北端断崖面。此次调查于遗址中部壕沟南端断崖发现有长约 1.5 米、深约 1 米的灰坑；填土灰色，不分层，土质较干，结构疏松，含有红烧土颗粒、炭粒及陶片；灰坑内以二里头文化标本为主。新密市文物管理所文物普查时，于遗址中部壕沟北端断崖面亦发现有灰坑，灰坑内夹有大量陶片和较完整的兽骨架。（彩版九四，2、3）

（2）遗物

二郎庙遗址共采集陶器标本 103 件。可辨器形的标本共计 11 件，种类有罐、盆、瓮、缸等。根据采集标本的形制特征及纹饰特征，时代可分为二里头文化和二里岗文化。（图三〇二、三〇三；表三七）

图三〇二 二郎庙遗址陶器纹饰拓片

图三〇三　二郎庙遗址陶器纹饰拓片

表三七　　　　　　　　　　　　　二郎庙遗址陶器陶质陶色纹饰统计表

| 纹饰 ＼ 陶系 | 泥质 | | | | | 夹砂 | | | | | 合计 | 百分比（%） |
|---|---|---|---|---|---|---|---|---|---|---|---|---|
| | 灰 | 红 | 褐 | 黑 | 黑皮 | 灰 | 红 | 褐 | 黑 | 黑皮 | | |
| 素面 | 39 | 4 | 4 | | 4 | 13 | | 1 | | | 65 | 63.1 |
| 绳纹 | 22 | | 2 | | | 4 | | 4 | | | 32 | 31.1 |
| 绳纹附加堆纹 | | | | | | 4 | | | | | 4 | 3.9 |
| 附加堆纹 | 1 | | | | | | | | | | 1 | 0.9 |
| 花边纹 | | | | | | | | | 1 | | 1 | 0.9 |
| 合计 | 62 | 4 | 6 | | 4 | 21 | | 5 | 1 | | 103 | |
| 百分比（%） | 60.2 | 3.9 | 5.8 | | 3.9 | 20.4 | | 4.9 | 1.9 | | | 100 |

1）二里头文化标本

罐　共5件。

标本 ZELM：136，夹砂灰陶。侈口，尖唇，卷沿，鼓腹。沿下1厘米处饰竖绳纹。轮制。口径17.2、残高15.8、壁厚0.5~0.7厘米。（彩版九四，4；图三〇四，1）

　　标本 ZELM：145，夹砂灰陶。尖圆唇，卷沿，鼓腹。腹饰竖粗绳纹。沿内外侧可见轮制痕迹。口径28.2、残高6、壁厚0.6～0.8厘米。（图三○四，2）

　　标本 ZELM：135，夹砂灰陶。侈口，尖唇，折沿，折棱明显，沿面及外侧略鼓，弧腹。腹饰竖绳纹。轮制。口径22.4、残高14.2、壁厚0.6～0.8厘米。（图三○四，3）

　　标本 ZELM：138，泥质黑陶。侈口，方唇，卷沿，鼓腹。腹饰竖绳纹。轮制。口径17.2、残高9.8、壁厚0.4～0.6厘米。（图三○四，4）

　　标本 ZELM：140，夹砂灰陶。方圆唇，唇外侧略加厚，折沿，鼓腹。沿下满饰竖粗绳纹。器壁内侧较粗糙，可见隐约轮制痕迹，器表有抹灰烧制现象。口径20.8、残高13、壁厚0.6～0.8厘米。（图三○四，5）

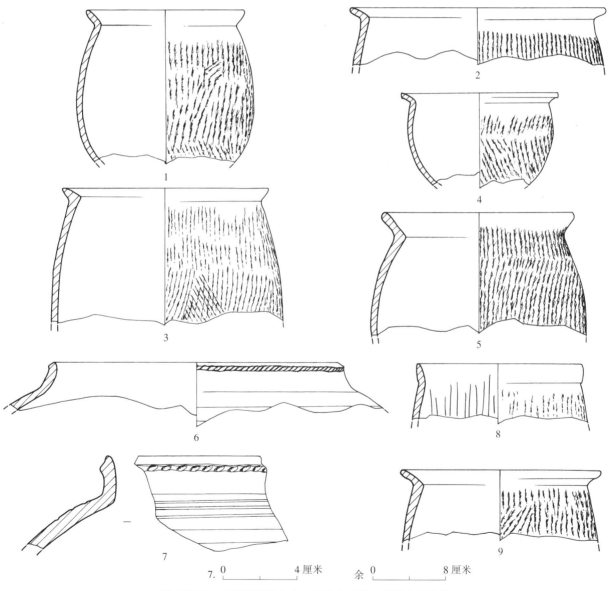

图三○四　二郎庙遗址出土二里头文化及二里岗文化陶器

1～5、9. 罐（ZELM：136、145、135、138、140、1）　6、7. 瓮（ZELM：143、144）　8. 刻槽盆（ZELM：137）（9 为二里岗文化标本，余为二里头文化标本）

瓮　2件。

标本 ZELM：143，夹粗砂黑皮褐胎陶。微敛口，方唇，矮领。唇下外侧有一周花边纹，肩上有三周凹弦纹。器表磨光，器内壁隐约可见轮制痕迹。口径30.8、残高6.6、壁厚0.8厘米。（图三〇四，6）

标本 ZELM：144，夹粗砂黑皮褐胎。微敛口，尖唇，矮领。唇下外侧有一周花边纹，肩上及领肩交接处饰三周凹弦纹。器表磨光，器壁隐约可见轮制痕迹。残高5、壁厚0.7厘米。（图三〇四，7）

刻槽盆　标本 ZELM：137，泥质灰陶。直口微敛，尖圆唇加厚，弧腹略鼓。沿外侧有抹痕，口下腹饰竖绳纹，腹内有刻槽。轮制。口径18.2、高6.4、壁厚0.8厘米。（图三〇四，8）

缸　2件。

标本 ZELM：141，泥质灰陶。圆唇，唇外侧加厚，折沿，弧腹。腹饰数周附加堆纹及绳纹。内壁凹凸不平，略经磨光，沿面可见轮制痕迹，沿面外侧略经打磨。轮制。口径40.4、残高29.4、壁厚0.8～1厘米。（图三〇五，1）

标本 ZELM：147，泥质灰陶。圆唇，折沿，弧腹。腹饰数周附加堆纹及绳纹。沿面可见轮制痕迹，沿面外侧略经打磨，沿面下端器壁外侧有弯曲制作痕迹，内壁凹凸不平，略经磨光。轮制。口径44.4、残高25.6、壁厚0.8～1厘米。（图三〇五，2）

2）二里岗文化标本

罐　标本 ZELM：1，夹砂灰陶。侈口，圆唇略加厚，折沿，弧腹。腹部饰竖粗绳纹。轮制。口径22.2、残高7.4、壁厚0.6～1.0厘米。（图三〇四，9）

**七三、沙石嘴遗址**

（一）地理位置与概况

沙石嘴遗址位于河南省新密市岳村镇苇园村西南，溙水西侧支流南岸，因遗址所在台地向北突出，形似突出嘴状，故名沙石嘴。处于西、北临溙水西侧支流的河流环绕地带，地势高亢、险要。遗址地理坐标为北纬34°32.456′、东经113°31.345′，海拔高度226米。编号为73号。（彩版九五，1）

沙石嘴遗址所在台地地势东部和南部高，西北部低，遗址表面经土地平整形成一级级梯田。

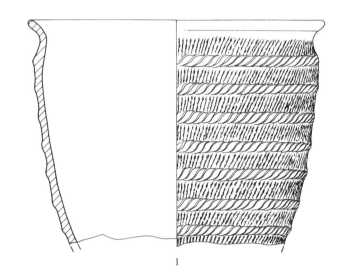

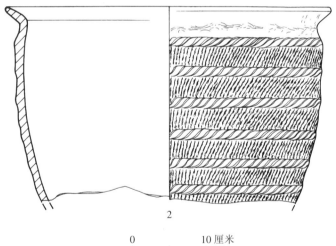

0　　　　　　10厘米

图三〇五　二郎庙遗址出土二里头文化陶器
1、2.缸（ZELM：141、147）

遗址处于一、二级梯田的临河台地上，面积较大。遗址主要分布在溱水西侧支流所环绕的东南岸台地上，依据灰坑所在台地范围及勘探结果可知：北面及西面均以溱水西侧支流河沿断崖为界，东面大致以遗址内西侧石砌水渠所在台地东边断崖边为界，南面以通向河北岸苇园村的公路为界。遗址平面现存为南北向不规则形，南半部分东西向较宽，北半部分较窄，东西长约167米，南北长约373米，遗址总面积约3.77万平方米。遗址所在台地面与其西北侧现河道的高差约为28米，遗址地下遗迹范围距其北侧河道断崖约30米，西侧紧临河道断崖。（图三〇六）

20世纪50年代发现沙石嘴遗址，曾多次进行调查。认识其为仰韶遗存，其上叠压有龙山早期文化层[1]。1963年6月20日公布为河南省第一批文物保护单位。2006年11月新密市文物管理所文物普查时进行复查，2009年溱洧流域聚落调查时再次复查。

依据对复查采集标本的观察，大部分为仰韶文化中晚期及龙山文化早期者。

（二）地层堆积与文化遗存

1. 地层堆积

在遗址上布探孔12个（图三〇七），其地层堆积情况如下：

1号孔：位于遗址所在台地南端。

①层：厚0.3米。土色黄，土质较软。耕土层。

②层：深0.3米，厚0.3米。土色黄褐，土质较软，结构一般。扰土层。

③层：深0.6米，厚0.4米。土色灰褐，土质较软，结构一般。含有红烧土颗粒、炭粒。文化层。

④层：深1米，厚0.8米。土色黄褐，土质一般。含有大量红烧土颗粒、炭粒，出有夹砂陶片1片。文化层。

深1.8米以下为黄白色生土层。

2号孔：位于遗址所在台地南端。

①层：厚0.3米。土色黄，土质较软。耕土层。

②层：深0.3米，厚0.3米。土色黄，结构疏松。扰土层。

③层：深0.6米，厚0.4米。土色灰黑，土质较软，结构一般。文化层。

④层：深1米，厚1米。土色灰褐，土质较软，结构疏松。含有炭粒。文化层。

深2米以下为黄白色生土层。

3号孔：位于遗址所在台地西端。

①层：厚0.3米。土色黄，土质较软。耕土层。

②层：深0.3米，厚0.3米。土色黄，结构疏松。扰土层。

③层：深0.6米，厚0.25米。土色灰黑，土质较软，结构一般。含有大量烧土颗粒、炭粒。文化层。

④层：深0.85米，厚0.45米。土色黄褐，土质较软，结构疏松。含有少量红烧土颗粒、炭粒。文化层。

深1.3米以下为黄白色生土层。

---

[1]　河南省文物局：《河南省文物志》第一编"遗存"，文物出版社，2009年，第40页。

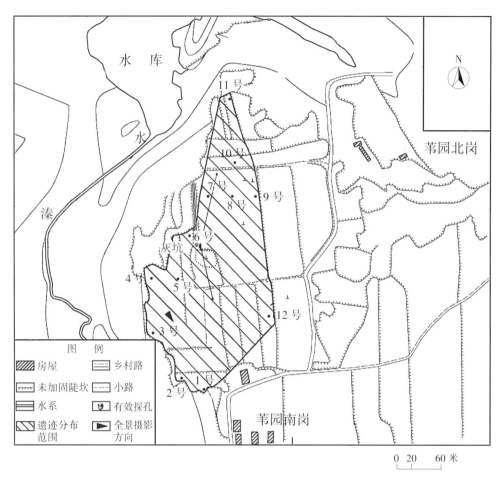

图三〇六　沙石嘴遗址位置及探孔分布图

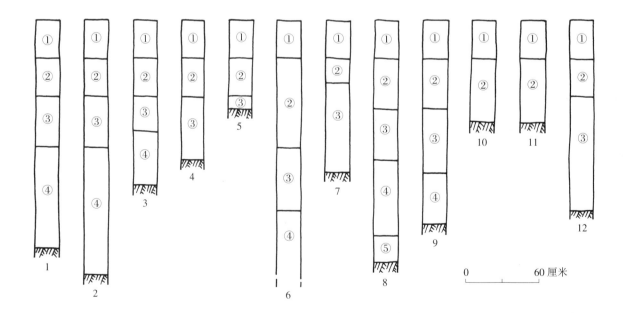

图三〇七　沙石嘴遗址探孔柱状剖面图

4 号孔：位于遗址所在台地西端。

①层：厚 0.3 米。土色黄，土质较软。耕土层。

②层：深 0.3 米，厚 0.3 米。土色黄色，结构疏松。扰土层。

③层：深 0.6 米，厚 0.5 米。土色黄褐，土质较软，结构一般。含有少量红烧土、炭粒、陶片颗粒。文化层。

深 1.1 米以下为黄白色生土层。

5 号孔：位于遗址所在台地西部。

①层：厚 0.3 米。土色黄，土质较软。耕土层。

②层：深 0.3 米，厚 0.3 米。土色黄，结构疏松。扰土层。

③层：深 0.6 米，厚 0.1 米。土色灰黑，结构一般。含有大量烧土颗粒、炭粒。灰坑土。

深 0.7 米以下为黄白色生土层。

6 号孔：位于遗址所在台地西部。

①层：厚 0.3 米。土色黄，土质较软。耕土层。

②层：深 0.3 米，厚 0.7 米。土色黄，结构疏松。扰土层。

③层：深 1 米，厚 0.5 米。土色黄褐，土质较软，结构一般。含有少量烧土颗粒、炭粒。文化层。

④层：深 1.5 米，厚 0.5 米。土色灰褐，土质较软。土质松散。灰坑土，不到底。文化层。

7 号孔：位于遗址所在台地北部。

①层：厚 0.3 米。土色黄，土质较软。耕土层。

②层：深 0.3 米，厚 0.2 米。土色黄，结构疏松。扰土层。

③层：深 0.5 米，厚 0.7 米。土色黄褐，土质较软，结构一般。含有烧土颗粒、炭粒。文化层。

深 1.2 米以下为黄白色生土层。

8 号孔：位于遗址所在台地北部。

①层：厚 0.3 米。土色黄，土质较软。耕土层。

②层：深 0.3 米，厚 0.4 米。土色黄，结构疏松。扰土层。

③层：深 0.7 米，厚 0.4 米。土色黄褐，土质较软，结构一般。含有少量烧土颗粒、炭粒。文化层。

④层：深 1.1 米，厚 0.6 米。土色灰褐，土质一般。含有烧土颗粒、炭粒、陶片颗粒。文化层。

⑤层：深 1.7 米，厚 0.2 米。土色灰黑，土质较软。含有大量红烧土，出土陶片 1 片。文化层。

深 1.9 米以下为黄白色生土层。

9 号孔：位于遗址所在台地北部。

①层：厚 0.3 米。土色黄，土质较软。耕土层。

②层：深 0.3 米，厚 0.4 米。土色黄，结构疏松。扰土层。

③层：深 0.7 米，厚 0.5 米。土色黄褐，土质较软，结构一般。含有红烧土颗粒、炭粒。文化层。

④层：深 1.2 米，厚 0.4 米。土色黄，土质较硬，结构紧密。含有少量烧土颗粒、炭粒。文化层。

深 1.6 米以下为黄白色生土层。

10 号孔：位于遗址所在台地北部。

①层：厚 0.3 米。土色黄，土质较软。耕土层。

②层：深 0.3 米，厚 0.5 米。土色黄褐，土质较软，结构一般。含有红烧土颗粒、炭粒。文化层。

深 0.8 米以下为黄白色生土层。

11 号孔：位于遗址所在台地北端。

①层：厚 0.3 米。土色黄，土质较软。耕土层。

②层：深 0.3 米，厚 0.5 米。土色黄褐，土质较软，结构一般。含有红烧土颗粒、炭粒。文化层。

深 0.8 米以下为黄白色生土层。

12 号孔：位于遗址所在台地东部。

①层：厚 0.3 米。土色黄，土质较软。耕土层。

②层：深 0.3 米，厚 0.3 米。土色黄，结构疏松。扰土层。

③层：深 0.6 米，厚 0.9 米。土色黄褐，土质较软，结构一般。含有少量红烧土颗粒、炭粒、陶片颗粒。文化层。

深 1.5 米以下为黄白色生土层。

依据勘探钻孔地层堆积情况，遗址文化层上覆盖有耕土及厚度 0.2 米到 0.7 米不等的扰土层；遗址北端 10 号、11 号探孔所在台地受土地平整的破坏，耕土层下即见较薄文化层；遗址中部 6～9 号探孔所在台地所受破坏相对较少，南北向石砌水渠西侧区域扰土层较厚，东侧区域稍薄，文化层均较厚，最厚可达 1.2 米以上，依据土质土色最多可分为三层文化层；遗址西南部及南部 1～5 号探孔及 12 号探孔所在台地受土地平整的破坏，低于遗址中部台地，部分扰土层下即见灰坑，但 1、2 号探孔残存文化层亦较厚，可达 1.4 米以上，仅文化层堆积分层较单一，最多可分为二层。

### 2. 文化遗存

（1）遗迹

20 世纪 50 年代发现沙石嘴遗址之时，在遗址西部断崖上发现有灰坑、文化层、房基、陶窑等。文化层厚约 0.2～2 米，土色褐，土质一般，含有红烧土颗粒及炭粒；灰坑形状为袋状，填土为黑灰土，夹有红烧土块，包含有陶片、兽骨等遗物；发现有红烧土房屋墙基，另外有肩胛骨、肋骨等；灰坑及文化层内以仰韶文化及龙山早期文化标本为主[1]。（彩版九五，2）

---

[1]　河南省文物局：《河南省文物志》第一编"遗存"，文物出版社，2009 年，第 40 页。

（2）遗物

沙石嘴遗址共采集遗物标本 142 件。陶器陶质以泥质陶（52.8%）为主，另有夹砂陶（47.2%）；陶色以灰陶（40.8%）为主，另有黑陶（24.7%）、褐陶（18.3%）、红陶（14.8%）、黑皮陶（1.4%）；纹饰以素面（65.5%）为主，另有彩陶片（11.3%）、绳纹（6.3%）、附加堆纹（6.3%）、磨光（4.2%）、凹弦纹（2.8%）、划纹（2.1%）、方格纹（0.7%）、篮纹（0.7%）。（图三〇八、图三〇九；表三八、三九）

可辨器形的标本有石斧 1 件、陶器 68 件，其中陶器种类有鼎、罐、壶、盆、钵、豆、瓮、缸、器盖、拍、环等。根据采集标本的形制特征及纹饰特征，时代可分为仰韶文化中晚期和龙山文化早期。

1）石器标本

石斧　标本 ZSSZ：151，辉长质凝灰岩，黑色。长方体，横截面为圆角方形，双面刃。刃部锋利，磨光。打磨兼制。长 13.5、宽 4.6、厚 4.8 厘米（彩版九五，3；图三一〇）

2）陶器标本

①仰韶文化标本

鼎　标本 ZSSZ：89，盆形鼎。夹砂黑陶。唇部残，斜折沿，直壁，近凹底，鸭嘴状足。壁与底相交处有一周凸棱。器壁内较粗糙，轮制。残高 7 厘米。（图三一一，1）

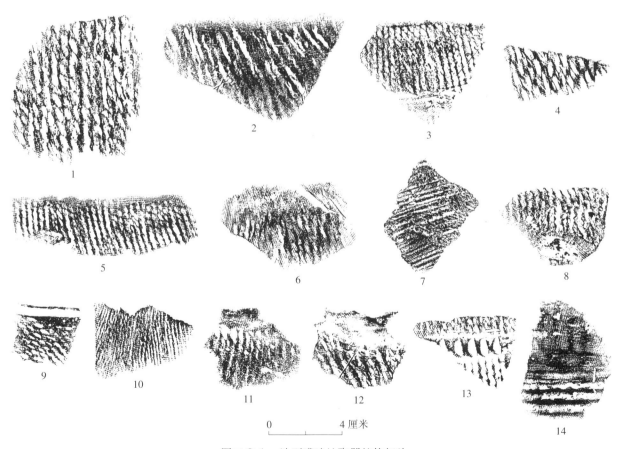

图三〇八　沙石嘴遗址陶器纹饰拓片

图三〇九　沙石嘴遗址陶器纹饰拓片

表三八　　　　　　　　　　　沙石嘴遗址陶器陶质陶色纹饰统计表

| 陶系<br>纹饰 | 泥质 | | | | | 夹砂 | | | | | 合计 | 百分比<br>（%） |
|---|---|---|---|---|---|---|---|---|---|---|---|---|
| | 灰 | 红 | 褐 | 黑 | 黑皮 | 灰 | 红 | 褐 | 黑 | 黑皮 | | |
| 素面 | 24 | 5 | 3 | 14 | | 15 | 1 | 18 | 13 | | 93 | 65.5 |
| 绳纹 | 1 | | | | | 5 | | 2 | 1 | | 9 | 6.3 |
| 方格纹 | 1 | | | | | | | | | | 1 | 0.7 |
| 篮纹 | | | | 1 | | | | | | | 1 | 0.7 |
| 磨光 | 2 | | | 1 | | | | | 1 | 2 | 6 | 4.2 |
| 附加堆纹 | 2 | | | | | 4 | | 1 | 2 | | 9 | 6.3 |
| 凹弦纹 | 1 | | | 2 | | 1 | | | | | 4 | 2.8 |
| 彩陶片 | | 15 | 1 | | | | | | | | 16 | 11.3 |
| 划纹 | 2 | | | | | | | 1 | | | 3 | 2.1 |
| 合计 | 33 | 20 | 4 | 18 | | 25 | 1 | 22 | 17 | 2 | 142 | |
| 百分比（%） | 23.2 | 14.1 | 2.8 | 12.7 | | 17.6 | 0.7 | 15.5 | 12 | 1.4 | | 100 |

表三九　　　　　　　　　　　　　　　沙石嘴遗址陶器器类统计表

| 器类 \ 陶系 | 泥质 | | | | | 夹砂 | | | | | 合计 | 百分比（%） |
|---|---|---|---|---|---|---|---|---|---|---|---|---|
| | 灰 | 红 | 褐 | 黑 | 黑皮 | 灰 | 红 | 褐 | 黑 | 黑皮 | | |
| 鼎 | | | | | | 1 | | | 1 | | 2 | 3.8 |
| 鼎足 | | | | | | 2 | | | | | 2 | 3.8 |
| 罐 | 1 | 2 | 1 | 1 | | 8 | | 4 | 1 | | 18 | 34.6 |
| 钵 | | 2 | | | | | | | | | 2 | 3.8 |
| 壶 | 1 | | | | | | | | | | 1 | 1.9 |
| 盆 | 3 | | | 1 | 1 | 1 | | | | | 6 | 11.5 |
| 豆 | | 1 | | 1 | 2 | | | | | | 4 | 7.7 |
| 豆圈足 | | | | 1 | 2 | | | | | | 3 | 5.8 |
| 瓮 | | | | | | | | 2 | | | 2 | 3.8 |
| 彩陶瓮 | | 1 | | | | | | | | | 1 | 1.9 |
| 缸 | 1 | | 1 | | | 2 | 1 | 3 | | | 8 | 15.4 |
| 器盖 | | | | | | | | 2 | | | 2 | 3.8 |
| 尖底瓶 | | 1 | | | | | | | | | 1 | 1.9 |
| 合计 | 6 | 7 | 1 | 5 | 5 | 14 | 1 | 11 | 2 | | 52 | |
| 百分比（%） | 11.5 | 13.5 | 1.9 | 9.6 | 9.6 | 26.9 | 1.9 | 21.2 | 3.8 | | | |

鼎足　2件。

标本 ZSSZ：94，夹砂灰陶。凿形足，足尖残。外侧饰四个捏窝。手制。残高 4.7 厘米。（图三一一，2）

标本 ZSSZ：95，夹砂灰陶。凿形足，手制。残高 4.5 厘米。（图三一一，3）

罐　共 15 件。其中夹砂罐 10 件、泥质罐 3 件、彩陶罐残片 2 件。

夹砂罐　10 件。

标本 ZSSZ：77，夹砂灰陶。侈口，尖唇，折沿，内折棱明显，鼓腹。沿面近唇部有凸棱，沿外下部饰一周凹弦纹。素面，轮制。口径 24.4、残高 3.2、壁厚 0.7 厘米。（图三一一，4）

标本 ZSSZ：38，夹砂灰陶。此标本甚残。侈口，尖圆唇，折沿，沿面微卷。素面，轮制。残高 2.6、壁厚 0.7 厘米。（图三一一，5）

标本 ZSSZ：73，夹砂褐陶。侈口，尖唇，折沿。沿上端近唇部有一周凹槽。沿面内外可见隐约轮制痕迹。素面。口径 24.2、高 3.8、壁厚 0.8 厘米。（图三一一，6）

标本 ZSSZ：75，夹砂灰陶。侈口，尖唇，折沿，沿面微鼓，鼓腹。沿面有数周凹弦纹，腹饰竖绳纹。器壁内较粗糙，沿外近唇部隐约可见轮制痕迹。口径 22.2、高 8、壁厚 1 厘米。（图三一一，7）

标本 ZSSZ：78，夹砂黑陶。侈口，尖唇外撇，折沿，内折棱明

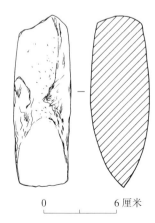

图三一〇　沙石嘴遗址出土石斧
（ZSSZ：151）

显，鼓腹。沿面上端近唇部有凹槽数周。器壁内较粗糙，沿外隐约可见轮制痕迹。口径24、高4、壁厚0.7厘米。（图三一一，8）

标本 ZSSZ：16，夹蚌夹砂褐陶。方唇，折沿近直。器壁上有制作凹槽。素面，轮制。口径42.8、残高9.2、壁厚1.6厘米。（图三一一，9）

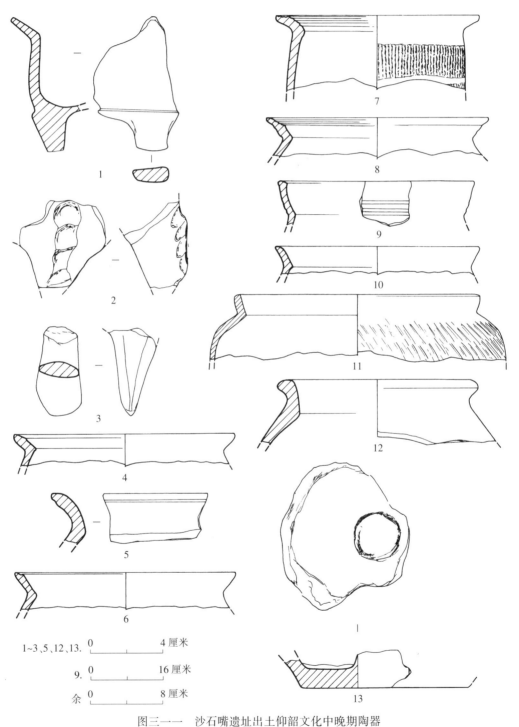

1~3、5、12、13. $\overline{\phantom{00}}0\phantom{000}\phantom{00}}$ 4 厘米

9. $\overline{\phantom{00}}0\phantom{000}\phantom{00}}$ 16 厘米

余 $\overline{\phantom{00}}0\phantom{000}\phantom{00}}$ 8 厘米

图三一一　沙石嘴遗址出土仰韶文化中晚期陶器

1~3. 鼎（ZSSZ：89、94、95）　4~12. 罐（ZSSZ：77、38、73、75、78、16、74、3、39）　13. 罐底（ZSSZ：53）

标本 ZSSZ：74，夹砂灰陶。侈口，尖唇，折沿。沿内部可见隐约轮制痕迹。口径 22.2、残高 3、壁厚 0.5～0.7 厘米。（图三一一，10）

标本 ZSSZ：3，夹砂褐陶。侈口，圆唇，折沿，折棱明显，沿外侧略鼓，鼓腹。沿下 1 厘米处饰右斜绳纹。轮制。口径 26.4、高 6.8、厚 0.6～0.8 厘米。（图三一一，11）

标本 ZSSZ：39，夹砂灰陶。侈口，圆唇，折沿，溜肩。素面，轮制。口径 11、残高 3.3、壁厚 0.5 厘米。（图三一一，12）

标本 ZSSZ：53，罐底。夹砂灰陶。平底，底内中部有圆形凸起。素面，轮制。底径 9、残高 2、壁厚 1.2～1.8 厘米（图三一一，13）

泥质罐 3 件。

标本 ZSSZ：4，泥质黑陶。侈口，方唇，折沿，内折棱明显，沿外侧略鼓，鼓腹。素面磨光，轮制。口径 50.4、高 7、厚 0.5～1 厘米。（图三一二，1）

标本 ZSSZ：9，泥质褐陶。侈口，圆唇，折沿，内折棱明显，斜腹。器表磨光，器壁内可见轮制痕迹。口径 35、残高 12.6、壁厚 0.4～1.1 厘米。（图三一二，2）

标本 ZSSZ：42，泥质灰陶。侈口，尖唇，卷沿。素面磨光，轮制。口径 12、残高 1.4、壁厚 0.5 厘米。（图三一二，3）

彩陶罐残片 2 件。

标本 ZSSZ：71，罐肩残片。泥质红陶。上饰白衣黑彩三角纹。轮制。残高 4.5、壁厚 0.9 厘米。（彩版九六，1；图三一二，4）

标本 ZSSZ：68，罐肩残片。泥质红陶。上饰白衣黑彩三角纹。轮制。残高 5、壁厚 0.5～0.7 厘米。（彩版九六，2；图三一二，5）

彩陶钵 2 件。

标本 ZSSZ：62，泥质红陶。敛口，尖唇，曲腹。红顶，饰白衣，黑彩竖状带纹。轮制。残高 5.8、壁厚 0.6～0.8 厘米。（彩版九六，3；图三一二，6）

标本 ZSSZ：33，泥质红陶。敛口，弧腹。腹饰白地黑红彩太阳纹。轮制。残高 4.4、壁厚 0.5 厘米。（图三一二，7）

盆 共 5 件。

标本 ZSSZ：30，泥质灰陶。敞口，圆唇，平卷沿，弧腹。素面磨光，轮制。残高 3.1、壁厚 0.6～0.9 厘米。（图三一二，8）

标本 ZSSZ：36，夹砂灰陶。敞口，圆唇外卷，弧腹。素面，器壁内外可见轮制痕迹。残高 4、壁厚 0.9 厘米。（图三一二，9）

标本 ZSSZ：76，泥质黑皮陶。方唇，折沿，内折棱明显，斜弧腹。沿面上端近唇部饰凸棱一周。器壁内外经过打磨，轮制。口径 23.4、高 5.2、壁厚 0.7 厘米。（图三一二，10）

标本 ZSSZ：24，泥质灰陶。直口，尖圆唇，卷平沿，折腹。素面，沿内外隐约可见轮制痕迹。残高 3.9、壁厚 0.4 厘米。（图三一二，11）

标本 ZSSZ：35，泥质灰陶。敛口，尖圆唇，唇部加厚。素面，轮制。残高 2.8、壁厚 0.7 厘米。（图三一二，12）

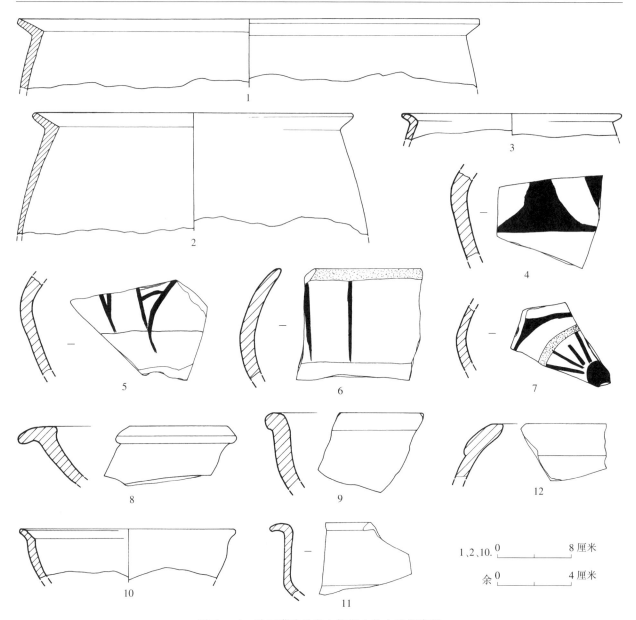

图三一二　沙石嘴遗址出土仰韶文化中晚期陶器

1～3. 罐（ZSSZ：4、9、42）　　4、5. 彩陶罐残片（ZSSZ：71、68）　　6、7. 彩陶钵（ZSSZ：62、33）　　8～12. 盆
（ZSSZ：30、36、76、24、35）

豆　共3件。

标本 ZSSZ：69，敛口豆。泥质红陶。直口微敛，尖圆唇，内折棱明显，斜底微鼓。轮制。口径22、残高4.8、壁厚0.4～0.6厘米。（图三一三，1）

标本 ZSSZ：21，豆圈足。泥质黑陶。喇叭口，尖唇，卷沿，斜壁。壁内外饰凹弦纹数周。轮制。圈足径13、残高4、壁厚0.4～0.6厘米。（图三一三，2）

标本 ZSSZ：85，豆圈足。泥质黑皮陶。敞口，方唇外撇。器壁内外可见轮制痕迹。圈足径12.2、残高3.6、壁厚0.6厘米。（图三一三，3）

瓮　共3件。

标本 ZSSZ：79，泥质红陶。尖唇外撇，矮领，弧肩。肩上饰两周三组黑彩线纹。磨光，器壁

内可见轮制痕迹。口径12.6、高4.6、壁厚0.4~0.6厘米。（彩版九六，4；图三一三，4）

标本 ZSSZ∶25，夹砂褐陶。侈口，尖唇，高领。素面，领内外隐约可见轮制痕迹。口径11、残高6、壁厚0.4~0.6厘米。（图三一三，5）

标本 ZSSZ∶82，夹砂褐陶。小口，方唇，唇外撇，矮领。唇上有一周凹槽。轮制。口径11.2、残高2.8、壁厚1厘米。（图三一三，6）

缸　共7件。

标本 ZSSZ∶26，夹砂褐陶。微敛口，圆唇外撇。素面，器壁内外可见制作凹槽，轮制。残高3.5、壁厚0.5~1厘米。（图三一三，7）

标本 ZSSZ∶32，夹砂褐陶。敛口，圆唇，唇外侧加厚，斜壁。素面，器壁内外可见轮制痕迹。残高5、壁厚0.8厘米。（图三一三，8）

标本 ZSSZ∶33，泥质灰陶。敛口，圆唇，唇部加厚，鼓腹。素面，腹内外可见轮制痕迹。残高5.3、壁厚0.7~0.8厘米。（图三一三，9）

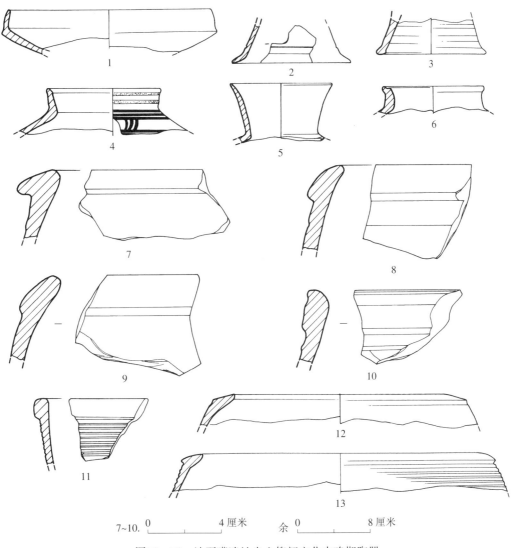

图三一三　沙石嘴遗址出土仰韶文化中晚期陶器

1. 敛口豆（ZSSZ∶69）　　2、3. 豆圈足（ZSSZ∶21、85）　　4. 彩陶瓮（ZSSZ∶79）　　5、6. 瓮（ZSSZ∶25、82）

7~13. 缸（ZSSZ∶26、32、33、34、12、8、19）

标本 ZSSZ：34，夹砂红陶。直口，方唇加厚。素面，轮制。残高 3.8、壁厚 0.8 厘米。（图三一三，10）

标本 ZSSZ：12，夹砂褐陶。直口，方唇，唇部加厚。唇下饰凹弦纹数周。轮制。残高 6.8、壁厚 0.6～0.8 厘米。（图三一三，11）

标本 ZSSZ：8，泥质黑陶。敛口，方唇，内折沿。口肩交接处饰凹槽一周。器壁内可见轮制痕迹。口径 22.8、残高 3.6、厚 0.8 厘米。（图三一三，12）

标本 ZSSZ：19，夹砂灰陶。敛口，圆唇内折。唇下饰凹弦纹数周。轮制。口径 30.4、残高 3.8、壁厚 0.6～0.8 厘米。（图三一三，13）

彩陶残片　共 11 件。

标本 ZSSZ：31，泥质红陶。白衣黑彩木骨纹、曲线带状纹和黑红彩带状纹。壁内外可见轮制痕迹。残高 6.9、壁厚 0.6～0.8 厘米。（图三一四，1）

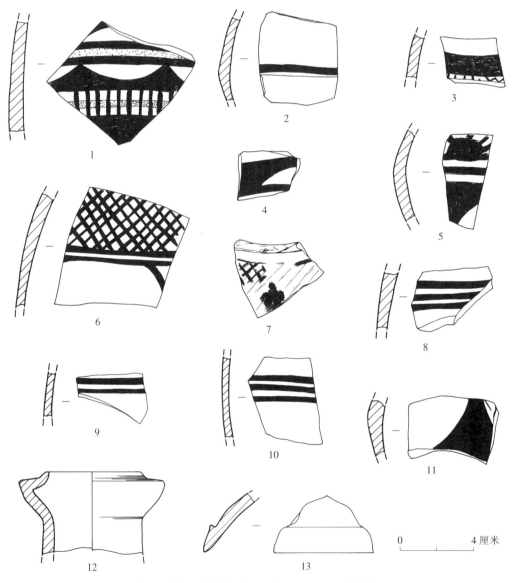

图三一四　沙石嘴遗址出土仰韶文化中晚期陶器

1～11. 彩陶残片（ZSSZ：31、51、55、70、49、66、44、64、236、65、67）　12. 尖底瓶口（ZSSZ：18）　13. 器盖（ZSSZ：45）

标本 ZSSZ：51，泥质红陶。饰黑彩带纹一道。轮制。残高 4.9、厚 0.4～0.5 厘米。（图三一四，2）

标本 ZSSZ：55，泥质褐陶。饰白衣黑、红彩带纹。轮制。残高 2.6、壁厚 0.5 厘米。（彩版九六，5；图三一四，3）

标本 ZSSZ：70，泥质红陶。白衣黑彩。轮制。残高 2.7 厘米。（彩版九七，6；图三一四，4）

标本 ZSSZ：49，泥质红陶。鼓腹。腹饰白衣黑彩带纹。轮制。残高 5.1、壁厚 0.5～0.6 厘米。（彩版九七，1；图三一四，5）

标本 ZSSZ：66，泥质红陶。饰黑彩网纹及黑彩带纹。轮制。残高 6.3、壁厚 0.5～0.7 厘米。（彩版九七，4；图三一四，6）

标本 ZSSZ：44，泥质红陶。饰白衣黑彩网纹。轮制。残高 4 厘米。（图三一四，7）

标本 ZSSZ：64，夹砂黑皮褐胎陶。饰平行黑彩带纹三周。轮制。残高 3.4、壁厚 0.5～0.7 厘米。（彩版九七，2；图三一四，8）

标本 ZSSZ：236，泥质红陶。饰黑彩平行带状纹两道。轮制。残高 2.4、壁厚 0.4 厘米。（图三一四，9）

标本 ZSSZ：65，泥质红陶。饰平行黑彩带纹三周。轮制。残高 4.5、壁厚 0.4 厘米。（彩版九七，3；图三一四，10）

标本 ZSSZ：67，泥质红陶。饰白衣黑彩弧线三角形。轮制。残高 3.5、壁厚 0.6～0.7 厘米。（彩版九七，5；图三一四，11）

尖底瓶口　标本 ZSSZ：18，泥质红陶。小口，圆唇上翘，内折沿，束颈细长，下部残。素面，轮制。口径 5.2、残高 4.3、壁厚 0.4～0.6 厘米。（图三一四，12）

器盖　标本 ZSSZ：45，夹砂褐陶。敞口，尖唇加厚，弧腹。器壁内较粗糙。素面，轮制。残高 3.3、壁厚 0.4～0.6 厘米。（图三一四，13）

②龙山文化标本

鼎　标本 ZSSZ：23，夹砂灰陶。小敛口，尖圆唇，折沿。素面，轮制。残高 4.5、壁厚 0.7 厘米。（图三一五，1）

夹砂罐　共 3 件。

标本 ZSSZ：50，夹砂灰陶。侈口，圆唇，折沿，折棱明显，内侧加厚，沿面形成凹槽，沿面外侧略鼓，鼓腹。沿下饰方格纹。轮制。口径 24.4、高 15.2、壁厚 0.8 厘米。（图三一五，2）

标本 ZSSZ：5，夹砂灰陶。侈口，尖唇，折沿，沿面微凹，束颈，鼓腹。沿下 1 厘米处见粗绳纹。轮制。口径 20.2、残高 4、壁厚 0.5～0.7 厘米。（图三一五，3）

标本 ZSSZ：1，夹砂褐陶。侈口，尖唇，折沿，折棱明显，斜肩。沿面上端及外侧均饰有凸棱一周，沿下饰右斜绳纹。轮制。口径 34、高 6、厚 0.4～0.6 厘米。（图三一五，4）

壶　标本 ZSSZ：150，泥质灰陶。敞口，尖圆唇，束颈，鼓腹，平底微凹。素面，轮制。口径 5.4、底径 5、高 8.4 厘米。（彩版九六，6；图三一五，5）

盆　标本 ZSSZ：2，泥质黑陶，夹细砂。敞口，圆唇，平折沿，深弧腹。沿面饰凹弦纹两周，沿下饰左斜篮纹。轮制。口径 26.2、高 11.6、壁厚 0.6～0.8 厘米。（图三一五，6）

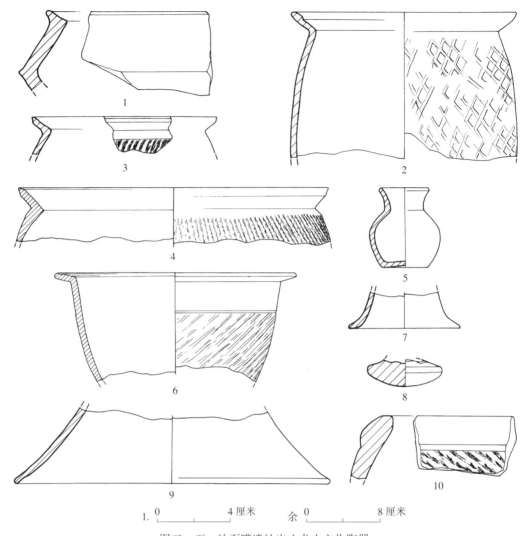

1. 0 ⌞___⌟ 4厘米    余 0 ⌞___⌟ 8厘米

图三一五　沙石嘴遗址出土龙山文化陶器

1. 鼎（ZSSZ：23）　2～4. 罐（ZSSZ：50、5、1）　5. 壶（ZSSZ：150）　6. 盆（ZSSZ：2）　7. 豆圈足（ZSSZ：40）
8. 拍（ZSSZ：37）　9. 器盖（ZSSZ：29）　10. 缸（ZSSZ：27）

　　豆圈足　标本 ZSSZ：40，泥质黑皮褐陶。喇叭口，尖唇。器壁外有制作刮痕。素面，器壁内明显可见轮制痕迹。底径 12、残高 4、壁厚 0.4～0.6 厘米。（图三一五，7）

　　拍　标本 ZSSZ：37，夹细砂灰陶。圆形，残。素面，手制。残高 2.8 厘米。（图三一五，8）

　　器盖　标本 ZSSZ：29，夹砂褐陶。喇叭口，圆唇，弧壁。素面，壁内外可见轮制痕迹。口径 34.4、残高 8、壁厚 0.7 厘米。（图三一五，9）

　　缸　标本 ZSSZ：27，夹砂灰陶。敛口，尖圆唇加厚。唇下饰粗绳纹。轮制。残高 6.2、壁厚 0.9 厘米。（图三一五，10）

　　另采集有陶环 7 件。

　　标本 ZSSZ：121，泥质灰陶。圆圈状，横截面为椭圆形。轮制。（图三一六，1）

　　标本 ZSSZ：123，泥质灰陶。圆圈状，横截面为椭圆形。轮制。（图三一六，2）

　　标本 ZSSZ：124，泥质黑陶。圆圈状，横截面为圆形。轮制。（图三一六，3）

　　标本 ZSSZ：125，泥质灰陶。圆圈状，横截面为圆形。轮制。（图三一六，4）

标本 ZSSZ：126，泥质灰陶。圆圈状，横截面为圆形。轮制。（图三一六，5）

标本 ZSSZ：128，泥质黑陶。圆圈状，横截面为圆形。轮制。（图三一六，6）

标本 ZSSZ：141，泥质灰陶。圆圈状，横截面为圆形。轮制。（图三一六，7）

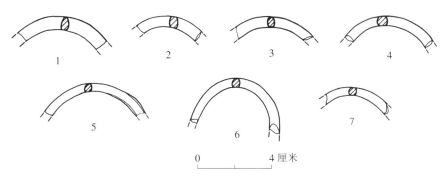

图三一六　沙石嘴遗址出土龙山文化陶环
1~7. ZSSZ：121、123、124、125、126、128、141

### 七四、薛坡遗址

（一）地理位置与概况

薛坡遗址位于河南省新密市岳村乡薛坡村西南河边台地，处于南面溱水和东、西面冲沟水三流交汇地带，地势高亢、险要。遗址地理坐标为北纬 34°33.129′、东经 113°33.453′，海拔高度193 米。编号为 74 号。（彩版九八，1）

薛坡遗址所在台地地势为北高南低，呈斜坡状，后经平整形成一级级的梯田。溱水主源在遗址南侧流过，遗址所在地为一至二级梯田的临河台地，地势平缓。遗址主要分布在薛坡村西南，依据陶片分布的台地范围可知：东、西分别至遗址陶片所在台地东、西两面冲沟沟沿断崖，南面以溱水河主源北岸河沟断崖为界，北面以陶片分布区域的台地地头断崖为界。薛坡遗址陶片分布范围平面基本呈不规则形，东西最长处约 200 米，南北长约 147 米，陶片分布范围估计面积约2 万平方米。遗址所在台地面与其南侧现河道的高差约为 17 米，遗址地下遗迹范围紧临其南侧河道断崖。（图三一七）

该遗址以往未见著录或公布，2009 年溱洧流域聚落调查时发现。

依据对采集标本的观察，大部分陶器标本的时代为二里岗文化。

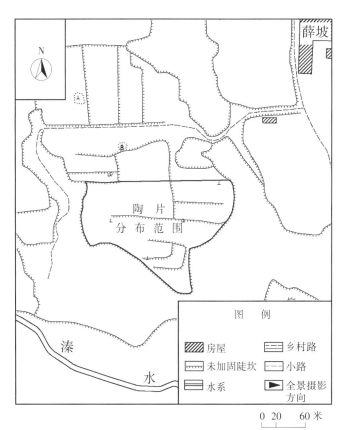

| 图　例 | |
|---|---|
| ▨ 房屋 | ▤ 乡村路 |
| ⫻ 未加固陡坎 | ▯ 小路 |
| ▤ 水系 | ▶ 全景摄影方向 |

0　20　　60 米

图三一七　薛坡遗址位置

（二）地层堆积与文化遗存

**1. 地层堆积**

依据陶片分布的台地范围进行勘探，仅于地表土中发现有零星红烧土及炭粒，极为稀疏，地表之下未发现文化层，但地表仍可见散落陶片。据此推测，文化层应已被平整土地完全破坏，遗址面积按照陶片散布面积计算。

**2. 文化遗存**

（1）遗迹

2009 年调查发现该遗址。遗址范围内未发现遗迹，只在地表有较多陶片。

（2）遗物

薛坡遗址共采集陶器标本 34 件，其陶质以泥质陶（64.7%）为主，另有夹砂陶（35.3%）；陶色以灰陶（88.3%）为主，另有褐陶（11.7%）；纹饰以绳纹（64.7%）为主，另有素面（26.5%）、附加堆纹（2.9%）、篮纹（2.9%）、弦纹（2.9%）等。（图三一八；表四〇）

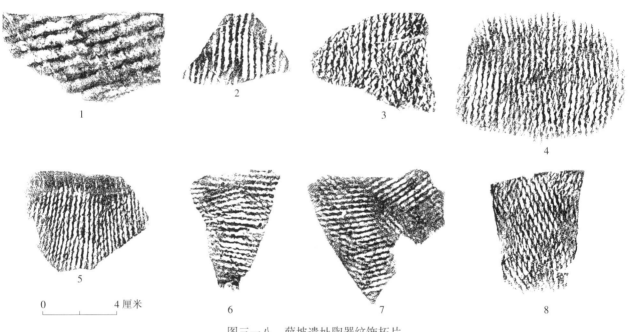

0　　　　4厘米

图三一八　薛坡遗址陶器纹饰拓片

表四〇　　　　　　　　　　　　薛坡遗址陶器陶质陶色纹饰统计表

| 陶系　　纹饰 | 泥质 | | | | | 夹砂 | | | | | 合计 | 百分比（%） |
|---|---|---|---|---|---|---|---|---|---|---|---|---|
| | 灰 | 红 | 褐 | 黑 | 黑皮 | 灰 | 红 | 褐 | 黑 | 黑皮 | | |
| 素面 | 3 | | 2 | | | 4 | | | | | 9 | 26.5 |
| 绳纹 | 13 | | 1 | | | 7 | | 1 | | | 22 | 64.7 |
| 附加堆纹 | 1 | | | | | | | | | | 1 | 2.9 |
| 篮纹凹弦纹 | 1 | | | | | | | | | | 1 | 2.9 |
| 弦纹 | 1 | | | | | | | | | | 1 | 2.9 |
| 合计 | 19 | | 3 | | | 11 | | 1 | | | 34 | |
| 百分比（%） | 55.9 | | 8.8 | | | 32.4 | | 2.9 | | | | 100 |

可辨器形的陶器标本共计 5 件，其种类有鼎、罐、盆等。根据采集标本的形制特征及纹饰特征，时代应为二里岗文化。

鼎足 标本 ZXP：5，夹砂灰陶。圆锥状。手制。残长 6.2 厘米。（图三一九，1）

罐 共 2 件。

标本 ZXP：1，夹砂黑陶。此标本甚残。方唇，内侧有明显凸出，唇部有凹槽。轮制。残高 10、壁厚 0.7 厘米。（图三一九，2）

标本 ZXP：4，夹砂灰陶。侈口，尖唇，唇外凸，折沿，鼓腹。沿上近唇部有一周凹槽。素面，轮制。残高 2.9、壁厚 0.8 厘米。（图三一九，3）

盆 2 件。

标本 ZXP：3，夹砂灰陶。侈口，方唇，卷沿，腹较直。腹饰竖绳纹和凹弦纹。器壁内制作较粗糙，轮制。口径 24.2、残高 6.8、壁厚 0.8 厘米。（图三一九，4）

标本 ZXP：2，泥质灰陶。方唇，唇部较厚，折沿，内折棱明显，鼓腹。沿下有一周凸棱，腹饰右斜绳纹。轮制。残高 4.5、壁厚 0.5 厘米。（图三一九，5）

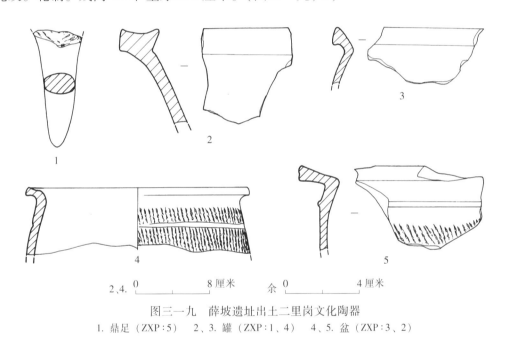

图三一九 薛坡遗址出土二里岗文化陶器
1. 鼎足（ZXP：5） 2、3. 罐（ZXP：1、4） 4、5. 盆（ZXP：3、2）

### 七五、张湾遗址

张湾遗址位于河南省新密市东南曲梁乡张湾村东 500 米的岗地上。遗址北部为溱水，西南部是张湾水库，高出河床 20 米。编号为 75 号。

本次未能调查该遗址①。据发现者估计，遗址所在台地东西长 150 米，南北宽 100 米，遗址面积估计值约为 1.5 万平方米。

1971 年当地群众在遗址区域内深翻土地时采集到双刃石铲 1 件，铲呈淡黄色，铲身略凸，呈

① 详见国家文物局：《中国文物地图集·河南分册》，中国地图出版社，1991 年，第 45 页。开封地区文物管理委员会：《河南开封地区新石器时代遗址调查简报》，《考古》1979 年第 3 期。

弧形，上、下两端有刃。出土器物由下乡知青王梅生送交原密县文化馆。原密县文化馆工作人员在现场勘察时又发现一些泥质和夹砂陶片。遗址出土的石铲和陶片与莪沟遗址出土的相同，属新石器时代早期裴李岗文化遗存。[①]

### 七六、耿庄遗址

（一）地理位置与概况

耿庄遗址位于河南省新密市曲梁乡牛角湾村耿庄组北及西，处于东面临溱水河的临河地带。遗址地理坐标为北纬 34°33.263′、东经 113°36.517′，海拔高度 179 米。编号为 76 号。（彩版九八，2）

耿庄遗址所在台地地势较为平缓，遗址东北部的大面积台地高出西南部冲沟东侧台地约 2 米。溱水左源在遗址东侧蜿蜒流过，遗址处于东临溱水的二级梯田的临河台地上，面积较大。遗址主要分布在耿庄村北，依据遗址文化层所在台地范围可知：东至溱水河西岸河沿断崖，南面至位于耿庄村西侧的勘探出文化层范围，北、西侧均以勘探出的文化层为界。耿庄遗址平面基本呈不规则形，遗址东北—西南向最长处长约 454 米，西北—东南向最长处长约 264 米，面积约 7.41 万平方米。遗址所在台地面与其东、西侧现河道的高差约为 5 米，遗址地下遗迹范围距其东侧河道断崖约 100 米，西南侧紧临冲沟断崖。（图三二〇）

图三二〇　耿庄遗址位置及探孔分布图

① 开封地区文物管理委员会：《河南开封地区新石器时代遗址调查简报》，《考古》1979 年第 3 期。

1986 年文物普查时发现，2006 年 11 月新密市文物管理所文物普查时进行复查，2009 年溱洧流域聚落调查时再次复查。

依据对采集标本的观察，大部分陶器标本的时代为二里头文化，少量为二里岗文化。另据新密市文物管理所介绍，曾于此遗址发现仰韶文化、龙山文化及西周陶片标本。

（二）地层堆积与文化遗存

### 1. 地层堆积

在遗址布探孔 14 个（图三二一），其堆积情况如下：

1 号孔：位于遗址所在台地西部。

①层：厚 0.3 米。土色黄，土质较软。耕土层。

②层：深 0.3 米，厚 0.7 米。土色灰褐，土质较软，结构一般。含有红烧土颗粒、炭粒和少量夹砂灰陶颗粒。文化层。

深 1 米以下为黄白色生土层。

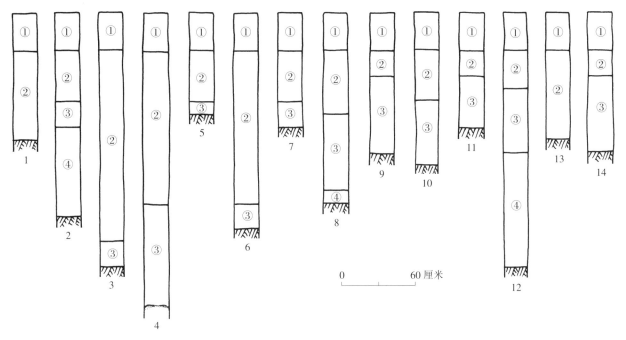

图三二一　耿庄遗址探孔柱状剖面图

2 号孔：位于遗址所在台地中部。

①层：厚 0.3 米。土色黄，土质较软。耕土层。

②层：深 0.3 米，厚 0.4 米。土色黄褐。含有红烧土颗粒、炭粒。扰土层。

③层：深 0.7 米，厚 0.2 米。土色灰褐，土质较软。含有红烧土颗粒、炭粒。文化层。

④层：深 0.9 米，厚 0.7 米。土色黄褐，土质较软。含有水锈、红烧土颗粒、炭粒，底部有厚 7 厘米的夹灰黑土，出有陶片 1 片。文化层。

深 1.6 米以下为黄白色生土层。

3 号孔：位于遗址所在台地中部。

①层：厚 0.3 米。土色黄，土质较软。耕土层。

②层：深 0.3 米，厚 1.5 米。土色黄褐，土质较软。含有红烧土颗粒、炭粒。扰土层。

③层：深 1.8 米，厚 0.2 米。土色黄褐，土质一般，结构一般。含有少量红烧土颗粒、炭粒。文化层。

深 2 米以下为黄白色生土层。

4 号孔：位于遗址所在台地中部。

①层：厚 0.3 米。土色黄，土质较软。耕土层。

②层：深 0.3 米，厚 1.2 米。土色黄，结构疏松。含有红烧土颗粒、炭粒。扰土层。

③层：深 1.5 米，厚 0.8 米。土色灰褐，土质较软，结构一般。含有红烧土颗粒、炭粒，有大量粉色砂粒、灰陶陶片颗粒。文化层。

深 2.3 米见石，未继续下钻。

5 号孔：位于遗址所在台地中部。

①层：厚 0.3 米。土色黄，土质较软。耕土层。

②层：深 0.3 米，厚 0.4 米。土色黄，结构疏松。含有红烧土颗粒、炭粒。扰土层。

③层：深 0.7 米，厚 0.1 米。土色灰褐，土质较软，结构一般。含有少量红烧土颗粒、炭粒。灰坑土。文化层。

深 0.8 米以下为褐色次生土层，有白色石块。

6 号孔：位于遗址所在台地东南部。

①层：厚 0.3 米。土色黄，土质较软。耕土层。

②层：深 0.3 米，厚 1.2 米。土色黄，结构疏松。含有红烧土颗粒、炭粒。扰土层。

③层：深 1.5 米，厚 0.2 米。土色灰褐，土质一般，结构一般。含有少量红烧土、炭粒。文化层。

深 1.7 米以下为黄白色次生土层。

7 号孔：位于遗址所在台地中部偏东。

①层：厚 0.3 米。土色黄，土质较软。耕土层。

②层：深 0.3 米，厚 0.4 米。土色黄，结构疏松。含有红烧土颗粒、炭粒。扰土层。

③层：深 0.7 米，厚 0.2 米。土色灰褐，结构疏松。含有少量红烧土、炭粒、白色石块。文化层。

深 0.9 米以下为黄白色生土层。

8 号孔：位于遗址所在台地东端。

①层：厚 0.3 米。土色黄，土质较软。耕土层。

②层：深 0.3 米，厚 0.5 米。土色黄，结构疏松。含有红烧土颗粒、炭粒。扰土层。

③层：深 0.8 米，厚 0.6 米。土色黄褐，土质较软，结构一般。含有红烧土颗粒、炭粒。文化层。

④层：深 1.4 米，厚 0.1 米。土色黄褐，土质较软，结构一般。含有红烧土颗粒、炭粒。文化层。

深 1.5 米以下为黄白色生土层。

9 号孔：位于遗址所在台地中部偏北。

①层：厚 0.3 米。土色黄，土质较软。耕土层。

②层：深 0.3 米，厚 0.2 米。土色黄，结构疏松。含有红烧土颗粒、炭粒。扰土层。

③层：深 0.5 米，厚 0.6 米。土色黄褐，土质较软，结构一般。含有少量红烧土颗粒、炭粒。文化层。

深 1.1 米以下为黄白色生土层。

10 号孔：位于遗址所在台地中部偏北。

①层：厚 0.3 米。土色黄，土质较软。耕土层。

②层：深 0.3 米，厚 0.4 米。土色黄，结构疏松。含有红烧土颗粒、炭粒。扰土层。

③层：深 0.7 米，厚 0.5 米。土色黄褐，土质较软，结构一般。含有少量红烧土颗粒、炭粒。文化层。

深 1.2 米以下为黄白色次生土层。

11 号孔：位于遗址所在台地北端。

①层：厚 0.3 米。土色黄，土质较软。耕土层。

②层：深 0.3 米，厚 0.2 米。土色灰褐，土质较软，结构疏松。含有红烧土颗粒、炭粒。文化层。

③层：深 0.5 米，厚 0.4 米。土色灰褐，土质一般。含有少量红烧土颗粒、炭粒。文化层。

深 0.9 米以下为黄白色次生土层。

12 号孔：位于遗址所在台地西南部。

①层：厚 0.3 米。土色黄，土质较软。耕土层。

②层：深 0.3 米，厚 0.3 米。土色黄，结构疏松。含有红烧土颗粒、炭粒。扰土层。

③层：深 0.6 米，厚 0.5 米。土色灰黑，土质较软，结构一般。含有红烧土颗粒、炭粒。灰坑土。

④层：深 1.1 米，厚 0.9 米。土色灰黑，结构一般。含有大量红烧土、炭粒，有水锈。文化层。

深 2 米以下为黄白色生土层。

13 号孔：位于遗址所在台地南部。

①层：厚 0.3 米。土色黄，土质较软。耕土层。

②层：深 0.3 米，厚 0.7 米。土色灰褐，结构疏松。含有红烧土颗粒、炭粒、陶片颗粒。文化层。

深 1 米以下为黄白色次生土。

14 号孔：位于遗址所在台地南端。

①层：厚 0.3 米。土色黄，土质较软。耕土层。

②层：深 0.3 米，厚 0.2 米。土色黄，结构疏松。含有红烧土颗粒、炭粒。扰土层。

③层：深 0.5 米，厚 0.6 米。土色黄褐，土质一般，结构一般。含有红烧土颗粒、炭粒。文化层。

深 1.1 米以下为黄白色生土层。

依据勘探钻孔地层堆积情况，遗址文化层上覆盖有耕土及厚度 0.2 米到 1.5 米不等的扰土层；遗址北端 11 号、西部 1 号、南端 13 号探孔所在台地受土地平整的破坏，耕土层下即见文化层；4 号至 11 号探孔所在遗址东部区域地势较高，文化层一般，厚度在 0.1 米到 0.7 米之间，多为一层文化层，局部可见二层文化层；1～3 号、12 号所在遗址西部区域地势较低，文化层稍厚，厚度最多为 0.9 米，见二层文化层，12 号探孔见有灰坑与文化层相互叠压的情况；遗址西南端有一南北向冲沟，沟东侧见有少量文化层，沟西侧不见文化层。总体上讲，耿庄遗址文化层分布面积较大，可能因为土地平整的原因，遗址呈现文化层均较薄、扰土层较厚的现象。

### 2. 文化遗存

（1）遗迹

耿庄遗址经长期雨水冲刷，部分文化层暴露于遗址西面地头断崖崖面上。文化层厚约 0.4 米，可见长度约 5 米；不分层，土褐色，土质较硬，结构疏松，含有红烧土颗粒、炭粒及陶片；文化层内以二里头文化和商代文化标本为主。（彩版九八，3）

（2）遗物

耿庄遗址共采集陶器标本 19 件。可辨器形的标本共计 6 件，其种类有罐、鬲等，纹饰以绳纹为主（图三二二）。根据采集标本的形制特征及纹饰特征，时代应为二里头文化和二里岗文化。现介绍其中的 3 件。

1）二里头文化标本

小口罐　标本 ZGZ∶9，泥质灰陶，褐胎。直口，尖唇，矮领。肩上饰右斜绳纹。轮制，器壁内侧经过打磨。残高 5.2、壁厚 0.5 厘米。（图三二三，1）

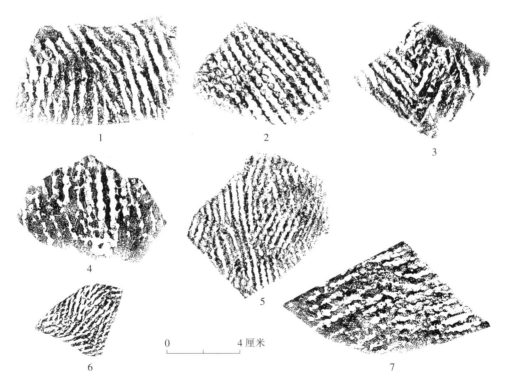

图三二二　耿庄遗址陶器纹饰拓片

2）二里岗文化标本

鬲足　2件。

标本 ZGZ∶10，夹砂灰陶。袋状足，足尖残。袋足上部饰粗绳纹，袋足内侧有制作指甲纹数个，袋足外侧绳纹下有竖向窄刮划制作痕迹。残高8.4厘米。（图三二三，2）

标本 ZGZ∶11，夹砂灰陶。袋状足。足与鬲身黏合面可见绳纹印痕，足外侧有竖向窄刮划制作痕迹。残高3.3厘米。（图三二三，3）

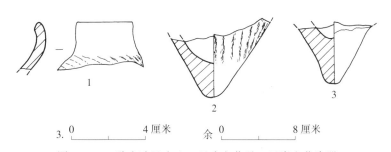

图三二三　耿庄遗址出土二里头文化及二里岗文化陶器
1. 小口罐（ZGZ∶9）　2、3. 鬲足（ZGZ∶10、11）（1为二里头文化标本，余为二里岗文化标本）

## 七七、马家遗址

（一）地理位置与概况

马家遗址位于河南省新密市曲梁乡马家村北，溱水支流从遗址两侧流过。马家遗址西部分地理坐标为北纬34°32.374′、东经113°35.538′，海拔高度156米。编号为77号。（彩版九九，1）

马家遗址分东、西两部分，西部分为原马家遗址所在地，东部分为本次调查新发现，命名为小王家遗址，地理坐标为北纬34°32.617′、东经113°36.272′，海拔高度150米。

依照两处遗址采集的标本观察，两遗址应为同一处遗址，中部被现代村庄破坏，已不存文化层。马家遗址西部分所在台地地势平缓，处于溱水东岸的台地上。依据文化层所在台地范围可知：北面以金庄村南界为限，西至遗址内南北向小路西150米，再西即为溱水，南面以马家村北界为限，东面接于小王家遗址地下遗迹范围。小王家遗址主要分布在小王家村西北，所在台地地势为北高南低，后经平整形成一级级的梯田。溱水左源在遗址东、南侧半环绕流过，遗址所在地为二级梯田的临河台地。依据遗址文化层所在台地范围可知：东至溱水河西岸河沿断崖，北至冯家门村南界，南面以遗址所在台地地头断崖为界，西面接于马家遗址地下遗迹范围。（图三二四）

依据勘探结果，遗址平面基本呈东西向不规则形，遗址东西长约663米，南北长约405米，面积约14.05万平方米。遗址所在台地面与其西侧现河道的高差约为10米，遗址地下遗迹范围距其东侧河道断崖约35米，西侧紧临河道断崖。

1986年文物普查时发现马家遗址西部分。1987年原密县人民政府公布其为县级文物保护单位。2006年10月新密市文物管理所文物普查时进行复查，2009年溱洧流域聚落调查时再次复查。据以往调查结果，该遗址为包含有龙山文化晚期和"新砦期"因素的遗址。

该遗址以往未见著录或公布，本次调查新发现小王家遗址。依据对采集标本的观察，大部分陶器标本的时代为龙山文化晚期，少量为仰韶文化晚期和龙山文化早期。

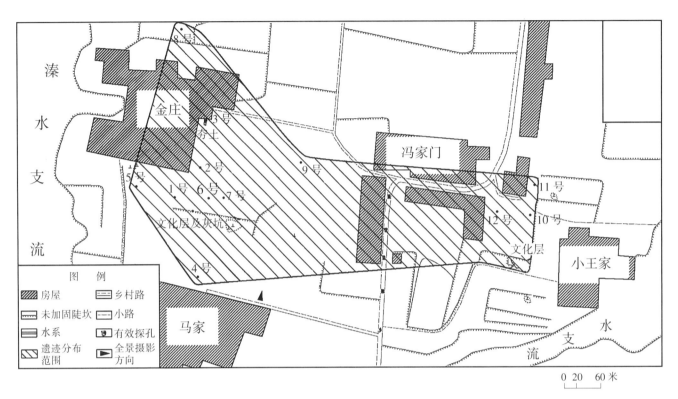

图三二四　马家遗址位置及探孔分布图

（二）地层堆积与文化遗存

**1. 地层堆积**

在遗址上布探孔 12 个（图三二五），其中 10 号到 12 号探孔为小王家遗址范围内勘探所得，其地层堆积情况如下：

1 号孔：位于遗址所在台地西部。

①层：厚 0.3 米。土色黄，土质疏松。耕土层。

②层：深 0.3 米，厚 0.7 米。土色灰黑，土质疏松。含有大量水锈、红烧土颗粒、炭粒。文化层。

③层：深 1 米，厚 0.4 米。土色灰褐，土质疏松，密度较②层大。含有大量红烧土颗粒、炭粒。文化层。

深 1.4 米以下为生土层。

2 号孔：位于遗址所在台地西部。

①层：厚 0.3 米。土色黄，土质疏松。耕土层。

②层：深 0.3 米，厚 0.5 米。土色黄。扰土层。

③层：深 0.8 米，厚 0.4 米。土色黄褐，土质一般，结构一般。含有红烧土颗粒、炭粒、陶片颗粒。文化层。

④层：深 1.2 米，厚 0.4 米。土色黄褐，土质疏松，结构松散。含有大量红烧土颗粒、炭粒、灰陶颗粒。文化层。

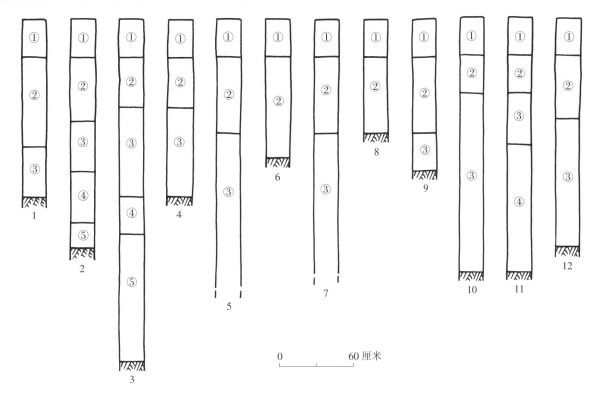

图三二五　马家遗址探孔柱状剖面图

⑤层：深1.6米，厚0.2米。土色黄褐，土质疏松。含有水锈、红烧土颗粒，炭粒较少。文化层。

深1.8米以下为生土层。

3号孔：位于遗址所在台地西北部。

①层：厚0.3米。土色黄，土质疏松。耕土层。

②层：深0.3米，厚0.4米。土色黄。扰土层。

③层：深0.7米，厚0.7米。土色灰褐，土质一般，结构一般。含有红烧土、炭粒。文化层。

④层：深1.4米，厚0.3米。土色黄褐，土色疏松，结构松散。含有少量红烧土、炭粒。文化层。

⑤层：深1.7米，厚约1米。结构紧密，白褐色。夯土。

深2.7米以下为生土层。

4号孔：位于遗址所在台地西南端。

①层：厚0.3米。土色黄，土质疏松。耕土层。

②层：深0.3米，厚0.4米。土色黄。扰土层。

③层：深0.7米，厚0.7米。土色黄褐，土质疏松。见灰陶陶片、炭粒，不见红烧土。文化层。

深1.4米以下为生土层。

5号孔：位于遗址所在台地西端。

①层：厚0.3米。土色黄，土质疏松。耕土层。

②层：深0.3米，厚0.6米。土色黄。扰土层。

③层：深0.9米，厚1.2米。土色黄褐，土质较硬。含少量红烧土、炭粒。不到底。文化层。

6 号孔：位于遗址所在台地西部分中部。

①层：厚 0.3 米。土色黄，土质疏松。耕土层。

②层：深 0.3 米，厚 0.8 米。土色灰黑，土质疏松。出有夹砂陶片 1 片，含有大量红烧土、炭粒。灰坑土。

深 1.1 米以下为生土层。

7 号孔：位于遗址所在台地中部。

①层：厚 0.3 米。土色黄，土质疏松。耕土层。

②层：深 0.3 米，厚 0.6 米。土色黄。扰土层。

③层：深 0.9 米，厚 1.1 米。土色灰黑，土质疏松。有大量红烧土、炭粒。不到底。灰坑土。

8 号孔：位于遗址所在台地北端。

①层：厚 0.3 米。土色黄，土质疏松。耕土层。

②层：深 0.3 米，厚 0.6 米。土色黄褐，土质一般。含较少红烧土、炭粒。文化层。

深 0.9 米以下为生土层。

9 号孔：位于遗址所在台地东部。

①层：厚 0.3 米。土色黄，土质疏松。耕土层。

②层：深 0.3 米，厚 0.6 米。土色黄。扰土层。

③层：深 0.9 米，厚 0.3 米。土色黄褐。含少量红烧土颗粒、炭粒。文化层。

深 1.2 米以下为生土层。

10 号孔：位于遗址所在台地东部。

①层：厚 0.3 米，土色黄，土质疏松。耕土层。

②层：深 0.3 米，厚 0.3 米。土色黄。扰土层。

③层：深 0.6 米，厚 1.4 米。土色灰黑，土质疏松。含有大量红烧土、炭粒、少量水锈土、蚌壳。灰坑土。

深 2 米以下为生土层。

11 号孔：位于遗址所在台地东北端。

①层：厚 0.3 米。土色黄，土质疏松。耕土层。

②层：深 0.3 米，厚 0.3 米。土色黄。扰土层。

③层：深 0.6 米，厚 0.4 米。土色黄褐，土质疏松。有大量红烧土、炭粒。文化层。

④层：深 1 米，厚 1 米。土色黄褐，土质疏松。有极少量红烧土、炭粒。文化层。

深 2 米以下为生土层。

12 号孔：位于遗址所在台地东部。

①层：厚 0.3 米。土色黄，土质疏松。耕土层。

②层：深 0.3 米，厚 0.5 米。土色黄。扰土层。

③层；深 0.8 米，厚 1 米。土色黄褐，土质疏松。有少量红烧土、炭粒。文化层。

深 1.8 米以下为生土层。

依据勘探钻孔地层堆积情况，遗址文化层上覆盖有耕土及厚度 0.3 米到 0.6 米不等的扰土层；

遗址西部分北端 8 号和中部 6 号探孔所在台地受土地平整的破坏，耕土层下即见文化层或单独灰坑遗迹；1 号、2 号、3 号、5 号探孔所在遗址西部区域地势较高，文化层最为丰富，厚度多在 1 米到 1.2 米之间，依据土质土色最多可分三层文化层；3 号探孔勘探结果显示，1 米厚文化层下还叠压有时代不明的夯土堆积，经较为密集的勘探，堆积大致为南北向长方形，东西宽 1 米至 3 米，南北长约 10 米，向北延伸至北面马家村民居下，夯土中部厚约 1 米，大致分为五层，夯土内含有大量红烧土颗粒、炭粒，夯土为白、褐土相间，含有水锈，夯土上部叠压有一层白灰土，夯土堆积南部较厚，北部较薄。4 号探孔所在遗址西部分南部区域地势较低，8 号探孔所在的遗址北端地势较高，两处均文化层稍厚，厚度最多为 0.7 米，为一层文化层；9 号探孔所在的遗址西部分东端为遗址东、西两部分之间被破坏的地带，文化层最薄；11 号、12 号探孔所在遗址东部分北部文化层一般，土色较浅，厚度多在 1 米到 1.4 米之间，依据土质土色最多可分二层文化层；10 号探孔所在区域扰土层下即见单独灰坑遗迹，调查时在 10 号探孔所在台地南面地头断崖上发现有灰坑遗迹，故南面断崖也应在遗址的范围之内。

**2. 文化遗存**

（1）遗迹

1986 年发现的马家遗址西部分，调查时在该遗址中部断崖发现有灰坑和文化层。文化层厚约 1.9 米，可见长度不明，不可分层。灰坑形状多不明显，填土为黑灰土，土质一般，夹红烧土块、炭粒，包含有陶片、兽骨等遗物；灰坑内以龙山文化标本为主。（彩版九九，2）

2009 年又发现马家（小王家）遗址。该遗址经长期雨水冲刷，部分文化层暴露于南部地头断崖崖面上。文化层距遗址所在台地地表约 1.2 米，厚度不详；土色灰褐，土质较软，结构一般，含有红烧土颗粒、炭粒及陶片；文化层内以龙山文化标本为主。（彩版九九，3）

（2）遗物

1986 年调查时，在马家遗址西部分共采集遗物标本 114 件，其中陶器陶质以泥质陶（73.7%）为主，另有夹砂陶（26.3%）；陶色以灰陶（49.1%）为主，另有黑陶（38.6%）、褐陶（11.4%）、红陶（0.9%）；纹饰以素面（48.2%）为主，另有绳纹（30.7%）、篮纹（15.8%）、方格纹（3.5%）、弦纹（1.8%）。（图三二六至图三二八；表四一）

可辨器形的标本中有石器 5 件、陶器 25 件，其中陶器种类有罐、斝、壶、盆、碗、瓮、器盖、圈足等。根据采集标本的器形形制特征及纹饰特征，时代应为龙山文化晚期和二里头文化时期。

1）石器标本

石铲　2 件。

标本 ZMJ：4，细砂岩，灰白色。上部残，扁平板状，横截面呈长方形，一侧面鼓，双面刃。磨制。残长 7.4、宽 9.7、厚 0.8 厘米。（彩版一〇〇，1；图三二九，1）。

标本 ZMJ：113，砂岩，灰色。近梯形，扁平。表面磨制光滑，磨制。长 10.2、宽 8.5 厘米。（图三二九，2）

石镞　标本 ZMJ：132，灰色。三棱锥状镞头，圆铤。素面，磨制。残长 7.4 厘米。（彩版一〇〇，2；图三二九，3）

图三二六　马家遗址西部分陶器纹饰拓片

图三二七　马家遗址西部分陶器纹饰拓片

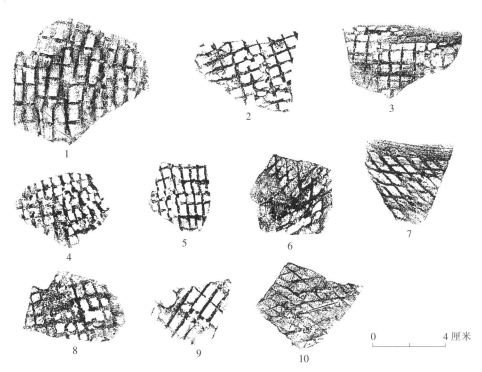

图三二八　马家遗址西部分陶器纹饰拓片

表四一　　　　　　　　　马家（西部分）遗址陶器陶质陶色纹饰统计表

| 陶系 纹饰 | 泥质 | | | | | 夹砂 | | | | | 合计 | 百分比（%） |
|---|---|---|---|---|---|---|---|---|---|---|---|---|
| | 灰 | 红 | 褐 | 黑 | 黑皮 | 灰 | 红 | 褐 | 黑 | 黑皮 | | |
| 素面 | 18 | 1 | 6 | 20 | | 1 | | 3 | 6 | | 55 | 48.2 |
| 绳纹 | 9 | | | 12 | | 13 | | 1 | | | 35 | 30.7 |
| 方格纹 | | | | 1 | | 2 | | 1 | | | 4 | 3.5 |
| 篮纹 | 12 | | 2 | 1 | | 1 | | | 2 | | 18 | 15.8 |
| 弦纹 | | | | 2 | | | | | | | 2 | 1.8 |
| 合计 | 39 | 1 | 8 | 36 | | 17 | | 5 | 8 | | 114 | |
| 百分比（%） | 34.2 | 0.9 | 7.0 | 31.6 | | 14.9 | | 4.4 | 7.0 | | | 100 |

圆石饼　标本 ZMJ：15，灰色。圆饼形。磨制，边缘有磨制痕迹。直径 4.7、厚 0.5 厘米。（图三二九，4）

石斧　标本 ZMJ：133，凝灰岩，青色。已残，现存平面近梯形，体扁平。表面磨制光滑。残长 12.6、宽 6.3、厚 3.6 厘米。（彩版一〇〇，3；图三二九，5）

2）陶器标本

①龙山文化标本

夹砂罐　8 件。

标本 ZMJ：56，夹砂灰陶。侈口，方唇，唇面微下垂，折沿，鼓腹。唇部有凹槽，唇上部有一周凸棱，腹饰斜方格纹。沿面内外及器壁内侧上部可见轮制痕迹。残高 6.8、壁厚 0.6~0.8 厘米。（图三三〇，1）

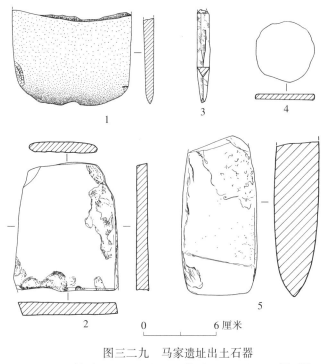

图三二九　马家遗址出土石器
1、2. 铲（ZMJ：4、113）　3. 锛（ZMJ：132）　4. 圆石饼
（ZMJ：15）　5. 斧（ZMJ：133）

标本 ZMJ：128，夹砂黑皮褐胎陶。侈口，方唇，折沿，沿面微凹，内折棱明显。唇面有凹槽，沿内外隐约可见轮制痕迹。素面。口径 18.2、残高 3、壁厚 0.5 厘米。（图三三〇，2）

标本 ZMJ：2，夹细砂褐陶。侈口，方唇，折沿，沿面内凹，内折棱凸出，鼓腹。唇面饰凹槽一周，沿下饰绳纹。轮制。口径 20、残高 4、壁厚 0.6 厘米。（图三三〇，3）

标本 ZMJ：54，夹砂灰陶。侈口，方唇，折沿，沿面微凹，内折棱凸出，鼓腹。腹部饰竖菱形方格纹。唇部有一周凹槽，器壁内侧近沿处有凹槽一周，内外及口沿内外均可见轮制痕迹。口径 19.2、残高 5.2、壁厚 0.3～0.5 厘米。（图三三〇，4）

标本 ZMJ：59，夹砂黑皮陶。方唇，折沿，沿面内凹，内折棱凸出，鼓腹。唇部有一周凹槽，沿面下端有一周凹槽。器壁较薄，器壁内外可见轮制痕迹。残高 2.9、壁厚 0.4 厘米。（图三三〇，5）

标本 ZMJ：3，夹细砂灰陶。侈口，方唇，折沿，沿面内凹，内折棱凸出，弧腹。沿下 1 厘米处饰方格纹。器壁及沿面内外可见轮制痕迹。口径 18.2、残高 4.4、壁厚 0.4～0.6 厘米。（图三三〇，6）

标本 ZMJ：29，夹砂灰陶。此标本甚残。侈口，方唇，折沿，内折棱凸出。唇面有凹槽一周，沿外有一周凸纹。素面，沿面内外可见轮制痕迹。口径 30、残高 3.2、壁厚 0.6 厘米。（图三三〇，7）

标本 ZMJ：57，夹砂灰陶。侈口，圆唇，折沿，内折棱凸出，鼓腹。腹饰横菱形方格纹。器壁内侧较粗糙，器壁外侧及口沿内外均可见轮制痕迹。残高 7.4、壁厚 0.4～0.6 厘米。（图三三〇，8）

泥质罐　2 件。

标本 ZMJ：127，泥质褐陶。侈口，尖唇外折，折沿，内折棱明显，鼓腹。素面，轮制。口径 22、残高 3、壁厚 0.4 厘米。（图三三〇，9）

标本 ZMJ：31，罐底。泥质黑皮褐陶。弧腹，平底。腹内有数周制作凸棱。素面，腹内可见轮制痕迹。底径 9、残高 3、壁厚 0.5～0.7 厘米。（图三三〇，10）

鬲足　标本 ZMJ：68，夹细砂灰陶。圆锥状空心足。器壁内外可见轮制痕迹。残长 7.4 厘米。（图三三〇，11）

盆　共 2 件。

标本 ZMJ：70，双腹盆。泥质褐陶。已残，折腹。器表有一周凸棱、一周凹槽，内壁有数周明

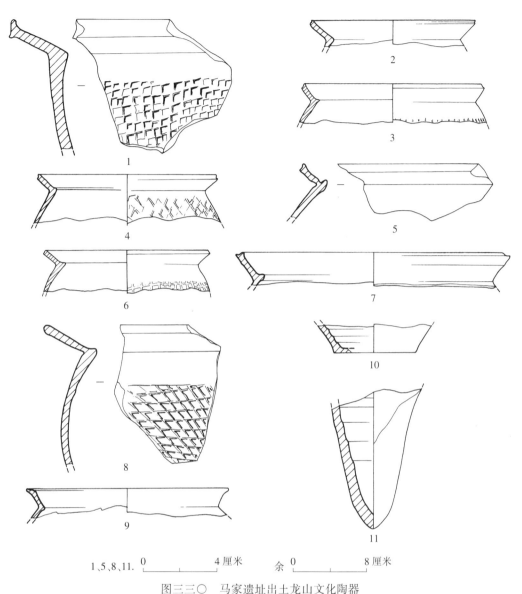

图三三〇　马家遗址出土龙山文化陶器

1~9、罐（ZMJ：56、128、2、54、59、3、29、57、127）　10. 罐底（ZMJ：31）　11. 器足（ZMJ：68）

显凸棱。轮制。残高7、壁厚0.4~0.6厘米。（图三三一，1）

标本 ZMJ：61，泥质黑皮陶。方唇，折沿，直壁。器壁内外可见轮制痕迹，器表经过打磨。残高1.9、壁厚0.5厘米。（图三三一，2）

壶　标本 ZMJ：21，泥质褐陶。直口，圆唇，矮领，腹部残。素面，轮制。残高3.1、壁厚0.4厘米。（图三三一，3）

碗　共5件。

标本 ZMJ：65，泥质灰陶。尖唇，微敛，斜壁。唇外侧下部有一周凹弦纹。器壁内外可见轮制痕迹。残高2.2、壁厚0.4~0.6厘米。（图三三一，4）

标本 ZMJ：36，泥质灰陶。敞口，唇面有凹槽一周形成双唇，弧壁。器壁有凹弦纹数周。器壁内外可见轮制痕迹。口径18、残高3.5、壁厚0.4厘米。（图三三一，5）

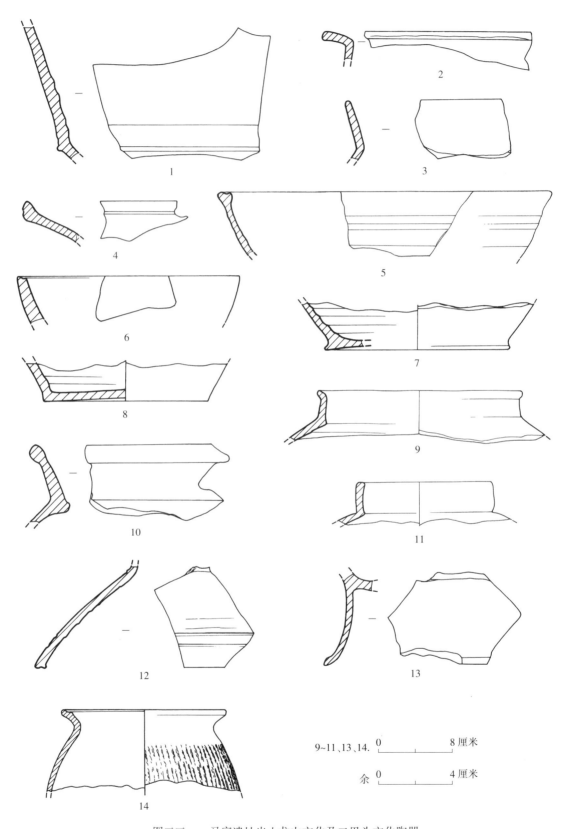

9~11、13、14.　0 —————————— 8 厘米

余　0 —————————— 4 厘米

图三三一　马家遗址出土龙山文化及二里头文化陶器

1、2. 盆（ZMJ：70、61）　3. 壶（ZMJ：21）　4~6. 碗（ZMJ：65、36、51）　7、8. 碗底（ZMJ：34、69）　9~11. 瓮（ZMJ：5、58、55）　12. 器盖（ZMJ：10）　13. 圈足（ZMJ：52）　14. 罐（ZMJ：1）（14 为二里头文化标本，余为龙山文化标本）

标本 ZMJ：51，泥质黑陶。敞口，方唇，弧壁。唇面有凹槽一周。器壁内外隐约可见轮制痕迹。口径 12.1、残高 2.2、壁厚 0.7 厘米。（图三三一，6）

标本 ZMJ：34，碗底。泥质黑陶。斜壁，平底，假圈足。圈足内侧有凸棱数周。底部可见轮制痕迹。底径 10、残高 2.6、厚 0.4 厘米。（图三三一，7）

标本 ZMJ：69，碗底。泥质灰陶。斜壁内收，平底，假圈足。底部有轮制痕迹。底径 8.8、残高 2、壁厚 0.5 厘米。（图三三一，8）

瓮　共 3 件。

标本 ZMJ：5，泥质灰陶。直口，圆唇外撇，矮领，斜肩。领内外可见轮制痕迹。口径 22.2、残高 5.6、壁厚 0.6 厘米。（图三三一，9）

标本 ZMJ：58，泥质灰陶。圆唇，唇外侧加厚，高领，斜肩。领肩交接处内侧凸棱明显，器壁内外轮制痕迹明显。残高 4、壁厚 0.4～0.7 厘米。（图三三一，10）

标本 ZMJ：55，泥质黑皮陶。圆唇，高领，平肩。器表肩部磨光，领内外可见轮制痕迹。口径 14.6、残高 4.4、壁厚 0.8 厘米。（图三三一，11）

器盖　标本 ZMJ：10，泥质灰皮褐胎。敞口，方唇，斜壁。唇面有凹槽一周，器壁上有凹弦纹数周，器壁内有制作凸棱数周。素面，器壁内外轮制痕迹明显。残高 5.2、壁厚 0.4 厘米。（图三三一，12）

圈足　标本 ZMJ：52，泥质灰陶。敞口，尖唇，唇外侧加厚凸出，沿外撇。内外壁均可见轮制痕迹。残高 9.6、壁厚 0.5～0.8 厘米。（图三三一，13）

②二里头文化标本

罐　标本 ZMJ：1，泥质灰陶。侈口，圆唇，卷沿，鼓腹。沿面上端饰凹槽一周，沿下腹饰右斜绳纹。轮制。口径 18.2、残高 8.6、壁厚 0.6 厘米。（图三三一，14）

小王家遗址出土陶器较少，其中泥质灰陶和夹砂灰陶最为常见；纹饰除素面外，另有篮纹和方格纹。（表四二）

可辨器形的标本中有蚌器 1 件、陶器 9 件，其中陶器种类有罐、瓮、罸、碗、豆、环等。

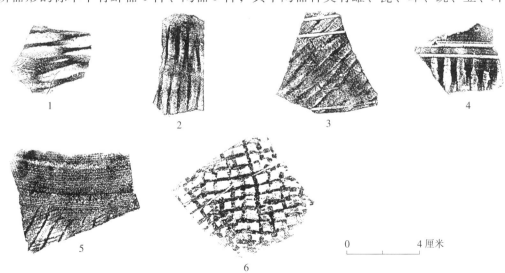

图三三二　马家（小王家）遗址陶器纹饰拓片

表四二　　　　　　　　　　马家（小王家）遗址陶器陶质陶色纹饰统计表

| 陶系<br>纹饰 | 泥质 | | | | | 夹砂 | | | | | 合计 | 百分比<br>（%） |
|---|---|---|---|---|---|---|---|---|---|---|---|---|
| | 灰 | 红 | 褐 | 黑 | 黑皮 | 灰 | 红 | 褐 | 黑 | 黑皮 | | |
| 素面 | 14 | | | | | 14 | | | | | 28 | 70 |
| 方格纹 | | | | | | 3 | | | | | 3 | 7.5 |
| 篮纹 | 4 | | | | | 2 | | | | | 6 | 15 |
| 刻划纹 | 1 | | | | | | | | | | 1 | 2.5 |
| 鸡冠耳 | 1 | | | | | | | | | | 1 | 2.5 |
| 线纹 | 1 | | | | | | | | | | 1 | 2.5 |
| 合计 | 21 | | | | | 19 | | | | | 40 | |
| 百分比（%） | 52.5 | | | | | 47.5 | | | | | | 100 |

1）蚌器标本

蚌器　标本 ZXWJ：12，白色。残。镰形，有一钻孔。磨制。长 8.1、宽 4.5、0.1～0.3 厘米。（图三三三，1）

2）陶器标本

小罐　标本 ZXWJ：21，泥质黑皮陶。侈口，圆唇，卷沿，腹微鼓。器壁内隐约可见轮制痕迹，素面，轮制。残高 3.6、壁厚 0.2～0.4 厘米。（图三三三，2）

斝　标本 ZXWJ：25，肩腹交接处。泥质灰陶。磨光，轮制。残高 3、壁厚 0.4～1.8 厘米。（图三三三，3）

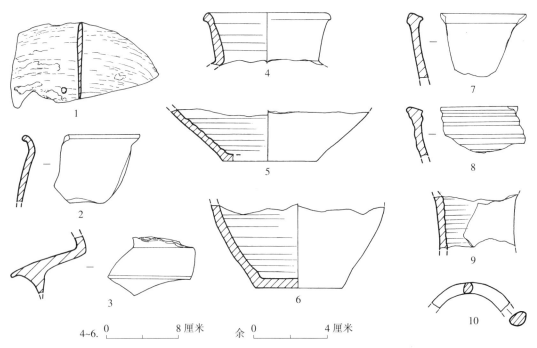

图三三三　马家（小王家）遗址出土蚌器和龙山文化陶器

1. 蚌器（ZXWJ：12）　2. 小罐（ZXWJ：21）　3. 斝（ZXWJ：25）　4. 瓮（ZXWJ：6）　5、6. 瓮底（ZXWJ：1、2）
7、8. 碗（ZXWJ：24、22）　9. 豆柄（ZXWJ：40）　10. 环（ZXWJ：42）

瓮　共3件。

标本 ZXWJ∶6，泥质黑皮陶。圆唇外凸，高领外撇。领内外有轮制痕迹，轮制。口径14、残高5.6、壁厚0.3～0.6厘米。（图三三三，4）

标本 ZXWJ∶1，瓮底。泥质灰陶。斜壁，小平底。器壁内有数周凸棱。素面，器壁外轮制痕迹明显，轮制。底径10.2、残高5.2、壁厚0.6～0.8厘米。（图三三三，5）

标本 ZXWJ∶2，瓮底。夹砂黑皮陶。斜壁内收，小平底。器壁内外轮制痕迹明显，轮制。底径10、残高9.4、壁厚0.8～1厘米。（图三三三，6）

碗　2件。

标本 ZXWJ∶24，泥质灰陶。敞口，尖圆唇外撇，唇内侧有凸棱，斜壁。素面，器壁外明显可见轮制痕迹，轮制。残高3.3、壁厚0.4～0.7厘米。（图三三三，7）

标本 ZXWJ∶22，夹砂灰陶。此标本甚残。方唇，内外有凸棱，唇部有两周凹弦纹。斜壁，器壁上有数周凸棱。素面，轮制。残高2.5、壁厚0.3～0.9厘米。（图三三三，8）

豆柄　标本 ZXWJ∶40，泥质灰陶。圆筒状，器壁内有凹槽。轮制。残高2.7、壁厚0.4厘米。（图三三三，9）

环　标本 ZXWJ∶42，泥质黑皮陶。圆形，横截面为椭圆形。素面，轮制。（图三三三，10）

### 七八、岗沟遗址

（一）地理位置与自然环境

岗沟遗址位于河南省新密市曲梁乡岗沟村东，处于东、南面溱水环绕地带。遗址地理坐标为北纬 34°32.422′、东经 113°35.618′，海拔高度152米。编号为78号。（彩版一〇一，1）

岗沟遗址地势北高南低。溱水主源在遗址东、南侧环绕流过，遗址处于溱水环绕的二级梯田的临河台地上，台地高出河道约7米，面积较大，地势平缓。遗址主要分布在岗沟村东侧的台地上，地面散布陶片数量较多，依据陶片分布的台地范围可知：东、南面以勘探出文化层范围为界，北面以遗址所在台地北面地头断崖为界，西面以岗沟村东界为限。岗沟遗址平面基本呈东西向不规则形，西北—东南向长约160米，东北—西南向长约89米，面积0.91万平方米。遗址所在台地与现河道的高差约为8米，遗址地下遗迹范围距其东侧河道断崖约16米，距西南

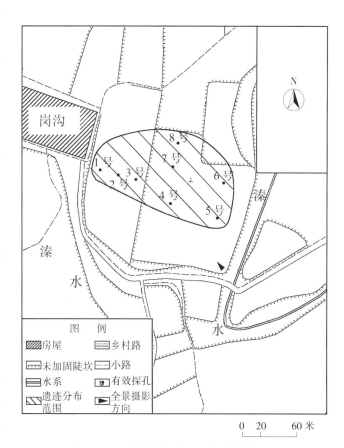

图三三四　岗沟遗址位置及探孔分布图

侧河道断崖约 30 米。（图三三四）

该遗址以往未见著录或公布，2006 年发现，2009 年溱洧流域聚落调查时进行复查。

依据对采集标本的观察，大部分陶器标本时代为二里岗文化，还有殷墟文化时期的。另据以往调查结果，该遗址存在龙山文化、二里头文化因素。

（二）地层堆积与文化遗存

**1. 地层堆积**

在遗址上布探孔 8 个（图三三五），其地层堆积情况如下：

1 号孔：位于遗址所在台地西部。

①层：厚 0.3 米。土色黄，土质较软。耕土层。

②层：深 0.3 米，厚 0.1 米。黑土，土质较软，结构一般。含有少量红烧土、炭灰。文化层。

深 0.4 米以下为黄白色生土层。

2 号孔：位于遗址所在台地西部。

①层：厚 0.3 米。土色黄，土质较软。耕土层。

②层：深 0.3 米，厚 0.7 米。黑土，土质较软，结构一般。含有少量红烧土、炭灰。文化层。

深 1 米以下为黄白色生土层。

3 号孔：位于遗址所在台地西部。

①层：厚 0.3 米。土色黄，土质较软。耕土层。

②层：深 0.3 米，厚 0.7 米。土色黄，结构疏松。含有红烧土颗粒、炭粒。文化层。

深 1 米以下为黄白色生土层。

4 号孔：位于遗址所在台地南部。

①层：厚 0.3 米。土色黄，土质较软。耕土层。

②层：深 0.3 米，厚 0.2 米。土色黄，结构疏松。含有红烧土颗粒、炭粒。扰土层。

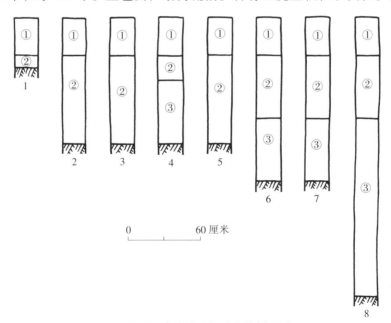

0 ——— 60 厘米

图三三五　岗沟遗址探孔柱状剖面图

③层：深 0.5 米，厚 0.5 米。黑土，土质较软，结构一般。含有少量红烧土颗粒、炭灰。文化层。

深 1 米以下为黄白色生土层。

5 号孔：位于遗址所在台地东南部。

①层：厚 0.3 米。土色黄，土质较软。耕土层。

②层：深 0.3 米，厚 0.7 米。黑土，土质较软，结构一般。含有少量红烧土、炭灰。文化层。

深 1 米以下为黄白色生土层。

6 号孔：位于遗址所在台地东部。

①层：厚 0.3 米，土色黄，土质较软。耕土层。

②层：深 0.3 米，厚 0.5 米。黑土，土质较软，结构一般。含有少量红烧土颗粒、炭灰。文化层。

③层：深 0.8 米，厚 0.5 米。黑土，土质较软，结构一般。含有少量红烧土颗粒、炭灰。文化层。

深 1.3 米以下为黄白色生土层。

7 号孔：位于遗址所在台地中部。

①层：厚 0.3 米。土色黄，结构疏松。耕土层。

②层：深 0.3 米，厚 0.5 米。土色黄，结构疏松。含有红烧土颗粒、炭粒。扰土层。

③层：深 0.8 米，厚 0.5 米。黑土，土质较软，结构一般。含有少量红烧土颗粒、炭灰。文化层。

深 1.3 米以下为黄白色生土层。

8 号孔：位于遗址所在台地北部。

①层：厚 0.3 米。土色黄，土质较软。耕土层。

②层：深 0.3 米，厚 0.5 米。土色黄，结构疏松。含有红烧土颗粒、炭粒。扰土层。

③层：深 0.8 米，厚 1.4 米。土色黄灰，土质较软，结构一般。含有较多炭灰。文化层。

深 2.2 米以下为黄白色生土层。

依据勘探钻孔地层堆积情况，遗址文化层上覆盖有耕土及厚度 0.1 米到 0.5 米不等的扰土层；遗址东、西两侧的 1~3、6 号探孔所在台地受土地平整的破坏，耕土层下即见文化层；遗址中部南北向排列的 4 号、7 号、8 号探孔所在区域的文化层分布在扰土层下。遗址文化层较单一，均为一层，2 号、3 号及 5 号探孔所在的遗址南部文化层稍厚，厚度可达 0.7 米，台地北部 8 号探孔内文化层最厚 1.4 米，1 号探孔所在的西部区域较薄，其余探孔区域文化层厚度约为 0.5 米左右，个别探孔内文化层下覆盖有灰坑遗迹。

## 2. 文化遗存

（1）遗迹

2006 年发现岗沟遗址时，在遗址范围内未发现遗迹，只在地表有较多陶片、石器。遗迹单位被覆盖于地表之下，未现于台地壁面上。

（2）遗物

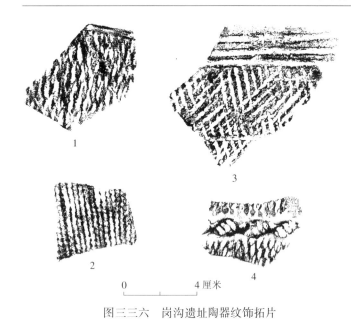

图三三六　岗沟遗址陶器纹饰拓片

本次复查时在岗沟遗址共采集遗物标本26 件。可辨器形的标本中有石器 2 件、陶器 7 件，其中陶器种类有罐、鬲、甗、缸、大口尊等，纹饰以绳纹为主（图三三六）。另外还收集铜器 1 件。

1）石器标本

石杵　标本 ZGG：3，花岗岩，灰白色。扁状，长方形，刃部外弧。表面磨制光滑。长 10.3、宽 5、厚 3.2 厘米。（彩版一〇一，2；图三三七，1）

石斧　标本 ZGG：32，青色。残破较严重。双面刃。表面光滑，磨制。残长 6.9、残宽 4.7、厚 1.5 厘米。（图三三七，2）

石器　2 件。

标本 ZGG：1，细砂岩，灰白色。扁状。表面磨制光滑，磨制。残长 10.5、宽 7.2、厚 2.3 厘米。（彩版一〇一，3；图三三七，3）

标本 ZGG：2，细砂岩，灰黄色。扁状。表面磨制光滑，磨制。残长 10.8、宽 8.1、厚 1.5 厘米。（彩版一〇一，4；图三三七，4）

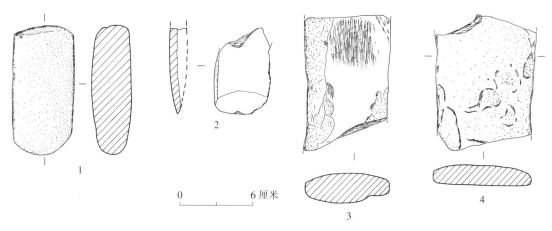

图三三七　岗沟遗址出土石器
1. 杵（ZGG：3）　2. 斧（ZGG：32）　3、4. 石器（ZGG：1、2）

2）二里岗文化陶器标本

罐　标本 ZGG：20，夹砂灰陶。盘形口，圆唇，唇部上下凸出。轮制。残高 3.3、壁厚 0.5 厘米。（图三三八，1）

罐底　标本 ZGG：4，泥质灰陶。弧腹，平底。腹部饰竖绳纹。器壁内有抹痕，轮制。底径 8.8、残高 5、壁厚 0.6～0.8 厘米。（图三三八，2）

大口尊　标本 ZGG：1，泥质灰陶。敞口，方唇外撇，斜壁。器壁内外可见轮制痕迹。素面，轮制。残高 4.8、壁厚 0.8 厘米。（图三三八，3）

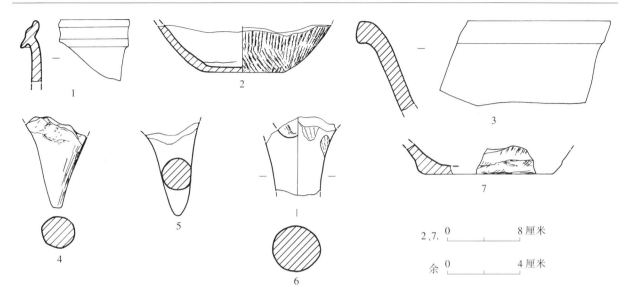

图三三八　岗沟遗址出土二里岗文化陶器

1. 罐（ZGG：20）　2. 罐底（ZGG：4）　3. 大口尊（ZGG：1）　4、5. 鬲足（ZGG：12、24）　6. 甗足（ZGG：25）　7. 缸底（ZGG：17）

鬲足　2件。

标本 ZGG：12，夹砂灰陶。锥状足。素面，手制。残高 4.8 厘米。（图三三八，4）

标本 ZGG：24，夹砂灰陶。锥状足。手制。残高 4.9 厘米。（图三三八，5）

甗足　标本 ZGG：25，夹砂灰陶。锥状足，足尖残。手制。残高 4.2 厘米。（图三三八，6）

缸底　标本 ZGG：17，夹砂灰陶。斜腹，底沿外撇，平底。腹饰竖绳纹。轮制。底径 14.2、残高 3、壁厚 1~1.4 厘米。（图三三八，7）

另外，新密市博物馆馆藏有铜斝 1 件。

标本 ZGG：33，器壁较薄。敞口，束颈，下腹鼓，矮圈足，底外撇。颈下及腹下饰带状云雷纹。口径 8.7、底径 7.1、高 12.8、壁厚 0.05~0.2 厘米。（彩版一〇一，5；图三三九）

## 七九、河西马遗址

### （一）地理位置与概况

河西马遗址位于河南省新密市曲梁乡河西马村三组村西北，遗址处于北面、西面溱水河半环绕地带。遗址地理坐标为北纬 34°32.329′、东经 113°34.991′，海拔高度 164 米。编号为 79 号。（彩版一〇二，1）

河西马遗址所在台地地势为西高东低，后经平整形成一级级的梯田。溱水河右源在遗址北侧蜿蜒流过，遗址所在地为东西向二至三级梯田的临河台地。遗址主要分布在河西马村西北，因为仅勘探出一处单独灰坑遗迹，加上台地东崖面上可见灰坑遗迹，河西马遗址平面形状不明，面积只能按照勘探出的单独灰坑遗迹和调查发现的断崖壁上的灰坑遗迹之间所夹面积计算，估计面积约 0.1 万平方米。遗址所在台地面与其北侧现河道的高差约为 12 米，遗址地下遗迹范围紧临其北侧河道断崖。（图三四〇）

该遗址以往未见著录或公布，2009 年溱洧流域聚落调查时发现。

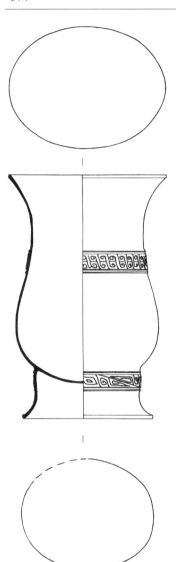

图三三九　岗沟遗址出土二里岗
文化铜觯（ZGG：33）

依据对采集标本的观察，大部分陶器标本时代为仰韶文化晚期和龙山文化早期，少量陶器残片为"新砦期"。

（二）地层堆积

**1．地层堆积**

在遗址上布探孔 1 个（图三四一），其地层堆积情况如下：

1 号孔：位于遗址所在台地中部。

①层：厚 0.3 米。土色黄，土质疏松。耕土层。

②层：深 0.3 米，厚 0.3 米。扰土层。

③层：深 0.6 米，厚 0.4 米。土色灰褐，土质稍硬。含有红烧土、炭灰。灰坑土。

深 1 米以下为生土层。

依据对调查时发现的灰坑所在台地范围进行勘探，仅于台地中部发现一处单独灰坑遗迹，未发现任何文化层，据此推测，此遗址可能原先就因土地平整或其他原因，已不存文化层，仅残存部分单独遗迹。

**2．文化遗存**

（1）遗迹

河西马遗址经长期雨水冲刷，部分灰坑暴露于崖面。在遗址东面地头断崖崖面上发现有开口于台地地表下约 1.3 米的袋状灰坑一处。灰坑长约 2 米，深约 1 米；土色灰褐，不分层，土质较软，结构疏松，含有红烧土颗粒、炭粒及陶片等；灰坑内以龙山文化标本为主。（彩版一〇二，2）

（2）遗物

河西马遗址共采集遗物标本 63 件，陶质以夹砂陶（85.7%）为主，另有泥质陶（14.3%）；陶色以灰陶（92.1%）为主，另有褐陶（6.3%）、红陶（1.6%）；纹饰以绳纹（54%）为主，另有素面（23.8%）、篮纹（14.3%）、方格纹（6.3%）、红彩（1.6%）等。（图三四二；表四三）

可辨器形的标本中有石器 1 件、陶器 12 件，其中陶器种类有鼎、罐、碗、豆、缸、器盖等。

1）石器标本

石棒　标本 ZHXM：2，砂岩，灰黄色。近圆柱形。磨制。长 14.6、宽 6.2 厘米。（图三四三）

2）陶器标本

①仰韶文化标本

豆　标本 ZHXM：1，泥质红陶。敞口，尖圆唇，沿外折，内折棱明显，弧腹内收，较浅，底有柄。口沿内侧饰红彩。轮制。口径 24、底径 6.2、高 8、厚 0.6~0.8 厘米。（彩版一〇二，3；图三四四，1）

②龙山文化标本

0　　　　　4 厘米

图三四〇　河西马遗址位置及探孔分布图

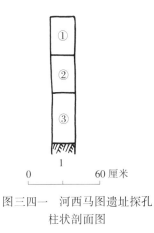

图三四一　河西马图遗址探孔
柱状剖面图

鼎　标本 ZHXM：9，夹砂灰陶。敛口，尖圆唇。沿下内侧有凸棱，器腹外壁饰凸弦纹和左斜绳纹。沿内外侧可见轮制痕迹，轮制。残高5.8、壁厚1厘米。（图三四四，2）

罐　共4件。

标本 ZHXM：6，夹砂灰陶。侈口，方唇，折沿较窄，内折棱明显，鼓腹。腹饰竖绳纹。沿面内侧可见轮制痕迹，器壁内侧粗糙，轮制。口径13、残高3.6、壁厚0.6厘米。（图三四四，3）

标本 ZHXM：4，夹砂灰陶。侈口，方唇，折沿，内折棱明显，沿面略为下凹，鼓腹。唇面有一周隐约凹槽，沿上端近唇部有凸棱一周。器壁内侧近沿外有凹槽一周，下有制作按压痕迹，下部粗糙，沿面内侧可见轮制痕迹。腹饰竖绳纹，有三周凹弦纹。轮制。口径24、残高8.6、壁厚0.8～1厘米。（图三四四，4）

标本 ZHXM：10，夹砂灰陶。侈口，方唇，唇部有凹槽，折沿较窄，鼓腹。腹饰竖绳纹，绳纹有细丝。器壁内侧及沿内外侧可见轮制痕迹，轮制。残高6.4、壁厚0.6～0.8厘米。（图三四四，5）

标本 ZHXM：11，夹砂灰陶。侈口，尖唇，折沿，内折棱明显，沿面略凹。沿面上端近唇部有凸棱一周，沿下腹部饰两周相隔竖绳纹，下饰右斜绳纹。器壁内侧上端及口沿内外侧隐约可见轮制痕迹，轮制。口径28.2、残高7.6、壁厚0.5～0.7厘米。（图三四四，6）

缸　共2件。

标本 ZHXM：12，夹砂黑皮褐胎。直口微敛。口径44.2、残高3.6、壁厚0.8厘米。（图三四四，7）

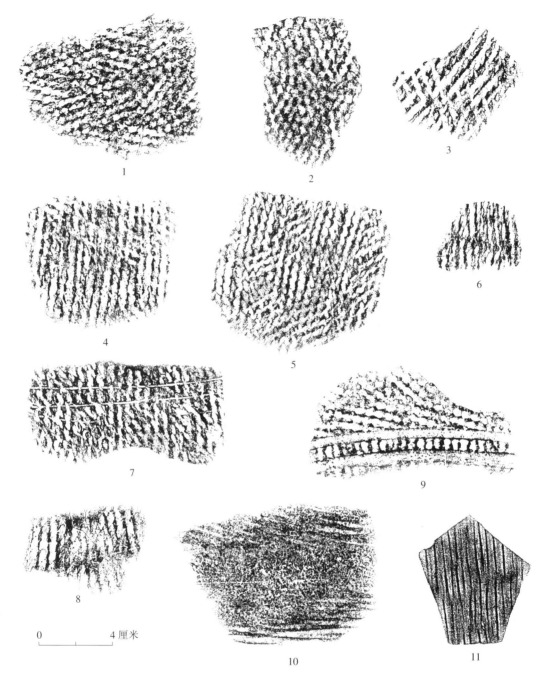

图三四二　河西马遗址陶器纹饰拓片

表四三　　　　　　　　　　　　　河西马遗址陶器陶质陶色纹饰统计表

| 陶系<br>纹饰 | 泥质 | | | | | 夹砂 | | | | | 合计 | 百分比<br>（%） |
|---|---|---|---|---|---|---|---|---|---|---|---|---|
| | 灰 | 红 | 褐 | 黑 | 黑皮 | 灰 | 红 | 褐 | 黑 | 黑皮 | | |
| 素面 | 7 | | | | | 6 | | 2 | | | 15 | 23.8 |
| 绳纹 | | | | | | 34 | | | | | 34 | 54 |
| 方格纹 | | | | | | 3 | | 1 | | | 4 | 6.3 |
| 篮纹 | 1 | | | | | 7 | | 1 | | | 9 | 14.3 |
| 红彩 | | 1 | | | | | | | | | 1 | 1.6 |
| 合计 | 8 | 1 | | | | 50 | | 4 | | | 63 | |
| 百分比（%） | 12.7 | 1.6 | | | | 79.4 | | 6.3 | | | | 100 |

标本 ZHXM：7，泥质灰陶。直口微敛，方唇，腹微鼓。器壁内外有一抹烧制痕迹，器壁内侧可见凌乱轮制痕迹。制作粗糙。素面，轮制。口径 21、残高 6.4、壁厚 0.8～1 厘米。（图三四四，8）

碗　共 2 件。

标本 ZHXM：44，泥质灰陶。敞口，尖唇，弧腹，腹壁内收。腹壁内外均磨光，轮制。口径 12.2、残高 4.1、壁厚 0.6 厘米。（图三四四，9）

标本 ZHXM：5，圈足。泥质灰陶。上部残，弧壁，仅存矮圈足。轮制。底径 6.2、残高 3、壁厚 0.3～0.5 厘米。（图三四四，10）

器盖　2 件。

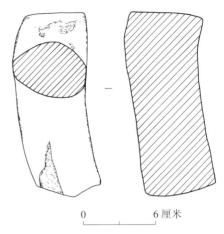

图三四三　河西马遗址出土石棒
（ZHXM：2）

标本 ZHXM：3，夹砂灰陶。敞口，方唇，斜壁内收，平底。器壁有竖向制作刮划纹，内壁隐约可见轮制痕迹，制作粗糙。轮制。口径 21.2、底径 6.6、高 6.8、壁厚 0.8～1.2 厘米。（图三四四，11）

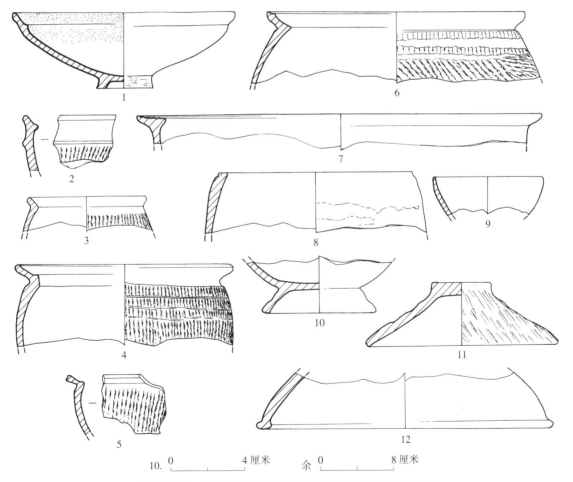

图三四四　河西马遗址出土仰韶文化晚期及龙山文化陶器

1. 敞口豆（ZHXM：1）　2. 鼎（ZHXM：9）　3～6. 罐（ZHXM：6、4、10、11）　7、8. 缸（ZHXM：12、7）　9. 碗（ZHXM：44）　10. 碗圈足（ZHXM：5）　11、12. 器盖（ZHXM：3、8）（1 为仰韶文化标本，余为龙山文化标本）

标本 ZHXM：8，泥质灰陶。圆唇，弧壁。器表磨光，轮制。口径 32.6、残高 6、壁厚 0.8 厘米。（图三四四，12）

### 八〇、曲梁遗址

（一）地理位置与自然环境

曲梁遗址位于河南省新密市曲梁乡曲梁村北，溱水及其支流环绕遗址，处于东、西、北三面河流交汇地带。遗址地理坐标为北纬 34°32.224′、东经 113°35.831′，海拔高度 155 米。编号为 80 号。（彩版一〇三，1）

曲梁遗址所在台地地势平坦，四周低缓。遗址主要分布在溱水及其支流东、北、西三面环绕的台地上。依据曲梁遗址文化层分布范围、陶片散布范围及遗址所在台地可知：东、南两面以勘探出文化层范围为界，西至溱水河沿断崖，北面以遗址所在台地地头断崖为界。遗址平面为不规则形，东西长约 370 米，南北长约 335 米，遗址面积约 10.72 万平方米。遗址所在台地面与其北侧现河道的高差约为 11 米，遗址地下遗迹范围距其西北侧河道断崖约 54 米，距其东北侧河道断崖约 105 米。（图三四五）

图三四五　曲梁遗址位置及探孔分布图

20 世纪 60 年代发现曲梁遗址，以后又经多次调查①。1988 年 3 月，北京大学考古系商周实习

---

① 魏殿臣、谷洛群：《密县古文化遗址概述》，《河南文博通讯》1980 年第 3 期。

组和郑州市文物工作队联合对其进行首次发掘，遗迹时代以河南龙山文化、二里头文化、商二里岗文化为主，其中以二里头文化堆积最为丰富①。2006 年 10 月新密市文物管理所文物普查时进行复查，2009 年溱洧流域聚落调查时再次复查。

依据对复查采集标本的观察，大部分为"新砦期"、二里头文化、二里岗文化者。

（二）地层堆积与文化遗存

**1. 地层堆积**

在遗址上布探孔 21 个（图三四六），其地层堆积情况如下：

1 号孔：位于遗址所在台地西北端。

①层：厚 0.3 米。土色黄，土质较软。耕土层。

②层：深 0.3 米，厚 0.7 米。土色灰，土质较软，结构一般。含有红烧土、炭灰。文化层。

③层：深 1 米，厚 2 米。土色黄灰，土质较软，结构一般。含有少量烧土颗粒、炭灰、水锈。不到底。文化层。

2 号孔：位于遗址所在台地北部。

①层：厚 0.3 米。土色黄，土质较软。耕土层。

②层：深 0.3 米，厚 0.4 米。土色黑，土质较硬，结构紧密。含有少量烧土颗粒、炭灰。文化层。

③层：深 0.7 米，厚 0.5 米。土色浅黑，土质较软，结构疏松。含有陶片、少量烧土颗粒。文化层。

④层：深 1.2 米，厚 0.5 米。土色浅黑，土质较软，结构疏松。无包含物，含砂。次生土。

深 1.7 米以下为黄白色生土层。

3 号孔：位于遗址所在台地西北部。

①层：厚 0.3 米。土色黄，土质较软。耕土层。

②层：深 0.3 米，厚 0.2 米。土色黄，结构疏松。含有红烧土颗粒、炭粒。扰土层。

③层：深 0.5 米，厚 0.7 米。土色褐，土质较软，结构一般。含有少量烧土颗粒、炭粒。文化层。

深 1.2 米以下为黄白色生土层。

4 号孔：位于遗址所在台地西部。

①层：厚 0.3 米。土色黄，土质较软。耕土层。

②层：深 0.3 米，厚 0.4 米。土色黄，结构疏松。含有红烧土颗粒、炭粒。扰土层。

③层：深 0.7 米，厚 0.7 米。土色灰，土质较软，结构一般。含有少量烧土颗粒、炭灰。灰坑土。

深 1.4 米以下为黄白色生土层。

5 号孔：位于遗址所在台地西端。

①层：厚 0.3 米。土色黄，土质较软。耕土层。

---

① 李维明：《试论曲梁、岔河夏商文化遗址的分期》，《华夏考古》1991 年第 2 期。

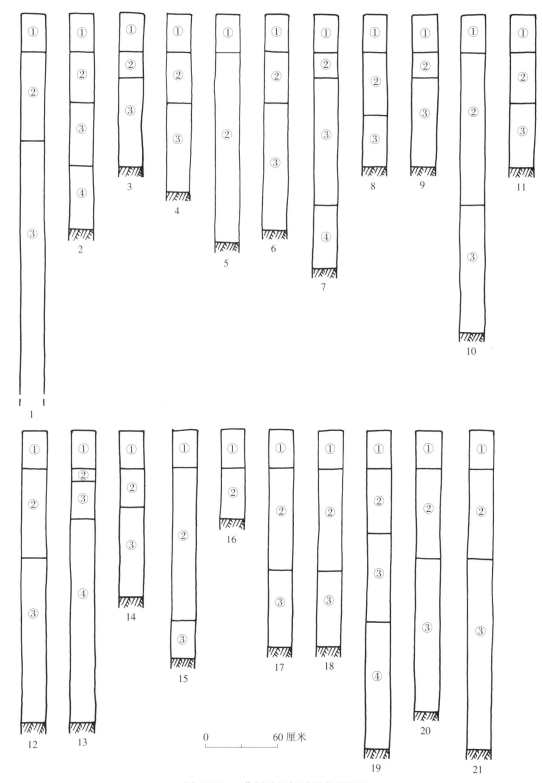

图三四六　曲梁遗址探孔柱状剖面图

②层：深0.3米，厚1.5米。土色灰，土质较软。含有烧土颗粒和较多炭灰。灰坑土。

深1.8米以下为黄白色生土层。

6号孔：位于遗址所在台地西南部。

①层：厚0.3米。土色黄，土质较软。耕土层。

②层：深 0.3 米，厚 0.4 米。土色黄，结构疏松。含有红烧土颗粒、炭粒。扰土层。

③层：深 0.7 米，厚 1 米。土色灰，土质较软，结构一般。含有烧土和较多炭灰。文化层。

深 1.7 米以下为黄白色生土层。

7 号孔：位于遗址所在台地西部。

①层：厚 0.3 米。土色黄，土质较软。耕土层。

②层：深 0.3 米，厚 0.2 米。土色黄，结构疏松。含有红烧土颗粒、炭粒。扰土层。

③层：深 0.5 米，厚 1 米。土色黑，土质较软，结构疏松。含有烧土颗粒。文化层。

④层：深 1.5 米，厚 0.5 米。土色灰褐，土质较软，结构疏松。含有炭灰。文化层。

深 2 米以下为黄白色生土层。

8 号孔：位于遗址所在台地中部。

①层：厚 0.3 米。土色黄，土质较软。耕土层。

②层：深 0.3 米，厚 0.5 米。土色黄，结构疏松。含有红烧土颗粒、炭粒。扰土层。

③层：深 0.8 米，厚 0.4 米。土色褐黄，土质较软。包含物较少。文化层。

深 1.2 米以下为黄白色生土层。

9 号孔：位于遗址所在台地西南部。

①层：厚 0.3 米。土色黄，土质较软。耕土层。

②层：深 0.3 米，厚 0.2 米。土色黄，结构疏松。含有红烧土颗粒、炭粒。扰土层。

③层：深 0.5 米，厚 0.7 米。土色黄褐，土质较软，结构一般。包含红烧土颗粒、炭灰。文化层。

深 1.2 米以下为黄白色生土层。

10 号孔：位于遗址所在台地西南端。

①层：厚 0.3 米。土色黄，土质较软。耕土层。

②层：深 0.3 米，厚 1.2 米。土色黄，结构疏松。含有红烧土颗粒、炭粒。扰土层。

③层：深 1.5 米，厚 1 米。土色褐，土质较软，结构疏松。包含物较少，有炭灰。文化层。

深 2.5 米以下为黄白色生土层。

11 号孔：位于遗址所在台地南部。

①层：厚 0.3 米。土色黄，土质较软。耕土层。

②层：深 0.3 米，厚 0.4 米。土色黄，结构疏松。含有红烧土颗粒、炭粒。扰土层。

③层：深 0.7 米，厚 0.5 米。土色褐，土质较软，结构疏松。包含物较少，有炭灰。文化层。

深 1.2 米以下为黄白色生土层。

12 号孔：位于遗址所在台地中部。

①层：厚 0.3 米。土色黄，土质较软。耕土层。

②层：深 0.3 米，厚 0.7 米。土色黄，结构疏松。含有红烧土颗粒、炭粒。扰土层。

③层：深 1 米，厚 1.3 米。土色灰褐，土质较软，结构疏松。包含红烧土、炭灰。文化层。

深 2.3 米以下为黄白色生土层。

13 号孔：位于遗址所在台地东南部。

①层：厚 0.3 米。土色黄，土质较软。耕土层。

②层：深 0.3 米，厚为 0.1 米。土色黄，结构疏松。含有红烧土颗粒、炭粒。扰土层。

③层：深 0.4 米，厚 0.3 米。土色灰褐，土质较软，结构一般。含有少量炭粒。文化层。

④层：深 0.7 米，厚 1.6 米。土色灰，土质较软，结构一般。含有炭灰、红烧土颗粒。灰坑土。

深 2.3 米以下为黄白色生土层。

14 号孔：位于遗址所在台地北部。

①层：厚 0.3 米。土色黄，土质较软。耕土层。

②层：深 0.3 米，厚 0.3 米。土色黄，结构疏松。含有红烧土颗粒、炭粒。扰土层。

③层：深 0.6 米，厚 0.7 米。土色黑，土质较硬，结构紧密。含有炭灰、红烧土颗粒。文化层。

深 1.3 米以下为黄白色生土层。

15 号孔：位于遗址所在台地东部。

①层：厚 0.3 米。土色黄，结构疏松。耕土层。

②层：深 0.3 米，厚 1.2 米。土色黄，结构疏松。含有红烧土颗粒、炭粒。扰土层。

③层：深 1.5 米，厚 0.3 米。土色灰褐，土质较软。文化层。

深 1.8 米以下为黄白色生土层。

16 号孔：位于遗址所在台地东北部。

①层：厚 0.3 米。土色黄，土质较软。耕土层。

②层：深 0.3 米，厚 0.4 米。土色褐，土质较硬，结构紧密。包含红烧土颗粒、炭灰。文化层。

深 0.7 米以下为黄白色生土层。

17 号孔：位于遗址所在台地东南部。

①层：厚 0.3 米。土色黄，土质较软。耕土层。

②层：深 0.3 米，厚 0.8 米。土色黄，结构疏松。含有红烧土颗粒、炭粒。扰土层。

③层：深 1.1 米，厚 0.6 米。土色灰褐，土质较软，结构一般。包含烧土颗粒、炭灰。文化层。

深 1.7 米以下为黄白色生土层。

18 号孔：位于遗址所在台地东南部。

①层：厚 0.3 米。土色黄，土质较软。耕土层。

②层：深 0.3 米，厚 0.8 米。土色黄，结构疏松。含有红烧土颗粒、炭粒。扰土层。

③层：深 1.1 米，厚 0.6 米。土色灰褐，土质较软，结构一般。包含烧土颗粒、炭灰。文化层。

深 1.7 米以下为黄白色生土层。

19 号孔：位于遗址所在台地东南端。

①层：厚 0.3 米。土色黄，土质较软。耕土层。

②层：深 0.3 米，厚 0.5 米。土色黄，结构疏松。含有红烧土颗粒、炭粒。扰土层。

③层：深 0.8 米，厚 0.7 米。土色深褐，土质较硬，结构紧密。含有少量红烧土颗粒、炭灰。文化层。

④层：深 1.5 米，厚 1 米。土色黄褐，土质较软，结构疏松。含有少量红烧颗粒、炭灰。文化层。

深 2.5 米以下为黄白色生土层。

20 号孔：位于遗址所在台地东南端。

①层：厚 0.3 米。土色黄，土质较软。耕土层。

②层：深 0.3 米，厚 0.7 米。土色黄，结构疏松。含有红烧土颗粒、炭粒。扰土层。

③层：深 1 米，厚 1.2 米。土色灰褐，土质较软，有黏性，结构一般。包含少量烧土颗粒、炭灰。文化层。

深 2.2 米以下为黄白色生土层。

21 号孔：位于遗址所在台地东南部。

①层：厚 0.3 米。土色黄，土质较软。耕土层。

②层：深 0.3 米，厚 0.7 米。土色黄，结构疏松。含有红烧土颗粒、炭粒。扰土层。

③层：深 1 米，厚 1.5 米。土色深褐，土质一般，结构紧密。含有少量红烧土颗粒、炭灰。文化层。

深 2.5 米以下为黄白色生土层。

依据勘探钻孔地层堆积情况，遗址文化层上覆盖有耕土及厚度 0.1 米到 1.2 米不等的扰土层；遗址北部 1 号、2 号、5 号、16 号探孔所在的遗址边缘区域受土地平整的破坏，耕土层下即见文化层；1～5 号、7 号、8 号、12 号、14 号探孔所在遗址西北部区域为文化层最丰富处，文化层最厚可达 2 米，依据土质土色可分为三层文化层，文化层在 5 号、7 号区域相对较薄，有灰坑遗迹叠压文化层和单独灰坑遗迹的情况；18 号、21 号探孔所在区域文化层也较厚，最厚可达 1.5 米，此区域周围的 13 号、17 号、19 号、20 号探孔所在的遗址东南部区域文化层渐薄；6 号、9 号、10 号探孔所在的遗址西南部区域文化层一般，厚度在 0.7 米到 1 米之间，文化层多为一层；其余探孔所在区域文化层较单薄。

### 2. 文化遗存

（1）遗迹

20 世纪 60 代发现曲梁遗址时，在该遗址中部南北向冲沟断崖两侧发现有灰坑和文化层（彩版一〇三，2）。文化层厚约 1.9 米，分布区域较大，填土为褐灰土，夹有红烧土颗粒、炭粒，包含有陶片、兽骨等遗物。1988 年进行首次发掘，发掘总面积 285 平方米。清理灰坑 30 个，其中二里头文化灰坑 25 个，商文化灰坑 5 个；墓葬 2 座，水井 2 个[①]。

（2）遗物

曲梁遗址共采集遗物标本 123 件，可辨器形的标本中有玉器 1 件、石器 23 件、陶器 48 件，其中陶器种类有鼎、罐、甑、瓮、尊、鬲、斝、盆、器盖等。（表四四、四五）根据采集标本的器形

---

① 北京大学考古文博学院：《河南新密曲梁遗址 1988 年春发掘报告》，《考古学报》2003 年第 1 期。

形制特征及纹饰特征（图三四七、三四八），可分为"新砦期"、二里头文化、二里岗文化。

**表四四　　　　　　　　　　曲梁遗址陶器陶质陶色纹饰统计表**

| 纹饰＼陶系 | 泥质 | | | | | | 夹砂 | | | | | 合计 | 百分比（%） |
|---|---|---|---|---|---|---|---|---|---|---|---|---|---|
| | 灰 | 红 | 褐 | 黑 | 黑皮 | 黄色 | 灰 | 红 | 褐 | 黑 | 黑皮 | | |
| 素面 | 13 | 1 | 5 | 1 | 6 | | 13 | | 1 | 2 | 1 | 43 | 35 |
| 绳纹 | 20 | | 2 | 1 | | | 39 | | 5 | | | 67 | 54.5 |
| 方格纹 | | | | | | | | | 1 | | | 1 | 0.8 |
| 凹弦纹 | 1 | | | | 1 | | 2 | | | | | 4 | 3.3 |
| 绳纹＋凹弦纹 | 1 | | | | | | 1 | | | | | 2 | 1.6 |
| 凹弦纹＋云雷纹 | 1 | | | | | | | | | | | 1 | 0.8 |
| 绳纹＋附加堆纹 | | | | | | | 2 | | | | | 2 | 1.6 |
| 花边纹 | | | | | | | 1 | | | | | 1 | 0.8 |
| 附加堆纹 | 1 | | | | | | | | | | | 1 | 0.8 |
| 凸弦纹 | 1 | | | | | | | | | | | 1 | 0.8 |
| 合计 | 38 | 1 | 7 | 2 | 7 | | 58 | | 7 | 2 | 1 | 123 | |
| 百分比（%） | 30.9 | 0.8 | 5.7 | 1.6 | 5.7 | | 47.2 | | 5.7 | 1.6 | 0.8 | | 100 |

**表四五　　　　　　　　　　曲梁遗址陶器器类统计表**

| 器类＼陶系 | 泥质 | | | | | | 夹砂 | | | | | 合计 | 百分比（%） |
|---|---|---|---|---|---|---|---|---|---|---|---|---|---|
| | 灰 | 红 | 褐 | 黑褐 | 黑 | 黑皮 | 灰 | 红 | 褐 | 黑 | 黑皮 | | |
| 鼎足 | | | 1 | | | | 1 | | | | | 2 | 4.2 |
| 罐 | 5 | | | | 1 | | 10 | | 2 | | | 18 | 37.5 |
| 鬲 | | | | | | | 8 | | | | | 8 | 16.7 |
| 鬶足 | | | | | | | 1 | | 1 | | | 2 | 4.2 |
| 尊 | 1 | | | | 1 | | | | | | | 2 | 4.2 |
| 甗 | | | | | | | 1 | | | | | 1 | 2.1 |
| 甑 | 1 | | | | | | | | | | | 1 | 2.1 |
| 盆 | 5 | | | | | | | | | | | 5 | 10.4 |
| 豆柄 | | | 2 | | | | | | | | | 2 | 4.2 |
| 瓮 | 2 | | | | | | | | | | | 2 | 4.2 |
| 缸 | 1 | | | | | | | | | | | 1 | 2.1 |
| 簋 | 1 | | | | | | | | | | | 1 | 2.1 |
| 器盖 | | | 1 | | | 2 | | | | | | 3 | 6.3 |
| 合计 | 16 | | 2 | 2 | 2 | 2 | 21 | | 3 | | | 48 | |
| 百分比（%） | 33.3 | | 4.2 | 4.2 | 4.2 | 4.2 | 43.8 | | 6.3 | | | | |

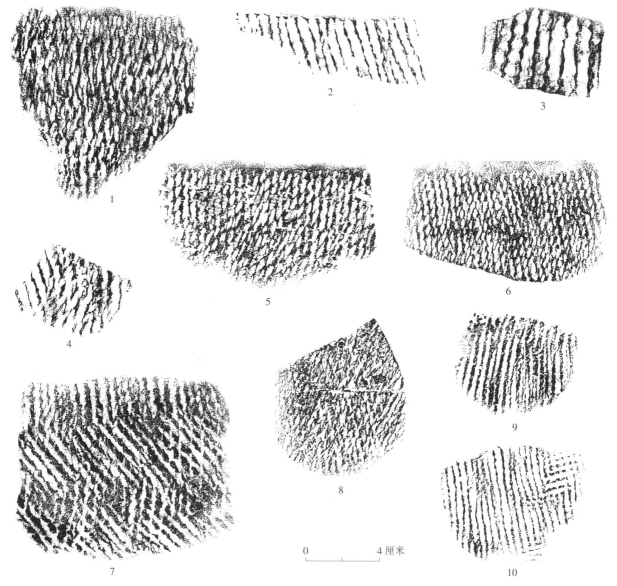

图三四七　曲梁遗址陶器纹饰拓片

1）玉器标本

玉柄形器　标本 ZQL：167，白色。长条尖戈状，尖残，平顶略弧，顶下内收。内收两端饰弦纹两周，一缘较厚，中部径一侧磨边较明显，另一侧略有磨边，另一缘中部两面均磨边，中部至顶端为最薄，通体磨光。磨制。长 14.9、背厚 0.6 厘米。（彩版一〇四，1；图三四九，1）

2）石器标本

石斧　4 件。

标本 ZQL：162，角闪石岩，黑色。扁圆体，圆角梯形，上端圆钝，下端为斜刃，系双面刃，刃部锋利，磨光。磨制。长 13.2、宽 7、厚 4 厘米。（彩版一〇五，3；图三四九，2）

标本 ZQL：160，辉绿岩，黑色。梯形圆角方柱体。上端残，下端双面刃，刃部锋利，磨光。磨制。长 10.3、宽 5.3、厚 4.3 厘米。（彩版一〇五，1；图三四九，3）

标本 ZQL：161，辉绿岩，青色。梯形，上端圆钝，下端平直，双面刃，刃部锋利，磨光。磨

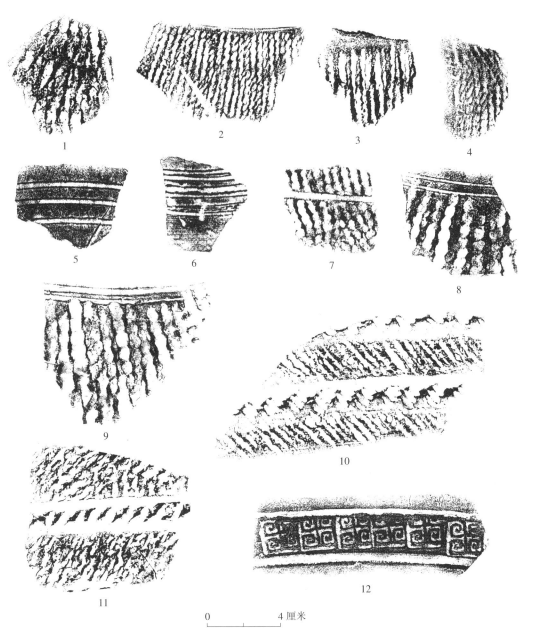

图三四八　曲梁遗址陶器纹饰拓片

制。长10.8、宽5.8、厚2.8厘米。（彩版一〇五，2；图三四九，4）

　　标本ZQL：165，辉绿岩，青色。上端已残，梯形。截面为圆角长方形，下端较平直，为双面刃，刃部锋利，磨光。磨制。残长14.5、宽7.5、厚4厘米。（彩版一〇五，4；图三四九，5）

　　石铲　8件。其中铲坯2件。

　　标本ZQL：64，长石石英片岩，青灰色。扁平状长方形，表面凹凸不平。素面，打磨兼制。半成品。长13.8、宽9.3、厚2.5厘米。（彩版一〇六，1；图三五〇，1）

　　标本ZQL：65，青色。扁平状长方形，上部及刃部残。磨制。残长12、宽12.5、厚2厘米。（彩版一〇六，2；图三五〇，2）

　　标本ZQL：66，灰色。残一半。扁平板状长方形，顶部残，弧形单面刃。刃部有使用痕迹。通

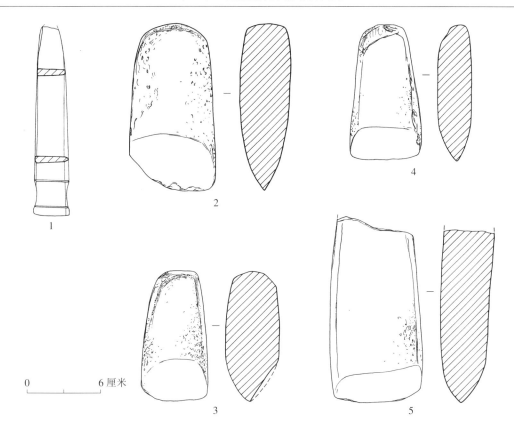

0　　　　6厘米

图三四九　曲梁遗址出土玉石器
1. 玉柄形器（ZQL：167）　2~5. 石斧（ZQL：162、160、161、165）

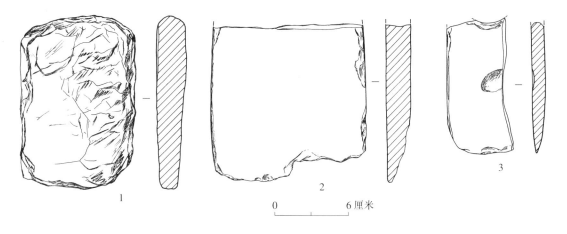

0　　　　6厘米

图三五〇　曲梁遗址出土石铲
1~3. ZQL：64、65、66

体磨光，磨制。残长11、残宽4.8、厚1厘米。（彩版一〇六，3；图三五〇，3）

标本ZQL：67，黑色。扁平状梯形，平顶略弧，弧形单面刃，刃部残缺。通体磨光。长14.1、残宽8.4、厚1.3厘米。（彩版一〇六，4；图三五一，1）

标本ZQL：154，长英质板岩，灰色。扁平体圆角梯形，上端残，下端单面刃，刃部锋利，磨光。磨制。长19.4、宽8.3、厚2.2厘米。（彩版一〇七，1；图三五一，2）

标本ZQL：157，石灰岩，灰色。扁平体梯形，上部已残，双面刃。现存石铲一面粗糙，一面

磨光。磨制。残长 17、宽 9.8、厚 1.5 厘米。（彩版一〇七，2；图三五一，4）

标本 ZQL：170，石灰岩，灰色。扁平体长方形，顶部已残，上部有凹槽，弧形单面刃，刃部锋利。磨制。残长 13.5、宽 8.5、厚 1.3 厘米。（彩版一〇八，1；图三五一，3）

标本 ZQL：68，石灰岩，灰色。长条形。四缘有打制痕迹，凹凸不平，两面磨光，为半成品。打磨兼制。长 30.6、宽 10.8 厘米。（彩版一〇六，5；图三五二）

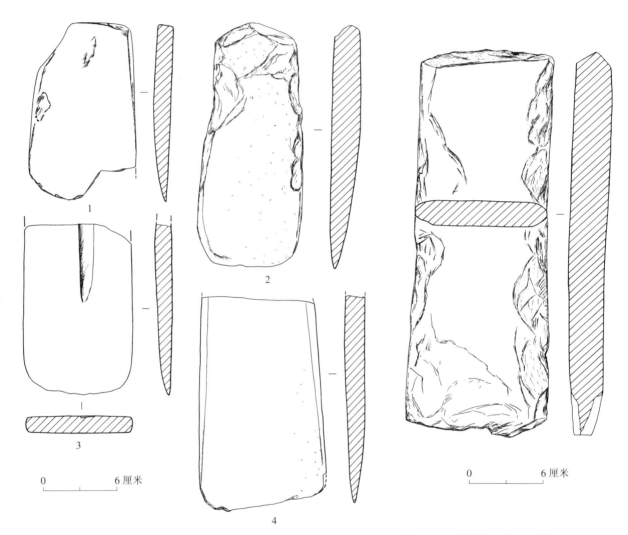

图三五一　曲梁遗址出土石铲
1～4. ZQL：67、154、170、157

图三五二　曲梁遗址出土石铲（ZQL：68）

石镰　5 件。

标本 ZQL：153，斜长角闪岩，青灰色。半月形，双面刃，刃部锋利，外侧较钝，已残，磨光。磨制。残长 12.5、宽 4.7、厚 1 厘米。（彩版一〇八，3；图三五三，1）

标本 ZQL：158，镁铁质凝灰岩，灰色。扁平体半月形，前端较尖，双面刃，磨光。磨制。残长 14、宽 5.2、厚 1.2 厘米。（彩版一〇九，2；图三五三，2）

标本 ZQL：164，斜长角闪岩，灰色。扁平体半月形，前端圆钝，单面刃，刃部锋利。磨光，磨制。长 13.8、宽 5.2、厚 0.9 厘米。（彩版一〇九，3；图三五三，3）

标本 ZQL：155，斜长角闪片麻岩，灰色。体扁平，半月形，前端残，单面刃，刃部锋利，稍

内凹。磨制。残长14.8、宽5.6、厚1厘米。（彩版一〇九，1；图三五三，4）

　　标本ZQL：168，砂质板岩，灰色。扁平体梯形，中间有一双面钻圆孔，双面刃，刃部内凹。磨光，磨制。长10.8、宽4.6、厚0.9厘米。（彩版一〇九，4；图三五三，5）

　　石刀　标本ZQL：166，硅质凝灰岩，黑色。长方形，两端已残，双面刃，刃部锋利。磨光，磨制。残长10、宽4.8、厚0.6厘米。（彩版一一〇，1；图三五三，6）

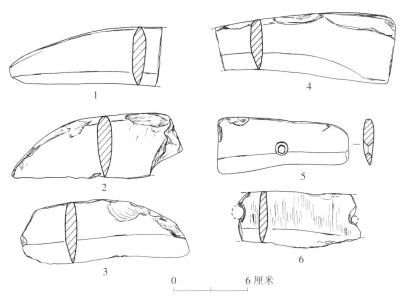

图三五三　曲梁遗址出土石器
1～5. 镰（ZQL：153、158、164、155、168）　　6. 刀（ZQL：166）

　　石锛　标本ZQL：159，斜长角闪岩，青色。扁平体梯形，中间有一圆孔，双面对钻，双面刃，刃部锋利。磨光，磨制。长10.9、宽7.5、厚2.4厘米。（彩版一〇八，2；图三五四，1）

　　石网坠　标本ZQL：156，石灰岩，灰色。扁平状长方形，上下两端整齐。左右两侧中部有对称的半圆形缺口，一面磨制平整，一面相对凸凹不平。磨制加打制。长8.7、宽10.2、厚0.8～1.2厘米。（彩版一一〇，2；图三五四，2）

　　石凿　2件。

　　标本ZQL：169，斜长角闪岩，青色。扁圆柱体，上粗下细，双面刃，刃稍钝。磨光，磨制。长9.5、宽3.4、厚2.8厘米。（彩版一一〇，3；图三五四，3）

　　标本ZQL：163，辉绿岩，黑色。长方形，上端粗钝，截面为圆角方形，双面刃，刃部锋利。磨光，磨制。长9.1、宽2.5、厚2.8厘米。（彩版一一〇，4；图三五四，4）

　　3）陶器标本

　　①"新砦期"标本

　　器盖　标本ZQL：5，泥质黑皮褐胎。倒喇叭纽，盖顶微鼓，边缘饰凹弦纹一周。折壁，壁较直，尖唇外撇。盖顶可见明显轮制痕迹。口径16.8、残高8.7、壁厚0.4～0.6厘米。（图三五四，5）

　　②二里头文化标本

　　鼎足　2件。

　　标本ZQL：9，夹砂灰陶。扁平三角形，外侧有按窝。手制。残高20厘米。（图三五五，1）

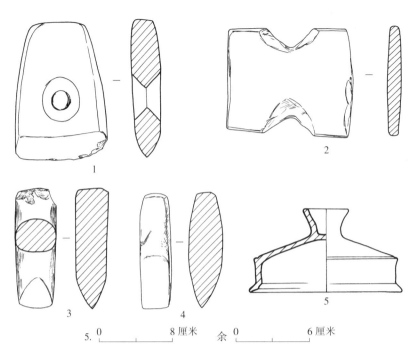

5. $\underset{0\quad\quad\quad\quad 8\,厘米}{\rule{3cm}{0.4pt}}$　余 $\underset{0\quad\quad\quad 6\,厘米}{\rule{2.5cm}{0.4pt}}$

图三五四　曲梁遗址出土石器及"新砦期"陶器
1. 石锛（ZQL：159）　2. 石网坠（ZQL：156）　3、4. 石凿（ZQL：169、163）　5. 陶器盖（ZQL：5）

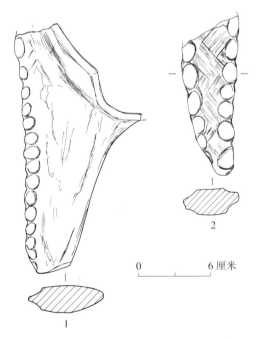

$\underset{0\quad\quad\quad\quad 6\,厘米}{\rule{3cm}{0.4pt}}$

图三五五　曲梁遗址出土二里头文化陶鼎足
1、2. ZQL：9、8

标本 ZQL：8，泥质褐陶。扁状三角形。一侧有竹席印纹，正、背两面均饰按窝纹。手制。残高 12.5厘米。（图三五五，2）

罐　共 15 件。

标本 ZQL：30，夹砂灰陶。圆唇，卷窄沿，鼓腹。腹饰竖绳纹。轮制。口径 16.8、残高 7.6、壁厚 0.6厘米。（图三五六，1）

标本 ZQL：1，泥质褐胎黑陶。敛口，圆唇，平折沿。素面，器壁内外可见轮制痕迹。口径 16.2、残高4.4、壁厚 0.6 厘米。（图三五六，2）

标本 ZQL：86，泥质灰陶。侈口，圆唇，折沿，内折棱凸出，鼓腹。沿面有一周凹槽，腹饰三周凹弦纹。器壁内外可见轮制痕迹，轮制。口径 18.4、残高3.8、壁厚 0.8 厘米。（图三五六，3）

标本 ZQL：38，夹细砂灰陶。侈口，方唇，卷沿，束颈，鼓腹。唇外侧有花边一周，腹饰横绳纹。轮制。口径 12、残高 6.6、壁厚 0.6 厘米。（图三五六，4）

标本 ZQL：40，泥质灰陶。方唇，卷沿，鼓腹。沿外侧饰花边一周，腹饰竖绳纹。轮制。口径13、残高 8、壁厚 0.4～0.6 厘米。（图三五六，5）

标本 ZQL：47，夹砂灰陶。方唇，卷沿，束颈，口外撇。唇下饰花边一周，腹饰绳纹。器壁内

外可见轮制痕迹。口径13.2、残高3.4、壁厚0.5厘米。（图三五六，6）

标本 ZQL：105，夹砂灰陶。侈口，方唇，卷沿，鼓腹。唇部有一周凹槽，沿下外部有一周抹痕，沿外饰绳纹，腹饰右斜绳纹。轮制。口径21.6、残高8、壁厚0.6～0.8厘米。（图三五六，7）

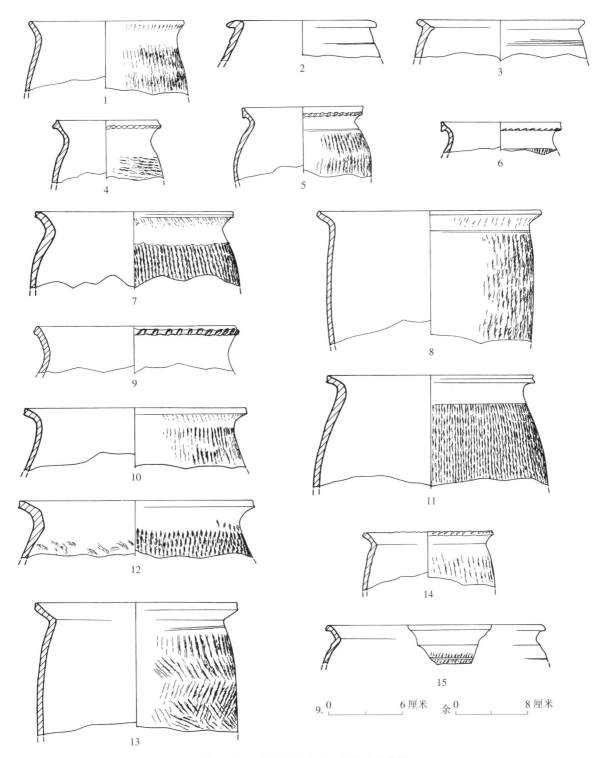

图三五六　曲梁遗址出土二里头文化陶罐

1～15. ZQL：30、1、86、38、40、47、105、7、51、36、101、102、27、34、35

标本 ZQL：7，夹砂褐陶。侈口，方唇，卷沿，直壁微鼓。沿下 1 厘米处见绳纹。轮制。口径 24.6、残高 14.2、壁厚 0.6 厘米。（图三五六，8）

标本 ZQL：51，夹砂灰陶。方唇，卷沿。唇外饰花边一周。轮制。口径 16.7、高 3.7、壁厚 0.5 厘米。（图三五六，9）

标本 ZQL：36，夹砂灰陶。方唇，卷沿，鼓腹。唇面有一周凹槽，腹饰竖绳纹。轮制。口径 24.2、残高 6.5、壁厚 0.6 厘米。（图三五六，10）

标本 ZQL：101，夹砂灰陶。侈口，方唇，卷沿，鼓腹。唇部有凹槽，腹饰竖绳纹。轮制。口径 23、残高 11.8、壁厚 0.7～0.9 厘米。（图三五六，11）

标本 ZQL：102，夹砂灰陶。侈口，方唇，卷沿，鼓腹。唇部有一周凹槽，腹饰竖绳纹。器壁内较粗糙，沿面内外可见轮制痕迹，轮制。口径 25.8、残高 6、壁厚 0.6～0.8 厘米。（图三五六，12）

标本 ZQL：27，夹砂褐陶。侈口，方唇，卷沿，直腹略弧。沿下 1 厘米处饰竖绳纹，腹饰直粗绳纹，间有斜绳纹。轮制。口径 22、残高 14、壁厚 0.8 厘米。（图三五六，13）

标本 ZQL：34，夹砂灰陶。方唇，折沿，鼓腹。唇部饰压印纹，腹饰绳纹。轮制。口径 14.4、残高 6.2、壁厚 0.6 厘米。（图三五六，14）

标本 ZQL：35，泥质灰陶。方唇外撇，折沿，内折棱明显，鼓腹。腹饰竖绳纹。器壁内及沿面可见轮制痕迹。口径 24、残高 4.2、壁厚 0.5 厘米。（图三五六，15）

尊　标本 ZQL：26，泥质黑陶。侈口，卷沿，圆唇外撇，高颈，领肩交接处起棱，鼓肩。肩下饰竖绳纹。轮制。口径 25.4、残高 15.5、壁厚 0.6～0.8 厘米。（图三五七，1）

簋　标本 ZQL：25，泥质灰陶。仅存圈足。喇叭状口，方唇，唇外侧加厚。圈足中部饰一周凸弦纹。器壁内外可见轮制痕迹。圈足径 13.2、残高 8.2、壁厚 0.6～0.9 厘米。（图三五七，2）

甑底　标本 ZQL：4，泥质灰陶。斜壁，平底。底与壁上有数个圆孔。素面，轮制。底径 10.2、残高 3、厚 0.6 厘米。（图三五七，3）

盆　共 2 件。

标本 ZQL：85，泥质灰陶。方唇外撇，卷沿，弧腹。腹饰竖绳纹。器壁内外可见轮制痕迹，轮制。口径 22.4、残高 8.4、壁厚 0.6～0.8 厘米。（图三五七，4）

标本 ZQL：3，泥质灰陶。直口，方唇，矮领，鼓腹。唇面上有一周凹槽，腹部有两周凹弦纹。轮制痕迹明显。残高 10.2、壁厚 0.5～0.7 厘米。（图三五七，5）

豆柄　2 件。

标本 ZQL：24，泥质黑褐陶。圆筒状，中部内束。颈上饰两周凹弦纹，凹弦纹上部有一对穿孔。轮制。残高 9、壁厚 0.8～1 厘米。（图三五七，6）

标本 ZQL：29，泥质黑皮褐陶。圆筒形。器表磨光，轮制。残高 12.5、壁厚 1 厘米。（图三五七，7）

器盖　2 件。

标本 ZQL：2，泥质黑皮陶。敞口，尖圆唇，折沿，沿面略鼓，斜壁。器表磨光，素面，器壁内外可见轮制痕迹。

标本 ZQL：142，泥质褐陶。喇叭状，尖唇，唇上部加厚，有凸棱。轮制。

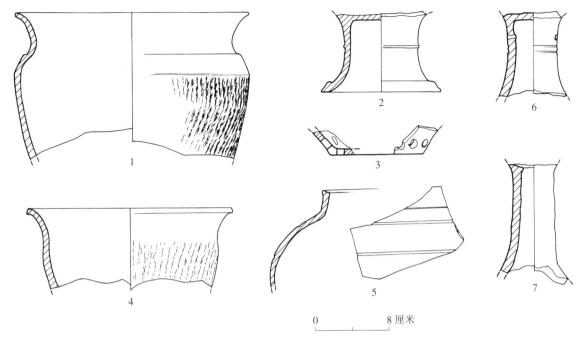

图三五七　曲梁遗址出土二里头文化陶器

1. 尊（ZQL：26）　2. 簋（ZQL：25）　3. 甑底（ZQL：4）　4、5. 盆（ZQL：85、3）　6、7. 豆柄（ZQL：24、29）

③二里岗文化标本

鬲　共8件。

标本ZQL：17，夹细砂灰陶。侈口，尖唇，方沿，沿部下垂。唇内侧上端有一周凹槽，内折棱明显。沿下2厘米处有凹弦纹两周，部分区域为一周，下接粗绳纹。轮制。口径14.4、残高8.8、壁厚0.4~0.6厘米。（图三五八，1）

标本ZQL：18，夹细砂灰陶。侈口，尖唇，方沿，沿部下垂，沿面内凹。唇内侧上端有一周凹槽，内折棱明显。沿下有凹弦纹两周，下接粗绳纹。轮制。口径17.2、残高7.6、壁厚0.5~0.7厘米。（图三五八，2）

标本ZQL：19，夹细砂灰陶。盘形口，方唇，唇内凹下垂，内折棱明显，鼓腹。沿面近唇部有一周凹槽，腹饰粗绳纹。轮制。口径18、残高6.4、壁厚0.4~0.6厘米。（图三五八，3）

标本ZQL：149，夹砂灰陶。盘形口，圆唇，折沿，鼓腹。唇下饰一周凸棱，腹饰右斜绳纹。轮制。口径18.4、残高14.2、壁厚0.4~0.8厘米。（图三五八，4）

标本ZQL：45，夹细砂灰陶。方唇，唇上翘下垂，唇面微凸，卷沿，鼓腹。腹饰右斜绳纹。轮制。口径20、残高4、壁厚0.6厘米。（图三五八，5）

标本ZQL：20，夹细砂红陶。盘形口，方唇，唇部上翘下垂，唇面微凸，鼓腹。腹饰粗绳纹。口径18、残高5、壁厚0.5厘米。（图三五八，6）

标本ZQL：33，夹砂灰陶。上下唇凸出，折沿，腹稍鼓。腹饰两周凹弦纹和竖粗绳纹。轮制。口径18、残高8、壁厚0.5厘米。（图三五八，7）

标本ZQL：11，夹砂灰陶。袋足，残有部分裆部。袋足饰绳纹，足尖素面。手制。残高10厘米。（图三五八，8）

罐　共3件。

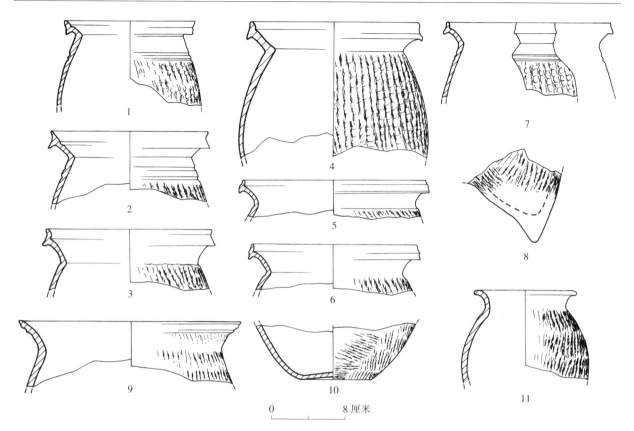

图三五八　曲梁遗址出土二里岗文化陶器

1～7. 鬲（ZQL：17、18、19、149、45、20、33）　8. 鬲足（ZQL：11）　9、11. 罐（ZQL：42、22）　10. 罐底（ZQL：31）

标本 ZQL：22，泥质灰陶。圆唇外撇，卷沿，矮束领，鼓腹。腹饰绳纹。轮制。口径 11.2、残高 9.4、壁厚 0.6 厘米。（图三五八，11）

标本 ZQL：42，夹砂灰陶。尖唇，卷沿，鼓腹。唇外沿下有凸弦纹一周，腹饰竖绳纹。轮制。口径 24.2、残高 6.8、壁厚 0.8 厘米。（图三五八，9）

标本 ZQL：31，罐底。泥质灰陶。斜腹内收至小底，微凹。下腹饰绳纹，器壁内有按窝。轮制。底径 7.6、残高 5.8、壁厚 0.4～0.6 厘米。（图三五八，10）

罩　标本 ZQL：49，夹砂灰陶。敛口，折肩，腹部内弧。肩部饰凹弦纹一周，腹部饰凹弦纹三周。轮制。口径 12.3、残高 6、壁厚 0.5 厘米。（图三五九，1）

罩足　2 件。

标本 ZQL：39，夹砂灰陶。锥状实足。足上部饰竖绳纹。手制。残高 10.5 厘米。（图三五九，2）

标本 ZQL：57，夹砂褐陶。锥状实足。素面，手制。残高 4.1 厘米。（图三五九，3）

大口尊　标本 ZQL：150，泥质灰陶。敞口，尖唇，折沿，有折棱，斜壁内收。轮制。口径 33.2、残高 7.2、厚 0.6～0.8 厘米（图三五九，4）

盆　4 件。

标本 ZQL：48，泥质灰陶。直口，方唇较厚，折沿。折沿处有凹槽一周，沿下 2 厘米处有条状附加堆纹一周。器壁内外可见轮制痕迹。口径 36.2、残高 8、壁厚 0.8 厘米。（图三五九，5）

标本 ZQL：6，泥质灰陶。侈口，方唇，卷沿，弧腹。沿下 3 厘米处见细绳纹，饰鸡冠耳，鸡冠

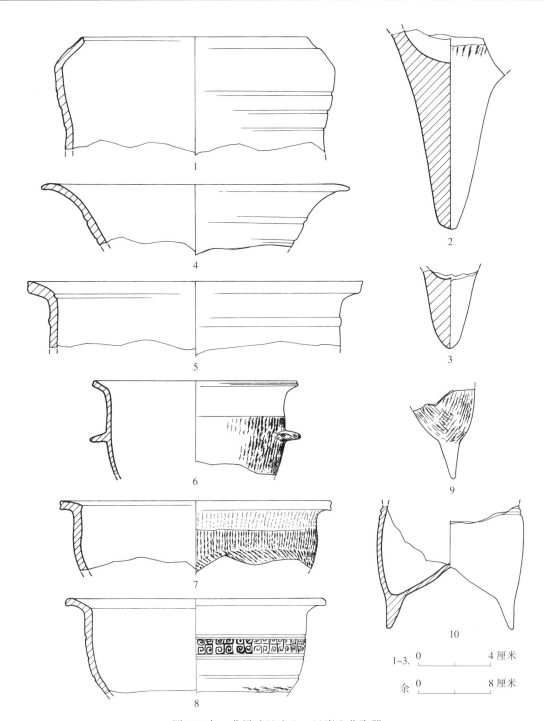

图三五九　曲梁遗址出土二里岗文化陶器

1. 斝（ZQL：49）　　2、3. 斝足（ZQL：39、57）　　4. 大口尊（ZQL：150）　　5～8. 盆（ZQL：48、6、107、13）
9、10. 甗足（ZQL：12、23）

耳为手制。器壁内外可见轮制痕迹。口径22.4、残高9.6、壁厚0.6～0.8厘米。（图三五九，6）

标本 ZQL：107，泥质灰陶。方唇，唇部有凹槽，折沿，沿面微鼓，内折棱明显，直腹。沿上部饰一周凹弦纹，沿下2厘米处饰竖绳纹，领上有制作刮划痕迹，腹内有一周抹痕。器壁内外可见明显轮制痕迹。磨光，轮制。口径29.2、残高7.2、壁厚0.8厘米。（图三五九，7）

标本 ZQL：13，泥质灰陶。侈口，圆唇，弧腹。腹部有凹弦纹三周，上部弦纹间饰有云雷纹两

排。轮制。口径28.4、残高10.2、壁厚0.6~0.8厘米。（图三五九，8）

鬲足　2件。

标本 ZQL：12，夹砂灰陶。袋足，锥状足尖。袋足饰绳纹，足尖素面。手制。残高9.4厘米。（图三五九，9）

标本 ZQL：23，夹砂灰陶。袋足，锥状足尖。均素面。手制。残高12.6厘米。（图三五九，10）

瓮　2件。

标本 ZQL：54，泥质灰陶。敛口，方唇，矮领，广肩。唇外侧饰凹槽一周，领部有凸棱。素面，器壁内外可见轮制痕迹。口径18.1、残高3.3、壁厚1.0厘米。（图三六〇，1）

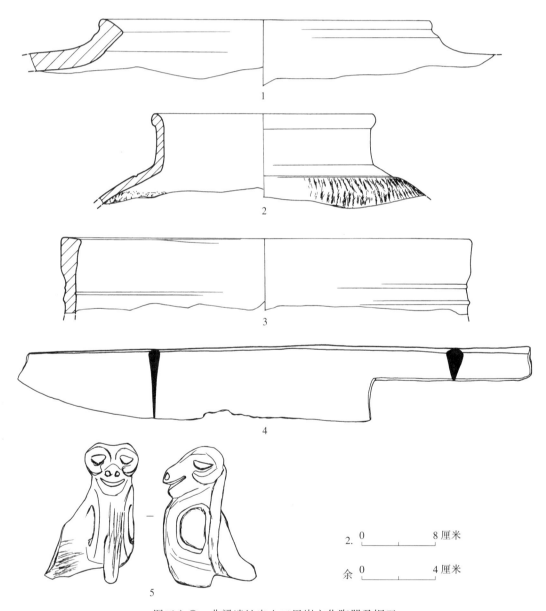

2. 0 ⊢——⊣ 8厘米

余 0 ⊢——⊣ 4厘米

图三六〇　曲梁遗址出土二里岗文化陶器及铜刀

1、2. 陶瓮（ZQL：54、21）　3. 陶大口缸（ZQL：52）　4. 铜刀（ZQL：171）　5. 陶羊头器纽（ZQL：14）

标本 ZQL：21，泥质灰陶。直口，圆唇外撇，高领，弧肩。肩饰一周凹弦纹，下饰绳纹。领内外可见轮制痕迹。口径 24.4、残高 10、壁厚 0.6～0.8 厘米。（图三六〇，2）

大口缸　标本 ZQL：52，泥质灰陶。直口，方唇，唇部较厚。口沿下饰凸弦纹一周。器壁内外轮制痕迹明显。口径 22.5、残高 4、壁厚 0.6～0.8 厘米。（图三六〇，3）

羊头器纽　标本 ZQL：14，泥质黑皮褐胎。簋腹上器纽。纽环上饰绵羊头一个，口微张，环下饰坠。手制。残高 7.7 厘米。（彩版一〇四，2；图三六〇，5）

另外，新密市博物馆馆藏有铜刀 1 件。

标本 ZQL：171，带长把长条形，双面刃，刃部锋利，略有残缺，刀把及刀体横截面均为长三角形。磨光。长 28.1、宽 4 厘米。（彩版一〇三，3；图三六〇，4）

## 八一、下牛遗址

### （一）遗址地理位置与概况

下牛遗址位于河南省新密市东南曲梁乡下牛村东北，处于东面溱水、北侧溱水支流二流交汇地带，地势平坦。遗址地理坐标为北纬 34°31.187′、东经 113°25.129′，海拔高度 152 米。编号为81 号。（彩版一一一，1）

下牛遗址所在台地地势为西北高东南低，后经平整形成一级级的梯田。溱水主流在遗址东侧流过，遗址北面有一东西向冲沟向东汇于溱水，遗址处于二流交汇所夹的二级梯田的临河台地上，面积较大，地势平缓。依据遗址文化层所在台地及陶片分布范围可知：遗址东止于溱水上曲梁水库河沿断崖，西至南北向窦沟路，南至下牛村民居，以村北沿东西向冲沟为界，北止于溱水东西向支流河沿断崖。下牛遗址受早年砖厂取土的破坏，遗址中部大部分区域已经不存，残存东、西两部分，西部分基本呈方形，东西、南北长度均约 60 米，面积约 0.36 万平方米；东部分基本呈东西向长方形，东西长约 280 米，南北长约 53 米，面积约 1.68 万平方米；受取土破坏影响，下牛遗址现残存面积约 2 万平方米。如果将东、西两部分相连，加上被砖厂破坏掉的中间区域，遗址为西北—东南向不规则形，西北—东南向长约 680 米，东北—西南向长约 162 米，则此面积估计值为 6.89 万平方米。遗址所在台地面与其北侧现河道的高差约为 7 米，遗址地下遗迹范围紧临其北侧河道断崖。（图三六一）

该遗址以往未见著录或公布，2006 年 10 月新密市文物管理所文物普查时发现此遗址。后为配合郑石高速公路工程，由郑州市文物考古研究所在遗址的东南进行发掘，揭露面积 500 平方米，发掘清理遗迹有灰坑、墓葬等，出土遗物有陶器、石器、骨器等。2009 年溱洧流域聚落调查时复查。

依据对采集标本的观察，大部分时代为仰韶文化晚期、龙山文化、二里头文化及二里岗文化。

### （二）地层堆积与文化遗存

#### 1. 地层堆积

在遗址上布探孔 6 个（图三六二），其地层堆积情况如下：

1 号孔：位于遗址所在台地西北部。

①层：厚 0.3 米。土色黄，土质疏松。耕土层。

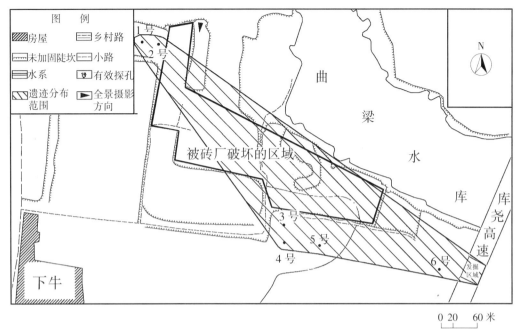

图三六一　下牛遗址位置及探孔分布图

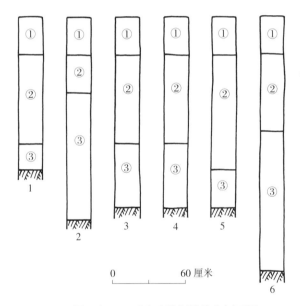

图三六二　下牛遗址探孔柱状剖面图

②层：深0.3米，厚0.7米。扰土层。

③层：深1米，厚0.2米。土色灰褐，土质疏松。含有少量红烧土颗粒、炭粒。文化层。

深1.2米以下为次生土层。

2号孔：位于遗址所在台地西北部。

①层：厚0.3米。土色黄，土质疏松。耕土层。

②层：深0.3米，厚0.3米。扰土层。

③层：深0.6米，厚1米。土色黄褐，土质疏松。含有大量红烧土、炭粒。文化层。

深1.6米以下为生土层。

3号孔：位于遗址所在台地南部。

①层：厚0.3米。土色黄，土质疏松。耕土层。

②层：深0.3米，厚0.7米。扰土层。

③层：深1米，厚0.5米。土色灰褐，土质疏松。含有红烧土颗粒、炭粒。文化层。

深1.5米以下为黄色生土层。

4号孔：位于遗址所在台地南部。

①层：厚0.3米。土色黄，土质疏松。耕土层。

②层：深0.3米，厚0.7米。扰土层。

③层：深1米，厚0.5米。文化层。

深1.5米以下为生土层。

5号孔：位于遗址所在台地南部。

①层：厚0.3米。土色黄，土质疏松。耕土层。

②层：深 0.3 米，厚 0.9 米。扰土层。

③层：深 1.2 米，厚 0.3 米。土色黄褐，土质疏松。出有陶片 1 片，含有砂、少量红烧土、炭粒。文化层。

深 1.5 米以下为生土层。

6 号孔：位于遗址所在台地东端。

①层：厚 0.3 米。土色黄，土质疏松。耕土层。

②层：深 0.3 米，厚 0.6 米。扰土层。

③层：深 0.9 米，厚 1.1 米。土色灰黑，土质疏松。含有红烧土、炭粒。灰坑土。

深 2 米以下为生土层。

依据勘探钻孔地层堆积情况，遗址文化层上覆盖有耕土及厚度 0.3 米到 0.9 米不等的扰土层。遗址中部原先建有一砖厂，砖厂取土将遗址中部完全破坏，现残存遗址西北部 1 号、2 号探孔所在台地和遗址东部 3～6 号探孔所在台地。6 号探孔东部即为南北向郑尧高速公路（原名郑石高速公路），2006 年郑州市文物考古研究所在高速公路经过部分进行发掘。遗址除 6 号探孔所在区域未发现文化层，仅发现灰坑遗迹外，其余探孔均发现有丰富程度一般的文化层，文化层厚度多为 0.2 米到 1 米左右，文化层较为单一，均为一层，其中 2 号探孔所在区域文化层最厚。

**2. 文化遗存**

（1）遗迹

2006 年发掘下牛遗址时，发掘灰坑 50 多个，绝大多数为口小底大的袋状坑，口径 1.2～1.8、底径 2.2～2.5、深 1.2～1.8 米。填土为深灰土，土质较软，结构一般，含有红烧土颗粒及炭粒，为一次性堆积，内含陶片较丰富。墓葬均为长方形土坑墓，一次单人仰身直肢葬，无葬具和随葬品[①]。（彩版一一一，2）

（2）遗物

下牛遗址共采集遗物标本 63 件。可辨器形的标本中有石器 2 件、陶器 21 件，其中陶器种类有罐、尊、盆、碗、瓮、缸、器盖等。另外采集有部分时代为仰韶文化晚期的陶钵残片，未作为标本描述。根据采集标本的器形形制特征及纹饰特征，可分为仰韶文化晚期、龙山文化、二里头文化及二里岗文化。（图三六三、三六四；表四六）

1）石器标本

石凿　标本 ZXN：20，辉绿岩，灰绿色。长方形，抹角斜顶，横截面呈圆角长方形，双面弧形刃。琢磨兼制。长 9.1、宽 4.6、厚 2.4 厘米。（彩版一一一，3；图三六五，1）

石坯　标本 ZXN：21，褐色。扁平板状，下部残。中部有一双面钻孔，未透穿，正、背均有一对应凹槽，为石铲半成品。打制。长 13.1、宽 7.5、厚 2.4 厘米。（彩版一一一，4；图三六五，2）

2）陶器标本

①仰韶文化标本

罐　3 件。

---

① 《郑州至石人山高速公路（郑州段）文物调查成果报告》（内部资料），2005 年 7 月。

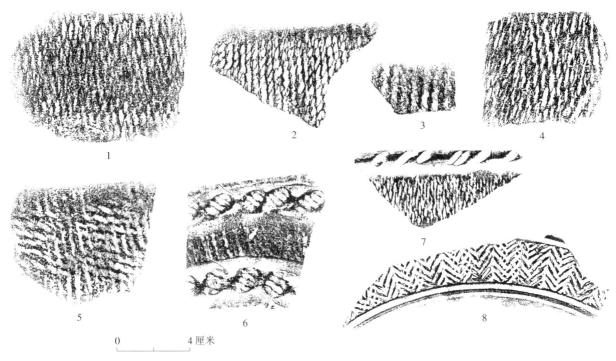

0　　　　4厘米

图三六三　下牛遗址陶器纹饰拓片

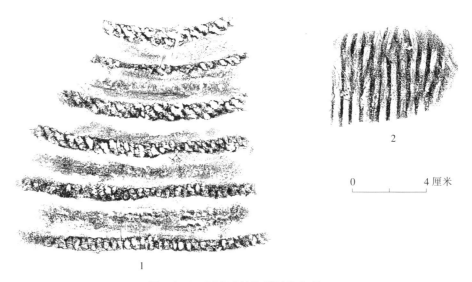

0　　　　4厘米

图三六四　下牛遗址陶器纹饰拓片

　　标本 ZXN：50，夹砂灰陶。侈口，尖唇，折沿，内折棱明显，鼓腹。沿上部有一周凸棱，腹饰竖粗绳纹。沿面及器壁隐约可见轮制痕迹。残高5、壁厚0.8厘米。（图三六六，1）

　　标本 ZXN：56，夹砂灰陶。此标本甚残。方唇，折沿。沿面内隐约可见轮制痕迹。素面。残高1.9、壁厚0.4～0.7厘米。（图三六六，2）

　　标本 ZXN：58，罐底。夹砂灰陶。斜壁内收，平底。腹壁饰竖绳纹，器壁上有一周抹痕。器壁内外制作较粗糙，轮制。残高4.2、壁厚0.5～0.7厘米。（图三六六，3）

　　盆底　标本 ZXN：59，泥质褐陶。斜壁内收，平底。素面，轮制。残高2.2、壁厚0.6厘米。（图三六六，4）

表四六　　　　　　　　　　　　　　下牛遗址陶器陶质陶色纹饰统计表

| 陶系 纹饰 | 泥质 | | | | | | 夹砂 | | | | | 合计 | 百分比（%） |
|---|---|---|---|---|---|---|---|---|---|---|---|---|---|
| | 灰 | 红 | 褐 | 黑 | 黑皮 | 黄色 | 灰 | 红 | 褐 | 黑 | 黑皮 | | |
| 素面 | 9 | 1 | 4 | 5 | 3 | | 4 | | 3 | 3 | 1 | 33 | 52.4 |
| 绳纹 | 1 | | | | | | 6 | 3 | 7 | 2 | | 19 | 30.2 |
| 线纹 | | | | | | | | | | | | | |
| 彩陶 | | | | | | | | | | | | | |
| 凹旋纹 | 1 | | | 1 | | | | | | 1 | | 3 | 4.8 |
| 附加堆纹 | 1 | | | | | | | | 1 | | | 2 | 3.2 |
| 绳纹＋附加堆纹 | 2 | | | | | | 2 | | 2 | | | 6 | 9.5 |
| 合计 | 14 | 1 | 4 | 5 | 4 | | 12 | 3 | 13 | 6 | 1 | 63 | |
| 百分比（%） | 22.2 | 1.6 | 6.3 | 7.9 | 6.3 | | 19 | 4.8 | 20.6 | 9.5 | 1.6 | | 100 |

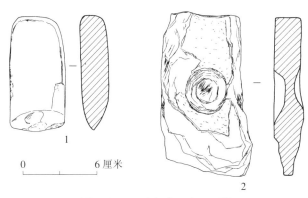

图三六五　下牛遗址出土石器
1. 石凿（ZXN：20）　　2. 石坯（ZXN：21）

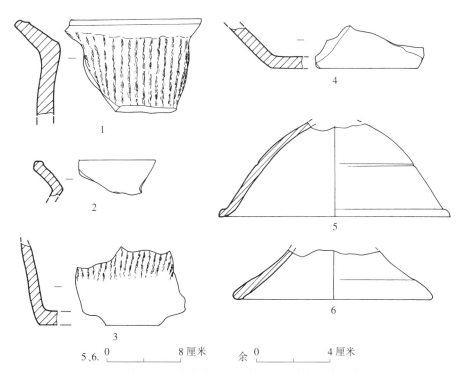

图三六六　下牛遗址出土仰韶文化晚期及龙山文化陶器
1、2. 罐（ZXN：50、56）　3. 罐底（ZXN：58）　4. 盆底（ZXN：59）　5、6. 器盖（ZXN：36、51）
（6 为龙山文化标本，余为仰韶文化标本）

器盖 标本 ZXN：36，泥质黑皮褐胎。尖唇，外侧加厚，弧壁。腹中部有凹弦纹一周。轮制。口径 25.2、残高 10、壁厚 0.7～0.9 厘米。（图三六六，5）

②龙山文化标本

器盖 标本 ZXN：51，夹砂黑陶。喇叭口状，圆唇，斜壁。壁上较粗糙，器壁内可见轮制痕迹。素面，轮制。口径 22、残高 5.2、壁厚 0.5～0.8 厘米。（图三六六，6）

③二里头文化标本

罐 共 5 件。

标本 ZXN：11，泥质黑陶。侈口，圆唇，折沿，鼓腹。素面，器壁内外可见轮制痕迹。口径 18.4、残高 4.5、壁厚 0.6 厘米。（图三六七，1）

标本 ZXN：6，夹砂黑陶。方唇，卷沿，鼓腹。腹部饰竖绳纹。轮制。残高 11.2、壁厚 0.6～0.8 厘米。（图三六七，2）

标本 ZXN：7，夹砂褐陶。侈口，方唇，卷沿，弧腹。沿下饰竖绳纹。器表抹有烧灰痕迹。轮制。口径 24.6、残高 7.6、壁厚 0.7 厘米。（图三六七，3）

标本 ZXN：2，夹砂灰陶。直口微敛，方唇加厚，折沿，直腹。腹部饰绳纹。轮制。口径 24.2、残高 11、壁厚 0.5～0.7 厘米。（图三六七，4）

标本 ZXN：13，夹砂灰陶。侈口，尖唇，卷沿，深腹。腹饰右斜绳纹。轮制。口径 26.2、残高 8.6、壁厚 1 厘米。（图三六七，5）

瓮 2 件。

标本 ZXN：17，泥质黑皮褐胎。尖唇，高领，折肩。肩腹交接处下 3 厘米处有凹弦纹一周。轮制。口径 22.2、残高 10.8、壁厚 0.8 厘米。（图三六七，6）

标本 ZXN：4，夹细砂褐陶。尖圆唇，高领。素面，轮制。口径 22.2、残高 4.2、壁厚 0.7 厘米。（图三六七，7）

尊残片 标本 ZXN：5，夹砂黑皮褐胎。折肩，弧腹。腹饰凹弦纹四周。肩上及腹部可见轮制痕迹。残高 10.6、壁厚 0.5～0.7 厘米。（图三六七，8）

盆 标本 ZXN：15，泥质灰陶。直口，方唇，折沿，内折棱明显，直腹。腹上部饰鸡冠耳和一周附加堆纹。轮制。口径 34、残高 8.4、壁厚 0.8 厘米。（图三六七，9）

刻槽盆 标本 ZXN：8，泥质褐陶。腹部残片，形制不详。腹部内侧有刻槽，腹外饰模糊绳纹。轮制。残高 10、壁厚 0.7～0.9 厘米。（图三六七，10）

缸 标本 ZXN：10，夹砂褐陶。敞口，圆唇，弧腹。沿下饰附加堆纹，腹饰竖细绳纹。轮制。残高 8、壁厚 0.8 厘米。（图三六七，11）

鸡冠耳鬶 标本 ZXN：22，夹细砂褐陶。鸡冠耳鬶，鋬以上为素面，鋬下腹部饰竖绳纹。手制。残高 6.4 厘米。（图三六七，12）

④二里岗文化标本

罐 2 件。

标本 ZXN：12，夹砂灰陶。侈口，方唇，折沿，沿面略鼓，弧腹。腹饰交错绳纹。轮制。口径 20.4、残高 8、壁厚 0.6 厘米。（图三六八，1）

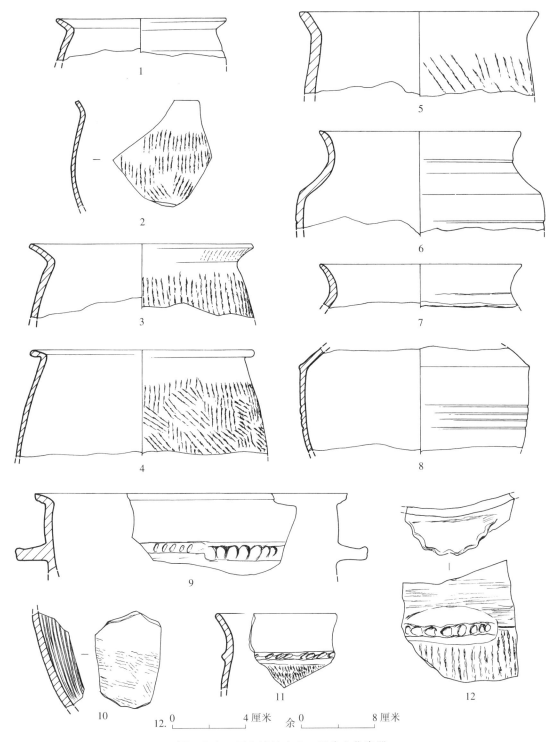

图三六七　下牛遗址出土二里头文化陶器

1~5. 罐（ZXN:11、6、7、2、13）　6、7. 瓮（ZXN:17、4）　8. 尊（ZXN:5）　9. 盆（ZXN:15）　10. 刻槽盆残片（ZXN:8）　11. 缸（ZXN:10）　12. 鸡冠耳鬶（ZXN:22）

标本 ZXN:30，夹砂灰陶。敞口，方唇，鼓腹。沿下 2 厘米饰绳纹。轮制。口径 22.2、残高 5.6、壁厚 0.6 厘米。（图三六八，2）

瓮　标本 ZXN:1，夹砂黑陶。口部残，弧肩。肩部饰凹弦纹，下饰压印折线纹。轮制。残高 5.2、壁厚 0.6~0.8 厘米。（图三六八，3）

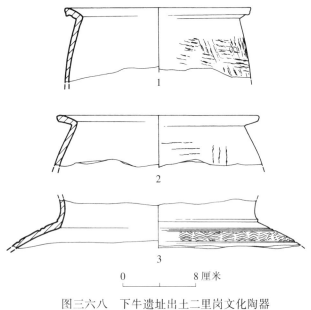

图三六八　下牛遗址出土二里岗文化陶器
1、2. 罐（ZXN：12、30）　3. 瓮（ZXN：1）

## 八二、马士奇沟遗址

（一）地理位置与概况

马士奇沟遗址位于河南省新密市曲梁乡马士奇沟村，处于东、北二面河流环绕地带。遗址地理坐标为北纬 34°31.202′、东经 113°36.141′，海拔高度 153 米。编号为 82 号。（彩版一一二，1）

马士奇沟遗址所在台地地势较为平缓。洧水主要支流溱水河在遗址北、东面环绕流过。遗址主要分布在马士奇沟村附近，依据遗址文化层所在台地范围可知：遗址北及东面至溱水西岸河沟断崖，南及西面均以东西及南北向公路为界。马士奇沟遗址平面基本呈西北—东南向不规则形，西北—东南向最长约 287 米，东北—西南向最长约 84 米，遗址面积约 1.39 万平方米。遗址所在台地面与其东北侧现河道的高差约为 14 米，遗址地下遗迹范围紧邻其东北侧河道断崖。（图三六九）

该遗址以往未见著录或公布，2009 年溱洧流域聚落调查时发现该遗址。

依据对采集标本的观察，大部分陶器标本的时代为西周时期，少量为"新砦期"。

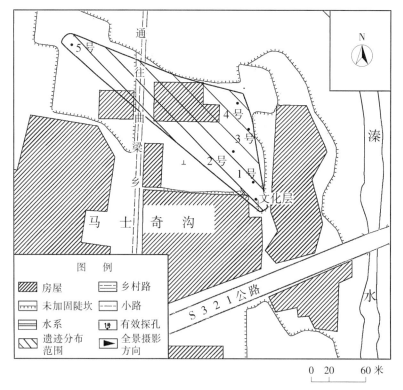

图三六九　马士奇沟遗址位置及探孔分布图

（二）地层堆积与文化遗存

**1. 地层堆积**

在遗址上布探孔 5 个（图三七〇），其地层堆积情况如下：

1 号孔：位于遗址所在台地东端。

①层：厚 0.3 米。土色黄，土质疏松。耕土层。

②层：深 0.3 米，厚 0.5 米。扰土层。

③层：深 0.8 米，厚 0.7 米。土色灰，土质疏松。含有红烧土粒、炭粒。文化层。

深 1.5 米以下为生土层。

2 号孔：位于遗址所在台地东部。

①层：厚 0.3 米。土色黄，土质疏松。耕土层。

②层：深 0.3 米，厚 0.5 米。扰土层。

③层：深 0.8 米，厚 0.7 米。土色黄褐，土质疏松。含有少量红烧土粒、炭粒。文化层。

深 1.5 米以下为生土层。

3 号孔：位于遗址所在台地东端。

①层：厚 0.3 米。土色黄，土质疏松。耕土层。

②层：深 0.3 米，厚 0.7 米。扰土层。

③层：深 1 米，厚 1.1 米。土色灰褐，土质疏松。含有红烧土、炭灰。文化层。

深 2.1 米以下为生土层。

4 号孔：位于遗址所在台地东部。

①层：厚 0.3 米。土色黄，土质疏松。耕土层。

②层：深 0.3 米，厚 0.5 米。扰土层。

③层：深 0.8 米，厚 0.5 米。土色灰褐，土质疏松。含有红烧土、炭粒。文化层。

深 1.3 米以下为生土层。

5 号孔：位于遗址所在台地西端。

①层：厚 0.3 米。土色黄，土质疏松。耕土层。

②层：深 0.3 米，厚 1.2 米。土色灰，土质疏松。包含物较少。文化层。

深 1.5 米以下为生土层。

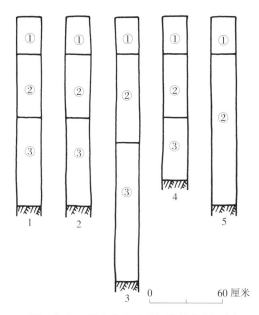

图三七〇　马士奇沟遗址探孔柱状剖面图

依据勘探钻孔地层堆积情况，遗址文化层上覆盖有耕土及厚度 0.5 米到 0.7 米不等的扰土层；遗址西端 5 号探孔所在台地受土地平整的破坏，所在台地地势稍低，耕土层下即见文化层，但此区域包括遗址东部的 3 号探孔区域文化层均较厚，厚度可达 1.1~1.2 米，均为一层文化层；遗址东部 1 号、2 号、4 号探孔文化层相比较薄，厚度可达 0.5~0.7 米，由东向西文化层逐渐变得稀疏，多为一层。

### 2. 文化遗存

（1）遗迹

调查时，发现有遗迹位于马士奇沟村东部一农户房屋外菜地崖面上下部，经村民取土破坏，厚约0.3米，下不到底的文化层暴露于崖面，文化层上覆盖有厚约1米的黄土。文化层土色灰褐，土质较软，结构疏松，不分层，含有红烧土颗粒、炭粒及陶片；文化层内以西周文化标本为主，兼有"新砦期"标本。（彩版一一二，2）

（2）遗物

马士奇沟遗址共采集陶器标本21件。其中以泥质灰陶片最多，其次为夹砂灰陶片、夹砂褐陶片、夹砂黑陶片、泥质红陶片、泥质褐陶片、泥质黑陶片等。

可辨器形的标本共计11件，其种类有鬲、鬲足、釜、盆、器盖、器座等。根据采集标本的形制特征及纹饰特征（图三七一），为西周文化标本，并有少量"新砦期"标本。

1）"新砦期"标本

器盖　2件。

标本ZMSQG：10，夹砂灰陶。侈口，圆唇，折肩，斜顶微弧，肩下有一周凹槽。器表略经打磨，内壁粗糙。素面，轮制。口径18、残高5.8厘米。（图三七二，6）

标本ZMSQG：11，泥质灰陶。侈口，圆唇，折肩，斜顶。器壁内外均可见明显轮制痕迹。素面，轮制。口径17.6、残高5.3厘米。（图三七二，7）

2）西周文化标本

鬲　3件。

标本ZMSQG：13，夹砂褐陶。盘形口，圆唇，折沿，鼓腹。沿外侧有凹槽一周，腹饰粗斜绳纹。沿面内侧隐约可见轮制痕迹，器壁内侧可见制作按压痕迹。轮制。口径23.6、残高16厘米。（图三七二，1）

标本ZMSQG：9，夹砂褐陶。盘形口，方唇，唇部有凹槽，折沿，沿面内凹。沿外侧有一周凸棱，沿面有一周凹槽，腹饰绳纹。沿面外侧隐约可见轮制痕迹，腹内壁粗糙。轮制。口径24、残高6.6厘米。（图三七二，2）

标本ZMSQG：8，夹砂灰陶。袋状足。饰粗绳纹。手制。残高5.6厘米。（图三七二，3）

釜　2件。

标本ZMSQG：6，夹砂黑陶。圆唇，平折沿，沿下加厚，折棱明显，鼓腹。折棱上部饰有凹槽，沿下3厘米处饰竖粗绳纹。沿面及器表隐约可见轮制痕迹。轮制。口径24、残高6厘米。（图三七二，4）

标本ZMSQG：15，夹砂褐陶。平折沿，内折棱凸出，鼓腹。折棱上部饰一周凹槽。沿面上端隐约可见轮制痕迹。素面，轮制。残高3、壁厚0.3~0.6厘米。（图三七二，5）

盆　3件。

标本ZMSQG：19，泥质灰陶。方唇，唇较厚，唇部有凹槽，平折沿，直腹微弧。沿面近唇部饰一周凹弦纹，沿面下端有一周抹痕将绳纹抹去。腹饰竖绳纹。器壁内外均可见轮制痕迹。轮制。口径40、残高14厘米。（图三七三，1）

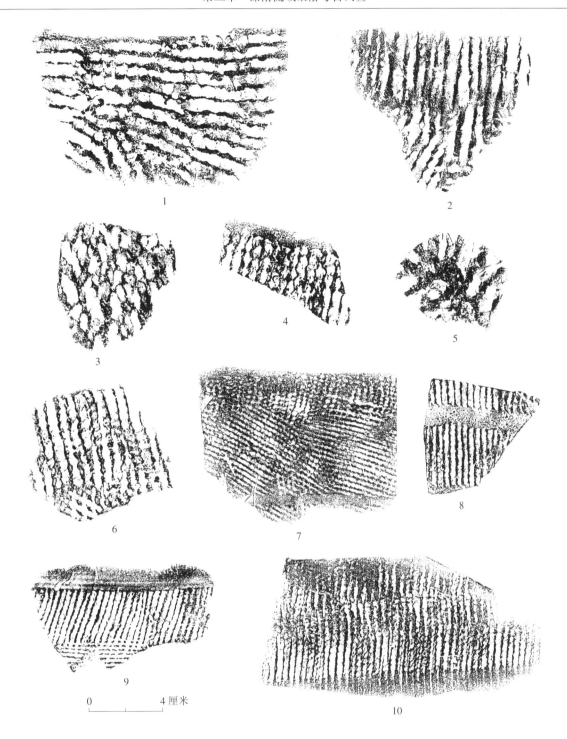

图三七一　马士奇沟遗址陶片纹饰拓片

标本 ZMSQG：17，泥质黑陶。方唇，斜折沿，折棱明显，腹较直。沿面饰一周凹弦纹，沿下壁绳纹被抹，沿下 3 厘米处饰左斜绳纹，下腹饰横向绳纹。器壁内外隐约可见轮制痕迹。轮制。口径 24、残高 9.4 厘米。（图三七三，3）

标本 ZMSQG：1，泥质灰陶。尖唇，唇上部加厚，折沿，弧腹较直。唇上有凸棱，腹饰左斜绳纹，下腹绳纹较零乱。器壁内侧及沿面内外隐约可见轮制痕迹。沿腹交接处内侧折棱明显，唇部外侧有凹槽一周。轮制。口径 34、残高 13.3 厘米。（图三七三，2）

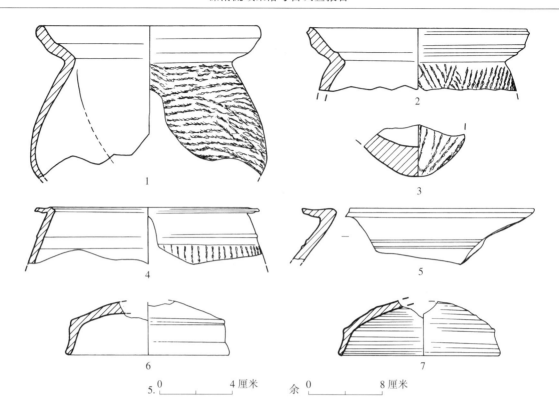

图三七二　马士奇沟遗址出土"新砦期"及西周文化陶器

1、2. 鬲（ZMSQG：13、9）　3. 鬲足（ZMSQG：8）　4、5. 釜（ZMSQG：6、15）　6、7. 器盖（ZMSQG：10、11）
（6、7 为"新砦期"标本，余为西周文化标本）

器座　标本 ZMSQG：2，夹砂褐陶。敞口，圆唇。壁饰一周凸弦纹。轮制。

## 八三、庙朱遗址

### （一）地理位置与概况

庙朱遗址位于河南省新密市曲梁乡庙朱村老河东，处于西、南、东面溱水上三流交汇地带。遗址地理坐标为北纬 34°30.254′、东经 113°36.381′，海拔高度 143.8 米。编号为 83 号。（彩版一一三，1）

庙朱遗址地势北高南低，后经平整形成一级级的梯田。溱水主流在遗址西侧及南侧环绕流过，一条南北向支流在遗址东侧经过，该遗址处于溱水半环绕的耕地上，地势平缓。依据遗址文化层所在台地范围可知：西面以溱水河东河岸地头为界，北面以遗址所在地头断崖为限，东以庙朱老河东村西界为限，南面以勘探出文化层范围为界。庙朱遗址平面为不规则形，东西宽 75 米，南北长 93 米，遗址面积约 0.6 万平方米。遗址所在台地面与其西侧现河道的高差约为 10 米，遗址地下遗迹范围紧临其西侧河道断崖。（图三七四）

该遗址以往未见著录或公布，2009 年溱洧流域聚落调查时发现。

依据对采集标本的观察，大部分陶器标本的时代为仰韶文化晚期、龙山文化晚期及殷墟文化。

### （二）地层堆积与文化遗存

#### 1. 地层堆积

在遗址上布探孔 11 个（图三七五），其地层堆积情况如下：

1 号孔：位于遗址所在台地东端。

①层：厚 0.3 米。土色黄，土质较软。耕土层。

②层：深 0.3 米，厚 0.9 米。土色黄，结构疏松。含有红烧土颗粒、炭粒。扰土层。

③层：深 1.2 米，厚 0.6 米。土色褐，土质较软，结构一般。含有少量红烧土颗粒、炭粒。文化层。

深 1.8 米以下为黄白色生土层。

2 号孔：位于遗址所在台地东端。

①层：厚 0.3 米。土色黄，土质较软。耕土层。

②层：深 0.3 米，厚 0.5 米。土色黄，结构疏松。含有红烧土颗粒、炭粒。扰土层。

③层：深 0.8 米，厚 0.4 米。土色褐，土质较软，结构一般。含有少量红烧土颗粒、炭粒。文化层。

深 1.2 米以下为黄白色生土层。

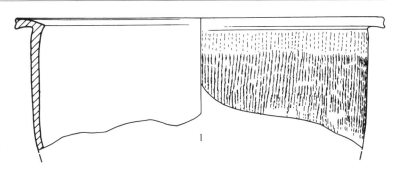

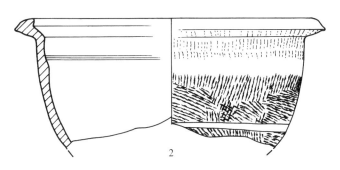

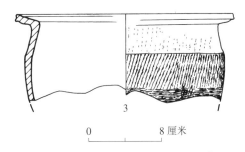

0 ———— 8 厘米

图三七三　马士奇沟遗址出土西周文化陶器
1~3. 盆（ZMSQG：19、1、17）

3 号孔：位于遗址所在台地东北端。

①层：厚 0.3 米。土色黄，土质较软。耕土层。

②层：深 0.3 米，厚 0.5 米。土色黄，结构疏松。含有红烧土颗粒、炭粒。扰土层。

③层：深 0.8 米，厚 0.2 米。土色灰黑，土质较软，结构一般。含有红烧土颗粒、炭粒，出土陶片 1 片。文化层。

④层：深 1 米，厚 0.2 米。土色褐，土质较软，结构一般。含有少量红烧土颗粒、炭粒。文化层。

深 1.2 米以下为黄白色生土层。

4 号孔：位于遗址所在台地东北部。

①层：厚 0.3 米。土色黄，土质较软。耕土层。

②层：深 0.3 米，厚 0.5 米。土色黄，结构疏松。含有红烧土颗粒、炭粒。扰土层。

③层：深 0.8 米，厚 0.7 米。土色灰黑，土质较软，结构一般。含有红烧土颗粒、炭粒。灰坑土。

深 1.5 米以下为黄白色生土层。

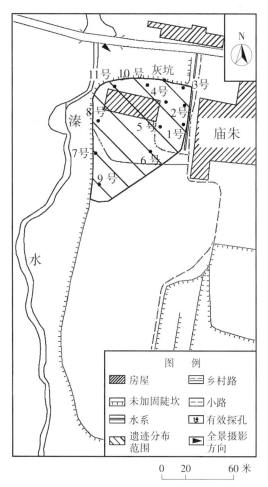

图三七四 庙朱遗址位置及探孔分布图

5号孔：位于遗址所在台地中部。

①层：厚0.3米。土色黄，土质较软。耕土层。

②层：深0.3米，厚0.7米。土色黄，结构疏松。含有红烧土颗粒、炭粒。扰土层。

③层：深1米，厚1米。土色褐，土质较软，结构一般。含有少量红烧土颗粒、炭粒。文化层。

深2米以下为黄白色生土层。

6号孔：位于遗址所在台地东南部。

①层：厚0.3米。土色黄，土质较软。耕土层。

②层：深0.3米，厚0.3米。土色黄，结构疏松。含有红烧土颗粒、炭粒。扰土层。

③层：深0.6米，厚0.4米。土色褐，土质较软，结构疏松。含有少量红烧土颗粒、炭粒。文化层。

深1米以下为黄白色生土层。

7号孔：位于遗址所在台地西端。

①层：厚0.3米。土色黄，土质较软。耕土层。

②层：深0.3米，厚0.3米。土色黄，结构疏松。含有红烧土颗粒、炭粒。扰土层。

③层：深0.6米，厚0.7米。土色褐，土质较软，结构一般。含有少量砂，出土陶片1片。文化层。

深1.3米以下为黄白色生土层。

8号孔：位于遗址所在台地西端。

①层：厚0.3米。土色黄，土质较软。耕土层。

②层：深0.3米，厚0.7米。土色黄，结构疏松。含有红烧土颗粒、炭粒。扰土层。

③层：深1米，厚0.5米。土色灰褐，土质一般，结构一般。含有大量红烧土颗粒、炭粒。文化层。

④层：深1.5米，厚1.5米。土色黄褐，土质较软，结构一般。含有少量陶片颗粒、少量红烧土颗粒。文化层。

深3米以下为黄色生土层。

9号孔：位于遗址所在台地西南端。

①层：厚0.3米。土色黄，土质较软。耕土层。

②层：深0.3米，厚0.7米。土色黄，结构疏松。含有红烧土颗粒、炭粒。扰土层。

③层：深1米，厚0.7米。土色褐，土质较软，结构一般。含有少量红烧土颗粒。文化层。

深1.7米以下为黄色生土层。

10号孔：位于遗址所在台地北部。

①层：厚0.3米。土色黄，土质较软。耕土层。

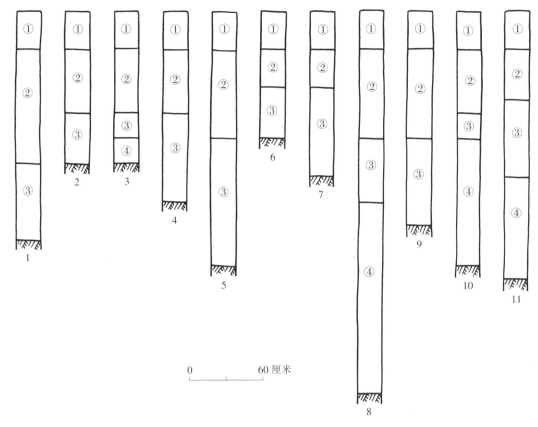

图三七五　庙朱遗址探孔柱状剖面图

②层：深 0.3 米，厚 0.5 米。土色黄，结构疏松。含有红烧土颗粒、炭粒。扰土层。

③层：深 0.8 米，厚 0.2 米。土色褐，土质较软，结构疏松。含有大量红烧土颗粒、炭粒。文化层。

④层：深 1 米，厚 1 米。土色灰黑，土质较软，结构一般。含有大量红烧土颗粒、炭粒。文化层。

深 2 米以下为黄白色生土层。

11 号孔：位于遗址所在台地西北端。

①层：厚 0.3 米。土色黄，土质较软。耕土层。

②层：深 0.3 米，厚 0.4 米。土色黄，结构疏松。含有红烧土颗粒、炭粒。扰土层。

③层：深 0.7 米，厚 0.6 米。土色褐，土质较软，结构一般。文化层。

④层：深 1.3 米，厚 0.8 米。土色灰黑，土质较软，结构疏松。分层，上层较黑，下层灰黑。有大量红烧土颗粒、炭粒。文化层。

深 2.1 米以下为黄白色生土层。

依据勘探钻孔地层堆积情况，遗址文化层上覆盖有耕土及厚度 0.3 米到 0.9 米不等的扰土层；7～11 号探孔所在的遗址西部近河边缘处区域文化层最厚，厚度多在 0.7 米到 2 米左右，依据土质土色最多可分为二层文化层；遗址东部除 5 号探孔所在区域文化层稍厚外，其余探孔所在遗址东部文化层均较薄，多在 0.4 米至 0.6 米之间，个别探孔（4 号）所在区域仅存单独灰坑遗迹。遗址东侧为庙朱老河东村，民居所在地表低于遗址台地地表约 1.7 米，又为村庄民居所覆盖，依据 1

号至 3 号探孔勘探情况推测，遗址东侧民居下原先应为遗址一部分，但文化层可能较稀薄，遗址北面公路北侧情况同于遗址东面；遗址南面耕地地表同于遗址所在台地，但未发现文化层分布。

**2. 文化遗存**

（1）遗迹

庙朱遗址经长期雨水冲刷，部分文化层暴露于遗址北侧地头断崖上。灰坑距地表深约 0.5 米，上部被取土破坏，长约 0.8、深约 1.2 米；土褐色，土质较硬，结构一般，夹杂有红烧土颗粒块、炭粒及部分陶片；灰坑内以商代文化标本为主。（彩版一一三，2）

（2）遗物

庙朱遗址共采集陶器标本 37 件，可辨器形的标本有 7 件，其种类有罐、鬲、缸、器座等。根据采集陶片标本的器形形制特征及纹饰特征，时代可分为仰韶文化晚期、龙山文化晚期及商代殷墟文化。（图三七六；表四七）

图三七六　庙朱遗址陶器纹饰拓片

表四七　　　　　　　　　　　　　　　庙朱遗址陶器陶质陶色纹饰统计表

| 陶系\纹饰 | 泥质 | | | | | 夹砂 | | | | | 合计 | 百分比（%） |
|---|---|---|---|---|---|---|---|---|---|---|---|---|
| | 灰 | 红 | 褐 | 黑 | 黑皮 | 灰 | 红 | 褐 | 黑 | 黑皮 | | |
| 素面 | 9 | 1 | 1 | 1 | 1 | 2 | 2 | 2 | | 1 | 20 | 54.1 |
| 绳纹 | 2 | | | | | 2 | | 6 | 4 | | 14 | 37.8 |
| 篮纹 | | | | | | 1 | | | | | 1 | 2.7 |
| 绳纹 + 附加堆纹 | | | | | | 1 | | | | | 1 | 2.7 |
| 绳纹 + 凹弦纹 | | | | | | 1 | | | | | 1 | 2.7 |
| 合计 | 11 | 1 | 1 | 1 | 1 | 7 | 2 | 8 | 4 | 1 | 37 | |
| 百分比（%） | 29.7 | 2.7 | 2.7 | 2.7 | 2.7 | 18.9 | 5.4 | 21.6 | 10.8 | 2.7 | | 100 |

1）仰韶文化标本

罐　标本 ZMZ：4，夹砂黑皮褐胎。此标本甚残。尖唇，唇内侧加厚，折沿。素面，轮制。残高 2.3、壁厚 0.6 厘米。（图三七七，1）

2）龙山文化标本

罐　共 3 件。

标本 ZMZ：17，夹砂灰陶。此标本甚残。圆唇外撇，卷沿。壁饰右斜绳纹。轮制。残高 2.9、壁厚 0.6~0.8 厘米。（图三七七，2）

标本 ZMZ：13，罐底。泥质灰陶。平底。素面，轮制。底径 10.7、残高 1、壁厚 0.4~0.6 厘米。（图三七七，3）

标本 ZMZ：18，桥形耳。泥质灰陶。器壁饰右斜篮纹。器壁内可见轮制痕迹。手制。残高 8.5 厘米。（图三七七，4）

3）殷墟文化标本

鬲　标本 ZMZ：20，夹砂灰陶。口唇部残，袋状足。沿下 1 厘米饰竖绳纹。器壁内较粗糙，轮制。残高 13.2、壁厚 0.8~1.2 厘米。（图三七七，5）

缸　标本 ZMZ：15，泥质灰陶。敛口，圆唇外撇。轮制。

器座　标本 ZMZ：16，泥质灰陶。敞口，圆唇。外壁饰两周凹弦纹。素面，轮制。残高 5、壁厚 0.9~1.1 厘米。（图三七七，6）

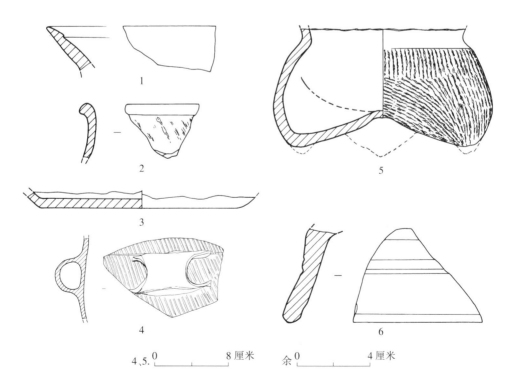

图三七七　庙朱遗址出土仰韶文化晚期、龙山文化及殷墟文化陶器

1、2. 罐（ZMZ：4、17）　3. 罐底（ZMZ：13）　4. 罐耳（ZMZ：18）　5. 鬲（ZMZ：20）　6. 器座（ZMZ：16）

（1 为仰韶文化标本，2~4 为龙山文化标本，余为殷墟文化标本）

### 八四、柿园遗址

（一）地理位置与概况

柿园遗址位于河南省新密市东南 32 千米曲梁乡柿园村西约 100 米处，东距溱水约 1 千米。遗址地理坐标为北纬 34°29.210′、东经 113°36.576′，海拔高度 124 米。编号为 84 号。（彩版一一四，1）

柿园遗址地处所在台地地势平缓。遗址主要分布在溱水西岸台地上，依据柿园遗址文化层所在台地及陶片分布范围可知：北面以遗址文化层所在台地北面地头断崖为界，遗址东面紧抵遗址东南的东西向冲沟，南面以现代砖厂北为界，西界以东界向西延伸 600 米。遗址平面形状约为南北向不规则形，东西最宽约 303 米，南北长约 467 米，遗址面积约 9 万平方米。遗址所在台地面与其东现河道的高差约为 3 米，遗址地下遗迹范围距其东北侧河道断崖约 100 米，距其东南侧河道断崖约 200 米。（图三七八）

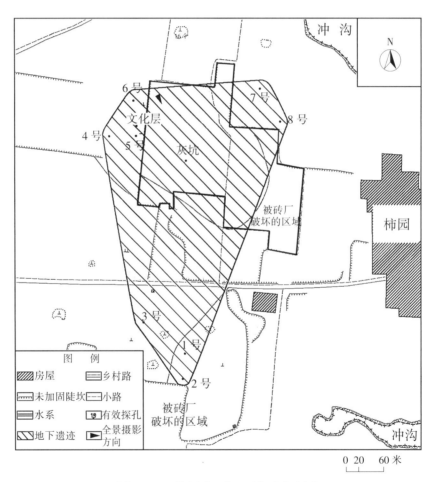

图三七八　柿园遗址位置及探孔分布图

柿园遗址所处地区为郑国东迁的溱洧流域，曾留下"45 里斜穿街"的传说。该遗址发现于 1996 年，以后曾多次进行调查①。1997 年 12 月经河南省文物研究所勘探，遗址南部有东西长 150、

---

① 河南省新密市博物馆内部资料。

南北宽 15 米的春秋时期夯土墙遗存，疑为城墙①。2004 年 10 月，新密市人民政府公布其为县级文物保护单位。2006 年 8 月新密市文物管理所文物普查时对该遗址进行复查，2009 年溱洧流域聚落调查时再次复查。

依据对复查采集标本的观察，大部分陶器标本的年代为仰韶文化中晚期。

（二）地层堆积与文化遗存

### 1. 地层堆积

在遗址上布探孔 8 个（图三七九），其地层堆积情况如下：

1 号孔：位于遗址所在台地南部。

①层：厚 0.3 米。土色黄，土质疏松。耕土层。

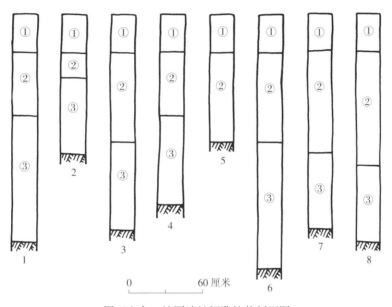

图三七九　柿园遗址探孔柱状剖面图

②层：深 0.3 米，厚 0.5 米。扰土层。

③层：深 0.8 米，厚 1 米。土色灰黑，土质疏松。含有大量红烧土。灰坑土。

深 1.8 米以下为生土层。

2 号孔：位于遗址所在台地南端。

①层：厚 0.3 米。土色黄，土质疏松。耕土层。

②层：深 0.3 米，厚 0.2 米。扰土层。

③层：深 0.5 米，厚 0.6 米。土色灰褐，土质疏松。文化层。

深 1.1 米以下为生土层。

3 号孔：位于遗址所在台地西南端。

①层：厚 0.3 米。土色黄，土质疏松。耕土层。

②层：深 0.3 米，厚 0.7 米。扰土层。

---

① 河南省文物考古研究院内部资料。

③层：深1米，厚0.7米。土色灰褐，土质疏松。含有大量红烧土。文化层。

深1.7米以下为生土层。

4号孔：位于遗址所在台地西北端。

①层：厚0.3米。土色黄，土质疏松。耕土层。

②层：深0.3米，厚0.5米。扰土层。

③层：深0.8米，厚0.7米。土色灰褐，土质一般。含有红烧土颗粒、炭粒，含水锈。文化层。

深1.5米以下为生土层。

5号孔：位于遗址所在台地西北部。

①层：厚0.3米。土色黄，土质疏松。耕土层。

②层：深0.3米，厚0.7米。土色灰褐，土质一般。含有红烧土、炭粒。文化层。

深1米以下为生土层。

6号孔：位于遗址所在台地西北端。

①层：厚0.3米。土色黄，土质疏松。耕土层。

②层：深0.3米，厚0.7米。土色黄。扰土层。

③层：深1米，厚1米。土色灰褐，土质疏松。含有红烧土、炭粒。文化层。

深2米以下为生土层。

7号孔：位于遗址所在台地东北端。

①层：厚0.3米。土色黄，土质疏松。耕土层。

②层：深0.3米，厚0.8米。扰土层。

③层：深1.1米，厚0.6米。土色灰褐。含有大量红烧土、炭粒。文化层。

深1.7米以下为生土层。

8号孔：位于遗址所在台地东北端。

①层：厚0.3米。土色黄，土质疏松。耕土层。

②层：深0.3米，厚0.9米。扰土层。

③层：深1.2米，厚0.6米。土色灰褐，土质较硬。含有红烧土、炭粒。文化层。

深1.8米以下为生土层。

依据勘探钻孔地层堆积情况，遗址文化层上覆盖有耕土及厚度0.2米到0.9米不等的扰土层；1~3号探孔所在的遗址南部区域文化层厚度一般，厚度最多可达0.7米，文化层较为单一，均为一层，个别探孔仅见灰坑遗迹，不见文化层；4~6号探孔所在的遗址西北部文化层稍厚，厚度最多可达1米，一层文化层；7、8号探孔孔所在的遗址东北部区域文化层厚度一般；5号探孔东侧、8号探孔西南侧为早年因砖厂取土被破坏掉的一大片洼地，在洼地中间一残留小台地壁面上可见灰坑遗迹，可见原先5号和8号探孔之间的大片区域均为遗址范围，后被完全破坏。

**2. 文化遗存**

（1）遗迹

1996年发现柿园遗址时，已在遗址南部南北向地头断崖上发现厚约1.2米的文化层，可见长

度约40米；土褐色，土质一般，不分层，含有红烧土、炭粒及陶片；文化层内以仰韶文化标本为主。（彩版一一四，2）

（2）遗物

柿园遗址共采集陶器标本39件，其陶质以泥质陶（56.4%）为主，另有夹砂陶（43.6%）；陶色以红陶（41.1%）为主，另有褐陶（28.2%）、灰陶（25.6%）、黑陶（5.1%）；纹饰以素面（92.3%）为主，另有绳纹（7.7%）。（图三八〇；表四八）

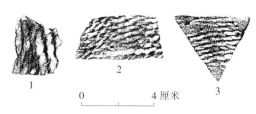

图三八〇　柿园遗址陶器纹饰拓片
1~3. 绳纹（ZSY：47、45、46）

**表四八**　　　　　　　　　　柿园遗址陶器陶质陶色纹饰统计表

| 陶系 纹饰 | 泥质 | | | 夹砂 | | | | 合计 | 百分比（%） |
|---|---|---|---|---|---|---|---|---|---|
| | 灰 | 红 | 褐 | 灰 | 红 | 褐 | 黑 | | |
| 素面 | 8 | 12 | 2 | 1 | 4 | 7 | 2 | 36 | 92.3 |
| 绳纹 | | | | 1 | | 2 | | 3 | 7.7 |
| 合计 | 8 | 12 | 2 | 2 | 4 | 9 | 2 | 39 | |
| 百分比（%） | 20.5 | 30.8 | 5.1 | 5.1 | 10.3 | 23.1 | 5.1 | | 100 |

可辨器形的标本有18件，其种类有罐、盆、钵、碗等。根据采集标本的器形形制特征及纹饰特征，大部分标本的时代为仰韶文化中晚期。

罐　8件。其中夹砂罐6件、泥质罐2件。

标本 ZSY：4，夹砂褐陶。侈口，尖唇，折沿，沿面微凹，鼓腹。沿面上端近唇部饰凸棱一周。素面，轮制。残高4.3、壁厚0.7厘米。（图三八一，1）

标本 ZSY：3，夹砂褐陶。侈口，尖唇，折沿，内折棱明显，鼓腹。沿面上端饰凸棱一周。素面，轮制。口径26.2、残高3.8、壁厚0.7厘米。（图三八一，2）

标本 ZSY：24，夹砂褐陶。此标本甚残。侈口，尖圆唇，折沿。沿面上端近唇部饰凸棱一周。素面，轮制。残高2.5、壁厚0.5厘米。（图三八一，3）

标本 ZSY：11，夹砂褐陶。侈口，尖唇外撇，折沿，内折棱明显，斜肩。素面，轮制。残高4.8、壁厚0.5厘米。（图三八一，4）

标本 ZSY：1，夹砂褐陶。侈口，尖唇，卷沿，沿外侧略鼓，斜肩。沿面上端饰凸棱一周。素面，轮制。残高3.8厘米。（图三八一，5）

标本 ZSY：29，罐底。夹砂褐陶。斜腹，平底。腹饰竖粗绳纹。轮制。残高2、壁厚0.7厘米。（图三八一，6）

标本 ZSY：32，泥质红陶。侈口，尖圆唇，折沿，内折棱明显。沿外侧隐约可见轮制痕迹，轮制。残高2.3、壁厚0.5厘米。（图三八一，7）

标本 ZSY：22，彩陶罐。泥质红陶。敛口，圆唇外凸，弧腹，下部内收。素面，轮制。残高5、壁厚0.4~0.6厘米。（图三八一，8）

盆　共5件。

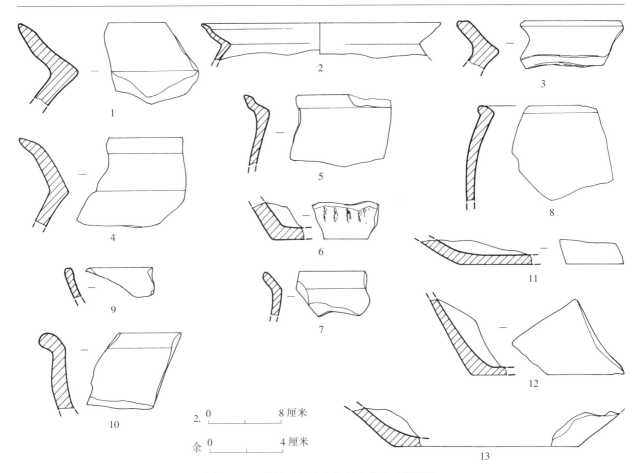

图三八一　柿园遗址出土仰韶文化中晚期陶器

1~5、7. 罐（ZSY：4、3、24、11、1、32）　6. 罐底（ZSY：29）　8. 彩陶罐（ZSY：22）　9、10. 盆（ZSY：33、31）
11~13. 盆底（ZSY：13、21、12）

标本 ZSY：33，泥质灰陶。敞口，圆唇，唇下部加厚。器壁内外隐约可见轮制痕迹，轮制。残高 1.6、壁厚 0.4 厘米。（图三八一，9）

标本 ZSY：31，泥质红陶。直口，圆唇外凸，弧腹。器壁内外可见轮制痕迹，轮制。残高 4、壁厚 0.7~1 厘米。（图三八一，10）

标本 ZSY：13，盆底。泥质灰陶。斜腹，平底。素面，轮制。残高 1.2、壁厚 0.5 厘米。（图三八一，11）

标本 ZSY：21，盆底。泥质褐陶。斜腹内收，平底。素面，轮制。残高 4、壁厚 0.4~0.8 厘米。（图三八一，12）

标本 ZSY：12，盆底。泥质红陶。斜腹，平底。素面，轮制。底径 10、残高 2、壁厚 0.5 厘米。（图三八一，13）

钵　共 3 件。

标本 ZSY：27，泥质红陶。敛口，尖圆唇，弧腹。素面，轮制。残高 3、壁厚 0.7 厘米。（图三八二，1）

标本 ZSY：10，泥质红陶。敛口，尖唇，斜腹。素面，轮制。残高 2.8、壁厚 0.7 厘米。（图三八二，2）

标本 ZSY：30，泥质灰陶。敛口，平唇内勾，斜壁。器壁内外可见轮制痕迹，轮制。残高2、壁厚0.6厘米。（图三八二，3）

杯　标本 ZSY：26，泥质灰陶。侈口，平唇，唇部较厚，束颈，弧壁。素面，轮制。口径10.1、残高1.9、壁厚0.3厘米。（图三八二，4）

碗　标本 ZSY：35，泥质灰陶。此标本甚残。敞口，尖唇，斜壁。轮制。残高2、壁厚0.3厘米。（图三八二，5）

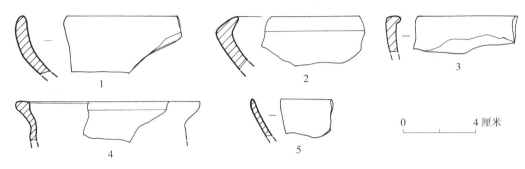

图三八二　柿园遗址出土仰韶文化中晚期陶器
1~3. 钵（ZSY：27、10、30）　4. 杯（ZSY：26）　5. 碗（ZSY：35）

## 八五、柿园东遗址

（一）地理位置与概况

柿园东遗址位于河南省新密市东南32千米曲梁乡柿园村东约100米处，处于东、北、南三面河流交汇地带。遗址地理坐标为北纬34°29.212′、东经113°37.529′，海拔高度134米。编号为85号。

柿园东遗址所在地地势平坦。溱水主流在遗址东侧及北侧环绕流过，遗址处于溱水环绕的临河台地上，面积较大。遗址主要分布在柿园东村东北，依据遗址文化层所在台地范围可知：遗址北面、东面以溱水河河沟断崖为界，西面和南面以勘探出文化层范围为界。柿园东遗址平面呈南北向长条形，东西宽约121米，南北长约272米，遗址面积约2.34万。遗址所在台地面与其东北侧现河道的高差约为5米，遗址地下遗迹范围紧临其东北侧河道断崖。（图三八三）

该遗址以往未见著录或公布，2009年溱洧流域聚落调查时发现。

依据对采集标本的观察，大部分陶器标本的时代为二里头文化。

（二）地层堆积与文化遗存

**1. 地层堆积**

在遗址上布探孔11个（图三八四），其地层堆积情况如下：

1号孔：位于遗址所在台地西北端。

①层：厚0.3米。土色黄，土质较软。耕土层。

②层：深0.3米，厚0.8米。土色黄，结构疏松。扰土层。

③层：深1.1米，厚0.1米。土色灰黑，土质较软，结构一般。文化层。

深1.2米以下为黄白色次生土层。

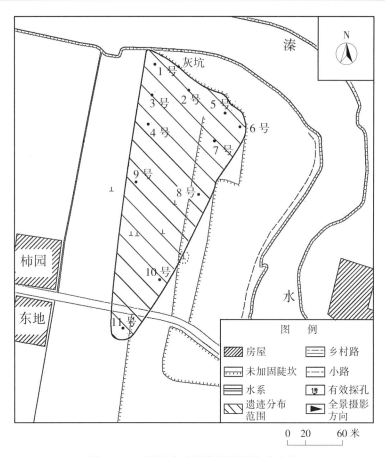

图三八三　柿园东遗址位置及探孔分布图

2 号孔：位于遗址所在台地北端。

①层：厚 0.3 米。土色黄，土质较软。耕土层。

②层：深 0.3 米，厚 0.7 米。土色黄，结构疏松。扰土层。

③层：深 1 米，厚 0.1 米。结构一般。文化层。

深 1.1 米以下为黄白色生土层。

3 号孔：位于遗址所在台地西北部。

①层：厚 0.3 米。土色黄，土质较软。耕土层。

②层：深 0.3 米，厚 0.9 米。土色黄，结构疏松。含有红烧土颗粒、炭粒。扰土层。

③层：深 1.2 米，厚 0.6 米。土色灰黑，结构一般。含有红烧土颗粒、炭粒。文化层。

深 1.8 米以下为黄白色生土层。

4 号孔：位于遗址所在台地西部。

①层：厚 0.3 米。土色黄，土质较软。耕土层。

②层：深 0.3 米，厚 1.3 米。土色黄，结构疏松。含有红烧土颗粒、炭粒。扰土层。

③层：深 1.6 米，厚 1.4 米。土色灰黑，结构疏松。不到底，下部水锈土较多。文化层。

5 号孔：位于遗址所在台地东北端。

①层：厚 0.3 米。土色黄，土质较软。耕土层。

②层：深 0.3 米，厚 0.4 米。土色黄，土质较软。扰土层。

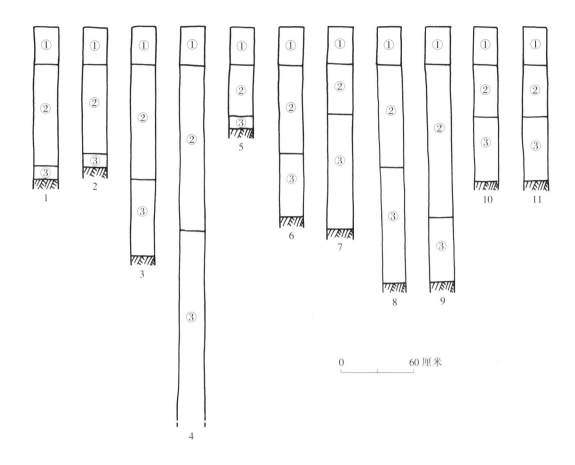

图三八四　柿园东遗址探孔柱状剖面图

③层：深0.7米，厚0.1米。土色灰黑，结构一般。含有大量红烧土颗粒、炭粒。文化层。

深0.8米以下为黄白色次生土层。

6号孔：位于遗址所在台地东北端。

①层：厚0.3米。土色黄，土质较软。耕土层。

②层：深0.3米，厚0.7米。土色黄，结构疏松。含有红烧土颗粒、炭粒。扰土层。

③层：深1米，厚0.5米。土色灰褐，土质较软，结构一般。含有红烧土颗粒、炭粒。文化层。

深1.5米以下为黄白色生土层。

7号孔：位于遗址所在台地东部。

①层：厚0.3米。土色黄，土质较软。耕土层。

②层：深0.3米，厚0.4米。土色黄，结构疏松。含有红烧土颗粒、炭粒。扰土层。

③层：深0.7米，厚0.9米。土色灰黑，土质较软，结构紧密。含有红烧土颗粒。文化层。

深1.6米以下为黄白色次生土层。

8号孔：位于遗址所在台地东部。

①层：厚0.3米。土色黄，土质较软。耕土层。

②层：深0.3米，厚0.8米。土色黄，结构疏松。含有红烧土颗粒、炭粒。扰土层。

③层：深1.1米，厚0.9米。土质较软，结构一般。含有大量红烧土颗粒。灰坑土。

深2米以下为黄白色生土层。

9号孔：位于遗址所在台地西部。

①层：厚0.3米。土色黄，土质较软。耕土层。

②层：深0.3米，厚1.2米。土色黄，结构疏松。扰土层。

③层：深1.5米，厚0.5米。土色黄褐，土质较软，结构一般。文化层。

深2米以下为黄白色次生土层。

10号孔：位于遗址所在台地东南部。

①层：厚0.3米。土色黄，土质较软。耕土层。

②层：深0.3米，厚0.4米。土色黄，结构疏松。含有红烧土颗粒、炭粒。扰土层。

③层：深0.7米，厚0.5米。土色灰黑，土质较软，结构一般。含有大量红烧土颗粒、炭粒。灰坑土。

深1.2米以下为黄白色生土层。

11号孔：位于遗址所在台地南部。

①层：厚0.3米。土色黄，土质较软。耕土层。

②层：深0.3米，厚0.4米。土色黄，结构疏松。含有红烧土颗粒、炭粒。扰土层。

③层：深0.7米，厚0.5米。土色灰黑，土质一般，结构一般。文化层。

深1.2米以下为黄白色次生土层。

依据勘探钻孔地层堆积情况，遗址文化层上覆盖有耕土及厚度0.4米到1.3米不等的扰土层；3号、4号、7号、8号探孔所在的遗址北部区域文化层最厚，最厚处达到1.4米，均为一层文化层；1号、2号、5号、6号探孔所在的遗址北部边缘近河区域文化层最薄，多在0.1米左右，个别区域达到0.5米，文化层不分层，但在本区域北侧近河断崖处发现有遗物丰富的灰坑遗迹；遗址南部文化层厚度一般，情况同于北部，文化层一直延伸到南面东西向公路南侧，10号探孔所在区域可见单独灰坑遗迹。

**2. 文化遗存**

（1）遗迹

柿园东遗址经长期雨水冲刷，部分灰坑暴露于北面溱水河南岸河沿断崖崖面上。灰坑长度约2米，深约1米；土灰色，不分层，土质较软，结构疏松，含有红烧土颗粒、炭粒及陶片；灰坑内以二里头文化标本为主。

（2）遗物

柿园东遗址共采陶器标本32件，其陶质以夹砂陶（90.7%）为主，另有泥质陶（9.3%）；陶色以灰陶（62.5%）为主，另有黑陶（21.9%）、褐陶（15.6%）；纹饰以绳纹（65.6%）为主，另有素面（28.1%）、绳纹加附加堆纹（3.1%）、弦纹（3.1%）等。（图三八五；表四九）

可辨器形的标本共计3件，其种类除罐外，另采集有缸、甑、豆等残片，但未作标本描述。根据采集标本的器形形制特征及纹饰特征，时代应为二里头文化。

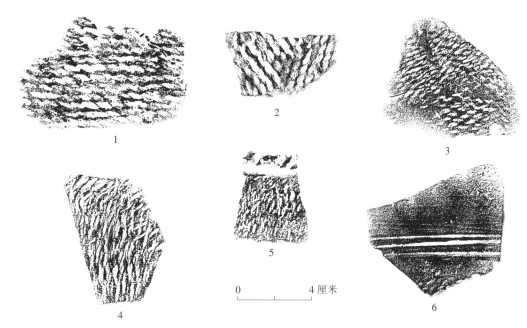

图三八五　柿园东遗址陶器纹饰拓片

**表四九**　　　　　　　　　　　柿园东遗址陶器陶质陶色纹饰统计表

| 陶系<br>纹饰 | 泥质 | | | | | 夹砂 | | | | | 合计 | 百分比<br>（％） |
|---|---|---|---|---|---|---|---|---|---|---|---|---|
| | 灰 | 红 | 褐 | 黑 | 黑皮 | 灰 | 红 | 褐 | 黑 | 黑皮 | | |
| 素面 | 1 | | | 1 | | 4 | | 2 | 1 | | 9 | 28.1 |
| 绳纹 | | | | | | 13 | | 3 | 5 | | 21 | 65.6 |
| 绳纹＋附加堆纹 | | | | | | 1 | | | | | 1 | 3.1 |
| 弦纹 | 1 | | | | | | | | | | 1 | 3.1 |
| 合计 | 2 | | | 1 | | 18 | | 5 | 6 | | 32 | |
| 百分比（％） | 6.2 | | | 3.1 | | 56.3 | | 15.6 | 18.8 | | | 100 |

　　罐　共3件。

　　标本 ZSYD：1，夹砂夹蚌灰陶。侈口，圆唇，折沿。腹饰竖绳纹。轮制。残高4.4、壁厚0.6厘米。（图三八六，1）

　　标本 ZSYD：4，夹砂夹蚌灰陶。此标本甚残。圆唇，折沿。沿外及腹部饰竖绳纹。轮制。残高2.7、壁厚0.5厘米。（图三八六，2）

　　标本 ZSYD：9，夹砂灰陶。侈口，方唇。腹饰竖绳纹。轮制。残高3.6、壁厚0.8厘米。（图三八六，3）

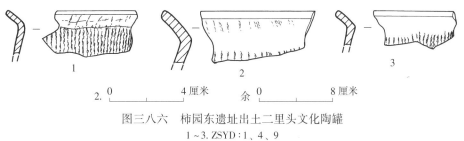

图三八六　柿园东遗址出土二里头文化陶罐
1~3. ZSYD：1、4、9

### 八六、杨庄遗址

（一）地理位置与概况

杨庄遗址位于河南省新密市曲梁乡杨庄村西，溱水河东岸地带上。处于溱水与其东北—西南向支流交汇处北面区域。遗址地理坐标为北纬34°29.135′、东经113°38.068′，海拔高度130米。编号为86号。（彩版一一五，1）

杨庄遗址地势东北高西南低，后经平整形成一级级的梯田。遗址主要分布在杨庄村西，依据

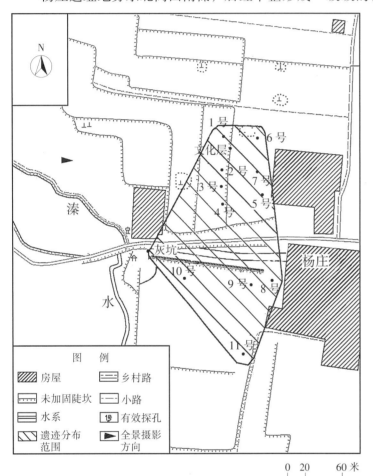

遗址文化层所在台地范围可知：东抵杨庄村西界，西以杨庄村西面遗址所在地头断崖为界，南以公路南面台地勘探出文化层为界，北面以公路北面台地勘探出文化层为限。杨庄遗址基本呈顺河的南北向不规则形，东西最宽约144米，南北长约253米，遗址面积约2.35万平方米。遗址所在台地面与其西侧现河道的高差约为8米，遗址地下遗迹范围紧临其西侧河道断崖。（图三八七）

20世纪60年代初发现，后曾多次调查。郑州市文物考古研究所（院）曾对其进行调查，确定为以龙山文化晚期为主的遗址。2006年12月新密市文物管理所文物普查时进行复查，2009年溱洧流域聚落调查时再次复查。

依据对采集标本的观察，大部分时代为仰韶文化晚期、"新砦期"和二里头文化时期，有少量残片为龙山文化。

图三八七　杨庄遗址位置及探孔分布图

（二）地层堆积与文化遗存

**1. 地层堆积**

在遗址上布探孔11个（图三八八），其地层堆积情况如下：

1号孔：位于遗址所在台地北部。

①层：厚0.3米。土色黄，土质较软。耕土层。

②层：深0.3米，厚0.2米。土色黄，结构疏松。含有红烧土颗粒、炭粒。扰土层。

③层：深0.5米，厚0.5米。土色黄，土质较软，结构一般。含有少量红烧土颗粒、炭粒。文化层。

深1米以下为黄色次生土层。

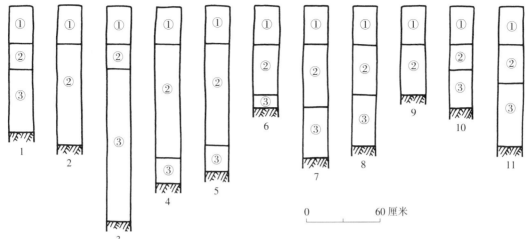

图三八八　杨庄遗址探孔柱状剖面图

2 号孔：位于遗址所在台地西北部。

①层：厚 0.3 米。土色黄，土质较软。耕土层。

②层：深 0.3 米，厚 0.8 米。土色灰褐，土质较软，结构一般。含有红烧土颗粒、炭粒。文化层。

深 1.1 米以下为黄色生土层。

3 号孔：位于遗址所在台地西北部。

①层：厚 0.3 米。土色黄，土质较软。耕土层。

②层：深 0.3 米，厚 0.2 米。土色黄，结构疏松。含有红烧土颗粒、炭粒。扰土层。

③层：深 0.5 米，厚 1.2 米。土色灰褐，土质较软，结构一般。含有红烧土颗粒、炭粒和陶片 2 片。文化层。

深 1.7 米以下为黄色生土层。

4 号孔：位于遗址所在台地中部。

①层：厚 0.3 米。土色黄，土质较软。耕土层。

②层：深 0.3 米，厚 0.9 米。土色黄，结构疏松。含有红烧土颗粒、炭粒。扰土层。

③层；深 1.2 米，厚 0.2 米。土色灰褐，土质较软，结构疏松。含有红烧土颗粒、炭粒。文化层。

深 1.4 米以下为黄白色生土层。

5 号孔：位于遗址所在台地中部。

①层：厚 0.3 米。土色黄，土质较软。耕土层。

②层：深 0.3 米，厚 0.8 米。土色黄，结构疏松。含有红烧土颗粒、炭粒。扰土层。

③层：深 1.1 米，厚 0.2 米。土色灰褐，土质较软。文化层。

深 1.3 米以下为黄白色生土层。

6 号孔：位于遗址所在台地北端。

①层：厚 0.3 米。土色黄，土质较软。耕土层。

②层：深 0.3 米，厚 0.4 米。土色黄，结构疏松。扰土层。

③层：深 0.7 米，厚 0.1 米。土色灰褐，结构一般。含有少量红烧土颗粒、炭粒。文化层。

深 0.8 米以下为黄白色生土层。

7 号孔：位于遗址所在台地北部。

①层：厚 0.3 米。土色黄，土质较软。耕土层。

②层：深 0.3 米，厚 0.5 米。土色黄，结构疏松。扰土层。

③层：深 0.8 米，厚 0.4 米。土色灰褐，土质较软，结构一般。含有少量红烧土颗粒、炭粒。文化层。

深 1.2 米以下为黄白色生土层。

8 号孔：位于遗址所在台地东南部。

①层：厚 0.3 米。土色黄，土质较软。耕土层。

②层：深 0.3 米，厚 0.4 米。土色黄，结构疏松。含有红烧土颗粒、炭粒。扰土层。

③层：深 0.7 米，厚 0.4 米。土色灰褐，土质一般，结构疏松。含有红烧土颗粒、炭粒。文化层。

深 1.1 米以下为黄白色生土层。

9 号孔：位于遗址所在台地东南部。

①层：厚 0.3 米。土色黄，土质较软。耕土层。

②层：深 0.3 米，厚 0.4 米。土色灰褐，土质较软，结构一般。含有红烧土颗粒、炭粒。文化层。

深 0.7 米以下为黄白色生土层。

10 号孔：位于遗址所在台地中部。

①层：厚 0.3 米。土色黄，土质较软。耕土层。

②层：深 0.3 米，厚 0.2 米。土色灰褐，土质较软，结构一般。含有红烧土颗粒、炭粒。文化层。

③层：深 0.5 米，厚 0.3 米。土色黄褐，土质较软，结构一般。含有少量红烧土颗粒、炭粒。文化层。

深 0.8 米以下为黄白色生土层。

11 号孔：位于遗址所在台地南端。

①层：厚 0.3 米。土色黄，土质较软。耕土层。

②层：深 0.3 米，厚 0.3 米。土色黄，结构疏松。含有红烧土颗粒、炭粒。扰土层。

③层：深 0.6 米，厚 0.5 米。土色灰褐，土质较软，结构一般。含有少量红烧土颗粒、炭粒。文化层。

深 1.1 米以下为黄白色生土层。

依据勘探钻孔地层堆积情况，遗址文化层上覆盖有耕土及厚度 0.2 米到 0.9 米不等的扰土层。穿过溱水，向东通向杨庄村内的东西向公路将遗址破坏为南、北两部分，遗址北部分保存相对较好，1 ~ 3 号、5 号、7 号探孔所在台地中部区域文化层较厚，厚度为 0.2 米到 1.2 米，均为一层文化层，部分探孔所在区域文化层下覆盖有灰坑遗迹；依据东西向公路南部高约 3 米的路沟断崖处发现有厚约 1 米的文化层及灰坑推测，遗址中部，即现被公路破坏掉的部分，其文化层亦应较丰富；公路南侧的遗址部分，除近路残存有宽约 2 米的与遗址北面同高的台地外，南面大部分均被土地平整所破坏，低于遗址北部约 2 米，依据勘探情况，近溱水处的 10 号探孔所在区域，有二层文化层，厚度与遗址南部的其余探孔相近，在 0.4 米到 0.5 米之间。

**2. 文化遗存**

（1）遗迹

杨庄遗址经长期雨水冲刷，部分文化层与灰坑暴露于断崖上。郑州市文物考古研究院曾调查过该遗址，于遗址南部高约 3 米的路沟断崖处发现有厚约 1 米的文化层及灰坑。灰坑坑口距地表 0.5～0.7 米，填土为黄褐土、灰褐土，包含有炭粒、草木灰、烧土块等，出土遗物主要为龙山文化晚期及"新砦期"的陶片。

本次调查在遗址北部一南北向断崖上亦发现有厚约 0.8 米文化层，可见长度约 10 米；不分层，土褐色，土质一般，结构疏松，含有红烧土颗粒、炭粒及陶片；文化层内以仰韶文化标本为主。（彩版一一五，2）

（2）遗物

杨庄遗址共采集陶器标本 95 件，可辨器形的标本共计 8 件，其种类有罐、钵、碗、豆、缸等。根据采集标本的器形形制特征及纹饰特征（图三八九；表五〇），时代应为仰韶文化晚期、"新砦期"和二里头文化。另有豆座残片及少量龙山文化的罐残片，未作为标本描述。

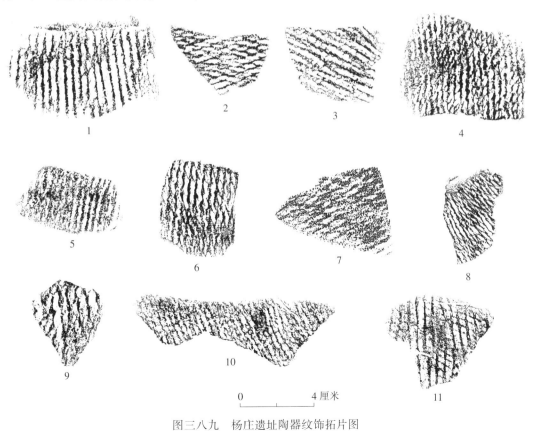

图三八九 杨庄遗址陶器纹饰拓片图

表五〇　　　　　　　　　　　　杨庄遗址陶器陶质陶色纹饰统计表

| 陶系\纹饰 | 泥质 | | | | | 夹砂 | | | | | 合计 | 百分比（%） |
|---|---|---|---|---|---|---|---|---|---|---|---|---|
| | 灰 | 红 | 褐 | 黑 | 黑皮 | 灰 | 红 | 褐 | 黑 | 黑皮 | | |
| 素面 | 24 | 5 | 5 | 2 | 1 | 7 | 2 | 6 | 2 | 2 | 56 | 58.9 |
| 绳纹 | 3 | | | | | 10 | | 13 | 5 | 1 | 32 | 33.7 |
| 篮纹 | 1 | | | | 1 | 1 | | | | | 3 | 3.2 |
| 彩陶 | | 1 | | | | | | | | | 1 | 1.1 |
| 磨光 | | 1 | | | | | | | | | 1 | 1.1 |
| 绳纹 + 凹弦纹 | 1 | | | | | | | | | | 1 | 1.0 |
| 附加堆纹 | 1 | | | | | | | | | | 1 | 1.0 |
| 合计 | 30 | 6 | 6 | 2 | 2 | 18 | 2 | 19 | 7 | 3 | 95 | |
| 百分比（%） | 31.6 | 6.3 | 6.3 | 2.1 | 2.1 | 18.9 | 2.1 | 20 | 7.4 | 3.2 | | 100 |

1）仰韶文化标本

罐　共2件。

标本 ZYZ：3，夹砂褐陶。侈口，方唇，折沿，内折棱明显。沿面上端近唇部有凹槽，口下腹部饰右斜细绳纹。轮制。残高4.5、壁厚0.4～0.6厘米。（图三九〇，1）

标本 ZYZ：2，夹砂褐陶。侈口，尖圆唇外撇，唇面下凹，折沿，内折棱明显，鼓腹。口下饰附加堆纹一周，余饰竖绳纹。轮制。口径24、残高7.4、壁厚0.4～0.6厘米。（图三九〇，2）

钵　标本 ZYZ：9，泥质褐陶。敛口，尖圆唇。轮制。残高3、厚0.4～0.7厘米。（图三九〇，3）

缸　标本 ZYZ：58，夹砂黑皮褐胎。敛口，平唇加厚，斜腹。口外侧饰花边，沿下饰右斜细绳纹。轮制。口径26.4、残高5.4、壁厚0.6～0.8厘米。（图三九〇，4）

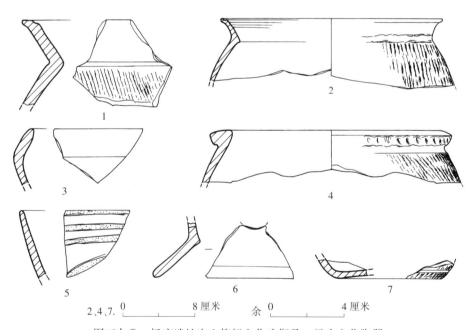

图三九〇　杨庄遗址出土仰韶文化晚期及二里头文化陶器

1、2. 罐（ZYZ：3、2）　3. 钵（ZYZ：9）　4. 缸（ZYZ：58）　5. 彩陶碗（ZYZ：10）　6. 豆圈足（ZYZ：75）　7. 罐底（ZYZ：11）（6、7为二里头文化标本，余为仰韶文化标本）

彩陶碗 标本 ZYZ：10，泥质红陶。敞口，尖唇，弧腹。红顶，腹壁饰两周平行红彩带纹。轮制。残高 3.5、壁厚 0.5 厘米。（图三九〇，5）

（2）"新砦期"标本

罐 标本 ZYZ：14，夹砂黑陶。侈口，尖圆唇，折沿。沿面上端有凹槽一周。素面，磨光。

（3）二里头文化标本

豆圈足 标本 ZYZ：75，泥质灰陶。圆唇，近底部壁斜折。素面，轮制。残高 2.9、壁厚 0.4 厘米。（图三九〇，6）

罐底 标本 ZYZ：11，泥质灰陶。底内凹。内凹部分及腹近底处皆饰绳纹。轮制。底径 11.4、壁厚 0.5～0.7 厘米。（图三九〇，7）

## 八七、古城寨遗址

（一）地理位置与概况

古城寨遗址位于河南省新密市曲梁乡大樊庄村东古城寨组，处于西临溱水、南面溱水支流的二流交汇地带。遗址地理坐标为北纬 34°27.573′、东经 113°38.593′，海拔高度 126 米。编号为 87 号。（彩版一一五，3）

古城寨遗址所在台地地势平缓。溱水支流及溱水分别在遗址的南侧及西侧流过，并于其西南处交汇。遗址主要分布在大樊庄村东的溱水河东岸台地上，包括古城寨城址及其城墙范围外北、东、西南三处已发现的遗址。其中，古城寨城址包括城内遗址、现存三面城墙及南北相对两座城门缺口（即为南北向小路通过处），除西城墙被溱水冲毁外，其余三面城墙保存完整；城墙外北龙山文化遗址位于南北向穿过遗址小路的西面；城墙外东龙山文化遗址位于城墙外正东面；城墙外西南仰韶文化遗址位于南城墙外西南西临溱水、南临溱水支流与溱水交汇处。

依据古城寨城址现存范围及城外陶片散布范围可知：遗址面积包括古城寨城址及其城墙范围外北、东、西南三处已发现的遗址，古城寨城址面积约为 17.6 万平方米，呈东西向长方形，东、南、北三面均以城墙为界，西面以溱水为界。古城寨遗址加上城外三处遗址，其范围为：东自东城墙外沿向东 100 米至龙山文化遗址东沿；南自南城墙外沿向南 100 米至仰韶文化遗址南沿；北自北城墙向北 200 米至龙山文化遗址北沿；西部沿溱水河东岸一线。其中古城寨南遗址呈东北—西南向长条形，遗址东北—西南向长约 114 米，宽约 29 米，遗址面积约 0.29 万平方米；古城寨东遗址呈不规则形，遗址东西长约 69 米，南北最长处长约 118 米，遗址面积约 0.53 万平方米；古城寨北遗址呈东西向不规则形，遗址东西最长处长约 309 米，南北最长处长约 157 米，遗址面积约 4.49 万平方米。古城寨城内面积加上城外几处遗址的面积，总面积达 24.91 万平方米。遗址所在台地面与其西侧现河道的高差约为 13 米，遗址地下遗迹范围紧临其西侧河道断崖。（图三九一）

20 世纪 50 年代发现该城址，根据文献记载定为西周郐国故城。1986 年 11 月，河南省人民政府公布其为省级文物保护单位。1997～1999 年，河南省文物考古研究所对其进行考古发掘。2001 年，古城寨城址被国务院公布为第五批全国重点文物保护单位。2006 年 10 月新密市文物管理所文物普查时进行复查，2009 年溱洧流域聚落调查时再次复查。

依据对复查采集标本的观察，大部分为龙山文化早期。依据 1997～1999 年河南省文物考古研

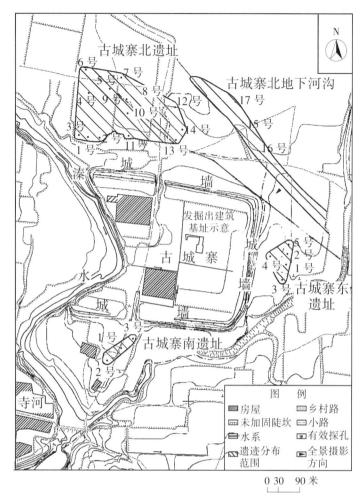

图三九一 古城寨遗址位置及探孔分布图

究所考古发掘结果，确定其为龙山时期大型城址，也是目前全国发现的保存最好、城墙最高、中原地区最大的龙山文化城址。城址内外包含有仰韶文化、龙山文化、二里头文化、二里岗文化、殷商文化、战国文化和汉代等各时期的文化遗存。但以龙山文化早期、晚期遗存为主，龙山文化晚期是其重要发展阶段。其考古学文化性质，当为王湾三期文化。古城寨龙山文化城址的发现，不仅为探索夏文化，同时为研究中国文明起源与国家形成提供了重要的且不可多得的资料①。

（二）地层堆积与文化遗存

**1. 地层堆积**

本次溱洧流域调查勘探工作主要针对原简报中提及的古城寨城墙外北、东、南三面所发现的三处仰韶及龙山时代遗址进行，主要目的为摸清三处遗址地下文化层的位置及分布范围，对古城寨城内未进行勘探。勘探时，对古城寨南遗址、东遗址及北遗址的探孔序号进行单独编号。

---

① 河南省文物考古研究所、新密市炎黄历史文化研究会：《河南新密市古城寨龙山文化城址发掘简报》，《华夏考古》2002 年第 2 期。

古城寨南遗址：

在遗址上布探孔 3 个（图三九二，A），其地层堆积情况如下：

1 号孔：位于遗址所在台地西南部。

①层：厚 0.3 米。土色黄，土质较软。耕土层。

②层：深 0.3 米，厚 0.6 米。土色黄褐，土质较软，结构一般。含有红烧土颗粒、炭粒，出有夹砂陶片颗粒。灰坑土。

深 0.9 米以下为黄白色生土层。

2 号孔：位于遗址所在台地西南部。

①层：厚 0.3 米。土色黄，土质较软。耕土层。

②层：深 0.3 米，厚 0.6 米。土色黄，土质较软，结构一般。扰土层。

③层：深 0.9 米，厚 0.2 米。土色黄褐，土质较软，结构一般。含有红烧土颗粒、炭粒。文化层。

深 1.1 米以下为黄白色生土层。

3 号孔：位于遗址所在台地东北部。

①层：厚 0.3 米。土色黄，土质较软。耕土层。

②层：深 0.3 米，厚 0.4 米。土色黄褐，土质较软，结构松散。含有红烧土颗粒、炭粒。灰坑土。

深 0.7 米以下为黄白色生土层。

古城寨南遗址，位于古城寨城南南城门外。依据勘探钻孔地层堆积情况，遗址文化层及单独灰坑遗迹上大多仅覆盖有耕土层，个别探孔下覆盖有厚约 0.6 米的扰土层，仅在 2 号探孔所在区域发现有较薄文化层，其余探孔所在区域仅发现单独灰坑遗迹。古城寨南遗址文化层单薄。

古城寨东遗址：

在遗址上布探孔 5 个（图三九二，B），其地层堆积情况如下：

1 号孔：位于遗址所在台地东部。

①层：厚 0.3 米。土色黄，土质较软。耕土层。

②层：深 0.3 米，厚 0.7 米。土色黄，土质较软，结构一般。扰土层。

③层：深 1 米，厚 0.2 米。土色黄褐，土质较软，结构一般。含有红烧土颗粒、炭粒，含砂。文化层。

深 1.2 米以下为黄白色生土层。

2 号孔：位于遗址所在台地东北部。

①层：厚 0.3 米。土色黄，土质较软。耕土层。

②层：深 0.3 米，厚 0.4 米。土色黄，土质较软，结构一般。扰土层。

③层：深 0.7 米，厚 1.3 米。土色黄褐，土质较软，结构一般。含有少量红烧土颗粒、炭粒。文化层。

深 2 米以下为黄白色生土层。

3 号孔：位于遗址所在台地南端。

①层：厚 0.3 米。土色黄，土质较软。耕土层。

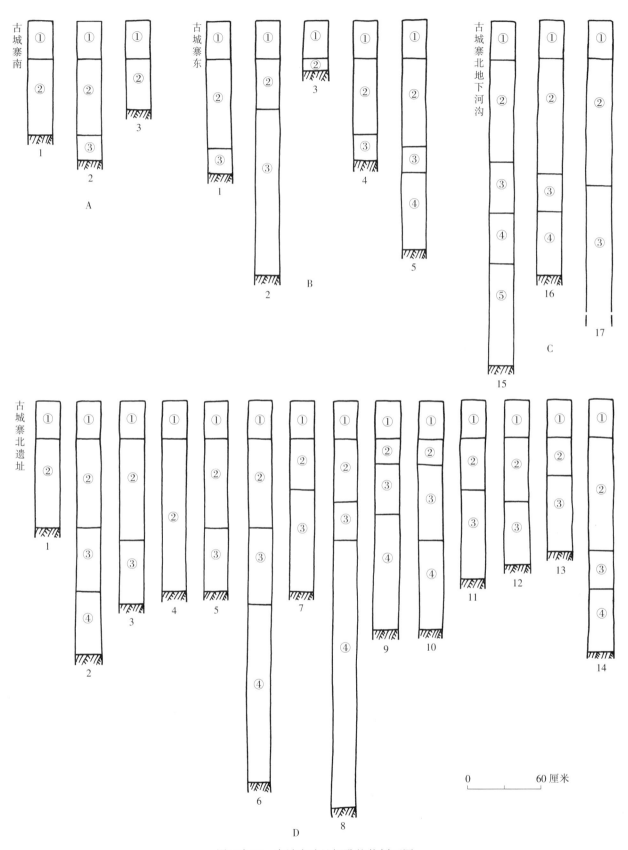

图三九二　古城寨遗址探孔柱状剖面图

A. 古城寨南遗址探孔柱状剖面图　B. 古城寨东遗址探孔柱状剖面图　C. 古城寨北地下河沟探孔柱状剖面图　D. 古城寨北遗址探孔柱状剖面图

②层：深 0.3 米，厚 0.1 米。土色黄褐，土质较软，结构一般。含有少量红烧土颗粒、炭粒。文化层。

深 0.4 米以下为黄白色生土层。

4 号孔：位于遗址所在台地西部。

①层：厚 0.3 米。土色黄，土质较软。耕土层。

②层：深 0.3 米，厚 0.6 米。土色黄，土质较软，结构一般。扰土层。

③层：深 0.9 米，厚 0.2 米。土色黄褐，土质较软，结构一般。含有少量红烧土颗粒、炭粒。文化层。

深 1.1 米以下为黄白色生土层。

5 号孔：位于遗址所在台地东北端。

①层：厚 0.3 米。土色黄，土质较软。耕土层。

②层：深 0.3 米，厚 0.7 米。土色黄，土质较软，结构一般。扰土层。

③层：深 1 米，厚 0.2 米。土色黄褐，土质一般，结构一般。含有少量红烧土颗粒、炭粒。文化层。

④层：深 1.2 米，厚 0.6 米。土色黄褐，土质软，土质松散。含有少量红烧土颗粒、炭粒。文化层。

深 1.8 米以下为黄白色生土层。

古城寨东遗址，位于古城寨城东城墙外。依据勘探钻孔地层堆积情况，遗址文化层上覆盖有耕土层及厚度 0.4 米到 0.7 米不等的扰土层；遗址南端 3 号探孔所在区域受土地平整的破坏，耕土层下即见文化层；2 号、5 号探孔所在台地东北部区域文化层最为丰富，文化层最厚处达 1.3 米以上，最多可分为二层；遗址其余探孔所在区域文化层相对较薄，文化层最厚处约 0.2 米左右，不分层。古城寨东遗址文化层亦较为单薄。

古城寨北遗址：

在遗址上布探孔 14 个（图三九二，D），其地层堆积情况如下：

1 号孔：位于遗址所在台地西南部。

①层：厚 0.3 米。土色黄，土质较软。耕土层。

②层：深 0.3 米，厚 0.7 米。土色灰褐，土质较软，结构一般。含有少量红烧土颗粒、炭粒，出有陶片残片。文化层。

深 1 米以下为黄白色生土层。

2 号孔：位于遗址所在台地西南部。

①层：厚 0.3 米。土色黄，土质较软。耕土层。

②层：深 0.3 米，厚 0.7 米。土色黄，土质较软，结构一般。扰土层。

③层：深 1 米，厚 0.5 米。土色黄褐，土质较软，结构一般。含有少量红烧土颗粒、炭粒。文化层。

④层：深 1.5 米，厚 0.5 米。土色黄，土质软，含有少量炭粒。

深 2 米以下为黄白色生土层。

3 号孔：位于遗址所在台地西南部。

①层：厚 0.3 米。土色黄，土质较软。耕土层。

②层：深 0.3 米，厚 0.8 米。土色黄，土质较软，结构一般。扰土层。

③层：深 1.1 米，厚 0.5 米。土色灰褐，土质一般，结构一般。含有红烧土颗粒、炭粒，出有陶片残片。文化层。

深 1.6 米以下为黄白色生土层。

4 号孔：位于遗址所在台地西北部。

①层：厚 0.3 米。土色黄，土质较软。耕土层。

②层：深 0.3 米，厚 1.2 米。土色灰褐，土质较硬，结构一般。含有红烧土颗粒、炭粒，出有陶片残片。文化层。

深 1.5 米以下为黄白色生土层。

5 号孔：位于遗址所在台地北部。

①层：厚 0.3 米。土色黄，土质较软。耕土层。

②层：深 0.3 米，厚 0.7 米。土色黄，土质较软，结构一般。扰土层。

③层：深 1 米，厚 0.5 米。土色灰褐，土质一般，带黏性，结构疏松。含有红烧土颗粒、炭粒，见骨。灰坑土。

深 1.5 米以下为黄白色生土层。

6 号孔：位于遗址所在台地西北端。

①层：厚 0.3 米。土色黄，土质较软。耕土层。

②层：深 0.3 米，厚 0.7 米。土色黄，土质较软，结构一般。扰土层。

③层：深 1 米，厚 0.6 米。土色灰褐，土质较硬，带黏性，结构一般。含有少量红烧土颗粒、炭粒。文化层。

④层：深 1.6 米，厚 1.4 米。土色黄褐，土质一般，带黏性，土质疏松。含有大量红烧土颗粒、炭粒，出有陶片残片。文化层。

深 3 米以下为黄白色生土层。

7 号孔：位于遗址所在台地北端。

①层：厚 0.3 米。土色黄，土质较软。耕土层。

②层：深 0.3 米，厚 0.4 米。土色黄，土质较软，结构一般。扰土层。

③层：深 0.7 米，厚 0.8 米。土色灰黑，土质软，结构疏松。含有红烧土颗粒、炭粒，见骨、陶片残片。文化层。

深 1.5 米以下为黄白色生土层。

8 号孔：位于遗址所在台地东北端。

①层：厚 0.3 米。土色黄，土质较软。耕土层。

②层：深 0.3 米，厚 0.5 米。土色黄，土质较软，结构一般。扰土层。

③层：深 0.8 米，厚 0.3 米。土色灰褐，土质一般，结构一般。含有红烧土颗粒、炭粒、陶片残片。文化层。

④层：深 1.1 米，厚 2.1 米。土色灰黑，土质软，结构疏松。含有红烧土颗粒、炭粒，见骨，出有陶片残片。灰坑土。

深 3.2 米以下为黄白色生土层。

9 号孔：位于遗址所在台地中部。

①层：厚 0.3 米。土色黄，土质较软。耕土层。

②层：深 0.3 米，厚 0.2 米。土色黄，土质较软，结构一般。扰土层。

③层：深 0.5 米，厚 0.4 米。土色灰褐，土质软，结构一般。含有少量红烧土颗粒、炭粒，底部见有大量红烧土。文化层。

④层：深 0.9 米，厚 0.9 米。土色黑，土质软，结构疏松。含有大量红烧土颗粒、炭粒，见骨。文化层。

深 1.8 米以下为黄白色生土层。

10 号孔：位于遗址所在台地中部。

①层：厚 0.3 米。土色黄，土质较软。耕土层。

②层：深 0.3 米，厚 0.2 米。土色黄，土质较软，结构一般。扰土层。

③层：深 0.5 米，厚 0.6 米。土色灰褐，土质软，结构一般。含有少量红烧土颗粒、炭粒，出有陶片残片。文化层。

④层：深 1.1 米，厚 0.7 米。土色灰黑，土质软，结构疏松。含有大量红烧土颗粒、炭粒，见骨。文化层。

深 1.8 米以下为黄白色生土层。

11 号孔：位于遗址所在台地南部。

①层：厚 0.3 米。土色黄，土质较软。耕土层。

②层：深 0.3 米，厚 0.4 米。土色黄，土质较软，结构一般。扰土层。

③层：深 0.7 米，厚 0.7 米。土色灰褐，土质软，结构疏松。含有少量红烧土颗粒、炭粒，出土陶片 2 片。文化层。

深 1.4 米以下为黄白色生土层。

12 号孔：位于遗址所在台地东部。

①层：厚 0.3 米。土色黄，土质较软。耕土层。

②层：深 0.3 米，厚 0.5 米。土色黄，土质较软，结构一般。扰土层。

③层：深 0.8 米，厚 0.5 米。土色灰黑，土质软，结构疏松。含有红烧土颗粒、炭粒。灰坑土。

深 1.3 米以下为黄白色生土层。

13 号孔：位于遗址所在台地东南端。

①层：厚 0.3 米。土色黄，土质较软。耕土层。

②层：深 0.3 米，厚 0.3 米。土色黄，土质较软，结构一般。扰土层。

③层：深 0.6 米，厚 0.6 米。土色灰褐，土质软，结构疏松。含有红烧土颗粒、炭粒、陶片颗粒。文化层。

深 1.2 米以下为黄白色生土层。

14 号孔：位于遗址所在台地东端。

①层：厚 0.3 米。土色黄，土质较软。耕土层。

②层：深 0.3 米，厚 0.9 米。土色黄，土质较软，结构一般。扰土层。

③层：深 1.2 米，厚 0.3 米。土色灰褐，土质软，结构疏松。含有红烧土颗粒、炭粒，出土黑陶口沿 1 个。文化层。

④层：深 1.5 米，厚 0.5 米。土色黑灰，土质软，结构疏松。含有红烧土颗粒、炭粒。灰坑土。

深 2 米以下为黄白色生土层。

古城寨北地下河沟：

在遗址上布探孔 3 个（图三九二，C），其地层堆积情况如下：

15 号孔：位于地下河沟西端北部。

①层：厚 0.3 米。土色黄，土质较软。耕土层。

②层：深 0.3 米，厚 0.8 米。土色黄，土质较软，结构一般。扰土层。

③层：深 1.1 米，厚 0.4 米。土色灰褐，土质软，结构疏松。含有大量红烧土颗粒、炭粒。河沟分层。

④层：深 1.5 米，厚 0.4 米。土色黑灰，土质软，结构疏松。含有红烧土颗粒、炭粒，见骨。河沟分层。

⑤层：深 1.9 米，厚 0.8 米。土色灰褐，土质软，结构疏松。含有红烧土颗粒、炭粒，出土陶片口沿 1 个。河沟分层。

深 2.7 米以下为黄白色生土层。

16 号孔：位于地下河沟中段中部。

①层：厚 0.3 米。土色黄，土质较软。耕土层。

②层：深 0.3 米，厚 0.9 米。土色黄，土质较软，结构一般。扰土层。

③层：深 1.2 米，厚 0.3 米。土色灰褐，土质软，结构疏松。含有大量红烧土颗粒、炭粒。河沟分层。

④层：深 1.5 米，厚 0.5 米。土色黑灰，土质软，结构疏松。含有红烧土颗粒、炭粒，出土陶片口沿 1 个。河沟分层。

深 2 米以下为黄白色生土层。

17 号孔：位于地下河沟西端北部。

①层：厚 0.3 米。土色黄，土质较软。耕土层。

②层：深 0.3 米，厚 1 米。土色黄，土质较软，结构一般。扰土层。

③层：深 1.3 米，厚 1 米。土色黑灰，土质软，结构疏松。含有大量红烧土颗粒、炭粒。不到底。河沟土。

古城寨北遗址及古城寨城北地下河沟，均位于古城寨城北城墙外。依据勘探钻孔地层堆积情况，遗址文化层上覆盖有耕土层及厚度 0.2 米到 0.9 米不等的扰土层；遗址南端 1 号、2 号探孔和西部 4 号探孔所在区域受土地平整的破坏，耕土层下即见文化层；2 号、4 号、6 号、9 号、10 号探孔所在的遗址西部及中部部分区域文化层最为丰富，文化层厚度在 1.2 到 2 米左右，最多可分为二层文化层；1号、7号、11号探孔所在的遗址南端及北端区域文化层丰富程度一般，文化层厚度在0.7米到0.8米左右，为一层文化层；3号、5号、8号、12～14号探孔所在的遗址南端、北端及东端遗址边缘区域文化层丰富程度较为一般，文化层厚度在0.3米到0.6米左右，均为一层文化层，几处探孔所在区域文化层下叠压有灰坑遗迹。

总的来说，古城寨北遗址面积较大，文化层分布面积及厚度均较为丰富，面积约合古城寨城内面积的近四分之一，遗址介于北城墙与简报中所言的城北护城河之间区域，遗址东北面经过勘探，地下还存在河沟状堆积，据勘探结果及简报中描述，推测其应为原先城北护城河部分。经过勘探，城北护城河宽度约20米到50米不等，方向为西北—东南走向，中部不见底，南、北两侧部分探孔可探至底，东面相接于城东南部的北向河沟，西面断于距西北面现存东西向河沟约50米处。

### 2. 文化遗存

（1）遗迹

自20世纪50年代发现古城寨遗址后，经过多次考古发掘，在城址的东北部发现了大面积的龙山时代夯筑建筑群，已清理出大型房基2座。其中，F1为南北向长方形，长28.4、宽13米，面阔七间，南、北、东三面有回廊。F4在F1北面7.4米处，东西向，是一座廊房式建筑。另外，在城址内还发现了少量战国时期的韩文化遗存，大量的殷商文化、二里岗上层文化遗存以及二里头文化的水井、灰坑、陶窑、杀殉坑、墓葬、灰沟和小型房基[1]。

（2）遗物

本次调查在古城寨遗址共采集遗物标本22件。可辨器形的标本中有石斧1件、陶器13件，其中陶器种类有罐、盆、碗、豆等。根据采集标本的器形形制特征及纹饰特征（图三九三），为仰韶文化晚期和龙山文化早期。另外采集有部分时代为仰韶文化晚期的罐、盆形鼎、瓮、圈足残片，未作为标本描述。

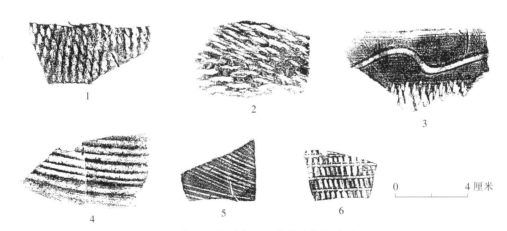

图三九三　古城寨遗址陶器纹饰拓片图

1）石器标本

石斧　标本ZGCZ：20，辉绿岩，黑色。顶部残，横截面呈椭圆形，双面弧形刃，刃部有使用

---

① 详见河南省文物考古研究所、新密市炎黄历史文化研究会：《河南新密市古城寨龙山文化城址发掘简报》，《华夏考古》2002年第2期。

痕迹，从顶至刃渐薄。磨制，通体磨光。残长 12.6、宽 8.2、厚 6.1 厘米。（图三九四）

2）陶器标本

①仰韶文化标本

罐　标本 ZGCZ：14，泥质灰陶。侈口，尖圆唇加厚，折沿，内折棱明显，鼓腹。素面，轮制。口径 28.8、残高 5.8、壁厚 0.4～0.6 厘米。（图三九五，1）

盆　标本 ZGCZ：1，泥质红陶。敛口，方唇。唇面有凹槽一周。素面，轮制。口径 26.2、残高 4、壁厚 0.9 厘米。（图三九五，2）

壶　标本 ZGCZ：2，泥质红陶。尖唇，高领外撇。素面，轮制。口径 10.1、残高 3.3、壁厚 0.4 厘米。（图三九五，3）

彩陶残片　标本 ZGCZ：3，泥质红陶。上饰弧状黑彩三道。素面，轮制。

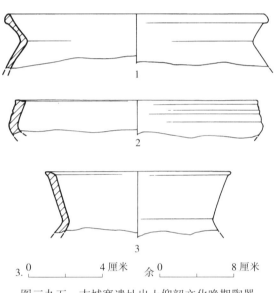

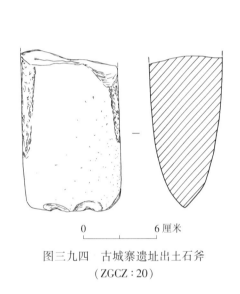

图三九四　古城寨遗址出土石斧
（ZGCZ：20）

图三九五　古城寨遗址出土仰韶文化晚期陶器
1. 罐（ZGCZ：14）　2. 敛口盆（ZGCZ：1）　3. 壶（ZGCZ：2）

②龙山文化标本

罐　共 2 件。

标本 ZGCZ：15，夹砂黑陶。侈口，方唇外撇，折沿，折棱明显，溜肩。沿下肩部饰曲线划纹，下饰绳纹。轮制。口径 42、残高 7.5、壁厚 0.6～0.8 厘米。（图三九六，1）

标本 ZGCZ：6，罐底。夹砂灰陶。斜腹内收，平底。腹壁饰绳纹。轮制。底径 18、残高 4.4、壁厚 0.8～1.5 厘米。（图三九六，2）

盆　3 件。

标本 ZGCZ：13，泥质灰陶。直口微敞，方唇，平折沿，沿面略鼓，直腹。素面，器壁内外可见轮制痕迹。口径 37、残高 6、壁厚 0.6 厘米。（图三九六，3）

标本 ZGCZ：7，泥质灰陶。敞口，圆唇外撇，卷沿有内折，弧腹。素面，轮制。口径 34、残高 5.6、壁厚 0.8 厘米。（图三九六，4）

标本 ZGCZ：19，泥质灰陶。直口，方唇，卷沿，直腹。素面，轮制。口径 28、残高 3.5、壁

厚 1 厘米。（图三九六，5）

钵　标本 ZGCZ：18，泥质黑陶。敛口，尖唇，有折棱。素面，轮制。口径 22、残高 3.2、壁厚 0.3 ~ 0.5 厘米。（图三九六，9）

圈足　3 件。

标本 ZGCZ：11，泥质灰陶。敞口，唇面有隐约凹槽形成双唇，弧壁。素面，器壁内外可见轮制痕迹。底径 13、残高 4.4、壁厚 0.3 ~ 0.6 厘米。（图三九六，6）

标本 WGCZ：12，泥质灰陶。圈足，方唇，圜底。素面，轮制。底径 12、残高 3、壁厚 0.4 厘米。（图三九六，7）

标本 ZGCZ：5，泥质黑陶。喇叭状，底边圆唇外撇。素面磨光，轮制。底径 15、残高 11.2、壁厚 0.5 厘米。（图三九六，8）

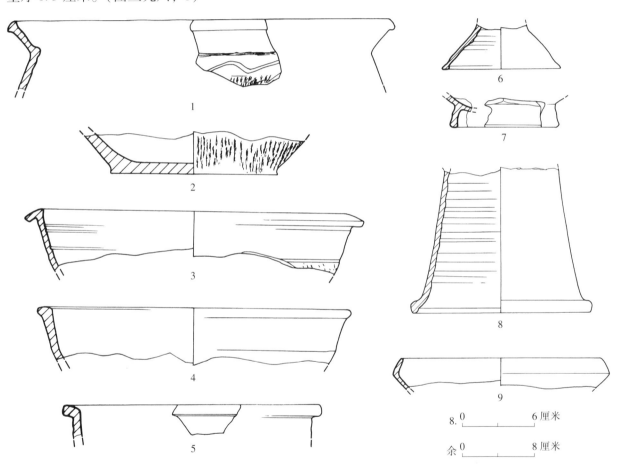

图三九六　古城寨遗址出土龙山文化陶器

1. 罐（ZGCZ：15）　2. 罐底（ZGCZ：6）　3 ~ 5. 盆（ZGCZ：13、7、19）　6 ~ 8. 圈足（ZGCZ：11、12、5）　9. 钵（ZGCZ：18）

## 八八、水泉遗址

水泉遗址位于河南省新郑市新村镇水泉村北，处于溱水东岸地带。据以往调查，遗址面积约为 6 万平方米，文化层厚约 1 ~ 2 米。采集的陶片残片器形有罐、盆、大口尊、豆、器盖、圈足、盘、甗、鼎。编号为 88 号。本次未调查该遗址。

依据以往调查结果，遗址的时代为龙山文化及二里头文化。

# 第三章 溱洧流域各阶段的聚落特征

溱洧流域地区，本次调查发现的 88 处古代遗址，包含了从裴李岗时代直到殷墟时期共计 8 个不同时期及阶段的遗存。在上一章中，我们主要以河流为线索分别对每个遗址的概况、不同时期的聚落规模、遗存数量及典型遗存加以分析，力求借助这种方法对溱洧流域聚落的基本面貌有一个总体了解。本章我们将在以往发现和研究的基础上，结合每个遗址不同时期的聚落特点，着重对各时期的聚落分布、相互关系、等级结构及社会组织等内容进行详细考察，以揭示溱洧流域不同考古学时期聚落形态发展和演变的规律。

溱洧流域地区，总体上可看为一东西向长方形区域，为方便分区研究，现对该区域进行约定分区，以新密市东部南北向支流腾蛟河为界，腾蛟河东部为溱洧流域东部，为溱水流域和洧水上游中部地区，西部（包括腾蛟河）为溱洧流域西部，为绥水河流域和洧水上游上部地区。

可以从聚落分布面积、聚落中单位面积内出土遗物总数，以及聚落内出土遗物的种类和规格来确定聚落的规模和等级。聚落分布面积，是确定聚落规模和划分聚落等级的重要条件，但不宜视为唯一标准。而陶片分布经过人工搬运可以远离遗址原来位置，因此靠陶片范围确认的遗址面积往往超出聚落实际分布范围，这无疑就会扩大聚落面积。此外，许多遗址包含了不止一个文化时期的文化内涵，而在统计遗址面积时通常是把各个时期的分布范围加在一起计算出来的，这无疑也会增大某一时期的聚落面积。因此，在统计聚落面积时应选择那些文化性质相对单纯的遗址[①]。

## 第一节 裴李岗文化时期聚落

### 一、本期聚落的分布

溱洧流域裴李岗文化时期的聚落数量不多，我们选择了 18 处（表五一），西部 9 处，东部 9 处。聚落遗址分布如图三九七所示。

（一）西部

本期的聚落分布沿绥水河干流流向自西向东依次为补子庙、禹楼、青石河、老城东北角、老城东关、高沟，沿洧水干流流向自西向东依次为平陌、莪沟北岗、莪沟村，均处于河流的北岸，海拔除莪沟村 191 米外，其他均在 230~260 米之间，只有莪沟北岗和莪沟村遗址属于山前丘陵

---

① 赵春青：《郑洛地区新石器时代聚落的演变》，北京大学出版社，2001 年，第 29 页。

**表五一**　　　　　　　　　　　　　裴李岗文化时期聚落登记表

| 流域 | 编号 | 聚落名称 | 地理位置 | 聚落面积/万平方米 | 海拔高度/米 | 高差/米 | 所处地带 |
|---|---|---|---|---|---|---|---|
| 西部 | 4 | 补子庙 | 绥水北岸 | 1.59 | 257 | 14 | 二级阶地 |
| | 9 | 禹楼 | 绥水北岸 | 0.5 | 254 | 14 | 二级阶地 |
| | 10 | 青石河 | 绥水北岸 | 2 | 241 | 30 | 二级阶地 |
| | 14 | 老城东北角 | 绥水北岸 | 3.5 | 242 | 10 | 二级阶地 |
| | 15 | 老城东关 | 绥水北岸 | 1.5 | 244 | 10 | 二级阶地 |
| | 21 | 高沟 | 绥水北岸 | 0.3 | 231 | 9 | 二级阶地 |
| | 23 | 平陌 | 洧水北岸 | 1.98 | 260 | 缺 | 二级阶地 |
| | 24 | 莪沟北岗 | 洧水北岸 | 0.8 | 242 | 74 | 丘陵地带 |
| | 25 | 莪沟村 | 洧水北岸 | 0.13 | 191 | 9 | 丘陵地带 |
| 东部 | 32 | 马良沟 | 杨河西岸 | 1 | 210 | 16 | 丘陵地带 |
| | 37 | 西马庄 | 武定水西岸 | 3.32 | 190 | 9 | 二级阶地 |
| | 38 | 杨家门 | 武定水西岸 | 0.5 | 203 | 20 | 丘陵地带 |
| | 45 | 王嘴 | 寿圣寺水东岸 | 8.46 | 113 | 24 | 二级阶地 |
| | 50 | 西土桥 | 洧水南岸 | 2 | 缺 | 缺 | 二级阶地 |
| | 58 | 邓湾 | 溱洧交汇东岸 | 0.42 | 115 | 14 | 二级阶地 |
| | 61 | 裴李岗 | 洧水北岸 | 3.42 | 132 | 25 | 丘陵地带 |
| | 69 | 岭西 | 洧水东岸 | 1 | 缺 | 缺 | 二级阶地 |
| | 75 | 张湾 | 溱水北岸 | 1.5 | 缺 | 20 | 二级阶地 |

地带，其他遗址均位于河旁二级阶地。与河道高差多在10米左右。除补子庙聚落为多重堆积外，其他聚落均只有本期文化遗存，聚落面积多不足1万平方米，有部分达2万平方米左右，最大为3.5万平方米。

（二）东部

本期的聚落分布沿洧水干流流向自西向东依次为马良沟、西马庄、杨家门、王嘴、西土桥、邓湾、裴李岗、岭西，另有溱水上游一处张湾，其中西土桥位于洧水南岸，其余均位于河流干流北岸。海拔高度与溱洧流域西部相比，从200米左右降为120米左右，与周边河道高差在20米上下，除马良沟、杨家门、裴李岗位于丘陵地带外，其他均位于河旁二级阶地。

通过总结以上情况，我们得出溱洧流域裴李岗文化时期聚落分布的基本特点如下：裴李岗时期的聚落数量较少，覆盖范围较大，分布较为均匀，分布密度不大，聚落分布密度并不均匀。聚落多处于山前丘陵地带和河旁二级阶地（低丘岗地上），位于河流干流北岸的聚落数量多于南岸，东部地区聚落的平均海拔低于西部地区。受到地貌条件的限制，聚落面积一般都不大，多数在3万平方米以下。所以在规模上，溱洧流域裴李岗文化时期的聚落规模不够突出。总的来说，这一时期的聚落分布比较分散。

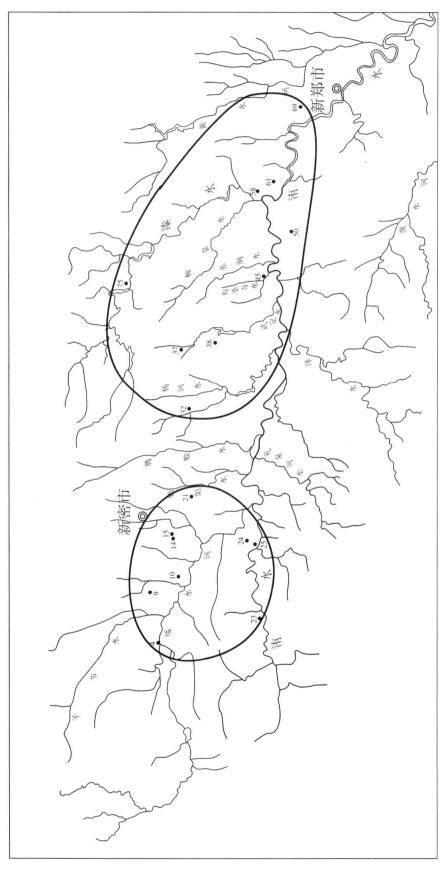

图三九七　裴李岗文化时期聚落分布示意图

## 二、本期聚落的分群与分级

在考察裴李岗文化时期聚落遗址分布的基础上，我们将考察该期聚落所能区分的等级以及不同级别聚落之间的相互关系。在现有调查基础上，排除调查未发现的、后期被破坏的、没有发掘的、未分期的等因素外，根据本期聚落遗址的分布密度、面积大小、钻探文化层的堆积情况以及已发掘遗址的遗存丰富程度，可以把该期的聚落划分为两个聚落群——老城东北角聚落群和王嘴聚落群。

（一）老城东北角聚落群

位于溱洧流域西部，范围包括绥水河和洧水上游上部地区。包括禹楼、青石河、老城东北角、老城东关、高沟、平陌、莪沟北岗、莪沟村8处。老城东北角是中心聚落，居于聚落群的中部，其余为一般聚落，这个聚落群所在地域为山前丘陵地带，为河流的上游地区，多为河旁二三级阶地，平均海拔相对较高。

（二）王嘴聚落群

位于溱洧流域东部，范围包括溱水流域和洧水上游中部地区。包括马良沟、西马庄、杨家门、王嘴、西土桥、邓湾、裴李岗、岭西、张湾9处。王嘴是中心聚落，居于聚落群的中部，其余为一般聚落，这个聚落群所在地域同样位于山前丘陵地带和河流的上游地区，但较前一个聚落群略低，多为河旁二三级阶地，平均海拔略低。聚落群内的各聚落分布比较分散。

溱洧流域裴李岗文化时期的聚落一共18处，我们对其聚落面积进行了统计（图三九八），面积在4万平方米以下的有17处，占聚落总数的94%；面积在4万平方米以上的仅王嘴1处，为8.46万平方米，占聚落总数的6%。

依据聚落面积，我们可以将本期聚落划分为两级（图三九九），4万平方米以上的为一级聚落，仅有王嘴一处，其余17处面积在4万平方米以下的为二级聚落。

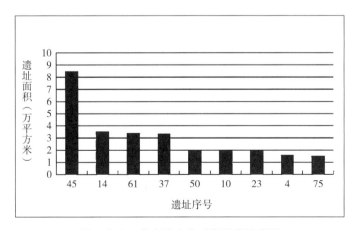

图三九八　裴李岗文化时期聚落排序图

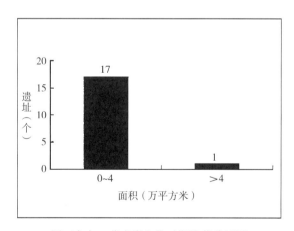

图三九九　裴李岗文化时期聚落分级图

## 三、中心聚落内部结构分析

该区域调查发现的裴李岗文化时期18处聚落，经过发掘和试掘的有裴李岗、莪沟北岗、马良沟 3 处，其中前两处遗存较为丰富，在各自聚落群中都处于次级中心聚落或区域中心聚落或曾经为中心聚落的位置。现参考裴李岗和莪沟北岗 2 处聚落进行分析。

（一）莪沟北岗聚落

莪沟北岗聚落，位于溱洧流域西部老城东北角聚落群的南部，可能为次级中心聚落。莪沟北岗遗址位于新密市区南约 7.5 千米超化镇莪沟村北岗上，处于洧水和绥水两条河流的交汇地带，南距洧水约 500 米，高出现在河床约 74 米，遗址东西长约 110 米，南北宽约 70～76 米，总面积约 8000 平方米。

1977～1978 年，河南省博物馆会同原密县文化馆对遗址进行发掘，发掘面积 2747 平方米。共清理房基 6 座，灰坑 44 个，墓葬 68 座，出土有非常丰富的陶器和石器等遗物①。此次调查对该遗址进行了钻探，1 号探孔所在区域文化层的厚度可达 1.4 米以上，依据土质土色可分为两层文化层。

莪沟北岗遗址房屋、灰坑和墓葬大致处于大体相当的时间段里，该聚落的布局形式大致有以下几点：6 座住房基址，都位于遗址的中部，而且比较密集地分布于大约 500 平方米的范围内；44 个灰坑，主要集中分布在房基和整个遗址的南半部，最密集处在 50 平方米范围内就有 13 个灰坑，红烧土面 1 处，这里应该就是居住区。莪沟北岗遗址的房址室内面积大多不足 10 平方米，有学者认为拿兴隆洼文化和后李文化发现的面积在数十到上百平方米的房子来参照，这些房址若作为普通住房，其面积显然太小。因而它们是不是裴李岗文化的居室或居室的主要形态，很值得怀疑②。68 座墓葬，主要分布于遗址的西部和西北部，尤以西北部比较集中，如在 T18 附近的 50 平方米范围内就发掘出墓葬 17 座，而在东南部墓葬很少，仅发现 3 座。墓葬区由若干墓群组成，墓群又是由若干墓排组成的。总而言之，这个时期的聚落是将居住区和墓葬区分开的。

（二）裴李岗聚落

裴李岗聚落，位于溱洧流域东部王嘴聚落群的中部偏东，应为次级中心聚落。

裴李岗遗址位于新郑市西北约 7.5 千米的裴李岗村西地，处于西、南面洧水河半环绕地带。遗址四周均以遗址所在台地地边断崖为界，平面基本呈东西向不规则形，东西最长约 348 米，南北最宽约 146 米，面积约为 3.42 万平方米，与其西南面现河道的高差约为 11 米，距其西南面河道断崖约 320 米。1977～1979 年，原开封地区文物管理委员会、郑州大学、中国社会科学院考古研究所等先后进行过 4 次发掘，揭露面积 2700 多平方米，发掘墓葬 114 座、陶窑 1 座、灰坑 10 余个，及基础残破的穴居房址，出土了丰富的陶器和石器等遗物③。

遗址所在的台地上，南北向的现代人工水渠将遗址分为渠东和渠西两部分。根据发掘的情况，水渠以东基本上是居住区，遭后期破坏严重，仅发现一座残陶窑和几个窖穴；水渠以西主要是墓葬区，墓葬按一定的顺序排列，墓葬区中部在后期遭受严重破坏。墓葬主要集中分布于水渠以西，

① 河南省博物馆、密县文化馆：《河南密县莪沟北岗新石器时代遗址》，《考古学集刊》第 1 集，中国社会科学出版社，1981 年。
② 赵春青：《郑洛地区新石器时代聚落的演变》，北京大学出版社，2001 年，第 34 页。
③ 开封地区文物管理委员会、新郑县文物管理委员会：《河南新郑裴李岗新石器时代遗址》，《考古》1978 年第 2 期。开封地区文物管理委员会、新郑县文物管理委员会、郑州大学历史系考古专业：《裴李岗遗址一九七八年发掘简报》，《考古》1979 年第 3 期。中国社会科学院考古研究所河南一队：《1979 年裴李岗遗址发掘简报》，《考古》1982 年第 4 期。

灰坑主要分布于水渠以东居住区的南部，陶窑位于渠东。显然，与前面的莪沟北岗一样，裴李岗遗址的居住区与墓葬区也是分开的。

本次调查对遗址进行了调查钻探：遗址南部区域的文化层较厚，厚度多在 0.5 ~ 0.9 米之间，文化层较为单一，均为一层文化层；北部文化层较薄，厚度多为 0.4 米或低于 0.4 米，为一层文化层；遗址的东北部，疑似有夯土堆积，年代性质待定。

综合上述两个聚落和其他一些同时期聚落的信息，裴李岗文化时期的聚落有以下几个方面的特征：

聚落面积不大，多在 1 万平方米左右，大的在二三万平方米，已发掘最大的为舞阳贾湖遗址，为 5.5 万平方米，此次调查的王嘴聚落为 8.46 万平方米。

聚落内发现有少量的住房基址。房址都是半地穴式建筑，深度在 1 米左右，形状以不规则圆形和椭圆形者居多，直径约在 2 米左右，个别的房基直径达 2.3 米。居室地面普遍铺有硬土，地面周围发现有数量不等的柱洞；居室地面以外多发现有斜坡式或台阶式门道，与门道相对的居室中部或角落，多发现有烧灶的遗迹。方形房基仅发现 1 座，即莪沟北岗 F1，边长约 2 米。

聚落内发现有较多的灰坑，多分布在房基的周围。坑口多呈不规则的圆形和椭圆形，少数呈圆角长方形，多呈筒状，个别呈袋状，坑底有圜底和平底两种。坑口直径和深度多在 1 米左右；有的灰坑壁上还发现有供人上下的台阶，它们应是当时人们储藏物品的窖穴。生活用具多见双耳罐、三足钵、深腹罐，生产工具主要是石铲、石磨盘、石磨棒，装饰品有绿松石珠、骨簪等。

聚落内发现有少量的陶窑，都是横穴式结构，上口近圆形，小者直径 1 米，大者直径约 2 米，下有火塘，上有窑室，中间有残破的窑箅，尚未发现烟囱的痕迹。

聚落内出现了与居住区分开的墓地。墓葬分布比较集中，不少墓地存在分区或分排的现象；发现有众多的墓葬，大多集中于居住区附近的一定区域，可见当时已经有了氏族公共墓地。墓坑都是长方形竖穴式，没有发现葬具，墓向多朝南。出现了少量的壁龛墓。葬式以单人仰身直肢葬最多，个别的双人葬、三人葬、俯身葬。死者多为一次葬，二次葬甚少。随葬品以陶质生活用具为主，石质生产工具次之，装饰品甚少。陶质生活用具中又以壶为主，皆置于墓主的头部，石质生产工具皆置于墓主的手部或腰部。随葬品的数量相对较少，石斧、石铲、石镰一般不与石磨盘、石磨棒同出，男女之间在随葬生产工具的种类上有差异。

### 四、本期聚落特征

中国新石器时代裴李岗文化时期聚落中反映社会组织和相互关系的文化因素有聚落所在的地理位置，房址、灰坑、陶窑、墓葬等遗迹，陶器、石器、骨器、装饰品、动物骨骼、植物炭化残留等遗物。每一种文化因素都反映了相应的社会组织关系因素。

裴李岗文化时期的聚落面积比较小，可能时代早，人口数量少，所以也不需要太大的地方容纳这些人。而这个时期聚落多分布在丘陵地带和沿河台地上，这种地方往往孤立、互不连接，客观上也制约了聚落面积的扩展，但同时活动空间会比较大。

裴李岗文化时期的聚落分布整体上呈现松散的状态，这种分布状态与当时的环境、气候条件以及生产力发展水平有直接的关系。裴李岗时代正值全新世的早期，刚刚脱离大理冰期而跨入间冰期不久，处于大暖期（间冰期中最暖阶段）的第一个阶段，属全新世气温上升时期①。现在溱洧流域裴李岗时代文化分布区的气候和环境条件，当时属于暖温带半湿润气候区，气温和降水量都高于现在，遗址出土的动植物种类也说明了这一点。温暖湿润的亚热带气候条件表明这一时期水系、沼泽纵横，为免受水患之害，同时又能享受水源之利，裴李岗时代居民多选择在山前地带以及临河台地上居住，这样既可以有良好的居住环境，又可以补充更多的采集和渔猎食物，满足人类生产和生活的需要。

裴李岗遗址中所发现的粟类作物的出现体现了当时的农业生产状况。粟的成功栽培，标志着我国中原地区原始农业的产生；这是社会经济的一大变革，它标志着人类从此由采集经济进入生产经济的时代；正是由于原始农业的出现，才为人类进入文明时代奠定了基础，各种文明因素正是在这个基础上逐渐萌生出来的。裴李岗文化时期遗址所在的自然环境适于旱地作物粟类的种植，而旱地农业对挖掘工具的要求较高，所以裴李岗时期聚落中多出现较多而且规整的石铲。石斧、石铲、石镰、石磨盘、石磨棒这些成套的农具已然出现，说明以溱洧流域为代表的中原地区在裴李岗文化时期，除了保留有火耕的特征之外，大体已初步进入耜耕农业阶段。石铲、石斧、石镰、石磨盘、石磨棒等生产工具，正是以粟为代表作物的原始耜耕农业的表现。

裴李岗遗址中发现有猪和羊的雕塑艺术品，应当是已经出现以猪和羊为主体的家畜饲养业的表现。家畜饲养业作为当时原始农业的辅助性经济，既可以提供和调节人们对肉类食品的需要，也可以弥补人们对主食粮食的需求量的不足。

在主要从事农业生产的同时，也兼营采集和渔猎活动。裴李岗遗址中就发现有梅核、酸枣核和核桃壳等，莪沟北岗遗址中也发现有枣核、核桃和栎等植物果核，这些都是采集活动的遗存。在裴李岗聚落中，还多发现有少量的细石器、磨制的骨镞、少量的石球和陶球，这些都是当时人们进行渔猎活动的工具；鱼骨、蚌壳和一些动物的残骨，也是渔猎活动的遗存。动物的残骨，在裴李岗时期聚落中都只是少量的发现，可见渔猎活动在当时的经济生活中，应当处于附属或者辅助性的地位。

裴李岗文化时期的手工业，主要体现在制陶和制石两个方面。从制陶方面看，从手捏制、贴片、泥条盘筑到外施陶衣，外部修整，陶器种类的增加，以及原始农业的产生和发展，改变了人们的膳食结构和饮食方式，导致了制陶技术的发明。裴李岗聚落中陶窑的发现，正说明在裴李岗文化时期，制陶技术已经脱离了原始的萌芽状态，有了进一步的发展；制陶技术的发展，为后世金属冶炼技术的产生奠定了基础。石器的制作方面，磨制石器代表了当时先进的制作水平，器形规整，通体磨光，尤其是舌形石铲、锯齿形石镰等，琢磨的石磨盘和石磨棒制作水平也很高。在裴李岗聚落和莪沟北岗聚落中，发现有陶纺轮、骨针和骨匕，说明当时已经出现了原始的纺织手工业。

农业生产和家畜饲养，需要定居生活，根据田野考古调查和发掘，裴李岗文化时期的聚落遗址是中原地区新石器时代文化最早的聚落遗址，这些说明当时人们已普遍地过着定居的村落生活。裴李岗文化时期的聚落主要由两部分组成，即生活居住区和墓葬区。在多数遗址中，两

---

① 施雅风等：《中国全新世大暖期气候与环境的基本特征》，《中国全新世大暖期气候与环境》，海洋出版社，1992年，第7页。

个区的分布各有一定的范围，但是作为村落遗址都是以居住区为主体建立起来的。生活居住区的主要遗迹为房址和灰坑；墓葬区就是有较多的墓葬，应为当时所认为的地下另一个世界的生活居住区。

在裴李岗文化时期，古代中原地区大约已经开始进入氏族制度的全盛时代。裴李岗文化众多遗址群的发现，说明当时的中原地区已经生活着众多的氏族和部落，从裴李岗文化墓地中墓葬分布情况来看，在氏族内部，可能已经进一步地分化成若干小的亲族集团。这些小的亲族集团，和氏族的性质基本相同，也是以血缘亲属关系为纽带结合起来的小集体，随着原始经济的发展和人口的不断增殖，发展为氏族，随着氏族内部事务逐渐复杂，为了组织生产和安排生活的方便，从而进一步分化成为小的集体。小的亲族集团，即小集体，作为一个独立的生产单位和生活单位，成员们生前生活在一起，死后也葬于小集体的墓。从公共墓地可以看出，一片墓地分为若干块墓区或由几片这样的墓地再组成更大的墓地，这在裴李岗文化中是个普遍存在的现象[①]。裴李岗遗址下层墓地中大致上以 M30 为界，分为东、西两个小的墓群，上层墓地中大致以现在岗脊为界也分为东、西两个小的墓群，这两个墓群应当就是在氏族之内形成的两个家族群体。莪沟北岗遗址氏族墓地也是如此，遗址以北的墓地大致以 H3 为界，分为东、西两个墓群，遗址以西可能是一个独立的墓群，它们应是三个大家族的墓地。各个墓群中的许多墓葬排列都有一定的次序，它们应当是在家族内部按着辈分排列起来的。莪沟北岗遗址所发现的 6 座房基分布相近，它们应当就是某个家族部分住房的遗迹。墓地可能代表着氏族这一级的社会组织结构，那么下一级的墓群就代表了氏族下面——家族的社会组织结构。裴李岗文化时期每个聚落可能存在着氏族、家族两级社会组织结构。从人们开始有意识埋葬死者的第一天起，人类就存在着"聚族"而葬的潜意识要求。同一家庭、同一家族、同一氏族、同一部落的墓葬总是尽可能地集中在一起[②]。

裴李岗文化时期生活着众多的家族、氏族和部落，从而为当时的族外婚提供了客观条件，根据文化遗址中出土的一些房基判断，当时的婚姻生活大约已进入对偶婚的初级阶段。裴李岗文化中发现的房址，面积较小，在 5 ~ 7 平方米之间，一般只能供两个人居住，没有发现生产工具和储藏粮食的痕迹，说明这种住房既不是一个生产单位，也不是一个生活单位[③]，应当是初期对偶婚下卧室的遗迹。正是对偶婚的婚姻形式，使得在裴李岗文化时期，氏族或家族以女性为中心，女性在社会上处于主导地位，这在当时的女性墓葬的形制上也有表现。

在裴李岗遗址下层 43 座墓葬中，M15、M27 和 M38 为最大，它们的长度、宽度和深度分别为 250 - 180 - 92、250 - 180 - 105、260 - 210 - 45 厘米。M15 出土有石磨盘、石磨棒和陶器等 24 件，M27 出土有石磨盘、石磨棒和陶器等 19 件，是下层墓葬中随葬遗物最多的两座墓葬。从两墓随葬有石磨盘、石磨棒来看，墓主显然都是女性。M38 为复合式墓葬，东侧墓主为成年人，随葬有石磨盘、石磨棒和陶器等 11 件，显然也是一位女性；西侧墓主从骨骼痕迹观察，体型较小，似未成年，随葬有石斧、石铲和石镰，应为一位男性。男性年龄较小，随葬品少，当为依附于成年女性

① 李友谋：《中原新石器早期文化问题探讨》，《郑州大学学报》1981 年第 1 期；《裴李岗文化墓葬初步考察》，《中原文物》1987 年第 2 期。
② 白云翔、张建锋：《黄河流域前期新石器时代墓葬的研究》，《华夏考古》2001 年第 2 期。
③ 郑杰祥：《新石器文化与夏代文明》，江苏教育出版社，2005 年版，第 61 页。

者，可能为母子合葬墓，所以，M38 也是一座以女性为主的墓葬。这三座墓呈一字形东西并列，形制最大，而且大致位于现存墓群的中心，可见它们处于下层墓地中的显著地位。裴李岗遗址上层 70 座墓葬中以 M54 为最大，长、宽、深分别为 260、160、10 厘米，随葬有石磨盘、石磨棒和陶器等 6 件，墓主也是一位女性。莪沟北岗遗址 68 座墓葬中以 M34 和 M61 为最大，它们长、宽、深分别为 292 - 113 - 58 厘米和 276 - 132 - 30 厘米，出土遗物也最多，均出土有石磨盘、石磨棒和陶器等，也都是女性墓葬。墓葬制度是现实生活的真实写照，裴李岗文化墓地中以女性墓形制为最大，反映着这些墓主所代表的女性，在生前的现实生活中，社会地位也应是比较突出的。

这样，裴李岗墓地的社会组织结构与水泉墓地相同，也是由家庭、家族和氏族三级组织构成。

在裴李岗文化男女墓葬中随葬的器物也多有不同，它主要表现在：凡是男性墓中随葬的石器，几乎全为石斧、石铲、石镰以及细石器生产工具；凡是女性墓中随葬的石器，几乎全为石磨盘、石磨棒等粮食加工工具。这说明当时的男子主要从事着农业生产和渔猎活动，妇女则主要从事一些料理生活的劳动，形成了明确的性别分工。在墓地中，通常男性墓主明显多于女性，可能是因为生产性别分工导致男性的死亡率高于女性。这种分工是生产发展的需要，也是自然而然形成的。

在莪沟北岗墓地中，凡是随葬有陶勺和陶罐配套陶器者，皆出于女性墓葬，因此，陶勺应是女性独有的随葬品；凡有陶勺的家族墓区均只有一或两个随葬陶勺者，且一般有陶勺的墓随葬陶器也比较多，可见有陶勺随葬的死者可能有着较为特殊的身份①。这些可能就为说明裴李岗文化处在发达的母系氏族社会的社会性质提供了佐证。裴李岗文化女性墓中随葬有较多的陶器，说明妇女在安排人们的生活方面起着主要的作用。而妇女从事的所有这些工作都属于公共性的社会劳动，它是当时维护氏族存在和稳定的根本保证，因此，妇女的劳动受到全社会的尊重和崇敬。

在裴李岗文化墓地，各个墓葬出土的随葬品多少有所不同。在裴李岗遗址墓葬中，1979 年第 3 次发掘的 82 座墓葬中，除 3 座墓没有随葬品外，其余都有，少者 1 件，最多的 14 件。在莪沟北岗遗址的 68 座墓葬中，除 8 座无随葬品外，其余都有，有 3 座墓各随葬 1 件器物，一般的为 2 ~ 8 件，只有 2 座墓多至 14 件。关于这些随葬品的性质，当前学术界存在着两种不同的意见，一种意见认为它们应属于个人所有的私有财产②，另一种意见认为它们还不是私有财产，只不过是劳动和生活自然需要的物品③。总体来看，就算是没有达到真正的私有财产的程度，应该也接近为真正的私有财产的性质。随葬品的多少，可能反映着墓主人生前所处的不同的社会地位，这种社会地位的不同，可能没有明显的贵贱区别，更多的可能是由对社会贡献的大小所决定的，这一种决定因素的比重可能是随着时代的发展而逐渐变化的。这个时期的社会尚未出现阶层分化，还处于一个比较平等的氏族社会发展阶段。

从溱洧流域的聚落及中原地区其他同时期聚落中的发现情况来看，裴李岗时期的人们已经有了原始的巫术、宗教、艺术和音乐。具体来说，出土的陶塑猪、羊头，以及绿松石等装饰品都说明那时的先民已经不单单地只追求温饱，而是上升到了艺术欣赏的高度。

---

① 朱延平：《关于裴李岗文化墓葬的几个问题》，《考古》1989 年第 11 期。
② 李友谋：《中原新石器早期文化问题探讨》，《郑州大学学报》1981 年第 1 期；《裴李岗文化墓葬初步考察》，《中原文物》1987 年第 2 期。
③ 马洪路：《裴李岗文化并未产生私有制》，《中原文物》1982 年第 2 期。

# 第二节　仰韶文化中期聚落

## 一、本期聚落的分布

溱洧流域仰韶文化中期的聚落共计 11 处（表五二），其中西部 4 处，东部 7 处。聚落分布如图四○○所示。

表五二　　　　　　　　　　　　　仰韶文化中期聚落登记表

| 流域 | 编号 | 聚落名称 | 地理位置 | 聚落面积/<br>万平方米 | 海拔高度/米 | 高差/米 | 所处地带 |
|------|------|---------|---------|-----------------|-----------|--------|---------|
| 西部 | 4 | 补子庙 | 绥水北岸 | 1.59 | 257 | 14 | 二级阶地 |
| | 7 | 马鞍河 | 绥水北岸 | 4.98 | 252 | 9 | 二级阶地 |
| | 18 | 张坡 | 绥水南岸 | 0.14 | 239 | 14 | 丘陵地带 |
| | 19 | 惠沟 | 绥水—湾子河东源水东岸 | 2.25 | 255 | 缺 | 二级阶地 |
| 东部 | 29 | 芦村 | 洧水北岸 | 0.26 | 172 | 24 | 二、三级阶地 |
| | 37 | 西马庄 | 武定水西岸 | 3.32 | 190 | 9 | 二级阶地 |
| | 39 | 云岩宫 | 武定水西岸 | 1.73 | 171 | 18 | 丘陵地带 |
| | 52 | 交流寨 | 柳泉水西岸 | 11.63 | 130 | 22 | 临河台地 |
| | 57 | 程庄 | 溱水柳泉水交汇 | 9.65 | 122.1 | 18 | 临河台地 |
| | 73 | 沙石嘴 | 溱水西侧支流南岸 | 3.77 | 226 | 28 | 一、二级阶地 |
| | 84 | 柿园 | 溱水西岸 | 9.0 | 124 | 3 | 二级阶地 |

（一）西部

本期的聚落分布沿绥水河干流流向自西向东依次为补子庙、马鞍河、张坡、惠沟 4 处，海拔均在 230～260 米之间，只有张坡属于山前丘陵地带，其他聚落均位于河旁二级阶地，与河流高差为 20 米左右。

（二）东部

本期的聚落分布沿洧水干流流向自西向东依次为芦村、西马庄、云岩宫 3 处，溱水流域自北向南依次为沙石嘴、柿园、程庄、交流寨 4 处。除了沙石嘴遗址，海拔均在 200 米以下。

除了缺少资料的几个遗址，大部分遗址在河流的二级阶地上，还有一部分在一级、三级阶地上，只有云岩宫处于丘陵地区，与河流高差约为 18 米。

通过以上情况，我们可以总结出溱洧流域仰韶中期聚落分布的基本特点如下：

溱洧流域仰韶中期的聚落数量并不多，甚至比前一期裴李岗时期的聚落还要少，分布密度不是很均匀和集中。从裴李岗时期的集中于山前丘陵和河流阶地上转为向河流阶地和河流交汇处分布，多处于河旁二级阶地上，还有少量的在河流一级、三级阶地的，极少的处于丘陵地区。可能和这个时期处于全新世大暖期，水量大，河水易泛滥有关系，所以没有继续往海拔更低的平原地区和河谷低阶地开拓土地。溱洧流域东部地区聚落的海拔要比西部的聚落低。总体而言，仰韶文化中期各聚落分布总体上呈分散状分布。

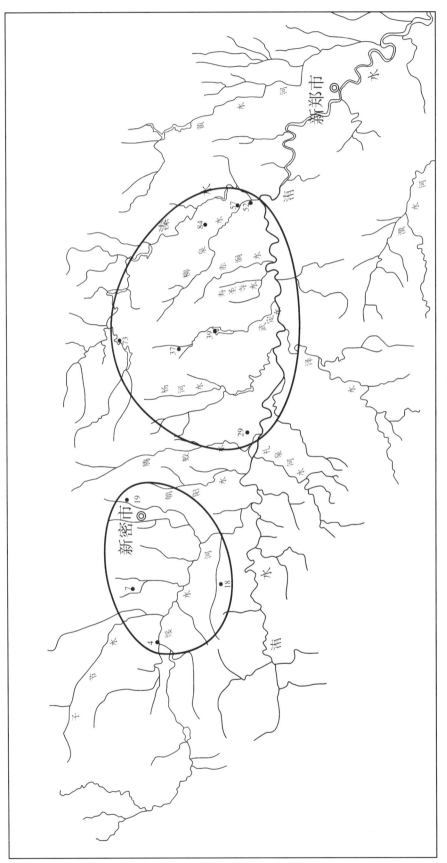

图四○○　仰韶文化中期聚落分布示意图

## 二、本期聚落的分群与分级

本期聚落分布较为分散，只是粗略地将本期聚落分为两个聚落群——张坡聚落群和芦村－交流寨聚落群。

（一）张坡聚落群

位于溱洧流域西部，包括补子庙、马鞍河、张坡、惠沟4处，本群聚落总面积8.96万平方米。

这个聚落群所在地域为山前丘陵地带，为河流的上游地区，聚落位于河旁二级阶地或丘陵地带上，平均海拔相对较高。

（二）芦村－交流寨聚落群

位于溱洧流域东部，包括芦村、西马庄、云岩宫、交流寨、程庄、沙石嘴、柿园等7处，本群聚落总面积38.36万平方米。

这个聚落群所在地域多位于河旁阶地和河流交汇地带，但平均海拔较前一个聚落群略低，多为河旁二三级阶地。

溱洧流域仰韶中期的聚落一共11处，除去程庄和柿园这两处，我们对9个聚落的面积进行了统计（图四〇一）：聚落面积在5万平方米以下的有8处，占聚落总数的89%；面积在5万平方米以上的仅1处，占总数的11%。依据聚落面积，我们可以将本期聚落划分为两级（图四〇二），一级聚落为交流寨，并为中心聚落；其余8处为二级聚落，当属一般聚落。程庄和柿园这两处遗址的面积将近10万平方米，虽然也有仰韶中期的聚落，但以仰韶晚期聚落为主，所以我们将其划为仰韶中期的二级聚落。

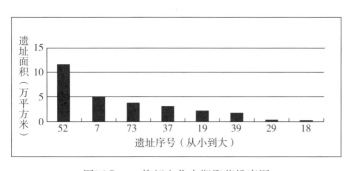

图四〇一　仰韶文化中期聚落排序图

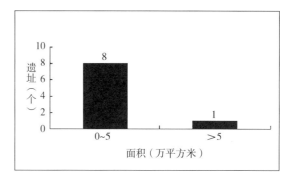

图四〇二　仰韶文化中期聚落分级图

## 三、中心聚落内部结构分析

在溱洧流域内，仰韶中期聚落遗址均未进行过正式的发掘和材料的发表，因此，对该时期聚落内部结构分析只能采用调查所得的聚落遗存信息进行分析。

本期聚落中内涵单纯的聚落有张坡、芦村、交流寨3处，其中交流寨面积超过了10万平方米。

张坡遗址文化层位于地表0.5米以下，当时在树坑内发现灰坑。灰坑土呈黑褐色，土质较软，包含有红烧土块和陶片。地表遗物少见，现在地表仍可见红烧土颗粒和少量陶片残片，采集的彩陶钵标本出于灰坑中。

芦村遗址范围内未发现灰坑、文化层等遗迹，但在近代寨墙夯土层及寨子东部台地上发现有较多陶片标本，结合陶片分布范围、数量推测遗迹单位可能原先被压于地表之下，建造夯土时取土取至早期地层，从而将遗迹破坏。

交流寨遗址中部发现有大量的灰坑及文化层。经长期雨水冲刷，部分文化层暴露于崖面，北部、南部地头断崖上发现有厚约0.5~1米的文化层，可见长度约5米，不分层，土色褐色，土质较硬，结构疏松，含有红烧土颗粒、炭粒及陶片。

张坡、西马庄、云岩宫、交流寨、沙石嘴等遗址都发现了大量的红烧土、炭粒和陶片，说明这个时期的聚落有着比较集中的居住区。灰坑多分布在房基周围。

陶器属于大河村文化一、二期的范畴，以红陶为主，彩陶发达，流行陶衣，陶衣有白色和淡黄色，彩绘纹饰主要有宽带纹、弧线三角纹、回旋勾连纹、圆点纹，器形有釜形鼎、罐形鼎、束腰长体尖底瓶、大口曲腹钵、豆等。

总结以上聚落内部情况，我们可以得知：仰韶中期的聚落面积增大，有着比较集中的居住区，居住区周边有灰坑。由于没有发掘遗址，所以无法得知房址、墓葬等实际情况。

### 四、本期聚落特征

由于仰韶时代中期正处于大暖期的高峰期，所以黄土地带地势较高、土壤肥沃的塬地以及河流两岸的高阶地较之于平原区以及山区更适合人类居住。这些塬地以及河流两岸的高阶地也就成为仰韶时代居民的首选住地。从聚落的分布密度来看，规模还没有达到环境、资源可容纳程度的极限，在许多地区仍有大片适合人类居住的空白区域。

仰韶中期处于全新世大暖期中稳定的暖湿阶段，即大暖期的鼎盛阶段。气候温暖湿润，降水量普遍增加，植物生长空前繁茂[1]。农业技术与裴李岗时期相比，有了很大的提高，表现在生产工具的种类发生了很大的变化。裴李岗文化时期的带足石磨盘、锯齿形石镰和鞋底状的石铲到了仰韶中期基本绝迹，石斧在工具中的比例已开始减少，石刀则大量出现，石铲在生产工具总数中的比重也增大，且形制更加合理化。这些现象都说明随着农业技术的发展，农作物的产量在大大提升。用于翻土的石铲多于用以砍伐的石斧，这种数量比例的改变，反映了耕种方式的变化，说明在仰韶中期，农业可能已经从过渡时期进入到了锄耕时期了。

在溱洧流域仰韶前期的聚落中，如沙石嘴灰坑中发现了兽骨，还发现了肩胛骨、肋骨等，说明家畜饲养业也在逐步地发展和提高。有研究者认为，仰韶时期的居民很可能已经开始驯养兽类[2]。

仰韶中期的狩猎工具，箭镞类最多。石镞、骨镞的出现，说明在这个时期，也不是单一的农业经济，还兼有狩猎。仰韶中期彩绘的彩陶上，也有动物图案或其变形体，如鹿纹等，都是当时人类渔猎生活的真实写照。

仰韶中期的手工业，主要体现在石器和陶器的制作上。中期的打制石器比较多，用直接打击法制作，一般不作太多修整。部分石器和骨器使用磨制技术，对于小型的锛、凿、针等进行通体磨光，但对于大型的石器如石斧，仅对其刃部进行磨光。

---

① 施雅风等：《中国全新世大暖期气候与环境的基本特征》，《中国全新世大暖期气候与环境》，海洋出版社，1992年，第7页。

② 祁国琴：《姜寨新石器时代遗址动物群的分析》，《姜寨——新石器时代遗址发掘报告》，文物出版社，1988年。

仰韶中期有了比较发达的制陶业。前期的制陶技术，主要采用泥条盘筑的慢轮制作方法，制成粗坯，再做修整。制作大型陶器时，以泥条分别盘成陶器各部位，再拼合成整器。陶坯的修整，采用刮削、拍打和压磨，在轮盘上修整器形或口沿，有的还要装饰纹样，进行彩绘，制成彩陶。

仰韶中期的文化与艺术，主要体现在彩陶上。补子庙、马鞍河、张坡、惠沟、程庄等遗址都发现了仰韶中期的彩陶，彩绘常见于曲腹盆、钵、罐上面，几何纹以圆点、弧边三角形为主，图案富于变化，体现了先民们的审美和艺术。

关于劳动分工的问题，有研究者认为，庙底沟文化时期耕种方式的变化，锄耕技术的推广，可能同男性由主要从事渔猎转到主要从事农耕生产活动有关[①]。

# 第三节　仰韶文化晚期聚落

## 一、本期聚落的分布

本地区仰韶文化晚期的聚落共计 36 处（表五三），其中西部 9 处，东部 27 处。聚落分布如图四〇三所示。

**表五三**　　　　　　　　仰韶文化晚期聚落登记表

| 流域 | 编号 | 聚落名称 | 地理位置 | 聚落面积/万平方米 | 海拔高度/米 | 高差/米 | 所处地带 |
|---|---|---|---|---|---|---|---|
| 西部 | 1 | 月台 | 绥水南岸 | 1.07 | 343 | 15 | 二级阶地 |
| | 2 | 牛店北 | 绥水北岸 | 2.12 | 262 | 5 | 二级阶地 |
| | 3 | 潭村湾 | 绥水北岸 | 1.32 | 263 | 8 | 二级阶地 |
| | 4 | 补子庙 | 绥水北岸 | 1.59 | 257 | 14 | 二级阶地 |
| | 5 | 前士郭 | 子节水东岸 | 9.07 | 242 | 10 | 二级阶地 |
| | 7 | 马鞍河 | 绥水北岸 | 4.98 | 252 | 9 | 二级阶地 |
| | 17 | 菜园沟 | 洧水北岸 | 1.12 | 220 | 14 | 二级阶地 |
| | 19 | 惠沟 | 湾子河东源水东岸 | 2.25 | 255 | 缺 | 二级阶地 |
| | 26 | 尖城岗 | 洧水北岸、绥水南岸 | 6 | 缺 | 缺 | 丘陵地带 |
| 东部 | 29 | 芦村 | 洧水北岸 | 0.26 | 172 | 24 | 二、三级阶地 |
| | 32 | 马良沟 | 杨河水西岸 | 1 | 210 | 16 | 丘陵地带 |
| | 33 | 郑家庄 | 杨河水东北岸 | 1.43 | 126 | 18 | 二级阶地 |
| | 34 | 北庄西 | 洧水南岸 | 1.96 | 189 | 28 | 丘陵沟壑的近河高地 |
| | 35 | 叶茂沟 | 洧水北岸 | 2.7 | 152 | 22 | 二级阶地 |
| | 37 | 西马庄 | 武定水西岸 | 3.32 | 190 | 9 | 二级阶地 |
| | 39 | 云岩宫 | 武定水西岸 | 1.73 | 171 | 18 | 丘陵地带 |
| | 41 | 新砦 | 洧水北岸 | 100 | 160 | 27 | 四级阶地 |

---

① 白云翔：《新石器时代墓葬中随葬劳动工具的考察——以黄河中游地区为例》，《考古求知集》，中国社会科学出版社，1997年。

| 流域 | 编号 | 聚落名称 | 地理位置 | 聚落面积/万平方米 | 海拔高度/米 | 高差/米 | 所处地带 |
|---|---|---|---|---|---|---|---|
| 东部 | 42 | 洪山庙 | 洧水南岸 | 0.06 | 143 | 17 | 二级阶地 |
| | 46 | 前马庄 | 赤涧水东北 | 3.13 | 160 | 25 | 二级阶地 |
| | 48 | 韩咀 | 洧水南岸 | 1.1 | 126 | 27 | 二至三级阶地 |
| | 52 | 交流寨 | 柳泉水西岸 | 11.63 | 130 | 22 | 临河台地 |
| | 53 | 李家岗 | 柳泉水西岸 | 0.38 | 147 | 18 | 二级阶地 |
| | 57 | 程庄 | 溱水、柳泉水交汇 | 9.65 | 122.1 | 18 | 临河台地 |
| | 59 | 北李庄 | 洧水南岸 | 1.64 | 126 | 24 | 二级阶地 |
| | 63 | 人和寨西南场 | 洧水南岸 | 1 | 缺 | 缺 | 二级阶地 |
| | 64 | 南李庄 | 洧水南岸 | 1 | 缺 | 缺 | 二级阶地 |
| | 68 | 杨楼 | 洧水北岸 | 0.5 | 120 | 19 | 二至三级阶地 |
| | 71 | 马沟 | 溱水西侧支流交汇 | 4.27 | 245.5 | 10 | 二级阶地 |
| | 73 | 沙石嘴 | 溱水西侧支流南岸 | 3.77 | 226 | 28 | 一、二级阶地 |
| | 77 | 马家 | 溱水东侧支流西岸 | 14.05 | 150 | 10 | 二级阶地 |
| | 79 | 河西马 | 溱水南岸 | 0.1 | 164 | 12 | 二至三级阶地 |
| | 81 | 下牛 | 溱水南岸 | 1.68 | 152 | 7 | 二级阶地 |
| | 83 | 庙朱 | 溱水东岸 | 0.6 | 143.8 | 10 | 二级阶地 |
| | 84 | 柿园 | 溱水西岸 | 9 | 124 | 3 | 二级阶地 |
| | 86 | 杨庄 | 溱水东岸 | 2.35 | 130 | 8 | 二级阶地 |
| | 87 | 古城寨 | 溱水东岸 | 24.91 | 126 | 13 | 临河台地 |

（一）西部

分布于溱洧流域西部地区的 9 处聚落，分别为月台、牛店北、潭村湾、补子庙、前士郭、马鞍河、菜园沟、惠沟、尖城岗，均分布于绥水河流域。

西部地区的聚落海拔绝大多数都在 220～270 米之间，月台遗址海拔为 343 米。尖城岗的海拔资料缺乏，其余 8 处聚落均处在河流的二级阶地上，与河道高差 10 米左右。包含仰韶中期遗存的遗址还有补子庙、马鞍河、惠沟 3 处，应该是从仰韶中期延续到仰韶后期。

（二）东部

东部地区的 27 处聚落，18 处位于洧水上游中部，分别为芦村、马良沟、郑家庄、北庄西、叶茂沟、西马庄、云岩宫、新砦、洪山庙、前马庄、韩咀、交流寨、李家岗、程庄、北李庄、人和寨西南场、南李庄、杨楼；9 处位于溱水流域，分别为马沟、沙石嘴、马家、河西马、下牛、庙朱、柿园、杨庄、古城寨。

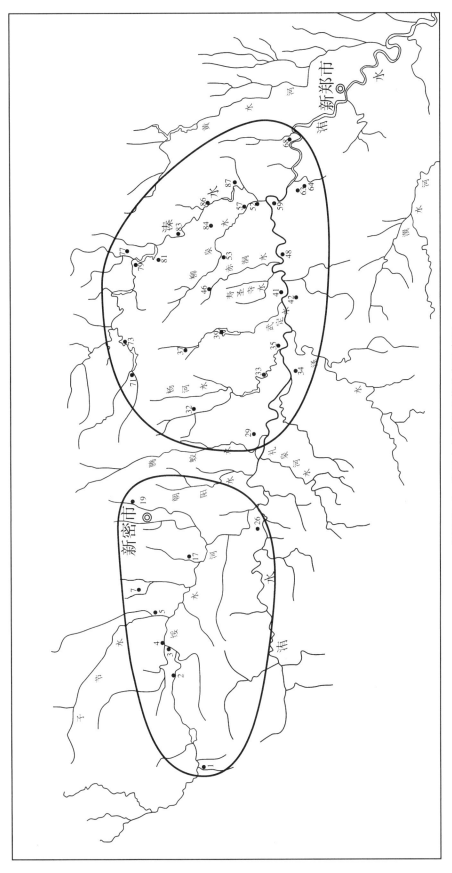

图四〇三　仰韶文化晚期聚落分布示意图

除了马良沟、马沟、沙石嘴遗址外，其余遗址的海拔都在 200 米以下。跟溱洧流域西部的聚落相比，海拔要低一些。除了缺少资料的几个遗址，大部分遗址都位于河流的二级阶地上，还有一部分在一级、三级、四级阶地上，只有马良沟和云岩宫 2 处遗址位于丘陵地区，与河流高差约 16～18 米。

通过以上情况，我们可以总结出溱洧流域仰韶晚期聚落分布特点如下：

溱洧流域在仰韶晚期时聚落数量明显增多，达到了 36 处，比仰韶中期多了两倍多，体现出这一时期聚落数量增长速度很快。聚落所处的位置依旧是在河流两旁的阶地上或者河流交汇处，丘陵地区极少，与仰韶中期相比变化不多，但聚落分布的区域较前期扩大了不少，特别是洧水上游中部地区增加了许多聚落，溱水流域和洧水上游中部的聚落呈串珠状分布，聚落分布的密度分配也比较均匀。聚落形状多为长条形或不规则形，极少为圆形。聚落所在台地地势平缓。

多数聚落被后期自然及人为活动破坏，有些即叠压于现代村庄之下，因此，实际的聚落规模应比我们现在所看到的聚落面积要大得多。聚落规模普遍扩大，聚落间的差异也逐渐显露出来。

## 二、本期聚落的分群与分级

在该区域，仰韶文化晚期的聚落较多，共发现 36 处，其中西部 9 处，东部 27 处。根据相关因素，我们可以把该区域的 36 处聚落划分为两个聚落群，即尖城岗聚落群和程庄－柿园聚落群。

（一）尖城岗聚落群

位于该区域西部绥水河流域及绥水和洧水交汇地带，成员包括月台、牛店北、潭村湾、补子庙、前士郭、马鞍河、菜园沟、惠沟、尖城岗等 9 处，除去两处不知所处地带，其他均位于河流的二级阶地上，平均海拔相对比较高。

（二）程庄－柿园聚落群

该聚落群位于该区域东部溱水流域和洧水上游中部地区，主要成员有芦村、马良沟、郑家庄、北庄西、叶茂沟、西马庄、云岩宫、新砦、洪山庙、前马庄、韩咀、交流寨、李家岗、程庄、北李庄、人和寨西南场、南李庄、杨楼、马沟、沙石嘴、马家、河西马、下牛、庙朱、柿园、杨庄、古城寨等 27 处。除了马良沟、北庄西和云岩宫位于丘陵地带，其他都位于河流的阶地上。

除新砦、交流寨、马家、古城寨 4 处，我们对剩下的 32 处聚落面积进行了统计（图四〇四），面积在 6 万平方米及以上的聚落有 4 处，占总数的 12.5%；面积在 6 万平方米以下的聚落有 28 处，占总数的 87.5%。

依据聚落面积，我们可以将本期聚落划分为两级（图四〇五），一级聚落为面积在 6 万平方米及以上的前士郭、尖城岗、程庄和柿园；其余 6 万平方米以下的为二级聚落，并为该地区的一般聚落。由于交流寨、马家、古城寨这三处的面积均已超过 10 万平方米，文化内涵虽然包含仰韶晚期遗存，但以其他文化时期的聚落为主，所以将其划分为仰韶晚期的二级聚落。

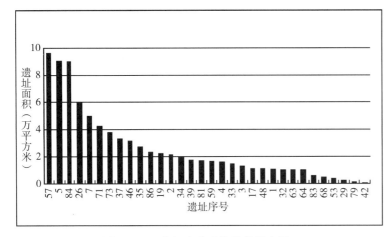

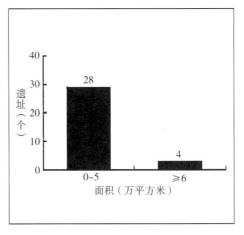

图四〇四　仰韶文化晚期聚落排序图　　　图四〇五　仰韶文化晚期聚落分级图

### 三、本期聚落特征

随着生产力的发展，聚落的规模和人口的数量在增长，原有的规模不能满足这些人口的需求，因此，人们开始寻找新的生存空间，聚落的数量就比前期的要多。在距今 5000 年前后，全新世的气候发生了一次突发性，变化幅度较大的环境恶化事件[1]，气温的下降，水位的降低，人们需要寻找更为暖湿的环境。从遗址周围没有发现水井和大型蓄水遗迹来看，该地区的先人饮水主要来源于这些河流，所以遗址多位于河流阶地和河流交汇处，河流和周围广阔的平原提供了主要的交通路径和农业生活区域。溱洧流域在仰韶文化时期和仰韶文化向龙山文化过渡时期的发展相对平稳，人口规模增加相对较慢[2]。

单个聚落的面积较前期而言也有扩大，特别是尖城岗、交流寨、程庄、柿园等聚落，仰韶晚期的聚落中心在仰韶中期也多有出现，应该是从前一期延续下来的。新出现的聚落规模不是很大，也多位于这些大聚落周围。

仰韶晚期出土的陶刀和石刀，数量比例多于仰韶中期。仰韶晚期的石铲均平薄，多数通体磨光。在仰韶晚期，用于翻土的石铲数量要多于用于砍伐的石斧，说明农业生产的进步在这一时期也十分显著。在遗址中发现了一些猪、羊的骨头，可见当时人们也从事着畜牧业。渔猎工具的比重下降，说明渔猎经济在经济活动中的地位也下降了。马家等遗址出现了蚌壳（探孔内有水锈土），马家（小王家）遗址也发现一件蚌器。沙石嘴遗址灰坑中发现兽骨，此外还有肩胛骨、肋骨，马家遗址灰坑中也有兽骨，下牛遗址发现了骨器，马鞍河、古城寨北、马良沟遗址探孔中也都发现了骨粒或骨渣，发现骨头的地方又多有红烧土存在，说明是当时人们食用后剩下的。这也从另一方面反映了当时畜牧业的情况。

制造业水平提高。以泥质陶最多，夹砂陶较少。陶色以红陶为主，灰陶次之，褐陶最少。火候较高，陶色纯正。器表以素面为主，纹饰有弦纹、附加堆纹、划纹、镂孔、线纹、绳纹和彩陶

[1]　朱艳等：《距今五千年左右环境恶化事件对我国新石器文化的影响及其原因的初步探讨》，《地理科学进展》第 20 卷第 2 期，2001 年 6 月。
[2]　张开广：《郑州地区仰韶文化遗址空间模式研究》，中国解放军信息工程大学 2010 年博士学位论文。

等。制法以手制为主，经慢轮整修的比前期增多。陶器的轮制技术开始发明，大型的陶器如瓮、缸等应运而生，陶器种类纷繁、形式多样，造型复杂而富于变化。器形有鼎、罐、钵、盆、碗、缸、瓮、壶、豆、甑、器盖等。一些罐、钵、盆，瓮的口沿和肩部都有明显的慢轮加工的痕迹。部分遗址还出现了陶窑。

文化艺术方面。彩陶除了跟审美和艺术有关，也有可能与当时的宗教理念有关。今天展现在人们面前的彩陶花纹似乎只是为了装饰和美观，但当初却有着实在的内容和严格的定义，其中有的还可能是围绕着某些巫术或原始宗教活动而特制的①。除了生产工具和生活用具，还有骨簪、陶环等装饰品。

# 第四节　龙山文化时期聚落

## 一、本期聚落的分布

本地区龙山文化时期的聚落共计45处（表五四），其中西部12处，东部33处。聚落分布如图四○六所示。

表五四　　　　　　　　　龙山文化时期聚落登记表

| 流域 | 编号 | 聚落名称 | 地理位置 | 聚落面积/万平方米 | 海拔高度/米 | 高差/米 | 所处地带 |
|---|---|---|---|---|---|---|---|
| 西部 | 1 | 月台 | 绥水南岸 | 1.07 | 343 | 15 | 二级阶地 |
| | 2 | 牛店北 | 绥水北岸 | 2.12 | 262 | 5 | 二级阶地 |
| | 3 | 潭村湾 | 绥水北岸 | 1.32 | 263 | 8 | 二级阶地 |
| | 5 | 前士郭 | 子节水东岸 | 9.07 | 242 | 10 | 二级阶地 |
| | 6 | 郭湾 | 绥水南岸 | 0.88 | 251 | 11 | 临河台地 |
| | 8 | 寨根 | 马鞍河西岸 | 1.31 | 238.5 | 7 | 二级阶地 |
| | 12 | 孙家门 | 青石河与绥水交汇东岸 | 0.1 | 230 | 6 | 临河台地 |
| | 13 | 西瓦店 | 绥水南岸 | 12 | 209 | 缺 | 二至三级阶地 |
| | 17 | 菜园沟 | 绥水北岸 | 1.12 | 220 | 14 | 二级阶地 |
| | 20 | 新密集贸市场 | 湾子河东源西岸 | 1 | 231 | 缺 | 丘陵地带（二级阶地） |
| | 22 | 西施村 | 洧水源北岸 | 1.67 | 缺 | 8 | 二级阶地 |
| | 27 | 黄寨 | 洧水北岸 | 0.2 | 171 | 17 | 二至三级阶地 |
| 东部 | 28 | 苏寨 | 腾蛟水东岸 | 2.23 | 196 | 27 | 丘陵地带 |
| | 31 | 观寨 | 洧水北岸 | 1.37 | 173 | 14 | 一级阶地 |
| | 35 | 叶茂沟 | 洧水北岸 | 2.7 | 152 | 22 | 二级阶地 |

---

① 中国社会科学院考古研究所：《中国考古学·新石器时代卷》，中国社会科学出版社，2010年，第411页。

| 流域 | 编号 | 聚落名称 | 地理位置 | 聚落面积/万平方米 | 海拔高度/米 | 高差/米 | 所处地带 |
|---|---|---|---|---|---|---|---|
| 东部 | 37 | 西马庄 | 武定水西岸 | 3.32 | 190 | 9 | 二级阶地 |
| | 39 | 云岩宫 | 武定水西岸 | 1.73 | 171 | 18 | 丘陵地带 |
| | 40 | 和合寨 | 武定水西岸 | 4.1 | 136 | 24 | 二至三级阶地 |
| | 41 | 新砦 | 洧水北岸 | 70 | 160 | 27 | 四级阶地 |
| | 44 | 张庄 | 虎牍溪西源西北岸 | 3.17 | 153 | 15 | 二级阶地 |
| | 46 | 前马庄 | 赤涧水东东北 | 3.13 | 160 | 25 | 二级阶地 |
| | 48 | 韩咀 | 洧水南岸 | 1.1 | 126 | 27 | 二至三级阶地 |
| | 49 | 马鞍垌 | 洧水南岸 | 0.43 | 135 | 27 | 二级阶地 |
| | 51 | 周湾 | 柳泉水西岸 | 4.43 | 126 | 22 | 二级阶地 |
| | 54 | 朱家沟 | 柳泉水西南岸 | 7.6 | 140 | 19 | 二级阶地 |
| | 55 | 牛玉环 | 柳泉水东北岸 | 9.18 | 130 | 15 | 临河台地 |
| | 56 | 全庄 | 柳泉水东北岸 | 3.22 | 125.5 | 18 | 二级阶地 |
| | 57 | 程庄 | 溱水、柳泉水交汇 | 9.65 | 122.1 | 18 | 临河高台地 |
| | 60 | 东土桥 | 洧水西南岸 | 0.42 | 125 | 22 | 二级阶地 |
| | 62 | 人和寨 | 洧水西南岸 | 4 | 116 | 22 | 二级阶地 |
| | 63 | 人和寨西南场 | 洧水南岸 | 1 | 无 | 无 | 二级阶地 |
| | 65 | 小李庄 | 洧水西南岸 | 0.11 | 126 | 20 | 一级阶地 |
| | 67 | 铁岭 | 洧水北岸 | 0.15 | 无 | 无 | 二级阶地 |
| | 68 | 杨楼 | 洧水北岸 | 0.5 | 120 | 19 | 二至三级阶地 |
| | 70 | 新和庄 | 洧水东北岸 | 0.36 | 130 | 17 | 二至三级阶地 |
| | 71 | 马沟 | 溱水西侧支流交汇 | 4.27 | 245.5 | 10 | 二级阶地 |
| | 73 | 沙石嘴 | 溱水西侧支流南岸 | 3.77 | 226 | 28 | 一、二级阶地 |
| | 77 | 马家 | 溱水东侧支流西岸 | 14.05 | 150 | 10 | 二级阶地 |
| | 78 | 岗沟 | 溱水北岸 | 0.91 | 152 | 8 | 二级阶地 |
| | 79 | 河西马 | 溱水南岸 | 0.1 | 164 | 12 | 二至三级阶地 |
| | 81 | 下牛 | 溱水南岸 | 1.68 | 152 | 7 | 二级阶地 |
| | 83 | 庙朱 | 溱水东岸 | 0.6 | 143.8 | 10 | 二级阶地 |
| | 86 | 杨庄 | 溱水东岸 | 2.35 | 130 | 8 | 三级阶地 |
| | 87 | 古城寨 | 溱水东岸 | 24.91 | 126 | 13 | 临河台地 |
| | 88 | 水泉 | 溱水东岸 | 6 | 无 | 无 | 丘陵地带 |

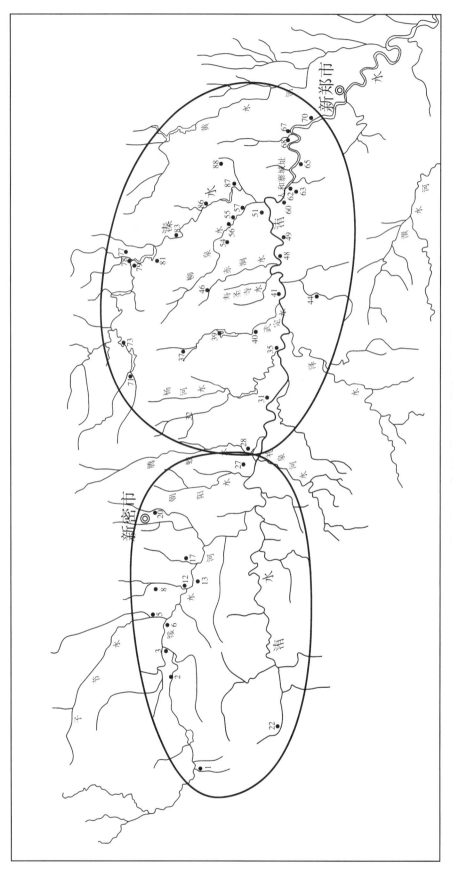

图四〇六　龙山文化时期聚落分布示意图

（一）西部

分布于溱洧流域西部的 12 处聚落，有 10 处位于绥水河流域，依次为月台、潭村湾、前士郭、牛店北、郭湾、寨根、孙家门、西瓦店、菜园沟、新密集贸市场聚落；位于洧水流域的 2 处，为西施村和黄寨聚落。海拔高度大多数在 200～270 米之间，月台遗址的海拔则达到了 343 米，黄寨海拔则为 171 米。聚落跟周围河流的高差在 10 米上下。大部分聚落均位于河流二级阶地上（新密集贸市场聚落的位置还需确认）。跟东部地区相比，西部单个聚落的面积都比较小。

（二）东部

在东部的 33 处聚落，有 18 处位于洧水流域，分别为苏寨、观寨、叶茂沟、西马庄、云岩宫、和合寨、新砦、张庄、前马庄、韩咀、马鞍垌、东土桥、人和寨、人和寨西南场、小李庄、铁岭、杨楼、新和庄聚落；15 处位于溱水流域，分别为周湾、朱家沟、牛玉环、全庄、程庄、马沟、沙石嘴、马家、岗沟、河西马、下牛、庙朱、杨庄、古城寨、水泉聚落。跟西部区域相比，海拔下降了许多，绝大多数都在 200 米以下，只有马沟达到了 245.5 米。聚落跟周围河流高差大部分在 20 米上下，小部分在 10 米上下。大部分聚落都位于河流临河台地（二级阶地或二至三级阶地上），只有苏寨和云岩宫位于丘陵地带。单个聚落面积差别很大，既有像新砦、马家、古城寨这样大的聚落，又有不足 1 万平方米的小聚落，小聚落的比重占大多数。一些聚落还包含仰韶时期的遗存，可能是延续下来的。

通过总结以上情况，溱洧流域龙山文化时期的聚落分布特点如下：与前期相比，聚落总数增加，聚落分布范围和密度都比前期大。聚落分布重心开始东移，洧水中游和溱水流域的聚落数量明显增多，溱洧流域东部地区的聚落无论是数量还是规模上都比西部地区要大。聚落分布向平原地区推进，一部分聚落沿河流呈串珠状分布，一部分呈环状分布格局。单个聚落的面积差异很大，有的聚落可能因为聚落数量多造成的空间缩减，所以面积也很小，而有的聚落达到数十甚至上百平方千米，这个时期还出现了城址。聚落多位于临河二级阶地和河流交汇处。遗址多重堆积多，堆积成分单一的很少。

## 二、本期聚落的分群与分级

根据相关因素，我们可以把该区域的 45 处聚落划分为三个聚落群，即西瓦店聚落群、新砦 – 古城寨聚落群、马家聚落群。

（一）西瓦店聚落群

位于溱洧流域西部的绥水河和洧水上游上部地区，包括月台、潭村湾、前士郭、牛店北、郭湾、寨根、孙家门、西瓦店、菜园沟、新密集贸市场、西施村和黄寨等 12 处聚落。本聚落群所在地域为山前丘陵地带，为河流的上游地区，聚落多位于河旁二级阶地或丘陵地带上，平均海拔相对较高。

其中西瓦店聚落面积估值为 12 万平方米，应为中心聚落，位于聚落群的中部偏南，其余为一般聚落。

（二）新砦 – 古城寨聚落群

新砦聚落群，位于该区域东部偏西洧水中游，有黄寨、苏寨、观寨、叶茂沟、西马庄、云岩宫、和合寨、新砦、张庄、前马庄、马安峒 11 处聚落，应为中心聚落，位于聚落群的中部偏东，其余为一般聚落，黄寨、苏寨 2 处聚落可能为分散聚落。

古城寨聚落群，位于该区域东部溱水和洧水交汇地带，有周湾、朱家沟、牛玉环、全庄、东土桥、人和寨、人和寨西南场、小李庄、铁岭、新和庄、庙朱、杨庄、水泉 13 处聚落，其中古城寨聚落在早期为一大型城址，到晚期似已废弃，仍应是一个大型聚落，可能为聚落中心，另牛玉环聚落面积为 9.18 万平方米，也可能为中心聚落，位于聚落群的中部，其余为一般聚落。

（三）马家聚落群

位于该区域东部北溱水上游地区，有马沟、沙石嘴、耿庄、马家、岗沟、河西马、下牛共 7 处聚落，其中马家聚落面积为 14.05 万平方米，应为中心聚落，其余为一般聚落。

溱洧流域龙山文化时期的聚落一共 45 处，除去前士郭和程庄这两处，我们对其余的 43 处聚落面积进行了统计（图四〇七），面积在 70 万平方米的聚落有 1 处，占总数 2.3%；面积在 10 万～30 万平方米的聚落有 3 处，占总数的 7.0%；面积在 10 万平方米以下的有 39 处，占总数的 91.0%。

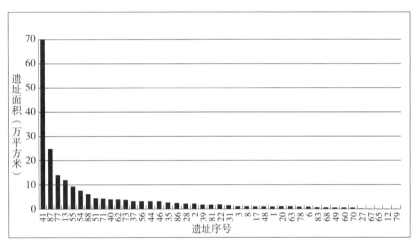

图四〇七　龙山文化时期聚落排序图

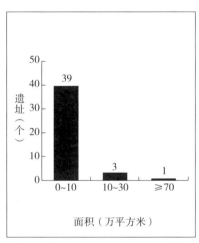

图四〇八　龙山文化时期聚落分级图

依据聚落面积，我们可以将本期聚落划分为三级（图四〇八），70 万平方米及以上的为一级聚落，仅新砦聚落 1 处，应当为溱洧区域本期的中心聚落；10 万～30 万平方米之间的为二级聚落，分别为古城寨、马家、西瓦店等 3 处，为本区域的次中心聚落；其余不足 10 万平方米的为三级聚落，当属一般聚落。前士郭和程庄虽然面积将近 10 万平方米，但其主要聚落时期不是龙山时期，所以将其划为三级聚落。

### 三、中心聚落内部结构分析

在该区域内龙山文化时期的众多聚落中，出现了 2 个大型聚落，分别为早期的古城寨城址和晚期的新砦城址，均已发掘，所得的考古资料较为丰富。我们将重点以古城寨和新砦两处聚落作为个案进行中心聚落内部结构的分析。

（一）古城寨聚落

古城寨位于溱洧流域东部的溱水洧水交汇地带，是古城寨聚落群的中心聚落。古城寨遗址，位

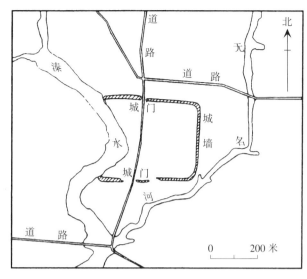

图四〇九　古城寨龙山文化城址平面图

于河南省新密市和新郑市交界处，在新密市东南35千米的曲梁乡大樊庄村古城寨村民组周围，处于西、南二面河流交汇地带。遗址规模宏大，城墙高大，城内地面高于溱水河床10米，高于周围地面2~5米[1]。（图四〇九）

文化遗迹主要有城墙、夯土建筑基址和廊庑基址、灰坑、瓮棺葬、奠基坑等。

城址位于古城寨遗址的中心区，平面略呈矩形，东西长约500、南北长约350米，面积约17.5万平方米，方向349度。该城的东、南、北三面城墙保存较好，保存最好的高达16米；西墙已被改道的溱水所冲毁。城墙都是用版筑法层层夯筑而成，南、北城墙中部有相对的缺口，应是当时的城门。城墙外有护城河，河宽34~90米不等。

经初步发掘，城址内已发现有2座大型房基（F1、F4）。F1位于城址中部略偏东北部，房基坐西朝东，南、北、东三面有回廊，为夯筑高台建筑，方向281°，南北长28.4、东西宽13米，面积约370平方米。F4位于F1以北7.4米处，是一座廊庑式建筑基址，现已发现的长度为60米，基宽4米，方向281°，与F1方向完全一致。基址面上有3道南北并列的基槽，中间基槽柱洞较大，应是承托房基中心柱的柱洞，中心柱可能是明柱。南、北两基槽中的柱洞则是木骨泥墙立柱的柱洞，说明F4的廊庑是封闭式的。F4亦当为古城寨龙山文化城址中的宫殿建筑的一部分。（图四一〇）

另发现有灰坑15处，依坑口形状分为圆形、椭圆形、不规则形数种。其中圆形坑5座，依壁坑的形态可分为袋状坑、口大底小坑；椭圆形坑5座，分为筒形坑、口大底小坑；不规则形坑4座，可分为口大底小坑、筒形坑。发现墓葬3座，均无随葬品，其中竖穴土坑墓1座，为仰身直肢葬；瓮棺墓2座，葬儿童。出土有较为丰富的石、玉、骨、蚌、陶等遗物。

关于古城寨城址的年代："该城址各种文化错综复杂，但仍是以龙山文化遗存为主。本文暂将龙山文化遗存分为四期五段，虽然从第一期至第二期之间有缺环，但仍基本反映了城址内外龙山文化的大体面貌和发展序列。以ⅢT1H4为代表的龙山文化第一期，其陶罐、鼎、缸等器物与禹州瓦店龙山文化早期，庙底沟二期器物相近似，当为龙山文化早期。ⅢT1H4被压于南城墙下，证明城墙上限不会到龙山文化早期。龙山文化第二期，从前段和后段主要器类的特征看，相当于登封王城岗第三期，如果说第二期前段是古城寨城址和宫殿、廊庑建筑基址的始建年代，那么第二期后段则应是它的使用年代。龙山文化第三期，相当于王城岗龙山文化第四期，ⅢT1⑨，ⅣT20H156等都打破或叠压城墙墙基与宫殿、廊庑建筑基址，它代表了这些遗存的废弃年代。龙山

① 河南省文物考古研究所、新密市炎黄历史文化研究会：《河南新密市古城寨龙山文化城址发掘简报》，《华夏考古》2002年第2期。

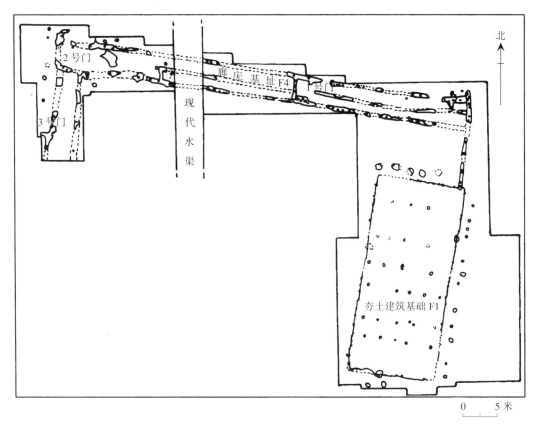

图四一〇　古城寨龙山文化夯土建筑基址 F1 和廊庑基址 F4 平面图

文化第四期，相当于王城岗龙山文化第五期，该期不仅对城墙墙基和宫殿、廊庑基址继续造成了破坏，而且其器物特征演变已接近新密"新砦期"。为"新砦期"的形成与发展的研究提供了新线索。古城寨以龙山早期、晚期遗存为主，龙山文化晚期是其重要发展阶段。"①

　　古城寨的护城河即城壕开口宽度为 34 ~ 90 米，其中既有自然河道又有人工河道。自然河道为溱水，筑城者直接利用它作为西北方向的护城河，然后引溱水入人工城壕，顺北墙外东流，至城东北角又南，到城东南角与另一无名小河汇流，最后于城西南再入溱水。从简报的年代判断看，古城寨城址持续时间不长，仅算是古城寨龙山文化的第二期，虽然下面打破有龙山文化第一期的遗存，但总体来看，古城寨城址应算是河南龙山文化早期的（这一点需要再认真确定）。

　　（二）新砦龙山城址

　　新密新砦城址的城墙与壕沟发现于 2002 年春季。2003 年秋，在新砦城址的东、北、西三面城墙上共开 5 条探沟以了解城墙结构。新砦城址防御设施完备，拥有外壕、城壕、内壕三重防御设施，原报告将新砦第一期面积划为 70 万平方米，我们选用此种说法②。通过城墙及护城河多处地点的解剖，得知整座新砦城址均掩埋在今地表以下，平面形状基本呈圆角长方形，南以双泊河为自然屏障，现存东、北、西三面城墙及靠近城墙下部的壕沟（护城河）。东墙南半部已被双泊河故

　　① 河南省文物考古研究所、新密市炎黄历史文化研究会：《河南新密市古城寨龙山文化城址发掘简报》，《华夏考古》2002 年第 2 期。
　　② 中国社会科学院考古研究所河南新砦队、郑州市文物考古研究院：《河南新密市新砦遗址东城墙发掘简报》，《考古》2009 年第 2 期。

河道冲毁，现存南北长 160、高 4 米，未到底部，东墙是利用东西向冲沟内壁修整填土夯筑而成；北墙东西长 924、高 5 ~ 6 米，也是利用东西向冲沟内壁修整填土夯筑而成；西墙及其护城河的南端抵达双泊河的北岸，现存南北长 470、高 2.5 米，是人工挖筑而成。残存城墙墙体宽度通常在 9 米以上，护城河宽 10 余米至数十米不等。

在 2003 年秋新砦城墙的解剖发掘中，在东城墙上的 CT2 和北城墙上 CT4 ~ CT7 剖面上可以清楚地看到，"新砦期"城墙下面打破和叠压龙山文化时期的城墙和壕沟。通过对 CT4 ~ CT7 内城墙解剖得知，新砦遗址在龙山文化之前就有自然沟（GⅣ），龙山文化时期将该自然沟填平修建龙山文化城墙（QⅡ），其外侧则拓建护城河（GⅢ）。从这里可以看出，新砦城址是从龙山时期修建并使用的，到了"新砦期"由于洪水把墙冲塌，又在原有基础上重新修建城址，二里头文化早期城墙被壕沟冲毁①。城址年代为龙山时代晚期到二里头文化早期。

### 四、本期聚落特征

龙山文化时期，溱洧流域聚落继续向河流低阶地发展，这与当时的气候密切相关。据研究，龙山时期处于全新世大暖期中气温有所下降的波动期②，本期气温下降，降水减少。依据新砦遗址的气候分析，新砦第一期即龙山晚期气候较为温和干燥，为生长有稀疏松属和落叶阔叶树的暖温带蒿属草原环境，未发现大洪水的迹象，在本期，洪水对人类的威胁不大③。所以，聚落的位置继续向河流的低台地发展。

这个时期的农业发展水平大大提高。新砦聚落里浮选出的一批植物籽实，初步观察有水稻、粟、黍，另外还有野生大豆。以稻作农业为主，兼及旱作农业。新砦第一期的生产工具以锄耕的铲和锄为主，次为收割工具刀和镰，更少的是用于砍伐的斧。可见当时的农业生产活动中，十分重视中耕，该期的锄耕农业已经非常发达④。对石铲、石刀、石镰、石斧的磨制更加精细，通体磨光，极大地提高了石器的锐度，石铲、石刀的制作广泛采用了钻孔技术，多为两面钻，这样可以将石铲、石刀用绳子捆绑在木柄上，提高了劳动效率。还出现了大量储存食物的灰坑，圆形袋状灰坑占据了绝大多数。灰坑口小底大，便于防潮与容纳更多的物品。有的灰坑内壁与底部大多涂以草拌泥，并加以烘烤，不少灰坑中出土了炭化的谷物种子，这些谷物可能为专门储存在窖穴中，说明当时粮食已经有了剩余⑤。在陶器中，斝、盉、瓵、壶、鬶、杯等专用酒器的出现，特别是在各期遗物中所占比例较大，说明这时期已有酿酒业的出现，可窥视当时农业生产已有较大程度的发展。酒器中斝、盉、壶等都是制作精致的磨光黑陶和磨光红陶，这绝不是一般劳动者所能享用⑥。

① 中国社会科学院考古研究所河南新砦队、郑州市文物考古研究院：《河南新密市新砦遗址东城墙发掘简报》，《考古》2009 年第 2 期。

② 施雅风等：《中国全新世大暖期气候与环境的基本特征》，《中国全新世大暖期气候与环境》，海洋出版社，1992 年，第 7 页。

③ 北京大学震旦古代文明研究中心、郑州市文物考古研究院：《新密新砦——1999 ~ 2000 年田野考古发掘报告》，文物出版社，2008 年，第 511 页。

④ 北京大学震旦古代文明研究中心、郑州市文物考古研究院：《新密新砦——1999 ~ 2000 年田野考古发掘报告》，文物出版社，2008 年，第 522 页。

⑤ 李龙：《新砦遗址的聚落性质探析》，《中州学刊》2013 年第 2 期。

⑥ 蔡全法：《古城寨龙山城址与中原文明的形成》，《中原文物》2002 年第 6 期。

人们还饲养狗、猪、牛、羊等家畜。其中，家猪已经达到各种哺乳动物总量的一半以上，黄牛占第二位。反映了当时家畜饲养业规模的扩大和发展。

除了农业和畜牧业以外，还有狩猎渔猎经济。在新砦遗址的本期遗存中，野生动物中发现斑鹿的数量最多，其他蚌类、鲤鱼科类也比较多。杏、李、酸枣也是人们喜爱的水果，采集经济仍占一定地位。

与其他考古学文化的关系。与仰韶时期不同，这个时期的聚落除了王湾三期的文化面貌之外，还受到周围其他文化的影响。如新砦龙山文化时期的陶器中，有折壁器盖、粗柄豆的鲁中南龙山文化，宽扁状鼎足的石家河文化。由此可见，本地区与同时存在的周边地区的考古学文化，存在着相互交流、影响和融合的关系。

关于本期的社会发展阶段，从聚落形态上看，已经出现了以城址为中心的聚落。同时，还存在着许多中小型的一般聚落，说明当时社会分化至少有两级。在埋葬制度上，已经没有了仰韶时期以氏族为纽带的聚族而葬，单人墓代替了多人合葬墓，说明从仰韶晚期的家族居住模式转为了家庭居住模式。还有一些人骨碎片以及奠基坑的出现，都表明在这个时期社会已经严重分化，贫富差异明显。城址高墙壁垒，防御功能完备，显示其封闭性和军事性。无论是城墙、城址的筑造，还是内部宫殿等大型建筑的建造，一定有着统一的规划部署，这个权力自然掌握在有绝对权威的集团下。城邑的出现，是社会严重贫富分化和社会分化，征服与掠夺性战争加剧，进入了大变革、大动荡时期的产物。"史前城址在政治、经济和文化三方面较集中地反映了邦国时代的共同特征和社会本质。"[①] 龙山时代出现的若干城址，大部分就是在中心聚落的基础上建立起来的，在龙山时代城址出现之时，便已进入小国林立的局面，初步进入了文明社会[②]。

# 第五节　"新砦期"聚落

## 一、本期聚落的分布

在该区域，"新砦期"聚落发现数量比龙山晚期聚落数量减少很多，仅发现有 14 处，其中西部 2 处，东部 12 处（表五五）。聚落分布如图四一一所示。

表五五　　　　　　　　　　　　"新砦期"聚落登记表

| 流域 | 编号 | 聚落名称 | 地理位置 | 聚落面积/万平方米 | 海拔高度/米 | 高差/米 | 所处地带 |
|------|------|----------|----------|------------------|------------|---------|----------|
| 西部 | 1 | 月台 | 绥水南岸 | 1.07 | 343 | 15 | 二级阶地 |
| | 2 | 牛店北 | 绥水北岸 | 2.12 | 262 | 5 | 二级阶地 |

① 任式楠：《中国史前城址考察》，《考古》1998 年第 1 期。
② 严文明：《中国新石器时代聚落形态的考察》，收入《庆祝苏秉琦考古五十五年论文集》，文物出版社，1989 年；《龙山时代考古新发现的思考》，收入《纪念城子崖遗址发掘 60 周年国际学术讨论会文集》，齐鲁书社，1993 年。

| 流域 | 编号 | 聚落名称 | 地理位置 | 聚落面积/<br>万平方米 | 海拔高度/米 | 高差/米 | 所处地带 |
|---|---|---|---|---|---|---|---|
| 东部 | 28 | 苏寨 | 腾蛟水与洧水交汇东岸 | 2.23 | 196 | 27 | 丘陵地带 |
| | 31 | 观寨 | 洧水北岸 | 1.37 | 173 | 14 | 一级阶地 |
| | 39 | 云岩宫 | 武定水西岸 | 1.73 | 171 | 18 | 丘陵地带 |
| | 41 | 新砦 | 洧水北岸 | 100 | 160 | 27 | 四级阶地 |
| | 54 | 朱家沟 | 柳泉水西南岸 | 7.6 | 140 | 19 | 二级阶地 |
| | 57 | 程庄 | 溱水、柳泉水交汇 | 9.65 | 122.1 | 18 | 临河台地 |
| | 60 | 东土桥 | 洧水西南岸 | 0.42 | 125 | 22 | 二级阶地 |
| | 62 | 人和寨 | 洧水西南岸 | 4 | 116 | 22 | 二级阶地 |
| | 77 | 马家 | 溱水东侧支流西岸 | 14.05 | 150 | 10 | 二级阶地 |
| | 79 | 河西马 | 溱水南岸 | 0.1 | 164 | 12 | 二至三级阶地 |
| | 80 | 曲梁 | 溱水东岸 | 10.72 | 155 | 11 | 临河台地 |
| | 86 | 杨庄 | 溱水东岸 | 2.35 | 130 | 8 | 临河台地 |

（一）西部

在该区域西部，仅发现 2 处聚落，即月台、牛店北聚落，均位于绥水河上游河流的二级阶地上，海拔比较高。堆积单位复杂，面积小。

（二）东部

东部的 12 处聚落，为位于洧水流域的苏寨、观寨、云岩宫、新砦、东土桥、人和寨聚落和位于溱水流域的马家、河西马、曲梁、朱家沟、程庄、杨庄聚落。大部分聚落都位于河流的二级阶地上，只有 2 处在丘陵地带。海拔多为 120～200 米之间，比西部区域聚落的海拔低。面积差异很大，绝大多数都是小型聚落，也有 100 万平方米的大聚落。堆积成分都较为复杂，有些包含有龙山时期的文化堆积，应该是延续下来的。

综合以上内容，我们将溱洧流域"新砦期"聚落分布的总体特征归纳如下：

与前一期相比，聚落数量大为缩减，西部区域仅剩下 2 个聚落，东部区域聚落数量亦大幅减少，聚落密度减小，分布也不是很集中。聚落大多数位于河流阶地上。聚落面积差异大，绝大多数都是 5 万平方米以下的小型聚落，新砦和人和寨都有城址。

### 二、本期聚落所反映的社会组织、相互关系与社会经济

在该区域内，"新砦期"的聚落发现较少，似没有明显的分群，但在发现的 14 处聚落中，出现了超大型聚落，即新密新砦城址。

新砦聚落面积 100 万平方米，应为中心聚落，位于聚落群的中部，其余为一般聚落，为分散聚落。溱洧流域"新砦期"的聚落一共 14 处，除去程庄、朱家沟、马家、曲梁 4 处，对其余的 10 处聚落面积进行了统计（图四一二），面积在 10 万平方米以上的 1 处，占总数的 10%；10 万平方米以下的 9 处，占总数的 90%。

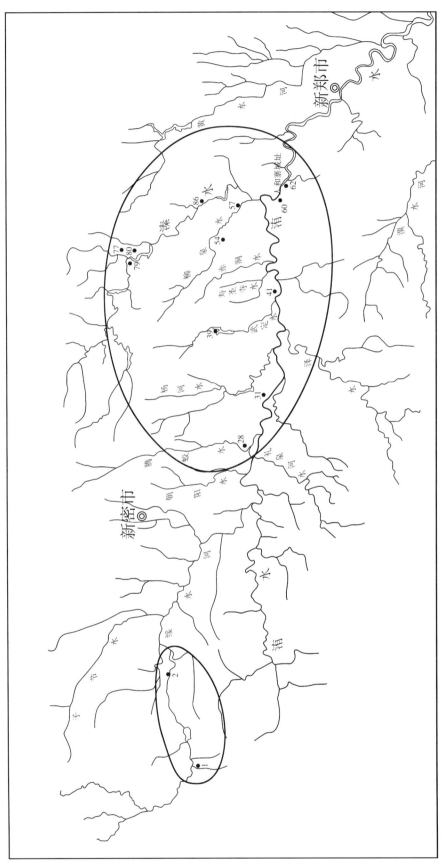

图四——　"新砦期"聚落分布示意图

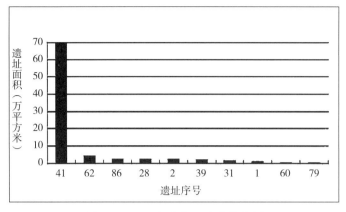

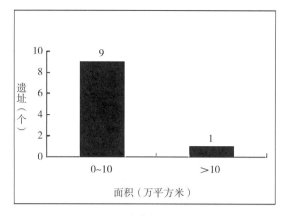

图四一二　"新砦期"聚落排序图　　　　　　图四一三　"新砦期"聚落分级图

依据聚落面积，我们可以将本期的聚落分为两级（图四一三），面积大于10万平方米的为一级聚落，新砦聚落应属本期的中心聚落；面积不足10万平方米的9处聚落为二级聚落，当属一般聚落。人和寨聚落虽发现有城址，但未经发掘，不了解具体情况，所以仍旧划为一般聚落。程庄、朱家沟、马家、曲梁4处聚落虽然有"新砦期"的遗存，但以其他聚落时期为主，所以将它们划为二级聚落。

### 三、中心聚落内部结构分析

因新砦城址的超大型规模，它应当是该区域"新砦期"的中心聚落，也是最高级聚落。

新砦遗址位于河南省新密市东南约22.5千米的刘寨乡新砦村西北的台地上。1979年，中国社会科学院考古研究所首次试掘新砦遗址；1999～2005年，北京大学和郑州市文物考古研究院联合对新砦遗址进行再次发掘。

新砦城址平面略呈圆角长方形，南面以双洎河（洧水，即双洎河的上游）为自然屏障，现存东、北、西三面城墙及靠近城墙下部的壕沟（护城河）。东墙南半部已被双洎河故河道冲毁，现存南北长160、高4米，未到底部；北墙东西长924、高5～6米；西墙及其护城河的南端抵达双洎河的北岸，现存南北长470、高2.5米。残存城墙墙体宽度通常在9米以上，护城河宽10余米至数十米不等。除了城墙和护城河以外，新砦遗址还发现了外壕和内壕。按照复原面积计算新砦城墙内面积约为70万平方米；如果将外壕和城墙之间的面积也计算在内，新砦城址的总面积将达到100万平方米左右。新砦城址是目前发现的河南境内面积最大的龙山文化和"新砦期"的城址[1]。

在新砦城址内城（可能是内壕所圈范围）发掘出1座大型浅穴式建筑基址（编号为DF）。DF平面呈条形，方向为86°。该建筑西壁已遭农田破坏，东壁亦被破坏至仅存活动面。依据原东壁附近的活动面边界可大体推断出东壁的位置。大型建筑东西现存长99.2米，其中主体部分南北宽14.5米。活动面从西向东84米处向南内收2.4米，形成刀把形。东部内收部分南北间距11米，主体部分南北墙间距14.8米。东端的北边向南内收部分地面稍高。南、北两壁和建筑内部均未发

---

[1]　中国社会科学院考古研究所河南新砦队、郑州市文物考古研究院：《河南新密市新砦遗址东城墙发掘简报》，《考古》2009年第2期。

现承重柱留下的大型柱洞，只在南、北两壁上发现个别小柱洞，排列无规律，可能为晚期柱洞，可见这不是一座带有屋顶的建筑；建筑内部也未发现隔墙之类的遗迹，说明这是一座不分间的通体式建筑①。在该大型建筑基址南墙外有一整猪骨架，紧邻南墙，可能与其存在密切关系。据钻探和试掘，该基址南北两侧尤其是南边数十米以外，还有大型的建筑遗迹。

除此之外，还发现了 8 座房基、166 个灰坑、6 条灰沟、9 座墓葬。

房基情况。1999T2F1 未挖掘完。在探方内的部分呈不规则形，东西最长 4.75、南北最宽 2.30、厚 0.25 ~ 0.55 米，距地表深 0.40 米，是一个地面建筑，由西墙、北墙、两墙围建的地面组成，现存基墙是挖槽后埋入木桩建成的。推测建墙之前，建房者先平整地面，然后普遍铺垫一层白膏泥，使房基下的基础面基本平整，然后在白膏泥层上再建墙基和活动面。F1 第二层之下有一墓葬（1999M7），或为奠基性质。2000T12F1 现存平面呈长方形，东西向，南北残长 3.90、东西最宽 2.85 米，距地表 0.60 ~ 0.65 米。为一硬土面，应为房基下面的垫土层，厚 10 ~ 15 厘米。居住面以上的房基建筑均已被破坏。垫土层局部有火烧痕迹，当是原上层居住面烧烤面或灶坑之类用火烧烤影响下面垫土层的遗留。房中间还有一柱洞。除了房基之外，还发现有孤立的灶坑 5 座，多为椭圆形，直壁，平底。

本期共发现灰坑 166 个。多做修整。挖好坑壁后，夯打，附上泥皮，再夯打。

本期墓葬主要集中在梁家台村发掘区，均属于零星墓葬，跟居住区交织在一起。一共有三类，第一类为小型长方形土坑竖穴墓，墓壁较为规整，土坑一般仅能容身，深数十厘米，共 7 座。第二类为灰坑葬，一般都埋在灰坑口部或偏上部，有的被去掉头骨，有的被剁掉双足，有的呈挣扎状，应是在灰坑填满废弃物之后，才抛入灰坑当中。共 2 座。第三类，是一些零星的人骨碎片。

### 四、本期聚落特征

"新砦期" 本区域温暖湿润，为暖温带森林草原环境。同时，还出现了大洪水。"新砦期" 早段气候开始变湿，河流水量增大，河流决口，在洪水造成的决口扇冲刷切割了王湾三期的壕沟，沉积物中发现的文化遗物不多，说明此时洪水的威胁不是很大。但到了 "新砦期" 中晚段，气候更加湿润，是大洪水发生的主要时期。决口扇沉积物含有较多的 "新砦期" 晚段遗物，给当时人们的居住地造成了很大的危害②。新砦聚落城墙的修筑也体现了当时的洪水事件，如新砦龙山晚期的城墙被壕沟冲垮后，到了 "新砦期" 又在以前的基础上重新修建了城墙。

本期聚落在数量上是减少了，但龙山文化 500 年才存在 45 处聚落，"新砦期" 100 年（公元前 1850 ~ 前 1750 年③）有 14 处聚落，按照这种推算方法，"新砦期" 的聚落数量并没有减少，反而是增加了的。

① 中国社会科学院考古研究所河南新砦队、郑州市文物考古研究院：《河南新密市新砦遗址浅穴式大型建筑基址的发掘》，《考古》2009 年第 2 期。
② 北京大学震旦古代文明研究中心、郑州市文物考古研究院：《新密新砦——1999 ~ 2000 年田野考古发掘报告》，文物出版社，2008 年，第 512 页。
③ 北京大学震旦古代文明研究中心、郑州市文物考古研究院：《新密新砦——1999 ~ 2000 年田野考古发掘报告》，文物出版社，2008 年，第 520 页。

"新砦期"的农业以稻作为主，稻作比龙山时期的比重增加，旱作农业只居次要地位，这与当时温暖湿润的气候是密切联系着的。野大豆的数量和出现频率都下降了。种植的稻、粟、黍出现的频率增加，可见农业生产水平提高了①。农业生产工具与前一期的龙山时期相比，变化不大，以锄耕的铲和锄为主，次为收割工具刀和镰，更少的是用于砍伐的斧，该期的锄耕农业也非常发达。

在"新砦期"聚落中，家畜在哺乳动物中的总量仍占主导地位，但与龙山时期相比，野生动物所占比例的增大，表明狩猎活动增多，家畜中猪的比重减少，狗、黄牛和羊的数量逐渐增加。狩猎活动增加可能也与当时的气候紧密相关。由于频繁到来的大洪水，对人们的农业生产造成了危害，使得人们不得不转向山上寻求更多的食物。在本期也发现了大量的河蚌，说明人们进行捕捞渔猎活动也有所增加。

手工业与龙山时期相差不大。生产工具的种类比较多，石器的磨制更加精细，通体磨光，钻孔技术普遍应用，都提高了工具的使用效率。遗址中发现大量的废骨料和骨角器的半成品，说明当时人们还从事制作骨角器等手工业活动。骨锥的数量最多，其次是镞和簪，镞的数量较多则反映当时存在的武力活动。

墓葬发掘得较少，在新砦的本期聚落中，主要延续了上期龙山时期的特点，主要为单人竖穴土坑墓，基本没有随葬品。灰坑墓反映了当时存在的等级差别和暴力性。

在新砦报告里提到了发现的祭奠坑。此外，新砦城址内还出现了专门的祭祀场所，比如城址中心区发现的浅穴式建筑②，为"新砦期"晚段多次使用的大型露天活动场所，结合文献记载其性质或许与"墠"或"坎"之类的活动场所有关③。

以城址为中心的聚落形态的分化，大型的城址聚落，形成不同的聚落等级和从属关系，是社会复杂程度加深、社会分化剧烈的表现。跟上期一样，大型的高规格城址聚落与普通聚落并存成为这一时期最突出的社会现象。修建城墙和房屋时，有的还用人作为奠基。城址高大的夯土墙和宽深的壕沟，是当时社会内部严重分化和战争冲突频繁的产物，也是社会大变动产生深刻变化的一种历史性标志。社会分层造成阶级对立，父权制家族之间财富和社会地位进一步分化，一方面，出现了防御性很强的大型城址，少数的显贵家族控制了社会权力；另一方面，大多数人变为平民和奴隶，甚至被用作奠基的人牲，或是与猪狗一起埋在乱葬坑。

城址的出现是文明化的标志之一，标志着以血缘关系为纽带的氏族社会的解体和以阶级划分为基础的文明时代的到来。

本期聚落的数量明显减少，仅发现的 14 处聚落中，在规模和面积方面，延续了龙山晚期的两极分化现象，存在着至少三个等级：第一层次为级别最高的中心聚落，其中新砦聚落由于在经济和政治方面的地位最突出，应属"新砦期"溱洧流域甚至更大范围内级别最高的中心聚落；第二

① 北京大学震旦古代文明研究中心、郑州市文物考古研究院：《新密新砦——1999～2000 年田野考古发掘报告》，文物出版社，2008 年，第 493 页。
② 中国社会科学院考古研究所河南新砦队、郑州市文物考古研究院：《河南新密市新砦遗址浅穴式大型建筑基址的发掘》，《考古》2009 年第 2 期。
③ 赵春青、张松林：《新砦聚落考古的回顾与展望——纪念新砦遗址发掘 30 周年》，《中原文物》2010 年第 2 期。

层次为次级的中心聚落，曲梁聚落和人和寨聚落即是，它们在溱洧流域占据较为有利的地理位置，面积相对较大或有城墙，应属次等级的中心聚落；第三层次为一般聚落，面积小，等级差别不大，分布较为分散，当属最低等级的村落。

# 第六节　二里头文化时期聚落

## 一、本期聚落的分布

在溱洧流域地区，二里头文化时期的聚落共发现有 26 处，其中西部 4 处，东部 22 处（表五六）。聚落分布如图四一四所示。

表五六　　　　　　　　二里头文化时期聚落登记表

| 流域 | 编号 | 聚落名称 | 地理位置 | 聚落面积/万平方米 | 海拔高度/米 | 高差/米 | 所处地带 |
|---|---|---|---|---|---|---|---|
| 西部 | 1 | 月台 | 绥水南岸 | 1.07 | 343 | 15 | 二级阶地 |
| | 2 | 牛店北 | 绥水北岸 | 2.12 | 262 | 5 | 二级阶地 |
| | 17 | 菜园沟 | 绥水北岸 | 1.12 | 220 | 14 | 二级阶地 |
| | 22 | 西施村 | 洧水源北岸 | 1.67 | 缺 | 8 | 二级阶地 |
| 东部 | 28 | 苏寨 | 腾蛟水与洧水交汇东岸 | 2.23 | 196 | 27 | 丘陵地带 |
| | 36 | 刘湾 | 洧水南岸泽水东岸 | 0.61 | 148 | 27 | 二级阶地 |
| | 39 | 云岩宫 | 武定水西岸 | 1.73 | 171 | 18 | 丘陵地带 |
| | 41 | 新砦 | 洧水北岸 | 100 | 160 | 27 | 四级阶地 |
| | 43 | 双楼西沟 | 洧水南岸 | 0.1 | 138 | 17 | 二级阶地 |
| | 44 | 张庄 | 虎牍溪西源西北岸 | 3.17 | 153 | 15 | 二级阶地 |
| | 49 | 马鞍垌 | 洧水南岸 | 0.43 | 135 | 27 | 二级阶地 |
| | 53 | 李家岗 | 柳泉水西南 | 0.38 | 147 | 18 | 二级阶地 |
| | 54 | 朱家沟 | 柳泉水西南岸 | 7.6 | 140 | 19 | 二级阶地 |
| | 56 | 全庄 | 柳泉水东北岸 | 3.22 | 125.5 | 18 | 二级阶地 |
| | 57 | 程庄 | 溱水、柳泉水交汇 | 9.65 | 122.1 | 18 | 临河台地 |
| | 59 | 北李庄 | 洧水南岸 | 1.64 | 126 | 24 | 二级阶地 |
| | 62 | 人和寨 | 洧水西南岸 | 4 | 116 | 22 | 二级阶地 |
| | 72 | 二郎庙 | 溱水西侧支流北岸 | 5.02 | 220.6 | 15 | 二至三级阶地 |
| | 76 | 耿庄 | 溱水东侧支流西岸 | 7.41 | 179 | 5 | 二级阶地 |
| | 78 | 岗沟 | 溱水北岸 | 0.91 | 152 | 8 | 二级阶地 |
| | 80 | 曲梁 | 溱水东岸 | 10.72 | 155 | 11 | 临河台地 |

| 流域 | 编号 | 聚落名称 | 地理位置 | 聚落面积/万平方米 | 海拔高度/米 | 高差/米 | 所处地带 |
|---|---|---|---|---|---|---|---|
| 东部 | 81 | 下牛 | 溱水南岸 | 1.68 | 152 | 7 | 二级阶地 |
| | 85 | 柿园东 | 溱水西岸 | 2.34 | 134 | 5 | 临河台地 |
| | 86 | 杨庄 | 溱水东岸 | 2.35 | 130 | 8 | 二级阶地 |
| | 87 | 古城寨 | 溱水东岸 | 24.91 | 126 | 13 | 临河台地 |
| | 88 | 水泉 | 溱水东岸 | 6 | 缺 | 缺 | 丘陵地带 |

（一）西部

西部的 4 处聚落，分别为位于绥水河流域的月台、牛店北、菜园沟 3 处聚落和位于洧水上游的西施村 1 处聚落。海拔比较高，均超过 220 米。聚落多位于河流的二级阶地上，与河流高差都在 15 米以下。

（二）东部

东部一共 22 处聚落，分别为位于洧水流域的苏寨、刘湾、云岩宫、新砦、双楼西沟、张庄、马鞍垌、北李庄、人和寨 9 处聚落和位于溱水流域的李家岗、朱家沟、全庄、程庄、二郎庙、耿庄、岗沟、曲梁、下牛、柿园东、杨庄、古城寨、水泉等 13 处聚落。与西部聚落相比，东部地区的聚落海拔相对较低，大都在 110～180 米之间，只有苏寨和二郎庙的海拔较高，分别为 196 米和 220.6 米。苏寨和云岩宫位于丘陵地区，其余都位于沿河阶地上，多数位于二级阶地，也有很少聚落位于河流二至三级或四级阶地。

综合以上内容，我们将溱洧流域二里头文化时期聚落分布的总体特征做如下归纳：

二里头文化时期聚落数量的增长速度较"新砦期"明显放缓，溱洧西部地区聚落分布十分分散，聚落集中在溱水与洧水的交汇处，分布密度较大。聚落多位于河旁二级阶地，丘陵地带的聚落数量很少，东部地区的聚落海拔仍然低于西部地区。单个聚落面积比"新砦期"衰减，已经看不到数十万平方米的超大型聚落了。在规模上，二里头文化时期的聚落规模并不突出。

**二、本期聚落的分群与分级**

在溱洧流域，二里头文化时期发现的 26 处聚落，面积和规模差别不大，东部地区聚落分布较为密集，西部地区则较为分散。根据面积和规模大小、分布疏密程度，把该期的 26 处聚落划分为 3 个聚落群，分别为新砦聚落群、水泉－古城寨聚落群和曲梁聚落群。

（一）新砦聚落群

位于溱洧流域东部偏西，洧水上游中部地区。有苏寨、刘湾、云岩宫、新砦、双楼西沟、张庄 6 处聚落，其中新砦聚落在"新砦期"时为超大型聚落，在此一期虽然衰落，应仍为该聚落群的中心聚落，位于聚落群的中部，其余为一般聚落。

（二）水泉－古城寨聚落群

位于溱洧流域东部，洧水上游下段和溱洧交汇地带。有马鞍垌、李家岗、朱家沟、全庄、程庄、北李庄、人和寨、柿园东、杨庄、古城寨、水泉等，聚落海拔均比较低，大多数都位于

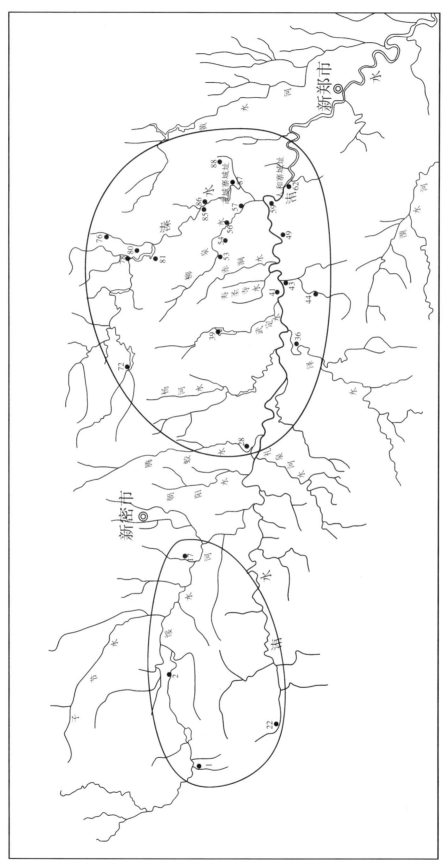

图四一四　二里头文化时期聚落分布示意图

河流的二级阶地上。

（三）曲梁聚落群

位于溱洧流域东部，溱水上游地区。有二郎庙、耿庄、岗沟、曲梁、下牛5处聚落，其中二郎庙分散在该聚落群西端，距离其他聚落较远。聚落海拔与水泉聚落群相比相对较高，其中二郎庙的海拔达到了220.6米；聚落多位于河旁二级阶地上；曲梁聚落面积10.72万平方米，应为该聚落群的中心聚落，位于聚落群东部中，其余为一般聚落，其中二郎庙可能为分散聚落。另外，位于溱洧流域西部的月台、牛店北、菜园沟、西施4处聚落，可能为分散聚落。

溱洧流域二里头文化时期的聚落一共26处，除去新砦、朱家沟、程庄、古城寨4处，对其余的22处聚落面积进行了统计（图四一五），面积在6万平方米及以上的有3处，占总数的13.6%；面积在6万平方米以下的有19处，占总数的86.4%。

依据聚落面积，我们可以将本期的聚落分为两级（图四一六），面积大于等于6万平方米的为一级聚落，曲梁、耿庄、水泉为中心聚落；面积在6万平方米以下的为二级聚落，当属一般聚落。新砦、朱家沟、程庄、古城寨4处聚落虽面积大，但主要聚落时期并不是二里头时期，所以将其划为二级聚落。

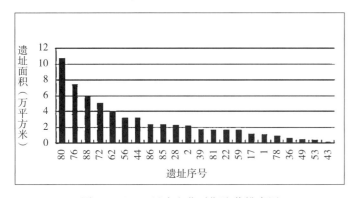

图四一五　二里头文化时期聚落排序图

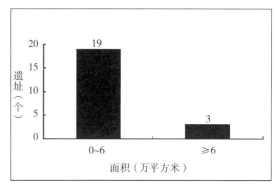

图四一六　二里头文化时期聚落分级图

### 三、中心聚落内部结构分析

曲梁聚落

曲梁遗址位于新密市曲梁乡曲梁村北，溱水及其支流环绕遗址，处于东、西、北三面河流交汇地带。遗址平面为不规则形，东西长约370、南北长约335米，遗址面积约10.72万平方米。

依据勘探钻孔地层堆积情况，遗址文化层上覆盖有耕土及厚度0.1米到1.2米不等的扰土层，遗址北部边缘区域受土地平整的破坏，耕土层下即见文化层；遗址西北部区域为文化层最丰富处，文化层最厚可达2米，依据土质土色可分为三层不同的文化层，有灰坑遗迹叠压文化层和单独灰坑遗迹的情况；18号、21号探孔所在区域文化层也较厚，最厚可达1.7米，有二层文化层，此区域周围的遗址东南部区域文化层渐薄；遗址西南部区域文化层一般，厚度在0.7米到1米之间，文化层多为一层；其余区域文化层较单薄。根据对调查采集到的陶片标本的分析，该遗址的遗存大部分为"新砦期"、二里头文化、二里岗文化。

1988 年，北京大学考古文博学院对该遗址进行了试掘，发掘面积为 285 平方米，共发现二里头文化灰坑 25 个、墓葬 1 座、沟 1 条，商代灰坑 5 个、墓葬 1 座，汉代水井 2 个[①]。二里头文化的 25 个灰坑中，有 4 个深灰坑，深度一般在 5 米以上，2 个椭圆形坑口，2 个长方形坑口；21 个浅灰坑，深度在 0.3～1.7 米之间。墓葬（编号为 M3001）为长方形竖穴土坑墓，口长 1.62、宽 0.39、口深 0.61、底深 0.7 米，单人仰身直肢葬，头南面东，随葬陶器均已破碎，可复原的有粗柄豆、花边小罐各 1 件。小沟（编号 G3001）呈不规则形，口宽 0.61～1.4、底宽 0.5～0.75 米，口深 1.55、底深 2.25～2.55 米。

### 四、本期聚落特征

在溱洧流域发现二里头文化时期的 28 处聚落中，新砦遗址和古城寨遗址因之前存在大型城址，不清楚该期的聚落面积究竟有多大。在二里头文化时期，该区域不见超大型的聚落，从其余的 26 处聚落的面积来看，可以分为二个等级：第一层次为级别较高的中心聚落或次级中心聚落，聚落面积在 5 万～10 万平方米之间，有朱家沟、二郎庙、耿庄、曲梁、下牛、水泉 6 处聚落；第二层次为一般聚落，面积小，多在 3 万平方米以下，等级差别不大，分布较为分散，当属最低等级的村落。

全新世大暖期高峰期过后，气候逐步由温暖湿润朝着干冷变化，如新砦第三期开始阶段为温和干燥气候条件下生长的暖温带草原植被，后来落叶阔叶树逐渐增多，指示气候向温暖湿润的方向发展，演变为温和较干燥气候条件下生长有稀疏松属和桑属的暖温带蒿属草原景观。二里头文化时期由于气候变干，河水水量减少，先民基本上不受洪水的威胁，阶地上大片水域也逐渐消失[②]。由于气候的原因，人们愿意选择海拔较低、水量充足的河流交汇处定居，因此本期在溱洧两河交汇处的聚落分布数量多，且密度大，西部海拔较高，一些丘陵和河流高台地已经不适应定居，所以西部聚落数量很少，布局分散。

关于农业，新砦第三期的植物浮选效果不理想。河南洛阳皂角树遗址二里头文化时期的植物遗存始终以粟和黍为主，属于旱作农业，稻作农业只是点缀。新砦第三期出土的石器有镰、铲、锄，与皂角树二里头文化时期出土石器大致相同。其中新砦第三期出土石镰的数量有明显提高，或许说明收割对象发生一些变化，即由割稻变为割粟和小麦等旱作物[③]。新砦遗址二里头文化时期出土的稻比前期少得多，粟和黍都增加了许多，还新出现了小麦。二里头文化时期的气候条件比较干燥，水域面积也比"新砦期"减少很多，所以本期聚落可能在农业形态上转为旱作农业为主。曲梁聚落中出土了许多大口尊以及盉、斝、爵等酒器，灰坑内发现陶罐中有粮食遗存，这些都说明当时粮食产量较多，已经产生了剩余，另一方面也体现了二里头文化时期聚落农业生产水平较高。

新砦第三期哺乳动物家畜类有狗、猪、黄牛、羊，家猪的数量最多，其次为羊，与第二期相

① 北京大学考古文博学院：《河南新密曲梁遗址 1988 年春发掘报告》，《考古学报》2003 年第 1 期。

② 北京大学震旦古代文明研究中心、郑州市文物考古研究院：《新密新砦——1999～2000 年田野考古发掘报告》，文物出版社，2008 年。

③ 赵春青：《夏代农业管窥——从新砦和皂角树遗址的发现谈起》，《农业考古》2005 年第 1 期。

比，猪的比例下降，狗、羊、黄牛的比例增多，猪的屠宰年龄明显偏大，以2岁的成年猪为主。野生动物依旧是重要的狩猎对象，最常见的是斑鹿，其次是獐。软体动物主要是各种蚌类。雉等鸟类也是人们的美味①。体现出当时畜牧业逐渐发展，除了农业生产之外，同时兼有一定的狩猎采集经济活动。

制造业与手工业方面，主要体现在陶器、石器、青铜器、骨器、玉器等的制作上。二里头文化时期陶器种类繁多，做工考究，兼用手制、模制、轮制三种制作方法，盆、盘、豆、簋、瓠等多用快轮成型；空三足器的足部为模制；瓮、缸等大型器物多为泥条盘筑；耳、鋬、流等附件为捏制，器物口沿一般都经过轮修。装饰手法也多样，运用磨光、滚压、拍印、刻划、堆塑等。陶器的制造水平从酒器上可以窥见一斑。此外，还有白陶鬶。曲梁出土的骨制雕刻品上刻有弦纹和云雷纹组成的简化兽面纹。石器制作工艺与"新砦期"相近，磨制工艺应用得更为广泛。新砦第三期遗存中还发现玉琮两件，曲梁本期聚落中发现有范制青铜刀。还发现不少陶纺轮，说明纺织业在当时也作为制造业的一部分在发展着。骨器也普遍发现于该期聚落中，是当时生产活动和日常活动常见的器具，农具有铲，工具有锥、凿、刀，兵器有镞等，生活用具有簪、笄等。

曲梁遗址出土卜骨2件，系用猪、羊肩胛骨磨制而成，骨料稍加修整，保留骨脊，只灼，不钻不凿②。还出土了骨制雕刻器，一个是在磨光的骨片上刻出弦纹和云雷纹组成的简化饕餮纹，另一个刻出交错的直线，组成菱形方格纹，并钻孔。如此精细地制作，纹饰特殊，可能有其他的功能。

# 第七节　二里岗文化时期（商代早期）聚落

## 一、本期聚落的分布

在溱洧流域地区，二里岗文化时期的聚落共发现有21处，其中西部4处，东部17处（表五七）。聚落分布如图四一七所示。

表五七　　　　　　　　　　　二里岗文化时期聚落登记表

| 流域 | 编号 | 聚落名称 | 地理位置 | 聚落面积/万平方米 | 海拔高度/米 | 高差/米 | 所处地带 |
|---|---|---|---|---|---|---|---|
| 西部 | 1 | 月台 | 绥水南岸 | 1.07 | 343 | 15 | 二级阶地 |
| | 2 | 牛店北 | 绥水北岸 | 2.12 | 262 | 5 | 二级阶地 |
| | 5 | 前士郭 | 子节水东岸 | 9.07 | 242 | 10 | 二级阶地 |
| | 17 | 菜园沟 | 菜园沟水东岸 | 1.12 | 220 | 14 | 二级阶地 |

---

① 北京大学震旦古代文明研究中心、郑州市文物考古研究院：《新密新砦——1999～2000年田野考古发掘报告》，文物出版社，2008年。

② 北京大学考古文博学院：《河南新密曲梁遗址1988年春发掘报告》，《考古学报》2003年第1期。

续表五七

| 流域 | 编号 | 聚落名称 | 地理位置 | 聚落面积/万平方米 | 海拔高度/米 | 高差/米 | 所处地带 |
|---|---|---|---|---|---|---|---|
| 东部 | 30 | 罗湾 | 洧水北岸 | 0.9 | 151 | 24 | 二级阶地 |
| | 35 | 叶茂沟 | 洧水北岸 | 2.7 | 152 | 22 | 二级阶地 |
| | 39 | 云岩宫 | 武定水西岸 | 1.73 | 171 | 18 | 丘陵地带 |
| | 41 | 新砦 | 洧水北岸 | 100 | 160 | 27 | 四级阶地 |
| | 44 | 张庄 | 虎牍溪西源西北岸 | 3.17 | 153 | 15 | 二级阶地 |
| | 47 | 楚家门 | 洧水北岸 | 0.24 | 138 | 20 | 临河台地 |
| | 49 | 马鞍垌 | 洧水南岸 | 0.43 | 135 | 27 | 二级阶地 |
| | 54 | 朱家沟 | 柳泉水西南岸 | 7.6 | 140 | 19 | 二级阶地 |
| | 57 | 程庄 | 溱水、柳泉水交汇 | 9.65 | 122.1 | 18 | 临河台地 |
| | 62 | 人和寨 | 洧水西南岸 | 4 | 116 | 22 | 二级阶地 |
| | 72 | 二郎庙 | 溱水西侧支流北岸 | 5.02 | 220.6 | 15 | 二至三级阶地 |
| | 74 | 薛坡 | 溱水北岸 | 2 | 193 | 17 | 一至二级阶地 |
| | 76 | 耿庄 | 溱水东侧支流西岸 | 7.41 | 179 | 5 | 二级阶地 |
| | 78 | 岗沟 | 溱水北岸 | 0.91 | 152 | 8 | 二级阶地 |
| | 80 | 曲梁 | 溱水东岸 | 10.72 | 155 | 11 | 临河台地 |
| | 81 | 下牛 | 溱水南岸 | 1.68 | 152 | 7 | 二级阶地 |
| | 87 | 古城寨 | 溱水东岸 | 24.91 | 126 | 13 | 临河台地 |

（一）西部

西部的 4 处聚落，分别为月台、牛店北、前士郭、菜园沟聚落，均位于绥水河流域。聚落海拔高度均在 220 米以上，所处地带都为河旁的二级阶地。

（二）东部

东部的 17 处聚落，分别为位于洧水流域的罗湾、叶茂沟、云岩宫、新砦、张庄、楚家门、马鞍垌 7 处聚落和位于溱水流域的朱家沟、程庄、人和寨、二郎庙、薛坡、耿庄、岗沟、曲梁、下牛、古城寨 10 处聚落。大多数聚落海拔在 110 ~ 200 米之间，只有二郎庙的海拔超过了 220 米，东部聚落海拔普遍比西部低。东部聚落多位于临河的二级阶地上，只有云岩宫一处位于丘陵地带。

综合以上内容，我们将溱洧流域二里岗文化时期的聚落分布特征做如下归纳：

聚落数量较前期二里头文化时期少，但因为此期持续时间比二里头短，所以聚落数量实质上无太大变化。延续了上期开始衰退的趋势，本期单个聚落面积仍然在减少，没有大型的聚落或城址存在。溱洧流域西部地区聚落数量很少，且分布分散；东部洧水上游中段和溱水上游聚落密度稍大一些。聚落多位于河旁二级阶地，东部聚落平均海拔低于西部。总而言之，本期聚落的规模并不突出。

**二、本期聚落的分群与分级**

在溱洧流域发现的二里岗文化时期 21 处聚落，面积和规模差别不大，东部地区聚落分布较为

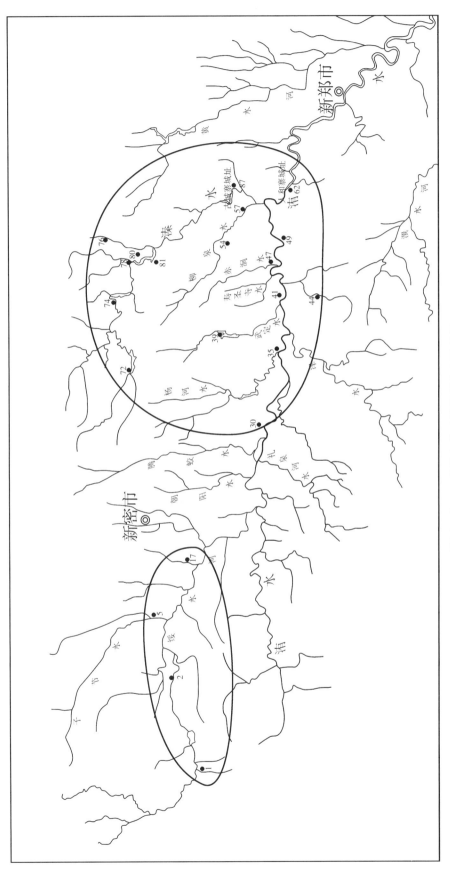

图四一七　二里岗文化时期聚落分布示意图

密集，西部地区则较为分散。根据面积和规模大小、分布疏密程度，把该期的 21 处聚落划分为 3
个聚落群，分别为前士郭聚落群、朱家沟聚落群和耿庄聚落群。

（一）前士郭聚落群

位于溱洧流域西部，绥水河流域地区。有月台、牛店北、前士郭、菜园沟 4 处聚落，本群聚
落总面积约 13.38 万平方。各聚落之间距离较远，分布分散。其中前士郭聚落面积最大，为 9.07
万平方米，位于聚落群的中部，其余为一般聚落，其中月台聚落可能为分散聚落。该聚落群所在
地域为山前丘陵地带，聚落多位于河旁二级阶地上，平均海拔相对较高。

（二）朱家沟聚落群

位于溱洧流域东部，洧水及溱洧交汇地带。有罗湾、叶茂沟、云岩宫、新砦、张庄、楚
家门、马鞍垌、朱家沟、程庄、人和寨、古城寨 11 处聚落，本群聚落总面积约 154.33 万平
方米。其中，朱家沟面积 7.6 万平方米，应为该聚落群的中心聚落，位于聚落群的东部，其
余为一般聚落。该聚落群所在地域为河流二级阶地上，地势较为平坦，是三个聚落群中平均
海拔最低的。

（三）曲梁聚落群

位于溱洧流域东部，溱水上游地区。有二郎庙、薛坡、耿庄、岗沟、曲梁、下牛 6 处聚落，
本群聚落总面积 28.3 万平方米（若下牛按原先面积算应为 33.19 万平方米）。其中二郎庙分散在
该聚落群西部，其余聚落分布较为集中。该聚落群所在地域为河流二级阶地，平均海拔介于前两
个聚落群之间。

溱洧流域二里岗文化时期的聚落一共 21 处，除去新砦、程庄、耿庄、二郎庙、曲梁、古城寨
等 6 处，对其余的 15 处聚落面积进行了统计（图四一八），面积在 6 万平方米以上的 2 处，占总
数的 13.3%；面积 6 万平方米以下的 13 处，占总数的 86.6%。

依据聚落面积，我们可以将本期的聚落分为两级（图四一九），面积大于 6 万平方米的为一级
聚落，分别为前士郭、朱家沟 2 处聚落，是其所在聚落群的中心聚落；面积不足 6 万平方米的 13
处聚落为二级聚落，当属一般聚落。人和寨聚落虽发现有城址，但未经发掘，不了解具体情况，
所以仍旧划为一般聚落。新砦、程庄、耿庄、二郎庙、曲梁、古城寨等 6 处聚落虽然有二里岗文
化时期的遗存，但以其他聚落时期为主，所以将这 6 处划为二级聚落。

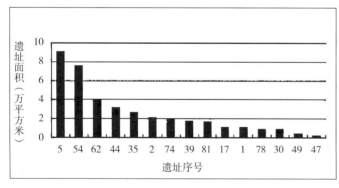

图四一八　二里岗文化时期聚落排序图

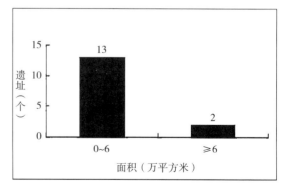

图四一九　二里岗文化时期聚落分级图

### 三、中心聚落内部结构分析

该区域所调查发现的该期 21 处聚落，只有曲梁一处经过发掘，其中有商代早期的遗存，结合发掘资料和我们调查的聚落，对该期聚落内部结构做一简单分析。

通过上一部分对该区域聚落的分群研究，朱家沟聚落应该是该区域中心聚落的代表。另外，对前士郭聚落也进行一个分析，作为参考。

（一）曲梁聚落

曲梁遗址位于新密市曲梁乡曲梁村北，溱水及其支流环绕遗址，处于东、西、北三面河流交汇地带。商代遗迹有圆形、长方形浅灰坑，直壁、平底，还有不规则形浅灰坑，锅形底。一般深度在 0.6～1.25 米，最深的为 2.12 米。墓葬系将斩去头颅的尸骨弃于地层中，无任何随葬品。出土商代文化遗物中以陶器数量最多，器类有鬲、瓶、大口尊、罐、瓮、缸、盆、簋、豆、圈足盘、杯、斝、爵、圆陶片、陶塑、陶拍等。纹饰以粗绳纹为多，中绳纹、细绳纹比较少，有少量的堆纹，另外还有旋纹、弦纹、云雷纹、兽面纹、圆圈纹、麻点纹等[1]。

（二）前士郭聚落

前士郭遗址位于新密市西大街办事处前士郭村西，处于西侧临河地带。平面基本呈南北向长方形，南北长约 560、东西宽约 214 米，面积 9.07 万平方米。

依据勘探钻孔地层堆积情况，遗址文化层上覆盖有耕土及厚度 0.7 米到 0.8 米不等的扰土层，绝大部分探孔所在区域耕土下即见文化层，遗址北部区域文化层较厚，最厚可达约 1 米，为一层文化层，但文化层上部明显被土地平整所破坏，部分探孔所在区域文化层仅残存极少量；遗址南部区域文化层厚度一般。遗址经长期雨水冲刷，部分文化层暴露于遗址西部南北向崖面。遗址东部一东西向断崖上发现 1 处灰坑遗迹。灰坑长约 1.5 米，深约 1 米，距地表深约 0.1 米；土色灰黑，土质较软，结构紧密，含有红烧土块、炭粒、陶片等。

（三）朱家沟聚落

朱家沟遗址位于新密市东南刘寨镇朱家沟村西南，处于西南面临河地带。平面呈南北向不规则形，西北—东南向最长处约 600 米，东北—西南向最宽处约 165 米，面积 7.6 万平方米。

依据勘探钻孔地层堆积情况，遗址文化层主要集中于北、中、南三部分，遗址文化层上覆盖有耕土及厚度 0.3 米到 0.7 米不等的扰土层，遗址中部文化层最为丰富，地面及台地地面上也随处可见散落的陶片及遗迹，文化层最厚处可达 0.7 米，厚度一般，但分布面积较大，为一层文化层，其余探孔所在区域文化层厚度一般。遗址经长期雨水冲刷，部分文化层暴露于高约 1.2 米的地头断崖崖面上，遗迹分布广泛，四周壁上多处均见陶片标本，遗址内南、西及东部地头断崖上发现有厚约 0.6 米的文化层，可见长度合计达约 20 米，不分层，土色浅灰色，土质较软，结构疏松，含有红烧土颗粒、炭粒及陶片。

本区域调查采集、收集的商代二里岗文化陶片标本计 90 件，包括鼎、罐、鬲、斝、大口尊、甗、盆、壶、碗、瓮、缸、器盖和陶拍、环等，纹饰包括绳纹、弦纹、圆圈纹、云雷纹等。

---

[1]　北京大学考古文博学院：《河南新密曲梁遗址 1988 年春发掘报告》，《考古学报》2003 年第 1 期。

该区聚落都为小型聚落，未发现住房基址、陶窑等。聚落内发现的灰坑有圆形、长方形、不规则形，灰坑内多为陶制或石制的生活用具。一处墓葬形式特殊，可能为战俘、凶死者或者祭祀时的牺牲。由于资料太少，对聚落内部结构难以进行详细分析。

### 四、本期聚落特征

在溱洧流域，二里岗文化时期聚落延续了二里头文化时期的状态，已不存在超大型的聚落。从聚落的面积和规模来看，可以分为二个等级：第一层次为级别较高的中心聚落或次级中心聚落，聚落面积在 5 万 ~ 10 万平方米之间，有前士郭、朱家沟、耿庄、曲梁 4 处聚落；第二层次为一般聚落，面积小，多在 3 万平方米以下，等级差别不大，分布较为分散，当属最低等级的村落。

二里岗文化时期继续沿袭前期干冷的气候。依据考古资料，商代前期发现了大量的水井，如郑州商城二里岗期就发现很多水井[1]。文献也有记载，《世本》："汤旱，伊尹教民兴凿井以灌田。"[2]《吕氏春秋·顺民》："昔者汤克夏而正天下，天大旱，五年不收。汤乃以身祷于桑林。"[3]

定居农业。发现的农业生产工具有石铲、镰、刀，多进行磨光，石刀中部多钻有一圆孔，既可以绑在木柄上使用，也可以在孔内穿绳套在手背上作收割谷物使用，提高了劳动效率。在前士郭、新砦、曲梁等聚落都发现了贮藏粮食用的瓮、缸，说明当时农业生产状况比较好。特别是本期酒器的数量比前期增加，前士郭、朱家沟、程庄、岗沟、曲梁等聚落都发现了二里岗时期的斝、斚、大口尊、爵等酒器，且大多制作精致，不仅说明当时粮食有剩余，也体现了商代饮酒之风的盛行。

制陶业。一般使用轮制、模制、泥条盘筑、捏制等技术，大部分陶器上遗留有当时的制作痕迹。许多陶器是通过综合使用上述技术完成的。纹饰及制法也有很多种，滚印的绳纹是最主要的纹饰，拍印的有方格纹、篮纹等，模印的有方格纹、云雷纹等，贴附的有鸡冠耳，挖、钻的各种镂孔，以及弦纹和划纹。陶器的烧成温度比较高。

曲梁出土一件二里岗期的卜骨，用牛肩胛骨制成，骨料经过整治，施以圆形钻、灼[4]，不再像二里头时期只灼而不钻不凿。

# 第八节　殷墟文化（商代后期）聚落

### 一、本期聚落的分布

在溱洧流域地区，殷墟文化（商代后期）的聚落共发现有 10 处，其中西部 2 处，东部 8 处（表五八）。聚落分布如图四二〇所示。

---

① 河南省文物考古研究所：《郑州商城》，文物出版社，2001 年，第 440 页。
② ［汉］宋衷著、［清］秦嘉谟等辑：《世本八种》，中华书局，2008 年。
③ 许维遹：《吕氏春秋集释》，中华书局，2009 年。
④ 北京大学考古文博学院：《河南新密曲梁遗址 1988 年春发掘报告》，《考古学报》2003 年第 1 期。

| 表五八 | | | | 殷墟文化（商代后期）聚落登记表 | | | |
|---|---|---|---|---|---|---|---|
| 流域 | 编号 | 聚落名称 | 地理位置 | 聚落面积/万平方米 | 海拔高度/米 | 高差/米 | 所处地带 |
| 西部 | 11 | 裴洼 | 马鞍河东岸 | 1.3 | 246 | 缺 | 二级阶地 |
| | 16 | 老城后街 | 菜园沟水东岸 | 6 | 242 | 缺 | 二至三级阶地 |
| 东部 | 44 | 张庄 | 虎牋溪西源西北岸 | 3.17 | 153 | 15 | 二级阶地 |
| | 54 | 朱家沟 | 柳泉水西南岸 | 7.6 | 140 | 19 | 二级阶地 |
| | 55 | 牛玉环 | 柳泉水东北岸 | 9.18 | 130 | 15 | 临河台地 |
| | 58 | 邓湾 | 溱洧交汇东岸 | 0.42 | 115 | 14 | 二级阶地 |
| | 66 | 铁岭西 | 洧水北岸 | 0.77 | 115 | 28 | 二级阶地 |
| | 78 | 岗沟 | 溱水北岸 | 0.91 | 152 | 8 | 二级阶地 |
| | 83 | 庙朱 | 溱水东岸 | 0.6 | 143.8 | 10 | 缺二级阶地 |
| | 87 | 古城寨 | 溱水东岸 | 24.91 | 126 | 13 | 缺二级阶地 |

（一）西部

西部有 2 处聚落，分别为裴洼和老城后街。

（二）东部

东部有 8 处聚落，分别为张庄、朱家沟、牛玉环、邓湾、铁岭西、岗沟、庙朱、古城寨聚落。

本期聚落数量少，主要分布在溱水流域和溱洧交汇地区，还有分散在绥水河的 2 处和洧水中游的 1 处。大多数聚落仍然位于河旁的二级阶地上，东部地区聚落海拔要比西部低得多，都在 160 米以下。本期溱洧流域的聚落规模小，且已经衰落。

### 二、本期聚落的分群与分级

在该区域该文化时期共发现聚落 10 处，因发现聚落较少，不进行分群考察，从聚落分布的空间上的不平衡性里看，我们可以把这 10 处聚落划分为一个聚落群，即牛玉环聚落群。裴洼和老城后街聚落分散在西部，东部 8 处聚落较为集中。

牛玉环聚落群，位于溱洧流域东部溱水和洧水交汇地带。

聚落面积都不大（图四二一），所以只划分为一级即可，朱家沟、牛玉环、古城寨这 3 处聚落面积虽然大，但不是以殷墟文化时期聚落为主，所以也都归于同一级聚落。本期聚落都为一般聚落。

### 三、本期聚落特征

关于殷墟时期的气候，很多学者进行了相关论证研究，主要以胡厚宣和竺可桢先生的温暖湿润说影响最大。竺可桢先生认为殷墟气候以温暖湿润为主，同时也承认有较小幅度的变化和在距今 3000 年前（相当于商代末年）华北地区曾发生气温明显下降的情况[①]。近年来一些学者提出了

---

① 竺可桢：《中国近五千年来气候变迁的初步研究》，《考古学报》1972 年第 1 期。

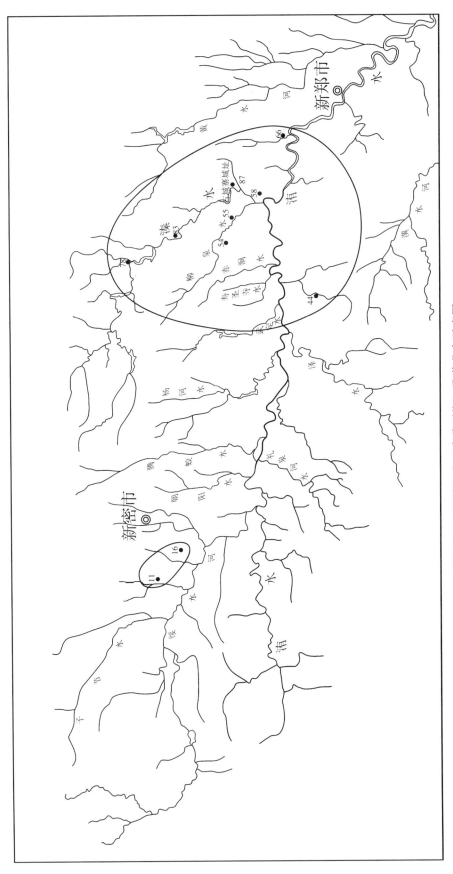

图四二〇　殷墟文化（商代后期）聚落分布示意图

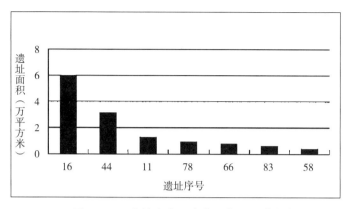

图四二一　殷墟文化（商代后期）聚落排序图

新的见解，认为从武丁开始，气候由暖转寒，表现为气温降低、降水减少、地下水位下降、各种具有亚热带性质的动植物也逐渐减少，到殷墟三四期时生态环境严重恶化，气候干冷，河湖枯竭，商代后期总体上表现为干冷的气候特征①。本期的聚落大多数位于河流交汇处，应该就是先民为了取水方便。自二里头文化时期以来，溱洧流域气候就转向干冷，导致本地区的聚落数量减少，特别是西部地区，聚落更是寥寥无几，先民为了寻求更好的生存环境和空间，纷纷迁到其他地方，因此，溱洧流域地区自二里头文化以来，一直到殷商时期，聚落衰退的原因应该与气候变化密不可分。

由于本期聚落数量少，遗物发现的也比较少，主要都为陶器，种类有罐、鬲、瓮、缸、壶、大口尊、甗等，跟上期一样，酒器比较多。此外，岗沟还发现了1件青铜觯。青铜觯最早发现于殷墟二期晚段（武丁晚期）。青铜觯的出现是殷人重酒文化的产物，在商代晚期酒器已经很多种类的情况下，又铸造了这种新的器形。这种制作精美的酒器不是一般平民能够享用的，只有贵族阶级才能使用。

在溱洧流域，商代殷墟时期发现的10处聚落延续二里岗文化时期的状态，已不存在超大型的聚落，从聚落的面积和规模来看，可以分为二个等级：第一层次为级别较高的次级中心聚落，聚落面积在5万~10万平方米之间，有古城寨、牛玉环、朱家沟、耿庄4处聚落；第二层次为一般聚落，面积小，多在3.5万平方米以下，等级差别不大，分布较为分散，当属最低等级的村落。

---

①　魏继印：《殷商时期中原地区气候变迁探索》，《考古与文物》2007年第6期。

486

# 第四章　溱洧流域的聚落演变

## 第一节　溱洧流域聚落演变的阶段划分及各时期聚落的变化

### 一、各时期聚落遗址数量及分布

在所有以往及本次调查发现的，包括现存的、被破坏的先秦各时期遗址，共计 88 处，其中裴李岗文化遗址 18 处，仰韶文化遗址 37 处，龙山文化遗址 45 处，"新砦期"遗址 14 处，二里头文化遗址 26 处，商代二里岗文化遗址 21 处，商代殷墟文化遗址 10 处。

洧水流域共计 50 处，占遗址总量的 56%，裴李岗文化遗址 11 处，仰韶文化遗址 18 处，龙山文化遗址 25 处，"新砦期"遗址 8 处，二里头文化遗址 15 处，商代二里岗文化遗址 10 处，商代殷墟文化遗址 5 处。

绥水流域共计 20 处，占遗址总量的 23%，裴李岗文化遗址 6 处，仰韶文化遗址 9 处，龙山文化遗址 10 处，"新砦期"遗址 2 处，二里头文化遗址 3 处，商代二里岗文化遗址 6 处。

溱水流域共计 18 处，占遗址总量的 20%，裴李岗文化遗址 1 处，仰韶文化遗址 10 处，龙山文化遗址 11 处，"新砦期"遗址 4 处，二里头文化遗址 10 处，商代二里岗文化遗址 7 处，商代殷墟文化遗址 2 处。

### 二、各时期聚落遗址总面积、平均面积及单个聚落遗址最大面积

在所有发现的各时期遗址中，可勘探出确切面积、发现有各时期文化遗存或原先经发掘过的遗址，各个时期的遗址总面积和平均面积为：时代为裴李岗文化的莪沟村、裴李岗、王嘴 3 处遗址的总面积为 12.01 万平方米，平均面积为 4 万平方米；时代为仰韶文化的 21 处遗址的总面积为 59.78 万平方米，平均面积为 2.85 万平方米；时代为龙山文化的 30 处遗址的总面积为 102.51 万平方米（除去不以龙山文化为主体的新砦遗址），平均面积为 3.41 万平方米；时代为二里头文化的 11 处遗址的总面积为 38.09 万平方米（除去不以二里头文化为主体的新砦遗址和古城寨遗址），平均面积为 3.46 万平方米；商代文化的 14 处遗址的总面积为 55.88 万平方米，平均面积为 3.99 万平方米。

经过勘探，在各个较为单纯时代的遗址中，各时代面积最大的遗址分别为，属于裴李岗文化的王嘴遗址，面积为 8.46 万平方米；属于仰韶文化的交流寨遗址，面积为 11.63 万平方米；龙山文化时期出现了古城寨城址，面积为 24.62 万平方米，其次为马家遗址，面积也有 14.05 万平方

米；属于"新砦期"的新砦城址，面积为 100 万平方米；到二里头文化及商代时期，曲梁遗址面积为 10.72 万平方米。

### 三、各时期聚落遗址的聚落等级

由于裴李岗文化的遗址时代较早，面积较小，相较仰韶、龙山文化的遗址更不易被发现，在所有发现的裴李岗文化遗址中，可勘探出确切面积、发现有含裴李岗文化遗存或原先经发掘过的遗址主要有裴李岗遗址、马良沟遗址、王嘴遗址、莪沟北岗遗址，其中面积最大的王嘴遗址面积达到 8 万平方米，裴李岗遗址为 3 万平方米，其余裴李岗文化遗址大多受到后期人为破坏，确切面积不详，面积仅为估计值，但是就马良沟和莪沟北岗遗址发掘的情况看，位于丘陵地带的裴李岗、马良沟和莪沟北岗遗址的遗址面积远远没有位于二级阶地的王嘴遗址大，而二级阶地内台地的地形特点往往要比丘陵地区的台地更为平缓，面积更大，从现存的四处遗址所处的台地大小亦可间接反映这种大区域内的不同地形特点，可见，遗址发展繁荣的先决条件与遗址所在台地的面积大小是分不开的。

在所有发现的仰韶文化遗址中，可勘探出确切面积、发现有仰韶文化遗存、原先经过发掘以及复合型遗址中以仰韶文化为主的 21 处遗址中（有确切遗址位置的 23 处遗址中除去补子庙和芦村遗址），面积最大的交流寨遗址达到了 11 万平方米，柿园遗址、程庄遗址也达到了近 9 万平方米，如果按照面积来分类，此 3 处遗址当为仰韶文化时期的一级聚落；面积介于 1.5 万~5 万平方米的 8 处仰韶文化遗址为二级聚落；其余的 10 处遗址面积低于 1.5 万平方米，为三级聚落。3 处一级聚落均位于二级阶地上，其中交流寨遗址位于溱洧交汇处，其余 2 处遗址位于距溱洧交汇处不远的洧水支流和溱水上；8 处二级聚落中，马沟、西马庄、杨庄、云岩宫、北李庄 5 处遗址位于二级阶地上，沙石嘴遗址位于丘陵地带，北庄西遗址位于丘陵沟壑地带，马鞍河遗址位于山前丘陵地带；10 处三级聚落，除张坡、菜园沟遗址位于丘陵地带外，其余 8 处遗址均位于二级阶地上。可以看出，从裴李岗文化到仰韶文化时期，遗址发展繁荣的先决条件与遗址所在台地的面积大小的关系没有改变；其次，处于二级阶地上的仰韶文化遗址有 18 处，占全部仰韶文化遗址的 86%，这种比例要大于裴李岗文化时期，这也反映出仰韶文化时期的先民比裴李岗时期更多地选择了地势平缓、面积较大的二级阶地作为居住区域。

在所有发现的龙山文化遗址中，可勘探出确切面积、发现有龙山文化遗存、原先经发掘过以及复合型遗址中以龙山文化为主的 31 处遗址中（有确切遗址位置的 32 处遗址中除去仅有估计面积的郭湾遗址），明确为龙山文化时代的城址 1 处，面积接近 25 万平方米，如果按照面积来分类，城址一座除外，另有面积介于 8 万~14 万平方米的一级聚落 4 处（其中新砦遗址的面积为 100 万平方米，主要针对"新砦期"的城址，依据发掘结果，"新砦期"遗存是由龙山晚期文化发展而来，故新砦遗址的龙山文化遗存应符合此处一级聚落的面积标准），其余 26 处遗址面积低于 5 万平方米，为二级聚落。古城寨城址和 4 处一级聚落均位于二级阶地上，其中古城寨城址、程庄、牛玉环遗址位于或接近溱洧交汇处，其余 2 处遗址位于距溱洧交汇处约 7~10 千米的洧水和溱水上；26 处二级聚落中，沙石嘴、前马庄、菜园沟遗址位于丘陵地带，寨根遗址位于山前丘陵地带，其余 22 处遗址均位于二级阶地上，占全部龙山文化遗址的 87%，这种比例要略高于仰韶文化时期，反映出龙山文化时期的先民延续了仰韶文化时期先民选择地势平缓、面积较大的二级阶地作为居住区域的习惯。

在所有发现的二里头文化遗址中，可勘探出确切面积、发现有二里头文化遗存、原先经发掘过以及复合型遗址中以二里头文化为主的 13 处遗址中，面积最大的曲梁遗址达到了 10 万平方米，耿庄遗址、下牛遗址（面积复原值）、二郎庙遗址也达到了近 5 万～7 万平方米，如果按照面积来分类，此 4 处遗址当为仰韶文化时期的一级聚落，面积介于 5 万～10 万之间；其余的 9 处遗址面积低于 3 万平方米，为二级聚落（其中二里头文化时期遗存并非新砦遗址主体遗存，所存面积不能等同于"新砦期"城址面积，故保守上，新砦遗址二里头文化遗存应列于二级聚落，古城寨城址也是同理）。4 处一级聚落均位于二级阶地上，且均位于溱水中游，较为集中；9 处二级聚落中，除李家岗、菜园沟遗址位于丘陵地带外，其余 7 处遗址均位于二级阶地上。可以看出，从龙山文化到二里头文化，遗址发展繁荣的先决条件与遗址所在台地的面积大小的关系没有改变；其次，处于二级阶地上的二里头文化遗址有 11 处，占全部二里头文化遗址的 85%，反映出二里头文化时期的先民延续了龙山文化时期先民选择地势平缓、面积较大的二级阶地作为居址的习惯。

在所有发现的商代文化遗址中，可勘探出确切面积、发现有商代文化遗存、原先经发掘过以及复合型遗址中以商代文化为主的 14 处遗址中（有确切遗址位置的 17 处遗址中除去仅有估计面积的罗湾、薛坡遗址和面积不详的古城寨遗址），面积最大的曲梁遗址和其他 4 处遗址，面积介于 7 万～10 万平方米之间，为一级聚落；其余 9 处遗址，遗址面积低于 3.5 万平方米，为二级聚落。5 处一级聚落中除朱家沟遗址位于丘陵地带外，其余均位于二级阶地上；二级聚落中，除菜园沟遗址位于丘陵地带外，其余均位于二级阶地上。可以看出，从二里头文化到商代，遗址发展繁荣的先决条件与遗址所在台地的面积大小的关系没有改变；其次，处于二级阶地上的商代文化遗址有 12 处，占全部商代文化遗址的 86%，反映出商代文化时期的先民延续了二里头文化时期先民选择地势平缓、面积较大的二级阶地作为居址的习惯。

需要提及的是新砦城址面积达 100 万平方米，是溱洧流域面积最大的遗址。新砦遗址自龙山文化晚期就建成了城墙，现在已经解剖的城墙剖面，已可以清楚地看到龙山晚期城墙叠压在龙山晚期的壕沟之上，后来又被"新砦期"的城墙所叠压，"新砦期"的壕沟又往外侧拓展了分布范围。在"新砦期"东城墙外围仍有大面积"新砦期"遗存，可见在"新砦期"阶段，新砦城址面积肯定会大于 100 万平方米，成为同时期溱洧流域面积最大的遗址。目前，在河南境内已经发现了登封王城岗、新郑古城寨、淮阳平粮台、辉县孟庄等龙山文化城址，这些城址的面积都没有新砦城址的面积大，这从一个侧面说明了新砦城址的重要性。

## 第二节　溱洧流域聚落遗址与河流的相对关系

在本区域中，裴李岗文化时代的遗址多位于丘陵及山前丘陵地带，而从仰韶文化到商代之间的遗址分布状况基本相同，85% 以上的遗址都处于二级阶地上，这种变化说明裴李岗文化与此前旧石器时代晚期居住在山洞里相比，大大拓展了生存空间，从仰韶文化开始，开始向溱洧水主河道及支流岸边面积更大、日照充足的二级阶地发展，这种态势一直延续到商代，中间没有大的起伏变化。从仰韶文化到商代也看不出在单个遗址所处位置及相对位置上的区别，但是从各时期遗址数量、单个遗址最大面积、是否出现城址、聚落群总面积、聚落群内遗址平均面积等方面来看，除了聚落群内遗址平均面积数值不一致外，其余 4 项均可以反映出，从裴李岗文化开始，仰韶文化时代已经发展到非常繁荣的程度，直至龙山文化时代出现了城址，遗址数量、聚落群总面积均达到了顶峰，新砦城址及稍晚的人和寨城址的出现，使这一态势达到顶峰，但是到了二里头文化时期，夏文化的政治中心已转移至伊洛平原的二里头遗址，溱洧流域的聚落开始走向辉煌之后的衰落，一直延续到商周时期。

纵观溱洧流域聚落的发展，突显出"新砦期"新砦城址的重要。从裴李岗文化时期开始，溱洧地区的聚落，逐步走向繁盛，至龙山时代，特别是"新砦期"达到峰值，在这片有限的空间，产生了面积宏大的都城级聚落，是溱洧流域史前聚落发展的巅峰。

# 附　表

## 附表一

溱洧流域先秦聚落遗址总表

| 遗址名称 | 遗址编号 | 位置 | 遗址长、宽 | 形状 | 面积/万平方米 | 裴李岗 | 仰韶 | 龙山 | 新砦 | 二里头 | 二里岗 | 殷墟 | 西周 | 所处地带 |
|---|---|---|---|---|---|---|---|---|---|---|---|---|---|---|
| 1 月台 | WYT | 新密市牛店镇月台村东部 | 东西长162米，南北长110米 | 不规则形 | 1.07 | | √ | √ | √ | √ | √ | | | 二级台地 |
| 2 牛店北 | WNDB | 新密市牛店镇北 | 南北长250米，东西长114米 | 不规则长条形 | 2.12 | | √ | √ | √ | √ | √ | | | 二级台地 |
| 3 潭村湾 | WTCW | 新密市区牛店镇潭村湾村北 | 西北—东南长206米，西南—东北长108米 | 顺河南北向不规则形 | 1.32 | | √ | √ | | | | | | 二级台地 |
| 4 补子庙 | WBZM | 新密市区牛店镇潭村湾村西北绥水北岸台地上 | 西南—东北最长225米，南北最宽117米 | | 估计值1.59 | √ | √ | | | | | | | 二级台地 |
| 5 前士郭 | WQSG | 新密市区西大街办事处前士郭村 | 南北长560米，东西长214米 | 顺河南北向长方形 | 9.07 | √ | √ | √ | | | √ | | | 二级台地 |
| 6 郭湾 | WGW | 新密市牛店乡郭湾村东 | 东西长183米，南北长52米 | 顺河西北—东南向长方形 | 估计值0.88 | | √ | √ | | | | | | 二级台地 |
| 7 马鞍河 | WMAH | 新密市区西大街办事处马鞍河村 | 南北长393米，东西长197米 | 顺河南北向不规则形 | 4.98 | | √ | | | | | | | 山前丘陵地带 |
| 8 寨根 | WZG | 新密市区西大街办事处寨根村 | 东北—西南长195米，西北—东南长101米 | 南北向不规则形 | 1.31 | | | √ | | | | | | 山前丘陵地带 |

| 遗址名称 | 遗址编号 | 位置 | 遗址长、宽 | 形状 | 面积/万平方米 | 时代 | | | | | | | | 所处地带 |
|---|---|---|---|---|---|---|---|---|---|---|---|---|---|---|
| | | | | | | 裴李岗 | 仰韶 | 龙山 | 新砦 | 二里头 | 二里岗 | 殷墟 | 西周 | |
| 9 禹楼 | WYL | 新密市区西大街办事处禹楼村 | 被破坏 | | 估计值0.5 | √ | | | | | | | | 山前丘陵地带 |
| 10 青石河 | WQSH | 新密市区西大街办事处青石河村 | 不详 | | 估计值2 | √ | | | | | | | | 丘陵地带 |
| 11 裴洼 | WPW | 新密市区西大街办事处裴洼村 | 被破坏 | | 估计值1.3 | | | | | | √ | √ | | 山前丘陵地带 |
| 12 孙家门 | WSJM | 新密市城关镇孙家门村 | 被破坏 | | 0.1 | | | √ | | | | | | 二级台地 |
| 13 西瓦店 | WXWD | 新密市城关镇西瓦店村 | 被破坏。据原先发现者估计遗址平面基本呈东西向长方形，遗址东西长约600米，南北长约200米 | | 估计值12 | | | √ | | | | | | 二级台地 |
| 14 老城东北角 | WLCDBJ | 新密市老城东北角 | 被破坏 | | 估计值3.5 | √ | | | | | | | | 山前丘陵地带 |
| 15 老城东关 | WLCDG | 新密市老城东关 | 被破坏 | | 估计值1.5 | √ | | | | | | | | 山前丘陵地带 |
| 16 老城后街 | WLCHJ | 新密市老城后街 | 被破坏 | | 估计值6 | | | | | √ | | | | 山前丘陵地带 |
| 17 菜园沟 | WCYG | 新密市城关镇菜园沟村 | 东西长200米，南北长99米 | 东西向不规则形 | 1.12 | | √ | √ | | √ | | | | 丘陵地带 |
| 18 张坡 | WZP | 新密市平陌镇龙岗村张坡组 | 南北长87米，东西长15米 | 南北向长条形 | 0.14 | | √ | | | | √ | | | 丘陵地带 |
| 19 惠沟 | WHG | 新密市新华路办事处惠沟村 | 被破坏。据原先发现者估计所在台地基本呈长方形，东西长约250米，南北长约90米 | | 估计值2.25 | | √ | | | | | | | 二级阶地 |

续附表一

| 遗址名称 | 遗址编号 | 位置 | 遗址长、宽 | 形状 | 面积/万平方米 | 时代 | | | | | | | | 所处地带 |
|---|---|---|---|---|---|---|---|---|---|---|---|---|---|---|
| | | | | | | 裴李岗 | 仰韶 | 龙山 | 新砦 | 二里头 | 二里岗 | 殷墟 | 西周 | |
| 20 密新集贸市场 | WMXJMSC | 新密市密新路原集贸市场 | 不详 | | 估计值1 | | | √ | | | | | | 二级阶地 |
| 21 高沟 | WGG | 新密市新华路办事处高沟村北化肥厂北院内 | 被破坏。据原先发现者估计遗址平面基本呈方形，遗址东西长约60米，南北长约50米 | | 估计值0.3 | √ | | | | | | | | 二级阶地 |
| 22 西施村 | WXSC | 登封市大冶乡西施村南 | 南北长153米，东西长135米 | 不详 | 1.67 | | | √ | | √ | | | | 二级阶地 |
| 23 平陌 | WPM | 新密市平陌乡县城平陌前街 | 被破坏。据原先发现者估计遗址略为方形台地，东西长152米，南北长130米 | | 估计值1.98 | √ | | | | | | | | 二级阶地 |
| 24 裴沟北岗 | WEGBG | 新密市超化镇裴沟村北岗 | 被破坏 | 据以往发掘者估计遗址略为方形台地 | 估计值0.8 | √ | | | | | | | | 丘陵地带 |
| 25 裴沟村 | WEGC | 新密市超化镇裴沟村东南 | 东西长60米，南北长22米 | 呈东西向长方形 | 0.13 | √ | | | | | | | | 丘陵地带 |
| 26 尖城岗 | WJCG | 新密市超化镇河西村西 | 不详 | | 估计值6 | | √ | | | | | | | 丘陵地带 |
| 27 黄寨 | WHZ | 新密市来集乡黄寨村黄寨组 | 东西长66米，南北长42米 | 东西向不规则形 | 0.2 | | | √ | √ | √ | | | | 二级阶地 |
| 28 苏寨 | WSZ | 新密市来集镇苏寨村 | 东北—西南长402米，西北—东南长77米 | 南北向长条形 | 2.23 | | | √ | √ | √ | √ | | | 二级阶地 |

续附表一

| 遗址名称 | 遗址编号 | 位置 | 遗址长、宽 | 形状 | 面积/万平方米 | 裴李岗 | 仰韶 | 龙山 | 新砦 | 二里头 | 二里岗 | 殷墟 | 西周 | 所处地带 |
|---|---|---|---|---|---|---|---|---|---|---|---|---|---|---|
| 29 卢村 | WLC | 新密市大隗镇芦村北 | 东北—西南长84米，西北—东南长32米 |  | 0.26 |  | √ |  |  |  |  |  |  | 二级阶地 |
| 30 罗湾 | WLW | 新密市大隗镇罗湾西南 | 南北长116米，东西长80米 | 南北向不规则形 | 0.9 |  |  |  |  |  | √ |  |  | 二级阶地 |
| 31 观寨 | WGZ | 新密市大隗乡观寨村东北 | 西北—东南长234米，东西宽65米 | 东南—西北向长条形 | 1.37 |  |  | √ | √ |  |  |  |  | 二级阶地 |
| 32 马良沟 | WMLG | 新密市米集镇桧树亭村马良沟西岭 | 被破坏 |  | 估计值1 | √ | √ |  |  |  |  |  |  | 丘陵地带 |
| 33 郑家庄 | WZJZ | 新密市大隗镇郑家庄南 | 西北—东南长293米，东北—西北长68米 | 顺河西北—东南向长条形 | 1.43 |  | √ |  |  |  |  |  |  | 二级阶地 |
| 34 北庄西 | WBZX | 新密市大隗镇山头湾北庄自然村 | 南北长73米，东西长298米 | 东西向长条形 | 1.96 |  | √ |  |  |  |  |  |  | 丘陵沟壑地带 |
| 35 叶茂沟 | WYMG | 新密市大隗镇叶茂沟 | 东西长135米，南北315米 | 南北向不规则形 | 2.7 |  | √ | √ |  |  |  |  |  | 二级阶地 |
| 36 刘湾 | WLW | 新密市刘寨镇西湾村西北 | 南北长174米，东西长100米 | 不规则形 | 0.61 |  |  |  |  | √ |  |  |  | 二级阶地 |
| 37 西马庄 | WXMZ | 新密市刘寨镇西马庄村 | 东北—西南长324米，西北—东南长138米 | 顺河南北向长条形 | 3.32 |  | √ | √ |  |  |  |  | √ | 二级阶地 |
| 38 杨家门 | WYJM | 新密市刘寨镇崔岗村杨家门组 | 不详 |  | 估计值0.5 | √ |  |  |  |  |  |  |  | 丘陵地带 |
| 39 云岩宫 | WYYG | 新密市刘寨镇刘寨村黄帝宫内 | 西北—东南长320米，南北长56米 | 西北—东南向长条形 | 1.73 |  | √ | √ | √ | √ | √ |  |  | 二级阶地 |

续附表一

| 遗址名称 | 遗址编号 | 位置 | 遗址长、宽 | 形状 | 面积/万平方米 | 裴李岗 | 仰韶 | 龙山 | 新砦 | 二里头 | 二里岗 | 殷墟 | 西周 | 所处地带 |
|---|---|---|---|---|---|---|---|---|---|---|---|---|---|---|
| | | | | | | 时代 | | | | | | | | |
| 40 和合寨 | WHHZ | 新密市大隗镇和合寨东北 | 东西长285米，南北长252米 | | 4.1 | | | √ | | | | | | 二级阶地 |
| 41 新砦 | WXZ（WMTG） | 新密市刘寨镇新砦村 | 东西长1000米，南北长1000米，煤土沟遗址面积0.72万平方米，东西长200米，南北长44米 | 近似方形 | 100 | | | √ | √ | √ | √ | | | 二级阶地 |
| 42 洪山庙 | WHSM | 新密市大隗镇陈庄村洪山庙村 | 南北长46米，东西长15米 | 南北向长条形 | 0.06 | | √ | | | | | | | 二级阶地 |
| 43 双楼西沟 | WSLXG | 新密市大隗镇双楼大队西沟村东 | 被破坏 | | 估计值0.1 | | | | | √ | | | | 二级阶地 |
| 44 张庄 | WZZ | 新密市大隗镇南张庄村北 | 南北长231米，东西长212米 | 不规则形 | 3.17 | | | √ | √ | √ | | √ | | 二级阶地 |
| 45 王嘴 | WWZ | 新密市刘寨镇王嘴村东 | 东西长331米，南北长295米 | 近似方形 | 8.46 | √ | √ | | | | | | | 二级阶地 |
| 46 前马庄 | WQMZ | 新密市刘寨镇前马庄村南 | 南北长234米，东西长172米 | 不规则形 | 3.13 | | √ | √ | | | | | | 丘陵地带 |
| 47 楚家门 | WCJM | 新密市刘寨镇楚家门村 | 东西长60米，南北长47米 | 近似圆形 | 0.24 | | | | | | √ | | | 二级阶地 |
| 48 韩咀 | WHZ | 新密市大隗镇韩咀东北 | 南北长160米，东西长79米 | 南北向长条形 | 1.1 | | √ | √ | | | | | | 二级阶地 |
| 49 马鞍垌 | WMAD | 新郑市西土桥大队马鞍垌北 | 东西长128米，南北长37米 | 顺河东西向长条形 | 0.43 | | | √ | | √ | √ | | | 二级阶地 |
| 50 西土桥 | WXTQ | 新郑市城西辛店乡西土桥村 | 不详 | | 估计值2 | | √ | | | | | | | 二级阶地 |

续附表一

| 遗址名称 | 遗址编号 | 位置 | 遗址长、宽 | 形状 | 面积/万平方米 | 时代 | | | | | | | | 所处地带 |
|---|---|---|---|---|---|---|---|---|---|---|---|---|---|---|
| | | | | | | 裴李岗 | 仰韶 | 龙山 | 新砦 | 二里头 | 二里岗 | 殷墟 | 西周 | |
| 51 周湾 | WZW | 新密市曲梁乡周湾村东 | 东西长518，南北长150 | 顺河东西向长条形 | 4.43 | | | √ | | | | | | 二级阶地 |
| 52 交流寨 | WJLZ | 新密市曲梁乡大樊庄村交流寨西 | 东西长621，南北长363 | 东西向不规则形 | 11.63 | | √ | | | | | | | 二级阶地 |
| 53 李家岗 | WLJG | 新密市曲梁乡李家岗村北 | 东西长68，南北长68米 | 近似圆形 | 0.38 | | √ | | | √ | | | | 丘陵地带 |
| 54 朱家沟 | WZJG | 新密市刘寨镇朱家沟村西南 | 西北—东南长600米，东北—西南长165米 | 南北向不规则形 | 7.6 | | √ | √ | √ | √ | √ | √ | | 丘陵地带 |
| 55 牛玉环 | WNYH | 新密市曲梁乡牛玉环村东南 | 西北—东南长564米，东北—西南长269米 | 顺河西北—东南向不规则形 | 9.18 | | | √ | | | | √ | | 二级阶地 |
| 56 全庄 | WQZ | 新密市曲梁乡全庄村 | 东北—西南长362米，西北—东南长142米 | 东西向不规则形 | 3.22 | | √ | √ | | √ | | | | 二级阶地 |
| 57 程庄 | WCZ | 新密市曲梁乡大樊庄村西南溱洧交流处 | 南北长551米，东西长250米 | 南北向长条形 | 8.65 | | √ | √ | √ | √ | √ | | | 二级阶地 |
| 58 邓湾 | WDW | 新郑市新村镇邓湾村西 | 北部分南北长48米，东西长38米，面积约0.15万平方米。南部分南北长60米，东西长约25米，面积约0.27万平方米 | 南北向长条形 | 0.42 | √ | √ | | | | | √ | | 二级阶地 |
| 59 北李庄 | WBLZ | 新郑市辛店镇北李庄村东 | 南北长196，东西长100米 | 南北向长条形 | 1.64 | | √ | | | √ | | | √ | 二级阶地 |

续附表一

| 遗址名称 | 遗址编号 | 位置 | 遗址长、宽 | 形状 | 面积/万平方米 | 裴李岗 | 仰韶 | 龙山 | 新砦 | 二里头 | 二里岗 | 殷墟 | 西周 | 所处地带 |
|---|---|---|---|---|---|---|---|---|---|---|---|---|---|---|
| 60 东土桥 | WDTQ | 新郑市辛店乡东土桥村东北部 | 东西长91米，南北长51米 | 不规则形 | 0.42 | | | ✓ | ✓ | | | | | 二级阶地 |
| 61 裴李岗 | WPLG | 新郑市新村镇裴李岗村西 | 东西长348米，南北长146米 | 东西向不规则形 | 3.42 | ✓ | | | | | | | | 丘陵地带 |
| 62 人和寨 | WRHZ | 新郑市辛店乡人和寨 | 不详 | | 估计值4 | | | | ✓ | ✓ | | | | 二级阶地 |
| 63 人和西南场 | WRHXNC | 新郑市辛店乡人和寨村西南场 | 不详 | | 估计值1 | | ✓ | ✓ | | | | | | 二级阶地 |
| 64 南李庄 | WNLZ | 新郑市城西店乡南李庄村东南 | 不详 | | 估计值1 | | ✓ | | | | | | | 二级阶地 |
| 65 小李庄 | WXLZ | 新郑市城关镇小李庄村 | 东西长82米，南北长20米 | 不规则形 | 0.11 | | | ✓ | | | | | | 二级阶地 |
| 66 铁岭西 | WTLX | 新郑市新村镇铁岭村西 | 南北长143米，东西长60米 | 顺河南北向长条形 | 0.77 | | | | | | | ✓ | | 二级阶地 |
| 67 铁岭 | WTL | 新郑市新村镇铁岭村 | 被破坏 | | 0.15 | | | | | | | | | 二级阶地 |
| 68 杨楼 | WYL | 新郑市新村镇杨楼村西南 | 东西长86米，南北长77米 | 不规则形 | 0.5 | | ✓ | ✓ | | | | | | 二级阶地 |
| 69 岭西 | WLX | 新郑市新村镇岭西村西农科所院内 | | | 估计值1 | ✓ | | | | | | | | 二级阶地 |
| 70 新和庄 | WXHZ | 新郑市城关镇新和庄村东南 | 南北长78米，东西长49米 | 南北向长条形 | 0.36 | | | ✓ | | | | | | 二级阶地 |
| 71 马沟 | ZMG | 新密市岳村乡马沟村西南 | 东西长269米，南北长203米 | 西北—东南向长条形 | 4.27 | | ✓ | ✓ | | | | | | 二级阶地 |

| 遗址名称 | 遗址编号 | 位置 | 遗址长、宽 | 形状 | 面积/万平方米 | 裴李岗 | 仰韶 | 龙山 | 新砦 | 二里头 | 二里岗 | 殷墟 | 西周 | 所处地带 |
| --- | --- | --- | --- | --- | --- | --- | --- | --- | --- | --- | --- | --- | --- | --- |
| 72 二郎庙 | ZELM | 新密市岳村乡赵寨村 | 东西长296米，南北长222米 | 不规则形 | 5.02 | | | | | √ | √ | | | 二级阶地 |
| 73 沙石嘴 | ZSSZ | 新密市岳村镇苇园村南 | 南北长373米，东西长167米 | 南北向不规则形 | 3.77 | | √ | √ | | | | | | 丘陵地带 |
| 74 薛坡 | ZXP | 新密市岳村乡薛坡村南 | 东西长200米，南北长147米 | | 估计值2 | | | | | | √ | | | 二级阶地 |
| 75 张湾 | WZW | 新密市东南曲梁乡张湾村东 | 不详。据以往发现者估计，遗址所在台地东西长150米，南北宽100米 | | 估计值1.5 | √ | | | | | | | | 二级阶地 |
| 76 耿庄 | ZGZ | 新密市曲梁乡牛角湾村耿庄组 | 东北—西南长454米，西北—东南长264米 | 不规则形 | 7.41 | | √ | √ | | √ | √ | | √ | 二级阶地 |
| 77 马家 | ZMJ（ZXWJ） | 新密市曲梁乡马家村北部 | 东西长663米，南北长405米 | 东西向不规则形 | 14.05 | | √ | √ | √ | √ | √ | | | 二级阶地 |
| 78 岗沟 | ZGC | 新密市曲梁乡河西马村五组东南台地上 | 西北—东南长160米，东北—西南长89米 | 东西向不规则形 | 0.91 | | √ | √ | | √ | | | | 二级阶地 |
| 79 河西马 | ZHXM | 新密市曲梁乡河西马村三组 | 南北长32米，东西长28米 | | 0.1 | | √ | √ | √ | | | | | 二级阶地 |
| 80 曲梁 | ZQL | 新密市曲梁乡曲梁村北 | 东西长370米，南北长335米 | 不规则形 | 10.72 | | √ | √ | √ | √ | √ | | | 二级阶地 |
| 81 下牛 | ZXN | 新密市曲梁乡下牛村北 | 西北—东南长680米，东北—西南长162米 | 西北—东南向不规则形 | 残存面积2万，原先面积约6.89万 | | √ | √ | | √ | √ | | | 二级阶地 |

续附表一

| 遗址名称 | 遗址编号 | 位置 | 遗址长、宽 | 形状 | 面积/万平方米 | 时代 | | | | | | | | 所处地带 |
|---|---|---|---|---|---|---|---|---|---|---|---|---|---|---|
| | | | | | | 裴李岗 | 仰韶 | 龙山 | 新砦 | 二里头 | 二里岗 | 殷墟 | 西周 | |
| 82 马士奇沟 | ZMSQG | 新密市曲梁乡马士奇沟村西 | 西北—东南长287米，东北—西南长84米 | 西北—东南向不规则形 | 1.39 | | | | √ | | | | √ | 二级阶地 |
| 83 庙朱 | ZMZ | 新密市曲梁乡庙朱村老河东 | 南北长93米，东西长75米 | 不规则形 | 0.6 | | √ | √ | | | | √ | | 二级阶地 |
| 84 柿园 | ZSY | 新密市曲梁乡柿园村西 | 南北长467米，东西长303米 | 南北向不规则形 | 9 | | √ | | | | | | | 二级阶地 |
| 85 柿园东 | ZSYD | 新密市曲梁乡柿园村西 | 南北长272米，东西长121米 | 南北向长条形 | 2.34 | | | | | √ | | | | 二级阶地 |
| 86 杨庄 | ZYZ | 新密市曲梁乡杨庄村西北 | 南北长253米，东西长144米 | 顺河南北向不规则形 | 2.35 | | √ | √ | √ | √ | | | | 二级阶地 |
| 87 古城寨 | ZGCZ | 新密市曲梁乡大樊庄古城寨组 | 北遗址南北长309米，东西宽157米，面积约4.49。东遗址南北长118米，东西长69米，面积约0.53万平方米。南遗址东北—西南长114米，南北长29米，面积约0.29万平方米，城内面积17.6万平方米，南北长409米，东西长490米，地下河沟面积约2万平方米 | 近似方形 | 24.91 | | √ | √ | √ | | √ | √ | | 二级阶地 |
| 88 水泉 | ZSQ | 新郑市新村镇水泉村北 | 不详 | | 估计值6 | | | √ | | √ | | | | 丘陵地带 |

附表二

溱洧流域调查石器标本鉴定结果表

| 遗址名称 | 标本号 | 器类 | 颜色 | 岩性 | 成分 | 结构 | 构造 | 备注 |
|---|---|---|---|---|---|---|---|---|
| 3 潭村湾 | WTCW:1 | 石刀 | 灰色 | 石英岩 | 石英、长石 | 细粒 | 块状 | |
| 7 马鞍河遗址 | WMAH:53 | 石斧 | 灰绿 | 辉绿岩 | 辉石 | 辉绿 | 块状 | |
| 7 马鞍河遗址 | WMAH:54 | 石铲 | 灰绿 | 辉绿岩 | 辉石 | 辉绿 | 片状 | |
| 15 老城东关遗址 | WLCDG:1 | 舌状石铲 | 灰绿 | 斜长、角闪片岩 | 长石、角闪石 | 细粒变晶 | 片状 | |
| 15 老城东关遗址 | WLCDG:2 | 带肩石铲 | 灰绿 | 斜长、角闪片岩 | 长石、角闪石 | 细粒变晶 | 片状 | |
| 17 菜园沟遗址 | WCYG:7 | 石铲 | 灰黄 | 石灰岩 | 方解石 | 层状 | 块状 | |
| 18 张坡遗址 | WZP:3 | 石斧 | 灰绿 | 辉绿岩 | 辉石 | 辉绿 | 块状 | |
| 19 惠沟遗址 | WHG:38 | 石斧 | 青色 | 闪长岩 | 斜长石、角闪石 | 闪长 | 块状 | 侵入岩 |
| 19 惠沟遗址 | WHG:39 | 石斧 | 灰绿 | 辉绿玢岩 | 斜长石、玢石 | 辉绿结构 | 块状 | |
| 21 高沟遗址 | WGG:1 | 四足石磨盘 | 黄色 | 砂岩 | 石英、长石 | 中粗粒 | 块状 | 下元古界嵩山群 |
| 21 高沟遗址 | WGG:2 | 四足石磨盘 | 黄色 | 砂岩 | 石英、长石 | 中粗粒 | 块状 | |
| 21 高沟遗址 | WGG:3 | 四足石磨盘 | 黄色 | 砂岩 | 石英、长石 | 中粗粒 | 块状 | |
| 21 高沟遗址 | WGG:4 | 石磨棒 | 浅灰 | 砂岩 | 石英、长石 | 细粒 | 块状 | |
| 21 高沟遗址 | WGG:5 | 石磨棒 | 浅黄 | 砂岩 | 石英、长石 | 细粒 | 块状 | |
| 21 高沟遗址 | WGG:6 | 石磨棒 | 黄色 | 砂岩 | 石英、长石 | 细粒 | 块状 | |
| 21 高沟遗址 | WGG:8 | 舌状石铲 | 灰绿 | 斜闪、角闪片岩 | 长石、角闪石 | 中细粒变晶 | 块状 | |
| 23 平陌遗址 | WPM:1 | 石斧 | 灰绿 | 斜闪、角闪片岩 | 长石、角闪石 | 细粒 | 块状 | |
| 23 平陌遗址 | WPM:2 | 石斧 | 灰绿 | 安山岩 | 安山质 | 细粒 | 块状 | |
| 23 平陌遗址 | WPM:3 | 石磨棒 | 灰绿 | 斜闪、角闪片岩 | 长石、角闪石 | 细粒 | 块状 | |
| 23 平陌遗址 | WPM:4 | 石铲 | 灰绿 | 斜闪、角闪片岩 | 长石、角闪石 | 细粒 | 块状 | |
| 24 莪沟北岗遗址 | WEGBG:1 | 石磨棒 | 灰色 | 砂岩 | 石英、长石 | 中细粒 | 块状 | |
| 24 莪沟北岗遗址 | WEGBG:2 | 石磨棒 | 灰色 | 砂岩 | 石英、长石 | 中细粒 | 块状 | |
| 24 莪沟北岗遗址 | WEGBG:3 | 石磨棒 | 灰色 | 砂岩 | 石英、长石 | 中细粒 | 块状 | |
| 24 莪沟北岗遗址 | WEGBG:4 | 石磨棒 | 灰色 | 砂岩 | 石英、长石 | 中细粒 | 块状 | |
| 24 莪沟北岗遗址 | WEGBG:5 | 石磨棒 | 灰色 | 砂岩 | 石英、长石 | 中细粒 | 块状 | |

| 遗址名称 | 标本号 | 器类 | 颜色 | 岩性 | 成分 | 结构 | 构造 | 备注 |
|---|---|---|---|---|---|---|---|---|
| 24 菱沟北岗遗址 | WEGBG：6 | 石铲 | 灰绿 | 斜闪、角闪片岩 | 角闪石、长石 | 中细粒 | 片状 | |
| 24 菱沟北岗遗址 | WEGBG：7 | 牛舌状石铲 | 灰绿 | 斜闪、角闪片岩 | 角闪石、长石 | 中细粒 | 片状 | |
| 24 菱沟北岗遗址 | WEGBG：8 | 牛舌状石铲 | 灰绿 | 斜闪、角闪片岩 | 角闪石、长石 | 中细粒 | 片状 | |
| 24 菱沟北岗遗址 | WEGBG：9 | 四足石磨盘 | 灰绿 | 斜闪、角闪片岩 | 角闪石、长石 | 中细粒 | 片状 | |
| 24 菱沟北岗遗址 | WEGBG：10 | 牛舌状石铲 | 浅灰 | 砂岩 | 石英、长石 | 中粗粒 | 块状 | |
| 24 菱沟北岗遗址 | WEGBG：14 | 牛舌状石铲 | 深绿 | 斜长、角闪片岩 | 斜长石、角闪石 | 细粒变晶 | 片状 | 太古代登封群 |
| 24 菱沟北岗遗址 | WEGBG：15 | 牛舌状石铲 | 深绿 | 斜长、角闪片岩 | 斜长石、角闪石 | 细粒变晶 | 片状 | |
| 24 菱沟北岗遗址 | WEGBG：16 | 带肩石铲 | 深绿 | 斜长、角闪片岩 | 长石、角闪石 | 细粒变晶 | 片状 | |
| 24 菱沟北岗遗址 | WEGBG：17 | 石斧 | 深绿 | 斜长、角闪片岩 | 长石、角闪石 | 细粒变晶 | 片状 | |
| 24 菱沟北岗遗址 | WEGBG：18 | 石斧 | 灰白 | 石英岩 | 石英 | 细粒 | 块状 | |
| 24 菱沟北岗遗址 | WEGBG：19 | 石斧 | 紫灰 | 绢云母石英片岩 | 绢云母石英 | 细粒变晶 | 片状 | |
| 24 菱沟北岗遗址 | WEGBG：20 | 刮削器 | 灰绿 | 斜长、角闪片岩 | 长石、角闪石 | 细粒变晶 | 片状 | 下元古界嵩山群 |
| 24 菱沟北岗遗址 | WEGBG：21 | 刮削器 | 黑褐 | 燧石 | 硅质 | — | 块状 | |
| 24 菱沟北岗遗址 | WEGBG：22 | 打制石器 | 黑色 | 燧石团块 | 硅质 | — | 团块 | |
| 24 菱沟北岗遗址 | WEGBG：23 | 刮削器 | 白色 | 石英脉 | 石英 | — | 块状 | |
| 24 菱沟北岗遗址 | WEGBG：24 | 三棱石器 | 浅红色 | 石英脉 | 石英 | — | 块状 | 石炭纪本溪组 |
| 24 菱沟北岗遗址 | WEGBG：25 | 打制石器 | 铁褐 | 燧石团块 | 硅质 | — | 块状 | |
| 24 菱沟北岗遗址 | WEGBG：26 | 石磨棒 | 铁褐 | 燧石 | 硅质 | — | 块状 | |
| 24 菱沟北岗遗址 | WEGBG：28 | 石铲 | 灰褐 | 细粒砂岩 | 长石、石英 | 细粒 | 块状 | 震旦纪 |
| 32 马良沟遗址 | WMLG：37 | 石磨棒 | 深绿 | 斜闪、角闪片岩 | 角闪石、斜长石 | 细粒 | 块状 | |
| 32 马良沟遗址 | WMLG：43 | 石磨盘 | 灰褐 | 石英砂岩 | 石英、长石 | 中细粒 | 块状 | |
| 32 马良沟遗址 | WMLG：44 | 石铲 | 紫褐 | 石英砂岩 | 石英 | 中细粒 | 块状 | |
| 32 马良沟遗址 | WMLG：45 | 石磨盘 | 灰褐 | 绢云母石英片岩 | 绢云母石英 | 片状粗粒 | 块状 | |
| 32 马良沟遗址 | WMLG：46 | 石磨盘 | 紫褐 | 石英砂岩 | 石英、长石 | 细粒 | 块状 | |
| 32 马良沟遗址 | WMLG：47 | | 紫褐 | 石英砂岩 | 石英、长石 | 细粒 | 块状 | |

续附表二

| 遗址名称 | 标本号 | 器类 | 颜色 | 岩性 | 成分 | 结构 | 构造 | 备注 |
|---|---|---|---|---|---|---|---|---|
| 32 马良沟遗址 | WMLG:48 | 石磨盘 | 灰白 | 石英砂岩 | 石英 | 中细粒 | 块状 | |
| 32 马良沟遗址 | WMLG:50 | 石铲² | 灰绿 | 斜闪、角闪片岩 | 长石、角闪石 | 细粒 | 块状 | |
| 33 郑家庄遗址 | WZJZ:10 | 石刀 | 灰色 | 砂岩 | 长石、石英 | 细粒 | 块状 | |
| 33 郑家庄遗址 | WZJZ:21 | 玉璜 | 黄白 | 大理岩 | 碳酸钙 | 细粒变晶 | 块状 | |
| 36 刘湾遗址 | WLW:17 | 石饼 | 灰绿 | 辉绿岩 | 辉石、长石 | 辉绿 | 块状 | |
| 36 刘湾遗址 | WLW:18 | 石斧 | 灰绿 | 闪长岩 | 长石、角闪石 | 中粒 | 块状 | |
| 36 刘湾遗址 | WLW:19 | 石斧² | 灰黄 | 泥灰岩 | 泥质 | 细粒 | 块状 | |
| 37 西马庄遗址 | WXMZ:7 | 石铲² | 青灰 | 石灰岩 | 方解石 | 细粒 | 块状 | |
| 37 西马庄遗址 | WXMZ:41 | 石铲² | 灰褐 | 砂岩 | 长石、石英 | 细粒 | 块状 | |
| 37 西马庄遗址 | WXMZ:42 | 石铲² | 青灰 | 石灰岩 | 方解石 | 层状 | 片状 | |
| 38 西家门遗址 | WYJM:1 | 四足石磨盘 | 浅灰 | 砂岩 | 石英、长石 | 中粗粒 | 块状 | |
| 39 云岩宫遗址 | WYYG:46 | 石铲² | 灰绿 | 辉绿岩 | 长石 | 辉绿 | 块状 | |
| 41 新砦遗址 | WXZ:12 | 石刀 | 灰褐 | 绢云母石英片岩 | 绢云母石英 | 片状 | 块状 | |
| 41 新砦遗址 | WXZ:13 | 石凿 | 灰色 | 砂岩 | 石英、长石 | 细粒 | 块状 | |
| 41 新砦遗址 | WXZ:15 | 石铲² | 浅灰色 | 砂岩 | 石英、长石 | 细粒 | 块状 | |
| 41 新砦遗址 | WXZ:16 | 石铲² | 灰绿 | 辉绿岩 | 斜长石 | 辉绿 | 块状 | |
| 41 新砦遗址 | WXZ:17 | 穿孔石刀² | 灰色 | 砂岩 | 石英、长石 | 细粒 | 块状 | |
| 41 新砦遗址 | WXZ:18 | 穿孔石刀² | 灰色 | 细砂岩 | 石英、长石 | 细粒 | 块状 | |
| 41 新砦遗址 | WXZ:19 | 石铲² | 灰色 | 细砂岩 | 石英、长石 | 细粒 | 块状 | |
| 41 新砦遗址 | WXZ:20 | 石铲² | 灰青 | 长石石英片岩 | 石英长石 | 片状 | 块状 | |
| 41 新砦遗址 | WXZ:21 | 石斧² | 黄灰 | 细砂岩 | 石英、长石 | 细粒 | 块状 | |
| 41 新砦遗址 | WXZ:22 | 石斧² | 灰绿 | 辉绿岩 | 辉石、长石 | 辉绿 | 块状 | |
| 41 新砦遗址 | WXZ:23 | 圆形石器 | 青灰 | 绢云母石英片岩 | 绢云母石英 | 片状 | 块状 | |
| 41 新砦遗址 | WXZ:24 | 石器 | 浅灰 | 泥灰岩 | 泥质、方解石 | 细粒 | 块状 | |
| 41 新砦遗址 | WXZ:25 | 圆形石器 | 灰色 | 绢云母石英片岩 | 绢云母石英 | 片状 | 块状 | |

续附表二

| 遗址名称 | 标本号 | 器类 | 颜色 | 岩性 | 成分 | 结构 | 构造 | 备注 |
|---|---|---|---|---|---|---|---|---|
| 41 新砦遗址 | WXZ：26 | 石铲 | 浅灰 | 石英岩 | 石英 | 细粒 | 块状 | |
| 41 新砦遗址 | WXZ：27 | 石锤 | 灰绿 | 辉绿玢岩 | 斜长石、玢石 | 辉绿 | 块状 | |
| 41 新砦遗址 | WXZ：29 | 半成品石铲 | 浅灰 | 石灰岩 | 方解石 | 层状 | 块状 | |
| 41 新砦遗址 | WXZ：30 | 穿孔石铲 | 灰绿 | 石灰岩 | 方解石 | 层状 | 块状 | |
| 41 新砦遗址 | WXZ：31 | 圆形石器 | 灰色 | 绢云母石英片岩 | 石英、长石、片岩 | 片状 | 块状 | |
| 41 新砦遗址 | WXZ：32 | 穿孔石铲 | 浅灰色 | 石灰岩 | 方解石 | 层状 | 块状 | 寒武纪 |
| 41 新砦遗址 | WXZ：34 | 穿孔石铲 | 浅灰色 | 细粒砂岩 | 石英、长石 | 层状 | 块状 | |
| 41 新砦遗址 | WXZ：36 | 穿孔石铲 | 灰色 | 石灰岩 | 方解石 | 层状 | 块状 | |
| 41 新砦遗址 | WXZ：38 | 石铲 | 灰色 | 石灰岩 | 方解石 | 层状 | 块状 | |
| 41 新砦遗址 | WXZ：39 | 石铲 | 灰色 | 细粒砂岩 | 石英 | 中细粒 | 块状 | |
| 41 新砦遗址 | WXZ：40 | 穿孔石铲 | 灰色 | 细粒砂岩 | 石英、长石 | 细粒 | 块状 | |
| 41 新砦遗址 | WXZ：41 | 石铲 | 灰色 | 石灰岩 | 方解石 | 层状 | 块状 | |
| 41 新砦遗址 | WXZ：43 | 穿孔石铲 | 灰色 | 石灰岩 | 方解石 | 层状 | 块状 | |
| 41 新砦遗址 | WXZ：44 | 穿孔石铲 | 灰色 | 泥岩 | 方解石 | 层状 | 块状 | |
| 41 新砦遗址 | WXZ：46 | 石铲 | 灰色 | 凝灰质细砂岩 | 石英、长石 | 凝灰 | 块状 | |
| 41 新砦遗址 | WXZ：47 | 石铲 | 灰色 | 粉砂岩 | 石英、斜长石 | 细粒粉砂 | 块状 | |
| 41 新砦遗址 | WXZ：48 | 石网坠 | 浅灰 | 石灰岩 | 方解石 | — | 块状 | |
| 41 新砦遗址 | WXZ：49 | 石镰 | 灰色 | 泥质板岩 | 长石、石英 | 细粒变晶 | 板状 | |
| 41 新砦遗址 | WXZ：53 | 石铲 | 灰色 | 石灰岩 | 方解石 | — | 块状 | |
| 41 新砦遗址 | WXZ：58 | 石斧 | 青色 | 斜长角闪岩 | 角闪石、斜长石 | 闪长 | 块状 | |
| 44 张庄遗址 | WZZ：1 | 石斧 | 灰绿 | 辉绿岩 | 辉石、斜长石 | 辉绿 | 块状 | |
| 44 张庄遗址 | WZZ：31 | 石斧 | 灰绿色 | 辉绿岩 | 斜长石 | 辉绿 | 块状 | |
| 44 张庄遗址 | WZZ：42 | 石铲 | 灰色 | 石灰岩 | 方解石 | 层状 | 块状 | |
| 46 前马马庄遗址 | WQMZ：41 | 穿孔石刀 | 灰色 | 石灰岩 | 方解石 | 层状 | 块状 | |
| 54 朱家沟遗址 | WZJG：22 | 石镰 | 灰色 | 砂岩 | 长石、石英 | 细粒 | 块状 | |

续附表二

| 遗址名称 | 标本号 | 器类 | 颜色 | 岩性 | 成分 | 结构 | 构造 | 备注 |
|---|---|---|---|---|---|---|---|---|
| 54 朱家沟遗址 | WZJG:29 | 石铲 | 灰黄 | 粉砂岩 | 长石、石英 | 细粒 | 块状 | |
| 57 程庄遗址 | WCZ:142 | 石锄 | 灰白 | 泥灰岩 | 泥质 | 细粒 | 块状 | |
| 57 程庄遗址 | WCZ:143 | 石杵 | 灰白 | 绢云母石英片岩 | 绢云母石英 | 片状 | 块状 | |
| 57 程庄遗址 | WCZ:144 | 石刀 | 灰黄 | 细砂岩 | 石英、长石 | 细粒 | 块状 | |
| 57 程庄遗址 | WCZ:145 | 石铲 | 灰白 | 泥灰岩 | 方解石、泥质 | 细粒 | 块状 | |
| 57 程庄遗址 | WCZ:161 | 石铲 | 青黑 | 砂岩 | 石英、长石 | 细粒 | 块状 | |
| 57 程庄遗址 | WCZ:176 | 石铲 | 青黑 | 石灰岩 | 方解石 | 层状 | 块状 | |
| 57 程庄遗址 | WCZ:192 | 石铲 | 灰色 | 砂岩 | 石英、长石 | 细粒 | 块状 | |
| 57 程庄遗址 | WCZ:318 | 石钺 | 灰绿 | 绢云母石英片岩 | 绢云母石英 | 片状 | 块状 | |
| 57 程庄遗址 | WCZ:350 | 石斧 | 褐色 | 安山玢岩 | 安山质 | 斑状 | 块状 | |
| 57 程庄遗址 | WCZ:321 | 石斧 | 灰绿 | 辉绿岩 | 长石 | 辉绿 | 块状 | |
| 59 北李庄遗址 | WBLZ:11 | 石铲 | 灰黄 | 砂岩 | 长石、石英 | 细粒 | 块状 | |
| 73 沙石嘴遗址 | ZSSZ:151 | 石斧 | 黑色 | 辉长质凝灰岩 | 辉石、斜长石 | 凝灰 | 块状 | |
| 77 马家遗址 | ZMJ:4 | 石铲 | 灰白 | 细砂岩 | 石英、长石 | 细粒 | 块状 | |
| 77 马家遗址 | ZMJ:113 | 石杵 | 灰色 | 砂岩 | 长石、石英 | 细粒 | 块状 | |
| 77 马家遗址 | ZMJ:133 | 石器 | 青色 | 凝灰岩 | 辉石、斜长石 | 凝灰 | 致密性块状 | |
| 78 岗沟遗址 | ZGG:1 | 石器 | 灰白 | 细砂岩 | 长石、石英 | 细粒 | 块状 | |
| 78 岗沟遗址 | ZGG:2 | 石器 | 灰黄 | 细砂岩 | 长石、石英 | 细粒 | 块状 | |
| 78 岗沟遗址 | ZGG:3 | 石杵 | 灰白 | 花岗岩 | 长石、石英 | 花岗 | 块状 | |
| 79 河西马遗址 | ZHXM:2 | 石样 | 灰黄 | 砂岩 | 长石、石英 | 细粒 | 块状 | |
| 80 曲梁遗址 | ZQL:64 | 半成品石铲 | 青灰 | 长石石英片岩 | 石英、长石 | 片状 | 块状 | |
| 80 曲梁遗址 | ZQL:68 | 半成品石铲 | 灰色 | 石灰岩 | 方解石 | 层状 | 块状 | |
| 80 曲梁遗址 | ZQL:153 | 石镰 | 青灰色 | 斜长角闪岩 | 角闪石、斜长石 | 细粒变晶 | 片状 | |
| 80 曲梁遗址 | ZQL:154 | 石铲 | 灰色 | 长英质板岩 | — | 中细粒变晶 | 板状 | |
| 80 曲梁遗址 | ZQL:155 | 石镰 | 灰色 | 斜长角闪片麻岩 | 角闪石、斜长石、云母 | 细粒变晶 | 片麻状 | |

续附表二

| 遗址名称 | 标本号 | 器类 | 颜色 | 岩性 | 成分 | 结构 | 构造 | 备注 |
|---|---|---|---|---|---|---|---|---|
| 80 曲梁遗址 | ZQL：156 | 石网坠 | 灰色 | 石灰岩 | 方解石 | — | 块状 | |
| 80 曲梁遗址 | ZQL：157 | 石铲 | 灰色 | 石灰岩 | 方解石 | — | 块状 | |
| 80 曲梁遗址 | ZQL：158 | 石镰 | 灰色 | 镁铁质凝灰岩 | 辉石、斜长石 | 凝灰 | 块状 | |
| 80 曲梁遗址 | ZQL：159 | 穿孔石铲 | 青色 | 斜长角闪岩 | 角闪石、斜长石 | 细粒变晶 | 片状 | |
| 80 曲梁遗址 | ZQL：160 | 石斧 | 黑色 | 辉绿岩 | 辉石为主、斜长石 | 辉绿 | 块状 | |
| 80 曲梁遗址 | ZQL：161 | 石斧 | 青色 | 辉绿岩 | 辉石、斜长石 | 辉绿 | 块状 | |
| 80 曲梁遗址 | ZQL：162 | 石斧 | 黑色 | 角闪石岩 | 角闪石、斜长石 | 中细粒变晶 | 块状 | |
| 80 曲梁遗址 | ZQL：163 | 石凿 | 黑色 | 辉绿岩 | 辉石、斜长石 | 辉绿结构 | 块状 | |
| 80 曲梁遗址 | ZQL：164 | 石镰 | 灰色 | 斜长角闪岩 | 角闪石、斜长石 | 细粒变晶 | 片状 | |
| 80 曲梁遗址 | ZQL：165 | 石斧 | 青色 | 辉绿岩 | 辉石、斜长石 | 辉绿 | 块状 | |
| 80 曲梁遗址 | ZQL：166 | 石刀 | 黑色 | 硅质凝灰岩 | 二氧化硅 | 凝灰结构 | 片状 | |
| 80 曲梁遗址 | ZQL：168 | 穿孔石镰 | 灰色 | 砂质板岩 | 斜长石、石英 | 细粒变晶 | 板状 | |
| 80 曲梁遗址 | ZQL：169 | 石铲 | 青色 | 斜长角闪岩 | 角闪石为主、斜长石 | 中细粒变晶 | 块状 | |
| 80 曲梁遗址 | ZQL：170 | 石凿 | 灰色 | 石灰岩 | 方解石 | — | 快状 | |
| 81 下牛遗址 | ZXN：20 | 石凿 | 灰绿 | 辉绿岩 | 斜长石 | 辉绿 | 块状 | |
| 86 古城寨遗址 | ZGCZ：20 | 石斧 | 黑色 | 辉绿岩 | 辉石、斜长石 | 辉绿结构 | 块状 | |

# 英文提要

This report investigates the settlements in the Zhen and Wei River Basins. Specifically, an area that covers the Zhen River and the Wei River, which are located to the southeast of Mount Song , together forming the modern-day upper and middle reaches of the Shuangji River. Between 2008 and 2009, a joint field investigation conducted by The Institute of Archaeology, CASS, the Zhengzhou Municipal Institute of Cultural Relics and Archaeology, along with the Xinmi Cultural Heritage Management Office, explored 88 archaeological sites in the region.

The report is divided into four sections. I. Introduction, which has three parts: 1) An overview of the natural and historical environment, highlighting the cultural significance of the Zhen-Wei River basin as a region praised by historical scholars, and establishing the region as an ideal location to conduct settlement archaeology research. 2) A summary of previous fieldwork conducted since the 20th Century. 3) Explaining the methodology and process of the fieldwork of this survey. II. The archaeological report of the Zhen and Wei River Basin settlements, split into two halves, meticulously surveying 70 sites in the Wei River Basin and 18 sites in the Zhen River Basin. III. A breakdown of settlement characteristics by eight prehistoric periods, which include the Peiligang period, the middle Yangshao period, the late Yangshao period, the Longshan period, the "Xinzhai" period, the Erlitou period, the Erligang period (early Shang) and Yinxu period (late Shang) . The settlements of each period were further studied regarding their classification and categorization. IV. The development and evolution of the Zhen and Wei River Basin settlements, exploring settlement hierarchy and their relationship to the rivers.

# 后　记

　　溱洧流域聚落考古调查是随着新砦遗址的再发掘而逐步提到议事日程上来。自 1999 年重新启动河南新密新砦遗址的考古发掘和研究之后，围绕新砦遗址的聚落分期与年代、聚落布局、聚落性质等各方面研究的深入，新砦遗址所在的溱洧流域都有什么时期的聚落，这些聚落是否分级，比新砦遗址更早或更晚的聚落，面积比着新砦遗址究竟是大了还是小了，等等，这些问题日益凸显出来，迫使我们必须跳出新砦遗址的小圈子，到溱洧流域做一番田野考古调查。

　　怎么样调查？大约自 1984 年张光直先生在北京大学做了《考古学专题六讲》之后，中国大陆逐渐流行区域性质的聚落考古调查。比较著名的有河南伊洛河流域调查、黑龙江省七星河流域调查、甘肃省葫芦河流域的调查和中国国家博物馆进行的山西垣曲盆地聚落考古调查等。进入 21 世纪以后，区域调查，兴头未减，如山东大学开展的鲁东南沿海地区区域系统调查，中国国家博物馆进行的运城盆地东部聚落考古调查，安徽省当涂县姑溪河流域区域系统调查等，可谓区域聚落考古开展得如火如荼，我一方面为这些调查不断取得激动人心的学术新成果而暗暗高兴，同时，又觉得如果开展围绕新砦为中心的调查，最好在传统文献上有所记载，使得这一区域最好是文献记载的特有所指的历史文化区。溱水和洧水所在的溱洧流域，正好符合这一特点，是我们进一步开展区域聚落考古调查的理想地区。

　　2008 年 12 月到 2010 年 5 月，我们对溱洧流域进行了比较详细的拉网式聚落考古调查，调查人员有中国社会科学院考古研究所赵春青、王辉、钟建，郑州市文物考古研究院江旭、赵相莉、李昌韬、张松林以及新密市博物馆魏新民等，参加调查资料整理的人员还有郑州市文物考古研究院研究员江旭和考古技师郭德伟、焦建涛，中国社会科学院考古研究所技师徐松涛、安萍等。本报告初稿由赵春青起草，后经江旭、张松林、顾万发、张爽等参与修改和补充部分内容，最后由赵春青审核和统稿。此外，中央民族大学 2012 级硕士研究生张爽、郑州大学历史与考古专业 2009级硕士研究生于福萍等也参与了初稿的部分写作工作。

　　溱洧流域的调查还得到了新密市文化局、新密市博物馆及刘寨镇新寨村委的全力支持，这是需要特别说明的。

　　本报告的资料整理与出版经费由国家文物局和中国社会科学院考古研究所共同承担。调查的实物资料，分别存放于中国社会科学院考古研究所河南新砦队和郑州市文物考古研究院。

　　新密新砦遗址的第一部田野考古发掘报告即《新密新砦——1999～2000 年田野考古发掘报告》，就是由文物出版社黄曲编辑，这本调查报告仍然请她承担编辑任务。

　　以往涉及溱洧流域调查的相关材料，如与此有出入者，皆以本报告为准。

编者

2023 年 6 月 16 日于河南省新密市新砦考古工地

1. 溱洧交汇远眺（北—南）

2. 月台遗址远眺（西南—东北）

彩版一　溱洧交汇与月台遗址

1. 遗址远眺（东南—西北）

2. 灰坑

彩版二　牛店北遗址

1. 遗址远眺（东南—西北）

2. 石刀（WTCW：1）

**彩版三　潭村湾遗址及其出土石刀**

1. 遗址远眺（北—南）

2. 彩陶罐残片（WBZM：1）

彩版四　补子庙遗址及其出土彩陶罐残片

1. 遗址远眺（西北—东南）

2. 灰坑

彩版五 前土郭遗址

1. 遗址远眺（西—东）

2. 文化层

彩版六　郭湾遗址

1. 遗址远眺（东北—西南）

2. 文化层

彩版七　马鞍河遗址

1. 石斧（WMAH：53）

2. 石铲（WMAH：54）

3. 石铲（WMAH：55）

4. 陶环（WMAH：56）

5. 陶环（WMAH：57）

6. 陶环（WMAH：58）

7. 陶环（WMAH：59）

8. 陶环（WMAH：60）

彩版八　马鞍河遗址出土石斧、铲和陶环

1. 彩陶罐残片（WMAH：20）

2. 彩陶盆残片（WMAH：15）

3. 彩陶钵残片（WMAH：24）

4. 彩陶钵残片（WMAH：25）

5. 彩陶钵残片（WMAH：23）

6. 彩陶钵残片（WMAH：14）

7. 彩陶片（WMAH：22）

8. 彩陶片（WMAH：26）

彩版九　马鞍河遗址出土彩陶器残片

1. 彩陶钵残片（WMAH：16）

2. 彩陶钵残片（WMAH：17）

3. 彩陶钵残片（WMAH：18）

4. 彩陶钵残片（WMAH：19）

5. 彩陶钵残片（WMAH：21）

6. 陶杯（WMAH：29）

彩版一〇　马鞍河遗址出土彩陶钵残片和陶杯

1. 遗址远眺（西北—东南）

2. 灰坑

彩版一一　寨根遗址

1. 禹楼遗址远眺（东南—西北）

2. 青石河遗址远眺（北—南）

3. 裴洼遗址远眺（南—北）

彩版一二　禹楼遗址、青石河遗址和裴洼遗址

1. 遗址远眺（东北—西南）

2. 灰坑

彩版一三　孙家门遗址

1. 西瓦店遗址远眺（东南—西北）

2. 老城东北角遗址远眺（南—北）

彩版一四　西瓦店遗址、老城东北角遗址

1. 遗址远眺（北—南）

2. 石铲（WLCDG：1）

3. 石铲（WLCDG：2）

彩版一五　老城东关遗址及其出土石铲

1. 遗址远眺（东—西）

2. 石铲（WLCHJ：1）

彩版一六　老城后街遗址及其出土石铲

1. 遗址远眺（东—西）

2. 灰坑

彩版一七　菜园沟遗址

1. 石斧（WCYG：17）

2. 石铲（WCYG：7）

3. 彩陶罐残片（WCYG：38）

4. 彩陶罐残片（WCYG：37）

5. 彩陶罐残片（WCYG：42）

6. 彩陶罐残片（WCYG：48）

彩版一八　菜园沟遗址出土石斧、铲和彩陶罐残片

1. 彩陶钵残片（WCYG：60）

2. 彩陶钵残片（WCYG：62）

3. 彩陶碗残片（WCYG：36）

4. 彩陶瓮残片（WCYG：49）

5. 腹部残片（WCYG：59）

彩版一九　菜园沟遗址出土彩陶器残片

1. 遗址远眺（东南—西北）

2. 石斧（WZP：3）

3. 彩陶钵残片（WZP：1）

彩版二〇　张坡遗址及其出土石斧和和彩陶钵残片

1. 石斧（WHG：38）

2. 石斧（WHG：39）

3. 陶环（WHG：15）

4. 陶环（WHG：22）

彩版二一　惠沟遗址出土石斧和陶环

1. 彩陶罐残片（WHG：35）

2. 彩陶罐残片（WHG：4）

3. 彩陶罐残片（WHG：10）

4. 彩陶盆残片（WHG：32）

5. 彩陶钵残片（WHG：34）

6. 彩陶钵残片（WHG：37）

7. 彩陶碗残片（WHG：3）

彩版二二　惠沟遗址出土彩陶器残片

1. 彩陶钵残片（WHG：36）

2. 彩陶钵残片（WHG：7）

3. 彩陶钵残片（WHG：1）

4. 彩陶钵残片（WHG：16）

5. 残片（WHG：6）

6. 残片（WHG：8）

7. 残片（WHG：9）

彩版二三　惠沟遗址出土彩陶器残片

1. WGG：1

2. WGG：2

3. WGG：3

彩版二四　高沟遗址出土石磨盘

1. 石磨棒（WGG：4）

4. 石铲（WGG：8）

2. 石磨棒（WGG：5）

3. 石磨棒（WGG：6）

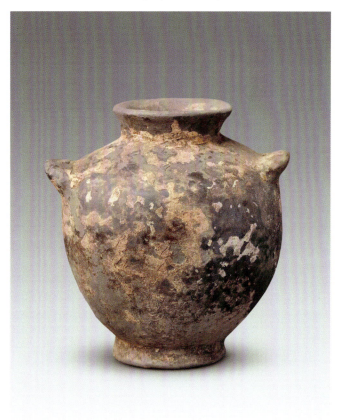

5. 陶双耳壶（WGG：7）

彩版二五　高沟遗址出土石磨棒、铲和陶双耳壶

1. 遗址远眺（北—南）

2. 石斧（WPM ：1）

彩版二六　平陌遗址及其出土石斧

2. 铲（WPM：4）

1. 斧（WPM：2）

3. 镰（WPM：3）

彩版二七　平陌遗址出土石斧、铲、镰

遗址远眺（北—南）

彩版二八　莪沟北岗遗址

1. 磨盘（WEGBG：10）

2. 磨棒（WEGBG：1）

3. 磨棒（WEGBG：2）

4. 磨棒（WEGBG：3）

5. 磨棒（WEGBG：4）

6. 磨棒（WEGBG：5）

7. 磨棒（WEGBG：28）

彩版二九　莪沟北岗遗址出土石磨盘、磨棒

1. WEGBG：6

2. WEGBG：8

3. WEGBG：9

4. WEGBG：17

彩版三〇　莪沟北岗遗址出土石铲

1. WEGBG：7

2. WEGBG：14

彩版三一　莪沟北岗遗址出土石铲

1. WEGBG：15

2. WEGBG：16

彩版三二　莪沟北岗遗址出土石铲

1. 斧（WEGBG：18）

2. 斧（WEGBG：19）                3. 斧（WEGBG：20）

4. 三棱器（WEGBG：25）

彩版三三　莪沟北岗遗址出土石斧、三棱器

1. 刮削器（WEGBG：21）

2. 刮削器（WEGBG：22）

3. 刮削器（WEGBG：24）

彩版三四　莪沟北岗遗址出土石刮削器

1. 勺（WEGBG：29）

2. 双耳壶（WEGBG：31）

3. 钵（WEGBG：30）

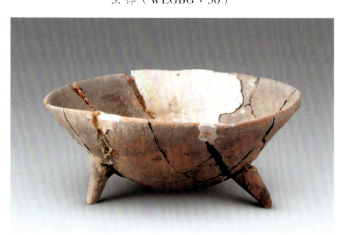

4. 三足钵（WEGBG：32）

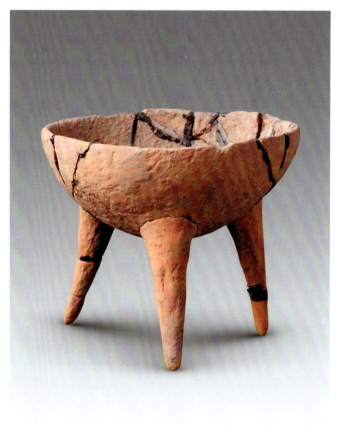

5. 三足钵（WEGBG：33）

彩版三五　莪沟北岗遗址出土陶勺、双耳壶、钵

1. 莪沟村遗址远眺（西北—东南）

2. 黄寨遗址远眺（西—东）

彩版三六　莪沟村遗址、黄寨遗址

1. 遗址远眺（西—东）

2. 文化层

彩版三七　苏寨遗址

1. 芦村遗址远眺（东—西）

2. 罗湾遗址远眺（北—南）

彩版三八　芦村遗址、罗湾遗址

1. 遗址远眺（东—西）

2. 灰坑

彩版三九　观寨遗址

1. 遗址远眺（东—西）

2. 石磨盘（WMLG：44）

4. 石磨盘（WMLG：47）

3. 石磨盘（WMLG：46）

5. 石磨盘（WMLG：48）

彩版四〇　马良沟遗址及其出土石磨盘

1. 铲（WMLG：37）

4. 磨棒（WMLG：49）

2. 铲（WMLG：50）

3. 磨棒（WMLG：43）

5. 磨棒（WMLG：45）

彩版四一　马良沟遗址出土石铲、磨棒

1. 遗址远眺（西北—东南）

2. 一号灰坑

3. 二号灰坑

4. 玉璜（WZJZ：21）

彩版四二　郑家庄遗址及其出土玉璜

1. 遗址远眺（东—西）

2. 文化层

3. 灰坑

彩版四三　北庄西遗址

1. 彩陶罐残片（WBZX：33）

2. 彩陶钵残片（WBZX：3）

3. 彩陶残片（WBZX：12）

4. 彩陶残片（WBZX：13）

5. 叶茂沟遗址远眺（东—西）

彩版四四　北庄西遗址出土彩陶器残片，叶茂沟遗址

1. 遗址远眺（西—东）

2. 灰坑

彩版四五　刘湾遗址

1. 斧（WLW：18）

2. 斧（WLW：19）

3. 锛（WLW：17）

彩版四六　刘湾遗址出土石斧、锛

1. 西马庄遗址远眺（东南—西北）

2. 西马庄遗址文化层

3. 杨家门遗址远眺（东南—西北）

彩版四七　西马庄遗址、杨家门遗址

1. 铲（WXMZ：36）

2. 铲（WXMZ：41）

3. 铲（WXMZ：42）

4. 磨盘（WYJM：1）

彩版四八　西马庄、杨家门遗址出土石铲、磨盘

1. 遗址远眺（东南—西北）

2. 灰坑

3. 石铲（WYYG：46）

彩版四九　云岩宫遗址及其出土石铲

1. 遗址远眺（东南—西北）

2. 灰坑

彩版五○　和合寨遗址

1. 新砦遗址远眺（北—南）

2. 新砦（煤土沟）遗址远眺（北—南）

3. 新砦（煤土沟）遗址文化层

彩版五一　新砦遗址

1. WXZ：14

2. WXZ：15

3. WXZ：16

彩版五二　新砦遗址出土石铲

1. WXZ：17

3. WXZ：30

2. WXZ：26

4. WXZ：36

彩版五三　新砦遗址出土石铲

1. WXZ：18

2. WXZ：19

彩版五四　新砦遗址出土石铲

1. WXZ：20

2. WXZ：21

彩版五五　新砦遗址出土石铲

1. WXZ：29

2. WXZ：32

彩版五六　新砦遗址出土石铲

1. WXZ：34

2. WXZ：38　　　　　　　　　　3. WXZ：39

彩版五七　新砦遗址出土石铲

1. WXZ：42

2. WXZ：40

3. WXZ：41

彩版五八 新砦遗址出土石铲

1. WXZ：43

2. WXZ：47

3. WXZ：44

彩版五九　新砦遗址出土石铲

1. WXZ：46

2. WXZ：53

彩版六〇　新砦遗址出土石铲

1. 斧（WXZ：22）

2. 斧（WXZ：33）

3. 斧（WXZ：58）

4. 刀（WXZ：12）

彩版六一　新砦遗址出土石斧、刀

1. 凿（WXZ：13）

2. 矛（WXZ：35）

3. 镞（WXZ：49）

4. 镞（WXZ：50）

5. 网坠（WXZ：48）

彩版六二　新砦遗址出土石凿、矛、镞等

彩版六三　新砦遗址出土圆形石器

1. WXZ：25

2. WXZ：31

彩版六四　新砦遗址出土圆形石器

1. 石锤（WXZ：27）

2. 石器（WXZ：24）

3. 陶壶（WXZ：51）

4. 陶杯（WXZ：52）

彩版六五　新砦遗址出土石器和陶壶、杯

1. 遗址远眺（西北—东南）

2. 文化层

3. 石斧（WHSM：22）

彩版六六　洪山庙遗址及其出土石斧

1. 双楼遗址远眺（北—南）

2. 张庄遗址远眺（东北—西南）

3. 张庄遗址文化层

彩版六七　双楼遗址、张庄遗址

1. 石斧（WZZ：1）

2. 石斧（WZZ：31）

3. 陶鬲（WZZ：108）

4. 陶拍（WZZ：63）

5. 陶拍（WZZ：3）

彩版六八　张庄遗址出土石斧和陶鬲、拍

1. 遗址远眺（西北—东南）

2. 文化层

彩版六九　王嘴遗址

1. 遗址远眺（南—北）

2. 灰坑

彩版七〇　前马庄遗址

1. 遗址远眺（东南—西北）

2. 文化层

彩版七一　楚家门遗址

1. 韩咀遗址远眺（东北—西南）

2. 韩咀遗址文化层

3. 马鞍垌遗址远眺（东北—西南）

彩版七二　韩咀遗址、马鞍垌遗址

1. 遗址远眺（东北—西南）

2. 文化层

彩版七三　周湾遗址

1. 遗址远眺（西南—东北）

2. 文化层

3. 彩陶钵残片（WJLZ：39）

彩版七四　交流寨遗址及其出土彩陶钵残片

1. 遗址远眺（北—南）

2. 灰坑

彩版七五　李家岗遗址

1. 遗址远眺（西南—东北）

2. 文化层

3. 石铲（WZJG：29）

4. 石镰（WZJG：22）

彩版七六　朱家沟遗址及其出土石铲、镰

1. 遗址远眺（东南—西北）

2. 灰坑

3. 陶鬲（WNYH：40）

彩版七七　牛玉环遗址及其出土陶鬲

1. 遗址远眺（西南—东北）

2. 文化层

彩版七八　全庄遗址

1. 遗址远眺

2. 灰坑

彩版七九　程庄遗址

3. WCZ：176

1. WCZ：145

2. WCZ：161

4. WCZ：192

彩版八〇　程庄遗址出土石铲

1. 锄（WCZ：142）

2. 钺（WCZ：318）

3. 刀（WCZ：144）

彩版八一　程庄遗址出土石锄、钺、刀

1. 斧（WCZ：321）

2. 斧（WCZ：350）　　　　　　　　　　3. 杵（WCZ：143）

彩版八二　程庄遗址出土石斧、杵

1. WCZ：11

2. WCZ：165

3. WCZ：231

4. WCZ：238

5. WCZ：241

彩版八三　程庄遗址出土彩陶罐残片

1. WCZ：214

2. WCZ：236

3. WCZ：237

4. WCZ：240

5. WCZ：242

6. WCZ：264

彩版八四　程庄遗址出土彩陶罐残片

1. 彩陶鏊残片（WCZ：232）

2. 彩陶盆残片（WCZ：234）

3. 彩陶残片（WCZ：235）

4. 彩陶瓮（WCZ：346）

5. 彩陶瓮（WCZ：347）

6. 彩陶瓮（WCZ：348）

7. 陶壶（WCZ：320）

彩版八五　程庄遗址出土彩陶器及陶壶

1. 邓湾遗址远眺（西北—东南）

2. 北李庄遗址远眺（西—东）

3. 北李庄遗址灰坑

彩版八六　邓湾遗址、北李庄遗址

1. 东土桥遗址远眺（西北—东南）

2. 东土桥遗址灰坑

3. 裴李岗遗址远眺（东南—西北）

彩版八七　东土桥遗址、裴李岗遗址

1. 遗址远眺（西南—东北）

2. 夯土城墙

彩版八八　人和寨遗址

1.遗址远眺（西—东）

2.灰坑

彩版八九　小李庄遗址

1. 遗址远眺（东北—西南）

2. 文化层

彩版九〇　铁岭西遗址

1. 遗址远眺（东南—西北）

2. 灰坑

3. 陶豆（WYL：1）

彩版九一　杨楼遗址及其出土陶豆

1. 遗址远眺（西北—东南）

2. 灰坑

1. 遗址远眺（西—东）

2. 灰坑

3. 彩陶罐残片（ZMG：75）

4. 彩陶钵残片（ZMG：4）

彩版九三　马沟遗址及其出土彩陶器残片

1. 遗址远眺（西北—东南）

2. 一号灰坑

3. 二号灰坑

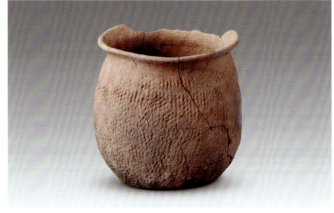

4. 陶罐（ZELM：136）

彩版九四　二郎庙遗址及其出土陶罐

1. 遗址远眺（西北—东南）

2. 灰坑

3. 石斧（ZSSZ：151）

彩版九五　沙石嘴遗址及其出土石斧

1. 彩陶罐残片（ZSSZ：71）

2. 彩陶罐残片（ZSSZ：68）

3. 彩陶钵残片（ZSSZ：62）

4. 彩陶瓮残片（ZSSZ：79）

5. 彩陶残片（ZSSZ：55）

6. 陶壶（ZSSZ：150）

彩版九六　沙石嘴遗址出土彩陶器残片和陶壶

1. ZSSZ：49

2. ZSSZ：64

3. ZSSZ：65

4. ZSSZ：66

5. ZSSZ：67

6. ZSSZ：70

彩版九七　沙石嘴遗址出土彩陶残片

1. 薛坡遗址远眺（西—东）

2. 耿庄遗址远眺（西—东）

3. 耿庄遗址文化层

彩版九八　薛坡遗址、耿庄遗址

1. 马家遗址远眺（西南—东北）

2. 马家遗址西部灰坑

3. 马家（小王家）遗址灰坑

彩版九九　马家遗址、马家（小王家）遗址

1. 铲（ZMJ：4）

3. 斧（ZMJ：133）

2. 镞（ZMJ：132）

彩版一〇〇　马家遗址出土石铲、镞、斧

1. 遗址远眺（东南—西北）

2. 石杵（ZGG：3）

3. 石器（ZGG：1）

4. 石器（ZGG：2）

5. 铜觯（ZGG：33）

彩版一〇一　岗沟遗址及其出土石器和铜觯

1. 遗址远眺（南—北）

2. 灰坑

3. 彩陶豆（ZHXM：1）

彩版一○二　河西马遗址及其出土彩陶豆

1. 遗址远眺（东北—西南）

2. 文化层

3. 铜刀（ZQL：171）

彩版一〇三　曲梁遗址及其出土铜刀

1. 玉柄形器（ZQL：167）

2. 陶羊头器纽（ZQL：14）

彩版一〇四　曲梁遗址出土玉柄形器和陶羊头器纽

1. ZQL：160

2. ZQL：161

3. ZQL：162

4. ZQL：165

彩版一〇五　曲梁遗址出土石斧

1. ZQL：64

2. ZQL：65

3. ZQL：66

4. ZQL：67

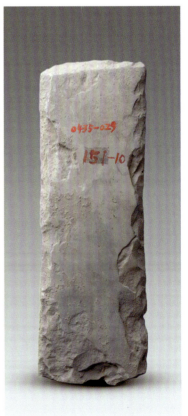

5. ZQL：68

彩版一〇六　曲梁遗址出土石铲

1. ZQL：154

2. ZQL：157

彩版一〇七　曲梁遗址出土石铲

1. 铲（ZQL：170）

2. 锛（ZQL：159）

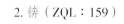

3. 镰（ZQL：153）

彩版一〇八　曲梁遗址出土石铲、锛、镰

1. ZQL：155

2. ZQL：158

3. ZQL：164

4. ZQL：168

1. 刀（ZQL：166）　　　　　　　　　　　　　　2. 网坠（ZQL：156）

3. 凿（ZQL：169）　　　　　　　　　　　　　4. 凿（ZQL：163）

彩版一一〇　曲梁遗址出土石刀、网坠、凿

1. 遗址远眺（东北—西南）

2. 灰坑

3. 石凿（ZXN：20）

4. 石坯（ZXN：21）

彩版一一一　下牛遗址及其出土石凿、石坯

1.遗址远眺（东南—西北）

2.文化层

1. 遗址远眺（西北—东南）

2. 灰坑

彩版一一三　庙朱遗址

1. 遗址远眺（西北—东南）

2. 灰坑

彩版一一四　柿园遗址

1. 杨庄遗址远眺（西—东）

2. 杨庄遗址文化层

3. 古城寨遗址远眺（东北—西南）

彩版——五　杨庄遗址、古城寨遗址